Peter Borscheid

Geschichte des Alters
16.–18. Jahrhundert

Studien zur Geschichte des Alltags

Herausgegeben von

Hans J. Teuteberg
und
Peter Borscheid

Band 7
1. Teilband

Peter Borscheid

Geschichte des Alters

16. - 18. Jahrhundert

F. Coppenrath Verlag Münster
1987

Dieser Band ist im Sonderforschungsbereich 164 „Vergleichende geschichtliche Städteforschung“ der Westfälischen Wilhelms-Universität Münster entstanden und wurde mit Unterstützung der Deutschen Forschungsgemeinschaft gedruckt.

Titelbild: Gemälde von Lucas Cranach d. Ä. „Der Jungbrunnen“ (1546), Bildarchiv Preußischer Kulturbesitz, Berlin.

CIP-Kurztitelaufnahme der Deutschen Bibliothek

Borscheid, Peter:
Geschichte des Alters / Peter Borscheid. Im Sonderforschungsbereich 164 ,,Vgl. Geschichtl. Städteforschung“ d. Westfäl. Wilhelms-Univ. Münster entstanden]. – Münster: Coppenrath
(Studien zur Geschichte des Alltags; Bd. 7)

NE: GT

Bd. 1. 16.–18. Jahrhundert. – 1987

ISBN 3-88547-281-3

ISBN 3-88547-281-3

Textaufnahme und Texteinrichtung: SFB 164 „Vergleichende geschichtliche Städteforschung“, Münster
EDV-Umbruch und -Satz: Rechenzentrum der Westf. Wilhelms-Universität Münster
Belichtung: Mohndruck, Bielefeld
Druck und Bindung: G. Runge, Cloppenburg
Printed in Germany

Geschichte des Alters

Die Entdeckung des Alters

Mit unbändiger Macht drängen die Senioren in den Vordergrund; ihre Probleme überschwemmen uns geradezu; sie lassen uns nicht mehr zur Ruhe kommen. Über die Medien bleiben sie mit immer neuen und verschiedenen Themen im Gespräch: Die Überalterung der Gesellschaft. Woher die Soldaten nehmen? — Der Kollaps der Rentenversicherung. Wer soll die Renten bezahlen? Die „Grauen Panther" erregen Aufsehen, die Pensionäre drängen in die Universität, Siebzigjährige reihen sich unter die Marathonläufer und überrunden Jüngere. Eine hyperdynamische Gesellschaft, die atemlos von Innovation zu Innovation hastet und nur Höchstleistungen anerkennt, der Atemholen und Besinnung Rückschritt bedeuten, die, falls sie könnte, nur „olympiareife" Belegschaften in ihren Betrieben behalten möchte, merkt plötzlich, daß sie altert. Sie, die wie keine andere vor ihr jugendliche Kraft und Vitalität vergöttert, entdeckt mit Bestürzung ihre grauen Schläfen. Die Wegwerfgesellschaft, die die alten Menschen in immer jüngeren Jahren als altes Eisen aussondert, wird sich bewußt, daß ihr dabei die Luft ausgeht. Sie klagt über zunehmende und scheinbar unheilbare Schmerzen, weil der schrumpfende Fuß der Bevölkerungspyramide die rentenverzehrende Last des stetig dicker anschwellenden Kopfes nicht mehr zu tragen vermag und ins Stolpern gerät. Vor einhundert Jahren waren lediglich fünf Prozent der Deutschen über 65 Jahre alt, heute sind es fünfzehn Prozent und zur Jahrtausendwende werden es fünfundzwanzig Prozent sein. Ende des 19. Jahrhunderts konnte jeder über 65jährige Großvater und jede Großmutter im Durchschnitt noch je sieben muntere Kinder und Jugendliche um sich scharen; heute stehen beide fast drohend je einem einzigen Enkel gegenüber. Eine Gesellschaft, die in immer jüngeren Jahren in Rente geht, findet niemanden mehr, der ihr diese Rente bezahlt.

Indem immer mehr Menschen in die neue Klasse der Rentner und Pensionäre hineinwachsen, wird vielen beim

Anblick der dramatischen Verwerfung der Altersstruktur bewußt, daß unser Gemeinwesen bisher lediglich ökonomisch-technokratische Antworten auf die Probleme der älteren Generation zu geben verstand, daß es sich aber um ein ethisches und humanes Konzept herumgedrückt hat, daß es für die sprichwörtliche Besonnenheit, Weisheit und Sozialintelligenz des Alters keine Verwendung mehr hat. Für alle die, die aus Rationalisierungsgründen nach dem Motto „Alte raus, Junge rein!" in immer jüngeren Jahren aufs Altenteil abgeschoben werden, hat man als Lebensinhalt lediglich Kaffeefahrten im Sommer und im Winter Flugreisen nach Mallorca parat, wo die Rentner die Rentabilität der ansonsten leerstehenden, zugigen Touristengettos verbessern sollen. Die Bevölkerung nimmt die vielgestaltige Altersproblematik langsam wahr, sie nimmt sie aber auch als Herausforderung an; sie begreift, daß die von vielen ersehnte „späte Freiheit" (Leopold Rosenmayr) zu oft mit einer Ausgliederung aus dem sozialen Leben verbunden ist, mit einem Rollenverlust und einer Minderung der Selbstbestätigung, die für viele in einer Lebenskrise endet. Sie macht die bittere Erfahrung, daß vieles, was bisher als Fortschritt im Sinne der Humanität lauthals gepriesen wurde, sich auf lange Sicht und im Alltag als höchst inhumane Lösung erweist. Sie versteht, daß es nicht nur ums Geld gehen darf, obwohl die finanzielle Grundlage zunächst einmal stimmen muß. Es muß auch mehr Menschlichkeit eingebracht werden und die Möglichkeit zu einer sinnvolleren Lebensgestaltung, damit nicht nur das Fernsehen als einziges lebensabendfüllendes Programm bleibt. Letztendlich steht dabei die Würde der alten Menschen auf dem Spiel sowie die Würde unserer Gesellschaft. Unser Kulturniveau wird sich auch daran messen lassen müssen, wie wir mit unseren Senioren umgehen; ihre Behandlung gibt Zeugnis vom Grad unserer Humantität und vom Stand unserer Zivilisation.

Die Teilnehmer an diesen Diskussionen über die Achtung des Alters flüchten sich mit Vorliebe, um den zivilisatorischen Rückschritt zu beweisen, in die Vergangenheit, zitieren Ciceros Elogen auf die Alten, verweisen auf frühere Hochkulturen, in denen das Alter höchste Verehrung genoß, preisen als Beispiel die Gerontokratie der Lakedämonier und nennen zur Abschreckung primitive Gesellschaften, die ihre alten Mitmenschen kurzerhand umbrachten oder aussetzten, sobald diese nichts mehr leisten konnten. Sie stellen dem mit Problemen und Mißständen überlasteten Heute die angeblich so heile Welt von gestern gegenüber, malen in warmen Farben eine Idylle vom trauten Kreis der Familie als dem friedlichen Hafen in einer herzlosen Welt, in der Alt und Jung in Harmonie Schutz, Anerkennung und eine sinnvolle Aufgabe fanden, sie verbreiten nicht selten voller Inbrunst romantische Legenden von der Glückseligkeit vorindustrieller Lebensformen und erklären die Diskriminierung von alten Menschen in der Gegenwart als ein junges Phänomen, als eine Geburt des Industriezeitalters. Hier sind die Historiker aufgerufen richtigzustellen und die konkrete Lebenslage der alten Menschen in früheren Gesellschaften ohne Sozialversicherung und Pensionsberechtigung zu rekonstruieren; sie haben ferner jene Momente des sozialen Wandels festzumachen, die die Situation der alten Menschen grundlegend verändert haben.

Leider vermag die Geschichtswissenschaft bis heute jedoch noch zu wenig darüber zu sagen, wie unsere Vorfahren im Alter gelebt haben, welche Beziehungen sie zu ihren erwachsenen Kindern hatten, wie sie in einer Mangelgesellschaft ihre Altersversorgung sicherten, welche kollektiven Sicherungsinstrumente sie entwikkelten, welches Maß an Respekt sie ihren alten Mitmenschen entgegenbrachten und welchen Inhalt sie ihrem „Generationsvertrag" gaben. Zwar ist das Generationsphänomen „eines der grundlegenden Faktoren beim Zustandekommen der historischen Dynamik" [1], doch besitzen wir über die einzelnen Elemente dieses Phänomens nur bruchstückhafte Informationen. Die Geschichtswissenschaft war im deutschsprachigen Raum lange Zeit ausschließlich auf die politische und die Ideengeschichte fixiert, und die Sozialgeschichte hat erst seit etwas mehr als einem Jahrzehnt die historische Familienforschung in ihr Schwerpunktprogramm aufgenommen. Wenn in diesem Rahmen einmal das Alter behandelt wurde, hatten Themen über den alten Menschen in der Phase der Hochindustrialisierung Vorrang, deren Probleme liegen uns näher, führen zum Ursprung vieler aktueller Fragen und lassen sich aufgrund der Quellenlage leichter behandeln [2]. Die Geschichte des alten Menschen in der vorindustriellen Zeit wurde kaum einmal erforscht. Im Ausland ist die Situation trotz einiger bemerkenswerter Untersuchungen im Grunde nicht viel besser [3]. Diese Beschäftigung mit den alten Menschen in der Vergangenheit ist noch relativ neu; die heutige Altersproblematik hat dazu jedoch einen kräftigen Impuls gegeben.

Diese leeren Blätter unserer Geschichte mit Inhalt zu füllen, bereitet einige Schwierigkeiten. Das gilt vor allem für die Rekonstruktion der jeweils gültigen Altersbilder,

---

[1] MANNHEIM (1964), S. 565.

[2] Literaturübersicht bei JAEGER (1977), S. 430ff.; CONRAD, v. KONDRATOWITZ (1985), S. 491ff.; zur industriellen Epoche ferner PETER BORSCHEID: Verdienst, Einkommen und Vermögen älterer städtischer Arbeiter während der Industrialisierung, in: Stadtwachstum, Industrialisierung, Sozialer Wandel, hg. von HANS-JÜRGEN TEUTEBERG, Berlin 1986, S. 255ff.

[3] Vieldiskutierte Ausnahmen sind ACHENBAUM (1978); D.H. FISCHER (1978); STEARNS (1982) und die Sammelbände von SPICKER, WOODWARD, VAN TASSEL (1978); HESS (1976); IMHOF, GOUBERT, BIDEAU, GARDEN (1982); zur ausländischen Literatur siehe CONRAD, v. KONDRATOWITZ (1985), S. 491ff.

die oft voller Widersprüchlichkeiten sind. Was bedeutet es, wenn der Katechismus — eines der großen Sozialisationsinstrumente in der frühen Neuzeit — unmißverständlich die Achtung vor den Älteren an den Anfang seines Forderungskatalogs stellt und sich gleichzeitig die populären Theaterstücke über die alten Menschen lustig machen und sie als dürftige, impotente Kreaturen verhöhnen? Wie sind staatliche Gesetze zu interpretieren, die ein „Ehre das Alter!" fordern? Bedeuten sie eine Kodifizierung der allgemein gültigen Normen oder sind sie ein Disziplinierungsmittel für eine Gesellschaft, die das Alter offen verflucht und die alten Menschen als unnütze Esser zum Teufel wünscht? Hier muß der Historiker mit den Augen eines Sozial-, Kunst- und Wirtschaftswissenschaftlers, Demographen, Juristen, Volkskundlers und Mediziners an die Überlieferungen herangehen. Er muß die Bibel zur Hand nehmen, die Normen setzte, deren gesellschaftlicher Einfluß aber starken Schwankungen unterworfen war. Er muß sich die zeitgenössischen Theaterstücke ansehen, die ihren Zuschauern zum Teil einen Spiegel vor die Augen hielten, zum Teil ganz bewußt neue Normen setzten. Er muß die Geschichten, Märchen und Fabeln beachten, die sich jede Zeit neu und teilweise anders erzählte; mit ihren symbolhaften Bildern und typischen Figuren vermitteln sie ein Bild von den prägenden Vorstellungen vom Alter. Er muß auf die Bilder der Maler sehen, die die Rolle der Generationen auf Leinwand fixiert haben. Er darf nicht an den entscheidenden Philosophen und Juristen vorbeigehen, die das Denken einer Epoche ganz wesentlich mitbestimmt haben. Die Literatur vom Alten Testament bis zu Franz Werfel, von „Don Carlos" bis zu Franz Kafka vibriert geradezu unter dem Konflikt zwischen den Generationen; immer wieder stellen sich die Menschen die Frage nach dem Nutzen der Väter und dem Wert der Erfahrung, immer wieder wird der Konflikt zwischen Vater und Sohn thematisiert, als ob es keinen gemeinsamen Raum für Alter und Jugend gäbe, als ob immer nur einer allein herrschen dürfe. Hier stellt sich die Frage nach dem objektiven Wert der Erfahrung: Ist sie noch von kontrollierbarem Nutzen oder ist sie gar hinderlich und ein Symbol für Hinterwäldlertum? Ist sie Macht oder Nichtigkeit? Einen anderen Zugang zum gesellschaftlichen Altersbild gewährt die Medizin. Interpretiert sie das Alter aus pathologischer Sicht als Höhepunkt des physischen Zerfallsprozesses oder als Gipfel der Weisheit und Zeit der Ernte? Das leitet über zur Entwicklung der Lebenserwartung und zur Bedeutung von Krankheiten im Alter. Wer galt in der Vergangenheit, die keine kalendarische Altersgrenze kannte, überhaupt als alt? Welchen Einfluß hatten Morbidität und Siechtum in den letzten Lebensjahren für die Bewertung des Alters? Wie reagierten die Menschen auf Seuchen und Massensterben? Wählten sie die Flucht in unbändige Lebenslust, und drückte dabei eine kraftstrotzende Jugend bei ihren Ausschweifungen die Alten mit ihren tausend Zipperlein brüsk an die Wand, oder hielten sie Einkehr und achteten die Gebote der Bibel? Schließlich, und darauf hat Michael Mitterauer aufmerksam gemacht, ist es für die Einstellung zum Alter ganz entscheidend, in welchen sozialen Verhältnissen die alten Menschen leben, ob sie Zugang zu den wirtschaftlichen Ressourcen haben, und in relativer materieller Sicherheit leben, oder das Alter engstens mit Armut verbunden ist [4]. Die vorindustrielle Zeit, soviel läßt sich jetzt bereits sagen, hat zu allen Zeiten ihre Alten ganz unterschiedlich behandelt, Mißachtung wechselte mit Achtung, Beschimpfung mit Huldigung. Die angeblich so immobile traditionelle Gesellschaft war zerpflügt von Einbrüchen und Umstellungen, durchlief einen langfristigen Wandel, reagierte auf neue Bedingungen, paßte sich an, lernte dazu und arbeitete aus schöpferischem Antrieb auf ein besseres Gemeinwesen hin. Altern war schon immer ein „soziales Schicksal" [5], etwas von der Gesellschaft Geformtes. Ältere Menschen haben sich schon immer unabhängig von ihrem körperlichen und seelischen Befinden und ihrer sozialen Lage so verhalten, wie die Mehrheit es von ihnen erwartete, mal passiv und schwach als verkörperte Hilflosigkeit, mal überlegen und selbstbewußt als Sinnbild für Autorität.

Normen beschreiben stets nur einen Teil der Wirklichkeit, sie legen die Richtung fest, in die sich eine Gesellschaft fortbewegen soll, markieren eine Grenzlinie, bei deren Überschreitung man mit Sanktionen rechnen muß. Es bleibt die Frage nach der Realität, nach der Kluft zwischen dem sozialen und biologischen Altern, der Rolle der Familie, den affektiven Beziehungen zwischen Eltern und Kindern, der Macht oder Ohnmacht der älteren Generation in Verbindung mit ihrer Verfügungsgewalt über Besitz sowie schließlich die Frage nach ihrer materiellen Lage je nach Beruf. Inwieweit waren Gesundheit, Vermögen, Einkommen und Bildung entscheidend für Freud und Leid im Alter? In einer Welt, in der das wirtschaftliche Wohlergehen aller Stände, Gruppen und Berufe noch immer von einer relativ statischen Landwirtschaft und den Launen der Natur abhängig war, bestimmte die Not viele Lebensregeln und die Zugangsberechtigung zu den „Nahrungsstellen" ganz wesentlich Autorität und soziale Geltung. Auch in der wegen ihrer angeblichen menschlichen Wärme bisweilen so hochgelobten alten Welt drehte sich vieles um das schnöde Geld. Wer auf einer der seltenen Stellen saß, konnte der Jugend seine Bedingungen diktieren; solange den Jüngeren keine Alternativen blieben, mußten sie gehorchen. Daß unter diesen Bedingungen die Generationsbeziehungen nicht

---

[4] MITTERAUER (1982), S. 53f.
[5] URSULA LEHR: Psychologie des Alterns, Heidelberg 1972.

von trautem Frieden geprägt waren, versteht sich von selbst. Überall dort, wo die Menschen aus materiellen Zwängen wie frierende Stachelschweine enger zusammenrücken mußten, trieben sie sich gegenseitig ihre Stacheln ins Fleisch und rieben sich aneinander blutig. Wer dagegen diesen Zwängen entfliehen konnte, ging räumlich auf Distanz und vermied das Zusammenleben von Jung und Alt. Hier waren die Beziehungen sehr viel öfter von Intimität und Herzlichkeit geprägt.

Die Lage der alten Menschen wies je nach Berufszugehörigkeit riesige Unterschiede auf. Der Lebensabend der Adligen, Staatsbeamten und Pfarrer war nicht zu vergleichen mit dem der Bauern, Handwerker, Bergarbeiter und Tagelöhner. Diese Abweichungen waren überlagert von einer Ungleichheit nach dem Geschlecht. Obwohl die Quellen nur allzuoft den Zugang zu den Lebensbedingungen der Frauen versperren, erlauben sie doch einige kurze Blicke, die die besondere Bewertung, Behandlung und Lage der alten Frauen bestätigen. Man denke an ihre Abwertung in Zusammenhang mit den geläufigen Hexenbildern; umgekehrt beachte man die Aufmerksamkeit, die die vorindustrielle Gesellschaft gerade den Witwen zukommen ließ.

Zu allen Zeiten haben die Menschen versucht, die Familie von bestimmten Aufgaben zu entlasten, sie haben nach Wegen gesucht, sie vom Joch verschiedener Bürden zu befreien, die leicht zu Ursachen für Streit oder Verarmung werden konnten. Dazu gehörte unter anderem die Altersversorgung, das betreute Alter. Auch bereits vor Einführung der Sozialversicherung haben die Menschen mit ihren jeweiligen technischen Möglichkeiten kollektive Versorgungsinstrumente errichtet, die alle viele Vor- und Nachteile hatten, die aber ihre Aufgaben in den früheren Gesellschaften nicht besser und nicht schlechter erfüllten als moderne Einrichtungen unter den heutigen Bedingungen. Die Rede ist von den Spitälern als den eigentlichen Altenheimen der vorindustriellen Zeit mit ihren vielen positiven und negativen Seiten; die Rede ist von den Stiftungen, Zunftladen, Kassen, Leibrenten, Tontinen und von den Anfängen der Lebensversicherung und Sparkasse, die alle zum Ziel hatten, die Hinterbliebenen abzusichern und die Menschen unabhängiger zu machen von der Leistungsmöglichkeit und Leistungsbereitschaft der Familie. Die Rede ist schließlich von der beginnenden Bürokratisierung der Altersversorgung, der Ausbildung einer Pensionsberechtigung für höhere Staatsbeamte und Bergarbeiter.

Den gesamten Ausführungen liegen umfangreiche detaillierte Untersuchungen über die Vermögensverhältnisse und testamentarischen Verfügungen von Staatsbeamten, Pfarrern, Bauern, Handwerkern und Arbeitern zugrunde, sie vermitteln erstmals eine statistisch abgesicherte Vorstellung von den materiellen Bedingungen, in denen Jung und Alt lebten, von ihrer Machtstellung und ihren Beziehungen. Es war das Anliegen des Verfassers, über aller Datensammelei Geschichte nicht in Statistik enden zu lassen, die Vergangenheit nicht in kalten Zahlen einzufrieren und trotz aller notwendigen und sinnvollen Generalisierung und Systematisierung die bunte Vielfalt des Lebens nicht bis zur Unkenntlichkeit zu glatten Thesen hinunterzuhobeln. Angestrebt wurde eine Geschichte über das Alter und die Altersversorgung in vorindustrieller Zeit, in der auch die Betroffenen in ihrer alltäglichen Sprache zu Wort kommen, um einen Eindruck vom Denken und Fühlen, von den Freuden, Ängsten und Nöten dieser Menschen zu vermitteln, deren Lebensabend in der Regel weitab von jeder Idylle lag, denen die Nässe und Härte des Alltags schwer zusetzten, deren Leben alle romantische Legenden von der Glückseligkeit vorindustriellen Lebens Lügen straft und jede Euphorie über das angeblich verlorene Paradies schnell dahinwelken läßt.

Dieser Band endet mit der Zeit der großen Reformen zu Anfang des 19. Jahrhunderts, als die Einstellung zum Alter einen entscheidenden Bruch erfuhr, als sich mit der Frühindustrialisierung die Lebensbedingungen grundlegend zu ändern begannen, als mit der raschen Zunahme der außerhäuslichen Erwerbsmöglichkeiten die Jüngeren immer weniger vom Wohlwollen der Älteren abhängig wurden, als sich der Vermögensverlauf im Lebenszyklus für viele geradezu umkehrte und sich die Möglichkeiten zur Absicherung des Alters außerhalb der Familie stark vermehrten. Davon wird im nachfolgenden Band die Rede sein.

Es bleibt mir ein Vergnügen, allen denen zu danken, die zur Entstehung dieses Bandes beigetragen haben. Erwähnen möchte ich besonders die Herren der Stadt- bzw. Gemeindeverwaltungen von Nürtingen, Aichtal, Eschenbach und Wolfschlugen, die auf ganz unbürokratischem Wege die Untersuchung der Vermögensverhältnisse ermöglicht haben. Ihnen sei ebenso gedankt wie den fleißigen Datenauswertern und -werterinnen sowie alle denen, die mir im Sonderforschungsbereich 164 „Vergleichende geschichtliche Städteforschung" der Westfälischen Wilhelms-Universität Münster mit Rat und Tat zur Seite gestanden haben.

Erster Teil

Im Tal der Verachtung
1350-1648/80

Alter als Fluch

Krachen mir dbein vnd trüfft mir dnaß
Mir gedenckt wol das es besser was
Můß erst am stecken leren gon
Das ist mir worlich vngewon
Im lyb bin ich ouch nit gesundt
In der kilchen bill ich wie ein hundt
Der tüfel hats alter erdacht
Das mich hat also ellend gmacht
Vnd mir vßgfallen ist min hor
Vor zyt trůg ich den kopff empor
...
Eim bin ich toub dem andern blind
Pfü dich alter du schnöder wind
Wie machst so manchen starcken man
Das er můß an zwo kruckē gan
Worlich du bist ein bôser gast
All diser welt ain vberlast ...
Vnd bist so gantz veracht ich sprich
Es möchten seichen dhund an dich

Mit krachenden Beinen und triefender Nase, kahlköpfig, taub und halb blind schleppt sich der alte Mensch aus dem Mittelalter heraus und kriecht auf Krücken gestützt, unter dem Spott der Jugend, über die Schwelle zur Neuzeit. Der sieche, leidgeprüfte, mit sich und der Welt unzufriedene Alte in Gengenbachs Fastnachtspiel aus dem Jahre 1515 [1] hat nichts mehr gemein mit den geistig so kraftvollen, tapferen und selbstbewußten Greisen, wie sie Cicero noch in seiner Schrift „Cato maior de senectute“ geschildert, nichts mehr mit dem Idealbild des römischen pater familias, wie es Vergil am Beispiel des greisen Anchises, dem Vater des Aeneas, beschrieben hat. Wenn es auch den Römern nie in den Sinn gekommen war, das Greisenalter als wünschenswerten Zustand den anderen Lebensaltern vorzuziehen, so blieb doch der Hausvater zeitlebens oberste Autorität, dem Verehrung

---

[1] Pamphilus Gengenbach: Die X Alter dyser Welt, zit. nach Goedecke (1966), S. 71ff.

gebührte. Dagegen ist der alte Mensch der frühen Neuzeit kein vollwertiges Mitglied der Gesellschaft mehr; er fällt seinen Mitmenschen ebenso zur Last, wie ihm bereits sein „vater vnd mûter ... ein schwâre burd vnd grosse pein“ gewesen waren [2]. Er beklagt laut den Verlust an Kraft, Gehör, Gedächtnis und Vernunft und spürt, daß bei allem seinem Lamentieren die Achtung der Mitmenschen vor ihm nur noch weiter schwindet. „Du hast mir bracht auff deinem rück/ Kranckheyt und alles ungelück. Du nimbst mir all mein krafft und macht“, läßt Hans Sachs den Dichter in seinem „klag-gesprech uber das schwer alter“ jammern. Und ähnlich wie bei Gengenbach fühlt sich auch dieser Greis als unnütz und ist des Lebens überdrüssig. Seine Kraft reicht nur noch zu einem kurzatmigen Stoßseufzer: „Du aber hast mich gmachet alt/ Geruntzelt, kalt und ungestalt,/ Eyßgraw gemachet bart und har,/ Das mich veracht die jugent gar.“ [3]

Warum ist das Alter zu Beginn der Neuzeit nicht mehr Krönung des Lebens? Warum wird es als Übel lauthals beklagt und verflucht? Warum drängt die Gesellschaft des späten Mittelalters und des 16. Jahrhunderts die meisten alten Menschen in die Vereinsamung und wartet ungeduldig auf ihr Ende? Kriege, Pestwellen und die vielfältigsten Notlagen der Zeit haben die Altersgrenze gegenüber den vorangegangenen Jahrhunderten merklich nach vorn verschoben und allen Jammer, den das Leben der Reformationszeit und der Glaubenskämpfe zu bieten hat, verdichtet sich im Alter zu einer bis dahin noch nie gekannten Intensität. Zwar bleibt auch während des 16. Jahrhunderts in der christlichen Lehre und in den moralischen Schriften der Grundgedanke der christlichen Antike von der Wertschätzung des hohen Greisenalters lebendig, doch mit der alltäglichen Realität hat dies wenig zu tun. Zwar weiß der tiefgläubige Christ, daß Leiden, Hinwelken und Tod notwendige Voraussetzungen für das künftige Heil, für himmlischen Lohn sind [4]. Zwar tröstet auch Hans Sachs die alten Menschen damit, „in dem himmlischen vatterlandt“ werde das Alter verschwinden, und der Herr werde dort das Leben verjüngen und erneuern [5], doch im tagtäglichen Leben ist der, den „im Arsch das Schindermesser sticht“, wie sich Sebastian Brant im „Narrenschiff“ ausdrückt, der Verachtung durch seine Mitmenschen preisgegeben, der Kinder Spott, „die nur hoffen auff meinen todt, auff das sie ererben mein gut“ [6]. Dem Alter mißt man nur noch geringen Wert bei; es ist unnütz und von Übel. Die sogenannten „Groß“-Eltern sind eigentlich die Kleinen: etwas tapsig und nicht ganz gescheit, kindisch und hilfsbedürftig wie Zweijährige. Das Alter ist eine einzige Krankheit. In Holbeins berühmtem Totentanz hüpft vor einer alten Frau mit gebeugtem Rücken ein Skelett mit dem Hackbrett, und ein zweites Skelett holt die Knochenhand zum Gnadenstoß aus: „Melior est mors quam vita.“ [7] Albrecht von Eyb antwortet in seinem Ehebüchlein, das allein in den Jahren 1472 bis 1540 zwölfmal aufgelegt wird, auf die Frage, was eigentlich ein Mensch, der alt werde, mehr habe gegenüber einem anderen, der früh sterbe: „Nichtz dann mer sorg, arbeit, verdrießen, schmertzen, kranckheit vnd sûnde.“ [8]

Wie schon für die Germanen und zum Teil auch für den Menschen des Mittelalters ist auch im 16. Jahrhundert die Jugend noch immer das Lebensalter, in dem allein vollste Verwirklichung zu erreichen ist. Das Christentum festigt diese Vorstellung weiter, indem es durch Identifizierung mit Jesus Christus eine Art Idealalter propagiert. Es verspricht Verjüngung bei innerer Erneuerung und einem gottgefälligen Leben. „Ich trete hin vor den Altar Gottes, vor Gott, den meine Jugend erfreut“, heißt es im 42. Psalm, der bis ins letzte Drittel des 20. Jahrhunderts die Meßfeier einleitet. Zwar hebt diese geistige Verjüngung im Gegensatz zum Jungbrunnen-Mythos das körperliche Altern und Sterben nicht auf, aber sie verändert doch die Einstellung dazu. Aus dem Glauben an eine Auferstehung im Jenseits entwickelte sich im Christentum die Überzeugung von einer Verjüngung noch im Diesseits [9].

Noch weniger als im Mittelalter gehört im 16. Jahrhundert dem Alter höchste Bewunderung und Sympathie. Die, welche die größten und am meisten bestaunten Aufgaben erfüllen, sind Jünglinge oder Männer in der Blüte ihrer Jahre. Jetzt wie einst gibt es keinen alten Menschen, der im Mittelpunkt der Dichtung stände, wohl aber fertige Menschen. Zwar treten Greise auf, die Achtung verdienen können, nicht aber ein Höchstmaß an bedingungsloser Zuneigung. Das Alter ist stigmatisiert, es ist mit dem Makel des Zerfalls behaftet. Geschätzt wird der alte Mensch niemals nur wegen seines Alters, sondern stets aufgrund zusätzlicher Werte und Leistungen, die in harter Arbeit während eines tugendhaften, gottesfürchtigen und ertragreichen Lebens zu erwerben sind [10]. Wird dies nicht erreicht oder versäumt, sinkt der alte Mensch zu einem „dürftigen und elenden Tier“ herab, wie Hans Sachs sich ausdrückt [11]. Auf dem Holzschnitt von Hans Glaser, der um die Mitte des 16. Jahrhunderts in Nürnberg tätig ist, wird selbst der Weise im Alter zum Kind und macht wiederum

[2] Goedecke (1966), S. 72.
[3] Zit. nach Keller (1964), Bd.7, S. 212, 215.
[4] Vgl. Hanslik (1975), S. 3.
[5] Keller (1964), Bd.7, S. 219.
[6] Ebd. S. 216; vgl. auch Wackernagel (1862), S. 31.
[7] Vgl. Dehio (1926), S. 136.
[8] Eyb (1890), S. 25.
[9] Vgl. Rosenmayr: Einleitung (1978), S. 11ff.
[10] Vgl. Naumann (1938), S. 158.
[11] Keller (1964), Bd.7, S. 323.

Gehversuche im Laufstall. Er beklagt das Alter, das ihm gebracht hat „Groß Kopffweh/ vnd ein schwindlet Hirn, Ein kal haupt/ ein gruntzelt Stirn“ (Bild S. 16).

Als Makel des Alters gelten alle die Gebrechen, die die Mühsale und Härten des Lebens bei den meisten Menschen äußerlich wie innerlich hinterlassen haben. Kräftezehrende Arbeit und frierend-feuchte Armut brauchen die Menschen binnen weniger Jahrzehnte auf, graben sich als tiefe Spuren schon früh in die Gesichter ein und verkünden den nahen Tod. Von den Altartafeln des 15. und 16. Jahrhunderts blicken faltenreiche, früh gealterte Gesichter auf uns herab. In der „Familie im Zimmer“, die der Holländer Adrian van Ostade zur Mitte des 17. Jahrhunderts zeichnete, haben die Eltern, die ihre kleinen Kinder füttern, das Aussehen von siebzigjährigen Großeltern (Bild S. 17). Albrecht Dürers Kohlezeichnung seiner alten Mutter von 1514 zeigt uns eine Frau mit von Furchen zerrissener Stirn und gesträubten Brauen, die auf ein von Arbeit, Ängsten und Mühen reich gefülltes Leben zurückblickt und vor sich auf den Tod schaut (Bild S. 18) [12]. Dürer selbst schreibt zu diesem Bild: „Das ist Albrecht Dürers Mutter. Dy was alt 63 Jahr und ist verschieden im 1514 Jahr am Erchtag vor der Kreuzwochen um zwei gen Nacht. ... Diese meine frumme Mutter hat 18 Kinder tragen und erzogen, hat oft die Pestilenz gehabt, viel andrer schwerer und merklicher Krankheit, hat große Armut gelitten, Verspottung, Verachtung, höhnische Wort, Schrecken und große Widerwärtigkeit, noch ist sie nie rochselig gewest. ... Und in ihrem Tod sach sie viel lieblicher, dann do sie noch das Leben hätt.“ [13]

Dieser rasche und extreme körperliche Verfall, dem die Menschen hilflos gegenüberstehen, dem sie gerade während der häufigen Kriegs- und Pestzeiten auf Schritt und Tritt begegnen, und der einem Maler wie Hieronymus Bosch genügend lebende Vorbilder für seine Horrorgestalten liefert, wirkt sich zudem äußerst nachteilig auf die Gemütsverfassung der meisten älteren Menschen aus. Die Griesgrämigkeit und Verdrossenheit, der Argwohn und Unmut, die die Zeitgenossen immer wieder als Begleiterscheinungen des Alters nennen, haben dieses nur noch abstoßender gemacht. Voller Zynismus meint Montaigne: „Wir nennen es Weisheit, wenn wir als alte Leute verdrießlich sind, und wenn wir uns an der Gegenwart nicht mehr freuen können.“ Und ganz konkret: „Im Alter werden die Menschen neidischer, ungerechter und bösartiger, abgesehen von den anderen Grillen. ... Das Alter gräbt uns mehr Falten in den Geist, als in das Gesicht; und die Seele aller Menschen, mit wenigen Ausnahmen, bekommt beim Altern einen säuerlichen und muffigen Geruch.“ [14] Die Zeit verherrlicht in Wort und Bild die Jugend. Die Literatur der Renaissance ist durchdrungen von einer neuen Weltlust und einem neuen Persönlichkeitsbewußtsein. Zu Beginn des 16. Jahrhunderts propagiert Niccolò Machiavelli ganz nach der Maxime der Zeit den „jugendlichen“ Staat als das Ideal, da nur er allein sich zu erneuern verstehe, um sein Überleben zu sichern [15]. Man vergöttert die Jugend, da man stets vom Tode her lebt, da man gewiß ist, in der Regel früh, unverhofft und nach Ausbruch einer Krankheit schnell zu sterben. Schon der Vierzigjährige gilt als alt und dem Ende nicht mehr fern.

Nach den wenigen Informationen zu urteilen, die wir über die Lebenschancen der frühneuzeitlichen Menschen besitzen, sinkt die durchschnittliche Lebenserwartung seit Beginn des 16. Jahrhunderts und erreicht im Dreißigjährigen Krieg einen absoluten Tiefpunkt. Benutzt man die Totenlisten der Fürstenhäuser, um Aufschluß über die längerfristige Entwicklung zu bekommen, und sieht von der Kleinheit der Zahlen und den bevorzugten Lebensbedingungen der Angehörigen regierender Häuser ab, so fällt die mittlere Lebensdauer seit der Wende vom 13. zum 14. Jahrhundert stetig ab, um zur Zeit des Dreißigjährigen Krieges die Talsohle zu durchschreiten [16]. Schon zu Ende des 15. Jahrhunderts erkennt Albrecht von Eyb, daß die Lebenserwartung der Menschen ständig im Rückgang begriffen ist: „Nun zu vnseren zeiten sein wenig menschen, die do kumen zu viertzig vnd fast wenig zu Sechtzig iaren“, und der, der dieses Alter erlangt, wird an „hertze vnd gayst ... gepeynigt“, die Augen werden trübe, die Nase trieft, die Ohren taub, die Zehen schwarz und faul, die Haare fallen aus, die Glieder zittern, er lobt das Alte und verschmäht das Neue, „er erseufftzet, schlaffet vnd ist stetigs betrůbt, bekumert vnd kranck“ [17]. Kaum jemandem ist es vergönnt, das sechzigste Lebensjahr zu überschreiten. Oder aus der Warte der Zeitgenossen gesprochen: Kaum jemand muß überlang die geschilderten Gebrechen und Erniedrigungen eines höheren Alters erdulden. Die über 60jährigen stellen in den Dörfern und Städten der Zeit eine verschwindend kleine Minderheit. In den ländlichen Gemeinden des kurpfälzischen Oberamtes Lautern zählen die Pfarrer im Jahre 1601 unter 100 Bewohnern nur zwei, die älter als sechzig Jahre sind (Graphik 1, S. 20). Achtzigjährige suchte man vergeblich. In einer Stadt wie Zürich sind auf Grund von weniger harten Arbeits- und Lebensbedingungen immerhin rund sechs Prozent der Bevölkerung älter als sechzig Jahre (Graphik 2, S. 20).

Es ist bezeichnend, daß auch für die Herrscher aus

[12] Vgl. Dehio (1926), S. 62f.

[13] Albrecht Dürer: Nach dem Tod seiner Mutter, 1514, zit. nach Weber-Kellermann (1976), S. 44.

[14] Zit. nach Lüth (1965), S. 139.

[15] Machiavelli (1944), S. 139.

[16] Rubner (1928), S. LXX; vgl. auch Laslett (1976), S. 97.

[17] Eyb (1890), S. 81.

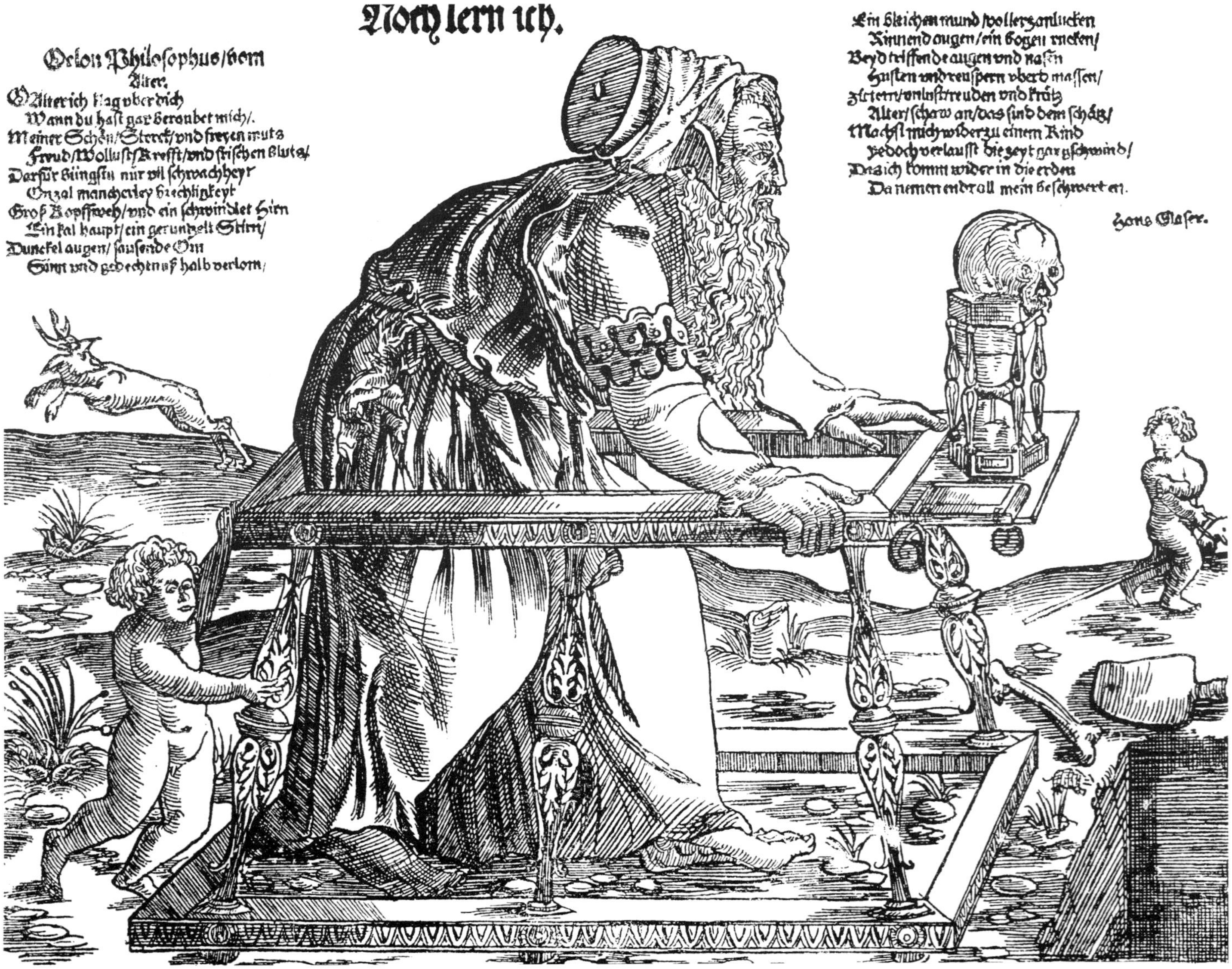
Noch lern ich.
Solon Philosophus/vom Alter.
O Alterich klag vber dich
Wann du hast gar beraubet mich/.
Meiner Schön/Sterck/vnd freyen muts
Freud/Wollust/Krefft/vnd frischen bluts/
Darfür bringstu nur vil schwachheyt
Onzal mancherley brechligkeyt
Groß Kopffweh/vnd ein schwindlet Hirn
Ein kal haupt/ein gerunzelt Stirn/
Dunckel augen/sausende Orn
Sinn vnd gedechtnuß halb verlorn/
Ein bleichen mund/voller zanlucken
Rinnend augen/ein bogen rucken/
Beyd triffende augen vnd nasen
Husten vnd reuspern vberd massen/
Zittern/vnlust/freuden vnd krütz
Alter/schaw an/das sind dein schätz/
Machst mich wider zu einem Kind
Yedoch verlaufft die zeyt gar geschwind/
Das ich komm wider in die erden
Da nemen ende all mein beschwerden.
Hans Glaser.

1514

dem Hause Habsburg während der Zeit der Reformation und der Glaubenskämpfe das Leben mit 60 zu Ende ist. Maximilian I. stirbt mit 60, Karl V. mit 58, sein Bruder Ferdinand I. mit 61, Maximilian II. wird 49 und Rudolf II. erreicht als humorloser Grübler, depressiv und in höchstem Maße reizbar, ein Alter von 60 Jahren, Kaiser Matthias stirbt 1619 mit 62 Jahren, Ferdinand II. achtzehn Jahre später mit 59 und Ferdinand III. im Alter von 49 Jahren. Der Arzt Hippolytus Guarinonius aus Hall in Tirol hebt es im Jahre 1610 als etwas Besonderes hervor, daß seine „Patavinische Praeceptores beedsamb auff ein hohes Alter, über die 50 hinaus, gelebt“ [18]. Als im Jahre 1566 Graf Wilhelm Werner von Zimmern im Alter von 81 Jahren stirbt, bemerkt der Chronist, „das er uf dizmal der eltest unter allen graven und herren deutscher nation wurt gerechnet“ [19]. Schon zu Ausgang des 12. Jahrhunderts hatte Papst Innocenz III. den vielzitierten Satz des 89. Psalms, der Mensch werde siebzig, wenn es hochkomme achtzig Jahre, den tatsächlichen Gegebenheiten angepaßt und neu formuliert: „Wenige erreichen jetzt 60, ganz wenige 70 Jahre“, lautet der Vers fortan: im 16. Jahrhundert immer noch eher Hoffnung oder — ganz nach dem individuellen Standpunkt — eher Schreckensvision als Realität [20].

Die durchschnittliche Lebenserwartung der Zeit war, verglichen mit heute, äußerst gering. In der nordhessischen Schwalm konnte man im ausgehenden 16. Jahrhundert im Augenblick der Geburt mit etwa 25 bis 30 Lebensjahren rechnen. Hatte man das kritische Säuglingsalter überstanden und war ein Jahr alt geworden, blieben im Durchschnitt noch weitere 35 Lebensjahre übrig gegenüber rund 72 Jahren zu Beginn der siebziger Jahre des 20. Jahrhunderts. Von 1000 Lebendgeborenen erreichten knapp 300 das 50. und rund 200 das 70. Lebensjahr; heute dagegen rund 900 bzw. 600 [21]. Da in der Regel nur wenig Zeit zum Leben blieb, war auch die Einstellung zur Lebenszeit eine andere. Die Kinder wurden früh zur Mitarbeit herangezogen, lernten zeitig einen Beruf und waren infolge des meist sehr frühen Todes der Eltern bereits in jungen Jahren gezwungen, Verantwortung zu übernehmen. Blättert man in den überlieferten Biographien, so fällt auf, daß viele Männer bereits mit 21 oder 22 Jahren hochangesehene, gelehrte Stellen einnahmen. Als Kehrseite davon galt eine Frau mit vierzig Jahren unweigerlich als Matrone. Calvin nannte sich mit fünfzig Jahren einen alten, verbrauchten Mann, und Karl V. dankte 1556 mit 55 Jahren, restlos erschöpft, als Greis ab. Das war die Regel. Daneben standen Ausnahmen: Endres Tucher, der die Nürnberger Bauten beaufsichtigte, starb 1507 mit 84, und Hans Sachs heiratete wie mancher andere aus den oberen Gesellschaftsschichten mit 68 erneut [22].

Diese geringe Lebenserwartung war verbunden mit einer gesellschaftlich-beruflichen Ungleichheit vor dem Tod. Darüber konnten für die Stadt Genf des 17. Jahrhunderts detaillierte Berechnungen angestellt werden. Dort erreichten von 1000 Angehörigen der Oberschicht, des Groß- und mittleren Bürgertums und der höheren Amtsträger 305 das 60. Lebensjahr; in der Mittelschicht, zu der das Kleinbürgertum, die Handwerker und qualifizierte Arbeiter zählten, waren es nur noch 171 und lediglich 106 in der Unterschicht mit ihren wenig oder kaum qualifizierten Arbeitern und Handlangern [23]. Bereits der schon erwähnte Guarinonius unterschied bei seinen Beobachtungen über die Lebensdauer der Tiroler Bevölkerung zwischen ritterlichem Adel, bäuerlicher Landbevölkerung und städtischem Bürgertum. Nach seinem Dafürhalten lebten der Adel und mehr noch die Bergbauern gesünder und länger, wogegen er die Lebensdauer der Stadtbürger am niedrigsten schätzte und mit 30 bis 40 Jahren angab [24]. In anderen Regionen lagen die Unterschiede zwischen städtischem Bürgertum und bäuerlicher Bevölkerung umgekehrt. Wesentlich ist, daß man in der frühen Neuzeit von mehreren „Altern“, von mehreren Formen und einer unterschiedlichen Bewertung der letzten Lebensphase sprechen kann. Während wir im Altertum jeweils nur *ein* Alter und nur *eine* Jugend vor uns sehen, fächert sich dieses Bild seit dem Mittelalter entsprechend der sozialen Strukturen bereits weiter auf, um im 19. Jahrhundert ausgeprägtere Züge anzunehmen [25].

Während die Zeitgenossen das Alter in seiner Gesamtheit als Zerfall, als Abstieg werten, den man von religiöser Seite aus auf dem Wege des „memento mori“, durch Hinweis auf das zukünftige Leben zu bewältigen sucht, kennt unter anderem das zünftige Handwerk verschiedentlich eine Hochschätzung des Alters. In allen Berufen, in denen die Älteren ihre Erfahrung voll zur Geltung bringen können und ihr zum Teil esoterisches Wissen gefragt ist, so bei den Architekten und Goldschmieden oder im Handel bei den erfahrenen Kaufleuten, steigt ihr sozialer Status über den der Jüngeren. Im Gegensatz dazu besitzt der alte Bauer nur wenig Prestige, da er kaum über Spezialwissen verfügt und mit seinem von harter Arbeit ausgebrannten Körper keine Leistungen mehr erbringen kann. Es ist bezeichnend, daß die Grundherrschaft gerade in dieser Zeit die Institution des Ausgedinges durchzusetzen beginnt, um den Generationswechsel zu beschleunigen und durch ein Abschieben der Alten die Arbeitsproduktivität und

[18] Zit. nach SCHULTZ (1968), S. 405.
[19] Ebd.
[20] Zit. nach BORST (1983), S. 596.
[21] Nach IMHOF: Jahre (1981), S. 81ff.
[22] Vgl. ZEEDEN (1968), S. 157.
[23] PERRENOUD (1975), S. 235.
[24] Vgl. ZEEDEN (1968), S. 287f.
[25] Vgl. dazu ROSENMAYR: Fragmente (1978), S. 443.

Graphik 1

Altersaufbau der Einwohner des Oberamts Lautern 1601

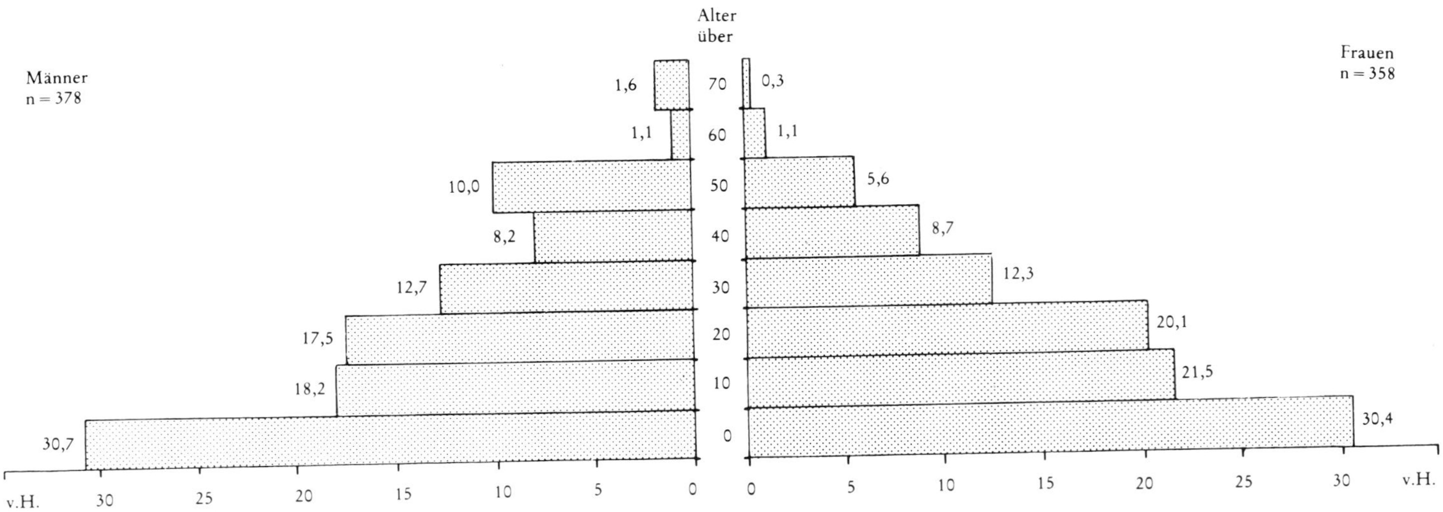

Quelle: Errechnet nach den Angaben bei CHRISTMANN (1960), S. 33-58.

Graphik 2

Altersaufbau der Einwohner der Stadt Zürich und ihrer Vororte 1637

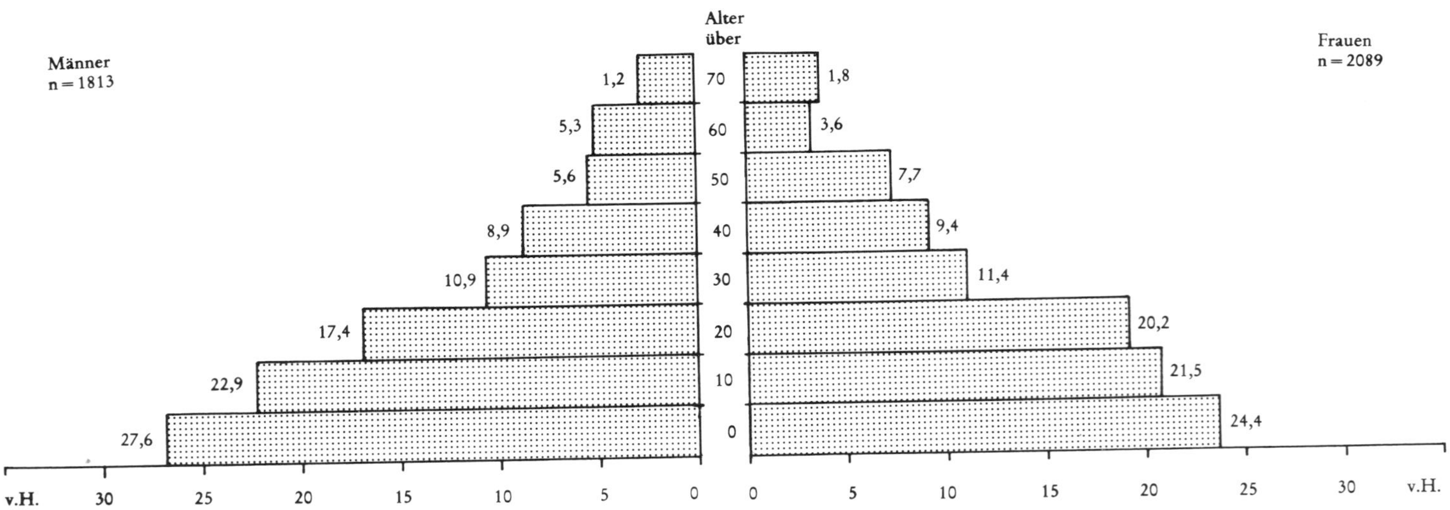

Quelle: DASZYNSKA (1889), S. 388.

die Erträge zu erhöhen[26]. Albrecht Dürer hat diese unterschiedliche Bewertung der alten Menschen in seinen Bildern mit großer Deutlichkeit zum Ausdruck gebracht. Sein Gemälde des greisen Patriziers Hieronymus Holzschuher aus dem Jahre 1526 zeigt eine höchst würdevolle, achtungsgebietende Persönlichkeit (Bild S. 91), und auch den Maler Michael Wolgemut hat er 1516 als schätzenswerten Mann auf der Leinwand verewigt (Bild S. 22), während auf einem Kupferstich aus dem Jahre 1519 ein Bauernpaar, das Geflügel und Eier auf dem Markt feilbietet, eher als närrisch, schrullig und würdelos dargestellt ist (Bild oben).

Auch auf dem „Bildnis eines Greises" vom Meister WB erscheint der alte Mann, der ebensogut eine alte Frau sein könnte, als physisch deformierte und sonderliche Figur (Bild oben).

Wie ist die geringe Lebenserwartung dieser Jahrhunderte zu erklären? Warum fällt sie gegenüber früheren Zeiten ab? Warum gibt es im 15. bis 17. Jahrhundert nur wenig alte Menschen? Man hat die extrem flache Form der frühneuzeitlichen Alterspyramide vor allem auf das Fehlen hygienischer Maßnahmen zurückgeführt, die schon seit dem Sturz des Römerreiches in Vergessenheit geraten waren. Jahrhunderte hindurch bleiben Malaria, Pest, Blattern, Lepra, Syphilis, Typhus, Ruhr und Diphtherie, von den vielen anderen Krankheiten ganz zu schweigen, fast vollkommen unbekämpft. Als Geißel Gottes kommen und gehen sie, sind gerechte Strafe des Allerhöchsten, in dessen Ratschluß der Mensch nicht einzugreifen hat. So heißt es ganz nach dem Verständnis der Zeit in der Präambel zur Gründungsurkunde der „Alte Beliebung von 1629", einer Bestattungsgilde der Stadt Schleswig aus der Pest- und Notzeit des Dreißigjährigen Krieges:

[26] Vgl. ROSENMAYR: Fragmente (1978), S. 444f.

1516

„Nachdem durch Verhängniß des lieben Gottes, dessen gerechte Sünden-straffe, nemlich die gifftige Seuche der Pestilenz, leider allhie ... umb sich gefressen, daß die Menschen schleunig und erbärmlich danieder fallen.“ [27]

Mitten im Leben, zum Zeitpunkt höchsten Glücks und höchster Schaffenskraft ist jeder dem Tode nahe. Man weiß nur zu genau, daß schwere Krankheiten, von Seuchen nicht zu sprechen, unweigerlich den Tod bedeuten und betet um eine rasche Erlösung von den Schmerzen. In Holbeins „Totentanz“ zieht ein eben erst getrautes Ehepaar in sein Haus ein; die Trommel aber schlägt als Brautführer der Tod. In der frühen Neuzeit stirbt nur das Vieh an Altersschwäche, der Mensch jedoch bereits vor Erreichen eines höheren Alters zumeist an einer der vielen ungezügelten Krankheiten. Im „Simplicissimus“ heißt es: „Das Vieh verdirbt vor Alter, und der arme Mensch vor Krankheit: Der eine hat den Grind, der ander den Krebs, der dritte den Wolf, der vierte die Franzosen, der fünfte das Podagram, der sechste die Gicht, der siebente die Wassersucht, der achte den Stein, der neunte das Gries, der zehente die Lungensucht, der elfte das Fieber, der zwölfte den Aussatz, der dreizehente das Hinfallen, und der vierzehente die Torheit! ... Der eine stirbt in der Wiegen, der ander in der Jugend auf dem Bett, der dritte am Strick, der vierte am Schwert, der fünfte auf dem Rad, der sechste auf dem Scheiterhaufen, der siebente im Weinglas, der achte in einem Wasserfluß, der neunte erstickt im Freßhafen, der zehente erwürgt am Gift, der elfte stirbt jähling, der zwölfte in einer Schlacht, der dreizehente durch Zauberei, und der vierzehente ertränkt seine arme Seel im Tintenfaß.“ [28] Man stirbt an allen möglichen Krankheiten und Unglücksfällen mitten im Leben, nur an Altersschwäche stirbt niemand. So hat auch die normale Ehe des Reformationszeitalters nicht lange Bestand. In der Stadt Uelzen ist nach zehn bis fünfzehn Jahren bereits mehr als die Hälfte aller Ehen durch den Tod eines Partners beendet. Die „goldene Hochzeit“ zu feiern, bleibt hier niemandem vergönnt.

Es wäre aber falsch, den Menschen des 16. Jahrhunderts jedes hygienische Bewußtsein abzusprechen. Man macht sich Gedanken, wie die Gesundheit zu erhalten sei, aber wie sie gefördert und Alter und Gebrechen hinausgeschoben werden können, darüber herrschen naive und teils kuriose Vorstellungen. Zwar kommen in diesem Jahrhundert das Badehaus und die Badestube in Mode, und Bader, Barbiere und Scherer üben dort eine Art ärztlicher Praxis aus, doch tragen viele auch ihre ansteckenden Krankheiten mit ins Bad und waschen dort, nach den Worten von Guarinonius, ihre „Räude“, „Colben“ und „Frantzosen“ ab. Die Schöpfbrunnen bilden trotz laufender Überwachung eine stete Gefahr für Verseuchung, und wie in den Badehäusern ist auch in den Herbergen und Spitälern niemand vor Ansteckung sicher. Als im Jahre 1547 die kaiserlichen Truppen aus Schwäbisch Hall abziehen, lassen sie im dortigen Spital rund 300 kranke Soldaten zurück mit der Wirkung, daß die Hälfte der einheimischen Insassen sich infiziert und stirbt [29].

Tabelle 1

Dauer der zwischen 1553 und 1600 in Uelzen geschlossenen Ehen

Von 100 Ehen dauerten:

Jahre	Anzahl
über 05	82
über 10	60
über 15	45
über 20	32
über 25	21
über 30	12
über 35	8
über 40	2
über 45	1
über 50	0

Quelle: Errechnet nach WOEHLKENS (1954), S. 90.

Syphilis und Aussatz sind im 16. Jahrhundert unheilbar, treten jedoch nicht epidemisch auf und erfassen nur einen kleinen Personenkreis. Da ihre Ursachen bekannt sind, „Luxuria und Venus“, lernt man gegen sie vorzugehen, so daß beide während des Jahrhunderts leicht zurückgehen. Anders dagegen die Pest: Sie ist *die* Massenseuche vom 14. bis 17. Jahrhundert, Schrekkenswort dieser Zeit, „der schwarze Tod“ oder „das große Sterben“. Man steht ihr mit hängenden Armen gegenüber, wenn sie ganze Dörfer und vor allem Städte niedermäht. Zwar erlassen die Behörden rigorose gesundheitspolitische, vorbeugende Vorschriften, um die Krankheit auf ihre Herde zu beschränken, setzen mit harter Hand Quarantäne-Vorschriften durch, sperren Häuser und Straßen ab oder mauern die Bewohner ein und verbieten auch den Gesunden, ein von der Pest befallenes Haus zu verlassen.

Die Zahl der Opfer wird von den Zeitgenossen immer sehr hoch beziffert: Durchweg Tausende, bisweilen über Zehntausend, die in einer einzigen Stadt sterben. Fast jede Familie hat eine große Zahl an Toten zu beklagen. Der Regensburger Chronist Leonhard Widmann verliert durch die Seuche von 1536 achtzehn Angehörige, junge und alte, wie er schreibt. Hans von Schweinichen dokumentiert, daß während seines Aufenthalts in Köln

[27] Zit. nach SCHOTTE (1961), S. 374.
[28] GRIMMELSHAUSEN (1985), S. 479f.
[29] Vgl. ZEEDEN (1968), S. 282ff.

im Jahre 1576 sein Wirt durch die Seuche „zehn Personen an Kindern und Gesind" verloren hat[30]. Die Pest läßt vor allem und zuerst die sterben, die über keine Reserven verfügen, die Alten, Kranken und Säuglinge. Die Lebensmittelversorgung stockt, weil sich niemand in die verseuchten Städte hineintraut, und auf dem Land verhungert zum Teil das Vieh und verdirbt die Frucht auf dem Feld, weil die Pest die Arbeitskräfte hinweggerafft hat. Jede Seuche hinterläßt zahlreiche Waisen, Witwen und Witwer, schlägt eine neue, tiefe Kerbe in jede Altersstufe, füllt die Gräber und leert die Häuser. In dem Kirchspiel Böhringen auf der Uracher Alb, über das genauere Informationen vorliegen, sterben im Jahre 1608 infolge einer Pestepidemie von 1000 Lebenden 134; bis zum Jahre 1630/34 fällt die Sterblichkeit auf die heute gültigen Werte von unter 11, die Pest „macht Ferien" (Pierre Goubert), um dann 1635/36, während einer erneuten Pestwelle, auf einen Extremwert von 929 zu springen, oder in die Wirklichkeit übersetzt: von den rund 580 Einwohnern sterben 539[31]. Der „Allesfresser" überfällt ganze Landstriche; die Menschen rufen Gott um Rettung an, suchen ihn mit Prozessionen um Vergebung nach und erhöhen damit die Ansteckungsgefahr nur noch weiter.

Für die Künstler ist die Pest ein von einem erbosten Gott gesandter Pfeilregen, der über die Menschen niedergeht. Auf dem Diptychon des Martin Schaffner schießen Engel aus einem Gewitterhimmel Pfeile auf die sündige Menschheit herab. Auf einem anderen Bild eines unbekannten Meisters werden Menschen unversehens von Pfeilen getroffen: an der Leiste und in der Achselhöhle, wo die Beulen am häufigsten auftreten[32]. Unter dem deprimierenden Eindruck des Dreißigjährigen Krieges malt um das Jahr 1630 ein Unbekannter die berühmte, lebensgroße Tafel mit dem „Tuntenhausener Tod", ein Skelett als Bogenschütze, das mit höhnischem Grinsen gegen jeden Betrachter, wo dieser auch steht, seine tödlichen Pfeile abschießt: „Fleuch wo du wilt, des Todtes Bild stätz auf dich zilt." [33]

Wer der Pest entgeht, auf den warten andere Gefahren. Kriege und Hunger sorgen dafür, daß nur wenige Menschen alt werden. Keine Zeit vorher und nachher wird so sehr wie das 16. und frühe 17. Jahrhundert durch eine Unzahl an Aufständen, Kriegen, Rebellionen und Revolten erschüttert. Obwohl in kaum einer anderen Zeit ein Teil der Menschen so üppig und so verschwenderisch ißt und trinkt, feiert und sich vergnügt, reicht für den Großteil der Bevölkerung seit dem letzten Drittel des Jahrhunderts die Nahrungsgrundlage kaum mehr aus. Die Zahl derjenigen, die sich nur knapp ernähren können, oder die hungern müssen, steigt ständig, wächst wegen der stetigen Bevölkerungsvermehrung und der damit nicht Schritt haltenden Nahrungsmittelproduktion weiter an und erhöht sich im Dreißigjährigen Krieg nochmals. Die Folgen dieses in unregelmäßiger Folge wiederkehrenden Hungers sind allgemeine Schwächung, Anfälligkeit für Krankheiten und auf diesem Umweg der frühe Tod[34]. In diesem Kampf ums Überleben erscheint der alte Mensch oft als unnützer Esser, der die Armut verschärft und dem man leicht die Schuld am Absinken in die sozial diskriminierte Unterschicht zuschieben kann.

Wer den Seuchen entflieht und den Kriegen mit heiler Haut entkommt, den bedrohen zahlreiche andere Risiken, gewaltsam oder auf nicht natürliche Weise zu Tode zu kommen. Hunger, Seuchen und vor allem der Dreißigjährige Krieg haben zu einer beispiellosen Verrohung der Sitten geführt. Das Menschenleben hat an Wert verloren. Von den fünf Söhnen des Volkrad von Roßdorf, eines Ratsherrn in Schwäbisch Hall, wird einer in einem Gasthaus von dem Wirt erschlagen; ein zweiter wird erstochen, als er im Vollrausch randaliert; ein dritter stürzt sich ebenfalls betrunken auf einer Treppe zu Tode und zwei andere kommen im Krieg ums Leben[35]. Sicherlich ist das Schicksal dieser Familie nicht zu verallgemeinern, aber es beschreibt einen Teil der frühneuzeitlichen Wirklichkeit mit ihrer ganzen Derbheit und Brutalität.

In allen Lebensaltern ist die Sterblichkeit überaus groß. In der Stadt Frankfurt a.M. sterben in der zweiten Hälfte des 16. Jahrhunderts von 1000 Lebenden im Durchschnitt 51 pro Jahr. In der ersten Hälfte des folgenden Jahrhunderts sind es infolge der Kriegsnot bereits 68, gegenüber 34 im 18. Jahrhundert und 17 im letzten Jahrzehnt des 19. Jahrhunderts[36]. Dies sind Durchschnittswerte, die ein unablässiges Auf und Ab überdecken. Stetig ist nur die Sicherheit, bald und unverhofft zu sterben. Der Einzelne lernt beizeiten, daß er eher früher als später dem allgegenwärtigen Tod in die Arme laufen wird. Wer diesem stündlich anstürmenden Tod länger als andere auszuweichen vermag, der sammelt während dieser Hetzjagd durch die Kälte und Nässe des Alltags viele tiefe und schmerzliche Narben, und das Alter wird kein geruhsamer Lebensabend, sondern eine zunehmende Quälerei, die die zeitgenössische Medizin nicht zu lindern weiß. Auf einem Holzschnitt von Konrad Meyer aus dem Jahre 1650 tritt nach dem Vorbild von Holbein eine Frau an der Hand des Todes in das Studierzimmer eines Arztes. Der Tod hält dem Mediziner einen Schädel vor und zitiert den in dieser Zeit bekannten Spruch: „Herr Doktor, Dein

30 Zit. nach ZEEDEN (1968), S. 293.
31 Vgl. HECKH (1939), S. 137f.
32 Vgl. DELUMEAU (1985), Bd. 1, S. 148f.
33 Abb. bei METKEN (1984), S. 22.
34 Vgl. VAN DÜLMEN (1982), S. 206 und CHAUNU (1968), S. 305.
35 Vgl. ZEEDEN (1968), S. 288.
36 RUBNER (1928), S. LXXI.

berühmte Kunst, dem Tod zu wehren, ist umsumst. Kein Kraut noch Wurz diesselb verdirb, erhalt das Leben, das nicht stirbt.“ [37] Die Medizin der Zeit ist noch weit davon entfernt, die vielfältigen Prothesen des 20. Jahrhunderts anzubieten. Sie vermag nur die Leiden zu verlängern, nicht jedoch ein annehmliches Leben bis ins hohe Alter zu sichern. Es wird verständlich, wenn Hans Sachs auf die Frage: „Welches wer das ellendst thier auff gantzer erd?“ antwortet: „Das ist ein alter armer man,/ Der beraubet ist all seins guts,/ Gantz aller freud und freyen muts/ Uberfallen durch lange zeyt/ Mit anzal der gebrechligkeit.“ [38] Mitten im Dreißigjährigen Krieg schreibt der Hofjunker und Arzt Paul Fleming sein Gedicht „Über eine Leiche“, worin er angesichts der unsäglichen Qualen des Lebens den Tod von Jugendlichen preist: „Wer jung stirbt, der stirbt wol. Wen Gott zu lieben pflegt, der wird in seiner Blüt’ in frischen Sand gelegt. Der Tod hält gleiches Recht. Wer hundertjährig stirbet, verweset ja so bald, als der, so jung verdirbet und besser stirbt als er.“ [39]

Diese Verdichtung des Sterbens, die nur wenige ein höheres Alter erreichen läßt, hat die Einstellung der Menschen zum Leben und zum Alter mit ungeheurer Kraft geprägt. Die alltägliche Unmittelbarkeit des Todes, der fidelnd in den Reigen von Königen und Bettlern, Bischöfen und Bauern, Reichen und Armen, Greisen und Kindern tritt, hat den Todesgedanken seit dem Mittelalter zu einem großen Kulturgedanken gemacht, der im frühen Totentanz den Vergänglichkeitsmythos volksnah verankert. Es ist bezeichnend, daß das Totentanzmotiv gerade während der großen Epidemie von 1348 aufkommt und die meisten Totentänze zwischen dem 15. und 18. Jahrhundert entstehen, als die Pest das Abendland ständig bedroht. Die großen Pestwellen und die Kriege verändern die europäische Kunst ebenso wie die kollektiven Verhaltensweisen, die sittlichen Normen und Gebräuche. Weitaus häufiger als früher werden jetzt Gewalt, Leiden, Sadismus, Irrsinn und Grausamkeiten dargestellt. Man beschwört die Seuche — versucht durch eine Art Exorzismus die Pest zu vertreiben. Seit Holbein d.J. kann von einer gelassenen Todesbereitschaft und Mystifizierung des Todes kaum noch die Rede sein. Der Mensch versucht dem Tod entsetzt zu entfliehen, der jetzt in der Kunst ebenso wie in der Realität in ekelhafter Scheußlichkeit erscheint, als Gerippe mit grinsender Fratze, als Aas, Handlanger des Satans, Antipode des Lebens, der „Würger“, der sich nicht mehr damit begnügt, die Menschen sanft zu berühren, sondern der ihnen Gewalt antut. In radikalem Realismus lassen Geistliche den Tod auf Altarflügel malen, Knochenmänner, die jedem Sünder den Angstschweiß auf die Stirn treiben sollen: „Wann du recht kenntest mich/ so würdest bessern dich. Wann du vergisst schon meiner/ vergiss ich doch nit deiner“, mahnt das Gerippe von einem Totenaltar, der heute im Heimatmuseum von Schrobenhausen aufbewahrt ist [40]. Im Bayerischen Nationalmuseum in München befinden sich Totenköpfe aus Elfenbein, die im 16. und frühen 17. Jahrhundert als Memento mori und Rosenkranzanhänger dienten und halb verweste Gesichter darstellen, die von Schlangen und Fröschen zernagt werden. Auf Grabplatten setzt sich zur gleichen Zeit das Thema der mehr oder weniger vermoderten „Transi“ durch, denen bisweilen aus offenem Bauch die Eingeweide heraushängen [41].

Das Alter gerät als Vorstufe des Todes in den Sog dieser makabren Darstellungen. Mit den Medizinern sehen viele in Krankheit, Alter und Tod eine innere Fäulnis, die die schwach gewordene Körperhülle durchstößt. Spätestens der Sechzigjährige verfügt nicht mehr über genügend Kraft, die Würmer der Verwesung abzuwehren. Die Gerüche der Fäulnis blähen seinen Körper auf und bringen diesen zum Platzen [42]. Der alte Mensch, und damit ist oftmals bereits der Dreißig- und Vierzigjährige gemeint, verfällt bereits zu Lebzeiten und wirkt auf seine Umwelt abstoßend. So wird verständlich, daß in den Totentänzen der vom Leben gebeutelte Greis, seinem „Freund Hein“ im Aussehen oft nicht unähnlich, von diesem ganz bedächtig ins Grab, in die Erlösung geleitet wird (Bild S. 26f.) [43]. So werden auch die evangelischen Begräbniskompositionen der zweihundert Jahre nach 1550 begreiflich, die nicht von Trauer und Niedergeschlagenheit geprägt sind, in denen kein Schmerzensruf ergeht, in denen keinerlei Wehmut, nicht einmal Betrübnis erklingt. Sie verkünden die fröhliche Botschaft vom glückseligen Sterben, da die Verstorbenen in Gottes Hand von keinerlei Qual mehr berührt werden. „Mit Fried und Freud fahr ich dahin“, lautet ein bekannter Choral Luthers.

Dagegen hatten noch zu Ausgang des Mittelalters die Männer der Kirche versucht, den Menschen Angst einzuflößen, eher Höllenangst als Todesangst, um sie sich gefügig zu machen und vor die Altäre zu treiben. Sie hatten damit zwar nur zum Teil Erfolg, erweckten aber gleichwohl mit ihren Schreckensgemälden vom Tod nachhaltigen Eindruck. Und da sich auch die nicht enden wollenden großen Epidemien im Gedächtnis der Menschen als tiefe Erinnerungsspuren eingraben, sucht die Mehrheit der Zeitgenossen zu retten, was vom Leben noch zu retten ist, kostet es in tiefen Zügen aus und gibt

---

37 Zit. nach Schadewaldt (1984), S. 91.

38 Keller (1964), Bd.7, S. 323.

39 Lappenberg (1965), Bd. 1, S. 39.

40 Siehe Metken (1984), S. 20f.

41 Vgl. Ariès (1980), S. 148.

42 Vgl. ebd. S. 156f.

43 Bild aus Johannes Weichardus: Schau-Bühne des menschlichen Todts in drey Theil, Saltzburg 1682, S. 88f.

SENEX.

HEu mortis plena est: morbusque est ipsa senectus:
Viribus amissis debilitata jacet.
Musica, nec blandi mihi dant solatia cantus:
Hoc pertriste quies vnica corpus alit.

MORS.

NOn pro quæsita, plectrum tibi pulso quiete:
Ut tibi eo morbum, tristiamve levem;
Me sed vt extremam, facias ludente choream:
Donec cane senex, ad mea vota cades.

Alter.

KRanck vnd Schwachheit mich beglaiten/
Als Geferdten meiner Raiß;
Todt/ vnd Leben in mir streitten/
Jeder wil den alten Greiß:
Mich ergötzen keine Lieder/
Keiner der so spilt wie du/
Nichts erfreuet meine Glider/
Als erwünschte stille Ruh.

Todt.

MAinst du daß ich nach deim Willen/
Vnd allein zu deinem Trost/
Her bin kommen auffzuspillen/
Alter! hast nicht recht gelost/
Meiner Harpffen trübes klingen/
Tunckelt allen Freuden Glantz/
Soll dir auch die Zeittung bringen/
Zu dem letzten Todten Dantz.

Spiritus meus attenuabitur dies mei breviabuntur, & solum mihi superest sepulchrum.

Job. cap. 17.

Mein Geist wird schwach / vnd meine Tage werden abgekürtzet / allein das Grab ist mir über.

Job. cap. 17.

dem irdischen Sein den Vorrang. Die Angst vor dem Jenseits verringert sich bei vielen und man klammert sich mit mehr Energie ans diesseitige Leben[44]. Gleichwohl kommt in den Bildern des Todes und der Verwesung auch der Schmerz über die Unzulänglichkeit der Bemühungen um Lebensfreude zum Ausdruck. Die Künstler halten diese allseits um sich greifende Sucht im Bilde fest. Hieronymus Bosch sieht in seinem „Narrenschiff", das er um das Jahr 1500 malt, die Gesellschaft in übertriebener Ausgelassenheit eine Vergnügungsreise antreten. In lauter Runde betrinkt man sich und übergibt sich, um weiter essen und trinken zu können.

Von diesem taumelnden Bacchantenchor, der sich durch das grämliche Eifern der Prediger nicht zur Ruhe bringen läßt, wird der alte Mensch oft roh und brüsk zur Seite geschoben. Wo die Menschen von einer fast närrischen Liebe zum Leben und zu den irdischen Gütern gepackt sind, stören das von Krankheit verseuchte Alter und die griesgrämigen Alten. Die Unpäßlichkeiten und Leiden der letzten Lebensphase vergällen jede Freude. An den Tischen des 15. und frühen 16. Jahrhunderts, die sich in einem halbleeren Land mit ausgedehnten Viehweiden unter der Last der Fleischportionen biegen[45], kommen die stiernackigen, vor Kraft strotzenden jungen Männer auf ihre Kosten, nicht jedoch die verbrauchten Alten mit ihren tausend Zipperlein und Leiden, ihrer Hinfälligkeit und sauertöpfischen Zurückgezogenheit. Ihr Anblick steigert die Angst und die Verachtung vor dem Alter, das gemieden wird und sich teils selbst isoliert.

Mitleid und Zartgefühl sind nicht eben Tugenden dieser Zeit. Norbert Elias hat anhand einer Fülle von Beispielen die Lust der Zeitgenossen an Raub und Kampf, Quälen und Töten, Fressen und Saufen geschildert. Zwar ist vieles von dem im 16. Jahrhundert bereits keine gesellschaftlich erlaubte Freude mehr, wird verfemt und unter die Knute der Zivilisation genommen, doch feiern die ungebändigte Angriffslust und die Freude an fremder Qual während des Dreißigjährigen Krieges eine triumphale Wiederauferstehung. Selbst die Bambergische Halsgerichts-Ordnung von 1507 und die Carolina Karls V., mit denen Kaiser und Landesherren die ungezügelten, blutigen Fehden in den Griff bekommen wollen, haben nichts gegen grausame Folterungen einzuwenden, um Geständnisse zu erzwingen. Einen Eindruck von der Roheit und dem Blutrausch dieser Zeit vermitteln auch die zahlreichen Altartafeln aus dieser Zeit mit Darstellungen von Martyrien oder der Kreuzigung Jesu. Die „Geißelung Christi" von Jerg Ratgeb aus dem Jahre 1519 auf dem sogenannten „Herrenberger Altar", der in der Staatsgalerie Stuttgart ausgestellt ist, ist nur eines von vielen Beispielen. Noch brechen die Emotionen, verglichen mit dem 20. Jahrhundert, ungebundener, unverhüllter, unvermittelter und unberechenbarer aus. Noch schlägt die Stimmung rascher ins Gegenteil um. Die Intensität von Freude und Lust an derber Fröhlichkeit, die unbezähmbare Gewalt des Hasses und der Angriffsneigung, die Tiefe der Frömmigkeit und die Gewalt der Höllenangst sind alles Symptome eines emotionsgeladenen Lebens[46]. Der alte Mensch, der auf Rücksichtnahme angewiesen ist, kommt hier leicht unter die Räder, zumal die ständigen Kriege — darauf hat schon Max Weber hingewiesen — zu einer altenfeindlichen Verrohung führen.

Auch die Literatur der Zeit quillt über von grobschlächtigen Reden, saftigen Rüpeleien und zotigen Witzen. In den Schwänken, die von einem spottenden und sich auf die Schenkel schlagenden Übermut sind, steigert sich diese natürliche Derbheit bis zur Grausamkeit. Sie eröffnen uns den Blick in eine übersexualisierte Welt, in welcher der alte Mensch nicht mehr mithalten kann und dafür das erniedrigende Hohngelächter einer kraftstrotzenden Jugend über sich ergehen lassen muß, die übergesund weit über die Stränge schlägt, die nach ihren Begierden lebt und sich noch von keiner Sitte in Ketten legen läßt. Wer in der Zimmerschen Chronik blättert, verspürt sehr schnell etwas von der Ungebundenheit und den Werten dieser Zeit. Er findet eine Menge Geschichten, Erzählungen von Männern, die „über alle maßen under der girtel wol verfast sein gewesen" und von Frauen, die nie gesättigt werden konnten[47]. Die zahlreichen Abbildungen der Badefreuden in den Badehäusern, wie sie neben anderen Hans Bock d.Ä. gemalt hat, lassen einiges verspüren von der rohen Freude am prallen Leben der Renaissance. In diesem Umfeld feiern die mutigen Draufgänger die größten Erfolge, die mit den härtesten Muskeln, die bullennackigen Kerle, die leiblichen, nicht die geistigen Helden, erst recht nicht die ängstlichen, zittrigen Greise. Und da für solche Ausschweifungen nur wenig Zeit bleibt, verfahren die Menschen nach der alten Losung „carpe diem", suchen ihre Angst vor dem Ende zu betäuben und feiern die schönen Dinge des Lebens. Man verherrlicht Leib und Jugendlichkeit und verachtet das Alter, das den Menschen seiner „freud und wollust beraubet", dazu seiner Schönheit, „sterck", „krafft und macht"[48]. Man huldigt wie besessen Ausschweifungen und Exzessen. Man verdrängt Alter und Tod und beschwört diesen mit allen Mitteln des diesseitigen Lebens. Man klammert sich mit aller Kraft an die Dinge dieser Welt und mißt ihnen ganz neue Bedeutung bei. Das Aufkommen der Stilleben im 15. Jahrhundert,

---

[44] Vgl. ARIÈS (1980), S. 167.
[45] Vgl. BRAUDEL (1985), S. 197ff.
[46] ELIAS (1978), S. 267ff.
[47] Vgl. PEUCKERT (1948), S. 90ff.
[48] KELLER (1964), Bd.4, S. 34; vgl. auch GUMBEL (1936), S. 202ff.

zunächst noch als Darstellung kostbarer Gegenstände des täglichen Gebrauchs in Verbindung mit einer Person, ist ein Indiz dafür. Die vielen kleinen Objekte auf dem „Bildnis des Kaufmanns Georg Gisz“ von Hans Holbein d.J. aus dem Jahre 1532, die „Frühstückstafeln“ von Maerten van Heemskerk und schließlich die endgültigen „Stilleben“ von Willem Claesz Heda aus dem Jahre 1634 feiern die Werte des diesseitigen Lebens, halten sie fest und erheben sie zu „Schätzen“. Und weil Alter und Tod jetzt nicht mehr nur Abschluß des irdischen Seins sind, sondern auch Trennung von Hab und Gut bedeuten, träumt man den Traum vom Jungbrunnen, wie ihn Hans Sebald Beham um 1530 in Holz geschnitten (Bild unten) und Lucas Cranach d.Ä. 1546 gemalt hat (Bild S. 94). Jugend und Alter rücken hier in die Nähe des Gegensatzpaares Leben und Tod. Der grausamen Wirklichkeit setzt der Maler das phantastische Wunschbild einer erträumten Welt gegenüber. Alte Männer und Frauen mit zahnlosen Mündern, eingefallenen Lippen, stumpfen Augen, strähnigen und matten Haaren, allesamt kraftlose Körper mit hängenden Brüsten, steigen hier gebeugt, krank und lahm in das Becken hinab oder werden hinabgetragen, um auf der anderen Seite jung und frisch, allen Freuden des Lebens offen, zu entsteigen. Etwa zur selben Zeit glaubt Theophrastus Paracelsus, mit ganz anderen Mitteln das Leben noch über sein natürliches Maß hinaus verlängern zu können, „dan besser ein lang leben erstritten als ein kurz leben und den wollust diser welt nicht ansehen“. Er lehrt die Überwindung des Alters, die Erneuerung des Leibes, seine Säuberung und Verjüngung [49].

Zur gleichen Zeit werden auch die Altweiber- und Altmännermühle sowie die Verjüngung durch Umschmelzen im Glutofen zu einem festen Bestandteil der populären Druckgraphik in Europa. Dazu heißt es in einem Begleittext:

Darumb ir weyber ist meyn rath
Welche hab ein alten mann
Ders feld nit me wol bauwen kan
Dem treüfft die nas/ die augen rinnen
Und der auch nit ist wol bey sinnen
Und der auff dreyen fiessen geet
Und dem der schertz nit wol ansteet
...
Kompt her es kostet doch nie vil
Die ihren mann jung haben will
Der kost wirt sie gar nit gereüwen
Wann sye den mañ sicht also neüwen
Schön und frisch mit kradem leyb
Mit dem sie dann ir kurtzweil treybt [50].

Verjüngung durch Kochen und Verbrennen sind alte und weitverbreitete mythologische Motive. Während der Reformationszeit kommt das Zermahlen hinzu, zu einer Zeit also, die sich, wie schon ihr Name ausdrückt, als Zeit der Erneuerung versteht, die dem Alten feindlich gesonnen ist. Im Jahre 1521 taucht in einer religiösen Streitschrift erstmals die Mühle auf, mit deren Mehl „Doktor Luther das gute Brot bäckt“: Luther, der die christliche Lehre von altem Unrat reinigt. Um das Jahr 1600 finden sich die ersten „Altweibermühlen“. Zur Mitte des Jahrhunderts verfertigt Paulus Fürst den Kupferstich „Die Verjüngungsmühle“ (Bild S. 30) und schreibt dazu unter anderem: „Tuwissen sey hiemit allen Männern, so gar Alte oder sonnsten Heßliche Ungestalte Weiber haben, daß alhier gegenwertig ankommen ist ... Eine Künstlich Winnd Müll, auff welcher man die Alten ... alle wider gantz schön vnd sauber Mallen vnd herauß Beiteln kan, daß sie alßdann ihren Männern wider gantz anmuttig vnd erfrewlich zugestellt werden. Welcher Man nun also ein solch Hesslich Weib hat, der kan sie alhier ... umb ein geringes Geldt wider schön vnd sauber bekommen, vnd mag alßdann sein Lust vnd Freud mit Ihr nach seinen willen haben vnd genüesen, so gut er kan.“ Während in Deutschland die alten Frauen nur physisch

[49] Zit. nach PEUKERT (1948), S. 97.
[50] Zit. nach MEYER (1964), S. 162; vgl. auch RANKE (1977), S. 441f.

Künstliche Wind-Müll:

Auff welcher mann die Alten: sowol auch sonsten Hesslich vnnd Vngestalten Weiber widerumb gantz schön vnd sauber durchmallen, vnd herauss Beitelen kan

Zuwissen sey hiemit allen Männern, so gar Alte oder sonnsten Hessliche Vngestalte Weiber haben, dass alhier gegenwertig ankommen ist, Ein künstlicher Müllner, welcher mit sich hierzugegen gebracht hat, Eine Künstliche Wind Müll, auff welcher man die Alten: sowol auch sonnst Hässlichen Vngestalten Weiber alle wider gantz schön vnd sauber Mallen vnd herauss Beiteln kan, dass Sie alssdann ihren Männern wider gantz anmuttig vnd erfrewlich zugestellt werden. Welcher Man nun also ein solch Hesslich Weib hat, der kan sie alhier (wie diese Figur weisset) umb ein geringes Geldt wider schön vnd sauber bekommen vnd mag alssdann sein Lust vnd Freud mit Ihr nach seinen willen haben vnd geniessen so gut er kan. Wornach sich ein Jeder bedürfftiger zurichten hat.

verjüngt werden, legt man in Frankreich auch auf ihre moralische Besserung Wert: Besserung vom vielen Klatschen und Kokettieren [51].

Lebensgenuß und Verfall der Moral gehen an den Problemen der alten Menschen achtlos vorbei. Zur Konfrontation zwischen Jung und Alt kommt es, wo die ältere Generation, die als Bauern, Handwerker oder Händler auf den besten Stellen sitzt, dem Lebensgenuß der Jüngeren im Wege steht. Im Vollbesitz ihrer Kräfte müssen diese warten, bis die Alten den Platz räumen, sie müssen ihnen dienen, vor ihnen katzbuckeln, um den Erbanspruch nicht zu verlieren, sie müssen für die arbeiten, die mit ihrem Einkommen nicht mehr viel anfangen können, die nur noch mit Mühe auf ihrem Geldsack Platz nehmen können, denen die Puste ausgeht, wenn sie diesen Reichtum in Lebensgenuß umsetzen wollen. Die Jugend des ausgehenden Mittelalters und der frühen Neuzeit, die sich lebensgierig zeigt wie keine vor ihr und nach ihr, die nach dem Grundsatz handelt: „Lasset uns essen und trinken, denn morgen sind wir tot", sieht sich durch die ältere Generation in diesem Drang gehemmt, kommt aber in einer bäuerlichen Welt mit deren vielen sächlichen Zwängen am Alter nicht vorbei. Man denkt und redet von den Alten wie von verbrauchten, unnützen, abgehalfterten Gäulen und schmeichelt ihnen lediglich, wenn man an ihr Geld will. In dem Gedicht „An die alte Roß" von Georg Rudolf Weckherlin aus dem Jahre 1616 heißt es in der deftigen Sprache der Zeit:

Roß, deine schönheit ist dahin,
Dein aug gläntzet wie alte scherben;
Kein Knecht will deine haut mehr gerben;
Er wissz dan vor, was sein gewin:
Und solt sich einer ja verfahren,
Und stöllen, als ob Er dir hold,
Glaub du, Er lieb nicht deiner haaren,
Sondern nur deines beuttels gold [52].

Diese unbändige Sucht nach Leben, die im Tun und Träumen eines Großteils der Menschen allzeit zutage tritt, läßt die Jugend an den Sorgen und Nöten der Alten vorbeisehen. Die in rascher Folge wiederkehrenden Pestwellen führen bei vielen zudem zu einem gänzlichen Verlust an Moral und Mitgefühl. Die meisten Pestchroniken beschreiben diesen Prozeß, den Zusammenbruch des öffentlichen Lebens, die Angst der Menschen vor dem Nachbarn, die Abnahme aller Gebote der Nächstenliebe. Die gegenseitigen Beziehungen ändern sich grundlegend. In einer Zeit, in der man einander am nötigsten gebraucht hätte, läßt man einander im Stich. Die erzwungene Einsamkeit regiert. Viele suchen das Weite: die Ärzte verlassen die Kranken, Pfarrer ihre Gemeinden, Eltern ihre Kinder und Kinder ihre Eltern. In seiner Schrift von 1527 „Ob man vor dem Sterben fliehen möge" versichert Martin Luther: „So jagt denn der teuffel wer da fleucht, und behelt gleichwohl den, der bleibt, da yhm also niemand entleufft." [53] Boccaccio berichtet: „Auch mer und erger die kinder ließen vater und muter und alle freunde. ... Alle barmherzigkeit waz verschwunden." [54] Ähnliche Begleitumstände findet man nach Daniel Defoe 1665 in London: „Der Selbsterhaltungstrieb schien hier das oberste Gesetz zu sein: Kinder flohen vor ihren Eltern, die in schlimmster Pein dahinsiechten." [55] Im Jahre 1608 reimt ein unbekannter Verfasser „Ein schönes Todten Liedlein", worin der Pesttod als der normale Tod dieser Zeit erscheint:

Dem du zuvor warst lieb vnd werth/
Dem bringstu jetzt ein grausen/
Der vor bey dir all tag einkehrt/
Der bleibt jetzund wol draussen:
Schleicht heimlich für
Bey deiner Thür/
Kein Gsell will dich mehr kennen:
Du ligst im Beth/
Vnd seufftzest steth/
Das Gwissen thut dich brennen.

Das Fleisch wird stincken wie ein Aß,
Kein Mensch mag bey dir bleiben:
Man wird vestopffen Mund vnd Naß/
Dich auß der Gmeind vertreiben:
Nur flugs hinauß
Mit dir zum Hauß/
Die Leut ab dir erschrecken/
Man deckt dich zu/
Da schlaff mit ruh/
Niemand wird dich auffwecken [56].

Gegenüber der vorherrschenden Vergötterung der Jugendlichkeit lassen die zahlreichen Pestwellen bei vielen aber auch eine Endzeit- und Krisenstimmung aufkommen. Trostlosigkeit und Sühnebereitschaft breiten sich aus. Alle Berichte über die Pest erwähnen mit schöner Regelmäßigkeit nicht nur den gierigen Lebenshunger, sondern sie schildern auch die kollektive Mutlosigkeit, die Verzweiflung und Niedergeschlagenheit, den Fatalismus und Kummer, die offen ausgebrochene Angst. Bei Montaigne findet sich eine Beschreibung vom Verhalten mehrerer Bauern, die von der Pest bedroht waren. Sie hoben ihr eigenes Grab aus,

[51] Vgl. MEYER (1964), S. 165f.
[52] H. FISCHER (1968), Bd. 1, S. 447.

[53] In: MARTIN LUTHER: Werke, Weimarer Ausgabe I, Bd.23, S. 367, zit. nach DELUMEAU (1985), Bd. 1, S. 177.
[54] GIOVANNI BOCCACCIO: Decameron, dtsche. Übersetzung Heinrich Steinhöwel, Stuttgart 1860, S. 5.
[55] DANIEL DEFOE: Ein Bericht vom Pestjahr, Bremen 1965, S. 158.
[56] SCHÖNE (1963), S. 832.

legten sich hinein, um zu sterben, und bedeckten sich selbst mit Erde [57]. Man sieht, wie der Tod unverhofft und unbarmherzig noch blühendes menschliches Leben zerstört und wertet dies als Strafe Gottes für ein sündenvolles Leben. Einkehr, Sühne und Tugendhaftigkeit werden gefordert, ohne die der Mensch der strafenden Hand Gottes anheimfalle. Ein hohes Alter erscheint aus dieser Sicht als Beweis und Belohnung für einen makellosen Lebenswandel. In diesem Sinne mahnt Hans Sachs die Jugend: „Wil sie im Alter leben wol,/ Das sie in ihrer jungen zeyt/ Sich befleiß zucht und erbarkeyt,/... Hab Gottes forcht in seinem muth!/ So beschert im Gott ehr und gut.“ [58] Nur dem Menschen, der diesen Weg geht, erscheint der Tod im Alter als willkommener Erlöser aus irdischer Mühsal. „Gevatter Tod“ nähert sich ihm behutsam, er ist der Tod als Freund. Die sehr drastisch-negativen Darstellungen des Alters, wie wir sie bei Sachs, Gengenbach oder auch Sebastian Brant finden, sind daher vor allem ein Aufruf zur Selbstbeherrschung und Mäßigung an eine selbstgefällige und genußsüchtige Jugend, ein Appell an das Pietätgefühl der Jüngeren.

Eine tiefe Kluft in der Bewertung des Alters öffnet sich auch zwischen Reformatoren und Humanisten. Letztere machen Front gegen die metaphysische Legitimation des Vaters als Stellvertreter Gottes, treten in Opposition zur traditionellen Autorität der umfassenden „pater potestas“ und werten Vater und Alter nur noch nach ihrer Bedeutung als Erzeuger, Ernährer und Erzieher. Bereits seit dem 13. Jahrhundert gärt es in den Generationsbeziehungen. Der zuvor literarisch so gut wie unbekannte Vater-Sohn-Konflikt wird nun zu einem lebhaft diskutierten Thema und zur politischen Wirklichkeit. Im Jahre 1235 revoltiert der Sohn Friedrichs II., Heinrich, gegen seinen Vater [59].

Demgegenüber beharren Luther und Calvin auf einer theozentrischen Begründung des Vateramtes, überhöhen durch diese Technik der Mythisierung die Alten und sichern sie sozial ab. Bei Luther lesen wir: „Vater — das heißt ‚Gott‘, Herr, Richter und Lehrer der Kinder.“ Und Calvin erklärt: „Wir haben also an dem, der unser Vater ist, etwas Göttliches anzuerkennen.“ [60] Solche Ansichten sorgen in ihrem Wirkungsbereich dafür, daß sich die zeitgenössischen Tendenzen zur Ausgliederung der Älteren aus der vollen Lebensgemeinschaft abmildern. Obwohl im 16. und frühen 17. Jahrhundert das Alter vorrangig als Verfalls- und Verlustprozeß, als Phase des schicksalhaften Dahinschwindens, des Taumelns und Hinabstürzens in den Tod interpretiert wird, tritt man vereinzelt dieser Sichtweise entgegen. Man widerspricht aus sozialen, ethischen und religiösen Überlegungen einer alleinigen Idealisierung der Jugend und entwickelt ganz gezielte Gegennormen. Man versucht, die verschiedenen „Tugenden“ des Alters bekannt zu machen, einem weiteren Statusverlust der alten Menschen Einhalt zu gebieten und mit moralischen Appellen die Wirklichkeit zu ändern. Schon Hugo von Trimberg hatte in seiner im Jahre 1300 vollendeten Moralpredigt „Der Renner“, die sich bis ins 16. Jahrhundert hinein als Hausbuch großer Beliebtheit erfreut und in immer neuen Ausgaben zum Teil mit Miniaturen ausgeschmückt wird (Bild S. 33) [61], eine endlose Litanei von abschreckenden Beispielen, Sünden und Missetaten angeführt. Obwohl er bemüht war, das Ansehen des Alters zu heben und die Menschen zur Umkehr zu bewegen, hat er sich gegen Schluß seines Werkes voller Resignation in eine lange Altersklage hineingesteigert und recht drastisch die vielen körperlichen Gebrechen der letzten Lebensphase geschildert [62]. In ähnlicher pädagogischer Absicht entstehen im 15. und 16. Jahrhundert Graphiken, die ganz realistisch den alltäglichen Lebensabend wiedergeben und dabei als Belehrung und Ermahnung verstanden sein wollen. So enden die Bildfolgen von Raphael Sadeler dem Älteren „Amor“, „Labor“, „Honor“ und „Dolor“ aus dem Jahre 1591, trotz der aufgezeigten Möglichkeiten eines glücklichen und erfüllten Lebens, in Trauer und Schmerz. Der Alte findet sich allein in einer kärglich ausgestatteten Stube wieder. Die Haushälterin vergräbt hinterlistig seine Kostbarkeiten im Garten, um sie vor den Erben zu verstecken. Nachbarn schleppen den Hausrat eines gerade Verstorbenen aus dem Haus, vernageln die Fenster, und eine falsche Katze macht sich über einen Milchkrug her, um auszudrücken, daß der Alte von seinen Nächsten im Stich gelassen und verraten wird [63]. Auch sieht man im Alter einen Prüfstein für den Tod und ermahnt die lebenslustige Jugend gegenüber den gebrechlichen Greisen ihren Hochmut abzulegen, da der alte Mensch auch einmal jung gewesen sei.

Aus dem Verständnis für den geschichtlichen Ablauf des Lebens, aus dem Tatsachensinn und der nüchternen Realistik, wie sie uns in den spätmittelalterlichen und frühneuzeitlichen Familiengeschichten und Lebenserinnerungen eines Ulrich Stromer († 1407) oder der Nürnberger Endres († 1340) und Anton Tucher († 1524) entgegentreten, resultiert die Vorstellung von Generationen und Lebensaltern. Man vergleicht den Menschen mit einer Pflanze, und ebenso wie diese durchläuft er alle Wachstumsphasen. Ein oftmals

57 Vgl. DELUMEAU (1985), Bd.1, S. 171.
58 KELLER (1964), Bd.7, S. 326.
59 Vgl. BECKER (1984), S. 35f.
60 Zit. ebd. S. 36.

61 Pergament- und Papierhandschrift aus dem Jahre 1425 der Universitätsbibliothek Heidelberg, Folge 7: Das Alter, Sign.: Cod. pal. germ. 471.
62 GUSTAV EHRISMANN (Hrsg.): Der Renner von Hugo von Trimberg, 4 Bde., Tübingen 1908/11, ND: Berlin 1970, besonders die Verse 23.063ff., 23.749ff., 24.233ff.
63 JOERISSEN (1983), S. 58.

abgewandelter Volksspruch bringt dies auf die kurze Formel: „Zehn Jahre: ein Kind, zwanzig Jahre: Witz und Sinn, dreißig Jahre: ein erwachsener Mann, vierzig Jahre: wohlgetan, fünfzig Jahre: stillestahn, sechzig Jahre: ein weiser Mann, siebzig Jahre: wieder abelahn, achtzig Jahre: an Krücken gahn, neunzig Jahre: der Kinder Spott, hundert Jahre: gnade dir Gott!" Realistischer und mehr auf die Verhältnisse des 16. Jahrhunderts zugeschnitten läßt Hans Sachs in seiner „künstlichen vergleichung des gantzen menschlichen lebens mit den 12 monaten des gantzen jars" von 1554 den „herbstmon" des Menschen mit dem 49. Lebensjahr beginnen, wenn dieser „langweylig und verdrossen" zu werden beginnt und „mit spot und feindschafft beladen" wird [64]. Hat er erst die Sechzig überschritten, wird der Mensch „ein fruchtloß kalter": „Bey all seim gut ist er unwerd./ Iederman nur seins tods begert./ Sein kinder sehen in gern sterben,/ Das sie nach im sein gut erwerben./ Ist er aber gar arm auff erd,/ So ist er wie ein hund unwerd." [65] Hans Sachs beendet sein Bild von den zwölf Lebensmonaten mit dem 72. Jahr, „das wenig leut erreichen gar" und tröstet alle Alten und Gebrechlichen — so auch in den sieben Menschenaltern „nach art der siben planeten" — mit der Hoffnung auf das ewige Leben: „Erlöst in durch den zeitling tod/ Auß diesem gebrechlichen leben,/ Ist im dafür ein himlisch geben,/ Da ewig freud im aufferwachs." [66]

Die solchen Lebensläufen zugrundeliegenden starren Schemata sind seit dem Altertum bekannt. Nach der Hepdomadenlehre, die das menschliche Leben nach zehn Siebenjahresphasen ordnet, soll aus einem wohl geordneten Rechtssystem (Eunomie) eine glückliche Welt (Eukosmie) hervorgehen. Andere Lebenslaufeinteilungen beruhen auf der Einteilung nach der Zahl Vier gemäß den vier Temperamenten und den Jahreszeiten oder der Zahl Sieben, die nach der pythagoräischen Lehre Sinnbild der Vollkommenheit ist [67].

Darstellungen der menschlichen Altersstufen gibt es in Wort und Bild im 16. und frühen 17. Jahrhundert in großer Zahl. In dem Holzschnitt von Johann Christoph Artopeus, genannt Wolckenstern, aus der Zeit um 1570 erscheint das Leben in Janusgestalt: auf der einen Hälfte als jugendliche, lebenslustige Frau mit fünf Brüsten und auf der anderen Seite als Tod in Gestalt eines Gerippes:

---

[64] KELLER (1964), Bd.4, S. 68.
[65] Ebd. S. 70.
[66] Ebd. S. 78.
[67] Vgl. ROSENMAYR: Lebensalter (1978), S. 33f. und LEHR (1978), S. 317ff.

„Omne mortale finit.“[68] Im achten von zwölf Lebensaltern ist der Mensch bereits von Tod und Krankheit gezeichnet: ein Mann hält den blatternarbigen Kopf einer männlichen Leiche in der linken Hand[69]. Ebenso mahnt der Kupferstich von Gerhard Alzenbach aus dem Jahre 1616 alle Menschen, „Jugent vnd alter allzugleich“, daß sämtliche Zeichen menschlicher Kraft, Weisheit und Größe in Staub zerfallen werden: Zu Füßen des Todes liegt ein zerfetzter Lorbeerkranz, eine erlöschende Kerze, zertrümmerte Waffen und Rüstungen, eine zerbrochene Krone, ein Buch mit zerfetztem Deckel und eine zerschellte Vase[70]. Auf dem Kupferstich desselben Künstlers „Auff vnd Nidergang: Deß Mannlichen alters“ aus der Mitte des 17. Jahrhunderts wird der 90jährige Greis von zwei Kindern verspottet und darunter steht der Vers: „Sehr langsam mit dem Esel bin“ (Bild S. 35), während der „Auff vnd Nidergang Deß Weiblichen alters“ die 80jährige mit einer Eule zeigt und dazu den Vers: „Ich wie ein Eull bin der welt spott“ (Bild S. 37). In der kleinen Schrift des Augsburger Meistersingers Martin Schrot „Das X. Alter der welt“ aus dem Jahre 1574 wird das Alter mit 80 Jahren als zusammengefallener Mann in Bettlerkleidung dargestellt, neben sich eine räudige Katze; mit 90 als wild gestikulierender Greis im Lehnstuhl, an seiner Seite ein Esel, und darunter die verächtlichen Reimpaare:

70. Jahr macht jn vngsund,
Wirt zu aim faulen alten Hund.

80. Jar wirt jm als widertratz,
Schnurrt wie ain alt schöbige Katz.

90. Jar ist niemandts gesell,
Ain alter vnwerder Esel[71].

Hund, Katze und Esel sind die Tiergestalten, die den alten Menschen auf den Lebenstreppen immer wieder beigegeben sind. Je nach Autor beginnen die „Hundejahre“ mal mit 50, mal mit 70. Der Achtzigjährige hält sich wie die Katze meist in der Stube auf, liebt die Wärme des Ofens und bewegt sich langsam und schleichend auf das 90. Lebensjahr zu, das ihn dumm, unempfindlich und störrisch wie einen Esel macht, kurz: eine lächerliche Erscheinung[72]. Während des 16. Jahrhunderts treten neben diese Darstellungen, in denen das Alter negativ interpretiert wird, entsprechend der in der Gesellschaft vorherrschenden gegensätzlichen Auffassungen andere, die belehren wollen, die die jugendlich-genußsüchtige Welt daran erinnern, daß jeder bald und unverhofft sterben werde. Zu Beginn der Reformationszeit haben Obrigkeit, Kirche und Bürgertum ein Interesse daran, dem zunehmend ausschweifenden Leben die Mahnung zur Besserung und Umkehr entgegenzuhalten. So erscheinen etwa im Jahre 1520/22 auf den Reliefs der St.-Annen-Kirche in dem wegen der Silberfunde reich gewordenen Annaberg im Erzgebirge der Fünfzigjährige mit Stab als Würdenträger und der Sechzigjährige mit Geldsack als erfolgreicher Kaufmann. Sie sollen daran erinnern, daß in diesen Lebensaltern die Hauptaufgabe des Mannes darin besteht, den Fortbestand der bürgerlichen Existenz zu garantieren[73]. Diese Themen wiederholen sich schon bald vor allem im süddeutschen Raum; wir finden sie auf Ofenkacheln, womit sich eine Säkularisierung des Gedankens abzeichnet, der sich in der Folge zunehmend zu einem moralisierenden Appell verflüchtigt[74].

Aufschlußreich sind die Darstellungen der Lebensalter auch für die unterschiedliche Bewertung von Mann und Frau. Während die alten Männer trotz aller Bosheiten, die die Zeichner ihnen zukommen lassen, oft noch relativ würdevoll und mit einem patriarchalischen Habitus geschildert werden, wird bei den Frauen die körperliche Gebrechlichkeit und physische Unattraktivität durchweg drastischer ausgemalt. Die Greisin sitzt in einem Krankenstuhl, und unübersehbar steht der Nachttopf davor. Die Neunzigjährige wird lächerlich gemacht, da sie angeblich nur von Wollust schwärme und von Geld und reichen jungen Männern träume. In einem Kalender aus dem Jahre 1614 heißt es voller Zynismus über die Hundertjährige: „Hundert Jahr, soll sie gern sterben, auf das sich freun all ihre Erben.“[75]

Man sieht den Ablauf der Zeit und die Wechselfälle des Lebens auch unter dem Bild des Glücksrades, das Auf- und Abstieg des Menschen veranschaulicht. Während des Mittelalters diente es bereits vielfach zur Buchillustration, wobei Fortuna mit verbundenen Augen in die Speichen des Lebensrades greift: Ausdruck der Abhängigkeit des Menschen vom blinden Schicksal, das die Stunde des Todes wahllos bestimmt. Dagegen bewegen im 16. Jahrhundert die Lebensalter selbst dieses Rad, das sich um die Welt dreht. Der Mensch hat sich — so glaubt man — seit der Entdeckung Amerikas die Welt untertan gemacht, aber er kommt trotz der Kraft, die er in jungen Jahren zu entfalten versteht, nicht an Alter und Tod vorbei. Auf dem Bild wandelt sich die Landschaft mit ihren festen Türmen und Mauern gegen Abend in eine Ruinenlandschaft und Inschriften mahnen an den Jüngsten Tag und an die Grenzen menschlicher Möglichkeiten[76].

Andere Darstellungen vergleichen das Leben mit

[68] Vgl. ENGLERT (1905), S. 407.
[69] Ebd. S. 409.
[70] Siehe ENGLERT (1907), S. 27.
[71] Nach ENGLERT (1907), S. 19.
[72] Vgl. ZACHER (1881), S. 409ff.
[73] JOERISSEN (1983), S. 39f.
[74] Ebd. S. 43f.
[75] Ebd. S. 52f.
[76] Vgl. ebd. S. 44ff.

Auff vnd Nidergang
Deß Mannlichen alters
Von Jung vnd alten Leuth
schaw hier den vnderscheidt.
Merck hier das grönne Holtz
wie dan die blüm abfelt.
Theils mütig vnd geschwindt.
Theils wunschen auch ihr endt.
Theils Heirathen zu sambt
Das grab ist aller endt.
Dem Mensch wirdt vorgestelt
sein auff vnd Nider geh
Ein trap der ander nach
steigt er, bleibt nimmer stehn.
Baldt ihn die Jahren auff.
vnd darnach bringen ab.
Biß er zu puluer wirdt
vnd aschen in seim grab.
Zehen Jahr Ein Kindt
Zwantzig Jahr Ein Jungling
Dreißig Jahr ein Man
Viertzig Jahr wolgethan
Funfftzig Jahr still stahn
Sechtzig Jahr gehets alter ahn
Siebentzig Jahr ein Greiß
Achtzig Jahr nimmer weiß
Neuntzig Jahr der Kinder spott
Hundert Jahr begnadt dir Gott.
Ich spiel gern wie der aff
Ich danck ich spring wie ein Jungs Kalb
Zur arbeit ich wie ein ochs geh
Wie ein Löw starck vnd mutig steht
Des wolffs begirligkeit gefelt mir
Die schatz der Hundt hutt vnd bewacht
Zorn vnd grim ist beim Leopardt
Sehr langsam mit dem Esell bin
Die blum im Knopf ein Hoffnung macht
Die Roß geht auff die Mutter lacht
Beim Todt der gerecht wie ein schwan

einem Lebensbaum, der auf ein schwankendes Schiff gepflanzt ist. Der Tod schießt mit Pfeil und Bogen in die dichte Krone, holt wahllos seine Opfer, während unten Tag und Nacht in Gestalt zweier Tiere den Stamm durchnagen. Daneben dreht die blinde Frau Fortuna das Glücksrad. Wieder ein anderer Holzschnitt aus dem Jahre 1531 zeigt in allegorischer Darstellung den Aufstieg des Menschen auf der Lebensleiter. Vergeblich müht er sich hoch hinaus, denn Armut, Krankheit, Wollust und früher Tod sind stärker als er und zerren ihn hinab. Bei dieser brutalen, menschenvernichtenden Realität bleibt nur ein Trost: nur wer auf Christus blickt, vermag das Ende der Leiter — sprich: den Himmel — zu erreichen [77]. Diese Ewigkeit steht als strahlende Sonne über dem frühneuzeitlichen Alltag mit seinem ganzen Leid, seiner Armut und seinen Fallstricken.

Solchen Trost bieten die populären Erzählungen, Märchen, Schwänke und satirischen Bilderbogen nur vereinzelt. Auch sie verulken in der Regel den Greis, sprechen ihm das Recht auf Sexualität ab, beachten seinen Tod kaum und geben vor allem zur Fastnacht die alte Jungfer dem öffentlichen Spott preis. Sie muß in den Sagen als Strafe für ihr vermeintlich unnützes Leben unsinnige und unmögliche Arbeiten verrichten, die Sterne putzen, Kirchtürme scheuern und in der Hölle Schwefel und Zunder feilbieten. Sehr drastisch, ganz im Stile der Zeit, heißt es in einem Nürnberger Fastnachtspiel aus dem ausgehenden 15. Jahrhundert, die alte Jungfer müsse „offensichtlich bueßen/ Das sie sein kumen zu iren tagen/ Tut, ars, tutten vergebens tragen“ [78].

Man widersetzt sich ganz bewußt den moralischen Appellen, die zur Achtung des Alters aufrufen, und setzt Realität gegen Moral. In Jakob Freys „Gartengesellschaft“ aus dem Jahre 1556 weigert sich der Sohn, für seinen toten alten Vater Messen lesen zu lassen. Als Grund führt er an, daß dieser im Himmel keine Messen brauche, sie ihm in der Hölle nichts mehr helfen würden, und schmore er im Fegefeuer, so solle er ruhig „gefegt“ werden [79]. Zwar ist seit dem Humanismus die hohe soziale Stellung der Geronten in der Antike bekannt, und Philemon und Baucis gelten als liebenswürdiges und vorbildliches Greisenpaar, doch kämpft die didaktische Literatur erst sehr vereinzelt gegen die tief verwurzelten sozialen Voruteile gegenüber der älteren Generation an und erreicht zunächst nur eine kleine Oberschicht, nicht jedoch die Masse des Volkes. Den greisen, erblindeten Appius Claudius Caecus würdigt man im 3. Jahrhundert vor Christus, nicht jedoch im 16. Jahrhundert neuer Zeitrechnung. Und die wenigen Ansätze zur sozialen Aufwertung der älteren Generation gehen in den Wirren des Dreißigjährigen Krieges mit seinen beispiellosen menschenverachtenden Grausamkeiten, seinem Haß und totalen Zusammenbruch aller Zivilisation wieder unter. Das Ansehen der Alten hat einen absoluten Tiefpunkt erreicht.

---

[77] Vgl. ROSENFELD, ROSENFELD (1978), S. 102ff.

[78] Vgl. RANKE (1977), S. 365f.

[79] Vgl. ebd. S. 357f.

Auff: vnd Nidergang
Deß Weiblichen alters.
Der Jung: vnd alten Leuth ihr Zeit.
Daß grön vnd Dur.Holtz vnderscheidt
Theils mutig gehn, starck vnd geschwindt
Der Todt. vnd grab sie alle gewindt.
Der Mënsch geborn geht auff, vnd ab.
Bleibt nimmer stehn biß zu dem grab
Die Trappen sichs du heir gestelt.
von allen er dem Todt zufält.
Wie ein Kranich bin ich wachtsam.
Wie ein ganß ich mich mesten kan
Die Juffer wie ein pfaw stoltziert.
Der Adler hoch fleucht. ich zu Gott
Der wittop hier sich schmuckt vnd Ziert.
Ich wie ein Eull bin der welt spott.
Der Mensch gebohren geht auff vnd ab. Ist Elendts voll biß zu dem Grab.
von allen trappen Her zu Kompt
Gewiß ist der Todt. vngewiß die stundt
Die Roß hir völlig sich außgibt
Der Rosen Knopf in windlein ligt.
Wachet dan ihr wist noch den tag. noch die stundt. Math. C. 25 V. 13
Selig ist die, die Gottes will auff alle trappen stelt sein Ziel
Beim Richter wirdt sie woll bestehn
Sein lohn wirdt frewdt vnd Triumph sein.
Ich sege die welt zum Himmel fahr.

Der Lebensabend in der Familie — die Macht des Stärkeren

Familie und Altersversorgung haben sich in ihrer Form und ihren Möglichkeiten zu allen Zeiten nach den jeweiligen wirtschaftlichen Verhältnissen ausrichten müssen. Die Höhe des Lebensstandards, der Entwicklungsstand der Arbeitsordnung und die Beherrschbarkeit von Organisationstechniken haben Grenzmarkierungen festgelegt, über die sich weder die Gesellschaft noch der Einzelne hinwegsetzen konnten. Mit dem Auf und Ab der wirtschaftlichen Wechsellagen und der Beschleunigung und Verlangsamung des technischen Fortschritts hat auch die Altersversorgung je nach Sozialschicht und beruflichen Gegebenheiten eine andere Gestalt angenommen. In einer Zeit ohne gesetzlich festgelegte Altersgrenzen und ohne zentrale Rentenzahlungen waren die Variationsmöglichkeiten, die sich zur Gestaltung des Alters anboten, auf den ersten Blick insgesamt relativ zahlreich. Gleichwohl stand dem Einzelnen nur eine sehr begrenzte Auswahl offen. Obwohl der Lebensabend noch nicht nivelliert war, sah sich jeder alte Mensch vor die ganz spezielle Aufgabe gestellt, nach einer Existenzsicherung zu suchen, die ihm selbst und der übrigen Gesellschaft gleichermaßen gerecht wurde, die seine eigenen Interessen mit den Interessen seiner Mitmenschen in Einklang brachte. Dabei schrumpfte die breite, bunte Palette an Versorgungsmustern sehr schnell auf einen schmalen, tristen Rest zusammen.

In der agrarisch geprägten Sozialordnung der vorindustriellen Zeit war der ländliche Haushalt der wichtigste und tragende Pfeiler von Wirtschaft und Gesellschaft. Das „Ganze Haus", wie Wilhelm Heinrich Riehl die in einem solchen Haushalt lebende Generationskette aller Familienmitglieder und der blutsfremden Mitbewohner genannt hat[1], ordnete in der adlig-bäuerlich-bürgerlichen Welt der frühen Neuzeit in

[1] Riehl (1855), S. 142ff.

hohem Grade das gesamte Dasein, ihm war alles persönliche Leben untergeordnet, ihm hatten sich Hausherr, Hausfrau, Kinder und Gesinde zu unterwerfen. Haus und Familie bestimmten je nach ihrer wirtschaftlichen Potenz den Lebensabend der Menschen und dienten mit ihrer Organisationsform auch als Vorbild für weitere Formen der Alterssicherung außerhalb der Familie. Mit dem Erbe als Faustpfand, dem der Hausherr in ganz hohem Maße seine Machtstellung gegenüber seinen Kindern verdankte, über das er in ihr Leben eingriff, über ihre Heiratschancen und den Zeitpunkt ihrer Heirat entschied, vermochte er in gewissem Umfang auch seine eigene Lage im Alter zu steuern [2]. Derartige an Haus und Familie gebundene Formen der Altersversorgung finden wir in der frühen Neuzeit in weiten Teilen der Gesellschaft, vom kleinen Bauern bis hinauf zum Hof des Herrschers. In allen diesen „Häusern“ blieb die Stellung des Hausherrn an bestimmte Verpflichtungen gebunden, denen er jedoch mit zunehmendem Alter meist nicht ohne weiteres nachzukommen vermochte, was nicht ohne Auswirkungen auf seine Position und Rolle in der weitgefaßten Familie blieb.

Der Adel und vor allem die Herrscher konnten sich im fortgeschrittenen Alter von ihren Verpflichtungen teilweise entbinden lassen, indem sie ihre militärischen und Regierungsaufgaben auf den Nachfolger übertrugen. So blieb ihnen die Möglichkeit, ihr Herrscheramt bis an ihr Lebensende auszuüben. Der freiwillige Verzicht auf Machtausübung gehörte bei der geringen Lebenserwartung zu den ganz seltenen Ausnahmen. Auch die Zeitgenossen haben einen solchen freiwilligen Rückzug eines Herrschers als ein außerordentliches Ereignis verstanden. Als einer der wenigen übergab der kraftlos, krank und todmüde gewordene Karl V. Ende 1555 und Anfang 1556 in einem feierlichen Staatsakt die Niederlande und die spanischen Reiche an seinen Sohn Philipp II. sowie das Kaisertum — dies nur noch schriftlich — an seinen Bruder Ferdinand I. Karl V. legte Rechenschaft über seine Regierungstätigkeit ab, kündigte an, ab sofort nur noch ganz für Gott leben zu wollen, seine Sünden zu sühnen und sein Gewissen zu entlasten und zog sich mit einem verhältnismäßig kleinen Hofstaat von etwa fünfzig Personen ins spanische Jarandilla in unmittelbarer Nachbarschaft des Klosters San Jeronimo de Yuste zurück. Hier starb er bereits im September 1558 im Alter von 58 Jahren an den Folgen einer Erkältung [3]. Ein Menschenalter später entsagte im März 1627 Landgraf Moritz von Hessen der Macht, völlig zermürbt von den Leiden des Dreißigjährigen Krieges, den Folgen der mehrfachen Quartiernahme Tillys in seinem Land, dem Verlust seiner beiden Söhne sowie den Streitigkeiten mit den hessischen Edelleuten und seiner eigenen Familie. Fünf Jahre lang beschäftigte er sich nur noch mit Alchemie und Metaphysik, ehe er im Alter von 60 Jahren starb [4].

Äußerst uneinheitlich gestalteten dagegen die Adligen Lebensabend und Altersversorgung. Unter den Reichsfürsten, den kleinen Grafen und Herren, den niederen reichsunmittelbaren Rittern und den landständischen Edelleuten waren Reichtum und Armut in allen Schattierungen anzutreffen. Ebensogroß fielen die Unterschiede in der Art ihrer Einkommen, ihrer Tätigkeiten, Bedürfnisse und ihres Lebensabends aus. Bereits seit Mitte des 14. Jahrhunderts war der landbebauende Adel gegenüber dem Bürgertum wirtschaftlich ins Hintertreffen geraten, zumal er sich im Süden und Westen fast überall von der Bewirtschaftung des Bodens zurückgezogen hatte und bei Minderung des Geldwertes effektiv weniger einnahm. Als gleichzeitig mit Veränderung der Wehrverfassung die Söldnerheere die Ritter allmählich entbehrlich machten, blieb manchem Ritterbürtigen nichts anderes übrig, als in bürgerlichen oder bäuerlichen Berufen sein Auskommen zu suchen und nach deren Regeln sein Alter zu gestalten. Im Schmalkaldischen Krieg von 1546/47 zogen letztmals deutsche „Ritterpferde“ in bedeutender Zahl neben Soldreitern in die Schlacht. Manche Adelsfamilien hatten bis zu dieser Zeit fast einzig vom Kriegshandwerk gelebt. Unter den zehn Brüdern, Söhnen und Neffen des Siegmund von Herberstein, einem Diplomaten und Gelehrten, dem wir die erste Beschreibung Rußlands durch einen Deutschen verdanken, und der 1485 bis 1565 lebte, gab es nur einen einzigen, der nicht im Kriegsdienst gestanden hatte [5].

Hinter solchen militärischen Aktivitäten verbargen sich nicht nur die Hoffnung auf Kriegsbeute und Abenteuerlust, sondern auch die Erwartung, sich beruflich und für das Alter abzusichern. So ernannte der brandenburgische Kurfürst einige Adlige, die ihn 1542 bei dem gescheiterten Vormarsch Ferdinands I. gegen die Türken nach Ungarn begleitet und ihm über finanzielle Engpässe hinweggeholfen hatten, nach der Rückkehr zu Amtshauptleuten. Ähnliches läßt sich zu Beginn des 16. Jahrhunderts in Sachsen beobachten [6]. Trotz der Wandlungen im Militärwesen hielt mancher weiterhin am Kriegshandwerk fest, zumal das 16. Jahrhundert dazu reichlich Möglichkeiten bot: die stetige Erwartung eines Türkenangriffs, die lange Reihe an Feldzügen Karls V., die Religionsfrage in Frankreich oder die Kämpfe in den Niederlanden. Wie schon im Mittelalter erreichten von diesen Adeligen nur wenige ein höheres Alter. Sie starben auf dem Schlachtfeld oder an den bei Kriegszügen häufig

[2] Vgl. CONZE (1979), S. 8.
[3] Vgl. BRANDI (1937), S. 538ff.
[4] Vgl. LENZ (1920), S. 139ff.
[5] KARAJAN (1855).
[6] Vgl. HAHN (1979), S. 225.

ausgebrochenen Seuchen, die ganze Heere vernichteten. Kaum weniger gefährlich lebten die vielen heruntergekommenen Ritter, die als Wegelagerer und Strauchdiebe, umgeben von zwielichtigem Volk ihr Leben fristeten und oft als eine Art Zeitvertreib reisende Kaufleute und wohlhabende Bürger überfielen. Grimmelshausen spricht im „Simplicissimus" davon, „daß die Räuberei das alleradeligste Exercitium ist, das man dieser Zeit auf der Welt haben kann" [7].

Dagegen schuf sich der Adel in Ostelbien mit der sogenannten Gutsherrschaft ein solides wirtschaftliches Fundament und sicherte sich so Macht, Ansehen und Auskommen im Alter. Ein gutes Beispiel dafür ist Hans von Schweinichen, der von Kind auf in die Praxis eines größeren gutsherrlichen Betriebs hineinwuchs, später seinen Beruf als Landwirt mit Bravour ausübte, mit den Spielregeln des Handels bestens vertraut war und etwas hatte, was dem westdeutschen Adel weitgehend fehlte, nämlich einen Beruf [8].

Während der vormals überwiegend mit Krieg und Kolonisation befaßte Ritter des deutschen Ostens sich in einen Landwirt verwandelte und seine Energien auf den Aufbau einer agrarischen Erwerbswirtschaft umleitete, blieb sein westdeutscher Standesgenosse im wesentlichen Grundrentenbezieher mit nur gelegentlicher Eigenwirtschaft. An ihrer Lebensführung entzündete sich vor allem der Unmut der Bevölkerung. Im Jahre 1617 beschrieb Aegidius Albertinus in seinem Buch „Lucifers Königreich vnd Seelengejaidt: Oder Narrenhatz" einen Teil dieser Adligen als faul und unnütz, als Müßiggänger, „welche von Jugent auff zartlich erzogen werden/ nichts lernen/ wissen noch verstehen/ ...vnd zu nirgents andern zugebrauchen seyndt/ als hinderm Ofen sitzen/ vnd sehen die Biren vnd Oepffel schwitzen/ oder jmmerdar im Luder ligen" [9].

Im Süden und Westen konnte der Adel nur dort ohne Sorgen seinen Lebensabend gestalten, wo seine Einkünfte aus den kräftig sprudelnden Kanonikerpfründen an den Dom- und Kollegiatkirchen stammten, oder wo er als Grundherr solide wirtschaftete und sich seine Ausgaben in Grenzen hielten. Nach der Errichtung der landesherrlichen Kirchenregimente vergaben die Herrscher solche Domherrenpfründe in großer Zahl, und diese Gelegenheiten verstanden viele Amtsträger je nach Beziehung zum Hofe zu nutzen. Bei dem teilweise erfolgreichen Streben des älteren Adels nach Abschließung, so in Paderborn, Mainz, Würzburg, Bamberg, Trier, Worms oder Speyer, garantierten solche Kapitelstellen einen in materieller Hinsicht sorgenfreien Lebensabend.

Für diese oft in Saus und Braus lebenden west- und süddeutschen Adligen eröffnete sich dann im Verlaufe des 16. Jahrhunderts mehr und mehr die Möglichkeit, sich durch Dienste an einem der Fürstenhöfe wirtschaftlich bis ans Lebensende über Wasser zu halten. Je mehr das Jahrhundert voranschritt, um so mehr wurde der Adlige bei Hofe zu einer charakteristischen Erscheinung. Im Knabenalter als Page zum Hof gekommen, blieben viele dort bis ins hohe Alter [10]. An den Höfen wuchs der Bedarf an Edelknaben, die dem Herrscher und seiner Familie in der Kammer und bei Tisch aufwarteten oder als Spielgefährten des Prinzen dienten. Ein solcher Junker konnte zum Kammerjunker, Truchseß oder Schenken aufrücken und von dort zum Kämmerer oder Amtshauptmann, zum Hofmarschall oder Hofmeister, um schließlich im fortgeschrittenen Alter mit einer Domäne versorgt zu werden. Obwohl nur ein kleiner Teil der Bestallungen auf Lebenszeit ausgesprochen wurde, mußte der Amtsinhaber nur in Ausnahmefällen um seine Stellung fürchten. Die meisten Amts- und Landeshauptleute verwalteten ihr Amt bis an ihr Lebensende, zumal — wie eine Leichenpredigt auf einen solchen brandenburgischen Amtsträger vermerkte — die meisten schon in den Dreißigern hinweggerafft wurden [11]. Das heißt nicht, daß sich diese höheren Beamten den ganzen Tag und das ganze Jahr hindurch nur ihrem Dienst widmeten. Die Geistlichen in der Kanzlei, der Kanzler eingeschlossen, hatten nebenbei auch kirchliche Ämter zu versehen, und so erscheint es schon als bemerkenswerter Fortschritt, wenn sich im 16. Jahrhundert etwa die württembergischen Beamten nur noch zur Erntezeit beurlauben ließen [12]. Verlockend waren diese Ämter auf Grund der Gelegenheitsgeschenke des Landesherrn und der Möglichkeit, ertragreiche geistliche Pfründe, Gebühren und Gerichtsgefälle zu erlangen. Auf lokaler Ebene bezogen die Amtsleute verschiedene Amtsgefälle, Sporteln, Gebühren und Strafen, sodann in der Regel ganz oder teilweise den Ertrag der Domänen, Gewinne aus Pfandgeschäften und ähnliches mehr.

Bei der permanenten Finanznot der frühneuzeitlichen Landesherren konnte es nicht ausbleiben, daß diese die Amtsstellen als finanzielle Manövriermasse betrachteten, auf die sich Darlehen nehmen ließen. Ebenso wie im Mittelalter die Verpfändung von ganzen Landstrichen, Städten und Burgen zu den häufigsten Rechtsgeschäften gehört hatte, so bürgerte sich jetzt die Verpfändung von Ämtern ein. Die Zahlung eines hohen Pfandes wurde geradezu der einzige Grund für eine Amtsverleihung. Die Inhaber übten dort oft bis an ihr Lebensende als Gläubiger des Herrschers uneingeschränkte Herrschaftsrechte aus und zogen zum Teil ganz beträchtlichen

7 GRIMMELSHAUSEN (1985), S. 352.
8 Vgl. ZEEDEN (1968), S. 34ff.
9 Zit. nach MÜNCH (1984), S. 125.
10 ZEEDEN (1968), S. 30f.
11 Vgl. HAHN (1979), S. 217.
12 LOTZ (1914), S. 37.

Nutzen daraus, zumal es vielfach noch an den festen Schranken des Amtsrechts fehlte, und derbes Zupacken, das Jagen nach Vorteilen und Unehrlichkeit nichts Außergewöhnliches waren. Da es dem Herrscher oft über Generationen nicht möglich war, die Darlehenssumme zurückzuzahlen, ging die mühsam erreichte Entlaßbarkeit der Beamten für zahlreiche Ämter wieder verloren. Die Amtsinhaber vermochten ihr Amt auf einen ihrer Nachkommen zu übertragen und zu einem Erbhof umzugestalten [13]. Die Errichtung und Besetzung von Mittelbehörden, die sich in einer Anzahl Territorien zwischen den landesherrlichen Hof und die Lokalverwaltungen schoben, erfolgten vielfach allein aus finanziellen Überlegungen heraus [14]. Während des 16. Jahrhunderts verwalteten fast nur Nachfahren von Henning d.Ä. von Arnim die uckermärkische Landvogtei. Ähnliches gilt für die Landeshauptmannschaft der Altmark [15]. Dort übernahm 1543 Levin von der Schulenburg dieses Amt und behielt es bis zu seinem Tod im Jahre 1575. Sein Sohn folgte ihm, bis er nach sechsjähriger Amtsverwaltung starb. Sein Bruder und Nachfolger starb bereits nach zwei Jahren, und sein dritter Bruder stand dem Amt ebenfalls bis zum Tode fünfzehn Jahre lang vor [16]. Auch in Bayern setzte sich gleichzeitig aus ähnlichen Gründen die Ämtererblichkeit durch.

Man mag diese Praxis aus heutiger Sicht verächtlich als „Vetternwirtschaft" abtun, wird damit jedoch den frühneuzeitlichen Verhältnissen in keiner Weise gerecht. Aufgrund der ungenügenden Staatseinnahmen sahen sich die Herrscher zur Kreditaufnahme gezwungen, für die sie als Sicherheit und zur Begleichung der Zinsen solche Ämter als Pfand hinterlegen mußten. Der Amtsinhaber seinerseits konnte auf diesem Weg seine Familie versorgen, selbst wenn er körperlich nicht mehr imstande war, diese zu unterhalten. Das normale Mittel zur Erhaltung eines solchen Amtes in der Familie war die Bestellung mit einem Verwandten oder die Erwirkung einer „Exspektanz", wenn die Kinder noch unmündig oder noch nicht fertig ausgebildet waren [17]. Es wäre falsch, die frühneuzeitliche Gesellschaft mit den Maßstäben der modernen Leistungsgesellschaft zu messen. Noch spielten auch in anderen Bereichen die persönlichen und familiären Beziehungen die entscheidende Rolle bei der Vergabe von Ämtern.

Als die aufkommenden absolutistischen Staaten begannen, von ihrem Personal die Beherrschung der Schrift und umfangreiches juristisches Wissen zu verlangen, zeigte sich der Adel diesen Anforderungen bei weitem nicht mehr gewachsen. Bereits seit dem ausgehenden Mittelalter hatte das Bürgertum angefangen, den Adel aus seiner beherrschenden Stellung in der fürstlichen Territorialverwaltung zu verdrängen, zunächst in Gestalt der Geistlichkeit, bis dann im 16. Jahrhundert das weltliche Element vielfach die Oberhand gewann. In Bayern-Landshut wurde der herzogliche Rat 1460/70 noch zu etwa 85 Prozent vom höheren Adel besetzt, im Jahre 1500 nur noch zur Hälfte [18]. In Hessen stellte der Adel zu Ende des 16. Jahrhunderts nur noch 35 Prozent der Mitglieder des Hofrates [19]. Hier zogen sich die Adligen mehr und mehr aus der Zentralverwaltung zurück, behielten aber ihre Position bei Hof und beim Militär [20]. In Kursachsen verdrängten die Bürgerlichen seit 1547 den Adel im Hofrat. Dieser erzwungene Rückzug war umso schmerzlicher, als die Aufhebung der Klöster in den protestantischen Gebieten mit dem Verlust vieler Versorgungsmöglichkeiten verbunden war.

Nach dem Vorbild des nach römischem Recht gestalteten Kontraktverhältnisses setzten die Landesherren beim Aufbau ihrer Verwaltung zunächst auf die sogenannten gemieteten Doktoren, die gegen ausbedungenen Lohn meist nur auf Zeit ein solches Dienstverhältnis antraten. Von patriarchalischem Geist, von einer auch das Alter umfassenden Sorge der Herren war hier zunächst noch nichts zu spüren, zumal auf Grund der zeitlich befristeten Verträge keinerlei Notwendigkeit bestand, Stellung und Versorgung der alten Amtsträger zu regeln. Wenn dies nicht ausdrücklich im Vertrag festgelegt war — und dies war höchst selten — hatte der Landesherr keinerlei Verpflichtung, einen arbeitsunfähigen, alten Beamten im Dienst zu lassen, ihm eine Pension oder seiner Witwe eine Unterstützung zu gewähren. Andererseits hatte aber auch der Beamte, wenn er mit seinen Vertragsbedingungen unzufrieden war, seinerseits das Recht, den Herrn zu wechseln und seinen alten Geldgeber sogar zu schädigen gemäß dem Grundsatz: magere Leistung gegen mageren Lohn [21]. Auf Grund dieser für beide Seiten oft mißlichen Regelung wurde das Beamtenverhältnis recht schnell vom Geist der Hausabhängigkeit erfaßt, das kontraktliche sowie das patriarchalische Haus- und Gesindeverhältnis durchdrangen sich gegenseitig und bereits im 16. Jahrhundert entwickelte sich die Beamtentätigkeit in der Praxis recht oft zu einem Lebensberuf [22]. So konnte etwa im Reichshofrat nach der im Jahre 1559 von Kaiser Ferdinand I. erlassenen Hofratsordnung jeder der Räte, ganz gleich ob adliger oder bürgerlicher Herkunft, sein

---

13 Lotz (1914), S. 48.
14 Ebd. S. 51.
15 Hahn (1979), S. 219.
16 Isaacsohn (1874), S. 118.
17 Vgl. Steinbicker (1972), S. 130 und Schieckel (1972), S. 166.
18 Schrenck-Notzing (1972), S. 29.
19 Eckhardt (1972), S. 87.
20 Ebd. S. 112.
21 Vgl. Agena (1972), S. 163f.
22 Vgl. Hintze (1963), S. 28f.

Amt bis zu seinem Tode bekleiden, wenn er nicht vorher durch Übertritt in einen anderen Dienst, wegen Altersschwäche oder Krankheit auf seinen Posten verzichtete — natürlich ohne Anspruch auf eine Pension. Zwar erloschen mit dem Ableben eines jeden Kaisers alle Funktionen, doch bestätigte der Nachfolger in der Regel alle Reichshofräte auf ihren Posten [23].

Die ersten Versuche zu einer Lösung der Altersversorgung orientierten sich zunächst an den Ordnungsmodellen des kirchlichen Ämterwesens [24]. Der alt und dienstunfähig gewordene Beamte erhielt einen jüngeren als Helfer, der ihn in seinen Amtspflichten entlastete, und mit dem er sich nach vorhergehendem Vertrag die Einkünfte teilte. Wie beim Adel ging ein solches Amt vielfach in die Hände eines Sohnes oder Schwiegersohnes über. Schon bald bildete sich an allen Höfen ein Kreis von Beamtenfamilien heraus, die alle untereinander verwandt waren und sich gegenseitig die Ämter öffneten und übertrugen. Auch dieser Berufsgruppe, die zumeist dem städtischen Patriziat entstammte, lag die Angst vor einem finanziell und sozial ungesicherten Alter weitgehend fern, zumal zu dieser Zeit auch in den höheren Gesellschaftsschichten nur wenige älter als sechzig Jahre wurden. Ein typisches Beispiel ist Johann Feige, der 1514 seine Stellung als Sekretär des Bischofs Lorenz von Würzburg aufgab, um als Kanzler in die Dienste der Landgräfin Anna von Hessen zu treten. Er führte dieses Amt auch nach der Mündigkeitserklärung des Landgrafen Philipp weiter, wurde zu einem der ersten politischen Ratgeber des jungen Fürsten und zum maßgebenden Leiter der sich immer weiter entwickelnden Landesverwaltung. Ende 1542 legte er im Alter von 60 Jahren sein Kanzleramt nieder und starb einige Wochen später [25].

Seit Ende des 16. Jahrhunderts begann der Adel, seine Söhne vermehrt auf die Universitäten zu schicken, und es gelang ihm wieder des öfteren, die einträglichen Positionen in den zentralen Regierungs-, Justiz- und Kirchenkollegien zu besetzen und das juristisch gebildete Bürgertum erneut ins zweite Glied zurückzudrängen, so etwa in Brandenburg-Preußen [26]. In Hannover wurde zu Ende des Dreißigjährigen Krieges das Kollegium der vier obersten Chargen wieder je zur Hälfte von Adligen und gelehrten Doctores gebildet. Kanzler war vor und nach 1648 unter mehreren Herzögen Dr. Justus Kipius, der Sohn eines fürstlichen Amtmanns, und als Vizekanzler fungierte Dr. Jakob Lampadius, der Sohn eines calenbergischen Bauern. Kipius baute sich während seiner Amtszeit in Hameln einen großzügigen Herrensitz und hinterließ seinem Sohn ein Vermögen, das ausreichte, um davon mehrere ansehnliche Rittergüter zu erwerben [27]. Insgesamt aber war diesem Gegenhalten des Adels gegen die neuzeitlichen Tendenzen des modernen Staates und der „Bürgerlichkeit“ nur ein Teilerfolg beschieden. Die ehemals starke, monopolartige Stellung war dahin, und die Flucht in die „Illusionskunst“ (O. Brunner), vor allem in die Oper des frühen 17. Jahrhunderts, wo sich die Kulissen der verlorengegangenen Welten neu aufrichten ließen, tröstete nur wenige über die materiellen Verluste und Versorgungsmöglichkeiten hinweg.

Dabei befanden sich diese Adligen noch in einer vergleichsweise günstigen Lage, da ihnen ein Teil der Stellen erhalten geblieben war. Ganz anders in Württemberg. Hier hatten die Herzöge streng darauf geachtet, daß keine Mitglieder des Hochadels innerhalb der Landesgrenzen wohnten oder dort irgendwelche Rechte besaßen. Zudem machten sie sich daran, auch den niederen Adel systematisch auszuschalten, soweit er nicht in ihren Diensten stand. In alle Ämter, die in anderen Territorien noch über Jahrhunderte vom Adel besetzt waren, rückten in Württemberg schon im Spätmittelalter nach und nach Bürgerliche ein. Die wenigen Adligen, die am Hofe auch weiterhin eine Rolle spielten, sicherten sich mit einem reichsunmittelbaren Territorium in einem der schwäbischen und fränkischen Ritterkantone ab, um sich dorthin, wenn sie beim Herzog in Ungnade fielen, zurückziehen zu können. Während des 15. Jahrhunderts waren binnen kürzester Zeit die qualifizierten höheren bürgerlichen Beamten zu einer homogenen Schicht zusammengewachsen, die rund sechzig Familien umfaßte und sich selbst die „Ehrbarkeit“ nannte: die „Ehrbaren und Weisen“. Diese Schicht hat in der ersten Hälfte des 16. Jahrhunderts zum überwiegenden Teil das Land verlassen, nachdem Herzog Ulrich sie im Jahre 1534 aus berechtigtem Mißtrauen gegenüber ihrer Machtfülle radikal ihrer Ämter enthoben hatte. Die entstandenen Lücken füllte in nachreformatorischer Zeit die Gruppe der selbstbewußten Schreiber und Pfarrer aus, denen der Herzog bestimmte Positionen zuspielte, vor allem die vierzehn Abteien wie Bebenhausen oder Murrhardt, die finanziell lukrativ waren und politischen Einfluß garantierten. Herzog Christoph hat aus politischen Rücksichten gegenüber dem Kaiser diese Abteien als eine Art Kulisse weiterbestehen lassen: isoliert gelegene Klöster mit einem Abt an der Spitze, der nichts zu tun hatte, aber reichliche Einkünfte bezog und als zusätzliche Staffage mit ein paar Klosterschülern ausgestattet war, denen man Kutten übergezogen hatte. Diese Abteien wurden für die württembergische Pfarrerschaft zu einem attraktiven Ziel in ihrer beruflichen Laufbahn. Aus dem Kreis dieser Äbte bildete

[23] Gschliesser (1972), S. 17.
[24] Mitterauer (1975), S. 8f.
[25] Demandt (1952), S. 81.
[26] Heinrich (1972), S. 197.
[27] Lampe (1963), S. 216, 222.

sich im nachreformatorischen Württemberg sehr schnell eine neue Führungsschicht mit starken Querverbindungen zu der anderen sozialen Gruppe im Landtag: der „Städtebank“. Seit etwa 1500 war die Ritterbank aus dem württembergischen Landtag verschwunden, in dem nur noch die Städte und die Prälaten zugegen waren. Nach dem Muster der anderen Territorien wurden auch in Württemberg die vierzehn Abteien vielfach vom Vater an den Sohn weitergegeben: Erbhöfe im wahrsten Sinne des Wortes, auf denen eine Altersversorgung praktiziert wurde, die der auf den großen Bauerngütern nicht unähnlich war [28].

Einkünfte aus solchen und ähnlichen Spitzenämtern kamen nur einer extrem dünnen adligen und bürgerlichen Oberschicht zugute. Die Masse der Bevölkerung und auch die Masse der Bediensteten von Herrschern und Städten wagten nicht einmal davon zu träumen. Entsprechend ärmlich fiel ihr Auskommen im Alter aus, sieht man einmal davon ab, daß die Chance, alt zu werden, für sie noch weitaus geringer war als für die höheren Beamten. Die meisten der spätmittelalterlichen und frühneuzeitlichen städtischen Bediensteten bezogen neben einem Fixum noch weitere Einkünfte aus ihrer amtlichen Tätigkeit, nicht zuletzt um ihre Leistungsbereitschaft anzuspornen. Diese vielfach leistungsbezogenen Einkünfte, die in der Regel das feste Gehalt um das Drei- bis Fünffache übertrafen [29], gingen bei nachlassendem Leistungsvermögen drastisch zurück. Bei Fehlen jeder generellen und altersabhängigen Altersversorgung hatten die Städte daher bereits im Mittelalter begonnen, je nach Einzelfall und ohne daß der Betreffende einen Rechtsanspruch besaß, rentenähnliche Bezahlungen zu gewähren, die sich am Mindestbedarf zur Existenzsicherung orientierten. In Colmar wurden im Jahre 1439 dem städtischen Steinmetzmeister bei Arbeitsunfähigkeit rund 23 Gulden pro Jahr zugesichert. In Frankfurt am Main bezog 1488 ein Bürgermeisterknecht wegen Altersschwäche 13 Gulden, das heißt ein Viertel des zeitüblichen Söldnerlohns. In Basel erhielt 1491 der Brunnenmeister knapp 17 Gulden im Falle der Arbeitsunfähigkeit oder ein Drittel seines vollen Gehalts. Damit waren diese Bediensteten im Alter noch deutlich besser gestellt als die Almosenempfänger, die z.B. in Nürnberg nach der Ordnung von 1522 zwischen 7,2 und 8,25 Gulden bezogen. Ähnliche Werte gelten für Straßburg [30]. Trotz der geringen Höhe solcher Renten gewährten die Städte sie nur in seltenen Ausnahmen. Einige wenige Antragsteller hatten Glück, konnten persönliche Verbindungen nutzen, trafen auf einen Vorgesetzten, der hoffte, daß diese Wohltätigkeit ihm die Himmelstür ein Stück weiter öffne, oder sie profitierten ganz einfach von der Gunst des Augenblicks, das heißt von einer reichlich gefüllten Stadtkasse — auch im 16. Jahrhundert eine seltene und eine wieder rasch der Vergangenheit angehörende Erscheinung. Eine Altersversorgung der städtischen Obrigkeit für die niederen Bediensteten bestand mehr als Hoffnung denn als Realität.

Großzügiger verhielt sich die Obrigkeit trotz aller chronischen Finanzschwächen gegenüber den alten protestantischen Pfarrern. Zwar verwalteten auch diese in aller Regel bis zu ihrem Tod ihre Pfarrei, kamen aber — je nach Land verschieden — relativ oft in den Genuß einer Altersrente. Das soll nicht heißen, daß der eine Rente beziehende Pfarrer eine gängige Erscheinung gewesen sei, aber die Mitglieder dieses Berufsstandes konnten sich in manchen Regionen bereits im 16. Jahrhundert bei völliger Arbeitsunfähigkeit zur Ruhe setzen, ohne in der Folge auf Almosen angewiesen zu sein. Wie in allen Sozialgruppen fehlte es jedoch auch hier an festen Regeln und Gesetzen, nach denen sich der Landesherr zu richten hatte. Wo sich die Altersversorgung noch nicht als eine Art Gewohnheitsrecht herausgebildet hatte, und dies war im 16. Jahrhundert in den meisten Landesteilen der Fall, fällte der Landesherr je nach Lust und Laune individuelle Entscheidungen und demonstrierte Macht oder Barmherzigkeit.

Die relative Häufigkeit von Altersrenten für Pfarrer erklärt sich vor allem daraus, daß die Landesherren dafür nicht selbst aufkamen, sondern die Pfarrei und den Amtsnachfolger damit belasteten, wogegen die Städte im Falle der Arbeitsunfähigkeit einer ihrer Bediensteten eine solche Rente selbst aufbringen mußten. So verpflichtete sich im Jahre 1560 in Merzig an der Saar der neue Pfarrer, seinem Vorgänger eine jährliche Rente von 18 Gulden zu zahlen sowie vier Schafe und 50 Bündel Stroh abzugeben; ein anderer erhielt 30 Gulden, dafür versagte man ihm aber den Roggen [31]. In der Mark Brandenburg bestimmte die Visitations- und Konsistorialordnung von 1573, daß ein alter Pfarrer, der nicht mehr in der Lage war, sein Amt zu versehen und bereits über zehn Jahre in der gleichen Gemeinde tätig gewesen war, jährlich den achten Teil seines einstigen Pfarreinkommens weiter beziehen konnte, sofern er am Orte blieb [32]. In Württemberg galt seit der Großen Kirchenordnung von 1559, die die Neuordnung des Kirchenwesens unter dem genialen Herzog Christoph zum Abschluß brachte, daß ein alter und kranker Pfarrer möglichst lang in seiner Pfarrei bleiben und der nächst wohnende Pfarrer ihn gegen Bezahlung unterstützen sollte. Konnte der alte Pfarrer keinen Dienstgeschäften mehr nachgehen, wurde er in den Ruhestand versetzt und sollte ein „ziemliches“

[28] Zur Geschichte des württembergischen Beamtentums siehe DECKER-HAUFF (1972), S.56ff.

[29] Vgl. DIRLMEIER (1978), S. 83.

[30] Ebd. S. 87f.

[31] Nach VOGLER (1976), S. 218.

[32] FRÖHNER (1965/66), S. 33ff.

Leibgeding erhalten. Mit diesem sogenannten kleinen Pfarrviktalitium von 86 Gulden pro Jahr mochte ein alter Pfarrer zur Mitte des 16. Jahrhunderts auskommen, während des Dreißigjährigen Krieges und später dagegen kaum [33]. Zudem boten solche Regelungen vielfach Anlaß zu Streitigkeiten über die Verteilung der verschiedenen Ernten, die Vergütung von Baukosten, die Nutzung von Wald usw.

Als beispielhaft galt die Regelung in Hessen, wo Landgraf Wilhelm im Jahre 1575 aus verschiedenen Stiftungen zwanzig Pfründe für altersschwache Pfarrer gebildet und jeder einzelnen Pfründe 20 Gulden an Geld, ein Viertel Weizen, acht Viertel Roggen und drei Viertel Hafer zugeteilt hatte. Die Jahresversammlung der Synode bestimmte die Bedürftigen, die je nach Verdienst und Notlage eine ganze oder eine halbe Pfründe empfingen [34]. In anderen Gebieten wie der Kurpfalz oder dem Herzogtum Zweibrücken kannte man weder besondere Pfründe noch generelle Regelungen, so daß hier kaum ein alter Pfarrer der Last seines Amtes entbunden wurde. Zudem weigerten sich viele trotz offenkundiger Unfähigkeit aus Angst vor Einkommensverlusten, ihre Stelle an den Nachfolger weiterzugeben. Als sich im Jahre 1579 der Pfarrer von Rhaunen an die Rheingrafen wandte und um Versetzung in den Ruhestand bat, da er wegen seines Alters und der Schwäche seiner Füße „senio confectus defectusque pedum" seine Filiale nicht mehr begehen konnte, erhielt er die lapidare Antwort, wenn er sich in seiner Pfarrei nicht zu erhalten wisse, solle er abziehen [35]. Andernorts teilte man dem alten Pfarrer das Glockenamt zu, dessen Gefälle aus zehn Maltern Frucht bestand.

Problematisch war die Lage aller Pfarrer, ganz gleich ob jung oder alt, in den reformierten Gebieten. Wovon sollte gerade ein alter Pfarrer leben, wenn er dem alten Glauben nicht entsagen wollte? Noch relativ gut standen sich die altwürttembergischen Pfarrer aus der Zeit vor 1534, die in der Regel aus der bürgerlichen Führungsschicht der alten Ehrbarkeit stammten, über genügend Vermögen verfügten und es sich auch unter finanziellen Gesichtspunkten erlauben konnten, katholisch zu bleiben. Sechzig Prozent dieser Pfarrer sind damals zusammen mit den Familien der alten Ehrbarkeit ins außerwürttembergische Ausland gegangen. Wer blieb und evangelisch wurde, der war zumeist ein Pfarrer mit zahlreichen Kindern oder jemand, zu dem — nach den Worten von Hans Martin Decker-Hauff — die Pfarrköchin sagte: „So, jetzt ist die Chance da, jetzt wird geheiratet." [36] Von den 500 Pfarrstellen blieben nach der Reformation 400 unbesetzt. Während zuvor dem Prediger der Stuttgarter Stiftskirche ein kleines Heer von 40 Stiftsherren, von Stiftsvikaren, Frühmeßnern, Kaplanen und Mönchen zur Seite stand, waren es jetzt gerade zwei Prädikanten und zwei Diakone. Der Herzog suchte überall händeringend nach Pfarrern, und weil gute Pfarrer knapp waren, nahm er, was er eben bekommen konnte: die ausgerutschten, die unfähigen, die ihr Leben nicht zu meistern wußten, die verschuldeten, die ihrer Gemeinde zur Last gefallen waren. Diese Geistlichen vor allem führten auf Grund ihrer wirtschaftlichen Schwierigkeiten der Öffentlichkeit das Problem des alternden Pfarrers in seiner ganzen Schwere vor Augen [37]. Obwohl ein Großteil von ihnen das Land bald wieder verließ, gaben sie doch mit den Anstoß zu der erwähnten Regelung aus dem Jahre 1559.

In den Wirren der Reformationszeit hat sich die Lage vieler Pfarrer merklich verschlechtert, da sich manche Bürger und Bauern vor den lästigen Abgaben zu drücken und manche weltlichen Herren sich selbst zu bereichern versuchten. Pfarrer wurden nur auf Zeit eingestellt und zum Teil wurde ihnen Lehngeld abverlangt. Verschiedene Vergünstigungen für Seelenmessen und besondere kirchliche Dienste entfielen, und die Einnahmen gingen insgesamt zurück [38]. Junge Theologen, die bis dahin noch geglaubt hatten, ein solches Amt sei gut, „um lange Bratwürste (und) kurze Predigten zu halten", mußten jetzt vielfach erkennen, daß der Pfarrer oft nichts anderes war als „Dorfkarr, Dorfnarr, alles Russes Ofenscharr" [39]. In den Visitationsprotokollen häuften sich die Klagen über Armut und Schulden. Die endlose Litanei von heruntergekommenen katholischen Pfarrern, wie sie der „Vicariatus liber" der Diözese Eichstätt aus der zweiten Hälfte des 16. Jahrhunderts enthält, ist mehr als eine amüsante Sammlung von Anekdoten über Pfarrer, die mit großen Summen im Schuldbuch von Wirten, Metzgern, Schustern und anderen Handwerkern standen [40]. Fand ein Großteil dieser Pfarrer bereits in jüngeren Jahren nur mit Mühe ein finanzielles Auskommen, dann erst recht nicht im Alter, wenn die Einkünfte mit einem Nachfolger oder Helfer geteilt werden mußten.

Relativ große Armut plagte auch die evangelischen Pfarrer, die während des Dreißigjährigen Krieges in der links- und rechtsrheinischen Pfalz von der katholischen Liga aus ihren Ämtern vertrieben worden waren und sich nicht bekehren ließen. Von den 192 Pastoren und 59 Pastorenwitwen, die ein „Catalogus" von 1628 aufführt, ist nur bei sechs von etwas Besitz die Rede, alle anderen litten, ob jung oder alt, bitterste Armut [41]. Überhaupt

33 Vgl. Kolb (1957/58), S. 186f.
34 Back (1874), S. 98f.
35 Ebd. S.100.
36 Decker-Hauff (1972), S. 62.
37 Vgl. ebd. S. 63.
38 Vgl. Werdermann (1925), S. 27.
39 Ebd. S. 46f.
40 Vgl. Hirschmann (1916), S. 397ff.
41 Hollweg (1907), S. 387.

lebten die in den vom Krieg betroffenen Dörfern ausharrenden Pfarrer oft in elenden Verhältnissen. Sie waren gezwungen, sich als Tagelöhner zu verdingen oder gingen als Feldprediger zum Militär.

Graphik 3

Lebenserwartung der hessischen Pfarrer der Reformationszeit

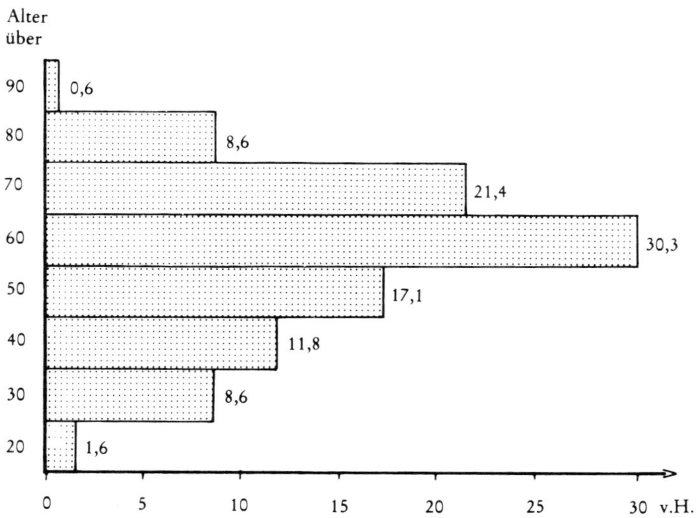

Quelle: Errechnet nach HÜTTEROTH (1953), S. 3-420.

Trotz aller wirtschaftlichen Schwierigkeiten, die die Geistlichen seit der Reformation plagten, war ihre Lage gemessen am Gros der Bevölkerung noch immer günstig. Auch wenn Luther die bestehenden Mißstände recht heftig beklagte, war seine Schwarzmalerei eher Mittel zum Zweck denn Realität. „Es scheint und gleißt nicht und ist ein gar gering Ding anzusehen, einen armen frommen Pfarrherr oder Prediger zu nähren oder zu schützen. Aber ein schmucker Kirchenbau, gülden Kleinod schenken, das gleißt, das scheint", appellierte er an die Obrigkeiten, das materielle Los der Pfarrer zu verbessern [42]. Die massenhaft vorgetragenen Klagen über die „faulen Pfaffen", die sich einen guten Tag machten, waren vielfach nicht aus der Luft gegriffen. Die neue Kirche hat in ihren Predigten diese Mißstände aufgegriffen und für jeden verständlich angeprangert. Im Jahre 1522 bestieg in Ulm Bruder Hainrich Kettenbach, „barfusser obsernantz", die Kanzel und hielt eine „nützliche Predigt Zu allen christen Von den vasten, vnd feyren". Eine seiner Anklagen zielte auf die Falschheit und Genußsucht der Pfarrer ab: „Die pfaffen, mönch vnd nunnen, die da maynen, sy fasten aller maist, fasten gar nicht, kain tag, sy stecken vol als die zecka, Vol, vol, vol guter viesch, guts weins, ..." [43] Dieses bessere Leben der „Pfaffen" fand seinen Niederschlag in einer markant höheren Lebenserwartung dieses Berufsstandes, Ausdruck einer überdurchschnittlich guten Ernährung, von gesünderen Wohnverhältnissen, einem relativ sorgenfreieren Leben und einer körperlich weniger anstrengenden Arbeit (Graphik 3).

Während auf dem flachen Land der über sechzigjährige Bauer zu den Ausnahmen zählte, galt ein über achtzigjähriger Pfarrer keineswegs als Seltenheit. Während die in städtischem Dienst stehenden Handwerksmeister bei Arbeitsunfähigkeit kaum einmal mehr als 20 Gulden an Einkommen zugebilligt bekamen, nicht zu reden von den minder qualifizierten Bediensteten, erreichten die Einkommen der alten Pfarrer ganz andere Höhen. Aus Hessen sind mehrere solcher Einkommensübersichten überliefert: C. Clericus erhielt 1569 im Alter von 72 Jahren 20 Gulden am Brauch der Äcker, 35 Gulden aus dem Kirchenkasten, 29 Malter Frucht, 1 Leimes Weizen und 3 Federgänse [44]. Ein anderer genoß nach Niederlegung seines Pfarramtes ein ganzes Kanonikat [45], ein weiterer war sehr vermögend und besaß eine Mühle [46] und ein dritter emeritierte 1548 wegen Altersschwäche und erhielt an Pensionsgeldern 20 Gulden aus den Salzwerken Sooden-Allendorf, 20 Gulden aus dem Stift St. Martin in Kassel sowie 20 Gulden aus dem Hospital Haina [47]. Berühmtere und einflußreichere Theologen wurden entsprechend besser versorgt. Als im Jahre 1593 der Melanchthonschüler und Professor der Theologie Kaspar Cruciger, zuvor am hessischen Hofe unter den Landgrafen Wilhelm IV. und Moritz dem Gelehrten als Geistlicher Rat tätig, 68 Jahre alt geworden war, beauftragte der Landgraf einen seiner Räte, ihm „vber seine habende bestellung zur haussteur vier viertel Kornn, desgleichen ein ochsen, oder landtrindt, vnndt ettwa ein hamel oder drey, item 2 fuder bier, desgleichenn an gelde 20 fl." zu übergeben. Seit 1580 — also seit dem 55. Lebensjahr — erhielt Cruciger als Zulage zu seiner Unterhaltung jährlich 100 Gulden durch den Kammerschreiber, 16 Viertel Korn, 6 Viertel Hafer, 4 Viertel Gerste, 6 Metzen Erbsen, 1 Achtel Salz durch den Frucht- und Salzschreiber, 4 Hammel durch den Küchenschreiber sowie 8 Ellen Lundisch Tuch und 5 Ellen Barchent durch den Hofschneider [48].

Mit der Altersversorgung der Pfarrer kann von der Konzeption her die der Lehrer verglichen werden, die zu Beginn der Neuzeit noch um ihre Berechtigung kämpfen

[42] Zit. nach WERDERMANN (1925), S. 15; zum Vermögen der Pfarrer vgl. auch WUNDER (1967), S. 117.

[43] Zit. nach PEUKERT (1948), S. 83.
[44] HÜTTEROTH (1953), S. 45.
[45] Ebd. S. 60.
[46] Ebd. S. 139f.
[47] Ebd. S. 196.
[48] Ebd. S. 51f.

mußten und noch keine staatlichen oder kommunalen Beamten waren. Die Aussonderung der Lehre zu einem eigenständigen Sozialbereich setzte erst mit der verstärkten Aufspaltung der sozialen und wirtschaftlichen Funktionen in der bürgerlichen Gesellschaft ein. Zuvor war das Lehren und Erziehen den verschiedenen Ständen und Berufsgruppen selbst überlassen: der Bauer wuchs auf dem Hof zum Bauern heran, und Handwerker wie Kaufleute lernten bei Handwerksmeistern bzw. anderen Kaufleuten. Nur der Priesterstand pflegte die Gelehrsamkeit und davon spaltete sich das Lehramt „als ein Besonderes und Eigenes" ab[49], wobei der Lehrerberuf vielfach zunächst noch als eine Durchgangsstufe oder Abart des geistlichen Berufes galt und wegen der Dienste, die der Lehrer in aller Regel dem Pfarrherrn zu leisten hatte, als dessen „hochaufsteigender Kirschenbrecher, Obstschäler und Schotenpflücker, emsiger Mantel- und Priesterrocks-Auskehrer, auch wohl exerzierter Schuhputzer, Inspectori über des Herrn Pfarrer Gesinde, hurtiger welke Rübenschneider und Federnschleißer" bezeichnet wurde — so J.G. Zeidler in seiner Spottschrift von den „Sieben bösen Geistern, welche heutigen Tags guten Theils die Küster oder sogenannten Dorfschulmeister regieren" aus dem 17. Jahrhundert[50].

Derartige Äußerungen deuten auf ein durchweg sehr geringes Ansehen und eine materielle Misere einer Berufsgruppe, die sich nur mit Hilfe verschiedener Nebenverdienste halbwegs über Wasser zu halten vermochte. Dies gilt auch für die Lehrer an den Lateinschulen der Klöster, Stifte oder Städte, zumal es nach einer Bemerkung von Melanchthon aus dem Jahre 1526 eine „erträglichere Mühe" gewesen wäre, „ein Kamel das Tanzen oder einen Esel das Lautenschlagen zu lehren", als den Schülern dieser Zeit Grundkenntnisse in Latein beizubringen[51].

Die Anstellung eines Lehrers wurde durch einen Dienstvertrag besiegelt, der unter anderem die Besoldung regelte. Zu Beginn des 16. Jahrhunderts war z.B. in Württemberg noch nicht an allen Schulen ein festes Dienstgeld üblich, ebenso verschiedentlich noch keine Bezahlung in Naturalien. Den wichtigsten Einkommensteil bildete das Schulgeld; Verehrungen und Geschenke waren nicht ausgeschlossen. Steuerfreiheit und die Befreiung von Frondiensten brachten weitere materielle Vorteile, und die Bezüge aus den Kirchendiensten bildeten einen anderen wichtigen Einkommensteil. So bezog der Schulmeister aus Schwäbisch Hall anno 1513 ein Jahreseinkommen von 71 Gulden, das sich zusammensetzte aus 35 Gulden an Schulgeld, 26 Gulden aus dem Kirchendienst und 7 Gulden als Gegenwert für die kostenlose Überlassung einer Behausung. War der Schulmeister ledig, so hatte er auf einer solchen Stelle ein gutes Einkommen, hatte er eine Familie zu ernähren, so stand er schnell an der Grenze des Zureichenden[52].

Nahte das Alter und war es einem Schulmeister aus irgendeinem Grunde nicht gelungen, in den Pfarrdienst überzutreten, wie einem gewissen Alexander Märklin in Stuttgart, der im Jahre 1549 als „alt, verdrüssig, ein solch Amt nothdürftiglich und der Gebühr zu versehen untauglich," beurteilt wurde, dann begannen die Probleme[53]. Bisweilen — so in Stuttgart — konnte der alte Lehrer auf eine Versorgung oder Abfindung rechnen; in der Regel mußte er aber sehen, wovon er weiter lebte, wenn er seinen Pflichten nicht mehr voll nachkommen konnte. Mancher verlegte sich auf die Bewirtschaftung einer kleinen Landwirtschaft, falls er genug Geld für einen Acker zusammenkratzen konnte. Andere standen ihrem jungen Gehilfen zur Seite und teilten sich mit ihm die Einkünfte. Wieder andere wurden mit verminderten Einkünften auf eine „mittelmäßige" Schule versetzt[54], was durchaus als Gnadenerweis verstanden wurde: Anerkennung für ein jahrelanges Wohlverhalten. Wer sich dagegen bei seinen Vorgesetzten unbeliebt gemacht hatte, sank auf die Stufe eines Almosenempfängers ab. So wurde im Jahre 1552 ein gewisser Meister Konrad von der Reformationsschule in Esslingen am Neckar, der während des Interims nach dem Sieg Karls V. im Schmalkaldischen Krieg beim Rat der Stadt in Ungnade gefallen war, zur Ruhe gesetzt und es wurden ihm nur noch 30 Gulden pro Jahr von seiner Besoldung belassen. Vergeblich bat er darum, ihm wenigstens eine Vor- und eine Nachmittagsstunde in der obersten Klasse und den lateinischen Kirchengesang während Vesper und Sonntagsamt zu übertragen, wie es die Ordnung des Interims vorsah[55]. Einzig, wer während seiner beruflichen Tätigkeit Ansehen und Einfluß erworben hatte, empfing im Alter eine ausreichende Belohnung. So durfte im Jahre 1623 der Rektor dieser Schule, Fenn, nach 34jähriger Tätigkeit im Alter von 65 Jahren aufgrund der herrschenden Teuerung und seiner familiären Verhältnisse als Ruhegehalt seine gesamte Besoldung behalten, wenn auch ohne die Akzidenzien, das heißt ohne die Einnahmen aus den kirchlichen Ämtern: 150 Gulden, 2 Scheffel Kernen, 4 Eimer Wein, 2 Klafter Holz und 200 Krehen. Sein Sohn wurde sein Amtsnachfolger[56].

Verschiedentlich erkannte die Obrigkeit bereits zu

[49] W. Fischer (1961), S. 37.
[50] Zit. nach ebd. S. 47, Anm.10.
[51] Zit. nach Württembergische Kommission (1912), Bd.1, S. 384.
[52] Vgl. ebd. S. 383-399, 544-552; siehe auch Janssen (1904), Bd.7, S. 34ff.
[53] Zit. nach Württembergische Kommission (1920), Bd. 1, S. 553.
[54] Ebd. S. 553f.
[55] Ebd., Bd.2, S. 242f.
[56] Ebd. S. 266, Anm.25 und S. 318.

dieser Zeit, daß alle die Berufsgruppen, deren Einkommen nicht wie das der Bauern, Handwerker oder Kaufleute von einem Hof, einer Werkstatt oder einem Warenstock abhing, sondern ganz an das Wissen einer Person gebunden war, bei altersbedingter Arbeitsunfähigkeit oder beim Tod des Stelleninhabers vollkommen verlorenging. Während ein Handwerksmeister im Alter den Betrieb mit Hilfe eines Gesellen weiterführen oder ihn verpachten konnte und die Wiederverheiratungschancen seiner Witwe mit diesem materiellen Polster im Rücken stark stiegen, stand die Witwe eines Beamten oder Lehrers mit leeren Händen da. Aus dieser Einsicht heraus hatte bereits im Jahre 1568 Coelestinus die Obrigkeiten aufgefordert, „verlebte wolverdiente Schuolmeister zuovnderhalten“ [57]. Es sollten jedoch noch mehr als zwei Jahrhunderte vergehen, bis der Schulmeister Anspruch auf „Pension“ erhielt, in Preußen bis zum Erlaß des Allgemeinen Landrechts im Jahre 1794 [58].

Ähnlich den Beamten arbeiteten die erfolgreichen Angestellten bis zu ihrem Tode für ihren Arbeitgeber und bezogen neben einem festen Gehalt in unregelmäßigen Abständen je nach ihrer Bedeutung zum Teil stattliche Geschenke. Sie waren eingebunden in das „Ganze Haus“, gehörten mit zur „Familie“ und wurden wie Familienangehörige bei Arbeitsunfähigkeit unterstützt. Michael Geizkofler, der Hofmeister und Sekretär der Söhne Anton Fuggers, den dieser 1556 zu seinem Oberamtmann und obersten Rentmeister berufen hatte, der alle Güter der Familie Anton Fuggers verwaltete, übte sein Amt bis zum Jahre 1614 aus, als er in dem für diese Zeit ungewöhnlichen Alter von 87 Jahren starb [59].

Adlige, Beamte, Lehrer und Pfarrer waren in der frühneuzeitlichen Gesellschaft eine verschwindend kleine Minderheit. Die Masse der Bevölkerung ging bei der Gestaltung ihres Alters von ganz anderen Voraussetzungen aus. Für die Mehrheit, und dies waren die Bauern, kam nur eine familieninterne Lösung in Betracht. Schematisierte Regelungen, die den Beginn der Freistellung von der Arbeit auf Jahr und Tag im voraus präzise und vertraglich abgesichert festlegten, waren hier unmöglich. Die Arbeitsfähigkeit des Haushaltsvorstandes, seine Bereitschaft zur Hofübergabe, die Größe und Tragfähigkeit seines Hofes, die konjunkturellen Wechsellagen und das Vorhandensein von Kindern ließen nur individuelle Lösungen zu. Tiefgreifende Einschnitte im Leben der alten Menschen, wie sie heute durch die Pensionierung gegeben sind, traten nur dort auf, wo im Alter Rolle und Stellung im Hause wechselten — etwa durch die Hofübergabe und den Rückzug aufs Altenteil. Dagegen fehlte eine solche Zäsur, wenn bei nachlassender Arbeitsfähigkeit die Gesamtleistungen des Hofes Schritt für Schritt zwischen den einzelnen Haushaltsmitgliedern umverteilt wurden [60].

Angeführt wird in der Literatur stets eine Einrichtung, die uns in der Geschichte unter den verschiedensten Bezeichnungen begegnet, etwa als Altenteil, Ausgedinge, Auszug, Leibzucht, Leibgedinge, Viertel, Narem [61] oder Winkel, obwohl der sich dahinter verbergende Generationsvertrag zu allen Zeiten und erst recht vor Mitte des 17. Jahrhunderts nur bei einem kleinen Teil der bäuerlichen Bevölkerung Anwendung fand. Es handelte sich beim Ausgedinge um eine rechtlich geregelte Versorgung des alten Bauern bzw. der alten Bäuerin im Rahmen der Hausgemeinschaft. Der Bauer übertrug Haus und Felder und damit auch seine Hausherrenstellung an seinen Nachfolger, in der Regel an einen seiner Söhne, und handelte im Gegenzug für sich und seine mit ins Ausgedinge gehenden Angehörigen eine ausreichende Versorgung und Wohlverhalten aus. Dazu gehörten Vereinbarungen über Wohnrecht, Lebensmittel- und Holzlieferungen ebenso wie der Anspruch auf einen bestimmten Sitzplatz, die Pflege im Krankheitsfall oder Ehrfurcht und Liebe seitens der Kinder. Da die bäuerliche Wirtschaft der vorindustriellen Zeit vorwiegend eine Naturalwirtschaft war, konnten die materiellen Leistungen fast gänzlich nur in natura erfolgen und banden die Altenversorgung an das Haus. Die Altenteiler zogen je nach Hofgröße und der Art der Siedlung entweder in ein eigenes dafür vorgesehenes Häuschen, in einen eigens dafür errichteten Anbau, in bestimmte Räume des Hofes oder bekamen lediglich einen festumrissenen Platz innerhalb der von der gesamten Großfamilie bewohnten Räumlichkeiten zugewiesen [62].

Dieses vertraglich geregelte Übergabesystem entwickelte sich in der frühen Neuzeit. Da dem älteren germanischen Recht testamentarische Verfügungen und Erbverträge unbekannt waren, wurde es Brauch, schon zu Lebzeiten „inter vivos“ dem Bedachten das Vermögen zu übertragen, wobei sich der Übergebende zur Sicherung seines Lebensunterhaltes eine lebenslange Versorgung aushandelte [63]. Eine erste Institutionalisierung erfuhr das Ausgedinge bereits gegen Ende des 13. Jahrhunderts, als auf Veranlassung von Gutsherren vereinzelt alte, zur Leistung der Abgaben nicht mehr fähige Bauern den Hof verlassen mußten und dafür gemäß den Fürsorgepflichten des Herren für seine Untertanen auf ein Altenteil mit lebenslänglicher Versorgung gesetzt wurden [64].

---

57 Zit. nach Grave (1982), S. 207.
58 Vgl. Bungardt (1959), S. 23.
59 Pölnitz (1961), S. 115ff.
60 Vgl. Mitterauer (1975), S. 4.
61 = Nahrung.
62 Vgl. Mitterauer (1975), S. 6.
63 Vgl. Runde (1805), S. 13; Schmidt (1930), S. 14; Horacek (1904), S. 9.
64 Weiland (1940), S. 36ff.

Solche Altenteilregelungen setzten sich vor allem durch, als mit der Rationalisierung der grundherrschaftlichen Organisation während der Phase des starken Bevölkerungsanstiegs in der zweiten Hälfte des 16. Jahrhunderts die Effektivität der bäuerlichen Wirtschaftsführung zunehmende Bedeutung gewann. Eine zu frühe und zu häufige Neubestiftung schloß sich infolge der durch das Altenteil entstehenden Belastung des Hofes fast von selbst aus. An die Ruhebedürftigkeit des alten Bauern dachte im 16. und 17. Jahrhundert bei Abfassung eines solchen Vertrages noch niemand. Dies ist erst eine sehr junge Erscheinung [65].

Die staatliche Gesetzgebung begann sich im 17. Jahrhundert aus fiskalischen Überlegungen für den Leibgedingvertrag zu interessieren, als sie in den Bauern nicht mehr nur Hintersassen der Grundherren erblickte, sondern sie auch als besteuerbare Untertanen entdeckte. Ebenso wie das Bauernlegen, mußten dem Staat auch die Zersplitterung größerer Güter infolge einer Altenteilregelung und die damit verbundene geringere steuerliche Leistungsfähigkeit der Übernehmer als bedenklich erscheinen. In der Markgrafschaft Baden und Hochberg verboten daher die Landesordnungen von 1622 und 1710 allen Untertanen, ihre Güter den „Kindern, Verwandten oder Frembden ... gegen einer Pfreundt" zu übergeben [66]. Erst ab 1732 wurde diese Bestimmung gelockert.

Dagegen besaßen die Hofhörigen in Westfalen schon im 14. Jahrhundert eine weitgehende Autonomie in der Regelung der Leibzucht. Aus dem 16. Jahrhundert sind verschiedene Hofrechte überliefert, die genau festlegen, was der Leibzüchter an Vieh, Haus- und Feldgerät mitnehmen durfte, und wer die auf dem Hof haftenden Schulden zu übernehmen hatte. Eine Hofrolle aus Vreden im ehemaligen Hochstift Münster aus dem Jahre 1557 bestimmt, daß ein Bauer, der seinem Sohn den Hof übergeben hat, „bey dem Houe Laeßen soll den besten Wagen, das stallpferdt, einen pflug, einen pott, einen keßel, vndt von allen ein das Beste" [67]. Die Leibzucht der westfälischen Hofrechte stellte eine Art dinglicher Belastung der Höfe dar. Die arbeitsunfähigen Bauern besaßen gegenüber dem Gutsherrn einen rechtlichen Versorgungsanspruch, der ohne Mitwirkung des Nachfolgers festgelegt wurde [68]. Nach dem Tode des Leibzüchters fiel die Leibzucht wieder an den Hof zurück. Nicht ein Vertrag zwischen dem alten Bauern und seinem Nachfolger bildete hier die Grundlage des Altenteils, sondern ein Hofrecht, das von vornherein bestand [69].

Es war nicht unbedingt die Größe eines Hofes, die die Einführung des Ausgedinges begünstigte. Unter den freien Bauern in Schleswig-Holstein waren solche Übergabeverträge vor dem 16. Jahrhundert noch völlig unbekannt [70], da die Arbeitsbedingungen dieser reichen Höfe ein Ausgedinge keineswegs erzwangen. Der alternde Bauer konnte hier, da er von keinem Grundherrn aus seiner Stellung gedrängt wurde, Knechten, Mägden und heranwachsenden Kindern Arbeiten übertragen, ohne seinen Platz als Hausherr räumen zu müssen. Die „Glossa" von Joachim Blüting aus dem Jahre 1717 nennt erstmals Regelungen zugunsten des Bauern, der seinen Hof übergibt. Danach pflegten sich altersschwache Männer und Frauen „auch wohl mit den nechsten Freunden zu vergleichen und sich auf der Hoff-Stätt in einem Katen aufzuhalten oder einen gewissen Ort im Hause einzunehmen und behalten daneben Kisten und Kasten, Kleider, Leinen und Wollen, ein oder zwey Kühe, ihr jährlich Brod-Korn und ander Abgifft; und der Abnehmer behält dagegen Haus und Hoff sämt allem Lande" [71].

Die hier ausgesprochene freie und unabhängige Stellung des Altenteilers war für Schleswig-Holstein um die Wende zum 18. Jahrhundert ein Novum. Dagegen hatte bei der bereits im Mittelalter bekannten Fletfahrt, was soviel heißt wie „in das Haus (flet) eines anderen fahren", der hilfsbedürftige und ohne Vermögen dastehende Fletfahrer eine starke Einbuße seiner Rechtsstellung hinnehmen müssen, er war in den Stand der Unfreiheit abgesunken, hatte seine Handlungs- und Prozeßfähigkeit verloren und war unter die vormundschaftliche Gewalt des neuen Hofwirtes geraten. Zudem war der Fletfahrer gezwungen, sich an seinen nächsten Erben zu wenden. Waren mehrere gleich nahe Erben vorhanden, erfolgte ein „Umgang", das heißt, die Erben nahmen den Fletfahrer der Reihe nach für eine gewisse Zeit in ihrem Hause auf [72]. Symptomatisch für das ausgehende Mittelalter und die frühe Neuzeit ist hier die starke Rechtsstellung der jüngeren Generation gegenüber dem alten Bauern. Dessen Rechtslage war wenig beneidenswert, da verschiedentlich ausdrücklich betont wurde, daß der nachfolgenden Generation das Recht zustand, dem nicht mehr rüstigen Bauern zur Vermeidung eines größeren Schadens den Hof wegzunehmen und unter sich zu teilen [73]. Solche Gewohnheiten haben reichlich Stoff für menschliche Tragödien geliefert.

Die Fletfahrt mit ihrer oft drastischen Entwürdigung

---

[65] Vgl. BAER (1908), S. 5.
[66] Zit. ebd. S. 7.
[67] Zit. nach RUNDE (1805), S. 33.
[68] Vgl. die Zeichnung eines lippischen Altenteils aus dem frühen 17. Jahrhundert auf S. 50f. Graphik aus SCHEPERS (1985), S. 383, 386.
[69] Dazu WEILAND (1940), S. 36ff.

[70] GAUNT (1982), S. 162.
[71] JOACHIM BLÜTING: Glossa oder gründliche Erklärung des in hiesigen Landen ... gebräuchlichen Low- oder Rechtsbuches, in: Das jütische Low, Flensburg 1717, zit. nach WEILAND (1940), S. 24.
[72] WEILAND (1940), S.19f.
[73] SCHULTZE (1931), S.312f.

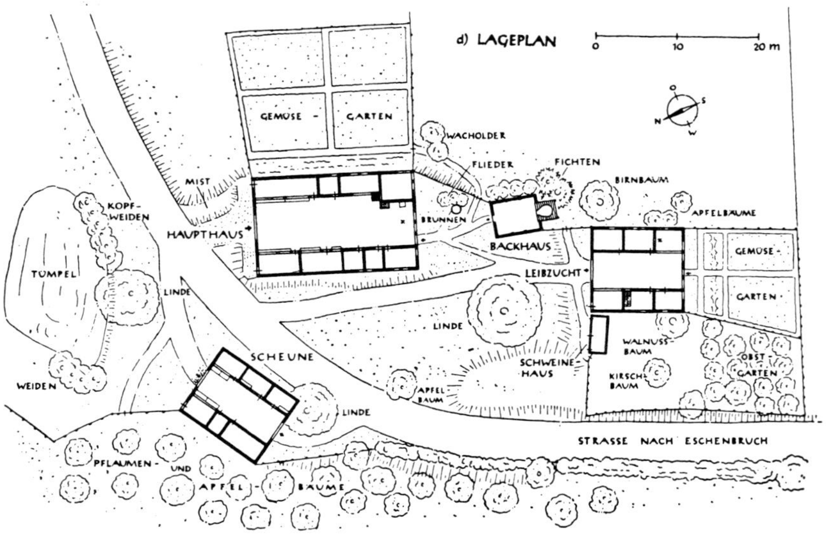

a) NORD-ANSICHT

b) SÜD-ANSICHT

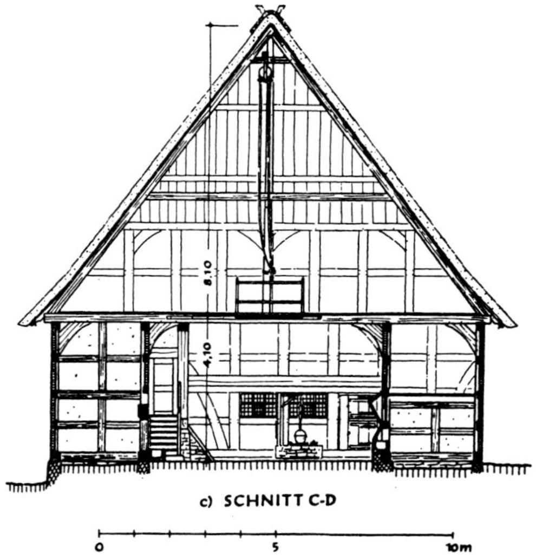

Hof Wienkemeier in Hiddensen bei Eschenbruch im Kreis Detmold

Der Hof aus dem späten 16. und frühen 17. Jahrhundert liegt als geschlossene Baugruppe an der Ostgrenze des Lipper Ländchens im Übergangsraum vom Ackerbauerndorfgebiet zur lockeren Siedlung mit stärker viehwirtschaftlichen Höfen. Das Altenteil besitzt als Durchgangsdeelenhaus einen kleinen Kuhstall als Unterschlagsnische. Über dem Herdfeuer in der Küche befindet sich eine Räucherbühne.

Aus: SCHEPERS (1985), S. 383, 386

LEIBZUCHT

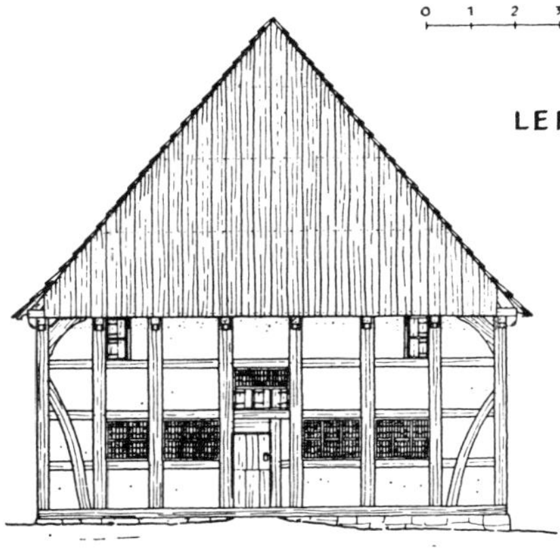

a) SÜD-ANSICHT

b) WEST-ANSICHT

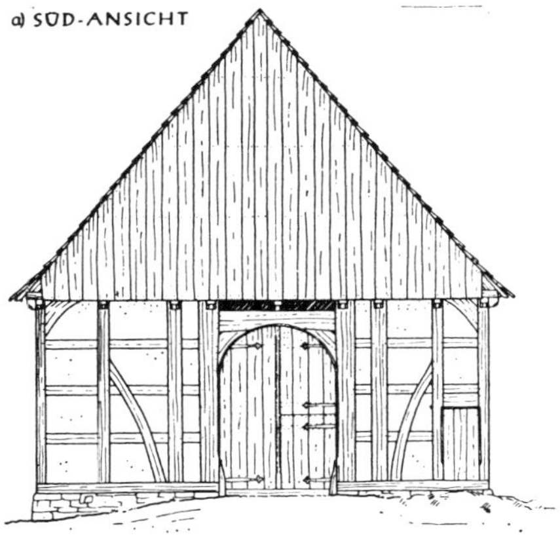

c) NORD-ANSICHT

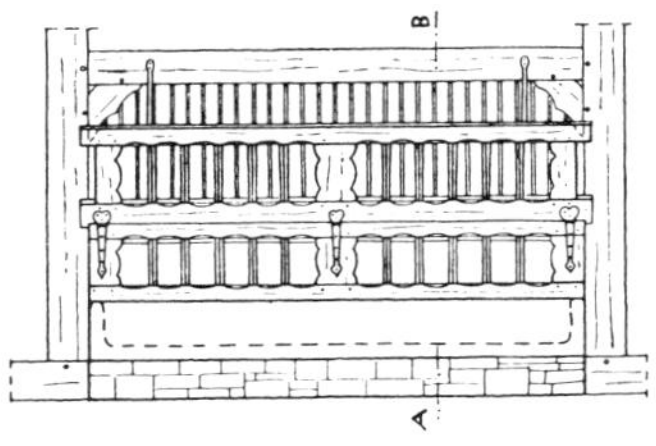

g) PFERDEKRIPPE

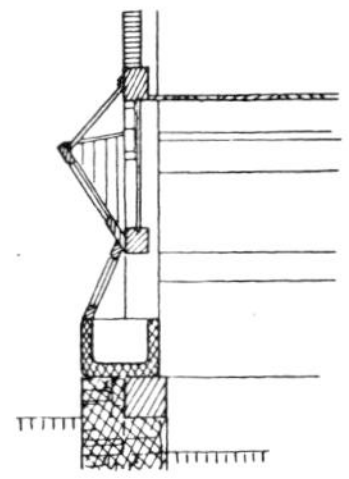

h) SCHNITT A-B

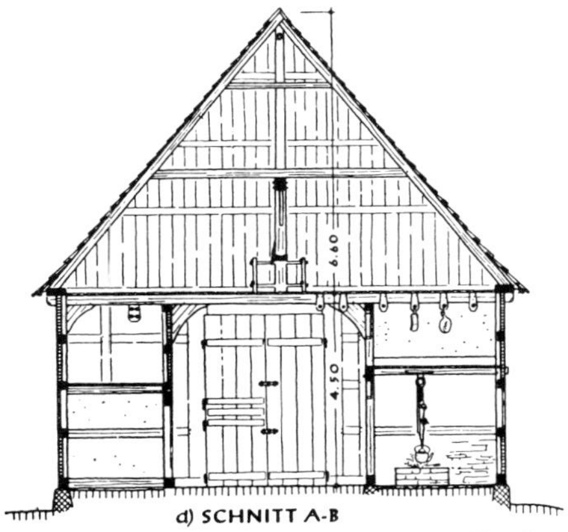

d) SCHNITT A-B

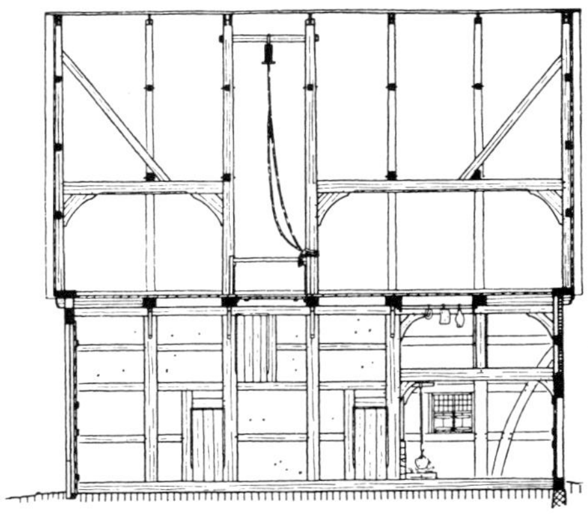

e) SCHNITT C-D

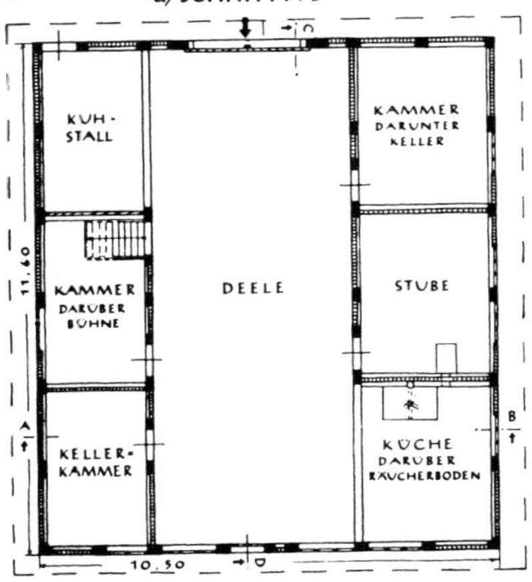

f) GRUNDRISS

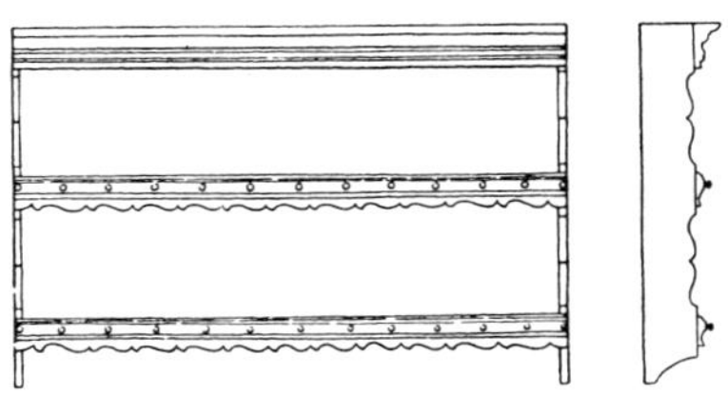

i) TELLERBRETT

der alten Eltern galt in der frühen Neuzeit als das eine Extrem. Die vergleichsweise starke Stellung des alternden Bauern in Bayern war das andere. Weder das Erbrecht noch die herrschende Sitte legten ihn von vornherein auf einen bestimmten Erben fest, etwa den ältesten oder jüngsten Sohn. Nach dem Landrecht von 1346, 1518 und 1616 galten alle Kinder, unabhängig von Geschlecht und Alter, als gleichberechtigt. Obwohl somit durchaus eine Realteilung hätte praktiziert werden können und in den Zeiten wachsenden Bevölkerungsdrucks auch vermehrt zur Teilung von Höfen führte, blieb die geschlossene Hofübergabe gleichwohl die Regel. Bereits im Mittelalter hatte sich eingebürgert, daß die Bauern außerordentlich spät die Entscheidung über ihren Nachfolger trafen; sie warteten so lange wie nur möglich mit ihrer Wahl. Trotzdem vermochten die Eltern diese auf den ersten Blick sehr starke Machtposition nicht voll auszunutzen, da ihre Entscheidungen harten Sachzwängen und alten Gebräuchen unterlagen. In der Regel verständigte man sich unter den Beteiligten, daß nicht das Kind den Zuschlag erhielt, das den Forderungen des Hofbesitzers am meisten entgegenkam, sondern dasjenige, das über seine Heirat, über die „beste Partie", das meiste Geld zur Abfindung der Miterben, zur Auszahlung der Eltern und zur Erlegung von Laudemien [74] bzw. des Leibgeldes einbrachte. Das hatte nichts zu tun mit einer „moralischen Ökonomie" [75], bei der persönliche Interessen zugunsten des Fortbestandes des gesamten Guts hintangestellt wurden, sondern hier handelte man nach einer Strategie der Nutzenmaximierung für alle, wobei man vorrangig an materiellen Nutzen dachte. Auch war von Bedeutung, welche Kinder durch Einheirat auf einem anderen Hof bereits gut versorgt waren. Als zeitliches Kriterium für die Hofübergabe kamen weniger Alter und Gesundheitszustand des Altbauern in Betracht als vielmehr der Moment, an dem für Eltern und Kinder eine materiell allseits befriedigende Lösung erreicht war. Das konnte auch zu einem Verkauf des Hofes führen, wenn nämlich der Käufer eine entsprechend hohe Summe bot [76].

Die von der sozialkonservativen Familienforschung des 19. Jahrhunderts immer wieder verherrlichte bäuerliche Dreigenerationenfamilie war nur dort Realität, wo das Ausgedinge sich durchsetzen konnte. Dies war aber vor Mitte des 17. Jahrhunderts in Deutschland nur an sehr wenigen Orten der Fall. Die bäuerliche Dreigenerationenfamilie fehlte überall dort, wo die Tragfähigkeit der Höfe mehr als eine Kernfamilie, bestehend aus dem Elternpaar und den noch nicht verheirateten Kindern, nicht zu verkraften vermochte. Sie fehlte fast gänzlich in den Realteilungsgebieten mit ihren kleinen Hofstellen, so z.B. in Württemberg, wo rund drei Viertel der ländlichen Bevölkerung zur Mitte des 16. Jahrhunderts hart an der Armutsgrenze lebten (Graphik 4). Darunter fielen alle diejenigen, die weniger als 150 Gulden Vermögen besaßen. Ihnen gehörten neben einer Haus- und Hofraite lediglich ein bis drei Morgen Ackerland, meist Lehngut und bisweilen freies Eigentum: viel zu wenig, um drei Generationen zu ernähren. Erst ab 500 Gulden zählte man zu den reichen Bauern, die mindestens 15 bis 20 Morgen Land und zumeist einen Hof als Erblehen besaßen. Erst sie können als wirkliche Bauern mit einem Familienbetrieb bezeichnet werden, und erst bei ihnen fing der wirkliche Wohlstand an, der eine familiale Altersversorgung ermöglichte [77].

Graphik 4

Vermögensschichtung in württembergischen Dörfern 1544

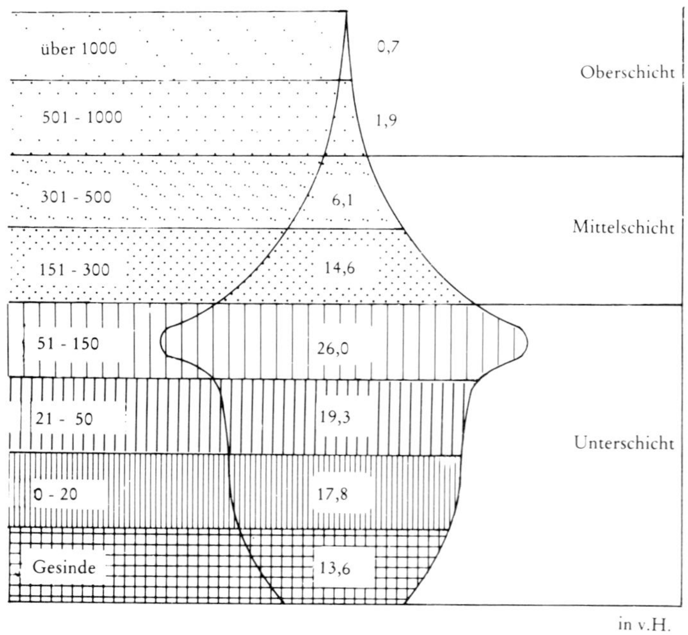

Quelle: Zahlenangaben nach FRANZ (1970), S. 224; n = 19.283.

Die spätere Verherrlichung, die diese Art von Generationenvertrag im 19. Jahrhundert erfahren hat, verdeckt manche Schattenseiten einer solchen Regelung. Es bleibt mehr als fraglich, ob die Zeitgenossen ihr derart viele positive Seiten abgewinnen konnten wie die Ideologen des beginnenden Industriezeitalters. Sicherlich

[74] Abgaben an den Grundherren bei Besitzerwechsel.
[75] GAUNT (1982), S. 157.
[76] Dazu vor allem LÜTGE (1949), S. 94-112; vgl. auch HANKE (1969), S. 236f.

[77] Vgl. FRANZ (1970), S.224f.

war der potentielle Erbe, vor allem wenn er schon verheiratet war und das 30. Lebensjahr überschritten hatte, erpicht darauf, endlich Herr im Hause zu sein, auch um seinem Vater zu zeigen, daß er vieles besser könne. Aber er ahnte ebenso die finanziellen und psychologischen Belastungen, die auf ihn zukamen. Zwar konnte das alte Bauernehepaar weiterhin in der gewohnten Umgebung verbleiben und je nach Arbeitskraft sinnvolle Tätigkeiten verrichten, doch ergaben sich daraus auch eine Menge Reibungspunkte. Die täglichen Konflikte, die dadurch entstanden, daß der Vater seinen Hof zwar auf dem Papier übergeben hatte, sich aber mit seiner neuen Rolle nicht abfinden wollte, bedürfen keiner näheren Erörterung. Aus den oftmals sehr kleinlichen Altenteilverträgen, in denen jede Bewegung, die der Altbauer tun durfte, schriftlich geregelt war, spricht ein gehöriges Maß an Angst und Mißtrauen gegenüber dem Vertragspartner; von Vertrauen, Zuneigung und Einverständnis ist dagegen nur wenig zu spüren. Auch die historischen Gerichtsprotokolle quellen über von kleinlichen Streitigkeiten zwischen Bauern und Altenteilern. Daraus mußten die Menschen lernen, aber ändern konnten sie am Grundübel nur wenig. Das Ausgedinge war eine Zwangsgemeinschaft, zu der es aufgrund der Naturalwirtschaft keine Alternative gab. Ein reicher Hof konnte sich ein eigenes Haus für die Altenteiler leisten, wo diese in Sichtkontakt zur jüngeren Generation lebten: sicher vor dem Alleinsein, aber auch relativ sicher vor den Generationenkonflikten des Alltags. Die meisten Höfe waren zu einem solchen finanziellen Kraftakt nicht in der Lage: so blieb es beim engen Körperkontakt und allen Wunden, die er verursachte. Alte Bauernweisheiten wie „Übergeben und nimma leben“ sprechen eine deutliche Sprache, und in manchen Gegenden Europas wurde Arsen als das „Altenteilpulver“ bezeichnet[78].

Das in der Literatur immer wieder vorrangig behandelte Ausgedinge wie auch die noch immer wieder propagierte Großfamilienideologie, deren Anhänger weiterhin dem angeblich verlorenen Paradies nachtrauern, dürfen nicht darüber hinwegtäuschen, daß in den meisten Gegenden Mitteleuropas die Zweigenerationenfamilie vorherrschte und bis Mitte des 17. Jahrhunderts das Altenteil die große Ausnahme darstellte. In der Regel wurde der Bauernhof für den Erben erst frei, wenn der Vater gestorben war. Bei der geringen Lebenserwartung gerade der bäuerlichen Bevölkerung der frühen Neuzeit stellte diese Art der Hofübernahme im Normalfall eine durchaus akzeptable Regelung dar, die die jüngere Generation vor keine unerträgliche Geduldsprobe stellte. Wurden die Eltern jedoch alt und waren auf die Hilfe der Kinder angewiesen, entstanden gerade in einem altenfeindlichen Jahrhundert wie dem 16. und frühen 17. ganz unweigerlich Konflikte. Die Hausväterliteratur dieser Zeit rät deshalb, die Kinder vorbeugend mit Liebe zu erziehen, da die Liebe der Eltern die Liebe der Kinder wecke. Einzig dieser Weg eröffne eine Möglichkeit, auch ohne Einschaltung eines Gerichts sich die Hilfe der Kinder zu sichern. Eine solche Erziehung vermittle die Tugend der Geduld, um die Mängel und Fehler des Alters „mit dem Mantel der Liebe“ zuzudecken. Obwohl die Autoren die Vorteile der Elternliebe in den buntesten und verlockendsten Farben ausmalten und undankbare Kinder mit göttlichen Strafen bedrohten, glaubten die meisten dennoch nicht an eine nachhaltige Wirkung ihrer Mahnungen. Die Tag für Tag gemachten schlechten Erfahrungen der alten Menschen und die von den jüngeren unverhohlen zur Schau gestellte Selbstsucht sprachen dagegen. Folgerichtig rät denn auch mancher Autor den Älteren, nur einen kleinen Teil des Besitzes den Kindern zu übergeben, um sich nicht völlig in die Hand der undankbaren Jugend zu begeben[79].

In den Niederlanden erfreute sich gleichzeitig die Thematik „Reiche Kinder — arme Eltern“ einer großen Beliebtheit. Auf der Radierung des David Vinckboons aus dem zweiten Jahrzehnt des 17. Jahrhunderts sieht man ein gebeugtes, einfach gekleidetes, altes Ehepaar vor dem Eingang eines herrschaftlichen Hauses, vor dem, eine Stufe höher, die Kinder und Enkel versammelt sind (Bild S. 54). Gebäude und Garten dokumentieren Reichtum und Wohlstand; der Truthahn symbolisiert Aufgeblasenheit und Eitelkeit. Der Text warnt alle reichen Menschen, nicht zu großzügig gegenüber den eigenen Kindern zu sein, da solche Güte und Liebe bei Alter und Gebrechlichkeit nicht vergolten würden: „Verschenkt nicht zu viel, bevor Ihr begraben seid, und denkt daran, daß es ihnen nach Eurem Tode auch noch nutzen wird.“

So sehr auch das Alter für die kleinbäuerliche Schicht zum Problem wurde, das einzig im Tod eine Lösung fand, so waren diese Menschen immer noch besser gestellt als die ländlichen Unterschichten, die ohne Faustpfand ganz auf das Wohlwollen der Mitmenschen angewiesen waren. Schon Platon hatte in seiner „Politeia“ darauf hingewiesen, daß selbst diejenigen, die im Geiste der Philosophie alt geworden und zur höchsten Vollendung emporgestiegen seien, das Alter nicht leicht ertragen könnten, falls sie arm seien. Für ein glückliches Alter sei auch eine materielle Sicherheit notwendig[80].

Ist die Rede von ländlichen Unterschichten, denkt man zunächst an Knechte und Mägde, die in allen Steuerlisten des 16. Jahrhunderts durchweg nur mit

78 MITTERAUER (1981), S. 53.

79 Vgl. HOFFMANN (1959), S. 136f.

80 ROSENMAYR: Deutungsversuche (1978), S. 38.

INTVTS SIET T
Visscher inventor fecit. et Excud:
Dit beeld is eene leer voor alle rycke lieden,
Dat Zy niet al te mild tot haere kinders Zyn:
Want in den ouden dagh sy haer niet sullen bieden.
Och! die syn bedd gheeft wegh slaept self op strow met pyn.
Ceste figure est un Patron pour les riches,
De nestre aus enfans trop liberals donneurs.
Car vers les vieux parens sont les enfans fort chiches.
Que donn plus qu'il peut, s'addonne à malheurs.
Wanneer den ouden dagh comt creupel aengetreden,
Met alderhande ellend, hebt ghy dan niet ghespaert,
En ghy u kinders moet aensoecken met ghebeden;
Sy sullen leven bly, wanneer ghy syt beswaert.
Quant la veillesse vient boiteuse, morfondue,
Plein de chetiveté, sy espargné tu n'as,
Ta liberalite bien mal sera rendue:
Les enfans font bon temps, quant povre tu seras.
Gheeft dan, ô Ouders, soo dat ghy niet leeft by gaeven:
Blyft ghy het oudste kind; bewaert ghy de kas:
En gheeft te veel niet wegh, eer dat ghy Zyt begraven.
Denckt, het sal naer u doot haer comen wel te pas.
Donnes donck tellement, que n'attendes qu'on donne;
Soyes le fils aisne, demeures le cassier:
Le tout ne quites point, que quant la cloche sonne.
Penses, asses à temps mon fils est heritier
Maer ghy, ô kinders, die veel gaven hebt ontfangen.
Van uwe ouders goed, wilt die vergheten niet:
Want swaeren teghenspoet t'ondanckbaer volck sal prangē,
Dat in den ouden dagh laet d'ouders in't verdriet.
Mais vous enfans ayes memoire à tout heure
Des biens qu'aves rceus des parens liberals:
Car grand' adversité vient frapper la demeure.
De ceux qui les parens chassent aus hospitals.
Elck houde middelmaet in-houden end' in gheven:
Men moet oock niet te wreck tot syne kinders Zyn.
De kinders moghen wel verlichten s'ouders leven.
Doch soo, dat sy haer huys niet bringhen self in pyn.
La mediocrite doibt estre observée:
Trop chice aus enfans, ô Parens ne soyes:
Misère des parens ainsi soit relevee,
Que sur ton propre host misère n'attires.

einigen Kreuzern Vermögen verzeichnet sind. Ihre Möglichkeiten zur Selbsthilfe waren äußerst beschränkt. Im Jahre 1617 gab Kaspar Jugel aus Grimma ein Lehrbuch zur Bewirtschaftung von landwirtschaftlichen Gütern heraus und stützte sich dabei weitgehend auf die frühere Schrift des kurfürstlich-sächsischen Hofmeisters Abraham von Thumshirn. Bei der Einstellung von Gesinde empfahl er unter anderem folgende Regel zu beachten: Man solle sich möglichst vor alten Knechten und Mägden hüten, denn diese seien zwar hurtig an der Schüssel, aber bei der Arbeit ganz „lasch und träge", auch wohl recht „beißig" [81].

Dagegen verweigerte man den in langjährigen Diensten alt und krank gewordenen Dienern, Knechten und Mägden nicht ihr Gnadenbrot. Die „Zimmersche Chronik" vermerkt, daß zur Mitte des 16. Jahrhunderts ein gewisser Kolb im Alter bei Graf Frobenio verblieb, „wiewol er ein wunderbarlichs mendle, auch zu zeiten ein rechter meutmacher under dem gesündt, der alle ding beredt und dem selten was recht war oder im nach seinem sinn gieng, iedoch ließ man in geniesen seins alters, auch das in den alten herren uferzogen hetten und vil jar iren diener war gewest; zu dem sein vatter getrewlich einest het zu der herrschaft gehalten. Das waren die ursachen, darumb im also wardt durch die finger gesehen. Er ist sein lebenlang hernach bei der herrschaft bliben ..." [82] Kolb gehörte zur Familie, war zwar mit denen von Zimmern nicht blutsverwandt, aber — und das war viel entscheidender — er arbeitete mit ihnen, verbrachte mit ihnen seine Freizeit, aß mit ihnen zusammen, schlief mit ihnen unter einem Dach und konnte auf eine lange Dienstzeit zurückblicken. Auch die sogenannte Hausväterliteratur dieser Zeit empfiehlt, solche Dienstboten, die in ihrer Jugend der Herrschaft treu und fleißig gedient hätten, bei nachlassender körperlicher Leistungsfähigkeit nicht zu entlassen, sondern ihnen einen Platz im Haus zu reservieren. Die Autoren appellieren vorwiegend an Mitleid und Barmherzigkeit und weisen darauf hin, daß sich auch die Alten im Haushalt noch nützlich machen könnten [83].

Solche zeitgenössischen Zitate könnten zu der Annahme verleiten, die Altersversorgung der Bediensteten wäre das eigentliche Problem in den Dörfern der frühen Neuzeit gewesen. In der Realität spielte diese Gruppe jedoch nur eine untergeordnete Bedeutung. Knechte und Mägde im Alter von über 30 Jahren findet man im 16. und frühen 17. Jahrhundert nur sehr wenige, da der Gesindestatus nur eine relativ kurze Durchgangsphase im Leben vieler Bauernkinder war. Noch bildete das Gesinde keine besondere soziale Schicht, sondern lediglich eine Altersgruppe [84]. Nach dem Bevölkerungsrückgang im Spätmittelalter wurden im 16. Jahrhundert wieder Menschen benötigt, und immer wenn Menschen selten sind, werden die Heiraten gefördert. Zudem wollten die, die die Pestwellen überlebt hatten und Frau, Vater oder Mutter, Geschwister oder Verwandte begraben hatten, nicht weiter allein sein. Die Zahl der Heiraten stieg dann jeweils sprunghaft an, und das Alter der Brautleute sank. In dem bereits genannten Kirchspiel Böhringen auf der Uracher Alb, kletterte die Heiratsziffer nach den ersten Pestepidemien zu Beginn des 17. Jahrhunderts auf Werte wie in vorangegangenen und in späteren Jahrhunderten nie wieder. Gleichzeitig sank das Heiratsalter auf ein absolutes Minimum ab [85]. Auch Knechte und Mägde heirateten und wurden im Regelfall Bauern und Bäuerinnen. Die übrigen, denen dieser soziale Aufstieg nicht gelang, durften zumeist ebenfalls heiraten und lebten fortan auf einem Hof als Inwohner.

Die Versorgung dieser Inwohner stellte das Land vor ein sehr schwieriges Problem. Die Insten im Norden, ebenso wie die Hintersassen in Bayern wurden auf einzelnen Höfen angesiedelt, bewohnten ein gesondertes Haus, betrieben meist ein kleines Gewerbe und waren zu Tagelohnarbeiten bei dem Bauern verpflichtet, dessen Hintersassen sie waren. Vor allem im Osten siedelten die Grundherren solche Tagelöhner an, um ihren hohen Arbeitskräftebedarf während der Erntezeit zu sichern. Die Existenzbasis dieser Inwohner reichte nur in guten Jahren halbwegs aus; an eine Altersvorsorge und -versorgung, wie sie der mittlere und größere Bauer betrieb, war bei ihnen nicht zu denken. Bei Arbeitsunfähigkeit aufgrund von Alter oder Invalidität wurden sie entweder gnadenhalber in einem Haus aufgenommen oder in der Gemeinde von Hof zu Hof weitergereicht [86].

Die zweite Hälfte des 16. Jahrhunderts, als im Zuge der Bevölkerungsvermehrung die Nachfrage nach den Grundnahrungsmitteln stark anstieg und die Getreidepreise schneller kletterten als die Preise für gewerbliche Erzeugnisse und die Löhne [87], sah die ländliche Bevölkerung gegenüber den Städtern vielfach im Vorteil. Auch die alten Menschen, ganz gleich welcher sozialen Schicht sie angehörten, mögen daraus Nutzen gezogen haben. Dieser Aufschwung der Landwirtschaft, der in Teilen von Schleswig-Holstein in einer Vermehrung der bäuerlichen Hausgeräte und in einer Hebung der Wohnkultur, in gekachelten Stuben und allerlei Silbergerät zum Ausdruck kam, dürfte sich auch in der Lebenshaltung der alten Bauern und Hintersassen

[81] Zit. nach WUTTKE (1893), S. 36.
[82] BARACK (1882), Bd.4, S. 154.
[83] HOFFMANN (1959), S. 181.
[84] MITTERAUER (1975), S. 7.
[85] Vgl. die Zahlenangaben bei HECKH (1939), S. 148, 151.
[86] MITTERAUER (1975), S. 7.
[87] Vgl. ABEL (1974), S. 19, 25, 27.

niedergeschlagen haben. Und wenn vor dem „Teutschen Krieg“ im Süden und Südwesten Deutschlands die Bauernhäuser größer und gefälliger wurden und ein relativ behaglicher Wohlstand vielerorts Einzug hielt, dann ist es wahrscheinlich, daß alle Landbewohner ein mehr oder minder größeres Stück von dem größer gewordenen Kuchen abbekamen. Christliche Nächstenliebe war bei verbesserter wirtschaftlicher Lage leichter zu verwirklichen als in langanhaltenden Notzeiten, und mildtätige Gaben, mit denen man sich das ewige Leben zu erkaufen suchte, waren jetzt schmerzloser zu tätigen als zuvor.

Dieser materiellen Besserstellung der älteren Landbewohner in der zweiten Hälfte des 16. Jahrhunderts stand eine langsam voranschreitende rechtliche Schlechterstellung aufgrund der Verminderung der bäuerlichen Besitzrechte entgegen. Bereits während des Bauernkrieges wollten die unzufriedenen Bauern in den „Zwölf Artikeln“ unter anderem „den brauch genannt den todtfall gantz vund gar“ wieder beseitigt wissen, da dadurch „witwen“ und „waisen“ „schentlich ... berauben“ würden [88]. Vor allem im deutschen Osten begann sich das soziale Ordnungsgefüge Schritt für Schritt umzugestalten. Vor dem Dreißigjährigen Krieg war der Ritter zunächst noch immer Schützer und Nachbar des Bauern, und noch war er wegen seiner kostspieligen Standespflichten nur selten reicher als dieser. Aber es bildeten sich jetzt bereits jene Tendenzen heraus, die nach der Katastrophe des großen Krieges zur Einziehung von herrenlosem Land, zur Verschlechterung der Besitzrechte der Bauern, zur Eingliederung der bäuerlichen Wirtschaften in die Gutswirtschaften, zur Schollenpflichtigkeit, zur Erhöhung der Lasten und zu den Frondienstverpflichtungen führten. Aus dem Nachbarn der Bauern wurde ihr Herr, aus dem Beschützer die Obrigkeit. Andererseits oblag damit der Gutsherrschaft aber auch die Hilfe bei Notlagen, das Aufkommen für Steuerausfälle oder die Unterstützung im Alter. Bereits vor 1618 begannen sich östlich der Elbe Lebens- und Wirtschaftsgemeinschaften von echt patriarchalischem Zuschnitt zu entwickeln, wenn sich dahinter oft auch nur eine ganz egoistische und kalte Unterdrückung verbarg [89]. Letztlich ist auch die Einführung des Ausgedinges in anderen Regionen Deutschlands, mit dem die Grundherren durch ein Abschieben der Alten die bäuerliche Wirtschaft effizienter gestalten wollten, nichts anderes als eine Beschränkung der Rechte der älteren Generation.

Eine derartige zusammenfassende Bewertung von gut zwei Jahrhunderten, wie sie hier vorgenommen wurde, täuscht eine gewisse materielle Stabilität, Gleichmäßigkeit und Sicherheit vor, die jedoch in der vorindustriellen Wirtschaft, als die Natur noch nicht „machbar“ war, keinen Augenblick gegeben war. Jedes Jahr konnten die Unbilden der Witterung, Kriege oder Seuchen Ernteausfälle verursachen, denn das Korn, das die Menschen nährt, ist auch ihr Scherge und Büttel. Ein Gutsbesitzer war zwar in der Lage, infolge der durch die verminderten Ernteerträge ausgelösten Preissteigerungen beträchtliche finanzielle Mehrerlöse einzustreichen, der kleine Bauer dagegen mußte sich gleichzeitig Nahrungsmittel zu hohen Preisen zukaufen, da der eigene Hof nur bei guten und normalen Ernten seine Besitzer ernährte. Während der alte Gutsbesitzer oder größere Bauer durchgehend in materieller Sicherheit lebte, mußte der alternde Kleinbauer auch in den Zeiten, in denen seine Produkte mehr wert waren, immer wieder hohe Not leiden mit allen den negativen Auswirkungen des Mangels auf seine Gesundheit. Selbst in der für die Landwirtschaft im Durchschnitt so günstigen zweiten Hälfte des 16. Jahrhunderts reißen die Elendsschilderungen nicht ab und häufen sich zu Beginn der siebziger Jahre, als eine langanhaltende Hungersnot über die meisten Gebiete Deutschlands hereinbrach. Nach mehreren harten Wintern von 1568/69 bis 1572/73, verregneten Sommermonaten, Überflutungen der Flüsse, Einbrüchen des Meeres und Schädlingsplagen hielten auch auf dem platten Land Hunger und Hungersterben Einzug. Damals notierte der Augsburger Bürger P.H. Mair in seinem Erinnerungsbuch, die Teuerung der Jahre 1570/71 hätte die armen Leute im Allgäu und Schwabenland gezwungen, „von dem Abdecker das Roß und ander Vieh, so am Schelmen gestorben“, abzukaufen und mit ihren Kindern aufzuessen. Und viele, die in die Stadt kamen, um Almosen zu sammeln, habe man „morgens vor den Häusern und in den Schregen und auf der Gassen tot gefunden“ [90]. In Tirol aßen die Kinder der Armen das Gras vom Feld „gleichwie das unvernunftiglich Vieh“ [91]. Back- und Kochbücher erschienen mit allerlei Rezepten über „Notbrot“: Laubbrot, Sägespänebrot, Wurzelbrot, Tannenzapfenbrot. Die Not machte erfinderisch.

Glanz und Elend, sattsame Zufriedenheit und hoffnungslose Not im Alter lagen in der vorindustriellen Zeit in vielerlei Hinsicht ganz eng beieinander, da die Grenze des Möglichen von vielen sehr bald erreicht wurde. Die Literatur der Zeit spiegelt diese Gleichzeitigkeit und den abrupten Wechsel von Wohlergehen zu Armut wider. Hier lassen die Fastnachtspiele Bauern auftreten, die prassen, schlemmen und ihren Reichtum zur Schau stellen, dort beschreibt Sebastian Franck in seinem „Weltbuch“ aus dem Jahre 1534 das „mühselig volck der bauren“ als „jedermans fußhader ... mit fronen,

[88] Elfter Artikel, zit. nach dem Faksimile bei FREYTAG (1924), Bd.3, 2.Teil, ohne Seitenangabe, nach S. 234.

[89] Vgl. LÜTGE (1966), S. 216f.

[90] Zit. nach ABEL (1974), S. 96f.

[91] Ebd. S. 97.

scharwercken, zünßen, gülten, steũren, zöllen hart beschwert vnd überladen ...". Hier erlassen die Reichstage immer wieder Kleiderordnungen und untersagen den Bauern das Tragen von Gold, Perlen, Samt und Seide, dort fehlt es einem Teil der ländlichen Bevölkerung am Notwendigsten zum Überleben [92].

Verglichen mit den zahlreichen Kriegsjahren und vor allem mit den Zeiten des Dreißigjährigen Krieges hatten solche Hungersnöte noch den Vorteil, daß sie die guten Sitten, die christliche Nächstenliebe, das Mitleid mit den Armen und Alten, das Pflichtbewußtsein der Kinder gegenüber ihren Eltern nicht oder vergleichsweise wenig beeinträchtigten. Die Kriegszeiten dagegen haben — wie bereits ausgeführt — die Sitten verrohen lassen und den Entwicklungsprozeß der Zivilisation zum Schaden derer umgekehrt, die auf die Hilfe der Mitmenschen angewiesen waren: die Kinder, die Armen, die Kranken und die Alten. Krieg und Pest haben das kunstvolle Gebäude der Zivilisation zum Einsturz gebracht. 1524 schrieb ein gewisser Johann Eberlin aus Günzburg in seiner kleinen Schrift „Mich wundert, daß kein Geld im Land ist" über die Landsknechte, einen Beruf, der für viele in diesem kriegerischen Jahrhundert zur einzigen krisenfesten Beschäftigung wurde: „... die Lantsknecht ... lernen .. fluchen etc. ya in hurerey/ ehebruch/ iungkfraw schendung/ follerey/ zu sauffen ya zu gantz vihischen sachen/ stelen/ raube/ morden/ ist bey ynen wie teglich brot ... Sie lauffen von alten/ armen/ kranke eltern, verlassen yre frome weyber/ vnnd vnerzogne liebe kindlin ... vnd lauffen der sundt/ dem todt/ dem teuffel ... in den rachen hinein ..." [93] Anfang 1647, gegen Ende des Dreißigjährigen Krieges, notierte in der ländlichen Gemeinde Gerstetten auf der Schwäbischen Alb ein Bürger in seiner Familienfibel: „Überall sind Neid, Haß und schlimmere Ding — der Krieg hat uns so gelehrt. Die Alten sind mit der Gottlosigkeit alt worden — wie sollten sie's noch lassen können vor ihrem Ende? ... Wir Leut leben wie die Tier ..." [94]. Anno 1636 formulierte Andreas Gryphius in „Tränen des Vaterlandes" die bekannten Verse:

> Doch schweig ich noch von dem, was ärger als der Tod,
> Was grimmer denn die Pest und Glut und Hungersnot:
> Daß auch der Seelenschatz so vielen abgezwungen.

In den südwestdeutschen Gebieten begann nach der Nördlinger Schlacht im Jahre 1634 die eigentliche Schreckenszeit, als „der Gestank des Heerlagers in unsern Straßen gerochen", wie es in einem Rückblick des Rats der Stadt Esslingen am Neckar hieß [95]. Wie überall beklagte man auch hier einen tiefen Verfall der Sittlichkeit, und dies war mehr als die zu allen Zeiten üblichen Anklagen einer kirchlichen Obrigkeit gegen eine lebensfrohe Jugend. „Familienväter hatten die Ihrigen verlassen, um dem Kriegshandwerk nachzuziehen, — berichtete ein Stadthistoriker — und nicht wenige Mädchen waren mit den Soldaten gelaufen. Besonders die während des Krieges herangewachsene Jugend war zum größern Theile aller Zucht und guten Sitten entfremdet, sie hatte alle Achtung vor Eltern, Vorgesetzten und bejahrten Leuten verloren. Allgemein aber verbreitet waren Unbotmäßigkeit gegen die Obrigkeit und Nichtachtung ihrer Befehle und Verordnungen; unter allen Ständen herrschten Saufen und Spielen, Faullenzen und Verprassen, Hoffahrt und übermäßige Kleiderpracht; schamlose Unzucht, gotteslästerliches Fluchen und Schwören, Unredlichkeit und Betrug waren ganz gewöhnlich ..." [96] Besonders die Jugend hatte während ihres ganzen Lebens nur die Gesetze des Krieges kennengelernt, suchte angesichts des allgegenwärtigen Todes das Leben möglichst in vollen Zügen zu genießen, und viele bekamen als einzige Überlebende der Seuchen plötzlich eine Menge Geld in die Hände.

Auch in dem württembergischen Dorf Eschenbach in der Nähe von Göppingen, über das wir weiter unten noch nähere Einzelheiten erfahren werden, lag der Gipfel der Not kurz nach der Schlacht bei Nördlingen. Von da an sprechen die Pfarregister des Ortes nur noch vom „kaiserlichen Einfall" und vom „großen Strudel". Am 6. September 1634 ist neben anderen Magdalena Hederlin, „famae optimae" — von bestem Ruf —, Ehefrau des Liebensteinischen Stabschultheißen „jämmerlich umkommen im keyserlichen Einfall ... in ein Schwedisch Trunk ersäufft", womit der Pfarrer sagen will, daß man ihr Wasser und Gülle in den Hals geschüttet hat, bis sie erstickt war. Am selben Tag wurde der 70jährige Bäcker Jakob Ott „jämmerlich erstlich geschlagen, drauf drappt und dann vollends erschossen". Die Soldaten schleppten die Mädchen und Frauen des Dorfes ins Lager, und viele starben alsbald, an „peste", wie der Dorfpfarrer vermerkte [97].

Der alte, hilfsbedürftige Mensch hatte sich stets, um zu überleben, auf Mitleid und Nächstenliebe gestützt, sofern er nicht die Hilfe der anderen durch seine Macht erzwingen oder durch seinen Besitz erkaufen konnte. Einen solchen Faustpfand aber hatten auch auf dem Land und gerade in Kriegszeiten nur die wenigsten in der Hand. Der Krieg hat das über Jahrhunderte errichtete Wertgebäude aus Moral und guten Sitten zum Bersten,

---

92 ABEL: 1350-1500 (1971), S. 329f.; PEUCKERT (1948), S. 65.
93 Faksimile bei FREYTAG (1924), Bd.3, 2.Teil, ohne Seitenangabe, nach S. 234.
94 Zit. nach LAHNSTEIN (1974), S. 26.
95 PFAFF (1858), S. 2.
96 Ebd. S. 3f.
97 HERMELINK (1965), S. 21ff.

die eingelagerten Pestwellen haben es zum Einsturz gebracht. Die aus den Kriegsjahren überlieferten Berichte von Kannibalismus, Folterungen, Brutalitäten der verwilderten Söldnerhorden und unbarmherzigen Plünderungen durch den Troß sprechen eine deutliche Sprache. Die Heere zogen zwar immer wieder aus den Dörfern ab, aber sie ließen ihre üblen Gewohnheiten, ihre zahlreichen Laster und Krankheiten zurück. Die Pestzeiten haben zu einer weiteren Steigerung geführt; sie haben — wie dies Boccaccio bereits 1348 feststellte — „die Herzen der Menschen gefrieren" lassen. Unter Barbaren verlor der alte Mensch sein Lebensrecht. Er überlebte zwar in der Regel die Grausamkeiten des Krieges, er überstand auch den Hunger, er überlebte aber nur selten die nachfolgenden Seuchen, die im Krieg die meisten Opfer forderten vor allem unter denen, die geschwächt und weniger widerstandsfähig waren: die Alten und Kranken [98].

Vor dem Krieg galt Deutschland als ein reiches Land, in dem der Bauer eine gewisse Wohlhabenheit erlangt hatte, die sich in weitverbreiteten Sonderkulturen und einem reichhaltigen Mobiliar niederschlug. Die drei Jahrzehnte Krieg und vor allem die Seuchen haben das Land weit zurückgeworfen, sie haben die Bevölkerung des flachen Landes oft bis auf wenige Überlebende radikal dezimiert. Dem Herzog von Württemberg blieben von 400.000 Menschen ganze 48.000, andere Regionen überstanden den Krieg dagegen mit weitaus weniger Verlusten. Die Grafschaft Oldenburg hat während der dreißig Jahre angeblich kein fremder Soldat betreten. Günther Franz schätzt den Gesamtverlust der ländlichen Gebiete an Menschen auf 40 Prozent, den der Städte auf ein Drittel [99]. Die Vorsorgebemühungen der Bauern, die niemals nur für ihren unmittelbaren Bedarf arbeiteten, sondern auch für ihren Lebensabend, hat dieser Krieg gänzlich zunichte gemacht. Im Jahre 1633 beschrieb Martin Opitz die Lage der ländlichen Bevölkerung in seinem „Trost Gedichte In Widerwertigkeit Deß Krieges":

> Der arme Bawersmann hat alles lassen ligen/
> Wie wann die Taube siht den Habicht auff sich fliegen/
> Vnd giebet Fersengeld; er selbst ist in das Land/
> Sein Gut ist weg geraubt/ sein Hoff hinweg gebrandt/
> Sein Vieh hindurch gebracht/ die Schewren vmbgeschmissen/
> Der edle Rebenstock tyrannisch außgerissen/
> Die Bäume stehn nicht mehr/ die Gärten sind verheert;
> Die Sichel vnd der Pflug sind jetzt ein scharffes Schwerdt [100].

Gutsbesitzer, Bauern und Hintersassen, Beamte, Pfarrer und Lehrer hatten verschiedene Formen der Altersversorgung entwickelt, die ihren wirtschaftlichen Verhältnissen und den Gegebenheiten und der Leistungskraft der Gesamtgesellschaft meist optimal angepaßt waren. Im städtischen Handwerk dagegen ging man von ganz anderen Voraussetzungen aus. Zwar übten die meisten Handwerker ihr Gewerbe lebenslang aus, was von der körperlichen Belastung her durchaus möglich war, aber die begrenzten Wohnverhältnisse in den engen Mauern der frühneuzeitlichen Städte und die nicht gerade üppigen Gewinne der meisten Betriebe ließen eine Freistellung des alten Meisters wie dies auf einem größeren Bauernhof möglich war, nicht zu. Für ein Elternpaar mit Kindern war zwar in den meisten städtischen Häusern genügend Platz zum Wohnen und Arbeiten, für eine Dreigenerationenfamilie mitsamt Gesellen und Lehrlingen jedoch nur in den seltensten Fällen. Die Ansichten von frühneuzeitlichen Städten zeichnen meist ein ganz falsches Bild von den dortigen Wohnverhältnissen, da sie lediglich die prächtigen, mehrgeschossigen Bürgerhäuser im Umkreis des Marktplatzes zeigen, hinter denen die dicht an dicht gedrängten Buden und Hütten der ärmeren Bevölkerung gänzlich verschwinden. Steuerlisten aus dem 16. Jahrhundert lassen dagegen eher etwas erahnen von der Enge und Ärmlichkeit dieser Städte (Graphik 5). Weit über die Hälfte aller Familien verfügte über keinen oder nur wenig Besitz, jedenfalls reichte ihr Vermögen nicht einmal für ein winziges Häuschen, geschweige denn für einen soliden und geräumigen Bau, in dem mehrere Generationen Platz fanden. Zudem waren die Vermögen je nach Beruf ganz unterschiedlich verteilt (Graphik 6). In Berufen, die zu ihrer Ausübung nur geringe Investitionen verlangten und mit einer kleinen, gemieteten Wohnung auskamen, konzentrierte sich die ärmere Bevölkerung: die Weber, die Schneider oder Schuster, im Gegensatz etwa zu Wirten, die entsprechende Räume bereitstellen mußten.

Übernimmt man die Berechnungen, die Josef Kulischer für die spätmittelalterlichen Städte angestellt hat, dann verfügte nur etwa die Hälfte aller städtischen Haushalte über ein eigenes Haus [101]. Infolge der Bevölkerungsvermehrung der zweiten Hälfte des 16. Jahrhunderts wuchs der Anteil der Mieter noch weiter an und gerade in Städten mit ausgeprägtem Textilgewerbe wie etwa Augsburg erhöhten sich die Mieterzahlen vergleichsweise rasch. Im Jahre 1610 bewohnten hier über 70 Prozent der Familien Häuser mit über vier Mietern [102].

Es war nicht nur der fehlende Wohnraum, der die meisten daran hinderte, ihren Lebensabend im Haushalt

[98] Vgl. FRANZ (1940), S. 5f.
[99] Ebd. S. 47.
[100] SCHÖNE (1963) S. 701.

[101] KULISCHER (1928), Bd.1, S. 178; vgl. auch EGNER (1966), S. 68.
[102] MITTERAUER (1984), S. 10.

Graphik 5

Vermögensverteilung in Frankfurt a.M., Stuttgart und Tübingen 1495-1607

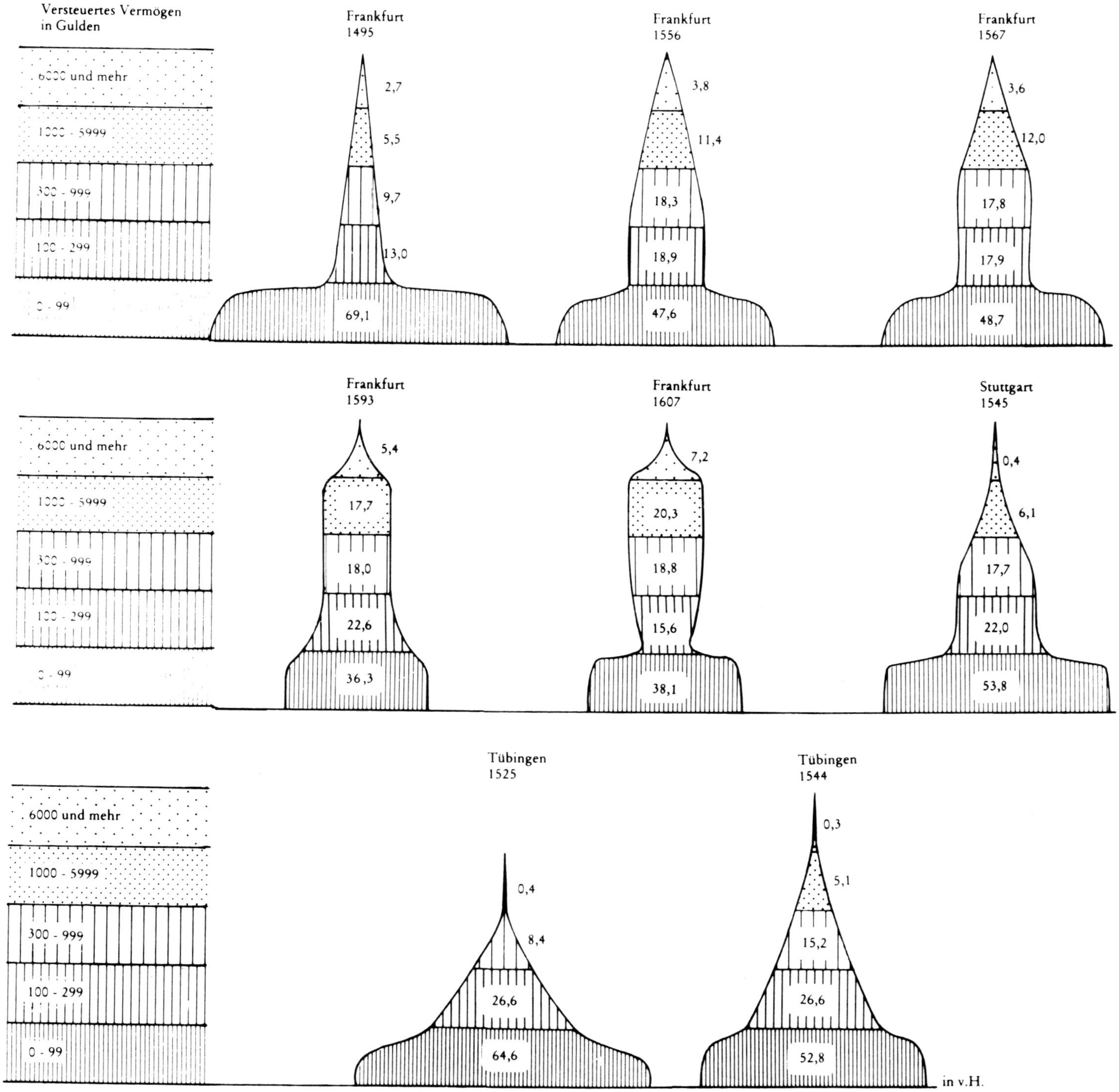

Quelle: Für Frankfurt nach Jütte (1984), S. 71, n = 2390 (1495), 2111 (1556), 2423 (1567), 2719 (1593), 2046 (1607); für Stuttgart nach Wunder (1974), n = 1418; für Tübingen nach Rau (1970), n = 689 (1525), 997 (1544).

der Kinder zu verbringen. Eine solche Lösung lag zudem überhaupt nicht im Bestreben der meisten Städter. Die überwiegende Mehrheit der alten wie der jungen Menschen verlangte vielmehr nach einem eigenen Haushalt, der je nach Stimmung und Bedarf Nähe oder Distanz garantierte: räumliche Nähe zu Kindern oder Verwandten, um sich jederzeit deren Hilfe sicher zu sein, Distanz, um den vielfältigen Reibereien zwischen den Generationen ausweichen zu können. In Zürich, wo genauere Zahlen vorliegen, standen 92 Prozent der über 60jährigen im Jahre 1637 einem eigenen Haushalt vor [103].

Graphik 6

Berufsspezifische Vermögensschichtung in Nördlingen 1579

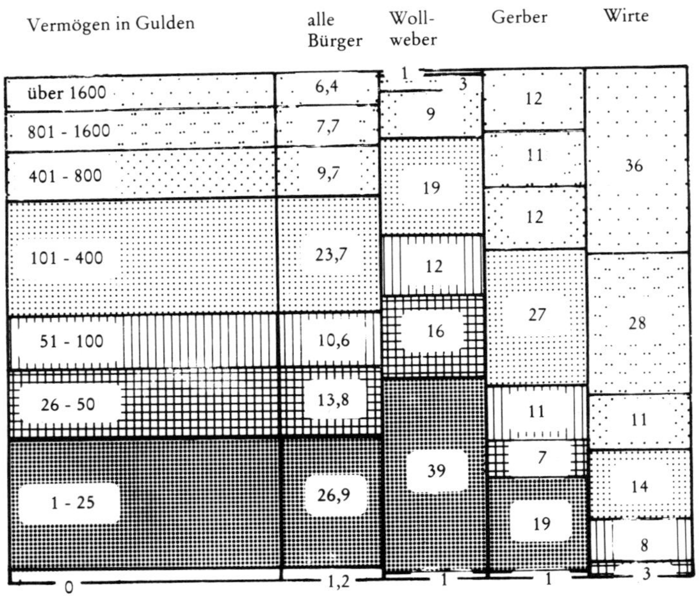

Quelle: Nach FRIEDRICHS (1979), S. 130ff.

Auch das Aufkommen des Bürgerspitals, in das man sich wie in ein modernes Altersheim einkaufen oder durch das man sich in seiner eigenen Wohnung verpflegen lassen konnte, sowie die zahlreicher abgeschlossenen Leibrentenverträge [104] sind Ausdruck einer entsprechenden Nachfrage. Ebenso belegt die zumeist schnelle Wiederverheiratung nach dem Tod eines Ehepartners die allgemein verbreitete Flucht vor der Dreigenerationenfamilie. In Zürich findet sich 1637 kein einziger lediger Mann über 60 Jahre und nur sehr wenige Frauen. Erst unter den Siebzigjährigen lassen sich Witwer feststellen [105]. Und weil für die mittleren und kleinen Handwerker Arbeit bis ins Grab als Regel galt, war der Haushalt des alten Handwerkers zumeist kein „leeres Nest", sondern es fanden sich darin noch weitere Mitbewohner, seien es Verwandte oder Gesinde. Für die Zeit von 1637 bis 1774 wurde für die mitteleuropäischen Städte eine durchschnittliche Haushaltsgröße von 4,5 Personen errechnet, wenn der männliche Haushaltsvorstand 60 bis 69 Jahre alt war, war er 70 bis 79 Jahre, reduzierte sich die durchschnittliche Personenzahl geringfügig auf 3,9 [106].

Die Produktionsverhältnisse im städtischen Handwerk entbanden die ältere Generation von dem Zwang, mit ihren erwachsenen Kindern in einem Haushalt leben zu müssen. Umgekehrt befreiten sie auch die Jüngeren von diesen Fesseln. Ganz anders auf dem Bauernhof: hier blieben ältere Kinder länger und zahlreicher im elterlichen Haushalt, da sie bei der Arbeit gebraucht wurden und keinen Vorwand bieten wollten, enterbt zu werden. Aus demselben Grund finden sich auch in den Haushalten der städtischen Oberschicht, bei den Kaufleuten und reichen Grundbesitzern, relativ oft erwachsene Söhne und Töchter, nicht jedoch in der Unterschicht, wo deren Mitarbeit nicht benötigt wurde und wo es kaum etwas zu erben gab. In den Handwerkerhaushalten lebten nach den bisherigen Forschungsergebnissen nur ganz selten erwachsene Söhne. Obwohl sich auch in der frühen Neuzeit eine starke Berufserblichkeit feststellen läßt, blieb die Weitergabe der Werkstatt an die eigenen Kinder eher die Ausnahme. Was sollte denn auch ein normaler Schuster, Schneider oder Spinner schon weitervererben? Sein weniges Handwerkszeug fand in einer Ecke der Stube Platz und ließ sich leicht an einen anderen Ort transportieren. Nur in den Berufszweigen, in denen das Gewerbe mit einem Haus oder unbeweglichen Einrichtungsgegenständen verbunden war, so etwa mit einer Back- oder Badstube, kam der Vater-Sohn-Folge und dem Zusammenleben mehrerer Generationen Bedeutung zu. Erst im 18. und 19. Jahrhundert mehrte sich die Zahl solcher Mehrgenerationenhaushalte [107].

Für den städtischen Handwerker spielten bei der Familiengründung die materiellen Produktionsmittel eine geringere Rolle als für den Bauern, da er zur Beufsausübung eine Wohnung mieten und sein Handwerksgerät leicht erwerben konnte. Auch während der zunehmenden Abschließung der Zünfte, als diese zu Beginn der Neuzeit den Zugang zu den Meisterstellen erschwerten, blieben für einen jungen Handwerker noch genügend Möglichkeiten, einen eigenen Betrieb zu eröffnen, da sich die Gewerbe immer mehr dif-

---

103 EHMER (1983), S. 192.

104 Zu diesen Formen der Alterssicherung in der frühen Neuzeit siehe Kapitel 4.

105 EHMER (1983), S. 195ff.

106 Ebd. S. 199.

107 Vgl. MITTERAUER (1984), S. 21ff.

ferenzierten. Das starke Anwachsen der Meisterstellen seit Mitte des 16. Jahrhunderts belegt dies. Auf dem Weg zur beruflichen Selbständigkeit waren gerade die unteren und mittleren Handwerker nicht auf das väterliche Erbe angewiesen, so daß wir unter ihnen eine ausgeprägte Neolokalität vorfinden, was heißt, daß sich die Kinder nach ihrer Heirat eine eigene Wohnung suchten, um mit ihren Eltern nicht unter einem Dach zu leben.

Verließ einen älteren städtischen Handwerker seine Arbeitskraft oder blieb die Kundschaft aus, dann konnte er zum einen auf die Mithilfe seiner Frau rechnen. Mit Nähen, Spinnen oder Waschen war in der Stadt zumeist noch etwas Geld zu verdienen. Zum anderen ergaben sich für den Handwerker selbst beim Ausbleiben der Kundschaft noch zahlreiche Nebenverdienstmöglichkeiten. Fügt man die verschiedenen Quellen, die wir über die städtischen Handwerker besitzen, zusammen, dann ist leicht zu erkennen, daß gerade die minderbemittelten und alten oftmals mehrere Berufe nebeneinander ausübten: Weber und Glöckner, Seiler und Botenläufer, Schneider und Nachtwächter, Metzger und Wirt. Die Bezeichnung „Tagelöhner" umschreibt das Extrem einer derartigen Mischerwerbsform. Bis zu Beginn des 20. Jahrhunderts hatten die Kommunen einen Großteil ihrer Arbeitsplätze für die weniger bemittelten Handwerker und Arbeiter reserviert. Nachtwächter, Feldschützen, Wegewarte und Rathausdiener waren meist ältere Handwerker, die ohne diese Einkünfte der diskriminierenden Armenfürsorge anheimgefallen wären.

Ließ das Alter auch eine derartige Tätigkeit nicht mehr zu, und war das Ersparte, zu dem auch das Mobiliar gehörte, aufgebraucht oder verkauft, sprangen Familie oder kollektive Sozialeinrichtungen ein. Hier ist vor allem an die „Zunftbüchsen" und ähnliche solidarische Einrichtungen zur Linderung aller Not zu denken, wobei die dahinter stehenden Zünfte keine Zweckverbände waren, sondern Lebensgemeinschaften mit allen den Vor- und Nachteilen derartiger „totaler" Organisationen. Die durchschnittlich geringe Lebenserwartung hat auch in der Stadt im Regelfall eine übermäßige Belastung nachfolgender Generationen vermieden. Auch bei den Zünften, Städten und karitativen Organisationen wurde die Altersversorgung der alten Handwerker aus den unteren Sozialschichten noch nicht als besonderer Problemdruck empfunden. Es gab zu wenige, die sich nicht selbst helfen konnten, als daß sich daran eine breitangelegte Diskussion hätte entzünden können, um nach neuen Lösungen zu suchen.

Etwas schwieriger war die Lage der alten Gesellen, deren Zahl seit der Abschließung der Zünfte im Spätmittelalter stark zunahm. Seitdem es nicht mehr selbstverständlich war, daß jeder tüchtige Geselle zu Meisterwürden aufstieg, wandelte sich das Gesellendasein oft zu einem Dauerzustand. Diese immer größer werdende Gruppe sah sich aus der bisherigen sozialen Ordnung ausgeschlossen und es kam zur Gründung eigener Gesellenbruderschaften. Zwar besaß auch der alte Geselle weiterhin Anspruch auf Unterstützung durch die Zunftlade, doch fielen diese Hilfen je nach dem Reichtum der Zunft völlig unterschiedlich aus. Für viele Gesellen war es jedenfalls finanziell attraktiver, im Tagelohn zu arbeiten.

Aus den Gesellen, den kleinen Handwerkern übersetzter Berufe, zumal den Lohnarbeitern des Bau- und Transportgewerbes, den Mitgliedern unzünftiger Gewerbe, den Bauarbeitern, Fuhrleuten, Kutschern und Boten rekrutierte sich eine im Alter verarmte Schicht, die die Städte vor allerlei Probleme stellte. Seit dem 13. Jahrhundert hat man sich in den Städten über diese Bedürftigen, die nicht als Einzelfälle, sondern in Massen in Erscheinung traten, zweifellos die meisten Gedanken gemacht. Es galt die soziale Fürsorge zu organisieren für die Mittellosen aus Handwerk und Handel, für die vor heranziehenden Truppen und Mißernten in die Städte Geflohenen, für die Siechen, Krüppel und geistig Behinderten, die notorischen Tagediebe, Vagabunden, Asozialen und Arbeitsscheuen, wie sie jede Gesellschaft kennt, und schließlich für die entlassenen Landsknechte, denen in dieser Epoche der Makel der Entgleisten anhaftete, zumal neben anderen die sächsische Obrigkeit angeordnet hatte, als Soldaten „böse Buben, Landläufer und solch Gesindel" anzuwerben, also den Abschaum Europas, der nach Auflösung der Heere oft mit Weib und Kind auf der Straße stand und völlig ohne Mittel in den Städten sein Auskommen suchte, im normalen Berufsleben aber sehr oft scheiterte [108]. Für Sebastian Franck waren die Landsknechte ein „niemant nutz volck ..., das ungefordert, ungesucht umblaufft, Krieg und Unglück sucht und nachlaufft" [109]. Die populäre und für viele so verlockende Regel, wonach ein Landsknecht an drei Kriegszügen teilnehmen sollte, um als ehrlicher und reicher Mann, „auf einem hübschen Gaul wohlgeputzt" nach Hause zu kommen mit einem Beutel voller Gold [110], hatte nur für wenige Gültigkeit. Da nämlich nach einem anderen alten Reim ein Landsknecht auch stets bei sich haben sollte „eine schöne Hur, einen Hund und einen jungen Knaben", war die Beute schnell verbraucht und ein Alter in Armut absehbar. In den Städten besaßen diese Menschen, obwohl sie sich vielfach in Kämpfen gegen die Türken, diesen Erbfeind des christlichen Abendlandes, ausgezeichnet hatten, kaum Ansehen und Ruhm. Mit ihren Diebereien und ihrem Bandenwesen galten sie auch in Friedenszeiten als gottloses, nichtsnutziges Gesindel. Man blättere einmal in der Chronik des Kölner Ratsherren Hermann von Weinsberg, der fast jedes Jahr von Raubzügen solcher Landsknechtbanden

---

108 Zit. nach FLEMMING (1937), S. 142.
109 Zit. nach SABEAN (1972), S. 46.
110 FREYTAG (1924), Bd. 4, S. 58.

berichtet, gegen die die Landesherren gnadenlos vorgingen[111]. Auch der „Simplicius Simplicissimus“ ist eine einzige Litanei von Räubereien ehemaliger Landsknechte, die im normalen Leben nicht Fuß faßten. Grimmelshausen umriß das normale Leben eines solchen Söldners mit den Worten: „... sie weberten[112] in ihren Werken immer emsig fort, bis sie endlich nach und nach in Schlachten, Belagerungen, Stürmen, Feldzügen, und in den Quartieren selbsten (so doch der Soldaten irdische Paradeis sind, sonderlich wenn sie fette Bauren antreffen), umkamen, starben, verdarben, und krepierten; bis auf etlich wenige, die in ihrem Alter, wenn sie nicht wacker geschunden und gestohlen hatten, die allerbesten Bettler und Landstörzer[113] abgaben.“[114] Jacques Callot hat zur Mitte des Dreißigjährigen Krieges diese Altersverarmung der meisten Landsknechte in seinem Kupferstich „Kriegselend“ verewigt (Bild links).

Die Stadtväter haben mit ihren Armen- und Bettelordnungen im 16. Jahrhundert immer wieder versucht, die Städte vor solchen Menschen zu verschließen. In Straßburg bestimmte der Rat, keinen Bettler in die Stadt hereinzulassen, es sei denn, es seien „ganz alte, hilflose und schwache Leute“. Doch auch diese mußten am nächsten Morgen „durch den Knecht des Almosens“ wieder aus der Stadt gewiesen werden[115]. Der wachsende Problemdruck fand seinen Niederschlag zudem in den Wandlungen der städtischen Armenfürsorge mit ihrer schon im 15. Jahrhundert einsetzenden Kommunalisierung, Rationalisierung, Bürokratisierung und Pädagogisierung. Mit Beginn des 16. Jahrhunderts wurde das Betteln grundsätzlich verboten, die Armenfürsorge wechselte von der Kirche auf die Gemeinde, die Unterstützung wurde auf Einheimische beschränkt, die Finanzierung zentralisiert, ein Kriterienkatalog für Unterstützungszahlungen und ein Moral- und Verhaltenskodex erstellt. Allgemein veränderte sich die gesellschaftliche Wertung des Bettelns, wie dies bereits in Sebastian Brants „Narrenschiff“ von 1494 und dem „Liber Vagatorum“ von 1510 zum Ausdruck kommt, die beide die betrügerischen Machenschaften vieler Bettler zur Zielscheibe ihrer Kritik hatten. Das Almosen wandelte sich zum Nutzen der ohne eigene Schuld im Alter verarmten Städter von einer religiös motivierten Mildtätigkeit zu einer zweckrationalen sozialpolitischen Strategie[116].

Auch mit diesen Maßnahmen war die Armut nicht zu beseitigen, sie war lediglich etwas einzudämmen. Die wirtschaftliche Entwicklung, und das heißt in der vorindustriellen Zeit vor allem die landwirtschaftliche Entwicklung, bestimmte an erster Stelle die Zu- und Abnahme der Masse der Mittellosen. Die Armenprotokolle und -statistiken der Städte sprechen eine deutliche Sprache. In allen Städten waren die Frauen, ganz gleich ob ledig oder verwitwet, stark überrepräsentiert. In Straßburg stellten sie im Jahre 1523 etwa 69 Prozent aller Hilfsbedürftigen, in Luzern im Jahre 1579 sogar über 85 Prozent. Der Straßburger Armendiakon Hackfurt zählte unter den Armen „vorab wiber und kinder, denen ire mann gestorben, umbkommen oder entloufen sint“[117]. Armut und Bedürftigkeit waren in der frühen Neuzeit oft auch ein geschlechtsspezifisches Phänomen.

---

111 Vor allem WEINSBERG, Bd. 3 und 4 (1897/98).

112 Sie bewegten sich.

113 Landstreicher.

114 GRIMMELSHAUSEN (1985), S. 47.

115 Zit. nach SACHSSE, TENNSTEDT (1980), S. 77.

116 Vgl. ebd. S. 30ff. und JÜTTE (1984), S. 44 und 331ff.

117 TH. FISCHER (1979), S. 120, 128f., 133.

Ob sich die Zahl der Bedürftigen im Verlaufe des 16. Jahrhunderts bis zum Dreißigjährigen Krieg vergrößert hat, steht dahin. Daß vielfach Klagen über ein Anwachsen der Bettlerplage laut wurden, sagt allein betrachtet nichts aus, solange keine entsprechenden Zahlen vorliegen. Solche Klagen häuften sich in Jahren schlechter Konjunktur, sie häuften sich in den Jahren einer Mißernte. Dies erlaubt jedoch keine Rückschlüsse auf den längerfristigen Trend. Die Veränderung der Vermögensverteilung und die Verminderung der untersten Vermögensgruppen (Graphik 5, S. 59) lassen vielmehr auf eine Zunahme des Wohlstandes schließen, die erst im Dreißigjährigen Krieg ein abruptes Ende fand, zumal der Preisauftrieb selbst für Getreide, das mit Abstand die höchsten Steigerungsraten aufwies, im 16. Jahrhundert lediglich 1,5 Prozent im Jahresdurchschnitt betrug[118]. Von diesem vermehrten Reichtum haben auch die Ärmeren und — wie noch zu zeigen ist — auch die Alten profitiert. Entgegen einer weitverbreiteten Meinung, die die unbezweifelbare Abwärtsentwicklung einiger Handelsstädte wie Lübeck, Straßburg oder Regensburg als generellen Rückgang der deutschen Volkswirtschaft verallgemeinerte, nahm die Mehrzahl der Städte, der Gewerbezweige und des Handels bis zum großen Krieg einen deutlichen Aufschwung. Städte wie Hamburg, Frankfurt a.M., Leipzig oder Köln blühten auf, kleinere Städte gewannen durch Verlagerung von Gewerbezweigen wachsende Bedeutung, und vor allem zog die gesamte Volkswirtschaft aus dem Aufschwung des agrarischen Sektors, dem mit weitem Abstand wichtigsten Bereich überhaupt, unzweifelhaft Nutzen. Einige wenige berühmte Namen der großen oberdeutschen Handelshäuser traten zurück und an ihre Stelle setzten sich zahlreiche mittlere und kleinere Vermögen. Zwar verloren die Hansestädte ihre politische Machtstellung, nicht jedoch ihre wirtschaftliche. 1497 passierten 202 deutsche Schiffe den Sund, im Jahre 1597 dagegen 1568. Auch lag ihr Anteil am gesamten Schiffsaufkommen höher. Zwar stiegen die westlichen Seemächte wirtschaftlich auf, aber Deutschland wurde in den größer gewordenen Handelsverkehr einbezogen und exportierte vermehrt Textilien, Metalle, Lebensmittel und anderes mehr. Zudem expandierte der Binnenmarkt für baltisches Getreide, billige Textilprodukte und hochwertige Gewerbeartikel. Bis zum Dreißigjährigen Krieg nahmen Landesherren, Städte und Privatleute in einem solchen Maße Darlehen auf, daß um 1620 eine Kreditverflechtung entstand, die ohne eine ständig zunehmende, auf breiter Basis stehende Vermögensbildung nicht möglich gewesen wäre[119]. Selbst in Augsburg registrierte man einen Anstieg der Vermögen von Anfang des Jahrhunderts bis zum Dreißigjährigen Krieg, mit Ausnahme der Versorgungskrise in den siebziger Jahren[120]. Aber — und dies muß immer wieder betont werden — es lagen Erfolg und unvorstellbare Gewinne ganz eng neben Scheitern und tiefem, gnadenlosem Elend. Viele Angehörige des Kaufmannspatriziats, des Adels und des hohen Klerus erwirtschafteten aus dem Grundbesitz hohe Überschüsse und wurden zu begehrten Kunden auf dem Luxusmarkt, bauten Landschlösser und Stadthäuser im Renaissancestil, während daneben breiten Schichten der Bevölkerung über ihre Nahrungssicherung hinaus keine Kaufkraft für gewerbliche Produkte blieb.

Graphik 7

Vermögensentwicklung Nördlinger Bürger im Lebenszyklus 1585-1652

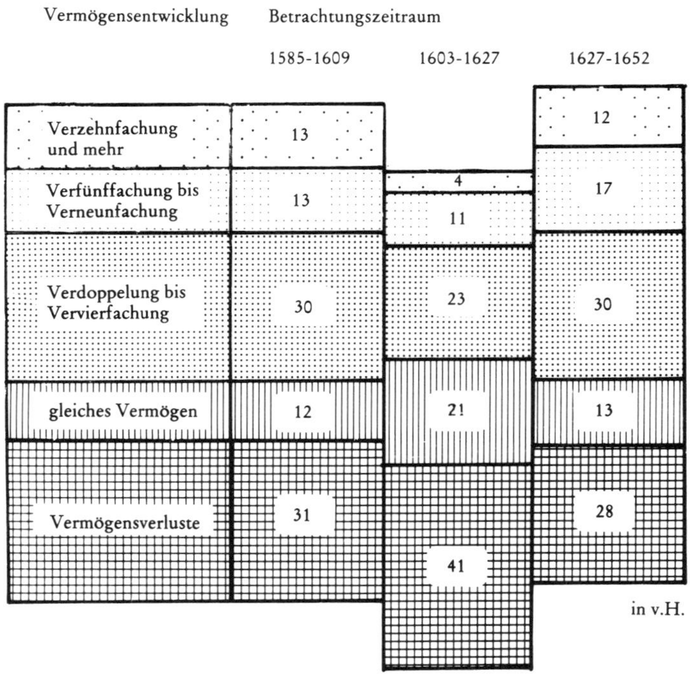

Quelle: FRIEDRICHS (1979), S. 326f.

Statistiken über die Vermögensverteilung und -entwicklungen oder die Maßnahmen der Armenbehörden erlauben zwar wesentliche Aussagen über den Lebensstandard der gesamten Bevölkerung einer Stadt, Konkretes über die materielle Lage der alten Menschen ist aus ihnen jedoch nicht herauszulesen, allenfalls vage Vermutungen. Die Frage ist, wie sich die Besitz-

---

118 Vgl. ABEL: 1500-1648 (1971), S. 397.

119 Zum wirtschaftlichen Aufstieg bis zu dieser Zeit siehe LÜTGE (1963), S. 350ff.; für Leipzig vgl. auch HELBIG (1974), S. 216-254.

120 Vgl. HARTUNG (1898), S. 192.

verhältnisse der Bevölkerung mit zunehmendem Alter, im Verlaufe des Lebens, gestalteten, und welche Auswirkungen die großen wirtschaftlichen Veränderungen, vor allem der Dreißigjährige Krieg, auf das materielle Auf und Ab im Lebenszyklus hatten. Derartige Berechnungen erfordern neben geeigneten Quellen, die äußerst selten sind, einen sehr hohen Arbeitsaufwand, da die Lebensläufe der einzelnen Bürger aus einer Vielzahl von Steuererhebungen zu rekonstruieren sind. Entsprechende Zahlen liegen für die Stadt Nördlingen des ausgehenden 16. Jahrhunderts bis nach Ende des Dreißigjährigen Krieges vor (Graphik 7, S. 63).

Danach nahm die Vermögensentwicklung der dortigen Bürger in der Zeit vor dem großen Krieg den auch aus späteren Jahrhunderten üblichen Verlauf: Die Mehrzahl der Familienväter konnte im Alter von 50 bis 55 Jahren ein deutlich höheres Vermögen vorweisen als 25 Jahre zuvor zum Zeitpunkt ihrer Heirat. Als Handwerker hatten sie sich inzwischen einen festen Kundenstamm erarbeitet und bei den Kaufleuten machte sich ihre Erfahrung bezahlt. Knapp die Hälfte dagegen hatte ihr Vermögen im Laufe der Ehe nicht steigern können und hatte sogar Vermögensverluste hinnehmen müssen. Zu den letzteren zählten vor allem die, die ohne qualifizierte Ausbildung geblieben waren, die in jüngeren Jahren aufgrund ihrer guten körperlichen Verfassung über Lohnarbeit zu etwas Geld gekommen waren, bei Nachlassen der körperlichen Kräfte aber an das untere Ende der Einkommenspyramide abgerutscht waren. Dazu gehörten auch die, die durch lange Krankheit ihren ehemaligen Lebensstandard nicht hatten halten können. Der Ausbruch des Dreißigjährigen Krieges hat die Zahl derer, die ihr Vermögen nicht mehren konnten oder sogar Vermögensverluste hinnehmen mußten, kräftig ansteigen lassen. Kontributionen, Einquartierungen und Plünderungen forderten ihren Preis. Die Statistik vermittelt den Eindruck, als ob während des Krieges die alte Form der Lebenszyklen wieder Geltung erlangt hätte. Dies ist zwar richtig, doch hatte sich das Ausgangsniveau gegenüber der Vorkriegszeit inzwischen drastisch gesenkt und aufgrund des Krieges und vor allem der Pestepidemien kamen sehr viel weniger Menschen zur Heirat. Zudem profitierten diese Überlebenden von dem großen Sterben, da die Vermögenswerte, die in der Stadt angelegt waren, trotz der Plünderungen nach der Nördlinger Schlacht im Jahre 1634 sich jetzt auf weitaus weniger Bürger verteilten.

Unter den Lohnarbeitern der frühen Neuzeit nahmen die Bergarbeiter auch hinsichtlich ihrer sozialen Absicherung bereits seit dem Mittelalter eine Sonderstellung ein. Deutlich stärker als im alten Handwerk waren im alten Bergbau die Formen der genossenschaftlichen Selbsthilfe ausgeprägt. Aufgrund der Eigenart des bergmännischen Berufes, der Arbeitsteilung unter Tage, der vielfach betriebenen genossenschaftlichen Förderung, der sogenannten Eigenlehnerwirtschaft, und des ständig zugegenen hohen Unfallrisikos hat sich von Anfang an die Überzeugung vom gegenseitigen Aufeinanderangewiesensein durchgesetzt. Man war sich der besonderen Stellung der bergmännischen Arbeit bewußt und sah sich durch die Verleihung besonderer Privilegien durch die Landesherren in dieser Auffassung bestärkt. Die verhältnismäßig frühe Durchsetzung der Lohnarbeit im Bergbau hatte zur Folge, daß der Knappe im Gegensatz zum Handwerksgesellen nur noch seine Arbeitskraft, nicht aber seine ganze Person beim Eintritt in ein Arbeitsverhältnis vermietete. Er war zwar nicht gezwungen, sich in die Haushaltsgemeinschaft eines Meisters zu integrieren, unterlag keinem Heiratsverbot und keiner Zuchtgewalt seines Arbeitgebers, mußte aber andererseits auch auf dessen patriarchalische Fürsorgepflicht verzichten. Daher kamen unter den Bergleuten relativ früh der Wunsch und die Notwendigkeit eines eigenen Unterstützungswesens auf. Man entwickelte spezielle bergmännische Verbände, die sich „Bruderschaften“, „Bruderladen“, „Zechen“ und dann einheitlich „Knappschaften“ nannten, die auch dem alten, arbeitsunfähigen Bergmann zugute kamen, wenn auch in der frühen Neuzeit aufgrund der extrem niedrigen Lebenserwartung dieses Berufszweiges vorerst noch in den seltensten Fällen [121]. Gleichwohl lassen sich im 16. Jahrhundert auch noch andere Formen der Altersversorgung nachweisen. Im Eisenerzbau der Oberpfalz verbrachten alte und gebrechliche Bergleute im Armenhaus von Amberg oder Sulzbach ihren Lebensabend, wofür die Bergbaugesellschaft die Kosten trug, oder sie kamen in ein von den Gewerken gestiftetes Spital [122].

Eine ähnlich geringe Lebenserwartung wie die Bergknappen besaß die neue Schicht der besitzlosen, ungelernten Lohnarbeiter, die ebenfalls in großer Zahl in der Montanindustrie Beschäftigung fanden, die ein Leben von Nomaden führten, völlig unsicher in ihrer Existenz, von jeder Konjunkturschwankung gebeutelt und ohne Hoffnung, sich für das Alter etwas zurücklegen zu können. In Amberg zählte man unter den 1025 Beschäftigten der „Gemain-Gesellschaft des Bergbaus“ 39 Prozent Lohnarbeiter. In anderen Bergwerksbezirken, so in den sächsischen, böhmischen und namentlich in den Tiroler Gebieten, war die Arbeitermassierung noch bedeutender. Am Falkenstein bei Schwaz waren im Jahre 1532 allein 500 bis 600 Arbeiter damit beschäftigt, das Wasser aus dem Bergwerk zu heben [123].

Die alten Menschen des 15. bis frühen 17.

---

[121] Vgl. Teuteberg (1961), S. 131f.
[122] Ress (1954), S. 101.
[123] Kellenbenz (1971), S. 421.

Jahrhunderts waren in der überwiegenden Mehrzahl auf sich allein gestellt, und nur die wenigsten durften garantierte und regelmäßige Hilfeleistungen von ihren Mitmenschen erwarten. Man griff allein denen unter die Arme, die über ein esoterisches Wissen verfügten oder mit einer Erbschaft lockten. Da die Zeit die körperliche Leistungsfähigkeit mehr schätzte als die intellektuelle, geriet das Alter zumeist gegenüber der Kraft der Jugend ins Hintertreffen. Man half auch notdürftig denen, die ihre Armut offen eingestanden, und erhoffte sich aus dieser Mildtätigkeit himmlischen Lohn. Altenhilfe war hier wie dort ein Geschäft, in das die meisten alten Menschen nicht einsteigen konnten. Sie halfen sich selbst, zumal die eigenen Kinder, die eine solche Hilfe als erste zu erbringen hatten, unter den wirtschaftlichen Bedingungen der frühen Neuzeit damit zumeist überfordert gewesen wären. Zwar orientierte man sich am Rentnerdasein vieler Adliger und der gehobenen Bürger, aber dieses Modell, dieses Ideal eines Lebensabends, blieb für die meisten ein ferner Traum. Dennoch ließ der durchweg frühzeitige Tod das Alter nicht zu einem großen gesellschaftlichen Problem werden: das Alter war die kürzeste aller Lebensphasen des frühneuzeitlichen Menschen, und der Tod brachte nicht nur nach der Lehre des Christentums Erlösung, wenn man so will, war er eine Art Altenhilfe.

Das Los der Witwen — ein Randproblem

Zu den „schon biblischen Typen“, die seit Beginn der Geschichte bis heute ohne jede nähere Begründung als hilfsbedürftig gelten, gehören an erster Stelle die Witwen [1]. Sie zählte man auch in der frühen Neuzeit ohne Zögern zur eigentlichen Problemgruppe unter den älteren Menschen. Sie lieferten der Literatur des 16. Jahrhunderts reichlich Stoff für Elendsschilderungen. Sie dienten als anschauliches und allseits bekanntes Objekt, um die Notwendigkeit und Nützlichkeit christlicher Nächstenliebe zu demonstrieren.

Hilff Gott, wie ists ein Ellend ding,
Wie seind die wittwen so gering,
Geblagt, gemartertt vber die Maassen,
Vnd schier von yedermann verlassen,

heißt es in dem Stück „Ruth“ von Frischlin [2].

[1] JENICHEN (1733), S. 103.
[2] S. 89, zit. nach SCHMIDT (1917), S. 125.

Auch dort, wo genügend Besitz vorhanden und materielles Auskommen garantiert war, deutet der alte Brauch der Morgengabe auf ein vorhandenes Problembewußtsein hin.

Die Fuggertestamente sind nur ein Beispiel für das überall gegenwärtige Wissen um die materiellen Schwierigkeiten des Witwenstandes. Obwohl Jakob Fugger in seinem Testament von 1521 seine Ehefrau Sibylle nicht als seine Erbin einsetzt und ihr auch nicht das lebenslängliche Nutzungsrecht am Gesamtvermögen zubilligt, da dies den bestehenden Verträgen und den familienpolitischen Grundsätzen widersprechen würde, sichert er sie doch für eine eventuelle Witwenschaft mehr als großzügig ab. Sie erhält neben ihrem Heiratsgut und der Morgengabe, neben Gewändern, Schmuck, Betten und Bettstatt, „darin wir bei- und miteinander gelegen sind“ — wie es im Text heißt — und neben den Hochzeitsgeschenken und allen Erbschaften zusätzlich noch 5000 Gulden, ein Haus als Witwensitz und ein jährliches Leibgeding von 800 Gulden, das ihr die Erben des Fuggerschen Vermögens zu zahlen haben [3].

Einer von allen materiellen Sorgen freien Witwenschaft kann sich im 15. bis 17. Jahrhundert nur eine hauchdünne Oberschicht erfreuen. Selbst im besser gestellten Adel lassen die Briefe, Haushaltsbücher, Prozeß- und Vormundschaftsakten, Eheabreden und Testamente, die uns überliefert sind, auf eine erhebliche und meist schmerzhafte Verengung des materiellen Spielraums schließen und — was vielleicht noch mehr bedrückt — auf eine zunehmende gesellschaftliche Isolierung nach dem Tod des Mannes. Obwohl fast jeder Heiratsbrief eine letztwillige Verfügung enthält, darin der Braut ein Witwensitz auf einem der Güter samt Einkünften, Bau- und Brennholz vermacht wird, auf dem sie bis an ihr Lebensende wohnen darf oder bis sie „etwan ihren Witwenstuhl wieder verruckete“ [4], so sehen sich die meisten Witwen dennoch gezwungen, sehr viel bescheidener zu leben als zuvor, und eine persönliche Dienerin der Hausherrin sucht man in der Regel hier vergeblich [5]. Gerade in Kriegszeiten ist auffällig oft von „einsamen Wittiben“, von ihren Schulden, vergeblichen Forderungen und Vergleichungen die Rede [6], während sich vor allem in der zweiten Hälfte des 16. Jahrhunderts, als die gute Agrarkonjunktur dem landbebauenden Adel einen stattlichen Reichtum beschert, die Brautschätze vergrößern und die in den älteren Eheberedungen noch vielfach bezeugten Altersrenten für die Witwen durch Verschreibung eines Gutes oder größeren Hofes als Leibgeding und Witwensitz abgelöst werden [7].

Auch diese adligen Witwen hat die vorindustrielle Gesellschaft keineswegs als Problemgruppe empfunden. Schwieriger war bereits die Lage der Bauerswitwe, obwohl auch diese nicht im Zentrum der Hilfsmaßnahmen und Lösungsvorschläge stand. Die ältere Bäuerin geriet nach dem Tod ihres Mannes zwar nicht direkt in materielle Schwierigkeiten, da sie fast überall das alleinige Verfügungsrecht über ihr in die Ehe eingebrachtes Vermögen, über ihre Erbschaft und ihren Anteil an den in der Ehe erwirtschafteten Gütern besaß, aber sie war zur Bewirtschaftung des Hofes auf die Mithilfe der Kinder angewiesen, die zudem in die Hausherrenstellung aufrückten und größere Verfügungsmacht über die Einnahmen erlangten. Die rechtliche Gleichstellung änderte nichts daran, daß die alleinstehende Frau sich aufgrund ihrer Hilfsbedürftigkeit im Alter gezwungen sah, sich mit ihren Kindern zu arrangieren.

Im Heiligen Römischen Reich Deutscher Nation setzte sich seit dem 15. Jahrhundert schrittweise und ganz allmählich das römische Recht durch. Es brachte eine Gleichbehandlung aller Personen und für alle Erben die Befugnis, ihren Erbteil entweder in natura oder in Geld zu verlangen. Daneben entwickelte sich in einzelnen Territorien aber auch das Gewohnheitsrecht weiter fort, und vor allem das flache Land widerstand aufgrund der besonderen Interessen der ländlichen Grundeigentümer einer noch stärkeren Ausbreitung des römischen Rechts [8]. Im niederen Adel bildete sich das Familienfideikommiß als neues Rechtsinstitut heraus und in einigen ländlichen Gebieten das sogenannte Anerbenrecht. Vor allem im Norden des Reiches hielten sich in Adel und Bauernstand die alten aus dem Mittelalter stammenden Erbforderungen [9]. Dagegen hob in Württemberg das Landrecht von 1555, das 1567 und 1610 verbessert wurde und bis zum Inkrafttreten des BGB am 1. Januar 1900 unverändert Bestand hatte, die Schlechterstellung der Frau auf und brachte im Erbrecht die Gleichstellung der Geschlechter [10]. Starb der Mann vor der Frau, dann sollte sie hier neben ihrem von der Zahl der Kinder abhängigen Anteil am Heiratsgut des Mannes und den in der Ehe erwirtschafteten Gütern erhalten „alle ihre Kleider, Clinodien, Geschmuck ... deßgleichen alles ihr zugebracht Heuratsgut“ mitsamt der Erbschaften, „also auch ihr Morgengaab, so ihre einiche von ihrem verstorbnen Mann versprochen oder vermacht, wie auch was ihr in wehrender Ehe von ihrem Ehewirth geschenckt ...“ [11].

In Schleswig-Holstein finden sich bereits im 16. Jahrhundert Altenteilregelungen, nach denen die Witwe in freier Übereinkunft mit ihren Kindern einen Teil ihrer Rechte am Mannesgut gegen andere Rechte eintauschte. War sie im lebenslänglichen Besitz der Güter, übergab sie einem der Söhne den Hof, wenn sie sich zu einer Bewirtschaftung nicht mehr imstande fühlte, zahlte den übrigen Kindern eine Abfindung, behielt einen Teil des Besitzes als Altenteil zurück und handelte sich die Hilfe der Erben ein. Wie in späteren Jahrhunderten so ist auch bereits in diesen frühen Verträgen jedes Detail genauestens geregelt und schriftlich niedergelegt. In einer Urkunde des Jahres 1599 aus Schleswig heißt es unter anderem: „Das soll Karsten Hansen ... seine Mutter zu sich nehmen vnd bei sich im Hause behalten, so lange die Mutter lebet ... Ferner soll Karsten der Mutter jährlich 6 Fuder Heuw ...“, Nahrungsmittel und ähnliches mehr liefern [12]. Der Sohn übernahm diese Verpflichtungen gegenüber der Mutter zumeist nicht aus Liebe und moralischen Grundsätzen, sondern als

3 Simnacher (1960), S. 109ff.
4 Guttenberg (1919), S. 66.
5 Vgl. ebd. S. 72.
6 Ebd. S. 79.
7 Vgl. Richarz (1971), S. 101f.
8 Miaskowski (1882), 1. Abt., S. 179.
9 Ebd. S. 183.
10 Hess (1968), S. 187.
11 Zit. nach Reyscher (1832), Bd. 5, S. 293.
12 Zit. nach Weiland (1940), S. 27.

Gegenleistung für die Vorteile, die ihm die Mutter einräumte. Aus diesen ersten Regelungen entwickelte sich nach und nach ein Gewohnheitsrecht, und in zunehmendem Maße tauschten Witwen ihren Anteil am Mannesgut gegen das Altenteil ein. Das Ehegüterrecht eröffnete ihnen die Möglichkeit, in freier Übereinkunft der jüngeren Generation ein Altenteil abzuhandeln, ohne auf deren Gnade angewiesen zu sein [13]. Ebenso wie die alternden Bauern besaßen sie aber auch das Recht und bei einer genügenden Zahl von Knechten und Mägden auch die Möglichkeit, das Gut in eigener Regie weiterzuführen. Vor allem in den herrschaftlichen Haushalten, in denen die Frauen eher dem Bild einer Großbäuerin als dem einer Gutsfrau nahekamen, leiteten nicht selten die Witwen einen solchen Betrieb. So hat im Weserraum Lucia von Münchhausen seit dem Tode ihres Mannes im Jahre 1624 bis zu ihrem Ableben 1651 ihrem Gut Haddenhausen vorgestanden und dabei nach eigenen Worten „ihr Brodt nicht mit Faulheit gessen" [14].

Dort, wo es keine ehegüterrechtliche Beteiligung der Frau oder Witwe am Hof geben konnte, weil der Mann nicht Eigentümer des Hofes war wie bei den westfälischen „Kolonen", wurde ihr eine Altersversorgung durch gutsherrlichen Akt gewährt. Verschiedene Hofrechte des 16. Jahrhunderts zeigen, daß der alten Witwe, die dem Hof nicht mehr vorstehen konnte oder wollte, ein Anspruch auf Leibzucht ebenso zustand wie ihrem verstorbenen Mann [15]. Das gleiche gilt für die Leibeigenen aufgrund der Unterhaltspflicht des Gutsherren. Beispiele liegen aus Mecklenburg und Pommern vor. Aber erst seit der zweiten Hälfte des 17. Jahrhunderts wurde verstärkt schriftlich niedergelegt, was sich bereits vorher in der Praxis durchgesetzt hatte: Untertanen, welche ihre Häuser den Kindern übergeben hatten und im Ausgedinge lebten, wurden nur dann von Dienstverpflichtungen befreit, wenn sie das fünfzigste Lebensjahr überschritten hatten [16]. Die frühneuzeitliche Gesellschaft paßte hier die Altersgrenze der allgemeinen niedrigen Lebenserwartung an. Jedoch gehörten derartige Regelungen zu den ganz wenigen Ausnahmen, da Alter fast nie an der Zahl der Lebensjahre gemessen wurde, sondern es galt als alt, wer hinfällig, siech, kränkelnd und schwach war, wer keine Lebenskraft mehr besaß.

Unter den freien Eigentumsbauern in Westfalen finden sich in der frühen Neuzeit fast überall Hinweise auf die Anwendung der Leibzucht bei verheirateten Bauern wie auch bei Witwern oder Witwen, so auf den unteilbaren Zinsgütern in Minden-Ravensberg, der Grafschaft Mark und Hohenlimburg. Auf größeren Höfen erhielt der Leibzüchter eine besondere Wohnung, ein Grundstück und ein Stück Vieh zur Eigennutzung; auf kleineren Höfen schlossen die Eltern mit den Kindern einen Vertrag über die Mitbewohnung des Hauses, die Kost am gemeinsamen Tisch und eine bestimmte Menge Naturalien ab. Dagegen finden sich in Gebieten, in denen Erbteilung vorherrschte, keine Anhaltspunkte für das Vorkommen des Altenteils [17], da die geringe Tragfähigkeit der Güter die Versorgung von drei Generationen ausschloß. Hier waren der alte Bauer oder die Bäuerin auch nach dem Tod des Ehepartners gezwungen, selbst wenn sie sich nicht wiederverheirateten, so lange wie nur eben möglich zu arbeiten. Dann kam es aber auch hier vereinzelt zu vertraglichen Regelungen, und die Witwe überließ die Nutznießung am Hof einem der Kinder und erkaufte sich damit ein Anrecht auf einen Platz in deren Haushalt. Die geringe Lebenserwartung gerade dieser kleinen Bauern, die die lebensfeindliche Härte des frühneuzeitlichen Lebens in besonderem Maße ausmergelte, hat dafür gesorgt, daß solche für beide Seiten nur schwer tragbaren Regelungen zu den ganz seltenen Ausnahmen zählten.

Im Handwerk wirkte auch im 16. Jahrhundert der bruderschaftliche Geist der alten Gilden weiter nach. Er hielt trotz aller kleinlichen Streitigkeiten, trotz der vielen Fälle an Mißgunst und Neid zwischen den einzelnen Zünften und Zunftmitgliedern die Überzeugung wach, daß die Mitglieder des Handwerks eine große Gemeinschaft bildeten, zu deren Pflichten es gehörte, der Witwe eines Zunftmitgliedes nach Möglichkeit und falls nötig, das Leben zu erleichtern. Sofern die Lebensführung einer solchen Witwe der Zunft nicht zur Unehre gereichte, hatte sie in einigen Zünften bei Bedürftigkeit — und nur dann — Anspruch auf Unterstützungszahlungen und blieb in die Gemeinschaft integriert. Sie wurde zu den Festlichkeiten eingeladen und nahm am religiösen Leben der Zunft teil [18].

Die wesentliche Leistung der Zunft bestand darin, der Witwe eine psychische Stütze zu sein, sie in ihre Mitte zu nehmen, sie geistig aufzurichten und ihr Ratschläge zu erteilen. Dagegen offenbarten sich im materiellen Bereich die finanziellen Grenzen der Zunft, deren Mitglieder im Regelfall nicht eben auf Rosen gebettet waren. Mangel, Kargheit und Unsicherheit führten seit dem 16. Jahrhundert gerade in den Berufszweigen, in denen die Witwen die Hilfe am nötigsten gehabt hätten, zu oft sehr rigorosen Regelungen, die nur die Alternative zwischen schnellstmöglicher Wiederheirat und Verarmung ließen. In einem Jahrhundert, in dem sich die Zünfte nach außen hin abschlossen, um einer Überbesetzung vor allem in den kleinen Gewerben vorzubeugen, konnten auch die Witwen nicht mit einem

[13] Weiland (1940), S. 35.
[14] Zit. nach Richarz (1971), S. 31.
[15] Ebd. S. 56f.
[16] Ebd. S. 72ff.
[17] Vgl. ebd. S. 65f.
[18] Wissell (1974), S. 435; Krebs (1974), S. 136.

Übermaß an Entgegenkommen und Hilfsbereitschaft rechnen. Während noch im Spätmittelalter das Witwenrecht sehr oft eine uneingeschränkte Weiterführung des Betriebes vorsah, mehrten sich im 16. Jahrhundert die Arbeitsverbote und Arbeitsbeschränkungen für alle Frauen. Zudem versuchten die Gesellen, deren Zahl stark anstieg und die zunehmend weniger Aufstiegschancen besaßen, die weiblichen Arbeitskräfte aus der Produktion zu verdrängen [19]. Man hielt sich alles vom Leibe, was die zünftlerische Macht- und Wirtschaftsstruktur schwächen konnte, nicht nur die Leute der „leichtfertigen Handwerke", die Gaukler und Seiltänzer, die „Pfaffenkinder und Hurensöhne", sondern begrenzte auch die Zahl der Meisterstellen durch Arbeitsbeschränkungen für die Witwen.

Die eigentliche und häufigste Unterstützung für die Witwe bestand darin, ihr die Fortführung des Handwerkbetriebes zu gestatten. Je nach Zeit, Ort und Gewerbe wichen die Regelungen jedoch stark voneinander ab, so daß in manchen Städten mehrere verschiedene nebeneinander bestanden. Der relativ sichersten Versorgung konnten sich die Witwen erfreuen, denen die Zunft die unbefristete Fortführung des Handwerks gestattete, so geschehen bei den Barbieren (1493) und Drechslern (1597) in Greifswald. Dafür waren ihnen aber auch die gleichen Pflichten wie den Meistern auferlegt. Bei den Kistenmachern und Radmachern (1508) in Lübeck erhielt die Witwe, war sie krank und zur Wiederheirat zu alt, die Erlaubnis, mit Unterstützung eines Gesellen das Handwerk bis zu ihrem Tode fortzuführen; außerdem wurden ihr zwei Drittel der Zunftabgaben erlassen [20]. Ein solches Entgegenkommen zählte jedoch zu den Ausnahmen vor allem im 16. Jahrhundert, als die Tätigkeit von Frauen in zünftigen Gewerben in weitaus geringerem Maße vorkam, als vielfach noch immer behauptet [21].

In der frühen Neuzeit nahm die Zahl der Regelungen, die für die Witwen weniger günstig waren, sehr stark zu. Man ging vermehrt dazu über, die Betriebserlaubnis für Witwen drastisch einzuschränken. Verschiedene Zünfte wie die Tuchfärber in Lübeck (1500) gestatteten lediglich die Verarbeitung des noch vorhandenen Rohmaterials [22]. Häufiger ermächtigte man die Witwe, den Meisterbetrieb auf eine bestimmte Zeit, meist auf ein Jahr, fortzuführen, das heißt, man half ihr während der offiziellen Trauerzeit und keine zwei Tage länger. „Wen ein man vth der gilde versternett, so schall sine hußfrowe die he nahgelaten, dat handtwerck ein Jahrlangk mit gesellen bruken vnd darna nicht wider", heißt es 1547 bei den Schneidern zu Tangermünde, oder 1644 bei den Tuchmachern zu Köpenick: „So ein Meister dieses Handwerckes mitt Tode abginge, so soll desselben Wittibe dass Hantwerk ein Jahr Vnd Tagk offenstehen." [23]. Bisweilen wurde der Witwe das Recht zur Fortführung des Gewerbes nur zugestanden, wenn sie unmündige Kinder zu versorgen hatte. Die Lüneburger Bäckerzunft bestimmte 1650, daß eine Witwe das Gewerbe nur ein halbes Jahr und vier Wochen lang fortführen dürfe, hatte sie dagegen Kinder, war sie ohne zeitliche Einschränkung dazu befugt [24].

In den Gewerben, deren Ausübung die natürlichen Kräfte einer Frau überstieg, war die Witwe bei der Weiterführung des Betriebes zur Einstellung eines Gesellen verpflichtet. Sinn dieser Regelung war es, die Käufer möglichst gut zu bedienen. So durfte auch unter den Leipziger Barbieren, die zugleich mit der Wundheilung betraut waren, eine Witwe zur Mitte des 16. Jahrhunderts nur mit einem erfahrenen Gesellen das Handwerk betreiben und war bei schwierigen Behandlungen gehalten, dies den Obermeistern anzuzeigen, damit der Kranke und sie selbst vor Schaden bewahrt blieben. Bisweilen konnte sich eine Witwe einen der im Amte dienenden Gesellen frei aussuchen, und unter mehreren Witwen wurde die ärmste bei der Zuweisung von Arbeitskräften zuerst berücksichtigt [25]. „Hette eine wittibe keinen gesellen und gedachte das ambt zue gebrauchen, die soll macht haben, mit erlaubnisz der eltisten meister einen gesellen in die werkstedte zu fordern, und welcher meister denselbigen hat, soll ehr denselbigen folgen lassen", heißt es 1597 bei den Kannengießern in Lübeck [26].

Ansonsten wurde der Witwe zur Auflage gemacht, sich während eines Jahres erneut zu verheiraten — natürlich innerhalb desselben Handwerks. In verschiedenen Zünften galt diese Pflicht nur für Frauen unter 45 Jahren [27]. Daß die Zunft Rücksicht auf die besondere Lage einer Meisterswitwe nahm, die sich aus Liebe zu ihrem verstorbenen Mann nicht wieder verheiraten wollte, gehörte zu den seltenen Ausnahmen [28]. Derartige Sentimentalitäten konnte sich die frühneuzeitliche Gesellschaft im tagtäglichen Kampf ums Überleben kaum erlauben und es wäre völlig verfehlt, sie deshalb zu kritisieren. Die Heirat und vor allem die Zweit- und Drittheiraten waren in erster Linie harte, zum eigenen Nutzen abgeschlossene Geschäfte, aus denen Gefühle weitgehendst ausgespart blieben. Für einen Gesellen eröffneten sie oft die einzige Gelegenheit, zu Meisterwürden zu kommen, und für die Witwe boten sie die

[19] WENSKY (1985), S. 42.
[20] FRÖHLICH (1976), S. 110.
[21] Dazu besonders WESOLY (1980), S. 115f.
[22] Ebd. S. 109.
[23] Zit. nach WISSELL (1974), S. 436f.
[24] Ebd. S. 437.
[25] SCHMELZEISEN (1935), S. 57ff.
[26] Zit. nach WISSELL (1974), S. 439.
[27] Siehe SCHMELZEISEN (1935), S. 53.
[28] FRÖHLICH (1974), S. 109f.

einzige Möglichkeit, den Betrieb weiterzuführen, den bisherigen Lebensstandard zu halten und der auch sozial diskriminierenden Armut zu entgehen. Diese Chancen wurden eifrig genutzt, so daß Ehen zwischen jüngeren Gesellen und älteren Meisterinnen keineswegs selten waren. Selten dagegen war im 16. und 17. Jahrhundert in allen Berufsgruppen aufgrund des wirtschaftlich begründeten Zwangs zur Wiederverehelichung und der geringen Lebenserwartung der Anteil der Verwitweten. Reinhard Sieder hat an österreichischen Beispielen gezeigt, daß der Anteil der Witwen an allen Personen im Alter von über 14 Jahren zur Mitte des 17. Jahrhunderts nur rund acht Prozent betrug, im Jahre 1969 jedoch 22,5 Prozent [29]. In dem rein landwirtschaftlich geprägten pfälzischen Oberamt Lautern besaßen im Jahre 1601 die Witwen lediglich einen Anteil von 6,0 Prozent und die Witwer sogar nur von 3,6 Prozent an allen Frauen bzw. Männern im Alter von über 15 Jahren [30].

Das Lob, das man der frühneuzeitlichen Sozialverfassung bis in die jüngste Vergangenheit vielfach gesungen hat, indem man auf das angeblich so dichte und menschliche soziale Netz verwies, mit dem Familie, Gemeinde und Zunft ihre in Not geratenen Mitglieder auffingen, verblaßt bei näherer Betrachtung. Die Witwen erhielten eine karge und nur kurzzeitige Unterstützung und wurden möglichst schnell abgeschoben: entweder in eine neue Ehe mit einem neuen „Ernährer" oder in ihre Geburtsgemeinde, der dann die Pflicht zur Unterstützung im Falle der Verarmung oblag. Hier hat die Kirche verschiedentlich helfend eingegriffen. In Württemberg gehörten solche Unterstützungsaktionen zu den Hauptaufgaben des Kirchenkastens. Ein Beispiel möge genügen: Im Jahre 1598 wurden der Witwe eines Uhrmachers aus Markgröningen, der in großer Armut gestorben war, sechs Gulden gereicht, damit sie mit ihren fünf Kindern „ihres Pfades ziehen" könnte, wie die Akten vermerken [31]. Ähnlich den Zünften gewährten auch die Städte nur in ganz seltenen Ausnahmefällen der Witwe eines ihrer Bediensteten eine längere Unterstützung. Obwohl gerade derartige Zahlungen in den städtischen Akten vermerkt sein müßten, sind nur ganz wenige Beispiele bekannt [32]. Wesentlich häufiger dagegen wurden diese Witwen bei der Besetzung von Pfründnerstellen im städtischen Spital bevorzugt behandelt, wodurch sich ihre Überrepräsentation in diesen Häusern zum Teil erklärt. Davon wird noch die Rede sein.

Ganz im Gegensatz zum zünftigen Handwerk finden sich im Verlagsgewerbe, vor allem in der Textilbranche, auch nach dem 15. Jahrhundert relativ viele Frauen in leitender Position, darunter zahlreiche Witwen. Ihre Arbeitsmöglichkeiten wurden hier durch kein Witwenrecht genau abgegrenzt und unterlagen weniger dem Druck eines von Zünften kontrollierten Arbeitsmarktes. Auch der Handel, weniger der reine Fernhandel, als vielmehr das Kommissionsgeschäft, galt im Spätmittelalter und in der frühen Neuzeit als ein bevorzugtes Tätigkeitsfeld von Witwen reicher Bürger, die das Geschäft ihres verstorbenen Mannes unter eigener Regie fortführten [33].

Die meisten aller dieser Witwen lebten sicherlich in keiner beneidenswerten Lage. Die Armenstatistiken mit ihrem starken Übergewicht an alten, alleinstehenden Frauen sprechen eine deutliche Sprache, zumal viele ihre Armut vor der Öffentlichkeit nicht eingestehen wollten und aus Scham lieber auf die öffentliche Unterstützung verzichteten. Aber viele dieser Handwerker- und Bauernwitwen hatten etwas, das oft ebensoviel wert war wie in späteren Jahrhunderten die Mitgliedschaft in einer Witwenkasse oder der Sozialversicherung; sie besaßen einen materiellen Rückhalt in Form eines Bauernhofes, einer Werkstatt oder wenigstens einer Meisterstelle. Da aber dieses Vermögen, sollte es nicht an Wert verlieren, eine möglichst schnelle Wiederverheiratung erforderlich machte, auch um den alten Kundenkreis zu behalten, gerieten ihre Besitzerinnen leicht in Konflikt mit der Kirche, die zumeist eine einjährige harte Trauerzeit vorschrieb, während der in den katholischen Gebieten durch geistliche Zuwendungen wie Seelenmessen, öffentliche Bekundung der Trauer und anderen Seelenschätzen den Toten in ihrem neuen Zustand möglichst oft und lange geholfen werden sollte. Da aber die Trauer die Hinterbliebenen nicht satt machte, versuchten sich viele wieder schnellstens zu verheiraten. Die Kirche und viele Moralapostel haben diese „Treulosigkeit der Witwen", wie diese durch materielle Not erzwungene Selbsthilfe oft umschrieben wurde, immer wieder als unchristlich und schamlos angeprangert. Die Literatur des 16. Jahrhunderts ist voll von solchen Anklagen:

> Ein langes klaid,
> Treget ein weib vnd kurzes laid,

heißt es bei Hans Sachs [34], und in einem anderen Stück lobt ein Bischof mit überschwenglichen Worten eine Witwe, die bereits seit vier Jahren zurückgezogen und in ständigem Gebet ihren toten Gemahl betrauerte und für sein Seelenheil Fürbitten erbrachte:

> Ein solche Fraw ist Ehren werd,
> Vnd vber alles Gold auff Erd,
> Die auch ihrs todten Mans gedenckt,

[29] MITTERAUER, SIEDER (1980), S. 170.
[30] Errechnet nach CHRISTMANN (1960), S. 33-58.
[31] Nach BOSSERT (1905), S. I 18.
[32] Beispiele bei DIRLMEIER (1978), S. 87.
[33] Vgl. WENSKY (1980), S. 187ff.; WENSKY (1985), S. 32ff.
[34] Zit. nach SCHMIDT (1917), S. 123.

Und den in kein vergessen senckt.
Wie viel seind deren hin vnd wider,
Da noch nit kalt des todten Glider,
Sie nach eim annern Heurat trachten,
Vnd den Ehestand sogar ring achten.
Ihr wird aber gemeinlich der Lohn,
Daß sie bald gerahten in Spott vnd Hohn [35].

Mit einer reichlich fließenden Pfründe im Rücken ließ sich leicht der Toten gedenken, mit unmündigen Kindern auf dem Rücken und ohne Einkommen ging das Heil der armen Kleinen zweifelsohne dem Heil der armen Seelen vor, und die Ordnung der Kirche, die die Klagezeit in den meisten katholischen Gegenden für Verwandte ersten Grades auf ein Jahr und mehr festgesetzt hatte, erschien als mitleidlose Schikane. In protestantischen Gebieten kam man in der Regel den weltlichen Nöten der Witwen eher entgegen. Im Jahre 1627 ordnete Herzog Johann Friedrich von Württemberg in einem General-Reskript an, daß Witwen und Witwer sich erneut verheiraten könnten, wenn „nach ableiben deß einen hiervor verstorbnen Ehegemächts, ein halb Jahr, völlig verflossen“ [36]. Und ein Jahr später hob er das Heiratsverbot für Personen „in verbotenem Grade“ auf, wenn es sich dabei um „Wittwenstands-Persohnen guten Praedicats“ handelte [37]. Überhaupt war der protestantischen Kirche sehr viel mehr als der katholischen am Wohlergehen der Hinterbliebenen gelegen. Dies läßt sich unter anderem an der Begräbnisliturgie dieser Zeit ablesen. Während der römisch-katholische Ritus der Bestattung vor allem dem Übergang der verstorbenen Seele in die Ewigkeit diente, richtete der evangelische alle Gedanken auf die Hinterbliebenen und versuchte, den Trauernden Lebenshilfe zu sein. Die Texte der Trauermusik erfüllten auch therapeutische Zwecke und sollten den Lebenden zur Tröstung gereichen.

Als Problemgruppe galten vielfach die Pfarrers- oder Lehrerwitwen, deren Wiederverheiratungschancen man als vergleichsweise niedrig ansah, da sie einem potentiellen Ehemann keine Arbeitsstelle zu bieten hatten, die einen sozialen Aufstieg versprach, keinen Bauernhof, keinen Meisterbetrieb, keinen Handelsbetrieb, und die Gemeinden mit ihnen zumeist sehr viel rüder verfuhren, als selbst die Zünfte des 16. Jahrhunderts mit ihren Meisterwitwen. Ihre Einkommen waren an die Person ihres Mannes gebunden gewesen und mit dessen Tod untergegangen. Es ist bezeichnend, daß die Kirchenordnungen des 16. Jahrhunderts den Unterhalt der Pfarrerswitwen meist ausführlich behandeln und verschiedentlich bereits konkrete Lösungen anbieten. Die Almosenordnung der „Churfürstlichen Pfaltz“ vom 12. Januar 1600 sieht die Errichtung einer Stipendienkasse für fünfzig Kirchendienerwitwen vor, deren Versorgung bis zu dieser Zeit nur ungenügend geregelt war [38]. Hatten die Pfarrer und Lehrer gute Verbindungen zum Hofe besessen, dann war in der Regel nicht nur ihr eigener Lebensabend finanziell abgesichert, sondern auch der ihrer Witwe. Als im Jahre 1561 der Tübinger Kanzler Jakob Beurlin auf einer Reise nach Paris starb, setzte Herzog Christoph von Württemberg dessen Witwe ein jährliches Leibgeding von 200 Gulden aus dem Kirchenkasten aus und jeder seiner Töchter ein Heiratsgut von 200 Gulden. Auch nach Wiederverheiratung der Witwe wurde das Leibgeding in voller Höhe weitergezahlt und erst nach der Verheiratung der Kinder auf 50 Gulden herabgesetzt [39].

Solche relativ großzügigen Regelungen galten als große Ausnahmen. Zumeist gewährte die Gemeinde einer Witwe nur eine sehr kurzzeitige Hilfe und forderte ganz selbstverständlich eine Wiederverheiratung. Und weil die Trauerzeit immer deutlich länger dauerte als die finanziellen Hilfen, blieb eine generelle Verarmung nur deshalb aus, weil die Pfarrerswitwen nicht eben zu den bedürftigsten Bevölkerungsschichten zählten und trotz der zahlreichen Mißstände in der Geistlichkeit diese im allgemeinen sehr angesehen war und ein standesgemäßes Auskommen hatte [40]. In der Kurpfalz sah die Kirchenordnung aus der Regierungszeit von Ottheinrich (1556-1559) vor, daß der Witwe und den Waisen eines Pfarrers „ain viertl jar lang die besoldung, wie sy zuvor der abgestorbne empfangen, gnediglich volgen lassen, doch mit diesem anhang, das von besoldung desselben viertail jars die nechste pfarhern, die hiezwischen die pfarr versehen, geburlich vergnugt werden“ [41]. In Württemberg räumte die Große Kirchenordnung den Witwen ebenfalls das Recht des vierteljährigen Nachsitzes ein, wobei der Nachbargeistliche den Dienst zu versehen hatte [42]. Zur gleichen Zeit gewährten die Rheingrafen das Gnadenquartal noch immer als eine besondere Vergünstigung, die persönlich zu erbeten war. Erst mit der Kirchenordnung von 1690 erhielten die Witwen und Waisen der Kirchen- und Schuldiener hier einen gesetzlichen Anspruch darauf. Zuvor hatten die Gemeinden oft nur wenig Erbarmen gegenüber diesen Witwen gezeigt, vor allem wenn Kinderreichtum und Vermögensarmut zusammentrafen. Als im Jahre 1591 in der Gemeinde Niederhosenbach ein neuer Pfarrer Einzug hält, bedrängen die Bürger die Obrigkeit, ihnen einen anderen zuzuteilen, der weniger arm und keine elf Kinder habe, da diese womöglich eines Tages der

35 Zit. nach SCHMIDT (1917), S. 122.
36 REYSCHER (1832), Bd. 5, S. 395.
37 Ebd. S. 397f.
38 SEHLING (1969), S. 85.
39 Vgl. BOSSERT (1905), S. II. 73f.
40 Vgl. auch DIRLMEIER (1978), S. 82.
41 SEHLING (1969) S. 232.
42 KOLB (1957/58), S. 187.

Gemeinde zur Last fallen könnten [43]. War das Gnadenquartal abgelaufen, erhielt die Witwe bei großer Bedürftigkeit vielleicht noch eine knapp bemessene Getreidezuteilung; einer anderen wurde ein Darlehen erlassen, das ihr Mann bei der Kirchengemeinde aufgenommen hatte, einer dritten zahlte die Oberkirchenbehörde einige wenige Gulden. War die Frau aber noch relativ jung, mußte sie jede Hoffnung auf eine Vergünstigung aufgeben, da sie arbeiten und sich selbst ernähren konnte.

Beispiele von verarmten Pfarrerswitwen findet man in den Akten reichlich, wenn es auch zu berücksichtigen gilt, daß nur die dringlichsten Problemfälle in den Quellen festgehalten wurden, nicht dagegen alle die, die sich aus eigenen Kräften zu helfen wußten. Für die frühneuzeitliche Gesellschaft war selbst die besondere Lage der Pfarrerswitwen allein kein Grund, größere Anstrengungen zur Beseitigung dieses Übels zu unternehmen, da Armut in anderen Berufsgruppen sehr viel häufiger und offensichtlicher in Erscheinung trat. Wenn die Kirchensynoden für diese Frauen dennoch relativ früh eigene Versorgungskassen ins Leben riefen, erklärt sich dies viel eher aus der oft deutlichen Diskrepanz zu der früheren materiellen Lage der Witwen sowie aus den guten Verbindungen zu den entscheidenden Stellen, die zum Teil auch verwandtschaftlich bedingt waren. Im pfälzischen Kusel überwies die dortige Kasse seit dem Jahre 1610 jährlich die noch bescheidene Summe von 5 Gulden an jede Pfarrerswitwe. Andere etwas früher gegründete Kassen zahlten das Doppelte, solange die Witwe nicht wieder verheiratet war und einen tugendhaften Lebenswandel führte [44]. In Lübeck hatte jeder Prediger der dortigen, im Jahre 1625 gegründeten Witwen- und Waisen-Kasse jährlich 10 Mark in die Lade zu legen. Weitere Einnahmen brachten Investitionen in Häusern, Leibrentenbriefen und Kämmereibriefen. Ausgezahlt wurde nach einem einfachen Grundsatz: Die jährlichen Einnahmen wurden zu gleichen Teilen unter den Berechtigten geteilt [45]. Die Parallelen zu den Zünften sind evident. Diese ersten Witwenkassen mußten in den Wirren des Dreißigjährigen Krieges ihre Zahlungen durchweg einstellen.

Den meisten Pfarrerswitwen gelang alsbald eine erneute Heirat. Aufgrund ihrer Abstammung und des relativ guten Einkommens ihres Mannes, das bei sparsamer Haushaltsführung Rücklagen ermöglichte, waren sie auf dem Heiratsmarkt gegenüber vielen anderen Frauen im Vorteil [46]. Im Rheinland heirateten um die Wende zum 17. Jahrhundert von 28 Pfarrerswitwen, deren Lebenslauf bekannt ist, sechzehn wiederum einen Pfarrer, die anderen Vertreter ganz unterschiedlicher Berufszweige, so z.B. einen Richter, einen Schneider, einen Wirt und einen Bauer [47]. Nur selten heirateten sie den Amtsnachfolger, obwohl die Vorgesetzten solche Ehen begünstigten. In der Mark Brandenburg wurde in manchen Orten die Pfarrstelle nur unter der Bedingung vergeben, daß der Bewerber die Witwe oder Tochter des Vorgängers heiratete. Im nördlichen Schleswig verfügte im Jahre 1592 Herzog Johann Adolf auf Gottorf nach dem Tode des Pastors von Hoyer, daß „wofern hernacher ein gelerter vnnd qualificirter Man oder geselle sich finden vnnd Sie die Witwe hinwiederumb ehelichen vnnd freyen worde, daß derselbige die Pfarre annehmen, auch sie vnnd er also bey der Pfarre sein vnnd pleiben sollen“ [48]. Trotzdem machten zu Ende des 16. Jahrhunderts nur etwa fünf Prozent der Pfarrer von dieser Möglichkeit Gebrauch, und wenn gelegentlich berichtet wird, daß eine Witwe die beiden Nachfolger ihres ersten Mannes geheiratet und auch noch überlebt habe, gehört dies eher zu den Kuriositäten [49].

Häufig wurde dagegen „die Tochter bei der Pfarre gehalten“, wie bisweilen in den Pfarrbüchern vermerkt. In den Herzogtümern Bremen-Verden bestand zwar ein Verbot für das „Erkaufen“ und „Erpraktizieren“ einer Pfarrstelle, das „Erheiraten“ wurde aber im Interesse der Witwen- und Waisenversorgung gerne gesehen. Hier heirateten Mann und Frau nicht aus romantischer Liebe, sondern aus praktischem Abwägen. Hier stand nicht die erotisch-empfindsame Intimbeziehung im Vordergrund, sondern die tatkräftige Unterstützung des Ehepartners, was mehr mit harter Askese als mit einem Taumel der Gefühle zu tun hatte. Da es für beide Seiten, für den Pfarrer, der eine Anstellung suchte, und für die Witwe, die sich und ihre Kinder am Leben erhalten wollte, zuerst darum ging, ganz einfach halbwegs satt zu werden, mußten die von den Romantikern später so sehr herausgehobenen inneren Werte und erst recht die Liebe zwangsläufig weit hinten anstehen.

> Lieb ist ein süsse bitterkeyt,
> Die nie kein weyser hat gelobet.
> Sie ist ein sucht, die wüt unnd tobet.
> Sinn und vernunfft sie dir verblend,
> Leib, krafft und macht sie dir verschwend [50],

dichtete im Jahre 1534 Hans Sachs ganz im Denken der Zeit. Gut siebzig Jahre später begründete ein Pfarrer seine schnelle Wiederheirat: „1. Die Kinderzucht war mir, der nicht allemal zu Haus, allein zu schwer. 2. Das

---

[43] BACK (1874), S. 112f.
[44] VOGLER (1976), S. 221.
[45] BOEHART (1985), S. 36f.
[46] Zum Heiratsmarkt der vorindustriellen Zeit siehe BORSCHEID: Geld (1983), S. 112ff.

[47] VOGLER (1976), S. 220f.
[48] Zit. nach ROLFS (1904/05), S. 481.
[49] Vgl. FRÖHNER (1965/66), S. 34f.
[50] Zit. nach KELLER (1964), S. 252.

Studieren war schlecht, um der Gesellschaft wegen, die mich anloffe. 3. Melancholey war groß. 4. Mein Gut kam ins Abnehmen." [51]

Solche handfesten Überlegungen, die Witwen und Witwer schnell vor den Traualtar brachten, erklären auch die oftmals beträchtlichen Altersunterschiede zwischen den Ehepartnern [52]. Obwohl solche Ehen zwischen Jung und Alt im Alltag des 16. und 17. Jahrhunderts zuhauf vorkamen und es in jedem Dorf Dutzende gab, waren sie sehr oft Zielscheibe des Spotts und der Kritik der Zeitgenossen. Die „Ungleichen Paare", wie sie Lukas Cranach d.Ä. (Bild S. 96) und Hans Baldung Grien (Bild S. 75) gemalt haben, sind voller Anzüglichkeiten und offenbaren dem Betrachter einige Hintergründe solcher Heiraten. Direkter sind andere Künstler. In Sebastian Brants „Narrenschiff" [53] findet sich der Holzschnitt „Ums Geld freien", auf dem ein junger Narr mit der Rechten den Schwanz eines Esels in die Höhe hebt und mit der Linken einen prall gefüllten Geldsack aus der Hand einer häßlichen Alten empfängt (Bild links). Israhel van Meckenem läßt auf seinem Kupferstich „Greis und Mädchen" die junge Frau liebevoll den randvollen Geldbeutel des Älteren streicheln (Bild S. 76), und ein unbekannter Künstler setzt unter seinen Holzschnitt „Wie ein altes Weib um einen Jüngling wirbt" aus dem Jahre 1570 die Verse (Bild S. 77):

Ein junger Gesell grad von Leyb
Der bulet vmb ein altes Weyb
Geruntzelt/ dürr/ was ihr die Haut
Allein er auff die Gülden schaut
Nach denselben er schnappen thet
Vn süsser wort er mit ihr redt
Verhieß gar vil der guten alten
Er wolt sie schön vnd redlich halten
Gedacht heimlich die sach wer schlecht
Wenn ich ihm strick and hörner brecht
Denn wolt ich ihr das Geldt verzeren
Vnd ihr die alten Haut erberen
Ein junge halten frü vnd spat
Ließ darnach den alten vnflat
Vmb gehn an einer Hennen stat.
Die alt sach den Jüngling an
Der was schön glat vn wolgethan
Vnd sprach/ ich sorg ihr seid zu frech
Vnd mir wie mancher alten geschech
Die ihr erst zurichtet vnrhu
Jedoch traw ich euch bessers zu
Ihr werdet an mir nicht vbels than
Sonder euch wie ein Biderman
Gen mir halten in allen sachen
Ich wil euch zu eim Herren machen
Mein Gut euch machen vnterthan
Was vor erspart mein alter Man
So ihr euch halt wie ich euch bitt
Die Heyrat ward beschlossen mit
Nicht weyß ich wie die Ehe gerieth.

Dieses Thema wiederholt sich in zahllosen Schwänken, Gedichten und moralischen Schriften, in denen sich die Autoren vergeblich über die Ehen zwischen Jung und Alt lustig machen und auf die Schattenseiten solcher Verbindungen hinweisen. Im Jahre 1616 veröffentlicht Georg Rudolf Weckherlin ein Gedicht „An eine alte üppige Fraw", in dem er wie viele andere vor und nach ihm ältere, reiche Frauen in der schonungslos offenen Sprache der Zeit daran erinnert, daß die jugendlichen Freier ihre Liebesschwüre nur mit Blick auf den zu erwartenden Reichtum leisten würden:

Was dienet deine brunst, dein muhtwill und verlangen?
Dein Sommer ist dahin, dein Herbst ist eingebracht,

---

[51] Zit. nach WERDERMANN (1925), S. 37.
[52] Vgl. auch IMHOF: Lebensuhr (1983), S. 184.
[53] Basel, Olpe 1494.

Dein Winter auff dem halß: umbsunst ist diser pracht,
Nim doch hinweg den busch, lassz ab von deinem prangen.
Was reich und schön umb dich mag einen geitz halß fangen.
...
Doch wan er seine lieb, dir sich zu offenbahren
(Meinaydig) schwören solt, So liebet er doch nicht
Wie deines beuttels gold das silber deiner haaren [54].

In der Zimmerschen Chronik wird betont, daß es bereits eine Torheit sei, wenn sich ein alter Mann erneut verheirate, daß es aber eine besonders große sei, „so er ain jungs weib nimpt". Man könne nämlich „aim alten man kain subtilers oder höflichers gift zurichten", als ihn dazu zu bringen, „ain junges weib zu nemen". Und dann wird als Beweis das Beispiel des „alten herren von Plawen" angeführt, der sich in seinem Alter mit einem jungen Fräulein „bestatet" hatte, „hett aber nit lang darnach gelept, sondern hiemit sein leben bekürzet". Von einem anderen Grafen, der „in seinem alter ain junge, gaile grefin" nahm, verschweigt die Chronik geflissentlich den Namen [55]. Auch ist es kein Zufall, daß das alte biblische Thema der beiden alten Richter, die um die junge, schöne und tugendhafte Susanna buhlten [56], gerade seit dem ausgehenden 15. bis ins 17. Jahrhundert, als die Altersunterschiede zwischen den Ehepartnern ihren Höhepunkt erreichten, oftmals dramatisch behandelt und als „Susanna im Bade" unter anderem von Altdorfer, Rubens und Rembrandt gemalt worden ist. Die eheliche Verbindung zwischen Jung und Alt war den Zeitgenossen keineswegs fremd. Es entstanden in gewisser Weise „Dreigenerationenfamilien", wie sie Jakob Jordaens in seiner „Familiengruppe" festgehalten hat (Bild S. 78). Als 1697 im mecklenburgischen Gnoien die Tochter des verstorbenen Pfarrers dessen Nachfolger heiratete, der vorher bereits zwölf Jahre verheiratet gewesen war, war dies kein Einzelfall: der Witwer stand im Alter von siebenundvierzig Jahren, die Braut war noch nicht ganz sechzehn [57]. Zwar kamen Ehen zwischen älteren Frauen und jungen Männern weniger häufig vor, selten waren aber auch sie nicht. Daß der Mann auf diesem Wege in den Besitz einer Meisterstelle oder eines Hofes kommen wollte, wurde offen ausgesprochen, daß er gleichzeitig auf ein baldiges Ableben seiner Frau und auf eine Zweitehe mit einer jüngeren spekulierte, wurde allgemein unterstellt. Mancher hat sich dabei kräftig verspekuliert, da man auch im 16. und 17. Jahrhundert bisweilen ein hohes Alter erreichen konnte. Michael Mitterauer führt einen solchen Fall aus der österreichischen Gemeinde Berndorf an, wo im Jahre 1649 ein Bauer, der nach den Vorstellungen der Zeit mit seinen fünfzig Jahren bereits alt geworden war, noch immer auf das Ableben seiner Frau wartete, die er in jungen Jahren als alte Frau geheiratet hatte: jetzt war sie im biblischen Alter von 95 Jahren [58].

Die frühneuzeitliche Gesellschaft, in der für die armutgefährdeten Witwen nur wenig Platz war und die diese Frauen in die relative Sicherheit der Ehe drängte, benutzte die Trauerkleidung in ihren vielfältigen Abstufungen, um Bereitschaft oder Ablehnung einer erneuten Heirat zu signalisieren. Durch Tragen von Trauerkleidung wurde das Gedächtnis des Toten festgehalten, ein Bekenntnis der Lebenden zur Zusammengehörigkeit der Verwandten abgelegt und durch Wechsel der Stoffart — nicht der Farbe — ein Zeichen

[54] H. Fischer (1968), Bd. 1, S. 475f.

[55] Barack (1981), Bd. 3, S. 47f.
[56] Kap. 13 des Buches Daniel.
[57] Werdermann (1935), S. 89.
[58] Mitterauer (1973), S. 189.

Wie ein altes Weyb/bulet vmb eins Jünglings Leyb.

Ein junger Gesell gerad von Leyb
Der bulet vmb ein altes Weyb
Geruntzelt/dürr/was jhr die Haut
Allein er auff die Gülden schaut
Nach denselben er schnappen thet
Vil süsser wort er mit jhr redt
Verhieß gar vil der guten alten
Er wolt sie schön vnd redlich halten
Gedacht heimlich die sach wer schlecht
Wenn ich jhm strick and hörner brecht
Denn wolt ich jhr das Geldt verzeren
Vnd jhr die alten Haut erberen
Ein junge halten frü vnd spat
Ließ darnach den alten vnflat
Vmb gehn an einer Hennen stat.

Die alt sach den Jüngling an
Der was schön g'at vñ wolgethan
Vnd sprach/ich sorg jhr seid zu frech
Vnd mir wie mancher alten gschech
Die jhr erst zurichtet vnrhu
Jedoch traw ich euch bessers zu
Jhr werdt an mir nicht vbels than
Sonder euch wie ein Biderman
Gen mir halten in allen sachen
Ich wil euch zu eim Herren machen
Mein Gut euch machen vnterthan
Was vor erspart mein alter Man
So jhr euch halt wie ich euch bitt
Die Heyrat ward beschlossen mit
Nicht weyß ich wie die Ehe gerieth.

Gedruckt zu Nürenberg/bey Wolffgang Strauch/Formschneyder. M. D. LXX.

für potentielle Partner gegeben. In den Gebieten, in denen Schwarz als Trauerfarbe galt, wechselte die Witwe nach dem ersten Jahr der „harten Trauer" von „trockenem Schwarz" auf „stolzes Schwarz", das heißt auf Kleidung, die zum Teil aus glänzendem schwarzem Samt oder schwarzer Seide bestand [59], während die zu keiner neuen Ehe bereite Witwe ihren alten Hut behielt und diese Witwenhaube bis ins Grab trug [60]. In demselben Sinne kleideten sich junge Frauen, die wegen einer Verkrüppelung in ihrer Leistungsfähigkeit stark eingeschränkt waren, freiwillig in die Tracht der älteren, um damit anzuzeigen, daß sie sich nicht zum Kreis der heiratsfähigen Mädchen zählten [61]. In allen Berufsgruppen zwang die frühneuzeitliche Gesellschaft die Witwen in Ermangelung anderer Hilfsmöglichkeiten in der Regel zu einer möglichst schnellen Wiederheirat, woraus sich die durchgehend sehr geringe Zahl an Witwen während des gesamten 16. und 17. Jahrhunderts erklärt. Man wußte sehr genau um die Probleme einer langen Witwenschaft und suchte die Not nicht nachträglich zu lindern, sondern von vornherein zu vermeiden. Es ist bezeichnend, daß die zeitgenössische Literatur von den Witwen, dieser unbedeutenden Minorität in der Gesellschaft, nur wenig Notiz nahm. In der Schwanksammlung „Schimpf und Ernst" von Johannes Pauli aus dem Jahre 1522, die nicht weniger als 693 kurze Geschichten umfaßt, handeln nur ganze sieben von Witwen. Auch bei Hans Sachs ist die Witwenschaft nur ein Thema unter vielen. In den Fastnachtspielen wird es zudem meist lediglich benutzt, um der Vorliebe des zeitgenössischen Geschmacks für das Derbe und Obszöne entgegenzukommen. Und so handeln denn diese Stücke vom „Nachthunger" der Witwen, von ihrer Treulosigkeit und Geilheit [62].

Die frühneuzeitliche Gesellschaft hat die Ehe konsequent als Schutzschirm gegen die vielfältigen materiellen Gefahren des Lebens genutzt und das psychische Wohlergehen der Menschen dem leiblichen untergeordnet. In späteren Jahrhunderten hat man wegen des Fehlens moderner Sicherungsinstrumente bisweilen eine extreme Schutzlosigkeit der Hinterbliebenen in der frühen Neuzeit angenommen und in Witwen und Armut Synonyma gesehen. Dem liegt der Glaube an die absolute und allzeit gültige Überlegenheit der modernen Institutionen zur Alters- und Hinterbliebenenversorgung zugrunde. Es bleibt aber unbedacht, daß etwa eine moderne Rentenversicherung unter den Gegebenheiten des 16. und 17. Jahrhunderts zum alsbaldigen Scheitern verurteilt gewesen wäre, da alle Voraussetzungen zu einem ordentlichen Funktionieren fehlten: eine hochentwickelte Geldwirtschaft, eine Bevölkerung, die zu regelmäßigen Beitragszahlungen fähig war, sowie ein ausgebautes Kommunikationssystem. Wie erfolgreich das Instrument der schnellen Wiederverheiratung als eine Art Hinterbliebenenversicherung arbeitete, ist auch anhand der materiellen Lage der — wohlgemerkt — relativ wenigen Witwen ersichtlich. Dazu nur zwei Beispiele: In Tübingen — und nicht nur hier — waren nach der Türkensteuererhebung des Jahres 1544 die Witwen in der untersten Vermögensgruppe gegenüber der restlichen Bevölkerung deutlich unterrepräsentiert, umgekehrt sah es in den beiden oberen Gruppen aus (Graphik 8).

Graphik 8

Vermögensverteilung der Witwen in Tübingen 1544

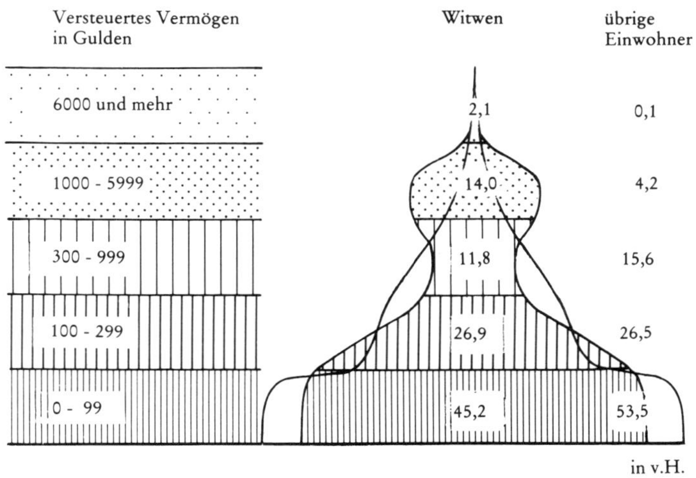

Quelle: Nach Rau (1970), S. 20-64; n = 93 Witwen und 904 übrige Einwohner.

Und in Köln zählte man im Jahre 1515 unter den 166 reichsten Familien bzw. Bürgern und Bürgerinnen der Stadt allein 40 alleinstehende Frauen, davon mindestens die Hälfte Witwen [63]. Dies bedeutet, daß sich vor allem ärmere Witwen sehr schnell wieder einen Ehepartner suchten und offenbar auch fanden, wogegen reichere Witwen sich damit etwas Zeit ließen oder ohne neuen Ehepartner bis zu ihrem Tode von ihrem Vermögen lebten. Wer in den unteren Vermögensgruppen aus irgendwelchen Gründen nicht zur Wiederheirat kam, dem boten die Spitäler Verpflegung und Unterkunft oder die Armenhilfe eine notdürftige Unterstützung.

[59] Vgl. Hain (1936), S. 65f.
[60] Geiger (1960), S. 93.
[61] Vgl. Ebert (1939), S. 65. Anm. 98.
[62] Dazu Taylor (1980), S. 24ff.
[63] Wensky (1980), S. 316f.

Der Lebensabend außerhalb der Familie — die Enge des Spitals

Es gehört mit zu den charakteristischen Zügen der Reformationszeit, daß sich das kirchliche und religiöse Leben unter leidenschaftlicher Beteiligung der politischen Gewalten abspielte. Staaten und Kommunen bemühten sich fast ausnahmslos, in irgendeiner Form Herr über die Kirche zu werden, um sich deren moralisches Potential, aber auch deren bunte Vielfalt an Institutionen und was diese daneben noch an materieller und politischer Macht besaß, unterzuordnen und dienstbar zu machen. Dazu gehörten die vielen karitativen Stiftungen, die die Kirche oftmals als Treuhänder der Stifter verwaltete.

Stiftungen für arme Menschen fanden sich in jeder Stadt je nach der Wohlhabenheit ihrer Bürger in großer Zahl. In ihnen kam eine tief verwurzelte und rege Religiosität zum Ausdruck, die in steter Erwartung des Jüngsten Tages wachgehalten wurde. In ihnen fanden Gottesverehrung und Gottesfurcht, schlichte Liebe zum Nächsten gemäß dem Willen Gottes, Sühnebereitschaft für begangene Sünden, aber auch ins Egoistische reichende Bemühungen um das eigene Seelenheil und um himmlischen Lohn einen dauerhaften und sichtbaren Niederschlag. Viele dieser karitativen Stiftungen sind stark ins Äußerliche abgeglitten. Je aufwendiger die Dotierung, desto höher schien ihr Heilswert, desto größer war die Zahl der Fürbitter.

Diese Einrichtungen gaben den Reformatoren unter anderem Anlaß zu ihrer Kritik an der Kirche, die sich aus ihrer Sicht in ein Sozialinstitut verwandelt hatte, die mit ihren vielen Ämtern ihre eigentlichen geistlichen Aufgaben verkümmern ließ und deren Vertreter wegen der Verfügbarkeit über diese Ämter immer wieder Gefahr liefen, um irdischer Zwecke willen Gnade zu verweigern und Gnaden zu verteilen. Die Kritik entzündete sich auch daran, daß sich die Kirche mit ihren Pfründen, Dom- und Stiftskapiteln vor allem von den Angehörigen der oberen Gesellschaftsschichten als standesgemäßes Versorgungsinstitut mißbrauchen ließ und ihren Pflichten als religiöser Beistand, Seelsorger und Pfleger des religiösen Lebens vielfach nicht mehr nachkam. Man mißtraute der Selbstlosigkeit der Geistlichen und rügte ihre mangelnde Disziplin angesichts der Verlockungen weltlicher Güter.

Die frommen Stiftungen, die der Altersversorgung der Bevölkerung zugute kamen, lassen sich ganz grob zwei Formen zuordnen. Sie bestanden zum einen aus regelmäßigen Zuwendungen an Nahrungsmitteln oder Kleidung, zum anderen aus Gebäuden, die im Mittelalter unter anderem der Unterbringung von bedürftigen alten Menschen dienten und die sich seit dem Spätmittelalter vielfach zu reinen Altersheimen entwickelten. Von der ersten Art von Stiftungen war bereits die Rede. Da hatte ein wohlhabender Bürger in seinem Testament bestimmt, jährlich am Sonntag Laetare an arme Mitmenschen 30 Achtel Erbsen, zwei Tonnen Heringe und jedem Alten drei und jedem Jungen einen Heller zu reichen. Ein anderer hatte verfügt, fromme Hausarmen, die wegen Krankheit und Alter nicht mehr für ihren Lebensunterhalt sorgen konnten, mit Geld, Brot, Kleidern und Schuhen zu versorgen. Ein dritter ließ eine Wärmestube errichten, die von Allerheiligen bis Kathedra Petri (22. Februar) tagsüber beheizt wurde und deren Benutzer als Gegenleistung ein Gebet für das Seelenheil der Stifterfamilie zu entrichten hatten [1]. Die Unterstützungskriterien waren zumeist nur vage formuliert, so daß jeder Bittsteller ganz unabhängig von der Schwere seiner Notlage ein festgesetztes Quantum an Geld und Naturalien erhielt, solange die Mittel reichten. Es fehlte an Absprachen zwischen den einzelnen Institutionen, und niemand besaß einen Überblick über den Umfang der Bedürftigkeit. Davon profitierten alle die, die auf Kosten ihrer Mitmenschen nur vom Almosen lebten und nur davon leben wollten. Vertreter der Kirche rechtfertigten ihre Verteilungspraxis mit dem Hinweis auf das christliche Gebot der Nächstenliebe, das keine Aufforderung enthalte, über die Mitmenschen zu Gericht zu sitzen. Dies falle allein in Gottes Zuständigkeit [2].

Angesichts des wachsenden Bettlerunwesens — der Volksprediger Eberlin von Günzburg behauptete Ende des 15. Jahrhunderts, auf einen arbeitenden Menschen kämen vierzehn Bettler [3] — wurden besonders im ausgehenden Mittelalter vermehrt Stimmen laut, die eine Überprüfung der Bedürftigkeit forderten und ihrem Unmut über die unkritische kirchliche Almosenvergabe laut Luft machten. Im Jahre 1525 schlug Juan Luis Vives, Humanist und zu dieser Zeit Lehrer am englischen Hofe Heinrichs VIII., in seiner Schrift „De subventione pauperum“ als Heilmittel die Zusammenfassung der gesamten Fürsorge unter staatlicher Aufsicht vor. Besonders unter dem Druck des städtischen Handwerks konnten schließlich jene Maßnahmen durchgesetzt werden, die mit Verbürgerlichung, Rationalisierung, Bürokratisierung und Pädagogisierung, das heißt Erziehung zur Arbeit, umschrieben worden sind, wenn diese Disziplinierung auch erst nach dem Dreißigjährigen Krieg von den absolutistischen Landesherren mit Nachdruck und sichtbarem Erfolg in die Wege geleitet werden konnte. Das Stadtbürgertum stellte dem behäbigen und aufreizenden Nichtstun und der Muße des Adels, der Prälaten und der Mönche sein Arbeits- und Leistungsethos entgegen und beschimpfte die Kirche, die die Bettler wie einen Schatz umsorgte und verhätschelte. Aus Verärgerung über den Klerus übertrugen zahlreiche Bürger schon im Spätmittelalter ihre Stiftungen vermehrt den städtischen Behörden, die nun zeigen konnten, wie die Almosenverteilung besser zu organisieren sei und stichhaltige Argumente besaßen, um auf eine Übertragung des gesamten „Gemeinen Almosens“ in ihren Aufgabenbereich zu drängen. In den Gebieten des Protestantismus nahm der Stadtmagistrat schließlich als geistlicher Oberherr die Kirche und die von ihr kontrollierten Einrichtungen ganz unter seine Fittiche.

Davon betroffen waren auch die zahlreichen Spitäler, von denen zu Beginn der Neuzeit fast jede Stadt eines oder mehrere vorweisen konnte. Auch diese Anstalten, soweit sie aus dem Mittelalter übernommen waren, hatten ihren Ursprung in Legaten und letztwilligen Verfügungen von sozialem Charakter und wurden auch durch solche frommen Spenden ausgestattet, unterhalten und erneuert. Das Heiliggeistspital der Reichsstadt Biberach geht auf eine Stiftung adliger Bürger aus dem 13. Jahrhundert zurück, stand zunächst im Eigentum der Gründerfamilie und wechselte anschließend in den Besitz einer Laienbruderschaft, ebenso das Spital von Schwäbisch Gmünd. Das Heiliggeistspital in Ulm wurde vor 1240 von einer Bruderschaft Ulmer Bürger gegründet, das Armenspital von Überlingen am Bodensee von einer Genossenschaft von Bürgern ausgestattet [4]. Das Heilig-Geist-Hospital zu Biberach an der Riß gründeten wahrscheinlich im Jahre 1239, wie einem Tafelbild aus der dortigen katholischen Spitalkirche zu entnehmen ist (Bild S. 85), zwei Brüder bei Rückkehr von einem Kreuzzug und zwar an der Stelle, an der sie ihr heimatliches Schloß zum ersten Mal wieder erblickten. Zu Beginn des 14. Jahrhunderts ging dieses Spital, das mit seinem Besitz inzwischen zu einem wichtigen Wirtschaftsfaktor herangewachsen war, in das Eigentum der Stadt über [5]. Das Kölner Hospital Allerheiligen geht auf eine Stiftung zweier Kölner Familien aus dem Jahre

[1] Jütte (1984), S. 84ff.
[2] Vgl. Th. Fischer (1979), S. 152f.
[3] Haug (1965), S. 75.
[4] Weller (1979), S. 20ff.
[5] Vgl. Ulrich (1965), S. 11ff.

1308 zurück, um getauften Juden eine Bleibe zu bieten [6]. Ebenso wie auf dem Gebiet des Almosenwesens versahen diese Spitäler ihre Aufgaben, die von der Kranken-, Armen-, Irren- und Altenpflege bis zur Betreuung von Waisen und Findelkindern reichten, ohne scharf umrissenen Kriterienkatalog. Allein auf die Gottesfürchtigkeit der Bittsteller wurde geachtet, um sich deren Fürbitten sicher zu sein. Im Heiligengeistspital von Wismar sollten sich nach einer Urkunde von 1255 „Schwache ... erholen, Arme und Geistesgequälte getröstet, die eines Obdachs Entbehrenden gastfreundlich aufgenommen, die Nackten gekleidet und noch andere Beweise der Liebe“ erbracht werden, natürlich unentgeltlich [7].

Bereits die spätmittelalterlichen Städte hatten angesichts solcher leichtfertigen Einladungen zum Müßiggang und angelockt durch den oft ansehnlichen Besitz in den meisten dieser Spitäler Einfluß zu nehmen versucht. Es gelang ihnen, diese zur Erfüllung der kommunalen Sozialaufgaben in der geschlossenen wie der offenen Armenfürsorge heranzuziehen und ihnen einen Teil des Aufwandes für Kirche und Schule aufzubürden. Kommunalisierung bedeutete nicht Säkularisierung, da die Verbindungen des Spitals mit der Kirche niemals aufgehoben wurden. Es wechselten lediglich Führungskräfte und Organisation des inneren Betriebes [8]. Dieses Eindringen in den Hoheitsbereich der Kirche entsprang zudem keinesfalls einer kirchenfeindlichen Haltung. Die Stadt suchte sich vielmehr ein Mitspracherecht bei der Verwaltung des Kirchengutes zu sichern, da dieses den Mitteln der Bürgerschaft entstammte. Wohl wehrte sich die Kirche, aber sie erkannte sehr wohl, daß im Weigerungsfall weitere bürgerliche Zuwendungen ausbleiben würden [9]. Zur gleichen Zeit, als sich die Zünfte in kleinlichem Egoismus nach außen hin abschotteten, begrenzten die Spitäler ihre Unterstützungen auf die einheimischen Bürger, sie wandelten sich zu Anstalten der Bürger und für die Bürger einer Stadt. Mit der Kommunalisierung durchbrachen sie den Grundsatz der Unentgeltlichkeit und bildeten sich vielfach von Anstalten mit einem bunt gemischten und breit gefächerten Angebot an Sozialleistungen zu spezialisierten Häusern um, die entweder nur der Unterbringung von Geisteskranken dienten, nur Aussätzige oder Syphilitiker aufnahmen, Waisen versorgten oder Alte bis an ihr Lebensende pflegten. In den meisten Häusern verdrängten die Gesunden die Kranken und das Spital entwickelte sich immer mehr zum Pfründnerhaus, wenn auch besonders in kleineren Städten Mischformen weiterhin anzutreffen waren. Auch hier förderte das weitverbreitete Mißtrauen gegenüber der Selbstlosigkeit der Geistlichen den Übergang der Fürsorge aus kirchlicher in kommunale Hand, obwohl sich sehr bald herausstellen sollte, daß auch die Stadtobrigkeit, saß sie einmal voll im Speck, nur allzuoft den Verlockungen dieser großen Stiftungsvermögen nicht zu widerstehen vermochte und schamlos in die eigene Tasche wirtschaftete. Überhaupt war das oft riesige Vermögen dieser Spitäler ein entscheidender Grund für die Begehrlichkeit der Städte, denen die Privilegien dieser Häuser, besonders ihre Steuerfreiheit, ein Dorn im Auge waren. Die Ratskollegien benutzten die Spitäler als bequeme Anleihequelle und als Versorgungsanstalt für ihre Bürger, vor allem als Altersheim für langgediente städtische Bedienstete [10]. So gelang es im 15. Jahrhundert der Stadt Ulm, im Spital, das einer Bruderschaft gehörte, die nach den Regeln des hl. Augustinus lebte, einen Spitalpfleger einzusetzen. Das Spital von Schwäbisch Gmünd war bereits zur Mitte des 14. Jahrhunderts eine Einrichtung der Stadt. Andere wie das mächtige und reiche Spitalkloster im württembergischen Markgröningen wehrten sich noch lange erfolgreich gegen die Kommunalisierung und erst Herzog Ulrich leitete es nach Einführung der Reformation im Jahre 1552 in städtischen Besitz über [11]. Das Kölner Hospital St. Martin-Brigiden, dessen Anfänge bis ins 12. Jahrhundert zurückreichen, verwalteten noch in der ersten Hälfte des 16. Jahrhunderts Amtsleute der betreffenden Pfarrei, und die Stadt stellte lediglich einen Provisor. Im Jahre 1514 mußte der Rat der Stadt das Stadtwappen, das er kurz zuvor am Spital hatte anbringen lassen, wieder abnehmen. Erst zur Mitte des Jahrhunderts scheint der Magistrat vollends die Oberhoheit an sich gerissen zu haben [12]. Andere Spitäler gehen direkt auf städtische Gründungen zurück, so das Katharinenhospital in Heilbronn, das seit 1306 erwähnt wird. Wieder andere sind das Werk von Landesherren. In Stuttgart errichtete im Jahre 1366 die Witwe Ulrichs IV. ein solches Haus, um alle die Lahmen und Hungrigen aufzunehmen, die in den Winkeln der Stadt herumlungerten, die Schiffsbrüchigen der Gesellschaft und die alten Leute der untersten Schichten, die mit hohlen Augen durch die Gassen der Stadt schlurften. Als „Bürgerhospital“ ist diese Anstalt 1536 in das aufgehobene Dominikanerkloster übergesiedelt.

Der Glanz, den die berühmten reichen Großspitäler ausstrahlten, verdeckt die Sicht auf die wesentlich zahlreicheren und in ihrer Gesamtleistung auch bedeutenderen kleinen Privatspitäler, die oft nur vier oder fünf alte Menschen beherbergten. Auch diese Häuser unterstanden in der frühen Neuzeit größtenteils

[6] Jütte (1984), S. 260.
[7] Zit. nach Kleiminger (1962), S. 24.
[8] Vgl. Reicke (1932), Bd. 1, S. 198.
[9] Ebd. S. 207.
[10] Liese (1922), Bd. 1, S. 171.
[11] Weller (1979), S. 24.
[12] Jütte (1984), S. 259.

dem Rat der Städte und gingen jetzt in den zentralisierten kommunalen Wohltätigkeitsanstalten auf. So hatte in den Jahren 1467/68 in Memmingen ein dort ansässiges Ehepaar zwei „Häusle" mit Stallung und Garten in eine Stiftung umgewandelt. Für die notwendigen laufenden Einnahmen dieses kleinen Spitals sorgten dann andere Bürger. Hier wie überall bescherten die meisten Stifter die Armen und Kranken an einem bestimmten kirchlichen Feiertag mit einem reichlichen Festmahl. Ein weiterer stellte eine Geldsumme bereit, von deren Zinsen jährlich 100 Strohballen für die Krankenlager zu kaufen waren [13]; wieder ein anderer stiftete Geflügel zum Martinstag oder Fische für die Fastenzeit, ein vierter sogenannte „Seelbäder", das heißt ein ausgiebiges Bad und, weil Baden hungrig und durstig macht, auch das dazugehörende Essen mitsamt dem Wein [14]. Ein weiterer bestimmte, daß man von den Zinsen seiner kleinen Stiftung „kol koffen" sollte, das bedeutet Holzkohle, aus deren Asche Pottasche zur Seifenherstellung gewonnen wurde, mit der die Kleider der Spitalinsassen zu reinigen waren. Mit dem Ertrag einer anderen Stiftung sollte „ain ewig brennendes licht" zur Nachtzeit in der Siechenstube des Spitals unterhalten werden [15]: alles zumeist sinnvolle und praktische Hilfen, um für ein wenig Abwechslung auf dem Speiseplan der Spitalisten zu sorgen oder dort auszuhelfen, wo das Spital in seiner Versorgung nicht autark war.

Hauptzweck dieser kleinen Spitäler war es zumeist, wie es in einer Memminger Gründungsurkunde von 1484 heißt, den Alten und Kranken in dieser Welt Barmherzigkeit zukommen zu lassen. Aufgenommen wurden „fromme, ehrbare, andächtige Menschen, es sei Frau oder Mannes Namen, die in solcher Armut sind, daß sie von ihnen selbst nicht zu geleben haben. Sie sollen unterhalten, geatzt, getrinkt und gespeist werden, nit anders denn lauter um Gottes willen". Als Gegenleistung verpflichteten sich die Insassen, für die Stifter bei Gott Fürbitte zu tun und nach deren Tod „alle tagtäglich durch das ganze Jahr ein Person über unser Begräbnis gehen", am Jahrestag alle gemeinsam [16]. Dabei waren skuril anmutende Auflagen der Stifter keine Seltenheit. Die Spitalisten der St. Antoniuspfründe in Augsburg, die 1410 für zwölf arme Greise errichtet worden war, mußten sich zu Ehren des hl. Antonius einen Bart wachsen lassen und zum Dank für die Aufnahme in die Pfründe täglich am Grab des Stifters fünfzehn Paternoster und Ave beten [17].

Von diesen kleinen Spitälern hoben sich die Privatstiftungen einzelner wohlhabender Bürger ab, deren Gründungen zum eigentlichen Stadtspital wurden. Bei ihnen vollzog sich der Übergang der Verwaltung auf den Rat gewissermaßen von selbst. Sie gingen regelmäßig, oft noch zu Lebzeiten des Stifters, in die Hand der Stadtgemeinde über. Als Beispiele seien genannt das Heilig-Geist-Spital zu Nürnberg, mit dessen Bau in der Zeit zwischen 1331 und 1339 auf Veranlassung des einheimischen Bürgers Konrad Gross begonnen wurde, oder das Twentsche Hospital zu Osnabrück, eine Stiftung aus dem Jahre 1339 des reichen Osnabrücker Bürgermeisters Twent [18]. In gewisser Weise gilt dies auch für die berühmte Stiftung des Kardinals Nikolaus von Cues in seinem Heimatdorf an der Mosel, die 1450 bis 1456 erbaut, als Altersheim für 33 arme, abgearbeitete Greise bestimmt war. Obwohl die innere Struktur dieses Spitals sich an geistlich-bruderschaftliche Vorstellungen anlehnte, waren die eingesetzten Visitatoren bürgerliche Spitalpfleger, die sich um den Erhalt des Vermögensstandes kümmerten und über Aufnahme und Entlassung der Pfründner mitentschieden [19].

Vielen Spitälern gelang es, auf Grund der vielen mildtätigen Stiftungen bis zur Mitte des 16. Jahrhunderts einen ansehnlichen Besitz zusammenzutragen, sich mit ihrer Eigenwirtschaft von den Preissteigerungen für die Grundnahrungsmittel unabhängig zu machen und bei hoher Marktquote davon kräftig zu profitieren. Das Ulmer Spital hatte bereits im Jahre 1440 etwa 245 waffenfähige Hintersassen aus 38 Dörfern und Flecken und vermehrte 1446 durch den Kauf der Reichenauer Hinterlassenschaft sein Vermögen ganz erheblich. Das Überlinger Spital erwarb bereits im 14. Jahrhundert vor allem von dem verarmten Landadel in fast einhundert Orten des Linz- und Hegaus Grundbesitz, Zehntrechte und Gülte und mehrte seinen Reichtum durch Finanzaktionen und Weinhandel [20]. Auch das Nördlinger Spital hatte wie viele andere auch auf Grund einer Fülle von Schenkungen „in salutem animarum" bis Anfang des 16. Jahrhunderts einen reichen Besitz zusammengetragen, und etwa 50 Gemeinden des Ries waren ihm mit 500 Familien zinspflichtig [21].

Lange vor der Reformationszeit hatten sich viele Spitäler — wie bereits angedeutet — in Altersheime verwandelt oder tendierten in diese Richtung: Versorgungsanstalten für arme einheimische Bürger und zugleich für reiche Pfründner. Bereits die unter kirchlicher Leitung stehenden Häuser hatten mit der Aufnahme vermögender Bürger begonnen, die jedoch wie bei Eintritt in ein Kloster ihren gesamten Besitz an das Spital abführen mußten. Mit Verbürgerlichung der Spitäler übertrug der Eintretende dann nur noch einen

[13] Moritz (1981), S. 50.
[14] Zeeden (1968), S. 111.
[15] Berweck (1963), S. 49f.
[16] Zit. nach Stark (1926), S. 50f.
[17] Ebd. S. 52.
[18] Reicke (1932), Bd. 1, S. 258ff.
[19] Ebd. S. 264f.
[20] Weller (1979), S. 21f.
[21] Stark (1926), S. 47.

Weil es ist güt zu Jeder Zeit
Das uns die Frome Christen Leut
Zum Exempel vor Augen schweben.
Heinerich von Pfluimer Ehren vest.
der damals Bürger meister gwest.
auch Hans Rorer der Ehrenvest,
handt diese Taffel her gemacht. 157
FVNDATORES PTOCHOTROPHY BIBRAGENSIS
In Nomine Dei Patris et Filii et Spiritus Sancti Amen.
Cum vita cunctorum sit instabilis, et memoria labilis
debet universis præsentem Chartam in spectuis quod Hospitale in Honorem
Sancti Spiritus et Gloriosæ virginis Mariæ Filium apud Civitatem Biberach
fuit laudabiliter in choatum. Milites ... aurati de Essendorff Huldricus et Halnwigus. fratres Germani prædicti Hospitalis primi fuerunt Fundatores.
ad quod Dominus Halnwigus dedit agros super quibus fundatus
fuit ambitus Hospitalis. et quicquid habuit apud Birckendorff. item Dominus Huldricus miles præfatus dedit villam apud Hagenbuch et quasdam possessiones suas apud Hochdorff. item Villam apud Windereitn. Villam que aliam apud
Sulgen que omnia liberaliter supra dicto Hospitali tradidi que Fundatio
facta est Circiter annum Domini 1239
Gott Vatter Sohn Geist ein Gottheit.
Nach dem der Mensch gar bald Zer gat.
gleich wie die Blum im Felde güt.
und Doch in Frischer gedächtnus bleibt.
wieb hie etwas verzeichnet Findst.
Zwen Edle Ritter sinds gewessen.
Von Essendorff gantz wohl bekandt.
ge wesse Brüder alle beid.
aus ein gebung des Heiligen Geist.
Zu Biberach handt sie ge Stifft.
und Erstlich alda uff ge richt.
den Spittal vor dem Spittal Thor.
wie noch das Kirchlin stat davor.
dem Heiligen Geist den Dedicirt.
den auch Maria Præsentirt.
Gewaltige Ritter aus er lessen.
Herr Halnwig diesser Ritter werth.
betrachtet wohl das Gottes worth.
was Lucas schreibt an einem Ort.
wie dan das 12 Capitel weist.
wer Lustig ist und das gern liest.
Spricht Christus macht euch Schätz im Himel.
da euchs kein rost schab noch imel.
ver derb noch kein Dieb stehlen mag.
und was er hat zu Birckendorff.
gab er als sambt an diesses Ort.
den Mayerhoff zu Hagenbuch.
Zu Hochdorff auch sein glegen guth.
Zu Wintter zeittin ligt der ein.
der ander war zu Saulgau glegen.
die hat er all an Spittal geben.
Diesse Fundation ist alt.
dan als man Taussendt Jahr Zahlt.
Zwey Hundert Dreissig Nein ver gangen.
ward diesse Stifftung an gefangen.
Ists Spittal in die Statt rein komen.
Das Kirchlin aber vor dem Thor.
año. 1742. ist diesse Taffel Renovirt worden.

Teil seines Vermögens je nach den Gegenleistungen der Anstalt. Aus einer Schenkung „pro remedio animae" wurde ein reines Geschäft, für das man einen Kaufpreis entrichtete. Im St.-Katharinen-Hospital der Reichsstadt Esslingen findet sich erstmals im Jahre 1349 eine solche Pfründe, die allein durch Entrichtung eines Teils des Vermögens erworben wurde [22]. Im 14. Jahrhundert scheint der Pfründnervertrag ganz auf das Prinzip der Entgeltlichung der Leistungen abgestellt [23].

Die Anstöße dazu kamen aus zwei Richtungen. Zum einen ließen sich durch die Aufnahme vermögender Pfründner Einnahmen und Besitz mehren und die Lage der bedürftigen Insassen verbessern [24]; zum anderen waren viele begüterte Bürger für sich oder ihre Ehefrau auf der Suche nach einer familienunabhängigen Altersversorgung, die eine weitere berufliche Tätigkeit überflüssig machte und gleichzeitig vor den möglichen Gefahren eines überlangen Lebens Schutz bot. Daneben suchte die Obrigkeit nach einer Versorgungsmöglichkeit für ihre alt gewordenen und nicht mehr arbeitsfähigen Bediensteten. Solange die Spitäler unter der Leitung von Bruderschaften gestanden und sich rein karitativen Zielen verschrieben hatten, waren sie für die meisten weitgehend uninteressant. Als sie jedoch in die Hände der Ratskollegien übergegangen waren, zum Teil ein ganz beträchtliches Vermögen angesammelt hatten und eine weitreichende Versorgung anboten, gewannen sie an Attraktivität und stimulierten neue Formen der Selbstvorsorge. In den größeren Spitälern unterschied man fortan zwischen den „um Gottes willen" aufgenommenen Armen, den Mittelpfründnern, die gegen eine relativ kleine Kaufsumme außer Unterkunft eine „genugsame" Zehrung erhielten, sowie den Herrenpfründen, die eine reichhaltigere Verpflegung und eine komfortablere Unterbringung boten. Diese Entwicklung vollzog sich von Stadt zu Stadt verschieden. In Göppingen z.B. gestattete man im 16. Jahrhundert nur bedürftigen Alten und Siechen den Eintritt, die jedoch einen Kaufpreis zu entrichten hatten. Wer das notwendige Geld nicht besaß, erhielt Hilfe aus dem Armenfonds der Kirche [25]. Die meisten Spitäler boten im Zeitalter der Reformation ein getreues Abbild der städtischen Bevölkerung. Sie beherbergten auf engstem Raum Angehörige nahezu aller Berufs- und Standesgruppen unter einem Dach.

Über die Aufnahme der Bedürftigen, der „Almußner", hatte ursprünglich die Bruderschaft entschieden. Mit Verbürgerlichung des Spitals ging die Zuständigkeit auf das gesamte Ratskollegium über. Insbesondere einheimische Frauen und Angehörige des „städtischen Dienstes" erhielten häufiger als andere die Genehmigung zum Eintritt. Im Heilig-Geist-Spital in Frankfurt a.M. belief sich der Anteil der Frauen an allen Antragstellern in dem Zeitraum von 1531 bis 1612 auf 57,3 Prozent, darunter erwartungsgemäß überwiegend Witwen. Auch hier besaßen ältere Männer, die zuvor im Dienst des Rates gestanden hatten, die größten Chancen aufgenommen zu werden [26]. Für Bürger der unteren Sozialschichten hatte ein solches städtisches „Amt" bereits eine fühlbare Hebung ihrer Lebensbedingungen gebracht. Entsprechend groß war nicht nur in Krisenzeiten die Nachfrage, als Rathausdiener, Kärrner, Bote oder Schütze eine Anstellung zu finden. Die städtischen Magistrate haben mit der Vergabe solcher Stellen bewußt der allgemeinen Verarmung entgegenzuwirken versucht und durch die Bereitstellung von Arbeitsplätzen anstelle von Almosen auch erzieherische Mittel eingesetzt. Wenn bisweilen Blinde oder Lahme die Stelle eines Wächters zugeteilt bekamen, traten die Beweggründe der Stadtoberen ganz deutlich hervor. So nennt denn die Liste der armen Spitalisten den „zolner", den „grabenmeister" und andere ähnliche Berufe, die häufig — wie ausdrücklich vermerkt — „umb siner getruwen dinst" oder „umb sins armuts und sins alden dinsts" wegen im städtischen Spital bis zu ihrem Lebensende Versorgung fanden [27]. Dazu gehörten auch Schullehrer oder deren Witwen.

Neben den armen Pfründnern, die allein „um Gotz lohn" aufgenommen wurden, suchten seit ungefähr Anfang des 14. Jahrhunderts auch Wohlhabende ihren Lebensabend durch Abschluß eines Pfründner- oder auch eines Leibrentenvertrages zu sichern. In Villingen im Schwarzwald gaben im Jahre 1322 ein gewisser Hainrich Klucke und seine Ehefrau ihre gesamten Äcker und Wiesen an das Spital ab, das als Gegenleistung die Bewirtschaftung übernahm und die Erträge an die Eheleute abführte. Nach deren Tod erlosch das Leibgedinge und die Grundstücke gingen als lastenfreies Eigentum in den Besitz des Spitals über. Ein solcher Vertrag garantierte dem alternden Ehepaar einen arbeitsfreien Lebensabend und zudem eine steuerliche Entlastung. Da das Spital auf Grund seiner Privilegien keine Steuern zu zahlen hatte, kamen auch die Leibgedinger in den Genuß solcher Vorteile [28]. Sie besaßen zu ihren Lebzeiten ein Nießbrauchrecht an den eingebrachten Grundstücken, durften diese aber weder veräußern noch belasten.

Solche Leibrentenverträge konnten die unterschiedlichsten Leistungen umfassen. Zumeist lag es im Interesse der Käufer, sich gegen die immer wiederkehrenden, zum Teil sehr heftigen Preissteigerungen der Grundnah-

[22] Haug (1965), S. 66.
[23] Abbildung eines solchen Übergabebriefes für eine Spitalpfründe aus Nürtingen aus dem Jahre 1550 (rechts); StAN 54/5/108.
[24] Vgl. Röcken (1935), S. 15.
[25] Wellschmied (1963), S. 74ff.
[26] Jütte (1984), S. 176.
[27] Zit. nach Moritz (1981), S. 53.
[28] Berweck (1963), S. 51.

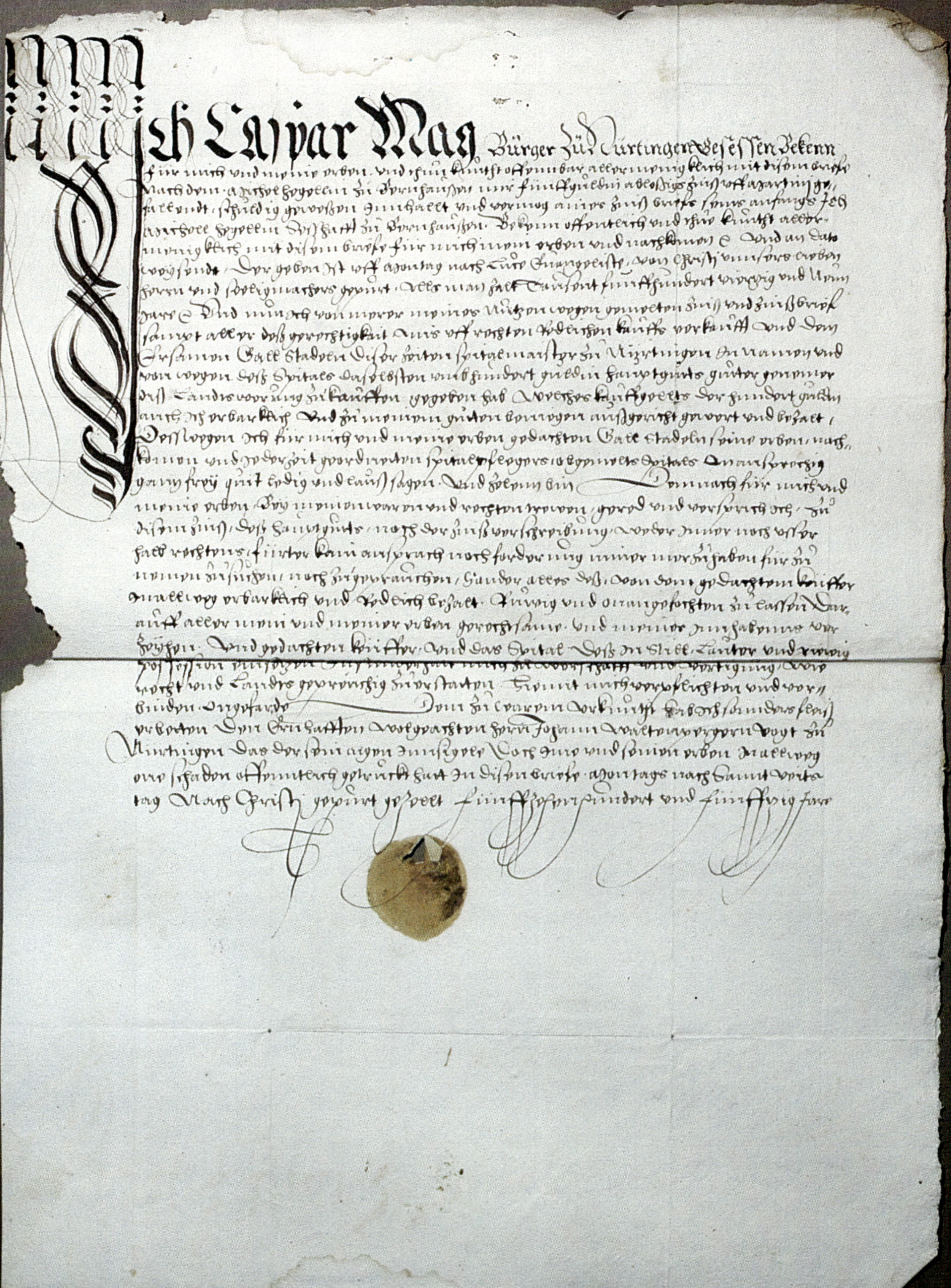
Ich Caspar Mag Bürger zu Nürtingen gesessen bekenn

rungsmittel abzusichern. Daher verpflichtete sich das Spital in einer Vielzahl von Fällen gegen Überlassung von Grundstücken oder Zahlung eines Geldbetrages zur wöchentlichen Lieferung von einem oder mehreren Laiben Brot, „wie man die im spittal gewöhnlich pflegt zu backen“ [29]. Viele Anstalten schlossen solche Geschäfte aus christlichem Verantwortungsbewußtsein ab, um die einheimische Bevölkerung gegen die Unwägbarkeiten des Lebens und besonders die nachlassende Leistungsfähigkeit im Alter abzusichern. Sie taten es aber auch, um den Reichtum des Spitals zu mehren, nicht im Sinne eines geldgierigen Beutelschneiders, sondern mit dem Ziel, durch ein krisenfestes, wirtschaftlich abgesichertes städtisches Spital das materielle Wohl der Einwohner auch in Notzeiten zu gewährleisten. In Nürtingen am Neckar erfüllte das dortige Bürgerspital, mit dessen Bau im Jahre 1528 begonnen worden war, im Dienste der Bevölkerung die unterschiedlichsten Aufgaben. Es war eine Anstalt zur Versorgung der Armen, Kranken, Witwen und Waisen, war zudem Pfründneranstalt, Renten-, Besoldungs- und Darlehenskasse, besaß eine kulturelle und eine kirchliche Bestimmung, trat als Helfer in allerlei Notfällen in Erscheinung, bezahlte Speisungen und verwaltete letztlich das Stiftungsvermögen. Es bot also nicht nur Herrenpfründen, sondern ganz nach den Bedürfnissen und der Vorliebe einzelner Bürger auch Leibgedinge und Leibrenten an, wobei die jährlichen Rentenbeträge nach dem eingezahlten Kapital und dem Alter des Gläubigers festgesetzt wurden [30]. Solche Verträge lassen sich bereits im Mittelalter nachweisen, vor allem aber seit dem 15. Jahrhundert. So beurkundeten — um ein Beispiel für viele anzuführen — im Jahre 1492 die beiden Pfleger des Lindauer Spitals, daß sie von einem gewissen Peter Ferwer und dessen Frau 240 Gulden erhalten hätten und ihnen als Gegenleistung, solange sie lebten „biss zu end der letsten person und nit furo noch lennger“, jährlich 20 Gulden zahlen wollten, 10 Gulden jeweils auf Ostern und 10 Gulden „uff sanndt Michelstag“ [31].

Auch bei den Pfründnerverträgen verzichtete man auf standardisierte Formen und paßte sich den jeweiligen Gegebenheiten an. Leistungsfähigkeit, Vermögensverhältnisse, Herkunft, Alter, Gesundheitszustand und Beruf des Käufers spielten für den Kaufpreis ebenso eine Rolle wie die momentanen Lebensmittelpreise und die wirtschaftliche Lage des Spitals. Das hatte nichts zu tun mit einer mathematisch-statistisch abgesicherten Berechnungsgrundlage, mit der in späteren Jahrhunderten die Lebensversicherungen das Verhältnis von Prämie und Leistung bestimmen sollten, aber man wußte bereits damals, worauf es ankam und operierte mit ungefähren Erfahrungswerten. An einem Ort wurde der Kaufpreis herabgesetzt, weil sich die Käuferin aus Geldmangel verpflichtete, „dem spital czu nutz und gut (zu) arbeitenn“, oder weil der Antragsteller ein alter und armer, aber „ehrbarer“ Bürgermeisterknecht war [32]. An einem anderen Ort minderte das Spital seine Leistung und gewährte eine Pfründe „on win und on brott“ mit Ausnahme einer wöchentlichen Brotspende, da ein Ehepaar nicht imstande war, die normale Kaufsumme aufzubringen [33]. Hier erwarb eine Witwe eine Herrenpfründe, indem sie dem Spital die ihr zustehenden Leibgedingzinsen überschrieb: 22 Gulden pro Jahr, dazu 2 Saum Weingült und 1 lb d Ewigzins [34]. Dort behielt sich die Anstaltsleitung in Teuerungszeiten die Möglichkeit minderer Versorgung vor, insbesondere in Spitälern ohne größeren Grundbesitz. Als im Jahre 1668 ein Ehepaar in das Heilig-Kreuz-Spital zu Göppingen zog, mußte es sich verpflichten, in schweren Zeiten mit dem vorlieb zu nehmen, „was Gott bescheren wird an Essen und Trinken“ [35]. Andere Bürger kombinierten eine Pfründe mit einer Leibrente: sie bezogen neben den üblichen Unterhaltsleistungen bis an ihr Lebensende regelmäßig ein Taschengeld. Im Normalfall legte ein reicher Herrenpfründner Wert auf ausreichend Nahrung, auf Pflege bei Krankheit sowie auf eine geräumige Wohnung. Als im Jahre 1563 der Lindauer Bürger Jeremias Bomer und seine Frau Anna Schwebin für 930 Gulden einen Platz im örtlichen Spital erkauften, forderte Bomer, auf seinen Geldsack pochend, eigene Gemächer, „nemblich stuben und khamer aneinander, darinnen wir unser wonung allein haben“, täglich drei Maß Wein, Heizung für den Winter, fünf Pfund Lichter, bei Krankheit Pflege und weitere Sonderleistungen [36].

Die Spitäler achteten bei der Festsetzung ihrer Preise sehr genau auf Alter und Gesundheitszustand der Antragsteller. In einem Aufnahmegesuch aus dem Jahre 1505 für einen Aussätzigen an das Heilbronner Siechenhaus heißt es ganz unverblümt, der Mann sei „in guttem alter, versehen uns, das seins leben nit lange werde sin“ [37]. Während ein junger kranker Mann Ende des 15. Jahrhunderts im Berner Inselspital für eine Pfründe 150 Gulden zahlen mußte, kam eine ältere, durch längere Krankheit geschwächte Frau, von der man annahm, es gehe bald mit ihr zu Ende, mit 27 Gulden aus [38]. Kleineren Häusern konnten oft größere finanzielle Verluste entstehen, wenn mehrere der kostspieligen Herrenpfründner wesentlich älter wurden

29 Berweck (1963), S. 51.
30 Vgl. Berroth (1957), S. 132ff., 160.
31 Zit. nach Zeller (1952), S. 265.

32 Im Jahre 1504 bzw. 1506 in Frankfurt a.M., zit. nach Moritz (1981), S. 51.
33 Berweck (1963), S. 55.
34 Dirlmeier (1978), S. 469f.
35 Wellschmied (1963), S. 80.
36 Zeller (1952), S. 117f.
37 Zit. nach Dirlmeier (1978), S. 466.
38 Ebd. S. 468.

als erwartet. Verschiedene Häuser bauten daher besonders in Zeiten der Teuerung Sicherheitsklauseln in ihre Verträge ein. In Bern mußte sich im Jahre 1512 ein Pfründner vertraglich verpflichten, bei langer Lebensdauer Geld nachzuzahlen, weil das Spital sonst „übernutzt“ werde. Die Spitalleitung von Biberach handelte 1482 mit einer Frau eine Minderung ihrer Pfründe aus, sollte sie nach zwölfeinhalb Jahren noch leben. In Bern setzte man 1498 und 1510 die Reduzierung der täglichen Weinration um ein Drittel fest, wenn der Weinpreis eine bestimmte Höhe überschreiten sollte, das heißt, das Spital sicherte sich gegen mengenmäßig schlechte Ernten ab und vermied einen sonst notwendig gewordenen Zukauf. Andere Spitäler nahmen gezielt einige auswärtige Pfründner auf, die stets einen höheren Kaufpreis zu entrichten hatten als die Einheimischen und ein finanzielles Sicherheitspolster darstellten, das andere zu knappe Kalkulationen auffangen konnte [39]. Im Normalfall hatten die Pfründner Anspruch auf jährliche Leistungen, die einer Verzinsung des eingebrachten Kapitals von rund 10 Prozent entsprachen [40]. Der Reiz eines solchen Vertrages lag unter anderem in der kostenlosen Teilhabe an Stiftungen und anderen Einkünften der Anstalt, er war gewissermaßen als Einstandspreis für diese Zusatzleistungen gedacht. In der Teuerungsphase des 16. Jahrhunderts gewannen die Pfründen deutlich an Anziehungskraft hinzu, und die Aufnahmeanträge häuften sich. Daraus und aus dem Anstieg der Lebensmittelpreise sind die fortgesetzten Preisanhebungen bei Mittel- und Herrenpfründen seit der Jahrhundertmitte zu erklären. Im württembergischen Nürtingen stieg die Zahl der reichen Pfründner von 17 im Jahre 1550 auf 26 zehn Jahre später. Die Preise wurden von 520 bis 750 Gulden im Jahre 1534 auf 1100 Gulden in den Jahren 1586 und 1587 angehoben, um in der Folge rasch weiter zu klettern auf 1500 Gulden im Jahre 1591 und 1700 Gulden zwischen 1597 und 1609 [41].

Auf die Kommunalisierung der Spitäler haben die sich immer stärker konsolidierenden Landesherrschaften im 15. und 16. Jahrhundert mit der Gründung eigener herrschaftlicher Spitäler geantwortet, in denen fast ausschließlich Landeskinder Aufnahme fanden. Im Jahre 1565 stiftete Karl II., Markgraf von Baden-Durlach, in Pforzheim ein neues Spital, das zwar unter städtischer Verwaltung stand, das jedoch kein eindeutig städtisches Spital mehr war. 1579 gab der Markgraf zusätzlich das Geld für 16 Herrenpfründen zu einer Hälfte für frühere Hofbedienstete, zur anderen Hälfte für arme und alte Landeskinder [42]. Im Jahre 1602 gründete Graf Eitel-Friedrich I. von Hohenzollern-Hechingen in seiner Residenzstadt ein „Pfründhospital“ und stiftete zugleich zwölf Pfründen für „haußarme Alte, doch nit Außlendische und allein in der Grafschaft Gesessene und erborene, die Almueßens bedürftig und wirdig sein“, vornehmlich für alte Diener und Dienerinnen der Herrschaft [43]. Diese „herrschaftlichen“ Spitäler führten oft aus der Stadt hinaus, zumal in den Gebieten kleinerer Herren, wo ein städtischer Mittelpunkt fehlte. 1575 errichtete Hans Ulrich von Schellenberg in Kißlegg ein Heilig-Geist-Spital; 1585 die Herren von Freiberg in dem Marktflecken Laupheim. Den Anfang hatten im späten 14. und beginnenden 15. Jahrhundert die Markgrafen von Baden, die Herzöge von Teck und die Grafen von Helfenstein, Hohenberg und Hohenlohe gemacht [44]. Was blieb ihnen auch sonst übrig? Bei ihren Versuchen, ihre alten Beamten und Hofleute kraft ihrer Herrschergewalt in den städtischen Spitälern unterzubringen, stießen sie meist auf den erbitterten Widerstand der Stadtoberen. Da die Rechtsgrundlage strittig war, gelang es den Städten mit sehr viel List, solche Vorstöße erfolgreich abzuwehren. In Nürtingen betonte man später stets mit sichtlichem Stolz, daß das Bürgerspital nie einen Pfründner auf Befehl der württembergischen Herzöge aufgenommen habe [45]. Andere Fürsten hatten sich „von alters her“ einen Freiplatz in einem städtischen Spital gesichert. So besaßen die Grafen von Fürstenberg stets — im übrigen bis zum heutigen Tag — das Vorschlagsrecht für einen der Plätze im Villinger Spital [46].

Mit der Gründung von „landesherrlichen“ Spitälern trugen die Fürsten dem Problem der Altersversorgung ihrer Hofbediensteten und Beamten, deren Zahl mit Ausweitung der Landesherrschaft zunahm, Rechnung. Auf Reichsebene löste man dieselben Schwierigkeiten auf andere Art. Mindestens seit dem 13. Jahrhundert stand den deutschen Herrschern das Recht zu, einmal in ihrer Regierungszeit von allen geistlichen Anstalten im Reich die Übertragung einer Pfründe auf eine vom König oder Kaiser bestimmte Person zu verlangen, die an Altersschwäche oder einem körperlichen Gebrechen litt. Im Jahre 1487 erhielt auf Vorschlag von Friedrich III. der kaiserliche Diener Hans Tekheler für den Rest seines Lebens einen Platz im Hospital von Esslingen, keineswegs eine Herrenpründe, sondern eine der Gehorsamenpfründe, was hieß, daß dieser sogenannte Panist regelmäßig arbeiten mußte. Die Leiter der städtischen Spitäler ließen es diese Gäste durchweg spüren, daß sie nicht gern gesehen waren. Sie waren Fremde, die den Einheimischen einen Platz wegnahmen,

[39] Vgl. ZELLER (1952), S. 117.
[40] DIRLMEIER (1978), S. 466ff.
[41] BERROTH (1957), S. 162f.
[42] SEIGEL (1966), S. 17.
[43] Ebd. S. 23f.
[44] Ebd. S. 25.
[45] BERROTH (1957), S. 155f.
[46] BERWECK (1963), S. 58f.

ihr Brot aufaßen und dafür noch nicht einmal zahlten. 1492 mußten sich Kaiser, Hofmarschall und Kämmerer gemeinsam für besagten Hans Tekheler beim Rat der Stadt Esslingen einsetzen und diesen bitten, ihren Schützling nicht mit so schweren Arbeiten wie Holzhacken und ähnlichem zu beschäftigen. Auch andere Spitäler wie Ulm, Lindau oder Biberach beherbergten solche Panisten oder entrichteten ein sogenanntes „Absentgeld", das auch nach dem Tode des kaiserlichen Pfründners an dessen Ehefrau zu zahlen war [47].

Die meisten Spitäler hatten ihre armen Pfründner, Männer und Frauen gemeinsam in einer großen Stube, der Armen- oder Siechenstube, untergebracht, in der man auch die Mahlzeiten einnahm. Zumeist standen darin auch die Betten der Männer, während die Frauen in einem gesonderten Raum schliefen. In dem reichen Esslinger Spital wurden die kranken Bedürftigen ebenfalls in der großen Stube gepflegt, bis zur Reformation von Schwestern der Kongregation, anschließend von weltlichen Mägden, die der Leitung eines „Stubenvaters" und einer „Stubenmutter" unterstanden [48].

Für das leibliche Wohl der Insassen sorgten in größeren Spitälern eigene Köche oder Köchinnen, in kleineren Häusern reichte man den „Almusnern" und Pfründnern rohe Naturalien, so etwa in Nürtingen am Neckar, wo man nicht nur sparsam haushalten, sondern ganz bewußt auch erzieherisch wirken, dem Müßiggang entgegenarbeiten und die Spitalinsassen mit kleinen Aufgaben beschäftigen wollte [49].

Vergleicht man die Speisepläne der frühneuzeitlichen Spitäler mit der verwirrenden Fülle des heutigen Nahrungsmittelangebots und dem nicht zu zügelnden Erfindungsreichtum der Köche, dann fragt man sich, wie diese auf den ersten Blick sehr eintönige Litanei aus Brühe und Grütze, Grütze und Brühe über Jahrzehnte hinweg zu ertragen war. Auch für die Masse der Bevölkerung gab es kaum eine Möglichkeit, aus dieser relativen Monotonie auszubrechen. Eng begrenzte finanzielle Möglichkeiten der Verbraucher, beschränkte Konservierungsmethoden und das einförmige Warenangebot der Produzenten, die mehr Wert auf eine hohe Kalorienausbeute als auf eine raffinierte Vielfalt der angebotenen Nahrungsmittel legten und bei zumeist knappem Nahrungsspielraum auch legen mußten, verwiesen Schlemmer und Gourmands vom Tisch. Das soll nicht heißen, daß besonders in den reichen Spitälern an hohen Feiertagen nicht viel und gut gegessen wurde, so daß sich bisweilen die Tische bogen, aber dies blieb nie ein Dauerzustand und hatte nichts mit einem verfeinerten Geschmack zu tun. Als Grundlage jedes Essens dienten Brei und Brot. In Wismar reichte man den armen Hospitaliten gegen Ende des 16. Jahrhunderts täglich 2,2 Pfund Brot [50]. Man versuchte, die Menschen zunächst satt zu bekommen, und garnierte das Brot als Hauptkalorienspender mit anderen, regional verschiedenen Produkten. An der Küste kam etwas mehr Fisch auf den Tisch, im Hinterland etwas mehr Fleisch. Zwei Speisepläne, einer aus dem großen Spital zu Straßburg aus dem Jahre 1540, ein anderer aus dem Heiligen Geist Hospital zu Hamburg aus dem Jahre 1547, der aber auch noch 1572 und 1600 Gültigkeit hatte, mögen dies verdeutlichen. Der Straßburger Plan sah vor:

„Sontags zu imbiß gibt man jedem siechen spittals gemüeß von wissen oder grienem krut, ruben oder kumpstkraut, wie man das dan zu jeder zeit haben mag und jedem ein stuck gepratens, zu nachts brüe und fleisch, kelberins oder hemmelins.
Montags zu imbiß brüe und fleisch, rinderens, doran etwan rüeben, oder was sonst der zeit nach verhanden ist. zu nachts brüe und fleisch kelberins oder hemmelins, doran ein güssel zwüblen petterlin wurtzlen oder sonst etwas.
Zinstags zu imbiß ein gemüeß von habermel oder gersten etc. und ein gebratens, zu nachts brüe und fleisch nach gelegenheit der zeit.
Mittwochs zu imbiß brüe und fleisch rinderens, zu nacht wider brüe und fleisch und die suppe gewürzt oder suppen und eiger.
Donderstags zu imbiß ein gemüeß und bratens, zu nacht brüe und fleisch.
Fritags zu imbiß ein gesigen erbs suppen und jedem ein stuck visch gesotten oder gebraten. zu nacht ein supp von haberkern, rolerbsen oder gersten und eiger und ein stuck kheß oder nuß.
Sambstags zu imbiß ein milchmuß und zwei eiger, oder so die eiger nit wol zu bekommen, gibt man inen hering, blattisselen oder stockvisch. Zu nacht suppen eier und ein stuck kheß oder sonst nuß, oder obs wie am fritag. ...
So aber etlich siechen solcher costen, wie vorgeschriben ist, nit mögen und desselbigen nit nemmen, denen gibt man rohe eiger darfür, dieselben mögen si lassen kochen wie sie wöllen, und sollen inen die megd auch solches uf das allerfürderlichst bereiten; auch die eiger (wie vorstot), so man inen in der wochen gibt, werden inen alle rohe und ungesotten gegeben, das sie ein jeder mög lassen machen nach seinem gefallen, ufs best er si brauchen kan oder mag." [51]

In Hamburg konnten Arme und Pfründner erwarten:

„Sonntagmittag: Mus von Milch und Weggen [52],

[47] Dazu Haug (1965), S. 72ff.
[48] Ebd., S. 76.
[49] Berroth (1957), S. 158.
[50] Kleiminger (1962), S. 41.
[51] Winckelmann (1922), T. 2, S. 24.
[52] Weizenbrötchen.

HIERONIMVS HOLTZSCHVER ANNO DOMINI 1526
ETATIS SVE 57

außerdem Grapenbraten (jeder Arme 3, jeder Prövener 5 Stücke) von Ochsen, Hammeln, Lämmern oder Schweinen als Frisch- oder Pökelfleisch.
Abends: Hafergrütze mit Milch, anschließend Kaldaunen [53] oder Wurst, Speck oder für jeden Armen 2 Eier.
Montagmittag: Hirse- und Hafergrütze mit Butter.
Abends: Ein Stück Süßmilch- oder grünen Käse und Hafergrütze.
Dienstagmittag und abends: wie am Sonntag.
Mittwochmittag: Hafergrütze, anschließend Stockfisch oder gesalzenen Fisch mit Butter; wenn man sie kaufen kann, gibt es grüne Fische [54].
Abends: Hafergrütze und Käse.
Donnerstag: wie Sonntag und Dienstag.
Freitagmittag: Hafergrütze, anschließend Stockfisch oder Salzfische mit Butter oder auch grüne Fische, wenn man sie billig kaufen kann.
Abends: Am Freitagabend wird nicht gegessen, jeder Arme bekommt jedoch einen gesalzenen Hering oder statt dessen einen „Penning", wofür sich jeder eine „penning-wegge" kaufen kann.
Sonnabendmittag: Reis, dann Hafergrütze und Butter.
Abends: Käse und Hafergrütze." [55]

Hauptgetränk der meisten Hospitaliten war Dünnbier, das in größeren Anstalten mit eigener Brauerei täglich in überreichem Maße ausgeschenkt wurde. Im Heiligengeisthospital von Wismar erhielt jeder Bewohner in den Jahren 1589 bis 1596 täglich rund drei Liter [56]. Ein solch hoher Bierkonsum will richtig verstanden sein. Das gereichte Gebräu war oft mit allerhand Zutaten vermischt und von einem so geringen Alkoholgehalt, daß man sich daran nicht berauschen konnte; bisweilen war es ein zweiter Aufguß. Andererseits kamen nur selten frisches Fleisch und frischer Fisch auf den Tisch, zumeist war beides sehr gesalzen, machte durstig, so daß Getränke in relativ großen Mengen gereicht werden mußten. In Süddeutschland ersetzte der Wein bisweilen das Bier, vor allem wenn das Spital eigene Weinberge besaß. In der „Ordnung des großen Spitals zu Straßburg, wie die armen Siechen gehalten werden", aus dem Jahre 1540 heißt es: „Man gibt inen auch zum tag drimalen wein: am morgen zu der morgen suppen jedem ein halbe schenk, zu mittag imbiß ein ganze schenk, zu nacht imbiß aber ein ganze schenk ... ist aber ein siech, der begert salbei win, wermut wein und der gleichen, so der spittal solches hat, würt niemand abgeschlagen." [57]

Die mittleren und reicheren Pfründner erhielten stets eine bessere und reichlichere Kost, die in den Verträgen zwischen städtischem Rat und Antragstellern genau umschrieben wurde. Auch reichte man ihnen oft ein besseres Bier oder besseren Wein, größere Mengen und außerdem — so etwa in Esslingen — eine Zusatzverpflegung, um die Zeit zwischen den beiden Hauptmahlzeiten zu überbrücken. Über die Güte des Essens läßt sich nichts Genaues sagen, da die Speisepläne in Qualität und Quantität einen breiten Spielraum offenließen, doch dürfte sie angesichts des großen Werts, den man im 16. Jahrhundert auf Essen und Trinken legte, für die damaligen Verhältnisse nicht schlecht gewesen sein. In vielen Spitälern wirkten ausgezeichnete Köche, von denen sich die Honoratioren der Städte die von den Zeitgenossen immer wieder kritisierten opulenten Gastmähler bereiten ließen. Herzog Ludwig von Württemberg, als Feinschmecker im ganzen Land bekannt, „entlehnte" sich im Jahre 1575 für seine Hochzeit den Esslinger Spitaloberkoch, der als „sehr ausgezeichnet" in seinem Fach gerühmt wurde [58].

Mildtätige Stiftungen haben die Eintönigkeit in der Speisefolge an den Festtagen aufgelockert und die Qualität des Essens zwischen reichen und armen Pfründnern etwas ausgeglichen. Überall zu finden waren die Fischspenden für die Fastenzeit. Hier hatte ein Wohltäter in seinem Testament niedergelegt, den Armenhausinsassen an 19 Festtagen und allen Apostelfesten gebratenes Fleisch in ausreichender Menge zu reichen; dort hatte ein anderer Wein und Weißbrot für die hohen kirchlichen Festtage gestiftet. Das „Seelbuch" eines jeden Spitals gab über diese Zuwendungen Auskunft. In der Ordnung des großen Straßburger Spitals fand sich der Vermerk: „Uf den badtag gibt man am morgen ein saur milchsuppen, zu imbiß ein wißmilchmuß und gepratens den siechen, zum nacht imbiß wie sonst am zinstag zu nacht", das heißt Brühe und Fleisch. Dazu hatte ein Stifter dem Spital „zwolff ganzer imbiß mit weißbrot weißmilch mueß, gepraten hüneren" vermacht, das außerdem 21 Geldspenden zur Verbesserung des Speiseplans und 31 Geldspenden zur Reichung von Taschengeld an die armen Insassen unter seinem Stiftungsvermögen aufwies [59]. Das Heilig-Geist-Spital zu Lindau am Bodensee veröffentlichte um das Jahr 1600 ein Verzeichnis mit allen Verpflegungszulagen für seine Pfründner und Armen, das 35 verschiedene Zuwendungen enthielt. Dort gab man am Fastnachtdienstag zusätzlich „den armen in der siehstuben, crufft und seelhaus iedem ain halb mas wein und ain weissbrot, 3 örlin, ain pflanzzelten, ain sulz, ross und leberwürst, wie auch ain bratwurst" [60].

Diese Berichte von der Versorgung der Spitalinsassen stammen aus dem gesamten 16. Jahrhundert. Sie sagen

[53] Eingeweideteile.
[54] Frische Fische.
[55] Boedecker (1974), S. 75f.
[56] Kleiminger (1962), S. 33.
[57] Zit. nach Winckelmann (1922), T. 2, S. 24.
[58] Haug (1965), S. 80.
[59] Winckelmann (1922), T. 2, S. 25.
[60] Zeller (1952), S. 271.

kaum etwas über die Auswirkungen der bekannten Preissteigerungen der Hauptnahrungsmittel auf Quantität und Qualität der Spitalverpflegung aus. Geht man dieser Frage näher nach, dann erkennt man sehr schnell, daß sich diese Teuerung keineswegs negativ auf die Ernährungssituation in diesen Anstalten niedergeschlagen hat. Dazu ein typisches Beispiel: Im Heiligengeistspital zu Wismar stieg der Fleischverbrauch pro Kopf und Tag ohne Berücksichtigung der fleischlosen Tage im Jahresdurchschnitt von 205 gr (1535/36) über 258 gr (1564/65), 295 gr (1584/85) auf 381 gr in den Jahren 1599 und 1600. Gleichzeitig nahmen der Fischverzehr und der Salzkonsum pro Kopf um etwa die Hälfte zu [61]. In Esslingen, wo es in der zweiten Hälfte des 15. Jahrhunderts noch ausdrücklich verboten gewesen war, „weder brout noch win yemant anders (zu) verkouffen ... bey straffung ains tag on win unnd brott“ [62], wurde in der Spitalordnung von 1535 bestimmt, daß die Armen alles an Brot und Wein, was sie nicht zu essen und zu trinken vermochten, verkaufen und das Geld für eigene Bedürfnisse verwenden sollten [63]. Die zahlreichen frommen Stiftungen hatten viele Spitäler zu autarken Anstalten mit wachsender Eigenwirtschaft gemacht, denen der allgemeine Preisanstieg nichts anhaben konnte, die davon sogar noch kräftig profitierten. Verschiedentlich griff eine verschwenderische Haushaltsführung um sich, und städtische Honoratioren und Spitalinsassen „verfrühstückten“ geradezu den Reichtum einer manchen Anstalt. Die sich seit der Jahrhundertmitte häufenden Strafandrohungen und Unmutsäußerungen gegenüber dem „Voll- und Zutrinken von den Spitalern“ [64] und den nicht seltenen Zechgelagen sind Ausdruck einer gewissen Üppigkeit, die in scharfem Kontrast steht zu der oftmaligen Kargheit der Lebensführung eines Großteils der städtischen Bürger. Sie deuten darauf hin, daß die Pfründner meist bestens im Futter saßen. Bisweilen hat die Obrigkeit solche Auswüchse gerügt und auch abgestellt, sie reduzierte die Kost, ohne daß neben den immer üblichen Klagen über die Qualität des Essens Beschwerden wegen Mangel an Verpflegung laut wurden.

Vorwürfe wurden zumeist wegen der ungleichen Verköstigung von reichen Pfründnern und Almosenempfängern erhoben, denn — so der Straßburger Almosenschaffner Hackfurt im Jahre 1544 — „ungliche schüsseln machen schele brüder“ [65]. Und wenn Hackfurt zudem berichtet, daß im Spital „der ein schofkopf, der ein krutkopf, der ein rindsfuß, der ander kottfleisch haben (will), als hetten sie in drien tagen nit geessen“ [66], dann sagt diese Randbemerkung mehr über das sattsame Leben in vielen Spitälern aus, als die kargen Speisepläne, die mehr als Richtschnur dienten, von denen sich aber die Köche je nach Jahreszeit und Ernteertrag nach beiden Seiten mehr oder minder weit entfernen konnten.

Mit wachsendem Reichtum haben in einer Zeit zunehmender Teuerung viele Hospitäler merklich an Attraktivität gewonnen. Parallel zu den Lebensmittelpreisen schnellte besonders in den größeren Städten die Zahl der Aufnahmeanträge in die Höhe [67]. Oder umgekehrt: Als unmittelbar nach der Reformation in Wismar die freie Verpflegung der reichen Pfründner aufgehoben wurde, ging ihre Zahl schlagartig von zwanzig auf vier zurück, obwohl die Einkaufspreise entsprechend zurückgenommen worden waren [68]. Auch die zahlreichen Berichte von Verschwendung, die zu einem Gemeinplatz in der zeitgenössischen Literatur wurden, sind Ausdruck der vermehrten Anziehungskraft dieser Institution. Die Liste mit den vielen unentgeltlichen Sonderleistungen zugunsten der Stadtobrigkeit nahm an Länge immer mehr zu; es häuften sich die Gastmähler, die die Spitzen der Stadt mit ihren Gästen im Spital abhielten, sowie die Naturalgeschenke an allen möglichen Feiertagen. Die Spitalpfleger, Bediensteten und Pfründner folgten nur allzugerne diesem Beispiel, den monotonen Alltag bacchantisch aufzulockern. Spitäler, die bis Mitte des 16. Jahrhunderts noch keinen Unterschied in der Verpflegung von armen und reichen Insassen gemacht hatten, begannen spätestens jetzt auf Druck der Bürger zu differenzieren [69].

Offenbar hatten die Spitäler manches von dem zu bieten, was genau den Lebensidealen vieler Zeitgenossen entsprach. Schon im Jahre 1508 hatte Macchiavelli darauf hingewiesen, daß der wachsende Reichtum der Deutschen durch eine einfache Lebensweise, die nur Wert auf reichlich Essen und Trinken legt, begünstigt würde: „Sie bauen nicht, sie machen für Kleider nicht Aufwand, sie verwenden auf Hausgeräte nichts; ihnen genügt, Überfluß an Brot und Fleisch und eine geheizte Stube zu haben.“ [70] In diesem Land, in dem die Menschen zur Bestellung des Bodens knapp waren, dehnten sich riesige Viehweiden aus. Fleisch war billig und reichlich vorhanden. Dies blieb nicht ohne Auswirkungen auf die Eßgewohnheiten. Von dem extrem hohen Fleischverbrauch zeugen auch die vielen

---

61 KLEIMINGER (1962), S. 35ff.
62 Älteste Esslinger Spitalordnung für Armenpfründner aus der 2. Hälfte des 15. Jahrhunderts, abgedruckt bei HAUG (1965), S. 153.
63 Ebd. S. 80.
64 Vgl. WELLSCHMIED (1963), S. 90.
65 WINCKELMANN (1922), T. 2, S. 42.
66 Ebd.
67 Vgl. die Zahlen über Frankfurt a.M. bei JÜTTE (1984), S. 175.
68 KLEIMINGER (1962), S. 25.
69 Vgl. zum Heilig-Geist-Hospital zu Schorndorf bei KLUGE (1936), S. 50f.
70 Zit. nach DILTHEY (1940), S. 39.

Metzger und Metzgerbuden in den Städten. Für die Stadt Berlin des Jahres 1397 hat man einen Fleischkonsum von drei Pfund pro Tag und pro Kopf errechnet. Nach einer Berliner Verordnung von 1515 sollten einem Bäckergesellen, der zur Mühle unterwegs war, neben reichlich Brot und Bier täglich vier Pfund Fleisch mitgegeben werden[71]. Im Jahre 1520 forderte Luther daher lautstark Gesetze gegen das alte deutsche Laster des unmäßigen Fressens und Saufens[72]. Besonders die Ausländer bemerkten die unverhohlene Freude der Deutschen an Essen und Trinken. Die Italiener spotteten: "Die Teutschen pflegen zwar viel Arbeit zu vertragen, doch können sie vom Durst sich nicht lang lassen plagen."[73] Obwohl die Städte von Armen überlaufen waren, feierte man dort öffentliche Feste mit zentnerschweren Fressereien und wildesten Saufereien. Man denke an die Stuttgarter Schützenfeste mit ihren Haupt- und Nachschießen, den Brettspielen und Kegelbahnen, den Flötenbläsern und adligen Herren, den drallen Weibern und rotnasigen Trinkern. Selbst die protestantischen Landesherren, obwohl sie in ihren Territorien als „Betfürsten" den neuen Glauben mit aller Energie und innigster Überzeugung durchsetzten, waren in einer Zeit, in der der Weinbau seine größte jemals erreichte Ausdehnung nördlich der Alpen erfuhr, oftmals auch als „Sauffürsten" verschrieen oder — ganz nach Einstellung — berühmt.

Ein Monumentalgemälde wie das „Schlaraffenland" des flämischen Meisters Pieter Breughel aus dem Jahre 1567 wird nur im Zusammenhang mit einer Lebenshaltung verständlich, die von spartanischen Idealen weit abgerückt war. Es appelliert an einen Großteil der Menschen dieser Zeit, die zu Sklaven der Gefräßigkeit geworden waren und in animalischer Zufriedenheit ihren Beruf nicht mehr ernst nahmen: da liegen Bauer, Gelehrter und Kriegsknecht mit prallen Bäuchen und wunschlos übersättigt in einem Traumland, in dem die Tische von schmackhaften Speisen überquellen und die Hausdächer mit Pasteten gedeckt sind. Der Maler möchte einen Bann über die Unmäßigen und Trägen aussprechen. Er möchte auf die Utopie eines allgemeinen Wohllebens ansprechen, das zu dieser Zeit der politischen und religiösen Umwälzungen von vielen erhofft wurde.

Der wachsende Besitz vieler Spitäler und die zunehmenden Klagen über das üppige Leben der Pfründner gingen einher mit dem wirtschaftlichen Aufstieg vieler Städte während des 16. Jahrhunderts, allen voran Frankfurt a.M., Hamburg, Leipzig, Danzig und Breslau, in denen sich zahlreiche mittlere und kleinere Vermögen bildeten und sich die Lebenshaltung der unselbständigen Bevölkerungsschichten merklich besserte. Der Anstieg der Getreidepreise in der zweiten Hälfte des 16. Jahrhunderts führte in den meisten Regionen keinesfalls zu einer vermehrten Armut. Die in der Literatur überall auftauchenden Berichte über die schwelgerische Lebensweise des Gesindes sind nicht das Produkt weltferner Schreiber. Auch die Reichsgesetzgebung wendet sich seit 1530 das ganze Jahrhundert hindurch gegen den luxuriösen Aufwand an Kleidung und Schmuck bei den unteren Volksschichten. In Hausbüchern und Predigten wird die segensreiche Wirkung der Sparsamkeit gelobt: „Wenn du in der Jugend nicht samlest/ was wiltu im Alter finden?" Und es wird einer lebenstollen Jugend die Fabel von der Heuschrecke und der Ameise erklärt: "Denn wer im Sommer den Thaw lippert/ vnd lest sich das Freybergische Bier in der Nasen leckern/ der muß im Alter vnd im Winter hunger vnd kummer leiden/ oder hinter den Ofen kriechen/ Wer aber arbeitet/ wie die Biene und Ameiß/ tregt ein/ wie eine Haselmaus ..."[74] Mit Flugblättern versucht man, das einfache Volk vom übermäßigen Essen und Trinken abzubringen. Karikaturisten greifen die Völlerei mit spitzer Feder an. Alles dies muß als Zeichen eines wachsenden Wohlstandes oder wenigstens eines besseren Lebens breiterer Bevölkerungsgruppen gewertet werden. Zugleich häufen sich die Nachrichten von einer umfangreichen Bautätigkeit des Adels und des Bürgertums. Die sogenannte „Weser-Renaissance" mit ihren kunstreichen und großen Landschlössern und Patrizierhäusern ist nur ein Beispiel von vielen[75]. Die Spitalinsassen blieben von dieser allgemeinen Hebung des Lebensstandards nicht ausgeschlossen.

Bereits seit dem ausgehenden Mittelalter war das Spital auch zu einem Prestigeobjekt vieler Städte geworden. Die Verbindung zwischen christlicher Nächstenliebe, Sorge um das eigene Seelenheil und städtischer Reputationssucht erklärt Reichtum, Größe und Anziehungskraft der bedeutenderen Häuser. Ganz in diesem Sinn legt im Jahre 1576 der Würzburger Bischof Julius Echter den Grundstein zu dem monumentalen und prächtigen Juliusspital als Akt einer demonstrativen Staatskaritas, um mitten in den Wirren der Glaubensspaltung gegenüber Luther und Calvin die Kraft der katholischen Kirche unter Beweis zu stellen. Er benutzt die kostspielige Neugründung als kirchenpolitisches Kampfinstrument, um die breite Masse der Bevölkerung tief zu beeindrucken und Gelegenheit zu haben, die seelische Labilität der Kranken und Alten zu missionarischer und antireformatorischer Tätigkeit aus-

[71] ABEL: 1350-1500 (1971), S. 318.
[72] Vgl. DILTHEY (1940), S. 62.
[73] Zit. nach FLEMMING (1937), S. 198.
[74] JOHANNES MATHESIUS: Syrach Mathesij Das ist/ Christliche Lehrhaffte/ Trostreiche vnd lustige Erklerung vnd Außlegung des schönen Haußbuchs ... (1589), zit. nach MÜNCH (1984), S. 109.
[75] LÜTGE (1963), S. 392f.

zunutzen. Daneben erwartet der Stifter von diesen Armen und Kranken reichlich Fürbitten für sein eigenes Seelenheil und seine Erlösung: „In praece pauperum spem habui — Auf das Gebet der Armen habe ich meine Hoffnung gesetzt“, läßt er in der Gründungsurkunde des Spitals vermerken[76].

Pflege und ärztliche Betreuung machten für Arme und reiche Pfründner die eigentliche Attraktivität des Spitals aus, das Sicherheit vor den oft riesigen Preisschwankungen der Grundnahrungsmittel bot, Sicherheit vor dem Alleinsein im Alter und Sicherheit bei Krankheit. Daß das Spital dennoch nicht als ein Stück Paradies angesehen wird, in das alle Bürger hineindrängen, ergibt sich aus dem Zusammenleben von Männern und Frauen, Gesunden und Kranken, Krüppeln und Schwachsinnigen auf engstem Raum, aus den tagtäglichen Reibereien, die zwangsweise entstehen, und aus den strengen Vorschriften, die zu ihrer Eindämmung und Vermeidung erlassen werden müssen. Der Herzog von Lauenburg begründet den Erlaß einer Spitalordnung im Jahre 1585 mit dem Hinweis, „dass solche Häuser wol öffentliche Hader und Neidkammern seyn, darin mehr fluchens und scheltens denn betens geschicht“[77]. In Straßburg ermahnt die Hausordnung alle Insassen, „sich ganz und gar still“ zu verhalten, „nit hin und her im spittal (zu) louffen, auch khein geschwetz noch judenschul anrichten“[78]. Die Armen werten die starke Beschränkung ihrer Bewegungsfreiheit als einen ganz wesentlichen Nachteil. Keiner von ihnen darf das Spital ohne Genehmigung verlassen bzw. muß schnellstmöglich wieder dahin zurückkehren und „nit uf der gassen gutzen und betlen geen“, wie es in der Straßburger Ordnung heißt[79]. Keiner darf die Nacht außerhalb verbringen[80]. Die Arbeitspflicht für die armen und mittleren Pfründner läuft zudem der Lebensphilosophie eines manchen zuwider. In der Regel werden die Frauen mit Spinnen beschäftigt, die Männer mit Holzhacken, Holzaufschichten, der Reinigung von Fässern, Nachtwachen und ähnlichen Dingen[81].

Man legt im Interesse der Stifter ganz besonderen Wert auf den regelmäßigen Besuch des Gottesdienstes und der Seelenmessen. Bis zur Reformation besteht für jeden die Pflicht, auch für die Herrenpfründner, daran teilzunehmen. Mit Einführung der Reformation verliert das Spital gleichwohl nur selten seinen für viele so abstoßenden Charakter einer kleinen geschlossenen Anstaltsgemeinde, oft werden kirchliche Zucht und Ordnung zunächst noch schärfer gehandhabt, die Pfründner in den Siechenstuben zusammengerufen und eindringlich ermahnt, fleißig Gottes Wort zu hören und alle Andachten und Predigten pünktlich zu besuchen. Wer während des Gottesdienstes vor dem Spital sitzt und mit „geschwaaz“ andere von der Predigt abhält, kann mit dem Verlust seiner Pfründe bestraft werden[82]. Im Straßburger Spital predigt der Pfarrer alle Tage außer dienstags „und so man das nachtmale halten will, so predigt man am sambßtag zweimal“[83]. In den reformierten Spitälern entfallen dafür die Seelen- und Jahresmessen sowie die Salve-Regina-Gesänge, die oft in Abgaben an den Armenkasten umgewandelt werden, sofern die Stifter weiterhin zahlen.

Das Spital versteht sich auch als Erziehungsanstalt, die den Einzelnen zu einem frommen, christlichen Leben hinführt. Man geht mit harten Strafen gegen übermäßiges Spielen, Lästern, Fluchen, Unzucht und „Hurerey“ vor. Die Strafen reichen bis zum Verlust der Pfründnerstelle, vor allem — wie es in einer Ordnung heißt — wenn man „im Spittal Hurerey treibt oder im Ehebruch begriffen oder ein Jungkhfraw, besonder ein armen verpfröndten Waisen geschwecht“[84]. Zumeist — und dies wirft ein Licht auf die eigentliche Schwachstelle der Spitalinsassen — drohen die Spitalleiter damit, den Brotkorb höher zu hängen. Im württembergischen Schorndorf bestimmt die Spitalordnung von 1580, daß jeder, der schwört oder flucht, „veber ein Imbis sein gebürender Wein oder Flaisch abgesprochen werden“ soll[85]. In der Hausordnung von St. Hiob in Hamburg aus dem Jahre 1632 heißt es: „Ein jeder Einwohner dieses Hauses / der um Gottes willen die Kost und Herberge darinnen hat / und noch einiger massen arbeiten kan / sol / wann bey dem Hause etwas zu arbeiten / die Hand mit anlegen / und nach seinem Vermoegen helffen / und des Armen-Hauses Beste suchen; oder man sol ihn mit dem Brot-Korbe vorbey gehen / weil derjenige / so nicht arbeitet / nicht essen sol.“[86] Andere Spitäler, die die frommen Stiftungen in Geld ausbezahlen, von dem sich der einzelne Arme zusätzliche Nahrung kaufen kann, drohen mit Geldstrafen. In Oberesslingen müssen Volltrunkene einen Schilling bezahlen und Bettnässer — „da Eines daß waßer in daß beth gehn laßen“ — acht Pfennige[87].

Sicherlich erfreuten sich die Herrenpfründner größerer Freiheiten. Sie lebten in abgetrennten Wohnräumen, zum Teil in einem gesonderten Wohnteil oder in einem eigenen Haus, wie es viele Spitäler für reiche Bürger außerhalb der eigentlichen Anstalt anboten. Sie

---

[76] JETTER (1966), S. 63f.
[77] Zit. nach WELLSCHMIED (1963), S. 89.
[78] WINCKELMANN (1922), T. 2, S. 22.
[79] Ebd., S. 23.
[80] Ordnung des Heilig-Geist-Spitals zu Hamburg aus dem Jahre 1636, BOEDECKER (1974), S. 94.
[81] Vgl. HAUG (1965), S. 77.
[82] Vgl. ZELLER (1952), S. 138.
[83] WINCKELMANN (1922), T. 2, S. 25.
[84] KLUGE (1936), S. 49.
[85] Ebd. S. 49.
[86] Faksimile bei BOEDECKER (1974), Anhang.
[87] Ordnung vom 13. Juli 1657, abgedruckt bei MOGK (1922), S. 16f.

brauchten kaum Rücksicht auf die anderen Spitalinsassen zu nehmen und blieben vom Lärm und Streit des übrigen Hauses verschont. Knechte und Mägde richteten ihre Wohnräume her und versorgten sie mit Essen. Gegen bares Geld ließen sich zwar ein gewisser Grad an Ungebundenheit und größere Freiheiten erkaufen, aber dieses Geld konnte nicht den klösterlichen oder bruderschaftlichen „Geruch" vertreiben, der das Spital auch noch nach seiner Verbürgerlichung durchwehte, auch wenn andererseits das Spital in diesem stark religiös geprägten Zeitalter auf viele gerade deshalb eine besondere Anziehungskraft ausgeübt haben mag. Gleichwohl brachte der Eintritt in eine solche Anstalt auch für den wohlhabenden Pfründner eine spürbare Beeinträchtigung seiner persönlichen Lebensführung durch Unterordnung unter eine straff gehandhabte Anstaltsordnung.

Der Großteil der Bevölkerung vermied es, trotz der unter materiellen Gesichtspunkten nicht gerade uninteressanten und sicheren Möglichkeiten, sich in die Obhut dieser Versorgungs- und Zuchtanstalt zu begeben. Zu einer Zeit, in der auch im familiären Bereich die alten Menschen auf Distanz gingen und die Mehrheit der Städter, wann immer möglich, nicht mit den eigenen erwachsenen Kindern in einem Haushalt oder unter einem Dach zu leben wünschte, wird diese allgemeine Zurückhaltung gegenüber dem Spital und dessen rigiden sozialen Kontrolle verständlich. Die meisten Häuser beherbergten nur relativ wenige Menschen und selbst in einem verhältnismäßig großen und reichen Spital wie dem der freien Reichsstadt Esslingen lebten im Jahre 1538 neben 39 Armen nur 10 „Erkaufte". 1612 waren es 56 Armen- und 30 Herrenpfründner [88]. Obwohl sich ein Teil der alten Spitäler zu reinen Pfründneranstalten wandelte, blieben die meisten gemischte Häuser, in denen die Armen in der Überzahl waren. Dem Spital hat vielfach der Makel angehaftet, ein Armenhaus zu sein, was seine Anziehungskraft für vermögende Bevölkerungsschichten minderte. Gegenüber den Forderungen von Kaiser oder Landesherrn, die auf ihr Recht der Ersten Bitte [89] pochend, den Spitälern immer wieder ihre Bediensteten präsentierten und für diese eine Pfründe zur Altersversorgung verlangten, hat manche Anstalt dieses Kainsmal künstlich aufgebauscht und als Abwehrmittel benutzt. Nach der Reformation schrieb der Rat der Stadt Lindau in diesem Sinn an den Kaiser, ihr Spital sei ein Sammelplatz der leidenden Menschheit, „wo alle alten, armen, unvermögenden, krüppelhaften und der menschlichen Gesellschaft um ihrer körperlichen oder geistigen Unvollkommenheit willen unnütze Personen ... mit geringster Hausmannskost und ebenso geringer Bedeckung des Körpers unterhalten und verpfleget werden" [90], und dieses Horrorgemälde hat offenbar seinen Zweck erfüllt.

Gesuchter als die Herren- waren die sogenannten Ladenpfründen, deren Besitzer nicht im Spitalgebäude wohnten und dort auch nicht im Krankheitsfalle gepflegt wurden, die aber gegen einen einmaligen Kaufpreis lebenslänglich eine bestimmte Menge Wein und Brot erhielten, die am sogenannten Küchenladen abzuholen war. Bezeichnend für die vielfach geübte Zurückhaltung gegenüber dem Anstaltsleben ist auch, daß selbst kostenlos angebotene Herrenpfründen nicht angenommen worden sind. Nachdem die von den Zünften beherrschte Esslinger Stadtregierung im Jahre 1533 beschlossen hatte, allen städtischen Zunftmeistern ohne Entgelt eine Herrenpfründe zu vermachen, wenn eine solche nach dem Ausscheiden aus den Ämtern benötigt wurde, zogen von sechs Zunftmeistern, die während des 16. Jahrhunderts dafür in Frage kamen, nur zwei in das Spital bzw. in ein städtisches Haus ein. Die übrigen zogen es vor, sich lediglich Speisen und Getränke am „Küchenladen" abzuholen und auf eigene Kosten in einem Privathaus zu wohnen [91].

Daß die Spitäler trotz ihrer zum Teil sehr attraktiven Angebote nicht ständig von Kaufwilligen überlaufen wurden, lag zudem auch an den negativen Auswirkungen der Pfründnerverträge auf eine familiäre Vermögensbildung. Obwohl zu Beginn der Neuzeit der alte Grundsatz, wonach der ins Spital eintretende Pfründner wie bei Eintritt in ein Kloster sein gesamtes Vermögen der Anstalt zu übertragen hatte, schon lange der Vergangenheit angehörte, hatten Reste dieses ehemaligen Anspruchs doch noch immer Bestand. Zwar hatte der Pfründnervertrag den Charakter eines reinen Kaufvertrages erhalten, doch besaß das Spital nach althergebrachter Gewohnheit zumeist ein Anfallsrecht auf das in die Anstalt mitgebrachte bewegliche Gut; in Städten, in denen die Verbürgerlichung des Armenwesens noch nicht abgeschlossen war, griff das Anfallsrecht sogar noch weiter. Im Hospital Allerheiligen in Köln, das nur ältere Leute aufnahm, mußte jeder Pfründner sein gesamtes restliches Vermögen in das Spital einbringen [92]. In anderen Spitälern, die eine stärkere Nachfrage nach Pfründen zu verzeichnen hatten, diktierte man den Antragstellern die Bedingungen. Als im Jahre 1587 im württembergischen Nürtingen eine Witwe ein Aufnahmegesuch einreichte, faßte ein Schreiber den Beschluß des zuständigen Gerichts kurz und bündig zusammen: „Georg Schneiders Wittib bittet zu anderen Weibern im Spital eingenommen zu werden. Sie soll das Häuslein verkaufen, Ir Mägdlein

[88] HAUG (1965), S. 70.
[89] Ius primariarum precum.
[90] Zit. nach ZELLER (1952), S. 126.
[91] HAUG (1965), S. 69.
[92] JÜTTE (1984), S. 261.

verdingen, dann soll Ir willfaret werden."[93] Mit Einführung des neuen Erbrechts, das allein die leiblichen Erben begünstigte und die Zugriffsmöglichkeiten Außenstehender stark einschränkte, begannen sich die Spitäler in den Pfründnerverträgen durch einen entsprechenden Passus rechtlich abzusichern. Zumeist erscheint nun die Formel: „Und soll spittal nach seinem thod sein rechter erb sein alles so er im spittal verlasst."[94] Bisweilen setzte aber auch ein Pfründner das Spital zum Dank für eine gute Versorgung oder zum eigenen Seelenheil als Universalerben ein. Andere beschränkten das Anfallsrecht auf bestimmte, genau bezeichnete Gegenstände. Die Einnahmen der Spitäler aus dem Nachlaß verstorbener Insassen waren oft nicht unbeträchtlich.

Mit ausschlaggebend für die Zurückhaltung der Bevölkerung gegenüber dem Spital als dem frühneuzeitlichen Altersheim waren letztlich die Pfründnerpreise, die im Vergleich zu den zeitgenössischen Vermögen eine recht hohe Schwelle bildeten, obwohl für eine entsprechende Sicherstellung des Lebensabends außerhalb dieser Anstalt ein deutlich höherer Kapitaleinsatz erforderlich war. Berechnungen haben ergeben, daß im frühen 16. Jahrhundert erst Ersparnisse oder Vermögenswerte von rund 200 Gulden einem alten Ehepaar ein Unterkommen als Mittelpfründner ermöglichten[95]. In der zweiten Jahrhunderthälfte lag diese Grenze um einiges höher. Eine solche Hürde vermochte der Großteil der städtischen Bevölkerung nicht zu überwinden. Wem diese Höhen keine Schwierigkeiten bereitet hätten, zog dennoch zumeist andere Formen der Altersversorgung vor, die mit größeren Freiheiten verbunden waren. Als ideal galt ein Alter außer Reichweite der Zuchtrute der Obrigkeit und in Unabhängigkeit von der Bevormundung der eigenen Kinder.

Das Spital hat in materieller Hinsicht aus dem Niedergang einer anderen Institution Nutzen gezogen, die entgegen ihrer eigentlichen Aufgabe stets auch zur Lebens- und Altersversorgung herangezogen worden war und unter anderem auf Grund dieser mißbräuchlichen Nutzung immer wieder das Ziel heftigster Angriffe und Reformbestrebungen gewesen ist: das Kloster. Bereits Augustinus hatte geklagt, daß viele Mönche allein der Wunsch, ihr Leben lang satt zu essen und ausreichend Kleidung zu haben, ins Kloster geführt habe. Im 15. Jahrhundert weiß der Zürcher Domherr Felix Hemmerlin zu berichten, viele Frauenklöster seien lediglich Xenodochien oder Hospitäler armer Adliger oder Bürgerlicher, deren finanzielle Mittel im Schwinden seien, die ihre zahlreichen Kinder nicht standesgemäß zu verheiraten wüßten und gezwungen seien, einige davon ins Kloster zu stecken. Und im Jahre 1518 bezeichnet der päpstliche Legat Cajetan in einem Brief an Papst Leo X. die Kölner Domkirche ganz selbstverständlich als unentbehrliche Versorgungsanstalt für nachgeborene, unversorgte Söhne des Hochadels[96]. Der Humanist Ulrich von Hutten, aus einem verarmten ritterlichen Geschlecht aus Steckelburg in der Rhön stammend, wird in jungen Jahren wegen seiner schwächlichen Konstitution zur Versorgung ins Kloster Fulda gesteckt, bricht aber mit 17 Jahren anno 1505 dort aus. Während die älteren Frauenklöster und Stifter vor allem vom Adel zu Versorgungszwecken benutzt worden waren, bieten die jüngeren Klöster der Bettelorden in erster Linie den gehobenen bürgerlichen Schichten und dem Patriziat Unterkunft[97].

Gerade der Adel macht vom Zölibat ausgiebig Gebrauch, um einem sozialen Statusverlust zu entrinnen. Man hat errechnet, daß der Anteil der Zölibatäre um so höher lag, je tiefer ein Adelsgeschlecht abgesunken war. Bis zum Jahre 1500 betrug das Verhältnis von Verheirateten zu Zölibatären bei den Männern des Hauses Hohenzollern 2,25 : 1, bei den Grafen zu Nassau 1,52 : 1, bei den kleinen Freiherren von Lippe dagegen 1 : 1,29 und im größeren Durchschnitt 1,56 : 1[98]. Auch die Kanonikate der alten Domstifter gelten als begehrte Pfründe, die reichhaltige Einkünfte garantieren und ein Dasein ohne viel Sorgen. Die Kirche, dieses „Spital des Adels" ermöglicht den Söhnen und Töchtern des ersten Standes ein beschauliches Drohnendasein, das besonders dort höchst aufreizend wirkt, wo die radikale Predigt der Bettelmönche und die Agitation der zahlreichen Winkelprediger Gehör finden. Im ausgehenden 15. Jahrhundert bezeichnet ein Adliger den Deutschen Orden als des „armen adelß dutscher nation spital und uffenthalt"[99], und der Verfasser der Zimmerschen Chronik beschreibt die Abtei Alpirsbach im Schwarzwald als ein Kloster, „darin die grafen, herrn und vom adel, so die uf ir alter kommen und unvermöglich worden, sich begeben ..."[100]. Als im Jahre 1536 Jos Münch von Rosenberg im Auftrag des Herzogs Ulrich von Württemberg die Schwarzwaldabtei St. Georgen zu reformieren, das heißt, ihre Güter einzuziehen und die Mönche abzufinden hat, äußert einer der Konventualen, er wolle sich gegen eine Abfindung von einhundert Gulden in einem anderen Kloster „versorgen"[101].

Das Bild der Klöster war sicherlich nicht überall unerfreulich, zumal sich verschiedene Landesherren im

[93] Zit. nach BERROTH (1957), S. 149.
[94] Zit. nach HAUG (1965), S. 67.
[95] DIRLMEIER (1978), S. 490.

[96] SCHREINER (1964), S. 137f.
[97] Vgl. BÜCHER (1882), S. 18f.
[98] SPRANDEL (1971), S. 371.
[99] HELLMANN (1961), S. 137.
[100] BARACK (1881), Bd. 1, S. 107.
[101] Zit. nach SCHREINER (1969), S. 252.

15. Jahrhundert mit einigem Erfolg um die Reform ihrer landsässigen Klöster bemüht hatten, aber viele boten doch weiterhin genügend Angriffspunkte, an denen sich die Kritik entzünden konnte, die dann im Bauernkrieg wegen des vermeintlichen wie tatsächlichen müßigen Wohllebens der Pfaffen in offene Feindschaft umschlug und sich als Widerstand gegen die Zinsherrschaft der geistlichen Grundherren äußerte. Auch das Stadtbürgertum fochte einen erbitterten Kampf gegen die Erwerbstätigkeit der Geistlichen aus, deren Befreiung von den öffentlichen Lasten sie als ungerechtfertigten Vorsprung im wirtschaftlichen Wettbewerb anprangerten. Der sprachgewaltige Ulrich von Hutten rief 1520 laut zum Kampf gegen Rom auf, gegen diese weite und bodenlose Scheuer der Christenheit, die die Beute aus allen Ländern speichere und fresse, er wetterte gegen das Heer von Pfaffen, die Deutschland mit ihren blutsaugerischen Künsten, ihrem nichtsnutzigen Müßiggang und ihrer Dummheit in den Ruin zögen. Nicht erst jetzt nahm man Anstoß daran, daß die Mönche entgegen ihren eigenen Regeln der Gütergemeinschaft über Privatbesitz verfügten, daß einige Leibrenten, Zinsen und Gülten einnahmen, Güter kauften und verkauften, während andere unter Mangel an Kleidung und Brot litten. Ab 1522 nahm die Zahl der Streitigkeiten zwischen Klöstern, Städten und bäuerlichen Hintersassen um Zinsen und sonstige Lasten, Dienste und Rechte sprunghaft zu und der vorhandene Unmut über die Zerrüttung des Klosterlebens kippte in Widerstand um. Die alte Ordnung zerfiel: Klostergemeinschaften lösten sich freiwillig auf, Geistliche verheirateten sich und die protestantischen Fürsten zogen das katholische Kirchengut ein. Im Jahre 1523 empfahl Martin Luther den Landesherren, sie sollten den Besitz der unnützen und irrigen „Möncherei" an sich nehmen, vor allem den der „Feldklöster" des platten Landes, dabei aber niemanden mit Gewalt vertreiben, vielmehr die Ausscheidenden abfinden, die übrigen versorgen und das restliche Vermögen in einem „Gemeinen Kasten" zur Unterstützung von bedürftigen Adligen und Bürgern zusammenfassen. Zwei Jahre später hatten Luthers Vorschläge bereits deutlich an Radikalität dazugewonnen. Jetzt forderte er, das Klostervermögen vorab für die Ausstattung von Pfarreien und Schulen zu verwenden und die Überschüsse für die Armen freizugeben [102]. Vor und nach der Jahrhundertmitte trat in den reformierten Gebieten der „Gemeine Kasten" das Erbe der mittelalterlichen Liebestätigkeit an, wenn er auch nicht überall alle Armenstiftungen und Spenden in sich vereinigen konnte und letztlich zu einer Spezialstiftung neben anderen geworden ist.

Die Frage der Versorgung der Geistlichen stellte sich in hohem Maße, als der Deutschordensstaat in ein weltliches Herzogtum Preußen verwandelt, die Hochstifte zum Gebiet von Territorialstaaten geschlagen, die sächsischen Klosterherrschaften in landesfürstliche Ämter umgewandelt, Klöster aufgelöst und deren Güter den Landalmosenämtern zugewiesen wurden. Die Lösungen fielen ganz unterschiedlich aus. Wer das Kloster freiwillig verließ und anerkannte, daß das Klosterleben wegen „vill mißbruchs" als „verdechtlich, verachtlich, nychtlich" und dem Evangelium zuwider abzulehnen sei [103], erhielt in Sachsen und anderwärts eine angemessene Abfindung; in Hessen bekam er als Adliger seine Mitgift zurückerstattet. Hier und in anderen Ländern glaubten viele Mönche mit Hinweis auf diese ihre Mitgift, rechtlich und moralisch legitimiert zu sein, mit Nachdruck eine entsprechende Abfindungssumme fordern zu können. Zwar waren solche Ansprüche ordensrechtlich nicht zulässig, doch kraft ihrer Stiftungen und eingebrachten Güter hielten sich die ausscheidenden Mönche dazu durchaus für berechtigt. Alten und Kranken gestattete man den weiteren Verbleib in den Klöstern, vor allem Mönchen, die hohe Abfindungsansprüche stellten. In der Zisterzienserabtei Haina, dem nach Fulda und Hersfeld größten und reichsten der hessischen Klöster, blieb neben einer Reihe von in der Wirtschaftsverwaltung erfahrenen Mönchen und Laienbrüdern z.B. auch der bejahrte und geistesschwache Bruder Lorenz Meysenbug, den seine Familie vordem für eine hohe Mitgift von 550 Gulden ins Kloster abgeschoben hatte [104]. Für manches adlige Haus bedeutete die Rückkehr mehrerer bis dahin gut versorgter Schwestern oder Tanten in den Kreis der Familie nicht selten eine schwere soziale Belastung, die auch durch die zugestandenen Abfindungen meist nur geringfügig gemildert wurde.

Die Höhe dieser Abfindungen schwankte sehr stark. Sie richtete sich nach der Herkunft der Konventualen, der ermittelten Mitgift, der Dauer des Klosteraufenthaltes und dem Vermögen des jeweiligen Klosters. In den hessischen Nonnenklöstern, wo die normale Abfindung für adlige Klosterjungfrauen auf 100 Gulden festgelegt war, gab man ihnen ablösliche Verschreibungen auf 5 Gulden oder 5 Malter Frucht [105], in dem reichen Männerkloster der Antoniter in Grünberg erhielt jeder Bruder 50 Gulden als einmalige Zahlung, dazu pro Jahr 20 Gulden und 6 Malter Korn [106]. In der freien Reichsstadt Esslingen wurden 1531 alle Mönche aus den vier Klöstern der Franziskaner, Karmeliter, Dominikaner und Augustiner zusammen bei den Franziskanern untergebracht und die Nonnen im städtischen Spital. Die

[102] E.G. Franz (1969), S. 154.

[103] Zit. nach ebd. S. 156.

[104] Ebd. S. 157.

[105] Etwa 25 bis 30 Zentner.

[106] E.G. Franz (1969), S. 160.

Ausgetretenen erhielten auch hier eine lebenslängliche Geldrente und die Verheirateten eine „ziemliche Aussteuer“ [107]. In Straßburg empfingen die ausgetretenen Mönche und Nonnen je nach ihrer Wahl eine einmalige Abfindung oder Pension. Nonnen, die sich weigerten auszutreten, stand man bisweilen ein lebenslängliches Wohnrecht im Kloster zu; natürlich mußten sie ihre Ordenstracht ablegen. So blieben in Hessen die 25 Georgenberger Nonnen allen Schikanen zum Trotz in ihrem Kloster, das erst nach dem Tod der letzten Schwester im Jahre 1582 endgültig eingezogen werden konnte [108]. In den welfischen Landen ließ man aus Versorgungsgründen rund 50 Klöster, überwiegend Frauenklöster, weiter bestehen; in Kursachsen die Stifte Meißen, Merseburg und Naumburg bis 1581, 1561, bzw. 1564. Dann behielt man hier im Ursprungsland der Reformation nur noch die Domkapitel als Versorgungsanstalten für den pfründenberechtigten Landesadel bei [109].

Sicherlich blieben dem Adel und dem Bürgertum in den nicht vom alten Glauben abgefallenen Landen auch weiterhin zahlreiche Klöster, die auch im 16. Jahrhundert und später als angenehme Versorgungsanstalten zu nutzen waren, in denen man abgesetzt von den anderen Ständen, besonders von den Ungebildeten und Einfachen, den „idiotae et simplices“, wie der Pariser Universitätskanzler Johannes Gerson die Unterschicht im 15. Jahrhundert in seinem Traktat „De Nobilitate“ betitelt hatte [110], in Ruhe und Sicherheit altern konnte. Abteien wie Kempten, Fulda oder Corvey bewahrten bis Ende des 18. Jahrhunderts ihre adlige Exklusivität, Abteien, in die nach einem Ausspruch von Erasmus von Rotterdam Christus ohne Dispens nicht aufgenommen worden wäre [111]. Aber ihre Zahl war schon vor der Reformation mit dem Niedergang des Mönchtums und als Folge der im 15. Jahrhundert durchgeführten Reformen zurückgegangen. Zuvor rein adlige Konvente wie Tegernsee, St. Gallen oder Reichenau hatten seit etwa 1430 bzw. 1516 auch Personen rein bürgerlicher Herkunft aufgenommen. Im württembergischen Hirsau verdrängten die Söhne des Bürgertums in der Spitze der sozialen Hierarchie die adligen Mönche. Hier und andernorts war es zur Jahrhundertwende wieder möglich geworden, auch ohne Zinsen und Renten im Kloster Aufnahme zu finden [112]. Dem Aufstieg des Bürgertums mußten auch die Klöster Tribut zollen. Im Jahr 1556 schrieb die Priorin des Dominikanerinnenklosters Sießen bei Biberach an den Bischof von Konstanz, es sei „jetzt leider nicht mehr die Zeit ... nur auserlesene Kinder ohne Makel und Mal“ aufzunehmen, sondern es müßten wegen der vielen Austritte auch Kinder höriger Leute aufgenommen werden [113].

Als Versorgungsanstalten blieben dem Adel zudem die Domkapitel, in die der Eintritt nur nach bestandener Ahnenprobe möglich war. Papst Innocenz VIII. (1484-1492) bezeichnete das Kölner Domkapitel, das vornehmste in ganz Deutschland, als „einzigartigen Sammelplatz“ des höchsten Adels. Das Trierer Domkapitel ließ sich 1514 von Papst Leo X. bestätigen, daß es niemanden aufnehmen dürfe, der nicht „von beiden Eltern her aus adligem oder wenigstens ritterlichem Geschlechte“ sei. Selbst in manchen Bruderschaften ging es nicht mehr ohne Ahnenprobe [114], und auch Martin Luther, obwohl er den sittlichen Verfall des Adels verurteilte, setzte sich für die Versorgung des nicht zur Heirat gekommenen Adels in besonderen Stiften ein. „... die weyl nit ein yeglich kind vom Adel Erbsbesitzer und regierer sein sol nach deutscher nation sitten, in den selben stifften mocht versorgt werden, und al da got frey dienen, studirn, und geleret leut werden und machen“, schrieb er im Jahre 1520 in seiner Reformschrift „An den christlichen Adel deutscher Nation“ [115].

Die durch die Reformation leergewordenen Klöster hat man häufig als Gelehrtenschulen, Spitäler und Altenpfründenheime verwendet. In Hessen gründete Landgraf Philipp im Jahre 1527 aus säkularisiertem Kirchenbesitz ohne kaiserliche Privilegien die Universität Marburg, in der er Beamte und Pfarrer heranbilden ließ. 1531 verfügte er, die Klöster Haina und Merxhausen als Spitäler für arme Leute einzurichten, die er aus den Erträgen eines Teils des einstigen Klostergutes versorgen ließ. Die Ursachen für die Gründung dieser ländlichen Armen- und Siechenhäuser sind ganz unterschiedlicher Natur. Zum einen suchte der Landesherr nach Versorgungsmöglichkeiten für arme, alte und geisteskranke Landbewohner, die in keiner Familie Unterschlupf fanden und gegen deren Aufnahme sich die städtischen Spitäler zur Wehr setzten. Ferner mußten alte und kranke Mönche untergebracht werden, und schließlich nutzte der Landgraf den sozialen Bonus, der ihm durch diese Gründungen zuteil wurde, um die außerhessischen Besitzungen des Klosters Haina einzutreiben. Im Prozeß vor dem Kammergericht setzte Philipp ganz geschickt die segensreiche Wirkung der neuen Spitäler mit ihrer rasch wachsenden Belegschaft dem müßigen Lotterleben der wenigen nach Mainz emigrierten Mönche entgegen, die gegen den hessischen Regenten wegen dessen gewaltsamer Einbeziehung der Hainauer Besitzungen im Isenburgischen, Hanauischen

107 Haug (1965), S. 34.
108 E.G. Franz (1969), S. 157f.
109 Zorn (1971), S. 466.
110 Vgl. Schreiner (1964), S. 94f.
111 Vgl. ebd. S. 102.
112 Ebd. S. 84f.
113 Zit. nach ebd. S. 112.
114 Ebd. S. 107f.
115 Weimar 1888, VI, S. 452.

und in der Stadt Gelnhausen geklagt hatten [116]. Aus der Säkularisierung der städtischen Klöster zogen die örtlichen Spitäler meist ganz erheblichen Nutzen, deren Vermögen sich zum Teil jetzt deutlich erhöhte.

Die Reformation zog auch unter eine andere spätmittelalterliche Institution einen endgültigen Schlußstrich, die über fast zwei Jahrhunderte hinweg ähnlich wie die Klöster zu einer Zufluchtsstätte und Versorgungsanstalt für Frauen geworden war: die Beginenhäuser, die mit ihren geringen Mitteln in kleineren Gemeinden oft spitalische Aufgaben erfüllt hatten. In den romanischen Ländern hatte das Beginenwesen bereits in voller Blüte gestanden, als es sich im zweiten Viertel des 14. Jahrhunderts auch in Deutschland auszubreiten begann. Während die Beginen dort meist ordensmäßig und in größerer Zahl zusammenlebten, fanden sich hier zumeist kleinere Häuser mit vier oder fünf Frauen. Da die Stiftungsvermögen dieser Häuser zur Versorgung der Insassinnen nicht ausreichten, waren die überwiegend ärmeren Frauen gezwungen, durch Nähen, Spinnen, Weben oder Stricken einen Großteil ihres Lebensunterhalts selbst zu verdienen. Um Streitigkeiten mit den Zünften zu vermeiden, verfügte die zweite württembergische Landesordnung von 1515: „... dass man in jedem Amt den Schwestern und Begynen in iren heusern ain genante zal der schwestern bestimmen mög, wie vil sie deren haben sollen unnd nit darüber, ... das man auch denselben schwestern ain zal webstül bestimme zu haben vnd nit darüber, nemlich je vff vier swestern ain webstul vnd nit mehr, damit die innwoner daneben nit überladen werden vnd sich auch irnthalb one verhindert erneren mögen.“ [117] Die Aufnahme einer neuen Schwester erfolgte meist durch Abstimmung aller vorhandenen Beginen. Der Austritt wegen Verehelichung oder aus anderen Gründen war jederzeit gestattet.

Im 15. Jahrhundert setzte parallel zum Verfall des Mönchtums der endgültige Abstieg des Beginenwesens ein. Zahlreiche Häuser waren durch eine Vielzahl kleiner Schenkungen reicher geworden und gestatteten den Schwestern ein müßiges Leben. Viele traten nur noch als Leichenbitterinnen oder Klageweiber auf, und ebenso wie die Mönche und Nonnen brachten auch sie die Öffentlichkeit gegen sich auf. In Straßburg waren die Beginen als faul, gefräßig und eitel verschrien und wegen ihres scheinheiligen Getues, mit dem sie materielle Vorteile zu erschleichen suchten, nannte man ein leckeres Mahl „Beginenbuße“ [118]. Sebastian Brant schildert die Straßburger Beginen als nichtsnutziges Schmarotzervolk, das zu nichts anderem mehr tauge, als bei Prozessionen und Leichenbegräbnissen gegen Bezahlung Gebete zu murmeln und Tränen zu vergießen. Er faßte seinen Unwillen in die abschätzigen Verse:

> Ach werent sy zu Portugall,
> Ach werents an derselben statt,
> Do der pfeffer gewachsen hat,
> Und nymmer möchten her gedenken,
> Ich wollt in gern das weggeld schenken [119].

In Frankfurt a.M. wurden die Beginen mit Dirnen auf eine Stufe gestellt.

Die Reformation hat mit den Überresten dieser Einrichtung ebenso wie mit den Klöstern rasch aufgeräumt und ihr Vermögen dem „Gemeinen Kasten“ zugeschlagen. Württemberg führte die Beginenhäuser mit der im Jahre 1536 durchgeführten Visitation den örtlichen Spitälern zu. Da auch die Beginen abzufinden und zu versorgen waren, lassen sich in den folgenden Jahren noch einzelne dieser Schwesternhäuser nachweisen. In Nürtingen am Neckar ging eines von zwei Beginenhäusern erst 1551 in den Besitz des städtischen Spitals über, das als Gegenleistung den beiden letzten Insassinnen eine Pfründe übergab, die sie bis 1557 bzw. 1580 „in irm hauß“ genießen konnten. Das zweite „Nunnenhauß“ ist 1568 auf Veranlassung des Herzogs der Stadt übergeben worden mit der Auflage, die Schwestern lebenslang darin wohnen zu lassen [120].

Diese Veränderungen im Spital- und Klosterwesen, vor allem die zunehmende Spezifizierung auf ganz bestimmte, fest umrissene Aufgaben, sowie die Verbürgerlichung des Armenwesens stellten in der institutionellen Altersversorgung den prägnantesten Unterschied zwischen Mittelalter und früher Neuzeit dar. Man rückte schrittweise ab von Einrichtungen, die von den unterschiedlichsten, miteinander kaum zu vereinbarenden Aufgaben überfrachtet waren und faßte ihren Aufgabenbereich enger. Dies war sicherlich ein Fortschritt, der unter anderem der Qualität der Altersversorgung zugute kam. Dennoch hatte auch diese Art, wie man im 16. Jahrhundert den Gefahren des Alters entgegentrat, noch immer weitaus mehr Ähnlichkeit mit den mittelalterlichen Formen als mit denen des ausgehenden 18. Jahrhunderts. Zwar versuchte man, Methoden zu entwickeln, wenigstens die wirtschaftlichen Folgen eines Unglücks, eines überlangen Lebens und einer nachlassenden körperlichen Leistungsfähigkeit auf die breiten und tragfähigen Schultern einer größeren Gemeinschaft zu verteilen, aber solche kraftvollen Gemeinschaften waren aus technischen Gründen, vor allem wegen eines Verkehrs- und Kommunikationsnetzes, das nur im allernächsten Umkreis des jeweiligen Kirchtums reibungslos funktionierte, noch nicht aufzubauen. Auch konnten die Leistungen in überwiegendem Maße nur in Naturalien erbracht werden und

116 Dazu E.G. Franz (1969), S. 166f.
117 Zit. nach Bücher (1882), S. 27f.
118 Uhlhorn (1895), S. 470.
119 Zit. nach Bücher (1882), S. 32.
120 Berroth (1957), S. 29f.

schränkten damit die Freiheiten des Empfängers stark ein.

Auch der bereits im Mittelalter bekannte Rentenkauf, bei dem zumeist reine Geldleistungen ausgehandelt wurden, hatte mit den später entwickelten Renten nur den Namen gemeinsam. Er beruhte noch nicht auf einer exakten mathematisch-statistischen Kalkulation von Leistung und Gegenleistung, ihm lagen noch keine Sterblichkeitsberechnungen zugrunde, er blieb für den Verkäufer ein Vabanquespiel, das hohe Gewinne wie hohe Verluste einbringen konnte, mehr Lotterie als kalkulierbares Geschäft. Dennoch bot der Rentenkauf etwas, was Familie, Zunft, Spital und Kloster nicht zu bieten hatten, nämlich ein hohes Maß an persönlicher Freiheit, seinen Lebensabend zu gestalten, wenn die Rente entsprechend hoch und die Zahlungen gesichert waren. Der Empfänger hatte nicht zu befürchten, daß bei einem überlangen Leben seine Ersparnisse aufgezehrt würden und er brauchte sich nicht lebenslang einer bestimmten Hausordnung zu fügen.

Bereits die Griechen hatten diese Art der persönlichen Vorsorge gekannt, doch war sie bis zu Beginn des Mittelalters wieder völlig in Vergessenheit geraten und erst im 8. Jahrhundert wieder aufgetaucht. Als sich im 13. Jahrhundert die Geldwirtschaft stärker durchsetzte, begann auch für das Leibrentenwesen eine neue Blütezeit. Um größere Investitionen tätigen zu können, nahmen Klöster und Städte Anleihen auf, die sie durch Gewährung von Leibrenten verzinsten und abtrugen. Als im Jahre 1348 Markgraf Wilhelm von Jülich Leibrenten anbot, bürgte er mit seiner Person, mit Städten und Dörfern. Solche Sicherheiten trugen ganz wesentlich zum Erfolg dieser Verträge bei. Beide Seiten lockte zudem das spekulative Moment. Der Leibrentner hoffte, lange zu leben und weitaus mehr einzunehmen, als er eingezahlt hatte; die Städte andererseits spekulierten auf die Kurzlebigkeit der Leibrentner, da mit deren Tod die gesamten Schuldverpflichtungen erloschen. Jedenfalls war diese Art der Altersversorgung unter wohlhabenden Bürgern als zusätzliche Absicherung — kaum jedoch als einzige Lebensgrundlage — recht beliebt. Bis ins 19. Jahrhundert hinein haben Klöster, Spitäler und Städte aufgrund der fehlenden Berechnungsgrundlage die jährlichen Renten zumeist zu hoch angesetzt, so daß sie unter dem Strich ein schlechtes Geschäft machten. Da sie dies jedoch kaum feststellen konnten und dringend Geld benötigten, koste es, was es wolle, blieb es über Jahrhunderte bei diesen für die Leibrentner günstigen Leistungen [121].

Der Rentenkauf ist ähnlich den frühen Seeversicherungen mehr in der Nähe einer Wette als in der einer Versicherung anzusiedeln. Die Zimmersche Chronik berichtet: Als der Graf Wilhelm von Fürstenberg im Jahre 1523 mit einer Beute von 15.000 Gulden aus dem Bauernkrieg heimkehrte, kaufte er sich davon bei der Stadt Straßburg eine Leibrente, die ihm jährlich 1.500 Gulden einbrachte. Im Stile eines Mannes, der bei einer aufregenden Wette einen saftigen Gewinn einstreichen konnte, erzählt der Chronist weiter, daß der Graf auf diese Weise das Doppelte seines Einsatzes wieder einnahm [122]. Andererseits wissen wir aus der Weinsberger Chronik aber auch, wie mühselig es für die Leibrentner oft war, die jährlich oder halbjährlich ausgezahlten Renten in Empfang zu nehmen, vor allem wenn sie in einer anderen Stadt wohnten [123].

Es ist bezeichnend für dieses Zeitalter, das alte Menschen kaum kannte und die wenigen Menschen, die der Tod nicht frühzeitig hinweggerafft hatte, wenig achtete, auf dem Gebiet der Altersvorsorge und -versorgung kaum innovative Leistungen hervorgebracht zu haben, obwohl es in anderen Bereichen der Personenversicherung einige erstaunliche gedankliche Pioniertaten vorzeigen konnte. Vielseitige Vordenker wie der Nürnberger Patrizier Berthold Holzschuher (1510-1582) oder der Straßburger Rechtslehrer Georg Obrecht (1547-1612) regten zwar die Gründung öffentlicher Aussteuerkassen an, um der Verarmung vorzubeugen und gleichzeitig Geld in die Kassen des Staates zu schaffen, auf die naheliegende Idee, auf gleicher technischer Grundlage Kassen zur Hinterbliebenen- oder Altersversorgung zu schaffen, sind sie dagegen nicht gekommen. Im 16. Jahrhundert ging von den jüngeren Menschen der größere Problemdruck aus, nicht von den alten. Holzschuher begründete seine Anregung mit den vielen leichtfertigen Heiraten im „gemainen volck“, die unweigerlich die Zahl der Armen erhöhten. Als Heilmittel gegen diese „in untugendt, unzucht und allerley leichtfertigkeit“ geratene Jugend schlug er vor, daß jede Geburt der Obrigkeit zu melden und bei der Eintragung wenigstens ein Taler zu zahlen wäre. Gegen die ausgestellte Quittung sollte bei der Heirat dieses Kindes der dreifache Betrag als Aussteuer zurückerstattet werden. Holzschuher wagte sich in seiner bald wieder vergessenen Denkschrift auf das bis dahin kaum noch begangene Gebiet der Zinseszinsrechnung vor und belegte in Zahl und Komma, daß bei Ausleihung der eingezahlten Gelder zu fünf Prozent bei dem damals üblichen Heiratsalter noch immer ein Gewinn für den Staatssäckel heraussprang [124]. Erst als von der Altersfrage ein stärkerer Problemdruck ausging, begab man sich daran, zu ihrer Lösung neue Instrumentarien zu entwickeln. Dies fällt bereits in die Zeit nach dem Dreißigjährigen Krieg.

---

121 SEYBOTH (1957), S. 38ff.

122 Nach H. BRAUN (1963), S. 54.

123 WEINSBERG (1898), Bd. 4, S. 143f.

124 Vgl. SCHMITT-LERMANN (1954), S. 12ff.

Zweiter Teil

Auf der Höhe des Ansehens
1648-1800/20

Alter als Autorität

Der große Krieg, während dreier Jahrzehnte Leidensweg für zwei Generationen, Entwürdigung von Millionen, die sich unter Einsatz ihres Lebens, ihrer Würde und ihres Besitzes ihre Freiheit täglich neu erkaufen mußten, markiert eine der tiefsten Schnittstellen in der politischen, sozialen und wirtschaftlichen Entwicklung Deutschlands. Chaos und Unmenschlichkeit hatten unter der heranwachsenden Generation die moralischen Maßstäbe grundlegend verschoben, und das Treiben der aus aller Herren Länder zusammengelaufenen Soldateska, Inbegriff rohester Sittenlosigkeit, hatte die Erziehung vieler junger Menschen mehr geprägt als das Vorbild der Eltern und die Morallehre der Bibel. So wie der junge Simplicius Simplicissimus, der die Folterung seines Vaters für einen Scherz hielt und in Lachen ausbrach, vermochten viele Brutalität nicht mehr von Menschlichkeit zu unterscheiden. „Alt und Jung", klagte ein Hennebergischer Pfarrer, „wußte nicht mehr anzugeben, was Gott und was Teufel sei; arme Witwen und Waisen wurden für Kot geachtet, gleich den Hunden auf die Gasse gestoßen, daß sie verhungerten und verfroren." Im Norden Deutschlands hielten die Bauern einen Meineid nicht mehr für eine Sünde, weshalb der Amtsschreiber von Bleckede sie auch nicht mehr bei Gott schwören ließ, sondern den Eid umformulierte: „Wo ick de Wahrheit verschwige, so sall Gott geven, dat ick kein Jungveeh mehr uptein kann; et sall vergahn und verdorren als de Stock in Tuhn." [1]

Dem alten Menschen wurde in dieser Umgebung, in der der körperlich Stärkere mit ungezügelter Grausamkeit regierte, seine Lebensgrundlage entzogen. Das Alter wurde „einmütiglich für eine unerträgliche Last gehalten", wie sich ein Autor im Jahre 1643 ausdrückte. Denn „wan man dem Alter zu lobe etwas vorbringet", dann wäre dies nach demselben Verfasser „fast eben so

[1] Zit. nach UHLHORN (1895), S. 629f.

viel ..., als wan man vom fieber, dem zipperle, oder der thorheit geschrieben", insbesondere, weil man an den Alten alle Tage „so viel überschreitende mängel, ja so viel viehischer und boshafter händel" entdeckt[2]. Der Krieg hatte keine Engel hinterlassen. Der alte Mensch konnte sich nur dann wieder auf festem Boden bewegen, wenn der allgemeine Verlust an Humanität aufgehoben und die Gesellschaft die Achtung vor ihren Mitmenschen zurückgewonnen bzw. angesichts der Derbheit der frühen Neuzeit sich die Sittlichkeit erst einmal als zweite Natur zugelegt hatte und danach lebte. Dies sollte eine der großen Leistungen des späten 17. und des 18. Jahrhunderts werden, als man erkannte, wie Thomas Hobbes 1651 im „Leviathan" anmerkte, daß der ungezügelte Naturzustand des Menschen eine Schlacht aller gegen alle ist. Im Anschluß an den Dreißigjährigen Krieg setzte ein langwährender Prozeß der Versittlichung ein, der mit einer Inthronisation des Alters verbunden war. Die Achtung vor dem Alter setzte sich als gesellschaftliche Norm durch. Das moralische Bewußtsein begann sich mit der Auflösung der religiösen Grundlagen der Moral zu wandeln[3]. Die Menschen arbeiteten sich mühsam wieder aus den Katakomben der Kriegsruinen heraus und stiegen einige Sprossen auf der Leiter der Zivilisation empor. Sie spürten deutlicher als jemals zuvor, daß sie aufeinander angewiesen waren, daß ein zügelloses Ausleben der Gefühle todbringende Aggressionen bedeutete, daß Disziplin, stabile Regeln des Umgangs, Berechenbarkeit des Verhaltens und Affektkontrolle die Grundlagen einer funktionierenden menschlichen Gesellschaft sind[4].

Die ersten Anzeichen für diese Entwicklung sind bereits während des Dreißigjährigen Krieges auszumachen. Die zunehmende Verrohung der Kriegsführung und der Sitten sowie die kaum noch zu überbietende Fanatisierung der politischen und religiösen Gegensätze ließen verantwortungsbewußte Köpfe Überlegungen anstellen, wie den sich immer weiter entwickelnden zerstörerischen Kräften Einhalt zu gebieten wäre und mit welchen Mitteln die rasche Vermehrung der an Körper und Geist verstümmelten und lahmgeschossenen Krüppel gebremst werden könne. Im Jahre 1625 veröffentlichte der Niederländer Hugo Grotius sein Hauptwerk „De iure belli ac pacis", in dem er den Grundstein für ein Kriegs- und Völkerrecht legte und mit eine Wende zur Humanisierung des Kriegsgeschehens einleitete. In Deutschland werden nach dem Westfälischen Frieden diese Überlegungen vor allem von Samuel Pufendorf aufgegriffen und weiterentwickelt, der in seiner Natur- und Völkerrechtslehre "De iure naturae et gentium" von 1672 eine gesellschaftliche Pflichtenlehre entwirft. Er begründet die Pflichten jedes Einzelnen gegenüber seinen Mitmenschen mit der Notwendigkeit der Geselligkeit, da nicht nur Kinder, Alte und Schwache hilflos und bedürftig seien. An die Spitze aller Pflichten stellt Pufendorf das Verbot, andere Menschen zu schädigen. Daneben enthält sein Pflichtenkatalog die Achtung gegenüber den Mitmenschen, Demut und Dankbarkeit[5]. In Fortentwicklung dieser Lehre leitet Johann Gottlieb Heineccius alle Pflichten aus dem Prinzip der Liebe des Menschen zu seinen Mitmenschen ab und stellt Leben, Gesundheit, Körper, Ehre und Wertschätzung der Einzelnen unter den Schutz des Rechts[6]. Auch ist in diesem Zusammenhang an die bereits 1617 von Fürst Ludwig von Anhalt-Köthen gegründete „Fruchtbringende Gesellschaft" zu erinnern, deren Mitglieder der Expansion der Katholiken wehren wollen, sich zugleich aber dem alten Ideal des Urchristentums verbunden fühlen und wie alle humanistischen Sozietäten im frühmodernen Europa bis hin zu den Freimaurern neue Modelle probieren, um die Pflicht zur Liebe, Brüderlichkeit und Eintracht zu fördern[7]. Schließlich dokumentieren die utopischen Staatsromane dieser Ära den frühbürgerlichen Fortschrittsglauben; sie weisen darauf hin, daß die Gesellschaft nicht so ist, wie sie sein könnte und sollte.

Der neue Pflichtbegriff ist energiegeladen, verwirft die Beharrung und drängt auf Fortentwicklung. Er geht weit über den der christlichen Religion hinaus, ergreift alle sozialen Erscheinungen und fordert die Menschen auf, am Aufbau einer humanen Gesellschaft, an der Umformung des diesseitigen Lebens mit aller Kraft mitzuarbeiten. Ein Suchen nach neuen Vorbildern, Lebensmustern und Idealfiguren beginnt, und es greifen nicht mehr nur die Männer der Kirche in die allgemeine Erziehung ein, zumal die Kirche eingestehen muß, daß sie sich gegen die Zersetzung des sittlichen Lebens nicht mehr zu wehren vermag; jetzt büßt sie zunehmend ihre sozialintegrative Kraft ein. Vermehrt dokumentieren die hervorragendsten Geister des Jahrhunderts ihren Glauben an die eigene Kraft und Vernunft. Man richtet sich nicht mehr an den Lehren der Vergangenheit aus, weil dieses Gestern abgewirtschaftet und seine Unfähigkeit nicht nur in der Bewertung und Behandlung der alten Mitmenschen unter Beweis gestellt hat. Wohl zitiert man noch die Vorfahren, aber mehr aus Gewohnheit und als Zierrat, aber nicht aus Autoritätsgläubigkeit. Man sucht und findet eine neue ethische Linie, die nach Pufendorf am entschiedensten von Christian Thomasius und Christian Wolff weitergeführt wird. Sie erinnern die Fürsten und die einzelnen Bürger daran, im Interesse des

[2] Der weise Alte, Cöthen 1643, Einleitung.
[3] EDER (1985).
[4] Vgl. die Parallelen bei ELIAS (1978).
[5] SCHNEIDERS (1971), S. 91.
[6] Siehe HERRMANN (1968), S. 33-41.
[7] KLAUS CONERMANN (Hrsg.): Fruchtbringende Gesellschaft, 3 Bde., Weinheim 1985.

gemeinen Besten und der Gesellschaft ihre Pflichten zu erfüllen. Sie suchen keine grundlegende Veränderung der bestehenden Zustände herbeizuführen, sondern dringen — und dies wirkt nachhaltiger als jede oberflächliche Revolution — auf deren vernunftmäßige Auslegung und Reform. Sie predigen nicht mehr Weltflucht und Askese, verbreiten nicht mehr die Lehre von der Verderblichkeit des irdischen Lebens, das der Satan wie ein brüllender Löwe durchwandle, „suchend wen er verschlinge", sie fordern und ermuntern vielmehr zur Betätigung in der Welt und zum Zimmern an dieser Welt. Früher orientierte man sich an außermenschlichen Gesetzen, jetzt wird der Mensch das Maß aller Dinge. Früher vertraute man sein Glück noch dem zukünftigen Leben an, umgab es mit himmlischen Konzerten, Harfen und einem strahlenden Heiligenschein, jetzt hat man es eilig, dafür das Glück auf Erden zu ergreifen, man versucht, sichere Freuden zu genießen, anstatt mit dem Ungewissen zu rechnen. Die Tugend, die bisher ein Gnadengeschenk Gottes gewesen war, das nur wenigen zuteil wurde und an deren Mangel die ältere Generation schmerzlich zu leiden hatte, wird fortan kraft eigener Vernunft und Willenskraft erworben. Die Moral wird auf ein neues Fundament gestellt. Ein umfangreicher Prozeß der Versittlichung läuft an und wirkt sich nicht zuletzt zum Wohle der alten Menschen aus. Die neue Erziehung bringt die Erfahrung und die körperlichen Schwächen der Älteren sowie den Lebensdrang und die Unerfahrenheit der Jungen zusammen. Zwar treibt lediglich eine auf relativ wenige Personen beschränkte Bürger- und Professorenkultur im strategischen Viereck Hamburg-Leipzig-Frankfurt-Göttingen diesen Prozeß der Versittlichung weiter voran, zwar beherrscht diese Kultur mit ihren adligen Gesellschaften, bürgerlichen Buchhändlern, fortschrittlichen Schulen und orthodoxen Kirchenämtern nur die Oberfläche Deutschlands, aber ihr Gedankengut sinkt langsam in tiefere Schichten ab, hat Vorbildcharakter und verfestigt sich zu Normen und Gesetzen, an denen immer schwerer vorbeizukommen ist. Vordenker wie Pufendorf und Thomasius nehmen das Schnittmuster des Geschichtsverlaufs in eigene Regie, sie treten als Agenten einer guten Zukunft auf, als Avantgardisten eines besseren Morgen. Sie verstehen sich als Subjekt der Geschichte, als tatkräftige Erben des lieben Gottes.

Die Zeit bis zum Ende des Dreißigjährigen Krieges hatte gezeigt, daß die unzähligen Mahnungen und Drohungen, die unter anderem eine Achtung der alten Menschen bezwecken sollten, im alltäglichen Leben oft nur wenig fruchteten und unter dem Druck der verschiedensten Notlagen und bei der Derbheit der Lebensformen schnell in Vergessenheit gerieten. In Fortführung früherer Bestrebungen und in Anlehnung an das französische Vorbild gehen die Reformer daran, zunächst einmal das Miteinander der Menschen in seinen Äußerlichkeiten umzugestalten und zu zivilisieren. Eine Flut von Anstandsbüchern überschwemmt seit dem ausgehenden 17. Jahrhundert Deutschland und verbreitet die Regeln des „galanten" Umgangs. „Diese Galanterie an sich betrachtet ist lobenswerth. Sie zeuget, wenn sie in einem Volke allgemein wird, von einer gewissen Feinigkeit des Geschmacks, die meistentheils eine gleiche Zärtlichkeit der Empfindung und des Hertzens begleitet", meint zur Mitte des 18. Jahrhunderts der Herausgeber des „Druide", einer der vielen Moralischen Wochenschriften, und legt den Zusammenhang zwischen äußeren und innerem Schliff offen [8]. Neue und vielgelesene Zeitschriften verbreiten das Ideal des vollendeten Hofmanns in weiten Kreisen der Bevölkerung: das „Theatrum Europaeum", das „Eröffnete Cabinet großer Herren" und der „Mercure galant", um nur die beliebtesten zu nennen. Noch geben die fürstlichen Höfe den Ton an und gelten als Vorbild. Auf den neugegründeten Ritterakademien in Lüneburg (1656), Wolfenbüttel (1687), Erlangen (1699) oder Berlin (1705) wird die höfische Kavalierserziehung nach französischem Muster gepflegt und die neue Kultur durch systematisches Reisen verfeinert.

Viele der neuen Anstandsbücher gehen bereits weit über die entsprechenden Werke des spanischen Moralphilosophen Baltasar Gracián hinaus, der in seinem durch Arthur Schopenhauers Übersetzung von 1862 berühmt gewordenen „Handorakel der Weltklugheit" aus dem Jahre 1647 lediglich eine Anleitung gegeben hatte, um im gesellschaftlichen Verkehr zu glänzen und sich ein Fortkommen zu sichern. Zwar findet Gracián auch im späten 17. Jahrhundert noch zahlreiche Epigonen bis hin zum Freiherrn von Knigge im Jahre 1788, aber andere predigen ihren Zeitgenossen in den „Discurs von der Höfflichkeit" darüber hinaus auch noch die neuen Tugenden als Grundstock für alle irdische Glückseligkeit. Sie verkünden einen neuen realistisch geprägten Humanismus, der die Welt der Studierstube verlassen hat und auf die Bildung von „Weltheiligen" aus ist, die ohne Weltflucht und Askese ihr Leben gestalten. Sie wissen, daß sich von den Äußerlichkeiten, von den Gebärden, Worten und der Kleidung leicht auf das Innere schließen läßt und die innere Einstellung von einer Zivilisation der äußeren Sitten günstig beeinflußt wird [9]. Gegenüber den alten Ehezuchtbüchlein eines Albrecht von Eyb, des Lutheraners Justius Menius oder der Beispielsammlung des Ritters von Thurn, diesem Zuchtmeister der Weiber und Jungfrauen, die alle mit erhobenem Zeigefinger eine christliche Moral verkündet hatten, versuchen die neuen Komplimentierbücher das gesellige Leben systematisch zu formen. Sie sind auf eine formale Veredelung der

---

[8] Zit. nach MARTENS (1968), S. 357.
[9] Vgl. COHN (1921), S. 11ff.

zwischenmenschlichen Beziehungen aus, sie wollen die Kultur der Geselligkeit durch Anmut, Leichtigkeit und Heiterkeit heben. Sie wollen eine neue, moralisch höherstehende Gesellschaft mit neuen Lebensformen schaffen. Jetzt genügt es nicht mehr, streng zu sein, um als tugendhaft zu gelten, jetzt wird zusätzlich Höflichkeit und Galanterie verlangt, um die Achtung und Liebe der Menschen untereinander zu fördern. Durch neue Konventionen möchte man den Umgang der Menschen miteinander zivilisieren. Im Jahre 1687 plädiert Christian Thomasius in seinem Kolleg „Welcher Gestalt man denen Frantzosen im gemeinen Leben und Wandel nachahmen solle?“ dafür, „daß man niemand einige Grob- und Unhöffligkeit erweise, daß man denen Leuten niemals dasjenige unter Augen sage, was man sich selbst nicht wolte gesagt haben ...“ [10]. Sein Ziel ist es, die altdeutschen Sitten, die „mit sehr viel Grobheit eingesäuert“ waren, durch eine „vergnügliche und dem gemeinen Wesen nützliche Lebens-Art“ zu ersetzen [11]. Er möchte die allgemein beliebte unflätige Roheit eindämmen, jenes „Läuten mit der Sauglocke“, wie ein damaliger Ausdruck die deftigen Derbheiten umschreibt; er geht gegen die Vorliebe für das Fluchen an, über die die zeitgenössischen Sittenprediger immer wieder klagen [12]. Er wendet sich wie auch Christian Weise gegen die Saufgelage, bei denen die alten Menschen manche Unflätigkeiten über sich ergehen lassen müssen. Er verurteilt die Vorliebe aller Gesellschaftsschichten für direkte, unverhüllte erotische Zoten, für die Theaterstücke, in denen am meisten geflucht und getötet wird und in denen Höchstleistungen an Unzweideutigkeiten erbracht werden [13]. 1692 veröffentlicht Thomasius erstmals seine Sittenlehre unter dem Titel „Von der Kunst Vernunfftig und Tugendhafft zu lieben. Als dem eintzigen Mittel zu einen glückseligen/ galanten und vergnügten Leben zu gelangen“. Er faßt darin den Begriff der Liebe sehr weit und umschreibt damit alle Welt- und Menschenliebe, die sich äußert in Leutseligkeit (humanitas), Wahrhaftigkeit (veracitas), Bescheidenheit (modestia), Verträglichkeit (mansuetudo) und Geduld (patientia). Dies alles sind Tugenden, die das Leben der älteren Menschen in einer Gesellschaft mit jüngeren entscheidend erleichtern [14]. Der selbst erkämpften Tugend gilt seine höchste Ehrerbietung. Sie ist das Maß aller Dinge, sie wird zum gemeinsamen Band aller Vollkommenheiten und zum Motor aller Glückseligkeit unter selbstbewußten Menschen.

Seit der zweiten Hälfte des 17. Jahrhunderts ist es verpönt, sich wild-genial, rücksichtslos und mit elementarem Tatendrang auszuleben. Im Umgang mit seinen Mitmenschen hat sich der Einzelne zu zügeln. Er hat seine tierischen Triebe zu bändigen. Der Lust und Leidenschaft wird als neues Ideal die beherrschte Liebe, die Seelenfreundschaft entgegengestellt, die mehr ein Mangel an Haß als Ekstase ist, bei der Ehrerbietung und Zurückhaltung gefordert sind. Ein umfassender Prozeß der Sozialdisziplinierung beginnt anzulaufen, um dann im 18. Jahrhundert voll zu greifen. Er verändert über Staat, Kirche, Schule, Heer und Familie Einstellung und Verhaltensweisen der einzelnen Bürger. Wo diese neuen Normen im Zeitalter des Absolutismus dem Volk mit Härte und schroffer Unterordnung, Zwang und Rücksichtslosigkeit eingebläut werden, wird dies nicht als menschenunwürdig erachtet, sondern als notwendige, vernünftige Hilfe für eine sündhafte, unaufgeklärte Menschheit, die zu ihrem Glück gezwungen werden muß. Dabei ist von der derben Fröhlichkeit und maßlosen Ungebundenheit des 16. Jahrhunderts immer weniger zu spüren. Die Moralisten und Volkserzieher geben sich ohne viel Humor, zweifelnd und grüblerisch. Nur selten ist etwas von einem gesund-verwegenen Bejahen des Lebens zu spüren, meist nur von einem strengen Forschen nach dem besten Weg des Daseins. Der Humor ist nur noch beim niederen Volk erlaubt und der Hanswurst findet nur noch auf der Dorfbühne sein Publikum. Die Gebildeten und Zivilisierten ergehen sich in geistreichen Wortspielereien und affektierten Witzeleien.

Im 18. Jahrhundert haben die Aufklärer die galante Zeit und die Bemühungen der Zeitgenossen um geschliffenere Umgangsformen zumeist mit beißendem Spott überschüttet, sie haben den „Galans“ vorgeworfen, hinter einer prachtvollen Fassade Geist- und Sittenlosigkeit versteckt zu haben. Diese Einschätzung hat das Bild von der galanten Zeit bis heute geprägt, wobei übersehen wird, daß diese Abwertung vom aufstrebenden, selbstbewußten Bürgertum auch als Kampfmittel gegen die höfische Welt und den Adel benutzt wurde, dem sie als neues Ideal die „Galanterie“ der Seele und die Tugend entgegenstellten. Trotz aller berechtigten Vorwürfe, die man von einer späteren Zivilisationsstufe aus gegen die vielfältigen Hohlheiten der Perückenzeit und den „Hofschlamm“ vorbringen kann, waren diese Bemühungen um Zügelung der ungebundenen höfischen Vergnügungssucht ein erster und notwendiger Schritt, um den Grobian aus der Gesellschaft zu verweisen. Dabei wirkten nicht zuletzt die neuen Kleidermoden für Jung und Alt in hohem Maße erzieherisch. „Wer die große Perücke trug“, sagt Gustav Freytag, „später gar den Puder im Haar, mußte das Haupt fein still halten, wildes Auffahren, gewaltsames Anrennen war unmöglich; wo eigenes Zartgefühl dem Manne nicht wehrte, der Frau dreist nahezutreten, konnte Reifrock

[10] THOMASIUS (1894), S. 11.
[11] Ebd. S. 10.
[12] Vgl. STEINHAUSEN (1895), S. 16.
[13] Vgl. MÖLLER (1969), S. 196ff.
[14] Vgl. SCHNEIDERS (1961), S. 102.

und Corset sie umschanzen."[15] Zuerst mußten die Menschen ihr oft extrem rüpelhaftes Benehmen ablegen, ehe man mit der Kultivierung ihres Geistes begann. Sie mußten zunächst aufhören, nicht nur den Alten grob, plump, ungeschlachtet und mit verbalem Radikalismus zu begegnen, dann erst konnte man ihnen Achtung und Ehrfurcht vor dem Alter beibringen. Die oft rüde und ungehobelte Art, mit der eine ungezügelte Jugend den alten Menschen bisher übergangen hatte, sollte einem freundlichen, gefälligen, geschmeidigen und zuvorkommenden Neben- und Miteinander Platz machen. Es ist bezeichnend, daß sich parallel zu diesem Prozeß der Versittlichung auch die entsprechenden Begriffe änderten. Während „Menschlichkeit" im ausgehenden 17. Jahrhundert noch für Freundlichkeit und Höflichkeit steht und die Äußerlichkeiten umschreibt, versteht man im 18. Jahrhundert darunter eine gefühlsmäßige Bindung und den Willen zum Guten[16]. Das soll nicht heißen, daß das Verhalten gegenüber der älteren Generation ein besonderes Thema der Verfasser der Benimmbücher gewesen sei. Im Gegenteil. Aber aus der Unterweisung des „jungen Teutschen Cavaliers" in der „Ceremoniel-Wissenschaft" zog auch der alte Mensch seinen Nutzen.

Während des 17. und 18. Jahrhunderts vollzieht sich diese Loslösung des Sittengesetzes von Glauben und Kirche nicht widerstandslos; die Idealfigur des tugendhaften Weisen tritt nicht kampflos an die Stelle des Heiligen. Zwar lassen sich die Landesherren immer weniger von kirchlichen Gesichtspunkten leiten und unterdrücken das „Maulgezänk" der Theologen, aber die Kirche sucht doch weiterhin, wo immer sie kann, mit großer Hartnäckigkeit ihre alte, dominierende Stellung im geistigen Leben der Menschen zu behaupten. Sie findet unter den Gläubigen, denen in der Mehrheit Religion noch immer mehr gilt als Wissenschaft und Vernunft, und die ihre Blicke noch immer verstärkt auf das Jenseits richten, eine breite Unterstützung. Wo die Staatsrechtler ihr Moralsystem aus der menschlichen Geselligkeit ableiten, kann die Kirche auf das über Jahrhunderte gültige Gebot der christlichen Nächstenliebe verweisen; dies leuchtet der Masse des Volkes eher ein, als die komplizierten, in Latein abgefaßten Gedankenkonstruktionen eines Grotius oder Pufendorf. Zudem ist das Gedankengut des Christentums weiterhin sehr eng mit der europäischen Kultur verschmolzen und greift tief in das Leben des Einzelnen ein. Es umgibt seit Jahrhunderten die Menschen von Geburt an, formt und unterrichtet sie, heiligt die großen Entscheidungen ihres Lebens und verwandelt ihren Tod in Befreiung. Die Religion ist Teil der menschlichen Seelen, und der christliche Glaube ist wirksam und gegenwärtig. Vor allem von den kleinen Konventikeln der Puritaner, Pietisten und Jansenisten gehen seit dem späten 17. Jahrhundert starke Impulse aus, die zu einer Belebung des Glaubens führen, die das Gebot der christlichen Nächstenliebe im tagtäglichen Miteinander wieder mit Leben füllen, die die christliche Morallehre fortwirken lassen und unter anderem ein ganz entscheidender Grund dafür sind, daß die Achtung vor den alten Menschen schon vor der Aufklärung merklich ansteigt und von breiteren Bevölkerungsschichten aufgenommen und gelebt wird. Auch die geistigen Vordenker dieser Zeit stehen noch mit beiden Füßen auf dem Boden der christlichen Morallehre, so Thomasius, der weit davon entfernt ist, ein Freidenker zu sein, und es in Halle noch lange mit den Pietisten hält. Wie im 16. Jahrhundert überwiegen unter diesen Christen mal die Vertreter von Glaubensinnigkeit und Heilsgewißheit, mal die Weltverächter und düsteren Asketen, die mit ihrer Predigt von den sieben Todsünden mehr Weltflucht als Diesseitsorientierung verkünden und zur Überwindung des Vergänglichen aufrufen. Die Gläubigen orientieren sich überwiegend an Johann Arndt und Friedrich von Spee, die mit ihren vielgelesenen Erbauungsbüchern vom Wahren Christentum bzw. mit dem Güldenen Tugendbuch zur Tugendbewährung mahnen und eine interessenlose Liebe zu den Mitmenschen fordern. Nach Ansicht von Arndt ist der Mensch von Natur aus ein hochmütig-grimmiger Löwe, ein neidischer Hund, ein reißender Wolf, ein giftiger Wurm, ist Fuchs und Sau. Die alten Menschen haben lange genug unter diesen tierischen Trieben ihrer Mitmenschen leiden müssen. Die neuen Reformer wenden sich an ihre Zeitgenossen, um sie endlich zu erwecken, ihr tägliches Leben zu verchristlichen und sie zu neuen Menschen zu erziehen[17]. Hier sind die großen Gemeinsamkeiten mit der Kirche des Mittelalters noch unmittelbar zu spüren.

Fast das gesamte Schrifttum des ausgehenden 17. Jahrhunderts unterliegt einem kulturpädagogischen Programm. Roman und Drama stehen unter der einen leitenden Idee des Glaubens an die Tugend. Sie predigen Ordnung, Einordnung und Unterordnung. Ordnung des Trieblebens, Selbstzucht, nicht Selbstsucht sind die neuen „Mores", die es zu lernen und leben gilt. Ebenso wie die absolutistischen Landesherren ihre Untertanen mit Gesetzen und harten Strafen zu ihrem Glück zwingen wollen, so versuchen auch die Moralprediger mit einer Psychotechnik aus Verlockungen und Drohungen ans Ziel zu gelangen. Auch viele der pietistischen Brüdergemeinden tendieren in Richtung auf eine gewalttätige Uniformierung des inneren und äußeren Menschen. Ihnen wohnt wie fast allen spiritualistischen Bewegungen ein mächtiges Element der Zerstörung, der Gewalttätigkeit, der Brechung der „bösen" Natur inne,

[15] Zit. nach STEINHAUSEN (1913), S. 337.
[16] Vgl. BÖDECKER (1982), S. 1077-1083.
[17] HEER (1953), S. 536f.

der man verschiedentlich mit einem strengen geistlichen Regiment, mit festen Wallfahrten, mit Gebetsstunden und Bekehrungen zu Leibe rückt. Man hat aus der Vergangenheit gelernt, daß ein Großteil der Menschen zwar fromm ist in seinen Worten, aber unfromm in seinen Taten. So greifen denn die oftmals als weiche Frömmler angesehenen Pietisten zur Durchsetzung ihrer moralischen Grundsätze zuweilen zu recht drastischen Mitteln. Karl Philipp Moritz schildert in seinem 1785 erschienenen autobiographischen Roman „Anton Reiser" sein eigenes Elternhaus als ein Haus des Hasses und des Zorns unter dem Terror eines pietistischen Vaters, der seine Vorstellungen von einem tugendhaften Gesellschaftsmitglied in den Jungen hineinzuprügeln versucht [18].

Es wäre übertrieben zu behaupten, der Pietismus hätte in seinem Einflußbereich das Leben zu einer Betstube gemacht, aber die Jünger von Philipp Jakob Spener und August Hermann Francke ziehen doch viele Männer und vor allem Frauen mit ihrem Gefühlskult und ihrer Verfeinerung der Selbstkontrolle in ihren Bann. Indem sie sich gegen die oftmals in Äußerlichkeiten stehengebliebene Galanterie wenden, gelingt ihnen ein weiterer Schritt in Richtung auf eine humanere Gesellschaft, in der auch die Älteren einen bevorzugten Platz innehaben, und die durch einen intensiven gegenseitigen Verkehr der frommen Seelen Stände und Generationen zusammenbringt. Ihr Ziel besteht nicht mehr in einer Reformation der Kirche, sondern in einer Reformation der Welt mit ihren vielen sozialen Problemen. Abgelehnt wird die oft brachiale Bekehrungstheorie der Pietisten insbesondere von Nicolaus Ludwig von Zinzendorf mit seiner 1727 in Herrnhut in der Oberlausitz gegründeten Brüdergemeinde. Ohne sich sektiererisch von der bestehenden Kirche abzusondern, gibt er sich heiter und optimistisch und erkennt wie kein anderer geistiger Führer seiner Zeit den Anspruch jedes einzelnen Menschen als eines einmaligen Wesens an, den Anspruch auf ein eigenes religiöses und weltliches Leben und auf die entsprechende Achtung und Behandlung durch seine Mitmenschen. So feiern auch die Brüder neben den Festen der offiziellen Kirche noch unzählige andere, um diese Individualität zu würdigen. Sie gedenken feierlich der Geburtstage, ehren die Kinder, die Jugendlichen, die werdenden Mütter, die Witwer und Witwen, die alten Leute [19], ganz im Sinne von Zinzendorf, der das „Essentiale einer Gemeine" darin sieht, „daß sie sich vom ersten bis zum letzten Bruder, ... einander recht zärtlich liebt" [20]. Die Sehnsucht nach einem Austausch der Gefühle führt hier zuerst zu dem Freundschaftskult der Zeit, der die Ziele der Perückenzeit, als man fortwährend „Bekanntschaften" und „Korrespondenten" suchte, weiterentwickelt und verinnerlicht. Dieser Gefühlsdrang und Freundschaftsenthusiasmus bringt zum Teil die gesellschaftlichen Schranken zwischen den Sozialschichten und Generationen zum Fallen. Im gesamten Pietismus mit seinem intensiven Brief- und Reiseverkehr finden vor allem ältere, unverheiratete, bürgerliche und adlige Frauen, denen die galante Welt zuwider ist, und die sich nicht wie ihre katholischen Schwestern in ein Kloster zurückziehen können, eine neue Heimat.

Der Ruf nach Toleranz unter den Menschen, Geschlechtern und Generationen geht nicht allein von der Herrnhuter Brüdergemeinde aus. Schon vorher schafft die gemeinsame Not der Christen ein Klima der Toleranz unter den Religionen, obwohl die Frage des rechten Glaubens weiterhin Ursache von militärischen Auseinandersetzungen bleibt. Gleichwohl ist diese Toleranz nicht ohne Leidenschaft, denn im fortwährenden Kampf gegen die Vorurteile kann sie nicht objektiv bleiben. Vor allem die preußischen Liberalen hegen einen abgrundtiefen Haß gegen den Katholizismus, dem sie vorwerfen, die Bevölkerung absichtlich in Armut zu belassen [21]. Dennoch duldet und fordert ein Teil der Landesherren aus wirtschaftlichen Überlegungen die Einwanderung Andersgläubiger. Vor allem in Deutschland ist man der übermäßigen Zänkereien, die soviel Elend über die Menschen gebracht haben, müde. Die Not des Dreißigjährigen Krieges hatte gezeigt, wohin der unselige kirchliche Hader führt. Als politischer Grundsatz beginnt sich die Idee der Toleranz in der juristischen Literatur im 17. Jahrhundert durchzusetzen. Als Grundsatz der Regierungen wird sie zuerst im Jahre 1613 in Brandenburg von Kurfürst Johann Sigismund ausgesprochen und 1662 und 1664 vom Großen Kurfürsten den streitenden Theologen in Erinnerung gerufen. Im 17. Jahrhundert wird die Forderung nach Duldung der „Ketzer" trotz der Zänkereien der Geistlichen zu einem Lieblingsthema der aufgeklärten Literatur, und die Toleranzidee wirkt weiter fort bis hin zu Friedrich II., der behaupten kann: „Es gibt keine Religion, die sich in betreff der Moral wesentlich von den anderen unterschiede; sonach können sie den Staatsregierungen alle gleich sein, und dieselbe kann einer jeden die Freiheit lassen, den Weg zum Himmel einzuschlagen, den er will." [22] Sie findet ihren Niederschlag in dem frivol-gotteslästerlichen „Palladion"-Gedicht Friedrichs aus dem Jahre 1749, in dem „der Große" in seiner radikalen Religionskritik aus

---

[18] Vgl. HEER (1953), S. 539.

[19] HENRI BRUNSCHWIG: Aufklärung in Preußen, in: Moderne Preußische Geschichte 1648-1947, hg. von OTTO BÜSCH und WOLFGANG NEUGEBAUER, Bd. 3, Berlin, New York 1981, S. 1316.

[20] Zit. nach SCHIEDER (1972), S. 561.

[21] Vgl. BRUNSCHWIG (1976), S. 51f.

[22] Oeuvres de FRÉDÉRIC LE GRAND, Bd. 1, Berlin 1846, S. 212; zit. nach DANN (1980), S. 125.

Gott einen „guten alten Vater" und „ewigen Papa" und aus dem Himmel einen Rokoko-Hof voll von äffischen Schranzen macht, in dem „die guten Heiligen/ Mit ihren frommen Schwestern, zum Skandal/ Für alle keuschen Augen (liebelten)" [23]. Sie findet ihre Fortsetzung schließlich in der Aufhebung des Jesuitenordens durch Papst Clemens XIV. im Jahre 1773, den kirchlichen Reformen Josefs II. im Jahre 1781 und Lessings Drama „Nathan der Weise" [24]. Insbesondere die Pietisten fordern und praktizieren religiöse Toleranz, denn wo Glaubensfreiheit herrscht, meinen sie, sind die Völker friedlich. So laufen die geistigen Strömungen der Epoche nicht getrennt voneinander ab, sie ergänzen und befruchten sich vielmehr gegenseitig, sind Ausfluß einer gemeinsamen Grundströmung und verdanken dieser ihre großen Erfolge bei der Erziehung des Volkes, unter anderem beim Aufbau einer Gemeinschaftskultur und eines geordneten Gemeinlebens, das den alten Menschen einschließt, seine Eigenarten respektiert, ihm bei seinen Nöten hilft und ihn nicht mehr rücksichtslos zur Seite schiebt [25]. In den Jahrzehnten nach dem großen Krieg werden viele ehemalige christliche Begriffe ins Weltliche gewandt und rationalisiert. Aus ehemals geistlichen Tugenden werden rein weltliche. Die Forderungen nach Rechtschaffenheit oder Toleranz sind für die Gläubigen wie für die neuzeitlichen Gesellschaftstheoretiker die gleichen; nur fehlt bei diesen die letzte, die jenseitige Stütze. Es entfaltet sich aus verschiedenen, parallel verlaufenden Strömungen eine universale Moralphilosophie, die in der natürlichen und in der christlichen Liebe ihr oberstes Prinzip und Gebot findet [26]. Zur praktischen Umsetzung dieser Lehren empfehlen verschiedene Autoren unter anderem, Jung und Alt im Wirtschaftsleben mehr gemeinsam handeln zu lassen. Der Verfasser der Moralischen Wochenschrift „Der Greis" meint: „Es wäre in der That gut, wenn man bey Geschäfften so wohl alte als junge Leute brauchte; denn in Absicht auf das Gegenwärtige würde es den Vortheil verschaffen, daß die guten Eigenschaften von beyden Altern wechselweise ihre Fehler verbesserten; in Absicht auf das Zukünftige hätte es den Nutzen, daß die jungen Leute größre Einsicht erlangten, indem die Alten ihre Anführer wären. ... Die Jugend ist hitzig, unbedachtsam, unüberlegt; das sind die Fehler des ersten Alters, wir Alten sind kalt, zu bedachtsam, zu behutsam, dadurch ersetzen wir die Mängel der kühnen unüberlegten Jünglinge, und das hohe Alter mit seinen Fehlern erhält die Jugend mit ihren Fehlern zum Besten der Gesellschaft im Gleichgewicht." [27]

Die geistigen Führer des späten 17. Jahrhunderts versuchen, die moralischen Grundlagen für eine Gesellschaft zu schaffen, in der jeder, jung wie alt, seinen Platz findet, in der man aufeinander Rücksicht nimmt. Die Erfolge stellen sich zunächst nur sehr schleppend ein; erst im 18. Jahrhundert wird sich dies bessern. Gleichzeitig führt die Staatsform des Absolutismus dazu, daß sich die gesellschaftliche Stellung der Familienväter und der älteren Menschen insgesamt hebt, daß sie an Autorität gewinnen und zu Autoritäten werden. So wie sich die absolutistischen Herrscher als uneingeschränkte Eigentümer ihrer Länder, Bewohner und Mittel sehen, über die sie nach eigenem Gutdünken verfügen, so gelten auch die Väter als unangefochtene oberste Autoritäten in den Familien, wobei Vater und Alter vom Begriff her teilweise deckungsgleich werden. Wenn Friedrich Wilhelm I. sein Souveränitätsrecht kurz und lapidar in dem Satz zusammenfaßt: „Wir sind Herr und König und tun, was wir wollen!", dann gilt dies ebenso für den älteren, selbstbewußten Familienvater dieser Zeit, das Oberhaupt der Familie [28]. Im Jahre 1735 erläßt Kurhannover eine staatliche Verordnung über Widerspenstigkeit von Kindern gegen ihre Eltern und droht mit Zuchthaus und Karrenschieben [29]. Vater steht in dieser Zeit, in der der rapide körperliche Verfall noch immer schon mit dem 35. und 40. Lebensjahr einsetzt, für Alter, Kind dagegen für Jugend. Nach der christlichen und besonders der protestantisch-lutherischen Lehrmeinung sind die absolutistischen Herrscher als „Landesväter" ebenso wie die Familienväter Stellvertreter Gottes auf Erden, denen bestimmte Pflichten zur Erreichung des allgemeinen Besten auferlegt sind. Sie haben als Erzieher, Aufseher und Richter, als Sachverwalter der sittlichen Ordnung zu wirken und für das materielle Wohlergehen ihrer Untergebenen zu sorgen; sie haben den Frieden nach außen zu schützen und nach innen zu gewährleisten. Ihrem Willen haben sich „Landeskinder" und leibliche Kinder zu unterwerfen, um gesellschaftliche bzw. innerfamiliäre Spannungen zu vermeiden. Ihr Wille ist entscheidend [30]. Diese Ansicht setzt sich mit der Gegenreformation, dem Puritanismus und Pietismus endgültig durch, zumal für die nur wenig alphabetisierte Bevölkerung der Katechismusunterricht die eigentlich wirkungsvolle Indoktrinations- und Sozialisationsinstanz darstellt. Martin Luther hatte bereits im „Großen Katechismus" von 1529 die „weltliche oberkeit" in den „vater stand" gerückt, denn „Gott gibt und erhelt uns durch sie (als durch unsere eltern) narung, haus und hoff, schutz und sicherheit" [31]. Calvinisten und

---

23 Friedrich der Grosse: Das Palladion, Ed. 1, Bremen 1985.
24 Vgl. Ermatinger (1935), S. 74f.
25 Vgl. Cohn (1921), S. 34-47.
26 Vgl. Schneiders (1961), S. 75.
27 Der Greis, 68. Stück vom 25. April 1764, Leipzig 1776, S. 264f.
28 Zit. nach Ermatinger (1935), S. 117.
29 Zorn: 1648-1800 (1971), S. 591.
30 Vgl. Schücking (1964), S. 73ff.; Gaus (1937), S. 71; Rabe (1972), S. 390; Begemann (1966), S. 19f.
31 Martin Luthers Werke, Bd. 30, Weimar 1910, S. 153.

Katholiken unterscheiden sich in diesem Punkt kaum von der lutherischen Anschauung [32]. Nach Luther sind Vater und auch Mutter im „ganzen Haus“ Gott gleich, sie sind „Regenten, Bischöfe, Papst, Doktor, Pfarrer, Prediger, Schulmeister, Richter und Herr“ in einem [33]. Jean Bodin ging sogar so weit zu fordern, das Recht der Familienväter über Leben und Tod, das gegen Ende der Antike von den christlichen Kaisern abgeschafft worden war, wiederherzustellen [34]. Aufbauend auf antiken Vorstellungen, hatten auch Justus Menius in seiner „Oeconomia Christiana“ von 1529, Agrippa von Nettesheim und andere die Besetzung von Führungspositionen von der tadellosen Lenkung eines Hauses abhängig gemacht. „Denn, der ist nicht würdig, eine Stadt zu regieren, welcher nicht gelernt hat, ein Haus zu regieren, und wie kann er einer Republik vorstehen, wenn er nicht seinem eigenen Hause vorstehen kann. Das Haus ist ein Bild des Staates“, hatte Agrippa um das Jahr 1530 geschrieben [35]. Diese Lehre hatte zwar bereits im 16. Jahrhundert zu einer Aufwertung des Vatertitels geführt, sie schlägt sich aber erst in einem allseitigen Autoritätsgewinn für die mittlere und ältere Generation nieder, als mit dem Aufstieg der absolutistischen Herrscher nach dem Dreißigjährigen Krieg zu mächtigen, allgewaltigen und majestätischen „Landesvätern“ deren Ansehen auf die große Masse der Hausväter zurückstrahlt. Lehnsherren, Kirchenfürsten und Arbeitgeber stellen sich jetzt alle als Väter und Stellvertreter Gottes dar, um ihre Autorität zu legitimieren. Der französische Historiker Jean-Louis Flandrin zitiert einen Theologen, der betont: „Jene, die die Gesetze und gerechten Gebote der Übergeordneten verletzen, meinend und sagend, daß die Menschen von Natur aus gleich und vom selben Stande seien, ohne daß die einen über die anderen Autorität besäßen, sind Ketzer.“ [36] Die sogenannte „Hausväterliteratur“, eine in den Reichsterritorien seit dem 16. Jahrhundert verbreitete Literaturgattung, die seit dem ausgehenden 17. Jahrhundert zunehmend Leser findet, trägt mit ihrer Mischung aus antikem und christlichen Gedankengut ganz wesentlich zur Verbreitung dieses aufgewerteten Vater- und Altersbildes bei [37]. In Ostelbien liefern diese Schriften unter anderem das Muster für den Paternalismus des Adels, der auf seinen Gütern und abhängigen Dörfern über relativ geschlossene Gemeinschaften herrscht, in denen sowohl physische Nähe wie auch große soziale Distanz zwischen Herren und Beherrschten charakteristisch sind. In der Person dieser Gutsherrn fließen private Autorität und Herrschaft mit öffentlichen, gesetzlichen Herrschaftsbefugnissen zusammen und verstärken sich gegenseitig. Diese Machtfülle reicht zum Teil soweit, daß die Adligen den Ehemann bestimmter Bauernmädchen oder den Erben der Bauern bestimmen können [38]. Bereits 1604 hatte Johann Colerus geschrieben: „Der Wirt im Haus/ der muß allein Herr im Haus sein/ nach dem muß sich alles/ was im gantzen Haus ist/ richten.“ [39] Bei Helmhard von Hohberg, dem Verfasser der berühmten „Georgica Curiosa“, ist der Hausvater Mittelpunkt des „Ganzen Hauses“, jener kleinen Ökumene, die eine Welt für sich darstellt: „Alle Hausgenossen übertrifft der Hausvater an Pflichteifer und unzuermüdender Geschäftigkeit. ... Dieser Hausvater ist im würdigsten Verstande der Erste von der ganzen häuslichen Gesellschaft — d.h. der Weiseste und Beste, ein Muster jeder männlichen Tugend ..., auf das alle männlichen Hausgenossen nur blicken dürfen, um sich auf das männlich edelste nachzubilden.“ Nicht gleichrangig, weil vom Mann als Stellvertreterin nur im Inneren des Hauses eingesetzt, ist die „Hausmutter, der als Hausherrin die Leitung der innerhäuslichen Geschäfte übertragen ist“; gleichwohl ist sie eine Idealfigur [40]. Auch bei dem bekannten Festprediger der Barockzeit P. Jordan von Wasserburg, dem Generalkonsultor der Kapuziner, finden die Leistungen der Hausherrin Lob und Anerkennung: „Dem Mann gehört die Arbeit auf dem Land und Feld daraussen zu, das Weib aber muß daheim ihr Hauß-Arbeit sorgfältig anschicken und ist dise schier so notwendig, als jene; darumen jene nit recht daran seynd, welche die Weiber-Arbeit so gar verachten und verwerffen, sagende: es seye nichts als eitles Däntlwerk und unnützes Zeit verzehren. Ja freylich wohl! was hätten sonst die Männer an Leib anzulegen, was hätten sie zu essen, wann die Weiber nit wären mit ihren Spinnen und Näen, Wischen und Waschen, Kochen und Backen und anderen Sachen?“ [41]

---

32 Vgl. MÜNCH (1982), S. 23f.

33 MARTIN LUTHER: Ausgewählte Werke, hg. von H.H. BORCHARDT und G. MERZ, 3. Aufl., Bd. 3, München 1950, S. 206ff.; zit. nach W. ROESSLER (1961), S. 34.

34 Vgl. FLANDRIN (1978), S. 154.

35 Die Eitelkeit und Unsicherheit der Wissenschaften, hg. von FRITZ MAUTHNER, München 1913, Bd. 1, S. 300, zit. nach MÜNCH (1982), S. 21.

36 FLANDRIN (1978), S. 142.

37 So ganz ausgeprägt bei FRANCISCUS PHILIPPUS FLORINUS: Oeconomus Prvdens et Legalis Oder Allgemeiner Klug- und Rechts-verständiger Haus-Vatter, Nürnberg, Franckfurt, Leipzig 1702.

38 Zum Paternalismus des preußischen Adels siehe BERDAHL (1980), S. 123ff.

39 JOHANN COLERUS: Calendarium perpetuum et sex libri oeconomici, Wittenberg 1604; zit. nach HOFFMANN (1959), S. 92.

40 CHRISTIAN FR. SINTENIS: Das größere Buch für Familien, 2 Bde. (1805/07); zit. nach INGEBORG WEBER-KELLERMANN: Die Familie auf dem Lande in der Zeit zwischen „Bauernbefreiung“ und Industrialisierung, in: Zeitschrift für Agrargeschichte und Agrarsoziologie 26 (1978), S. 66f.

41 P. JORDAN: Fluenta Jordanis / Jordanische Flüß und Ausgüß, Landshut 1745, S. 150f.; zit. nach KARL BÖCK: Das Bauernleben in den Werken bayerischer Barockprediger, München 1953, S. 133f.

Auch in der Dichtung wird die Botschaft von der Autorität des Vaters und des Alters seit Ende des 17. Jahrhunderts unablässig verkündet. Vermehrt erscheint der pietätslose Sohn auf der Bühne, der gegen seinen Vater revoltiert, der von den Autoren bis an den Rand des moralischen Abgrunds geführt wird, um so bei den Zuschauern Abscheu vor Zügellosigkeit und Sittenverfall wachzurufen. Man möchte die jungen Menschen zu einem tugendhaften Leben überreden und in ihnen Ekel vor solchen Lastern aufkommen lassen. Das elisabethanische England ergreift energisch Partei für die väterliche Autorität, verdammt den pietätlosen Sohn als sittlich verabscheuungswürdig und läßt in Shakespeares Werken wiederholt einen Sohn auftreten, der allmorgendlich auf den Knien den Segen seines Vaters erbittet [42]. Der Puritanismus erhöht die Stellung des älteren Geschlechts noch weiter, so daß schließlich im „Family Instructor" von Daniel Defoe aus dem Jahre 1715 der Vater als die allein Gott verantwortliche höchste Autorität erscheint, gegen dessen Machtwort jeder Widerspruch untersagt ist. Im deutschen Barock wird in dem im Jahre 1634 uraufgeführten Drama „Perseus" des Hamburger Pastors Johann Rist der machtgierige, maßlos böse und grausame Sohn, der seine Eltern und Geschwister umbringt, von diesen seinen Opfern als Gespenster überfallen und in die Hölle gestürzt. Wie sehr die Zeit eine Erhebung des Sohnes gegen den Vater verurteilt, zeigt auch die Art, in der Christian Hofmann von Hofmannswaldau den historischen Zwist der Bayernherzöge Ernst und Albrecht um Agnes Bernauer behandelt. Weder der junge Herzog noch seine Geliebte denken daran, sich gegen den Machtanspruch des alten Herzogs aufzulehnen, vielmehr betont der Sohn, der Himmel selbst fordere den unbedingten Sohn-Gehorsam:

> Du solt, so viel du kanst, den alten Vater ehren,
> Er hat dich neben Gott auff diese Welt gestellt [43].

Das sind in der Mehrzahl noch immer finster moralisierende und moralisch-nüchterne Appelle, die mit der Zuchtrute in der Hand vorgetragen werden. Es handelt sich meist um eine humorlose, trockene Pädagogik, die die Sünder auf die Knie zwingen will. Um die Wende zum 18. Jahrhundert fangen die Schriftsteller jedoch an zu begreifen, daß nur die geborenen Büßer mit dieser Art von moralischer Reformbestrebung zu bekehren sind, daß die Masse dagegen nur schwer auf dem Weg der Gewalt ihre bisherige Einstellung ändert. Vermehrt beginnt man daher, die Seele anzurühren und ebenso wie der Pietismus auf religiösem Gebiet das Gefühl zu erschüttern, um den weichgewordenen Willen zur Erneuerung, zur Reue und Umkehr zu bewegen. Die Menschen sollen aus Ekel vor dem Laster zur Tugend bekehrt werden. Das Theater wird rührselig. Da werden nicht mehr wie noch zur Zeit von Hans Sachs die vielen Leiden des Alters beklagt, sondern da treten alte Dienstboten an die Rampe, treu wie gute Hunde, höchst dankbar für alle Wohltaten, die ihre Herren eine Leben lang über sie ausgeschüttet haben, und beweisen in kritischen Momenten eine wunderbare Aufopferungsfähigkeit. Offenbar verlangt das Publikum jetzt Pathos und Zärtlichkeit. Die Seelen wollen nicht von strengen Missionaren mit Feuer und Schwert bekehrt, sie wollen nach allen Regeln der Kunst zur Rührung gebracht und aufgerüttelt werden. Anders ist es auch kaum zu erklären, warum seit dem ausgehenden 17. Jahrhundert die Oper, von Italien kommend, in ganz Europa Triumphe feierte: die Oper, diese Beleidigung aller Vernunft, die Augen und Ohren schmeichelt und den Verstand empört, in der selbst Sterbende und Tote inmitten von allerhand Papiermaché-Wundern nicht aufhören zu singen. Die Oper ist vernunftwidrig, aber sie gefällt, weil sie offenbar einem psychologischen Bedürfnis entspricht, weil sie zugleich ein Fest der Töne, der Farben, der Bewegungen ist, eine Verzauberung von Augen und Ohren, ein tiefinnerliches Lustgefühl mit einer Prise Magie und Zauber [44]. Man möchte Gefühle sehen und zeigt selbst Gefühle, so will es die Zeit. Trauercarmina und „Doppelte Klagecypressen" umranken mit viel Pomp Schmerz und Tod. Man ehrt mit viel „Dekor" die verstorbenen Eltern. Ein gewisser Immanuel Rango besingt z.B. im Jahre 1700 seinen verstorbenen Oheim: „Der Vater ist dahin! Wer wollte hier nicht weinen? Wer nehrt in seiner Brust ein diamanten Hertz? Es geht das Bocks-Blut vor an Krafft den Kiesel-Steinen, Drum wirkt dis Thränen-Blut bei tausend Seelen-Schmertz." [45] In ähnlicher Weise äußert der Sohn des Naumburger Bürgermeisters Bergner im Jahre 1686 seinen Schmerz über den Tod seines Vaters, zugleich eine Hymne auf die Allgewalt der Älteren und eine Verneigung vor ihrer gesellschaftlichen Stellung:

> Die Krone meines Haupts (ach! ach!) ist abgefallen
> In meiner zarten Blüth', so mich gezieret hat!
> ...
> Wie lachten mich doch an die väterlichen Blicke,
> Die, welche gab herfür sein treues Vater-Hertz!
> Sie stets ergetzten mich. Seh' aber ich zurücke,
> So liegt Er in der Grufft! Ach, Schmertz! Ach, grosser Schmertz!
> Von meiner Seit' ist (Ach!) nunmehro weggerissen
> Das holde Vater-Hertz, mein Schutz und starker Schild
> In meiner Jugend Bluhm! [46]

---

[42] WAIS (1931), Bd. 1, S. 9.
[43] Zit. nach WAIS (1931), Bd. 1, S. 14.
[44] Vgl. HAZARD (1939), S. 440ff.
[45] Zit. nach STEINHAUSEN (1913), S. 343.
[46] Zit. nach STEINHAUSEN (1895), S. 24.

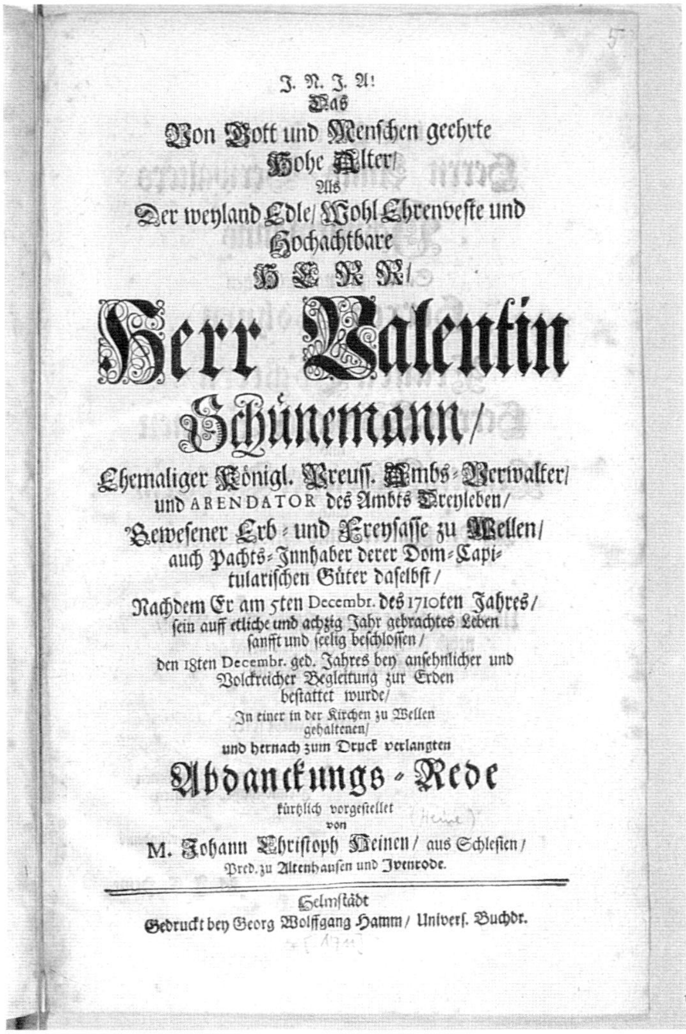
J. N. J. A!
Das
Von Gott und Menschen geehrte
Hohe Alter/
Als
Der weyland Edle/ Wohl Ehrenveste und
Hochachtbare
HERR/
Herr Valentin
Schünemann/
Ehemaliger Königl. Preuss. Ambts-Verwalter/
und ARENDATOR des Ambts Dreyleben/
Gewesener Erb- und Freysasse zu Wellen/
auch Pachts-Innhaber derer Dom-Capitularischen Güter daselbst/
Nachdem Er am 5ten Decembr. des 1710ten Jahres/
sein auff etliche und achtzig Jahr gebrachtes Leben
sanfft und selig beschlossen/
den 18ten Decembr. ged. Jahres bey ansehnlicher und
Volckreicher Begleitung zur Erden
bestattet wurde/
In einer in der Kirchen zu Wellen
gehaltenen/
und hernach zum Druck verlangten
Abdanckungs-Rede
kürtzlich vorgestellet
von
M. Johann Christoph Heinen/ aus Schlesien/
Pred. zu Altenhausen und Ivenrode.
Helmstädt
Gedruckt bey Georg Wolffgang Hamm/ Univers. Buchdr.

Überhaupt sind es gerade die Totengesänge und Leichenpredigten, die die gesellschaftliche Höherbewertung des Alters verkünden und zur Verbreitung des neuen Altenbildes wesentlich mitbeitragen. Als im Jahre 1710 der preußische Amtsverwalter Valentin Schünemann zu Grabe getragen wird, rühmt der Prediger mit einer wahren Wort-Oper das hohe Alter des Verstorbenen und stellt die Achtung vor dem Alter als eine christliche Kulturleistung der letzten Jahrzehnte in den Mittelpunkt seiner „Abdanckungs-Rede“ [47]. Er betont den großen Gegensatz zu heidnischen Völkern, die vielfach „zwar das Alter durch viel Lob-Sprüche beehret“, in wirtschaftlich schwierigen Zeiten die über Siebzigjährigen aber „durch Hunger getödtet und aus dem wege geräumet“ hätten. Selbst bei den „Wenden/ da sie schon zum Christlichen Glauben bekehret worden/ ist diese schlimme Gewonheit in Brauche geblieben/ daß sie denen Alten/ die nicht mehr ihr Brod verdienen können/ gewaltsamer weise vom Brodte geholffen“. Neben anderen erwähnt der Prediger ein Beispiel aus der Umgebung Lüneburgs aus der ersten Hälfte des 16. Jahrhunderts, wo „eine grosse Menge Volcks“ einen alten Mann „Zu Gott“ führen wollte, was soviel hieß, „sie wolten ihn/ der bey ihnen üblichen Gewohnheit nach/ todschlagen und begraben/ weil er sein Brod nicht mehr verdienen“ konnte. Dagegen setzt der Prediger die Gegenwart, in der im tagtäglichen Leben zwar noch immer sehr viele Fälle von Mißachtung der alten Menschen vorkämen, aber auch vermehrt Beispiele für Ehrungen. Er führt die öffentliche Huldigung eines Breslauer Schullehrers an, nachdem dieser „50 gantzer Jahre im Schul-Staube gearbeitet/ und bereits das 80ste Jahr erreichet“ hatte, dem „in volckreicher und vornehmer Versammlung“ zahlreiche „nette Lob- und Danck-Reden“ gehalten wurden und der einen „Lorbeer-Crantz auff sein graues Haupt“ gesetzt bekam. Schließlich zitiert er die verschiedenen Propheten und Apostel, die sich alle für eine Privilegierung des Alters aussprachen. Er lobt das wirtschaftlich erfolgreiche und lange Leben des Verstorbenen als Beweis für die Gnade Gottes und wünscht allen Trauernden, daß „der HERR über Leben und Todt/ Sie wolle ein gleichmäßiges hohes Alter erreichen/ und dasselbe wie die Jugend seyn lassen“ [48]. Hier ist nur noch wenig von der Sehnsucht früherer Generationen zu verspüren, endlich aus diesem irdischen Jammertal erlöst zu werden. Hier erhält das Alter einen Wert, es ist Belohnung für ein fleißiges und tugendhaftes Leben.

Auch in der Staatsverwaltung findet die zunehmende Hochschätzung des Alters ihren Niederschlag. Im Mittelalter und der frühen Neuzeit war die Rangordnung des einzelnen Amtsträgers weder durch Stand, Alter noch Nähe zum Fürsten festgelegt. Im 17. Jahrhundert dagegen gewinnen die beiden Kriterien Adel und Alter an Gewicht; adlige Räte sind einige Positionen vor ihren bürgerlichen Kollegen aufgeführt und für die Rangverhältnisse zwischen Inhabern verschiedener, aber gleichwertiger Ämter ist die Anciennitet entscheidend. Sie tritt z.B. in der württembergischen Rangordnung von 1710 in Kraft bei gemeinsamen Auftritten von geheimen Titularsekretären, Titularexpeditionsräten von der Rentkammer, von der fürstlichen Visitation und vom Kriegsrat, des Oberkapellmeisters und von Gardeleutnants zu Fuß, von Rittmeistern und Hauptleuten der Miliz usw. Unter ihnen rangiert der Älteste an der Spitze [49]. Bereits ein halbes Jahrhundert nach Be-

[47] Titelblatt der gedruckten Rede oben.

[48] JOHANN CHRISTOPH HEINE: Herr Valentin Schünemann. Abdanckungs-Rede, Helmstädt 1711.

[49] JESERICH, POHL, V. UNRUH (1983), S. 305.

endigung des großen Krieges ist das Alter ganz eindeutig eine Autorität, ihm wird Achtung und Verehrung zuteil. In der „Tuba rustica“ des Weilheimer Stadtpfarrers Christoph Selhamer, einer der bekannten bayerischen Barockprediger, heißt es: „Insgemein halt man eben das, was alt ist, für das Best: Also wird vil 100. mal das alte herfürgestrichen, das Neue verworffen. Alter Glaub ist der beste Glaub. Alte Bücher halt man für die beste Bücher. Alte Leut seynd recht gescheite Leut. Alt Gelt ist das beste Gelt. Alter Wein ist der beste Wein.“ [50] In der Malerei erscheint der alte Mensch als selbstbewußte Persönlichkeit, die trotz des nahen Endes dem Leben die Krone aufsetzt; „Das Alter“ von Joachim Luhn aus dem Jahre 1713 ist ein Beispiel (S. 202).

Zu Beginn des 17. Jahrhunderts sind bereits die ersten realen Erfolge des allgemeinen Versittlichungsprozesses auszumachen. Dieser erfährt in der Folgezeit, im „Jahrhundert des Lichts“, wie das Franzosen sagen, eine deutliche Beschleunigung. Die innere Wiedergeburt, wie sie der Pietismus verkündet, wird von den meisten modernen Gebildeten nicht erlebt und auch nicht erstrebt, da sie das Frömmelnde, der viele pietistische Unfug und das Schwärmerische abstößt. Wer weltoffen und fortschrittsfreudig ist, wen der fromm-finstere Eifer anwidert, sammelt sich unter den Fahnen der Aufklärung, die ihren Glauben an die vielgepriesene Vernunft fast zu einer Religion steigert. Sie geht gegen die sozialen Übelstände an, um ihren Anteil an der Glückseligkeit schon auf dieser Welt in Empfang zu nehmen. Als Volksaufklärung verändert sie die allgemeinen Ansichten über das religiöse, sittliche, gesellschaftliche und wirtschaftliche Leben und hat an dessen Neugestaltung ganz wesentlichen Anteil. Vor allem die Pfarrer leisten der Aufklärung wertvollste Dienste [51]. Es ist dies keine Epoche mehr, die vom Elend dieser Welt in Geist und Fleisch dermaßen tief verwundet wäre, daß sie nicht mehr an bessere Tage zu wagen glaubt, die ihre Zuversicht nur auf ein Jenseits richtet, die nur auf die Karte der Unendlichkeit setzt. Von den Aufklärern wird voller Ungeduld sofortiges Glück für alle gefordert, da das Morgen für sie schon zu spät ist. Sie glauben nicht, daß der Mensch lasterhaft und bösartig zur Welt gekommen sei und wenden sich gegen alle schwarzgalligen Moralisten, die nur darauf aus sind, die Menschen zu unterdrücken, die verlangen, daß wir Heilige oder Götter werden. Zudem können auch sie darauf verweisen, daß es dem Christentum nicht gelungen ist, die Tugend auf der Erde heimisch zu machen. Carl Friedrich Bahrdt, dieses „enfant terrible“ der deutschen Spätaufklärung, geht 1789 sogar so weit, die Kirche für einen Großteil aller Streitigkeiten verantwortlich zu machen. „Und wenn wir die Geschichte fragen, mit Ausnahme der Fälle, wo die Fürsten selbst durch übermenschliche Tiranei es erzwangen, so werden wir immer finden, daß ohne Pfaffen und deren Einfluß kein Staat je solch Unglük erlebt hat“, schreibt er in seinem „Handbuch der Moral für den Bürgerstand“ [52]. Während die christliche Tugend ein Geschenk des Glaubens ist, eine dankbare Antwort auf die Anrufung Gottes, eine Ausfluß von Frömmigkeit und Beweis der Liebe Gottes, wird Tugend jetzt zu einem Zeugnis der Vernunft, sie ist eine individuelle humane Leistung, da der Mensch durch Appell an seine Einsicht auf den Weg zum Besseren zu bringen ist. Die neue Generation sieht sich als Kinder des Lichts, während ihre Väter blind waren und den Weg zum moralischen Fortschritt nicht fanden. Die Aufklärung vertieft die Glückseligkeitslehre des Naturrechts zu den Zielen der sittlichen Vervollkommenung und der geistigen Höherentwicklung der Persönlichkeit. Sie schiebt die Schamgrenze der ethischen Moral ungewöhnlich hoch. Sie geht von einem bildungsfähigen und bildungsbedürftigen Menschen aus, nicht von einem Menschen, so wie er schon immer lebte. Die Begriffe Vernunft und Natur, Glückseligkeit und Tugend, Wohlfahrt und Ethik zählen zu den Lieblingsausdrücken der Zeit.

Auch jetzt treffen sich Aufklärer und Pietisten auf manchen Gebieten, und gerade auf eine moralische Besserung, die nicht zuletzt den Alten zugute kommt, arbeiten beide hin. Die einen machen den „gesunden Menschenverstand“ zur Grundlage allen Handelns und aller Moral, die anderen das „gesunde Menschengefühl“, beide aber bestimmen doch immer das Ich zum Richter über ihr Tun. Denis Diderot nennt als erste Menschenpflicht: „Sich selbst glücklich zu machen. Woraus die Notwendigkeit entspringt, zum Glück der anderen beizutragen, oder, mit anderen Worten, tugendhaft zu sein.“ [53] Mit mehr Nachdruck als dies noch bei Pufendorf und Thomasius der Fall war, erklärt eine immer zahlreicher werdende Schar von Aufklärern der Bevölkerung, daß sich die Menschen gegenseitig brauchen, und daß ihnen dies gegenseitig Pflichten auferlegt. Aus allen ragt Christian Wolff, der Nährvater der deutschen Aufklärung, in der Klarheit und Einfachheit seiner Gedanken hervor. Man ist sich unter Intellektuellen wie Gläubigen weitgehend einig, die Menschen über eine neue Sittlichkeit vom alten

[50] Christoph Selhamer: Tuba rustica (1701); zit. nach Karl Böck: Das Bauernleben in den Werken bayerischer Barockprediger, München 1953, S. 49.

[51] Vgl. z.B. als ein Beispiel unter vielen die aufklärerische Schrift von August Wilhelm Hupel: Vom Zweck der Ehen, Riga 1771, ND: Frankfurt a.M. 1985.

[52] (1789), ND: Frankfurt a.M. 1972, S. 225; zit. nach U. Herrmann (1982), S. 154.

[53] Denis Diderot: Introduction aux grands principes, in: Oeuvres, Bd. 2, S. 85; zit. nach Hazard (1949), S. 242.

grobianischen Geist und der Verderbtheit der Perückenzeit zu erlösen. Eine neue innere Bildung soll jetzt in der zweiten Phase der allgemeinen Versittlichung den moralischen Fortschritt bringen und über die äußere Bildung hinausgehen. Die Aufklärer fordern die Verwirklichung einer sittlichen Gemeinschaftsordnung, um mit ihr unter Anerkennung höherer sittlicher Ideen nach Glückseligkeit zu streben, um nicht — wie später Carl Welcker im Staats-Lexikon schreibt — „in verderblichen Epikuräismus und Materialismus, in Schwelgerei, Nichtswürdigkeit, Feigheit und Elend" abzusinken [54], worunter vor allem die ältere Generation zu leiden hätte. In erster Linie wird Preußen zur eigentlichen Heimat der Aufklärung. Hier dringen die Prinzipien des Rationalismus tiefer als sonstwo. Sie verändern die protestantische Religion und finden Eingang in die Verwaltung. Hier besonders tritt im 18. Jahrhundert an die Stelle des höfischen Rokoko eine bürgerliche Kultur, und der vorwiegend auf das äußere Wesen gerichtete „honnête homme" wird durch den ehrlichen Mann abgelöst. Die neue Schicht des bildungsstolzen Bürgertums ist zutiefst überzeugt von der eigenen moralischen Überlegenheit über die lockeren Sitten der Höfe und Adelshaushalte. Ihr überliefertes Ehrbarkeitsideal verbindet sich zunehmend mit pietistischem Gedankengut zu einem überlegenen Gegengewicht gegen den aufgeklärt-rationalistischen Libertinismus der Adelskultur, den höfischen Rokoko und nicht zuletzt das antike Tugendideal des Stoizismus, das seit Winckelmann an den deutschen Universitäten erneut Fuß faßt. Auch wehrt man sich dagegen, „der Affe fremder Moden" zu sein, wie ein häufig gebrauchtes Wort lautet.

Nun kommt es darauf an, die breite Öffentlichkeit für die neuen Ideen zu gewinnen. Aus England, das zum gelobten Land bürgerlicher Lebensanschauung wird, übernimmt Deutschland die sogenannten Moralischen Wochenschriften, die innerhalb einer Generation das Denken von Millionen verändern, von denen namentlich Addisons „Spectator" zum großen Vorbild wird. In Hamburg, diesem Eingangstor für englische Waren und Ideen, erscheinen 1713 der „Vernünfftler", 1718 die „Lustige Fama" und seit 1721 der „Patriot". Bis zum Ende des Jahrhunderts sollen noch fast einhundert weitere folgen und mithelfen, die starre Scheidewand zwischen Gebildeten und Ungebildeten niederzureißen und auch den unteren Volksschichten die großen Gedanken der Vertreter der neuen Weltanschauung in leicht verständlicher Form zu vermitteln. Die Moralischen Wochenschriften machen Ernst mit der Beglückungsidee der Aufklärung. „Unser Gegenstand", heißt es im „Maler der Sitten" (1746), „ist der Mensch mit allem, was zu dem Menschen gehört." [55] Vor allem mit Hilfe der Frauen sollen die neuen Werte durch eine neue „Kinderzucht" vermittelt werden. Den Frivolitäten des Rokoko und dem rein Ästhetischen werden ganz nach der Lehre von Thomasius und Wolff Freundschaft, Beständigkeit, Offenheit und die aus gutem Gemüt kommende Liebenswürdigkeit entgegengestellt. Der Mensch solle „redlich, großmüthig, gesellig, freundschaftlich, artig, liebenswürdig und zufrieden sein", fordert z.B. der „Jüngling" [56] zunächst noch etwas lehrmeisterlich mit erhobenem Zeigefinger, bis dann nach der Jahrhundertmitte ein gehöriger Schuß Heiterkeit und Leichtigkeit hinzukommt. Überhaupt unterscheiden sich die Moralischen Wochenschriften durch ihre eher scherzhaft-spottende Kritik an der höfisch-galanten Lebensart von den pietistischen Kritikern, die oft mit finsterem Eifer und in frommer Weltfeindlichkeit ihre Lehre vortragen.

Das Vergnügen, das die Moralischen Wochenschriften predigen, ist sittsam begrenzt. Es bewegt sich auf einem mittleren Weg zwischen Ausschweifung und frommer Weltflucht. Es sucht weder frivole Genußsucht noch düstere Weltverachtung. Die Kinder und die Alten des Lichts, und das heißt der Aufklärung, sind von dieser Welt und bedürfen zu ihrem Heil nicht der Krankheiten, nicht des Elends, nicht der Trübsal. „Trauet denen Menschen nicht, welche immer über das Elend des Lebens zu klagen haben, die von beständigen Unglücken träumen, und welche die Welt als einen Kerker betrachten, worinn wir zu unserer Plage gelegt worden. Alle diese Leute sind grausam und unerkenntlich!" heißt es in Lamprechts „Menschenfreund" aus dem Jahre 1748 [57]. Und weil die Aufklärer nicht mehr den geheimen Sinn der Not anerkennen, richten die Moralischen Wochenschriften ihren Blick auch nur mit Widerwillen auf das Unglück und übergehen in ganz auffälliger Weise unverschuldete Not und Leid, Armut und Krankheit sowie körperlichen Verfall und die Qualen des Alters. Zwar schildern die Autoren bisweilen Alte und Kranke als Objekt der Nächstenliebe, aber bei den Vorstellungen von Krankheit, Leiden und einem mühevollen Lebensabend hält man sich doch nur höchst ungern auf. Der alte Mensch ist kein direktes Thema; man drückt sich vor seinen unmittelbaren Problemen; der porentiefe Realismus des 16. Jahrhunderts ist verpönt.

In der euphorischen Aufbruchstimmung der Aufklärung gibt man sich kaum ab mit den ganz speziellen Fragen einzelner Gruppen. Man macht sich vielmehr Gedanken, wie eine ideale Gesellschaft zu verwirklichen sei, und hofft, die Einzelprobleme damit zu lösen.

[54] Art.: Gesammtwohl, in: Das Staats-Lexikon, hg. von CARL VON ROTTECK und CARL WELCKER, Bd. 5, Altona 1847, S. 623.

[55] Zit. nach STEINHAUSEN (1913), S. 383.

[56] Zit. nach MARTENS (1968), S. 364.

[57] Zit. nach MARTENS (1968), S. 267.

Christian Wolff erklärt die Förderung des allgemeinen „Besten" zum Hauptzweck gesellschaftlichen Lebens [58]. Ähnlich äußert sich später auch Adam Müller in seiner vor dem Dresdner Adelspublikum gehaltenen Vorlesung über die „Elemente der Staatskunst". Nach ihm ist das Volk nicht eine Menge von Menschen, sondern eine „erhabene Gemeinschaft" von Geschlechtern, wobei „jedes einzelne menschliche Individuum den gemeinsamen Bund verbürgt und mit seiner gesamten Existenz wieder von ihm verbürgt wird" [59]. Die Moralischen Wochenschriften nehmen diese Gedanken auf und plädieren für den Aufbau einer Jung und Alt umfassenden Gesellschaft: „Der Umgang mit Menschen ist etwas, so sich von der sittlichen Natur nicht trennen läßt. Man erkennt daraus, daß wir untereinander einer wechselweisen Hülfe nöthig haben. Der gute Rath, Beystand und Hülfe anderer ist uns bey einer jeden Art des Alters nöthig. Der Mensch ist zur Gesellschaft gebohren", heißt es 1743 in den „Moralischen Gedanken der Stillen im Lande" [60]. Fragen der Erziehung, des Familienlebens, der Armenfürsorge und der Geselligkeit werden erörtert, um dieses Gesellschaftsideal zu verwirklichen, um durch eine bessere Erziehung materielle Not und Sittenverfall zu beenden. Angesichts des in den Städten weitverbreiteten Mangels an Gemeinsinn im Anschluß an den Dreißigjährigen Krieg ist ein derartiges Engagement durchaus angebracht. Es verbindet sich mit den vom Pietismus betonten Idealen der Redlichkeit, Treue und Hilfsbereitschaft im Dienste eines Gemeinwesens. Manche Unternehmungen des Halleschen Pietismus, die den Wiedergeborenen aufgegeben sind, um den verderbten Zustand der Welt zu verbessern, erinnern durchaus an entsprechende Bestrebungen der Aufklärer. Das Streben nach dem Gemeinwohl verrät eine tiefe Sehnsucht nach gesellschaftlicher Synthese, es huldigt dem Ideal der Konfliktlosigkeit unter Verdrängung und Verschönung der konfliktgeladenen Wirklichkeit. Ebenso huldigen die Freimaurer einem aufgeklärten Bruderkult und fühlen sich nicht nur ihren engeren Gesinnungsgenossen, sondern allen Menschen zu brüderlicher Liebe verpflichtet. Im Jahre 1744 erklärt der Hallenser Philosophieprofessor Andreas Weber: „Die Freimaurerei machet ihre echten Schüler auch äußerlich glückselig. Tausend, ja hunderttausend wahre Brüder sind ein Herz und eine Seele. ... Ein Freimaurer liebet nicht nur seine Brüder, nein, er versaget niemand den Grad der Freundschaft und Liebe, dessen er fähig ist." [61] Auch der Illuminatenorden, 1777 von dem Ingolstädter Professor Adam Weishaupt gegründet und 1785 wieder aufgelöst, bezweckt eine Veredelung der Menschheit auf dem Wege reiner Sittlichkeit. Die hier gepredigte „Bruderliebe" findet ihre wirkungsvollste Verklärung in Schillers „Lied an die Freude" aus dem Jahre 1786, die später durch Beethovens musikalische Betonung des „Alle Menschen werden Brüder" nochmals gesteigert wird. Die Menschlichkeit wird die Kardinaltugend für die Moralisten des 18. Jahrunderts.

Ganz folgerichtig nennen die Moralischen Wochenschriften jetzt denjenigen einen Narren, der sich von seinen Mitmenschen fernhält, der glaubt, allein in der Einsamkeit ein tugendhaftes Leben führen zu können. Noch während der Barockzeit wurde der, der sich mit weltlichen Dingen abgab und nach irdischen Gütern strebte, als Narr gescholten, jetzt dagegen in Umkehrung des Begriffs der weltfremde Gelehrte und Einzelgänger. Zwar wird den älteren Personen der Rückzug aus geräuschvoller Geselligkeit in die beschauliche Stille zugestanden, doch nur dann, wenn sie dabei der Welt nicht grundsätzlich den Rücken kehren. Auch der Greis bleibt der Gesellschaft weiterhin verpflichtet und soll den Jüngeren als verehrungswürdiges Vorbild und als weiser und erfahrener Ratgeber dienen [62]. Dagegen müssen sich der selbstzufriedene Rentier, der nichts als seinen Bauch pflegt, und der alte Diogenes zu den nichtsnützigen Tagedieben zählen lassen. „Der Neue Eidsgenoß" meint 1750 in seiner Anklage: „Was thut aber Diogenes, wenn er als lahmer Müßiggänger ausgestreckt lieget? Was meditirt er? Was nutzet er der Welt? Ist er nicht ein müßiges Glied in der menschlichen Gesellschaft?" [63]

Auch die ledig Gebliebenen, die „das sanfte Joch des Ehestandes verschmähen, und ihr Leben in freudenleerer Einsamkeit hinbringen", müssen Schelte einstecken. In einem der zahlreichen „Noth- und Hülfs-Büchlein", die in immer neuen Auflagen das zeitgenössische Wissen und die Lebensweisheiten für den tagtäglichen Gebrauch vermitteln, heißt es im Jahre 1788 über die Unverheirateten: „Da sitzt so ein Hagestolz in seiner Klause. Niemand lacht und scherzt mit ihm, wenn er traurig ist; niemand freut sich mit ihm, wenn ihn Gott segnet, und niemand tröstet ihn oder steht ihm bey, wenn ihn eine Noth überfällt. ... Kommt er aber ins Alter, so stirbt er der Welt bey lebendigem Leibe schon ab. Da ist niemand der ihn Vater oder Großvater nennt; niemand der ihn unterstützt, wenn seine Füße wanken; niemand der ihn leitet, wenn seine Augen dunkel werden; niemand der ihn auf dem Krankenlager pfleget, und mit ihm betet. Er muß es denn alles mit Geld verlohnen, und wenn die Stunde des Scheidens kommt, muß er noch die Hand

---

58 CHRISTIAN WOLFF: Vernünfftige Gedancken von dem gesellschaftlichen Leben der Menschen, insonderheit dem Gemeinen Wesen, 4. Aufl., Frankfurt, Leipzig 1736, 1 § 11, S. 7.

59 Zit. nach RIEDEL (1975), S. 829.

60 Zit. nach MARTENS (1968), S. 288f.

61 Zit. nach SCHIEDER (1972), S. 564.

62 Vgl. dazu „Der Weise. Eine moralische Wochenschrift", Halle 1767/68.

63 Zit. nach MARTENS (1968), S. 319.

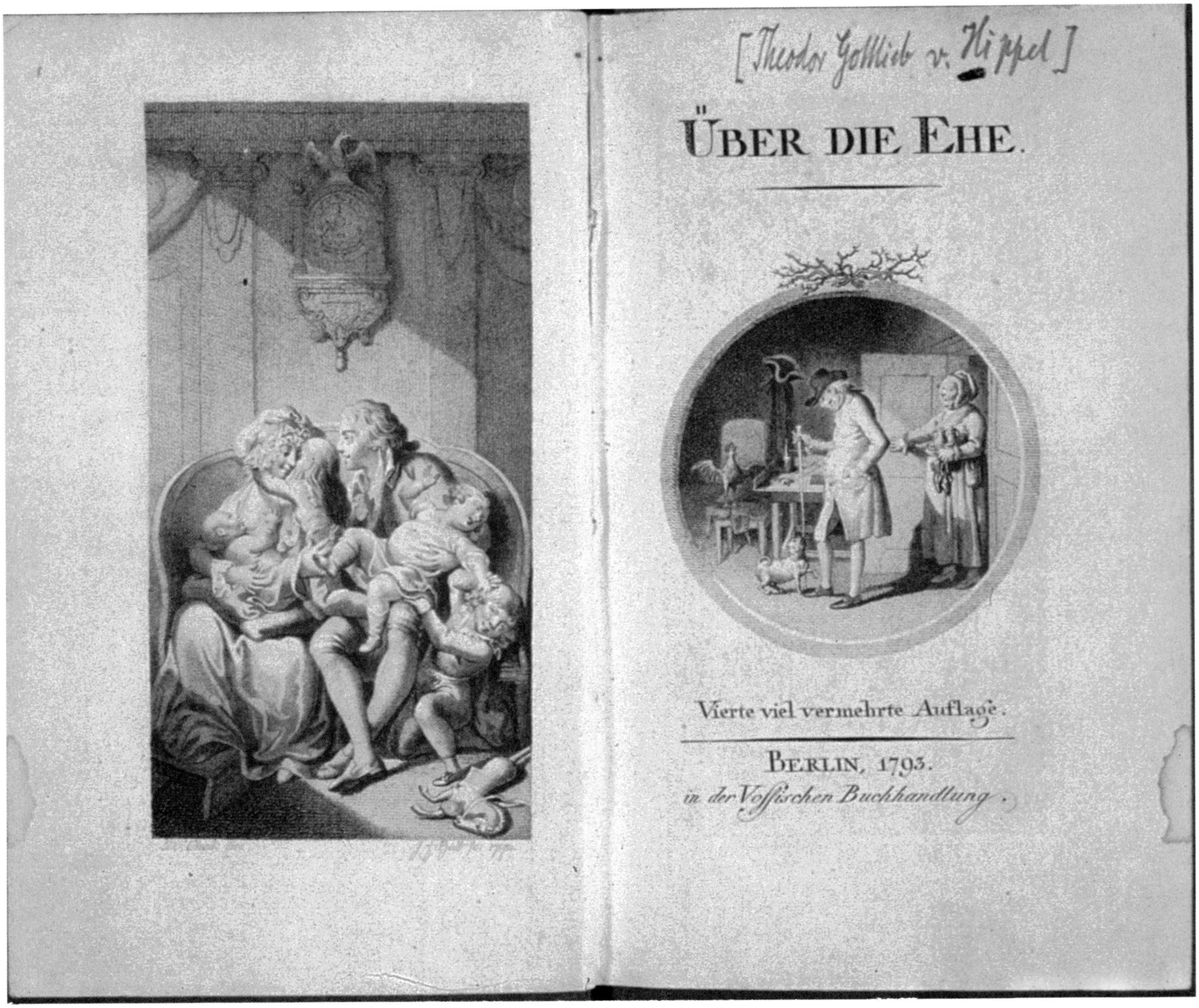

bezahlen, die ihm die Augen zudrückt. So geht es dem Einsamen, wenn er unschuldig wandelt und durch Gebet und Wachsamkeit den natürlichen Trieb zum anderen Geschlecht zu unterdrücken weiß. Ist aber einer so gottlos, daß er die Freuden des Ehestandes auf unerlaubten Wegen sucht, der ist noch schlimmer daran. Er kommt dadurch auf den nächsten Weg zum Bettelstabe. ... Meine lieben Freunde! Es ist nicht gut, daß der Mensch allein sey!"[64]

Nach Ansicht der Moralischen Wochenschrift „Der Gesellige" ist die Ehe die erste und engste Gesellschaft, und ein alter Hagestolz gilt als schlechter Gesellschafter. Der Verheiratete ist der bessere Mensch, er ist menschenfreundlicher und verträglicher. Die Ehe nimmt dem Mann seine „wilde, freche Keckheit", der Frau die „ängstliche, zaghafte Bangigkeit"[65]. Der auf sich gestellte unverheiratete alte Mensch, ganz gleich ob Mann oder Frau, ist keine Autorität. Der Maler Daniel Chodowiecki, der gegen Ende des Jahrhunderts mit treffsicheren Radierungen das bürgerliche Leben seiner

[64] R.Z. BECKER (1980), S. 189f.

[65] Zit. nach GEBAUER (1923), S. 104.

Zeit in vollendeter Form wiedergibt, stellt auf dem Titelblatt zu dem immer wieder neu aufgelegten Buch „Über die Ehe“ von Theodor Gottlieb von Hippel dem Ideal eines jungen glücklichen Paares mit vier quirligen Kindern als Negativbild den alternden Junggesellen gegenüber, der in seine von Hund und Hahn — diesem Rufer und Mahner zu einer besseren Lebensweise - bevölkerte düstere Stube tritt. Hippel, der selbst nicht verheiratet ist, hält die üblichen Diffamierungen der Junggesellen in den Erbauungsschriften und ihre Bestrafung durch höhere Steuern im Allgemeinen Landrecht für überflüssig, da diese Männer allein schon dadurch genug gestraft seien, daß ihnen die elementaren Freuden des Lebens versagt blieben (Bild S. links)[66]. Bestraft werden in aller Öffentlichkeit die alten Jungfern; sie müssen den beißenden Spott ihrer Umgebung ertragen, die Katzenmusiken und Verunglimpfungen, mit denen die dörfliche Gemeinschaft ihrem Ärger Luft macht, weil diese Frauen ganz egoistisch auf ihrem Geld sitzen und nicht alles zum Wohle und Fortbestehen der Gesellschaft tun[67]. Nur wer sich redlich, hilfsbereit und tugendhaft verhält, erhält dafür einen Lohn bereits auf dieser Welt, dem ist die Achtung der Gesellschaft gewiß. Im Jahre 1765 vermerkt „Der Greis“, eine Moralische Wochenschrift, die ganz speziell auf die ältere Leserschaft zugeschnitten ist: „Wenn eine alte Person des weiblichen Geschlechts auch etwa unverheyrathet geblieben, ohne daß ihr Eigensinn und ihre Eitelkeit daran Schuld ist, aber sie hat dennoch einer Familie vieles zur Erziehung andrer Kinder beygetragen, oder sie hat kranke Freunde gewartet, sie gepflegt, ihr letztes Lager ihnen erleichtert, und manchen guten Rath gegeben, und manchen guten Dienst geleistet, in der Familie, in welcher sie war, so ist sie nicht ohne Verdienst, wir sehen sie alt, und denken uns dieses Verdienst, und können also nie dem Alter einige Ehrfurcht entziehn.“[68]

Die Moralischen Wochenschriften machen sich noch in einem weiteren Punkt um alte Menschen, besonders um alte Frauen verdient: Sie helfen mit, den Hexenglauben zurückzudrängen und bewahren viele davor, ihren Lebensabend in einem Klima des Hasses, der Verdächtigung und Verfolgung verbringen zu müssen, andere retten sie vor dem Tod auf dem Scheiterhaufen. Noch 1749 enthauptet man die Nonne Emma Renata Sengerin wegen Zauberei. Vor allem ältere Frauen liefen bis zu dieser Zeit leicht in Gefahr, als Hexen angesehen zu werden, zumal Gelehrte allen Ernstes die These erörterten, mulier non homo — das Weib sei kein Mensch. Da genügte ein auffallendes körperliches Merkmal, da reichten rote Haare oder Triefaugen, außergewöhnliche Häßlichkeit oder Verschrobenheit, großes Glück oder ungewöhnliche Fähigkeiten, um im Volke die Meinung von einem Pakt mit dem Teufel aufkommen zu lassen. Die Kirche, die selbst den Wunderglauben nicht entbehren kann und damit ihre Lehre fördert, verfolgte ebenfalls alle diejenigen, die im Besitz ungewöhnlicher Kräfte schienen[69], die sich angeblich die Kräfte der Natur, dieses Reichs des Bösen, zu eigen gemacht und der Herrschaft des Teufels unterworfen hatten. Die Malerei des ausgehenden 17. Jahrhunderts hatte alte Frauen oft in der Gestalt von abstoßenden Hexen oder arglistigen und dämonischen Wunderheilerinnen dargestellt; das Gemälde von Arie de Vois „Die Kurpfuscherin“ ist ein Beispiel (Bild S. 122). Humanistisch aufgeklärte Gelehrte wie Agrippa von Nettesheim hatten zwar schon im 16. Jahrhundert gegen den Wahnsinn solcher Anschauungen geeifert und der Jesuit Friedrich von Spee im frühen 17. Jahrhundert. Aber erst die Aufklärer, allen voran Thomasius, finden bei ihren Zeitgenossen willigeres Gehör als ihre Vorgänger. Die Wochenschriften sorgen für die Verbreitung der neuen Auffassung. „Haben die bösen Geister nichts mehr zu thun als ein paar alte Vetteln[70] auf Ofen-Gabeln oder Besenstielen bey Nachtzeit auf den Blocksberg zu tragen ...? Man muß in Wahrheit einen sehr schlechten Begriff von dem Fürsten der Finsterniß haben, wenn man denckt, daß er sich mit solchen Kleinigkeiten beschäftige“, schreibt „Der Biedermann“ im Jahre 1729[71]. Sonst aber ist die Aufklärung ausgesprochen männlich orientiert, verherrlicht die Vatergewalt, während sie der Frau den vernünftigen Scharfblick im außerhäuslichen Leben nicht zugesteht[72]. Nach Zedlers „Universal Lexicon“ ist der Mann „König in seinem Haus“, er ist befugt, „die Actiones seiner Frauen zu dirigiren“, notfalls durch Züchtigung, wenn man auch verurteilt, daß „er sie bey den Haaren raufft, braun und blau oder Blut-rünstig schlägt“[73]; eine „henkermäßige Leibesstrafe“ steht nicht in seiner Macht. Zum preußischen Erbe der Aufklärung gehört ein extremer und sehr einseitiger männlicher Geist mit Pflichterfüllung und Leistungsbereitschaft, Wagnis und Heldentum. Diese Kultur findet ihre Parallele und Untermauerung im evangelischen Pfarrhaus mit seiner doppelten Autorität von Pfarrer und Hausvater. Mit der Aufklärung wird der traditionelle Patriarchalismus in Deutschland durch eine Theologie verstärkt, die keine Maria als verehrenswürdige Gottesmutter, die keine Himmelskönigin kennt, wenn

66 HIPPEL (1827), S. 31; vgl. auch LORENZ (1985), S. 30.
67 MÖLLER (1969), S. 172.
68 Der Greis. 126. Stück vom 12. Juni 1765, Leipzig 1776, S. 379.

69 Vgl. ERMATINGER (1935), S. 22f.; MÖLLER (1969), S. 233ff.
70 Unordentliche alte Frauen.
71 Zit. nach MARTENS (1968), S. 248.
72 Vgl. SADDELER (1938), S. 30.
73 Grosses vollständiges Universal Lexicon aller Wissenschafften und Künste, Halle, Leipzig 1732/50, Art.: „Haus-Wirth“, Spalte 912f.; zit. nach MÖLLER (1969), S. 13.

auch die Hausmutter weiterhin einen festen Herrschaftsbereich innerhalb des Hauses zugeteilt erhält, über den nur sie regiert. „Der Mann sorgt für die äußeren Verhältnisse, die Weltordnungen haben das nur so gestellt, weil es die ewige Ordnung der Natur ist", betont man noch im 19. Jahrhundert ohne allen Zweifel[74], denn — so ein Zeitgenosse — „der Staat kennt nur Bürger, aber keine Bürgerinnen. Die Frauenzimmer gehören nur ihrem Hause an"[75].

Mit Beginn der Aufklärung müssen sich in der Literatur in Zusammenhang mit dem Triumph der Tugend die tyrannischen Eltern den Kampf ansagen lassen. Das hat weder etwas zu tun mit einem erneuten Rückfall in alte Zeiten, in denen eine selbstbewußte, ungezügelte Jugend das Alter brüsk zur Seite schob, noch handelt es sich dabei um eine allgemeine Revolte der jüngeren gegen die gesamte ältere Generation. Hier meldet sich vielmehr eine kritische Zeit zu Wort, die zu unterscheiden gelernt hat zwischen grausamen, egoistischen und gewalttätigen älteren Menschen sowie achtungsgebietenden, tugendsamen und vorbildlichen Eltern. Das Gegensatzpaar Vernunft und Unvernunft steht im Mittelpunkt der Debatte, nicht eine Konfrontation zwischen Jung und Alt. Die patriarchalische Ordnung wird grundsätzlich nicht in Frage gestellt, vor allem nicht in den bürgerlichen Familiendramen. Dies reicht bis hin zu der Feststellung der Isabelle in Christian Felix Weißes „Projektemacher" von 1783: „ ... ein Vater hat niemals Unrecht."[76] Zwar zieht die Aufklärung Regierungsformen und Gesetze, Sitten und Gebräuche, Vorbilder und Personen, die Gesamtheit der überlieferten Autoritäten vor das Forum der Vernunft, aber sie erkennt weiterhin die Unentbehrlichkeit der Autorität als Quelle des Gehorsams im staatlichen, gesellschaftlichen und privaten Bereich an. Sie versteht Autorität als eine auf moralische und vernünftige, auf Vorbild, Liebe und Fürsorge beruhende Macht[77].

Im westlichen Ausland gibt man sich in dieser Frage deutlich radikaler. Der Franzose Luc de Vauvenargues (1715-1747) verkündet gegen Mitte des Jahrhunderts, Greise seien nur noch zu wenig nützlich. Als Gipfel der Auflehnung empfindet man Diderots Schauspiel „Le Père de Famille", das Lessing 1760 ins Deutsche übersetzt. Auf dem Höhepunkt des Dramas befiehlt der cholerische, egoistische Vater seinem Sohn Saint-Albin, die väterliche Autorität anzuerkennen, und verweigert ihm seine Zustimmung zur Heirat mit einer armen Waisen. Saint-Albins Erwiderung ist eine Art Resümee der zeitgenössischen Ansicht über diese Art von Vater. „Väter! Väter!" schreit er, „Es gibt gar keine ... Es gibt nur Tyrannen." Und davor: „Sie haben uns nur das Leben geschenkt, um darüber zu verfügen." Gleichwohl ist bezeichnend, daß auch in diesem Stück der Generationskonflikt und die Auflehnung des Jüngeren nicht bis zum Ende ausgetragen und durch einen deus ex machina gelöst werden. Zur gleichen Zeit erhebt sich in England lauter Widerspruch gegen den puritanischen Fanatismus, der die väterliche Autorität überbetont, zäh an alten Vorrechten der Eltern festhält und besonders von dem Recht, den Ehepartner der Kinder bestimmen zu können, nicht abrücken will[78]. Doch ganz im Sinne der Aufklärung finden auch hier die meisten Generationskonflikte durch Anwendung der Vernunft eine Lösung. Wo grobe, tyrannische und böse Alte die Bühne betreten, da dienen sie als abschreckende Beispiele und sollen zur Besserung mahnen. Die Schriftsteller suchen nach Wegen, Harmonie auf der Grundlage von Vernunft herzustellen[79]. Auch Abraham a Sancta Clara predigt von der Kanzel gegen die rohen und prügelnden Haustyrannen, die immer der Meinung seien, „wann ein Weib nur ein wenig etwas sagt, daß sie gleich müssen zu dieser Musik mit dem Prügel den Takt geben"[80]. Die Jugend fühlt sich keineswegs als Gegenpol zur gesamten älteren Generation, sondern stets in Einklang mit den aufgeklärten, vernünftigen alten Menschen. Lediglich über bestimmte, eng begrenzte Probleme herrschen Meinungsunterschiede. Noch erhebt die Jugend nicht den Anspruch, neue und bessere Vorstellungen vom Leben insgesamt zu besitzen. Das Gemeingefühl, die Überzeugung von der sozialen Verbundenheit aller Menschen, die sittliche Verantwortung für den Nächsten bestimmen das Verhältnis der Generationen untereinander. Die Zeit prägt dafür den Begriff der „Menschenliebe". Der Einzelne soll den Armen, Alten, Witwen und Waisen helfen. Bezeichnenderweise gilt in der zeitgenössischen Fabel die fleißige, der Gesamtheit dienende Biene mehr als der schöne, nur für seine eigenen Wünsche lebende Schmetterling. Man ist zwar weit davon entfernt, sich für die anderen restlos aufzuopfern, aber man pflegt eine überlegte, gelassene soziale Verbundenheit unter tugendhaften Menschen. Dieses zeitgenössische Idealbild des maßvoll lebensfreudigen Menschen, der sich weise, genügsam und zufrieden, sanft und sittsam gibt, der die Freuden des Lebens mit Bedacht genießt, kommt den physischen Möglichkeiten der alten Menschen naturgemäß eher entgegen als die draufgängerische, rohe und ungebändigte Umgangsart des 16. Jahrhunderts[81]. Jetzt

[74] GABRIELE VON BÜLOW: Ein Lebensbild, hg. von ANNA VON SYDOW, 15. Aufl., Berlin 1913, S. 113; zit. nach W. ROESSLER (1961), S. 84.

[75] K.F. UDEN: Über die Erziehung der Töchter des Mittelstandes, Stendal 1783, S. 89f.; zit. nach W. ROESSLER (1961), S. 85.

[76] CHRISTIAN FELIX WEISSE: Der Projektemacher V, 1, in: DERS.: Lustspiele, Leipzig 1783.

[77] RABE (1972), S. 394f.

[78] Dazu WAIS (1931), Bd. 1, S. 14ff.

[79] Vgl. QUABIUS (1976), S. 21f.

[80] Zit. nach MÖLLER (1969), S. 16.

[81] Vgl. BRÜGGEMANN (1933), S. 7ff.

können sie auf vielen Gebieten mit den Jungen mithalten und ihre Erfahrung und Stärken voll zur Geltung bringen. Daher verhöhnen die Schriftsteller der Jahrhundertmitte nicht mehr das Alter und beklagen seine Leiden, sondern rühmen seine Weisheit. So reimt Johann Andreas Cramer:

Wenn auch Widerwärtigkeiten
Wider meine Ruhe streiten:
Will ich dennoch voll Vertraun
Auf zu dir, mein Vater, schaun.

Dann mag, was da will, mich kränken,
Alles mich in Not versenken,
Dennoch hab' ich Trost und Mut,
Was mein Vater tut, ist gut. [82]

Friedrich von Hagedorn wagt schließlich ein noch lauteres Ja zum Leben und plädiert dafür, auch den alten Menschen an den Freuden einer höflichen Jugend teilnehmen zu lassen, weist aber zugleich auch mit einem Augenzwinkern auf die Grenzen solcher Vergnügungen hin:

Im Beyseyn der Alten verstellt sich die Jugend:
Sie trinkt nur bey Tropfen: sie durstet vor Tugend;
Ich ehrlicher Alter verstelle mich auch,
Bezeche den Jüngling und leere den Schlauch.

Mein Auge wird heller: wer höret mich keichen?
Ich suche der muthigen Jugend zu gleichen;
Und will, auch im Alter, bey Freunden und Wein,
Kein Tadler der Freuden, kein Sonderling seyn. [83]

Die Bevölkerung beginnt, solche Regeln zu befolgen. Vor allem das Theater wird aber etwa 1740 einer der großen Lehrmeister der Deutschen. „Es mag unglaublich vorkommen, wem es will", sagt der junge Lessing, „mir haben die Komödien sehr große Dienste getan. ... Ich lernte wahre und falsche Tugenden daraus kennen, und die Laster ebenso sehr wegen ihres Lächerlichen als wegen ihrer Schändlichkeit fliehen." [84] Gleichzeitig rückt auch in der Malerei der alte Mensch vermehrt in den Mittelpunkt. In dem Gemälde „Goldene Hochzeit der Eltern" umgibt Georg K. von Prenner das alte Jubelpaar mit dem Glanz eines kleinen Hofstaates, läßt es im Licht erscheinen, während die jüngeren Generationen den Rahmen bilden (Bild S. rechts).

Alle diese vielfältigen Bemühungen um Versittlichung und Humanität, um ein friedliches Zusammenleben der Generationen, um Hervorhebung und Würdigung der Lebenserfahrung der Älteren, finden ihren Niederschlag in den Altersbildern, wie sie zur Mitte des 18. Jahrhunderts in den gängigen Konversationslexika, Enzyklopädien und Wörterbüchern vorzufinden sind [85]. Gegenüber dem 16. Jahrhundert, das noch kaum einen Gedanken darauf verschwendet hatte, wie die Altersphase zu verlängern sei und lediglich auf eine rasche Erlösung von allen Qualen des Diesseits hoffte, wird jetzt in der Gesellschaft die Frage nach der Beeinflußbarbeit der Lebensdauer heftig diskutiert, und in „Hülfsbüchlein" und Zeitschriften erscheinen entsprechende Ratschläge. Während man noch in früheren Jahrhunderten vom Arzt erwartete, er solle entweder die Heilung der Kranken unterstützen oder aber die „facies hippocratica" erkennen, jene typischen Anzeichen eines baldigen Todes, erwarten jetzt immer mehr Menschen von den Ärzten Empfehlungen zur Verlängerung des Lebens. Das wäre zuvor noch als ungeheure Hybris aufgefaßt worden. Zur Mitte des 17. Jahrhunderts hatte eine immer wieder zitierte Lebensregel alte Menschen noch sagen lassen: „Verschaffe und bittet .../ daß ich wol sterbe/ und seelig werde. Dann besser ist die Barmhertzigkeit Gottes/ weder langes Leben." [86] Für die aufgeklärte Gesellschaft des 18. Jahrhunderts dagegen besitzt der griechische Mythos, demzufolge Zeus den Asklepios mit dem Blitz erschlug, weil dieser es gewagt hatte, Tote zum Leben zurückzuholen, keinen normativen Charakter mehr [87]. Es kann kaum verwundern, daß die Rezepte, die die Ärzte des 18. Jahrhunderts als Heilmittel gegen einen frühzeitigen Tod anzubieten haben, eine weitreichende Ratlosigkeit nicht verbergen können. Noch fehlt es der Medizin an der nötigen Erfahrung. Das „Universal-Lexikon" aus dem Verlag von Johann Heinrich Zedler empfiehlt 1732 lediglich „enthaltung allen überflusses" und eine „ordentliche Lebensart" [88] und umschreibt damit in aller Kürze die Forderung der Ärzte des 18. Jahrhunderts nach einem allseits gemäßigten Leben, wie dies bereits Hippokrates als Ideal vorgeschwebt hatte. Diätetik heißt das Programm für eine allumfassende Lebenskunst, was sehr viel mehr bedeutet als die auf fade Schleimsüppchen reduzierte Diät fetter Wohlstandsbürger und hohlwangiger Mannequins. Eine Vielzahl von Autoren arbeitet an der Verwirklichung dieses Programms, verzichtet zwar auch nicht auf alte, pauschale Lebensregeln wie „Iß und trink mit Mäßigkeit! Wach und schlaf zu rechter Zeit!", geben aber vor allem detaillierte Anweisungen für die gesunde Zubereitung von Fleisch und Gemüse, erklären die Bedeutung von Sauberkeit bei der Essenszubereitung, die Gefahren von angefaulten

[82] Abgedruckt BRÜGGEMANN (1933), S. 52f.

[83] FRIEDRICH VON HAGEDORN: Der Alte, in: DERS.: Sämmtliche Poetische Werke, 3. Teil, Hamburg 1771, S. 74.

[84] Zit. nach ERMATINGER (1935), S. 249.

[85] Vgl. Arbeitsgruppe (1982), Bd. 1, S. 91-98.

[86] CARON (1655), S. 283.

[87] Vgl. RIDDER (1983), S. 111.

[88] JOHANN HEINRICH ZEDLER: Großes Vollständiges Universal-Lexikon aller Wissenschaften und Künste, Halle, Leipzig 1732, Sp. 1556.

oder verschimmelten Lebensmitteln, versuchen die Leser zur Körperhygiene zu erziehen und erläutern die Wichtigkeit der richtigen Kleidung für die Gesundheit. Bereits um das Jahr 1680 hatte Gottfried Wilhelm Leibniz in seinem Programm für ein Medizinalwesen und mit seinen „Directiones ad rem medicam pertinentes“ für eine durch die Ärzte gelenkte und kontrollierte Lebensführung der gesamten Bevölkerung plädiert. Er wollte den Medizinalbereich verstaatlichen und in Form eines Ordens organisieren. Er empfahl den Ärzten, die Menschen zu einem diätetischen Lebensstil zu erziehen und Gesundheit und ein langes Leben eher über Essen und Trinken, über Küche und Keller als über Apotheke und Laboratorium zu erstreben. Die Ärzte sollten ihre Verordnungen oftmals nicht für den Apotheker, sondern für den Koch und den Bademeister schreiben. Leibniz forderte, den Ärzten die Lebensmittelaufsicht zu übertragen, sie Herstellung und Verkauf von Obst, Fleisch und Backwaren, Bier und allen anderen Getränken überwachen zu lassen. Sie sollten ihre Erfahrungen in einem Archiv niederlegen und statistische Erhebungen anstellen über das Wetter, die Landwirtschaft, Lebensmittelpreise, Viehseuchen und ansteckende Krankheiten und sie sollten schließlich die Sterberegister führen [89]. Diese Vorschläge finden ihren Niederschlag in der Errichtung des „Collegium Sanitatis“ um 1700 in Preußen, das alle Aufgaben des öffentlichen Gesundheitsdienstes übernimmt. Die Lehre der Diätetik erreicht nicht nur eine dünne Oberschicht, sondern wird über populärwissenschaftliche Broschüren weit in die breite Masse der Bevölkerung hineingetragen und zum Teil auch gelebt. Rudolph Zacharias Becker umgibt gegen Ende des 18. Jahrhunderts seine Lebensregeln mit einer alltäglichen Geschichte und erzählt, „wie eine geschickte, reinliche und ordentliche Hausfrau viel dazu hilft, daß ihre Leute gesund bleiben und ein hohes Alter erlangen“ [90]. Und da der Autor weiß, daß eine Belehrung und eine schöne Geschichte die Menschen kaum aus ihrem Alltagstrott herausbringen, fügt er unmittelbar, um die Zeitgenossen wachzurütteln, eine Schauergeschichte an, „wie bey einer ungeschickten, säuischen und unordentlichen Hausfrau immer alles kränkelt und elend ist“. In einer derben Sprache, die jeder versteht, werden der Hausmutter die vielen negativen Folgen von Unsauberkeit, Unordnung, Faulheit und Gedankenlosigkeit für die Länge des Lebens erläutert und mit deftigen Sprüchen garniert:

> Mädchen, soll ich dich noch freyn?
> Mußt nicht dumm, nicht säuisch seyn!
> Will dich ja zu meiner Frau,
> Nicht zur Kuh und nicht zur Sau. [91]

Den Gesundheitsregeln liegt noch keine medizinische Forschung zugrunde. Vielfach sind sie noch von religiösen Moralvorstellungen abgeleitet, teilweise der apokryphen Sammlung von Sittensprüchen des Buches Jesus Sirach entnommen: „Ueberfülle dich ... nicht mit allerley Speise und friß nicht zu gierig: denn viel Fressen macht krank, und ein unsättiger Fraß kriegt das Grimmen. Viele haben sich zu Tode gefressen, ... wer aber mäßig isset, lebt desto länger. Zum trinken wähle frisches Wasser. ... Willst du dich an Sonn- und Festtagen auch durch einen Trunk Wein laben, so lerne ... Wein aus Obst machen, wenn du keinen Weinberg hast. Der Wein, sagt Sirach, erquicket dem Menschen das Leben, so man ihn mäßiglich trinket: aber die Trunkenheit macht einen tollen Narren noch töller, daß er trotzet und pochet, bis er wohl gebläuet und verwundet wird, oder wie ein Vieh im Mistloche crepirt. ... Vermeide ... alle Sauerey und Unreinlichkeit ... Halte auf Reinlichkeit in deiner Wohnung und auf frische gesunde Luft ... Vor allen Dingen meide Hurerey und Unzucht; denn Sirach sagt: die sich an Huren hängen, werden wild und kriegen Motten und Würmer zu Lohn, und verdorren andern zum merklichen Exempel ... Bemühe dich auch immer ein fröhliches Herz zu haben, und meide alles, was dir unnütze Sorgen, Aergerniß, Verdruß und Kummer machen könnte. Denn ein fröhlich Herz, sagt Sirach, ist des Menschen Leben, und seine Freude ist sein langes Leben: Traurigkeit hergegen tödtet viel Leute, und dienet doch nirgend zu. Eifer und Zorn verkürzen das Leben, und Sorge macht alt vor der Zeit.“ [92] Gegenüber dem Wissen, über das die Antike verfügte, ist daraus sicherlich kaum ein Fortschritt zu erkennen. Entscheidend aber ist, daß sich die Menschen jetzt Gedanken machen, wie das Leben zu verlängern, wie es zu steuern und bewußt zu gestalten sei, weil es in diesem Leben trotz aller Härten des Alltags nicht nur immer weiter bergab geht, sondern in mancher Hinsicht auch aufwärts. An die Stelle der frühneuzeitlichen Lebenstreppe mit ihren auf- und abwärts führenden Stufen tritt in gewisser Beziehung die Lebensleiter, deren Sprossen nur nach oben führen [93].

Mit der gesamten Medizin geht es im 18. Jahrhundert leicht bergauf. Zwar ist der Arzt noch immer nicht sonderlich geachtet, und das ganze Land bleibt noch immer von Kurpfuschern, Scharlatanen und Quacksalbern verseucht, aber die Regierungen versuchen doch über schärfere Examen das Wissen der Stadt- und Kreisphysici zu verbessern, und der Empirismus beeinflußt den Fortschritt der Wissenschaft sehr positiv. Die Schüler von Boerhaave, der in Leiden Kliniker ausbildet, untersuchen ihre Patienten höchst sorgfältig und bedienen sich der Lupe und des Thermometers.

[89] Dazu SCHIPPERGES (1970), S. 258f.
[90] R.Z. BECKER (1980), S. 155ff.
[91] Ebd. S. 161.
[92] Ebd. S. 321ff.
[93] Vgl. ROSENMAYR: Deutungsversuche (1978), S. 24f.

Dennoch haben die Ärzte größte Schwierigkeiten, die empfohlenen Hygienevorschriften in die Tat umzusetzen. Selbst in Berlin weiß die Presse im Jahre 1796 von skandalösen Zuständen in der „Charité", diesem ehemaligen Hospital, zu berichten. Als Schleiermacher dort Anstaltsgeistlicher wird, befinden sich auf den beiden Etagen, die für 250 Kranke eingerichtet sind, 3.325 Menschen. Ein Witz macht in der Stadt die Runde; er handelt von einem Fremden, dem man zunächst die neue Modellschule für Veterinärmedizin gezeigt hat und dann die Charité. Sein Resümee: „Die Schule ist ein Ort, wo man die Hunde wie Menschen behandelt, die Charité einer, wo man die Menschen wie Hunde behandelt." [94]

Trotz oder gerade wegen dieser unbeschreiblichen Mißstände entfacht der Arzt Christoph Wilhelm Hufeland mit seiner Schrift „Makrobiotik oder die Kunst das menschliche Leben zu verlängern" seit 1796 geradezu eine Volksbewegung. Seine Artikel sind lebhaft geschrieben und die Schlußfolgerungen für die Leser einsichtig. Der Kaufmann, Handwerker und Volksschullehrer, der sein Buch gelesen hat, weiß, warum man sich unter fließendem Wasser waschen soll, inwiefern Schminke schädlich ist und warum man im Sommer Gymnastik treiben soll. Hufeland erklärt ganz einfach, warum die Heilpraktiker übelste Kurpfuscher sind und wie mit ganz einfachen Mitteln das Leben zu verlängern ist. Er predigt Hygiene, rät, nach den Mahlzeiten die Zähne zu putzen, die Haut rein zu halten und Medikamente zu meiden, da sie oft mehr schaden als nützen. Er wendet sich gegen jene Richtung in der Medizin, die durch verschiedene Mittel jeden Menschen auf die höchste Stufe seiner physischen Stärke zu heben und das Leben zu verlängern versucht, damit aber oft eine Verkürzung des Lebens bewirkt. Er glaubt, daß es nach einem göttlichen Plan eine maximale Lebensdauer gibt, so daß der Mensch diese Lebensspanne lediglich mit seinen Kräften, seinen Fähigkeiten und mit Hilfe der übrigen Gesellschaft bestens auszufüllen und zu steuern vermag. Er empfiehlt im Alter die Wärme zu suchen, leicht verdauliche Nahrung zu bevorzugen, körperliche Exzesse zu vermeiden, Ordnung in allen Lebensverrichtungen zu bewahren sowie in Heiterkeit und Glück zu leben [95]. Hufeland ist der hervorragendste Exponent der bürgerlichen Gesundheitsbewegung, die sich bewußt von den Lebensformen des Adels abzusetzen versucht. Er steht am Ende der Diätetik, die im 19. Jahrhundert von der naturwissenschaftlich fundierten Medizin, die nur noch einen Blick hat für die „res naturales", verdrängt wird. Vor ihm trägt eine Schar von Ärzten und Heilkundlern alle möglichen Lebensregeln zusammen, die nur irgendwie dazu beitragen könnten, ein langes und gesundes Leben zu erhalten. Manche dieser Ratschläge sind äußerst abstrakt und bieten keine echte Lebenshilfe; andere sind falsch und überzogen. So fordert im Jahre 1749 Christian Friedrich Daniel in seinen „Beyträgen zur medicinischen Gelehrsamkeit", die „Circulation des Geblüts, nebst der davon herrührenden Absonderung der guten und schlimmen Säfte, durch eine gehörige Diaet lange in rechtem Stande und Ordnung" zu halten, um das Leben zu verlängern. Er rät aber gleichzeitig den alten Menschen, die auf eine „muntere Geblüts-Bewegung" zu achten hätten, von „starken Kopf-Arbeiten" und vielem „Nachsinnen" ab, da sie dadurch „gar sehr geschwächet werden". Auch seien „die venerischen Begierden" zu vermeiden, „noch vielmehr aber der Beyschlaf selbst", der „bey Alten sehr wenig und behutsam, oder gar nicht gestattet werden darf" [96]. Auch der Leibarzt der Kaiserin Maria Theresia, der Reorganisator des österreichischen Gesundheitswesens, Gerard van Swieten, entwickelt 1763 Rezepte, um „ein frisches, rüstiges Greisenalter" zu bewahren, und verpflichtet jeden, „sein Alter sorgfältiger zu erhalten, damit er dem Staat und seiner Familie noch nützen könne" [97]. Zu Ende des 18. Jahrhunderts setzt in Deutschland zudem die Sportbewegung ein, deren Begründer, der Lehrer Johann Christoph Friedrich Guts Muths, in seiner 1793 erscheinenden Schrift „Gymnastik für die Jugend" unter den Hauptaufgaben des Schulturnens „die Verbesserung des Gesundheitszustandes" sowie „die Anhebung des geistigen und moralischen Niveaus beim Jugendlichen" nennt [98]. Insgesamt wird dem menschlichen Leben jetzt deutlich mehr Wert beigemessen, woraus auch das Alter Nutzen zieht. Man ehrt es, huldigt in aller Öffentlichkeit den Greisen, feiert jeden hohen Geburtstag als neuen Triumph der Menschheit über den Tod und zählt wie auf der Zeichnung von Lorenz Heid „Alte Frau von 105 Jahren" von 1746, gewissermaßen als Siegestrophäen die Zahl der Kinder, Enkel und Urenkel auf (Bild S. 128). Auch die vielfältigen Bemühungen um das „gemeine Beste" sind Ausdruck dieser geistigen Wende.

In Verbindung mit den Bestrebungen der Medizin um Verlängerung des menschlichen Lebens tauchen die Begriffe „Wohlfahrt, Wohlstand, Allgemeinwohl" vermehrt in den Wörterbüchern der Ärzte auf. Ursprünglich meint der medizinische Terminus „wohl" soviel wie ganz, gesund, integer und heil und geht auf einen religiösen Grundbegriff zurück, der in der Aufklärung säkularisiert wird [99]. Schon Leibniz tritt leidenschaftlich für ein Programm zur Realisierung des „gemeinen Besten" ein und setzt an die Stelle des Seelenheils das öffentliche Wohlergehen. Giovanni Battista Morgagni bezeichnet

---

[94] BRUNSCHWIG (1976), S. 302.
[95] HUFELAND (1975), S. 466ff.
[96] Halle 1749, S. 18f.
[97] Zit. nach ROSENMAYR: Deutungsversuche (1978), S. 59.
[98] Neuausgabe Frankfurt a.M. 1970.
[99] SCHIPPERGES (1970), S. 247.

Hundert und Fünff Jahre sind es, darinn sich dis * Weib befindt,
Zwey und achzig * * Seelen sind es, die von ihr herkommen sind.
* Magdalena geb. Neggesin, Georg Grossens Rothgerb. Wittib.
ist Anno 1642. im Evangelischen Collegio in Augspurg getaufft worden.
* * 5. Kinder. 39. Enckel. 38. Uhr Enckel.
Lorenz Haid ad vivum del. 1746. Ioh. Iac. Haid. scul. et exc. Aug. Vind

1761 in seinem Standardwerk der modernen Pathologie „De sedibus et causis morborum" die am 11. Juli 1700 von Kurfürst Friedrich III. von Brandenburg gestiftete Berliner „Societät der Wissenschaften" unter ihrem Präsidenten Leibniz als ein Symbol der Zeitenwende, als einen Umbruch ins Moderne, als einen Aufbruch ärztlicher Wohlfahrt[100]. Die Ideen von der Wohlfahrt und dem gemeinen Besten verbreiten sich über die Aufklärung in der Literatur der Kameralisten und Mediziner. Der „Medicus politicus" von Friedrich Hoffmann aus dem Jahre 1738 bildet eine Etappe auf diesem Weg. Schließlich greifen die Autoritäten der Staatswissenschaften diese Anregungen auf: Johann Heinrich Gottlob von Justi und Joseph von Sonnenfels. Für sie ist der Wohlstand der Bevölkerung ein Stück Glückseligkeit, zu der Gesundheit und ein langes Leben ganz selbstverständlich gehören. Sie fordern eine Ordnung des gesamten Lebens nach diätetischen oder medizinischen Grundsätzen, sie erstellen konkrete Pläne zum Aufbau einer öffentlichen Gesundheitspflege, die man jetzt als Medizinische Polizei zu bezeichnen pflegt. Justi geht in seinen Abhandlungen über die „Policey-Wissenschaften" auf Fragen der öffentlichen Hygiene und des „Medicinalwesens" ein, und Johann Peter Frank gibt in seinem monumentalen, sechsbändigen Werk „System einer vollständigen medizinischen Polizei" (1777/1817) konkrete Vorschläge zur Verbesserung der Gesundheit der breiten Masse der Bevölkerung. Unter anderem werden hier Mutter- und Säuglingsschutz, Schulgesundheitspflege, Nahrungs-, Wohnungs- und Kleidungswesen, Leibesübungen und Seuchenvorsorge behandelt[101]. Ärzte, Pfarrer, Lehrer und Schriftsteller versuchen über Bücher, Katechismen, Bildtafeln, Lehrgedichte, Kalender, Predigten und über die vielen neugegründeten populärmedizinischen Zeitschriften auf den Einzelnen einzuwirken, um ihm ein Leben ohne größere Gebrechen bis ins Alter zu ermöglichen[102]. Die Vorstellung vom rational-aufgeklärten und durch Selbstkontrolle beherrschten Altern, die im Ursprung auf Solon und im Ausbau auf Platon zurückreicht, vermittelt seit der zweiten Hälfte des 18. Jahrhunderts einer Sozialmedizin vom Altern mancherlei Impulse.

Natürlich folgen die Menschen nicht alle oder nicht immer den Regeln der Diätetik, den meisten fehlt ganz einfach die Möglichkeit dazu. Mit der Gesundheit ist es wie mit der Seligkeit, deren Vorbedingungen man auch nicht eher zu erfüllen versucht, bis es fast schon zu spät für eine wirksame Reue ist. Auch bleibt die Forderung nach Mäßigung und einem wohlgeordneten Leben für alle die ein ferner Wunschtraum, die am Rande des Existenzminimums leben und sich mehr von den Launen der Natur und den dauernden Wechseln der wirtschaftlichen Lage leiten lassen müssen, als daß sie ihr Leben selbst gestalten können. Dennoch findet das Bemühen um ein gesünderes Leben, diese Lehre vom Wert des diesseitigen Lebens und der Schönheit des Alters, Widerhall. Anders ist der Erfolg der vielen Gesundheits- und Hülfsbüchlein nicht zu erklären. Die allgemeine Lebenserwartung steigt seit dem Dreißigjährigen Krieg bis zum Ende des 18. Jahrhunderts merklich an, wenn die Ursachen dafür auch nicht allein in der Medizin zu suchen sind. Meist wird nur der vor dem Dreißigjährigen Krieg gültige Stand wieder zurückgewonnen. Je nach Region ganz verschieden erreichen immer mehr Menschen ein höheres Alter, was zum Teil auch auf die Einführung neuer Nahrungsmittel zurückzuführen ist und damit auf eine bessere Ernährung. In Gebieten, in denen der große Krieg vor allem unter den Jüngeren relativ viele Opfer gefordert hatte, hebt sich die Lebenserwartung ganz besonders stark. In der Stadt Nürtingen am Neckar, die allein im Pestjahr 1635 die Hälfte ihrer Einwohner verloren hatte, kann ein dreißigjähriger Mann im letzten Drittel des 18. Jahrhunderts durchschnittlich noch mit 33,4 Lebensjahren rechnen im Gegensatz zu 28,0 Jahren 1651/80 und sogar nur 23,3 Jahren zur Zeit des großen Krieges (1621/50). Die durchschnittliche weitere Lebenserwartung einer fünfzigjährigen Frau steigt hier dagegen nur von 16,4 Jahren (1621/50) auf 17,9 Jahre gegen Ende des 18. Jahrhunderts (Graphik 9, S. 130). Bei derartigen Berechnungen gilt es aber zu berücksichtigen, daß das 17. und 18. Jahrhundert noch nicht den heute allgemein gültigen standardisierten Lebenslauf kannten und die Abweichungen relativ hoch lagen, so daß Zahlen über die „durchschnittliche Lebenserwartung" bei der Geburt kaum etwas aussagen[103]. In dem württembergischen Bauerndorf Eschenbach nahe Göppingen, das, durch keine Mauer geschützt, den durchziehenden Truppen und Horden während des „großen Strudels" hilflos ausgeliefert gewesen war, scheint die Entwicklung sogar umgekehrt (Graphik 11, S. 132). Hier steigt die Lebenserwartung der jüngeren und mittleren Jahrgänge bis gegen Ende des 18. Jahrhunderts zwar auch merklich an, die der älteren Menschen dagegen geht zurück. Der große Krieg mit seinen Seuchen und seiner Not hatte nur die Widerstandsfähigsten überleben lassen, und auch die Kriegs- und Notzeiten nach 1648 rafften weiter alle die in jungen Jahren rigoros hinweg, die kränklich und anfällig für die geringste Erkältung sind. Mit Rückgang der Seuchen im 18. Jahrhundert erreichen wieder mehr Menschen ein mittleres Lebensalter.

---

100 SCHIPPERGES (1970), S. 260.
101 Vgl. ACKERKNECHT (1979), S. 123f.
102 DREISSIGACKER (1970), S. 9ff.
103 Vgl. IMHOF (1986), S. 36f.

Graphik 9

Durchschnittliche weitere Lebenserwartung der Bevölkerung von Nürtingen nach Geschlecht und Alter 1651/80-1891/1920

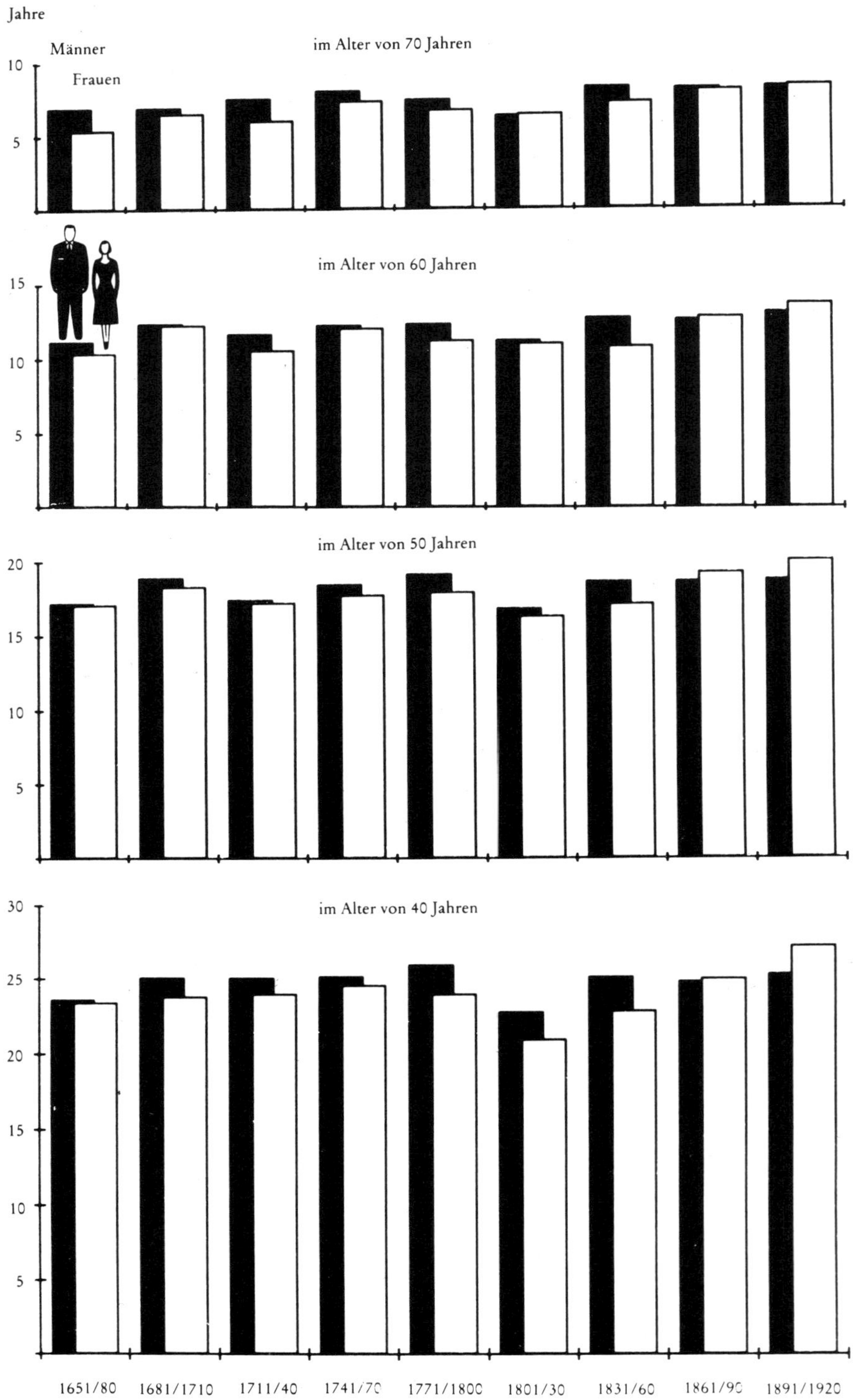

Quelle: Sterberegister von Nürtingen, LKAS; Männer n = 12.884, Frauen n = 12.127

Graphik 10

Altersaufbau der Bevölkerung von Nürtingen nach Geschlecht 1680 und 1770

1680

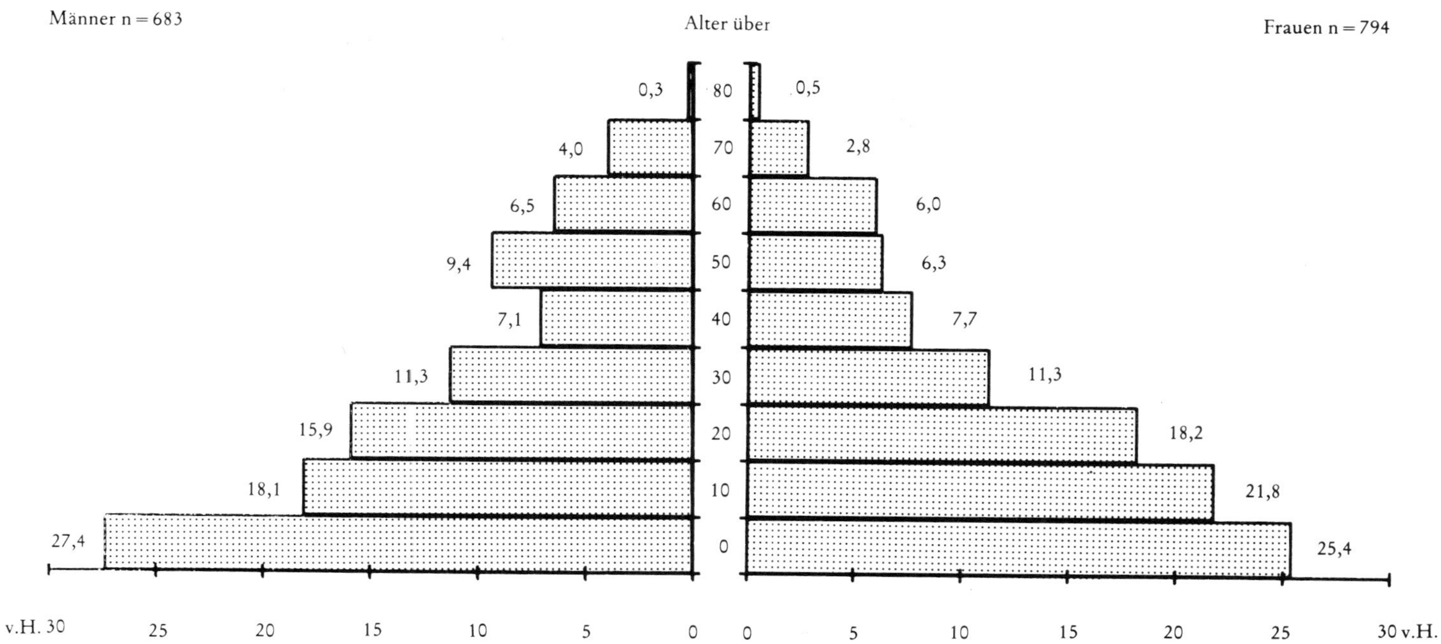

1770

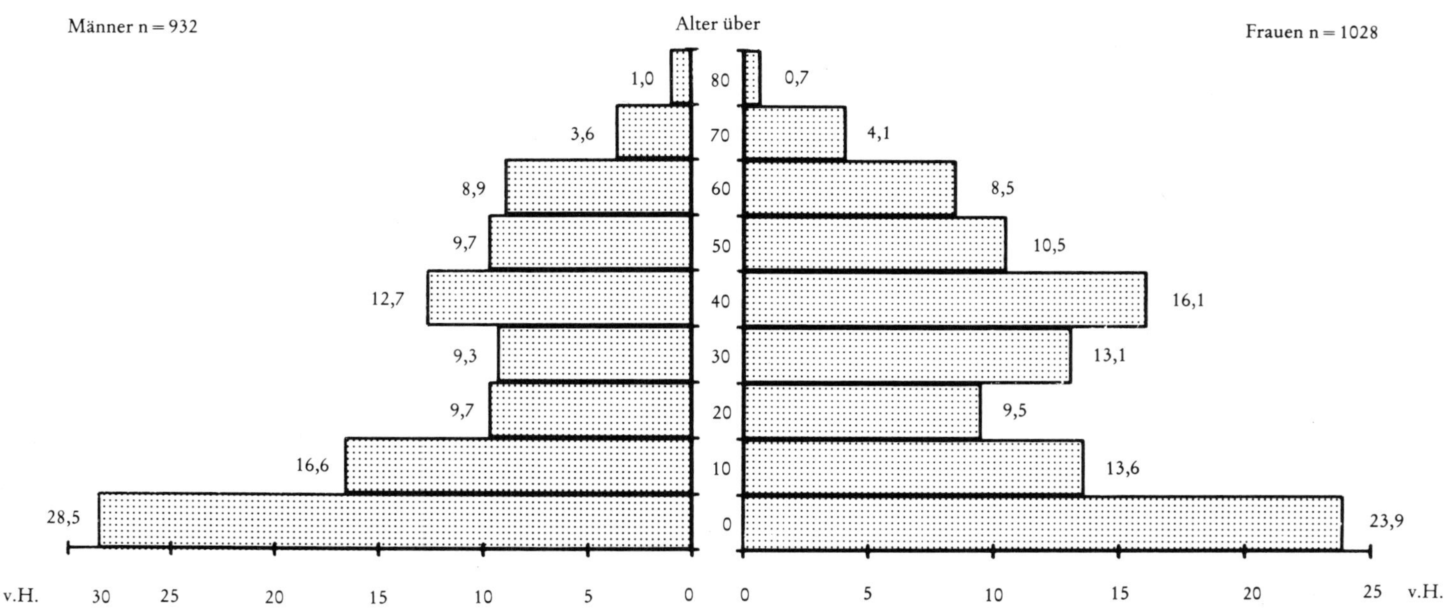

Quelle: Errechnet nach den Sterberegistern von Nürtingen, LKAS.

Graphik 11

Durchschnittliche weitere Lebenserwartung der Bevölkerung von Eschenbach 1651-1800

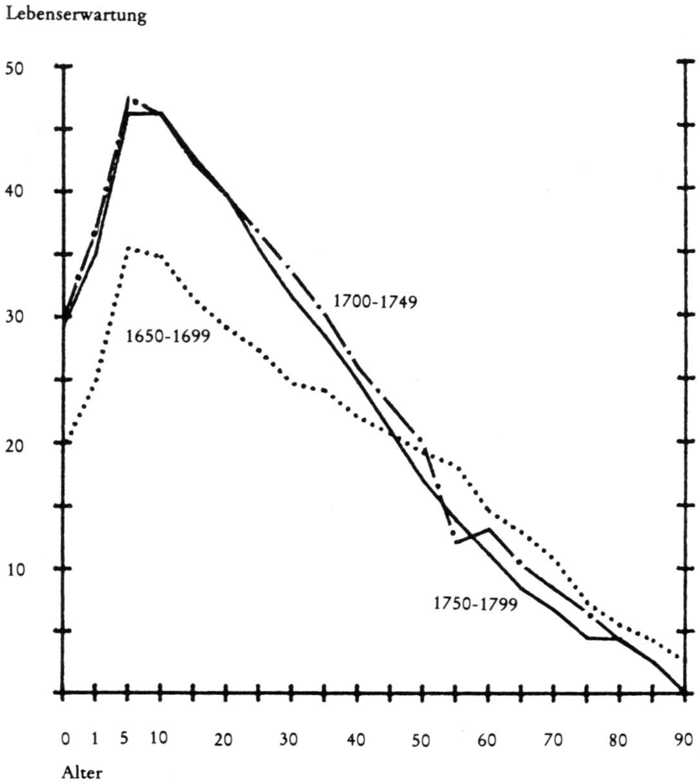

Quelle: Kirchenbücher; Pfarrhaus Eschenbach.

Mit der Lebenserwartung erhöhen sich auch Zahl und Gewicht der älteren Menschen in den Dörfern und Städten. Noch zu Beginn des 17. Jahrhunderts hatte der Anteil der über 65jährigen in Zürich 3,5 Prozent betragen und im Oberamt Lautern sogar nur 1,5 Prozent. Im Jahre 1680 stellt diese Altersgruppe in Nürtingen bereits 6,7 Prozent der Bevölkerung und sogar 8,6 Prozent im Jahre 1770 (Graphik 10, S. 131) [104]. Das Gewicht der Alten wächst wieder leicht, wenn diese Entwicklung auch keinesfalls mit der des 20. Jahrhunderts zu vergleichen ist [105]. Noch steht die Alterspyramide auf einem breiten Fuß und läuft nach oben spitz aus.

Der Mensch hofft seit dem 18. Jahrhundert nicht mehr nur auf eine Erlösung aus dem irdischen Jammertal, er beginnt für dieses Leben auch zu kämpfen. Er klopft nicht mehr voller Ungeduld an die Pforte zum Paradies, er wünscht sich eine Auferstehung schon im Diesseits. In gewisser Weise kann diese gegenüber dem 16. Jahrhundert völlig veränderte Einstellung zum Alter auch am Inhalt von Predigten abgelesen werden, ohne dabei deren Aussagekraft überschätzen zu wollen. Bereits seit dem ausgehenden 17. Jahrhundert bedienen sich die großen katholischen Redner des oberdeutschen Raumes, die ähnlich wie Abraham a Sancta Clara mit volksnahem Witz, glänzenden Einfällen und genialer Sprachvirtuosität ihre Exempla, Fabeln und Sagen von der Kanzel verkünden, unter anderem wieder der aus Äsop bekannten Geschichte vom Alten und dem Tod. Darin wünscht sich ein alter Mann den Tod herbei, weil ihm die Last seiner Arbeit zuviel wird. Als der Tod vor ihm steht und fragt, warum er ihn gerufen habe, sagt der Alte: „Damit du mir die Last da auf die Schultern hebst!“ Äsops Fabel will verdeutlichen, daß der Mensch am Leben hängt, und daß ihm der Tod unerwünscht ist. Während diese Geschichte in den antiken Fabelbüchern nur ein paar Zeilen beansprucht, wird sie von den Kanzelpredigern des 17. und 18. Jahrhunderts aufgelockert, ergänzt und gerade die Passage, in der der Alte dem Tod zu entfliehen versucht und um ein Weiterleben mit allerlei List kämpft, nimmt den breitesten Raum ein. Bei Andreas Strobl, der von 1673 bis 1706 als Seelsorger im Salzburger Kollegiatstift Laufen sowie in Buchbach wirkt und in dieser Zeit mehrere Predigtsammlungen herausgibt, hört sich dies so an: Der Alte ruft den Tod, damit dieser ihn von allem Elend erlöse. „Was geschicht? secht! der Todt bleibt nich lang auß, kombt und findet den alten Tädtl, dort in dem Wald, bey seiner Burd Holtz achetzen, redt ihn an, was willst du, spricht er, daß du mir geruffen? der Alte, als er den langbeinenden zaundörren und ungestalten Todt ersehen, erschrickt darüber, ziehet gleich andere Saiten auff. O! sagt er, ich mein halt und bitte dich, du wollest mir dise Burd Holtz auffhelffen. Ey du Lauer, widersetzt der Todt, hast du mir nit außtrucklich geruffen, ich solt dich zu mir nehmen, und deinem Elend ein End machen? O mein Todt, sagt der Alte, es ist mir nicht Ernst gewesen, habs nur auß lauter Müdigkeit gesagt. Ernst hin, Ernst her, schreyet der Todt, ich lasse mit mir nicht schertzen, willst oder willst nicht, jetzt must mit mir. Wolte ihn zugleich bey der Mitt nehmen. Der Alte fallet dem Todt zu Füssen, bittend, O mein guldener Todt, laß mich noch leben, nimb darfür mein Weib, sie ist noch vil älter als ich, schau? da gehet sie daher und will mir die Burd Holtz auffhelffen. Der Todt schauet umb, sihet aber nichts, unterdessen bietet der Alte all seinen Kräfften auff, laufft heimblich darvon, und wolt sich im Wald verbergen. Aber der Todt hat ihn alsbald ersehen, ziehet ihn bey den Haaren wider herauß, was? sagt er, meinst du wollest mir entrinnen? warumb förchtest du mich? du muest doch einmahl sterben und bist gantz zeitig genug. O mein Todt, laß mich noch nur ein eintziges Jahr umbkuglen auff diser Welt! was,

[104] In Köln betrug im Jahre 1813 der Anteil der über 65jährigen 6,45 Prozent; Tabelle bei FELDENKIRCHEN (1980), S. 193.

[105] Vgl. zum Anteil der alten Menschen auch LASLETT (1977), S. 186f. und EHMER (1982), S. 69f.

widersetzt der Todt, woltest du altes Crippel noch länger auff der Welt machen? ich thäte halt noch heurathen, wann mein Weib sturbe. O du alter Geck, du, noch heurathen? gehe mit mir, du alter Schiml, gehe, ich will dir ein Brauth suchen, in einem grünen geblumten Rock, dort in Freudhoff wartet sie schon auff dich. Nimbt ihn zugleich bey dem Kopff und macht ihm den garauß." [106]

Im 18. Jahrhundert mehren sich die Erzählungen, Gedichte und bildlichen Darstellungen, in denen der Mensch gegen den Tod angeht, zwar noch nicht mit allen Mitteln des späten 19. und des 20. Jahrhunderts, als der Arzt mit Serum, Spritze und Röntgenstrahlen den Tod angreift, aber man setzt sich doch schon mit den Mitteln zur Wehr, die jedem zur Verfügung stehen, und sei es nur mit gezielten Fußtritten wie das „Fischweib" oder mit dem Degen wie der „Ahnenstolze" in dem Totentanz von Daniel Chodowiecki aus dem Jahre 1791. Auch tauchen in Kinderbüchern einfache Gedichte auf, in denen dieses Thema angesprochen wird:

Ein Greis, den Alter, Frost und Gram,
Und Gicht, und Krampf, und Hunger krümmten
Dem oft sein bittres Weh die Luft zum Leben nahm,
Das Zeit und Schicksal ihm bestimmten,
Rief voller Ungeduld und Noth:
Ach! komm doch bald, gewünschter Tod!
Der Tod erschien, die Quaal zu heben;
Da steht er aus verzagtem Sinn:
Freund! geht zu meinem Nachbar hin,
Und laßt mich armen Alten leben. [107]

Auch erfahren Kurpfuscher und Wundertäter, die für viel Geld die Verlängerung des Lebens versprechen, regen Zulauf. Der berühmteste unter ihnen ist der 1743 in Palermo geborene Joseph Balsamo, der sich hin und wieder auch Marquis de Pellegrino nennt und seit 1776 als de Cagliostro durch ganz Europa reist. Er fabriziert ein Lebenselexier, magnetisiert, hypnotisiert und erleichtert einige bekannte Persönlichkeiten. Auf dem Höhepunkt seines Ruhms gründet dieses kleine, dicke und fast kahle „göttliche" Wesen mit seinem fahlen Teint und tiefgründigen Blick eine neue Loge mit ägyptischem Ritual und ernennt sich selbst zu ihrem Gebieter und „großen Kopten". Seine zahlreichen Anhänger, die ihn mit teuren Geschenken überhäufen, glauben, daß er mehrere Jahrhunderte alt sei, und leben in der Hoffnung, eines Tages selbst die Kunst zu beherrschen, das Leben der Menschen zu verlängern. Die aufgeklärten Vertreter des Sturm und Drangs greifen diesen Guru des Revolutionszeitalters heftig an: Goethe schreibt den „Groß-Kophta", Klinger den „Derwisch" und Schiller den „Geisterseher". Der selbsternannte Kopte muß wegen einer Affäre aus Frankreich fliehen, irrt durch die Schweiz und Italien und wird 1791 vom Inquisitionstribunal zu lebenslänglichem Gefängnis verurteilt, in dem er vier Jahre später stirbt [108].

Ebenfalls im 18. Jahrhundert malen christliche Moralapostel allen Sündern das Menetekel eines elenden Alters voller Mühen, Pein und Einsamkeit an die Wand. Sie drohen nicht oder nicht nur mit Höllenqualen im Jenseits, wie dies ausschließlich im 16. Jahrhundert geschah, sondern bereits mit Verdammnis im Diesseits, weil eben ein ehrwürdiges Alter jetzt zu einem erstrebenswerten Gut geworden ist. Im Jahre 1709 prophezeit Abraham a Sancta Clara in seiner unnachahmlichen Sprachfülle allen „Faulentzern" ein beschwerliches Alter oder — was fast als größere Strafe erscheint — einen vorzeitigen Tod: „Im Frühling sticht ihn der Lentz/ im Sommer die Mucken/ im Herbst will er sich nicht bucken/ im Winter geht er an der Krucken/ last sich von den Läusen jucken/ vom Bettl Sack drucken/ und muß in die leere Schissel gucken/ als ein fauler Narr wenig schlucken. ... Einer der nichts thut/ wird mit der Zeit anfangen übels zu thun. Die Handwercks-Leuth/ welche grosse Arbeith thun/ leben länger/ und seynd viel gesünder als die Faulentzer; dann sie vertreiben die Kranckheiten des Leibs/ und würcken der Seelen Heyl/ durch Mühe und Arbeit/ und diejenige Händ/ so nicht wollen arbeiten/ bindet der Hencker auf den Rucken." [109] In der kleinen Broschüre „Die verdorbenen Sitten" schreibt ein unbekannter Autor: „Schön ist die Sonne, die sich im Herbst im Westen verliert; schöner der Abend des Lebens eines frommen patriotischen Greisen. Aber Dunkelheit umgiebet das Ende des Lasterhaften, und sein Abend bricht ein, da es Mittag seyn sollte. ... Izt hat sein geschäftiger Müßiggang ausser dem Hause ein Ende. Seine Kräfte versagen ihm den Dienst, und einige Gestalten des Lasters versagt er denselben hinwider, weil sie fordern, was er nicht mehr hat. In der verhaßten Stille seiner Einsamkeit klaget er über sein Schiksal, gleich als wäre es ungerecht, und nicht das Werk seiner eigenen Hände. Ungedultig weiß er selbst nicht, was er haben will, und niemal ist sein verdrüßlicher Eigensinn seinem gedrükten Weibe mehr zur Plage worden." [110] Ganz knapp formuliert Christian August Struve zu Ende des Jahrhunderts: „Eine faule Jugend macht ein lausiges

---

[106] ANDREAS STROBL: Ovum Paschale (1708), 3. Teil, S. 128ff.; zit. nach MOSER-RATH (1964), S. 40f.

[107] Von FRIEDRICH VON HAGEDORN aus dem Jahre 1771, abgedruckt bei VOIT (1793), S. 26.

[108] Vgl. BRUNSCHWIG (1976), S. 306f.

[109] ABRAHAM A SANCTA CLARA: Centi-Folium Stultorum In Quarto. Oder Hundert Ausbündige Narren/ In Folio. Neu aufgewärmet/ ... Auch mit einer delicaten Brühe vielerartigen Historien/ lustiger Fablen/ kurtzweiliger Discursen/ und erbaulichen Sitten-Lehren angerichtet. Im Lvstigen Jahr/ als Diese Narren-Schaar erkohren gar, 1709; zit. nach MÜNCH (1984), S. 149ff.

[110] Zürich 1754, S. 14f.

(elendes) Alter."[111] Umgekehrt versprechen „Moralische Handbücher" allen ein langes Leben, die die Autorität ihrer Eltern unterwürfig anerkennen und ihnen mit „Zärtlichkeit" begegnen: „Es ist nicht genug, unsere Väter und Mütter zu lieben: die Pflicht fordert nicht weniger, daß wir sie ehren sollen. Gott selbst befiehlt uns", heißt es in einer solchen Schrift aus dem Jahre 1764[112].

Die Zeiten, in denen der Mensch dem Tod mit hängenden Armen entgegentritt und sich ohne Widerstand mitnehmen läßt, sind zur Mitte des 18. Jahrhunderts endgültig vorbei. Zwar ist man dem Tod weiterhin jederzeit machtlos ausgeliefert, da die Medizin trotz aller Anstrengungen noch kaum ein Mittel gegen die gängigen Krankheiten und Seuchen des Jahrhunderts anzubieten hat, aber man begibt sich im Zeitalter der Aufklärung auf die Suche danach. Selbst der alte Mensch möchte sein Leben verlängert wissen, seitdem er nicht mehr als ein Paria der Gesellschaft gilt. Die Zeitgenossen sind sich bereits in der ersten Hälfte des 18. Jahrhunderts durchaus darüber im klaren, daß sich der soziale Status der alten Menschen inzwischen gehoben hat. Entsprechende Lexikaartikel belegen dies. Die Autoren unterscheiden zwischen dem mittleren und dem hohen Lebensalter, wobei in Anbetracht der weiterhin relativ niedrigen Lebenserwartung für sehr viele das sogenannte mittlere Alter bereits das Ende ihres Lebens bedeutet. Nach dem Verfasser des „Universal-Lexikons" von 1732 erlebt der Bürger im „männlichen Alter" das Höchstgefühl seiner Kräfte, obwohl „bey dieser Abtheilung die Hitze mehrenteils vorbey ist", er „ausgeraset, ausgetobet" hat. Nicht mehr die Kraft und Unbändigkeit der Jugend wird jetzt gelobt, sondern das „gesetzte Wesen" des höheren Alters. Diese Altersstufe entspricht sehr genau den bürgerlichen Erziehungsidealen, da der Mensch nach der Jugendphase aufhört, „verschwenderisch zu seyn, man denckt, wie man etwas erwerben wolle, um sich und die Seinigen zu ernehren". Man sieht „auf seine Ehre und Reputation, lebet äußerlich ehrlich und nach den Regeln der Wohlanständigkeit", da man weiß, „wie viel daran gelegen ist, wenn man in der Welt fortkommen will"[113].

Derart positiv bewerten die Autoren das hohe Alter nicht. Trotz aller Ehrerbietung, die die Aufklärung den Greisen entgegenbringt, verschließen die Zeitgenossen nicht die Augen vor den offensichtlichen Schwächen, die in der Regel der letzten Lebensphase anhaften. Der Geiz und die Unfähigkeit, bei vorhandenem Wohlstand das Leben angenehm zu gestalten, sowie das andauernde Lamentieren über die gegenwärtigen Zeiten werden in knapper Form als Makel herausgestellt. Gegenüber den Kritikern des 16. Jahrhunderts, die kein Ende fanden bei der Aufzählung von Gebrechen und Fehlern der alten Menschen, nimmt sich diese Zurückhaltung jedoch fast wie ein Lob aus. Um nicht mißverstanden zu werden, beeilt sich der Autor zugleich zu versichern, daß „im übrigen ... das Alter bey allen Völckern und zu allen Zeiten in Ehren und Würden gehalten und hervorgezogen worden" sei, und fügt als Beweis verschiedene Sprichwörter an wie: „Die Alten, die Besten" oder „Alter Wein, gesunder Wein" oder „Alter Mann, guter Rath". Während das 16. Jahrhundert sich über die Langsamkeit der alten Menschen bisweilen lustig machte, versucht das 18., dieser eine gute Seite abzugewinnen. Man rät den Politikern, gerade solche Probleme, die große Bedächtigkeit erfordern, alten Menschen anzuvertrauen[114]. Das soll nicht heißen, daß der verachtete, klapprige, skurrile und böse Alte von den Aufklärern ganz aus der Literatur herausgenommen und dem Blick der Bevölkerung entzogen wird; er taucht lediglich deutlich seltener auf, wird öfters verschwiegen und, wie bereits am Beispiel der Moralischen Wochenschriften gezeigt, er wird in gewisser Weise ausgegrenzt.

Dieses rücksichtsvolle, die meisten Schwächen ausklammernde Bild vom Alter, das die Enzyklopädisten seit Beginn des 18. Jahrhunderts malen, hält sich bei stetiger Abschwächung bis in die achtziger Jahre. In der „Bilder-Akademie für die Jugend. Abbildung und Beschreibung der vornehmsten Gegenstände der jugendlichen Aufmerksamkeit" werden im Jahre 1784 das mittlere und das hohe Alter noch auf ganz ähnliche Art umschrieben wie ein halbes Jahrhundert zuvor: „Das männliche Alter (von 24. bis 45.) hat nicht so abwechselnde und einbildnerische Hoffnungen, und bleibt mehrentheils bey einerley Zweck und fortgesetzter Bemühung ihn zu erreichen. Daher ist dieses Alter gemeiniglich am thätigsten und arbeitsamsten. Das angehende und graue Alter, währt von dem 45. Jahre bis an den Tod. Es setzt fort, was das männliche Alter angefangen hat, empfindet aber schon einige Abnahme der Kräfte, daher hat es unter allen Altern, die kleinste Hoffnung und den stärksten Hang zur Furcht und Sorge. Wegen ihrer Erfahrenheit aber verdienen alte Leute viel Vertrauen und Achtung, insbesondere bey der Jugend, der sie rathen wollen; und ganz besondere Vorzüge, wenn sie unsere Eltern, Großeltern, Wohltäter und verdienstvolle Personen sind."[115]

Der arme, mürrische und elende alte Mensch paßt

---

[111] Erklärung teutscher Sprichwörter in Rücksicht auf Erziehung und Behandlung der Kinder, 1798; zit. nach MÜNCH (1984), S. 310.

[112] Moralisches Handbuch oder Grundsätze einer weisen und vernünftigen Aufführung in der Welt durch kurze Betrachtungen erläutert, 1764, S. 40f.

[113] JOHANN HEINRICH ZEDLER: Großes Vollständiges Universal-Lexikon aller Wissenschaften und Künste, Halle, Leipzig 1732, Sp. 1556f.

[114] Ebd.; vgl. auch Arbeitsgruppe (1982), Bd. 1, S. 96f.

[115] STOY (1784), Bd. 1, Tafel 2.

nicht recht in eine Zeit, die für ihren Optimismus berühmt ist. Er ist auch fehl am Platz in einer Zeit, in der seit Mitte des Jahrhunderts die strenge, äußere Verstandeskultur zunehmend einer warmen Empfindsamkeit Platz macht, in der die Vernunft die Partie verloren gibt, und das Gefühl an ihre Stelle tritt. Zwar fanden sich bereits im Rokoko mit seiner Schäferpoesie erste Tendenzen zu einer gewissen Gefühlsweichheit, doch blieb diese auf Äußerlichkeiten beschränkt. Anknüpfend an pietistische Tendenzen erfolgt nun die große Wende des Gefühlslebens vom religiösen auf das weltliche Gebiet, auf das Leben und die Natur. Man beobachtet sich, horcht in sich hinein, analysiert seine Gefühle, zeigt sie und spricht sie aus. Die zwischenmenschlichen Kontakte werden mit Sentimentalität bereichert. Waren die Väter und Großeltern früher kalt und streng gegen ihre Kinder, so zerfließen sie jetzt vor übergroßer Liebe, sie sind weich, süßlich und tränenselig. Sie gieren nach Rührszenen und sind fast wollüstig auf Tränen. Sie setzen ihre Autorität mit Sanftmut, Mitgefühl und Güte ein. So sieht das neue Ideal aus. Sie wandeln sich vom Hausvater in einen Familienvater [116]. In der Hamburger Kaufmannsfamilie Schramm feiert man den Greis Heinrich Ruperti als „verehrungswürdigsten Vater seiner Familie" und vergleicht ihn und seine Frau mit Philemon und Baucis [117]. Der Pfarrersohn Christian Fürchtegott Gellert (1715-1769) wird mit seinen Fabeln und Erzählungen, die bis in die einfachste Hütte vordringen, zu dem großen und gefühlvollen Erzieher der Jahrhundertmitte, Apostel des Herzens, Erwecker der Gefühle. Ihm gelingt es, nicht nur eine dünne Oberschicht zu einer neuen Lebensweise zu bekehren; er findet auch in der breiten Masse der Bevölkerung vielfach Anklang und wird verstanden, da seine Botschaft offenbar einem weitverbreiteten Bedürfnis entspricht. Die Greise, die in seinen Gedichten und Erzählungen auftauchen, sind keine senil-hinfälligen Zittergestalten mehr und dienen der Jugend auch nicht mehr als Zielscheibe für beißenden Spott, sie sind keine „defekten Exemplare der menschlichen Natur", wie Arthur Schopenhauer in seinen „Aphorismen zur Lebensweisheit" die alten Menschen im nachfolgenden Jahrhundert umschreibt [118]. Obwohl viele von ihnen oftmals bereits vom Tod gezeichnet sind und nur mit Mühe ihren Körper unter Kontrolle haben, erscheinen sie jetzt in der Literatur als Helden, denen die Mitmenschen Achtung entgegenbringen und auf die sie Rücksicht nehmen. Der verarmte Greis, dem im 16. Jahrhundert immer wieder die Sünden seiner Jugend, Verschwendung und Genußsucht, vorgehalten wurden, wird von Gellert als „redlich" dargestellt, und er beschreibt erfurchtsvoll sein „ehrlich fromm Gesicht, sein heilig graues Haar" [119], obwohl ein solcher alter Mensch während seines Lebens keine einzige herausragende Leistung vollbracht hat. In dem Gedicht „Der Greis" heißt es unter anderem:

> Von einem Greisen will ich singen,
> Der neunzig Jahr die Welt gesehn.
> Und wird mir itzt kein Lied gelingen:
> So wird es ewig nicht geschehn. ...
>
> Singt, Dichter, mit entbranntem Triebe,
> Singt euch berühmt an Lieb und Wein!
> Ich laß euch allen Wein und Liebe;
> Der Greis nur soll mein Loblied seyn.
>
> Singt von Beschützern ganzer Staaten,
> Verewigt euch und ihre Müh!
> Ich singe nicht von Heldenthaten;
> Der Greis sey meine Poesie! [120]

Insbesondere die Todesanzeigen sind seit den vierziger Jahren oft eine einzige Gefühlsmalerei zu Ehren des „zärtlichsten Ehemannes" und „liebreichsten Vaters", dessen Tod als ein „beweglicher, lehrreicher und seeliger Abschied" von dem „besten Freund" dargestellt wird. Die Hinterbliebenen scheuen sich nicht, in aller Öffentlichkeit ihre Gefühle zu zeigen: „Das Herz ist beklemmt, wenn es sich deßen erinnert, die Thränen der Liebe, die wir unserm redlichen Ehemanne und Vater zollen, verhindern uns weiter zu schreiben, und wir müßen durchaus einen Vorhang vor diese traurige Scene ziehen, wenn uns nicht die äußerste Wehmut ganz dahin reißen soll", heißt es in einer solchen Anzeige aus dem Jahre 1770 [121]. Mit der Verherrlichung des Seelenlebens geht auch die Entwicklung eines starken Naturgefühls und einer wirklichen Naturbegeisterung einher. Den Winter, den man bisher nur von seiner unwirtlichen Seite sah, den man als Synonym für das verachtete Greisenalter gebrauchte, denen man beiden nur wenig gute Seiten abgewinnen konnte, preist man nun voller Euphorie in zahlreichen Gedichten. Friedrich Gottlieb Klopstock predigt Eislauf, nach den Worten eines Freundes, „mit der Salbung eines Heidenbekehrers", und „eine Mondnacht auf dem Eise ist ihm eine Festnacht der Götter" [122]. Die Vorliebe für den französischen Garten mit seinen geometrischen Linien und Figuren, Ausdruck des rationalistischen Geistes im Zeitalter des Absolutismus, der sich die Natur untertan macht, stirbt, und man wendet sich der wilden, „weisen", „unfehlbaren" Natur

[116] Vgl. WINTERHOLER (1968), S. 27ff.
[117] SCHRAMM (1963), S. 224.
[118] SCHOPENHAUER (1963), S. 512.

[119] So in der Erzählung „Der arme Greis". CHRISTIAN FÜRCHTEGOTT GELLERT: Fabeln und Erzählungen, 2. Teil, Amsterdam 1775, S. 28ff.
[120] Ebd., 1. Teil, Amsterdam 1774, S. 64.
[121] Zit. nach STEINHAUSEN (1895), S. 35; vgl. auch SCHRAMM (1963), S. 120ff.
[122] Zit. nach STEINHAUSEN (1913), S. 394.

Der Greis.

Dritter Theil.

Mit allergnädigsten Privilegien.

Leipzig,
bey Friedrich Gotthold Jacobäer und Sohn,
1776.

zu, an deren Vollkommenheit man mit Inbrunst glaubt. Das Naturgefühl wird passiv getreu der Forderung des Dichters Friedrich von Hagedorn: „Ehrt die wirkende Natur, laßt das Künsteln ferne bleiben.“[123] Als schöne Natur gelten weiche Formen, matte Farben, milchiger Dunst, nicht grelle Farben und Lebensfreude, sondern behagliche Träumereien, seelenvoller Frieden, leise Wehmut. Inmitten dieser Idylle findet auch der alte Mensch eine Heimat. Der Herausgeber der Moralischen Wochenschrift „Der Greis“ empfiehlt seinen Lesern die Beobachtung der Natur, um im hohen Alter „Ruhe und Ergötzlichkeit“ zu finden: „Die ländlichen Scenen gewähren mir noch immer ein Ergötzen, wie der Jüngling es nur haben kann, und die Schönheiten, die ich sehe, vergnügen mich auch ohne Beziehung auf meinen Nutzen. Ein Feld voller Aehren, ein Teich voller Fische, Auen voller Heerden, Hügel, an denen Schaafe weiden, Wälder und Gebüsche, wie ich alles dieses an einem Sommermorgen von einer Anhöhe übersehe, ergötzen mich, wenn auch kein Baum in diesen Wäldern mein ist, und kein Schaaf und keine Aehre mir zugehört. ... Die Auftritte der Natur, ihre Werke, ihr Bau, alles ist für den denkenden Menschen ein Vergnügen.“[124]

Dieses Streben nach Empfindsamkeit ist eine Zeitströmung, die nur einen Teil der Bevölkerung seit den vierziger Jahren erfaßt. Andere, denen nicht weniger an einer Hebung der Sittlichkeit und der Achtung der alten Menschen gelegen ist, fühlen sich abgestoßen von solchen empfindsamen Träumern und ihrer heilen Welt. Ihnen wird unwohl von dem üblen Geruch, der der alltäglichen Wirklichkeit mit ihrem Haß, ihren kleinlichen Gemeinheiten und ihren vielen Schäbigkeiten weiterhin entsteigt und der den Erziehungsbemühungen der vorangegangenen Generationen widerstanden hat. Sie zeigen sich irritiert durch diesen weiter anhaltenden Gestank, der auch durch eifriges Fächern mit aufklärerischen und empfindsamen Schriften nicht zu vertreiben ist. Eine neue, junge Generation voller Tatendrang meldet sich lauthals zu Wort. Nicht wenige der neuen Erzieher fordern, den Blick nicht von den Realitäten abzulenken, sondern den Menschen als vernunftbegabten Wesen die Augen zu öffnen, das Alter nicht zu beschönigen, gleichwohl aber die Wertschätzung des Alters zu fördern. Verlangt werden jetzt lebensnahe Charaktere unter anderem von Christian Felix Weiße, später von Gotthold Ephraim Lessing. In der „Bibliothek für Jünglinge“ veröffentlicht Weiße im Jahre 1763 einen von ihm übersetzten Aufsatz unter dem Titel „Das Alter“, in dem er im Stile eines Naturwissenschaftlers alle Nachteile des Alters zwar rigoros auflistet, aber, typisch für die Zeit, diese Schattenseiten durch Hervorhebung der achtenswerten Merkmale wieder aufhebt. Einleitend beschreibt Weiße wie kaum ein anderer seiner Zeitgenossen das Höchstmaß an Ehrerbietung, das man zur Mitte des Jahrhunderts dem Alter entgegenbringt. Bei ihm erscheint das Alter als die eigentliche Krone des Lebens: „Unter allen ungereimten Wünschen, die zuweilen gethan werden, kann es keinen geben, der eines Mannes von guter Erziehung unwürdiger wäre, als diesen, wenn man sich jünger zu seyn wünscht. ... Der Zustand eines alten Mannes, der mit sich selbst bloß seines Alters wegen unzufrieden ist, entfernt sich am weitesten von der Vernunft und dem gesunden Verstande unter allen Wesen, die wir nur kennen. ... Das Alter ist ein Zeitpunct, dahin wir alle zu gelangen wünschen; und wenn wir ihn nun erreicht haben, sind wir eben so bereit, uns darüber zu beklagen,

[123] Zit. nach Koch (1935), S. 171.

[124] Der Greis. 120. Stück vom 1. Mai 1765, Leipzig 1776, S. 274f. (siehe Bild S. links)

und machen dadurch die alte Anmerkung wahr, daß Ehestand und Alter Dinge sind, welche man wünscht, und dann wieder bereut." [125] Während die Vertreter der Empfindsamkeit manche dunklen Seiten des Lebens mit salbungsvollen und rührseligen Worten zu überdecken suchen, schreckt die neue Generation nicht mehr vor einer detaillierten Beschreibung der Wirklichkeit zurück. Weiße nennt die einzelnen „Ungemächlichkeiten", die das Alter begleiten alle beim Namen: „Was für Schmerzen in den Gebeinen, für Krampf in den Nerven, für Qual in den Eingeweiden; welche Schwäche in der Absonderung und Verdauung; welche Abnahme des Gedächtnisses, und welcher Verfall der Sinne! ... Die Kindheit ist ein Stand der Hoffnung; ... Die Jugend ist ein Stand der Blühte; ... Das Alter aber wird mit fortgehenden Jahren schlimmer; es sinkt stets in Sorge und Vernachlässigung hinunter; und hat keinen anderen Trost zu erwarten als das Grab. ... Alte Leute sind insgemein mit mürrischem Wesen behaftet, vermöge dessen sie bei der kleinsten Veranlassung unzufrieden sind, die Sache bei dem ungerechten Ende angreifen und Worte und Handlungen auf das strengste auslegen. ... Sie hegen einen übertriebenen Argwohn, daß man sie verachte. ... Ein anderer Uebelstand des Alters ist, ... zu hohe Meynung von ihrer eignen Wichtigkeit. ... Sie bilden sich ein, ihr Verstand steige täglich aufwärts, und sie müßten an Weisheit, so wie an Jahren, zunehmen. Also setzen sie oft ihre Klugheit als ausgemacht voraus, ohne zu untersuchen. ... Sie verurtheilen die klüglichen Veränderungen des gegenwärtigen Zeitalters, und sind zu gütig gegen die Fehler des vergangenen./ Eine andere allgemeine Unvollkommenheit ... ist der Geiz. Sie werden gewahr, daß ihre Stärke abnimmt, und ihre Schwachheit sich vermehrt; daher schließen sie, es sey auch nöthig, daß ihr Vorrath zunehme. Das natürliche Mistrauen, die Aengstlichkeit des Alters übertreibt gern die Gründe zur Sparsamkeit." [126] Ähnlich den Verfassern der Enzyklopädien beeilt sich Weiße aber sofort, die Vorteile des Alters aufzuzählen, „die uns mit dieser Scene des Lebens aussöhnen können", wie er schreibt. Er nennt das Recht der alten Menschen auf Ehrerbietung gemäß dem Bibelwort: „Du sollst vor einem grauen Haupte aufstehen und das Angesicht des Alten ehren." [127] Er nennt zudem die Befreiung von den ungestümen Leidenschaften der Jugend: „Ein gemäßigter alter Mann, als man ihm ein schönes Gesicht zeigte, konnte sehr richtig antworten: ‚Ich bin es schon lange Zeit entwohnt, mich durch die Augen verführen zu lassen.' Ein anderer konnte eben so offenherzig von dem Vergnügen sagen: ‚Ich bin froh, daß ich aus dem Dienste dieser gebieterischen Beherrscherin losgekommen bin.'" Außerdem erwähnt Weiße die Erfahrung des Menschen im höheren Alter als positiven Wert: „Die Gefahr wird besser erwogen und die Unanständigkeit leichter entdeckt als ehedem." Schließlich erteilt er Ratschläge für ein von Krankheiten weniger geplagtes und ein zufriedenes Alter und zitiert dabei den Satz von Cicero: „Eine wolllüstige und unmäßige Jugend übergiebt dem Alter einen entkräfteten Leib." Wie bei vielen seiner Zeitgenossen erscheint auch bei Weiße die Tugend als das große Allheilmittel, um den im Alter von Krankheiten erschütterten Körper von innen her „auf wunderbare Art" zu stärken [128].

Aus solchen und ähnlichen Texten der frühen sechziger Jahre läßt sich bereits die merklich kritischere Haltung der Zeitgenossen ablesen, die nicht mehr wie noch ihre Väter zu beschönigen suchen, die sittlich bereits so gefestigt erscheinen, daß sie nicht mehr die düsteren Seiten des Alters zu vertuschen brauchen, die der Wirklichkeit ins Auge sehen können, ohne zu erschrecken, und die davor gefeit sind, die Flucht in ein rücksichtsloses Genießen der Jugendzeit anzutreten. Die „Geniezeit", wie sie sich selbst, der „Sturm und Drang", wie man sie später genannt hat, bricht an und mit ihr eine neue Bewertung des Alters. 1761 erscheint der Briefroman „Julie ou la Nouvelle Hèloise" des Franzosen Jean-Jacques Rousseau, der die Zeit der Empfindsamkeit mit einem hohen Maß an Leidenschaft und Aufgeregtheit bereichert, der das Wilde und Ursprüngliche zu schätzen lehrt. Ihre Gefühlsbetontheit wertet diese Jugend nicht mehr als Zeichen von Unvollkommenheit und Mangel an Verstand, sondern betont sie als neuen Wert. Begeisterungsfähigkeit und Gefühl sollen den Menschen emportragen und ihn Göttliches erahnen lassen. Diese neue mitreißende Gefühlspflege läßt die Gellertsche Tränensucht, die Melancholie und Gefühlsseichtheit weit hinter sich; sie macht Front gegen die „Pest der Schwärmerei" (J.H. Campe). Eine selbstbewußte, zukunftssichere Jugend bekennt sich zu den jungen, mutigen und lebensvollen Helden, erhebt die Jünglinge zu Halbgöttern und identifiziert sich mit Prometheus, der sich mit einem hohen Selbstgefühl ausgestattet und im Bewußtsein seiner körperlichen Kraft gegen jede Bevormundung durch die Generation der Eltern auflehnte. Man huldigt den Kraftkerlen, den unbändigen Kämpfern, den löwenstarken Männern; man pocht auf „Kraft und Mannsinn". Der junge Friedrich Schiller verkündet in seinem Gedicht „Kastraten und Männer", daß im sexuellen Kraftgefühl etwas Göttliches liege und feiert den „Feuergeist im Rückenmark" [129]. Man verhöhnt das „tintenklecksende Säkulum", das lediglich über „Kraft" rede, aber selbst zu keiner großen

---

[125] Bibliothek für Jünglinge, Leipzig 1763, S. 436f.
[126] Ebd. S. 438-443.
[127] Drittes Buch Moses 19,32.
[128] Bibliothek für Jünglinge, Leipzig 1763, S. 443-452.
[129] FRIEDRICH SCHILLER: Sämtliche Werke, hg. von GERHARD FRICKE und HERBERT G. GÖPFERT, Bd.1, S. 79-82.

Tat fähig sei. Der draufgängerische Karl Moor in Schillers „Räuber" macht sich darüber lustig, daß „Kerls ... in Ohnmacht fallen, wenn sie einen Buben gemacht haben" und schiebt die Schuld an der allgemeinen Kraftlosigkeit der bestehenden Gesellschaftsordnung zu, die durch Konventionen und Gesetze alle natürlichen Entfaltungsmöglichkeiten der Menschen hemme und den „großen Mann" in seiner Kraft beschneide. Gefragt ist eine Gesellschaft, in der der Kraftmensch den Ton angibt und in der „Freiheit" und „gesunde Natur" herrschen. „Stelle mich vor ein Heer Kerls wie ich, und aus Deutschland soll eine Republik werden, gegen die Rom und Sparta Nonnenklöster sein sollen", verkündet Karl Moor voller Selbstbewußtsein. Die junge Generation lebt im Bewußtsein der politisch-gesellschaftlichen Krise des ausgehenden Jahrhunderts und des kommenden Neuen. „Es fahren Blitze durch die Gemüter, es geschehen Vorbedeutungen, es wandeln Gedanken durch die Zeit und zeigen sich wie Gespenster in mystischen Augenblicken dem tieferen Sinn, die auf eine plötzliche Umwandlung, eine Revolution aller Dinge deuten", schreibt der märkische Adlige Alexander von der Marwitz an seine Freundin Rahel Levin [130]. Carl Friedrich Bahrdt, dieser radikale Aufklärer und Jakobiner, politische Satiriker und Agitator, fordert in seinem „Handbuch der Moral für den Bürgerstand", das im Revolutionsjahr 1789 an mehreren Orten gleichzeitig erscheint, als grundlegendes Menschenrecht den freien Gebrauch aller natürlichen Kräfte [131]. Die Stürmer und Dränger strahlen ein hohes Maß an politischer und sozialer Leidenschaft, individuellem Glanz und Angriffslust aus, sie spielen in jeder Situation die starken Männer, auch dort, wo sie schwache Ideen verbreiten. Sie wiederholen nicht mehr nur das zum tausendsten Mal Gesagte, sondern verkünden laut das zum ersten Mal Gedachte, sie bevorzugen das Neue und nehmen Abschied vom Alten.

Aus dieser neuerlichen Hochschätzung der Jugend ergibt sich eine Umbewertung der Lebensalter. Während die Aufklärer unter der Herrschaft der Vernunft den ruhigen Verstand und die Lebenserfahrung des Alters höher bewerten als die Gefühlsempfänglichkeit der Jugend, wird jetzt der alte Mensch zwar nur selten herabgesetzt, aber das Ansehen der Jüngeren ganz deutlich gehoben. Die Einschätzung von Jugend und Alter, Gefühl und Vernunft wird vertauscht. Das macht das eigentlich Revolutionäre des Sturm und Drangs aus. Im Schauspiel der Aufklärung erschien der reife, erfahrene Mann, ja fast schon der weise Greis noch als das große Vorbild, von Gottscheds „Sterbendem Cato" bis hin zu Gemmingens „Deutschem Hausvater" und Lessings „Nathan". An seine Stelle tritt jetzt der jugendliche Held, so Wild in Klingers „Sturm und Drang" oder Robert Hot in „Der Engländer" von Jakob Michael Reinhold Lenz. „Weg mit den Vätern!", fordert Robert und erteilt stellvertretend für viele seiner Altersgenossen der gesamten alten Generation eine radikale Absage. Wo vorher noch vorbildliche alte Leute im Schauspiel auftraten, sind es jetzt nur noch Randfiguren, denen eine größer werdende Zahl älterer Personen gegenübertritt, die heftig kritisiert bis scharf verurteilt werden von Zeus in „Prometheus" über Alba in „Egmont" und den Vater in „Catharina von Siena" bis hin zu Philipp in „Don Carlos" und dem Präsidenten von Walter in „Kabale und Liebe". Schließlich führt Johann Gottfried Herder in dem „Journal meiner Reise ..." den entschiedensten Schlag gegen das bisherige Ansehen des Alters, und verkündet den Zeitgenossen ohne Rücksicht auf bisherige Regeln seine Meinung: „Der Greis ist ein Schwätzer und Philosoph in Worten. Seine Erfahrungen, matt, weitläufig, ohne Bestimmtheit in Lehren vorgetragen, werden loci communes ... Neuen Eindrücken ist die Seele kaum mehr offen: sie ist verschlossen ..." [132] „Vergreisung" wird zu einem der Lieblingsworte, mit denen den Zeitgenossen der Fehdehandschuh hingeworfen wird, um die Beharrungssucht der Aufklärer zu geißeln. Schließlich äußert sich dieser Wandel zu ungebundenen Lebensformen auch in der Musik, die bis zur Frühromantik im Vergleich zum Stand der anderen Künste als gemessen und rückständig gilt. Jetzt macht sich hier die junge Generation höchst pietätlos über die veraltete Fugenform eines Johann Sebastian Bach lustig, verlacht die starre, feierliche Form, die gelehrte, pedantische Kontrapunktik und die unpersönliche Ausdrucksweise und setzt dagegen einen innigen und schlichten Stil, die Darstellung des Gefühlsablaufs mit einer Steigerung und einem Höhepunkt [133]. Dieser Unrast liegt ein tiefgreifender sozialer und ökonomischer Wandel zugrunde, Vorbote der Industrialisierung. Der Aufschwung in der Landwirtschaft, die vermehrten Verdienstmöglichkeiten im Heimgewerbe und die Auflösung der Zunftschranken im Handwerk machen viele der Jüngeren vom Vermögen der Eltern unabhängiger. Die politischen Ereignisse in Frankreich mit ihrer Gleichsetzung von „Jugend" und „Erneuerung" unterstützen diese Tendenzen [134]. Davon wird noch die Rede sein.

Die hohe Zeit des Alters scheint sich dem Ende zuzuneigen, zumal in dieser Übergangszeit vom „alten" zum „modernen Europa" [135], während dieser Achsenzeit

---

130 Zit. nach H. Schulze (1984), S. 219f.

131 U. Herrmann (1982), S. 159.

132 Johann Gottfried Herder: Sämtliche Werke, hg. von Bernhard Suphan, Bd.4, ND: Hildesheim 1967, S. 449f.; zit. nach Quabius (1976), S. 90.

133 Dazu Hauser (1978), S. 594f.

134 Vgl. Gillis (1980), S. 49ff.

135 Dietrich Gerhard: Periodization in European History, in: American Historical Review 61 (1955/56), S. 900-913.

der Geschichte, als die Veränderungen nach den Worten von Ernst Moritz Arndt nicht mehr „im Schritt", sondern „im Galopp" erfolgen[136], als nach Ansicht des Preußen Friedrich Ancillon alles „beweglich geworden" ist oder „beweglich gemacht" wird, und „in der Absicht oder unter dem Vorwand, Alles zu vervollkommnen", „Alles in Frage gezogen, bezweifelt, und ... einer allgemeinen Umwandlung" entgegengeht[137], als alte Lebensweisheiten, das Wissensgut der Väter, immer weniger gefragt sind, als man sich nach vorne und nicht nach hinten zu orientieren beginnt. Als alles immer schneller in Fluß gerät, der Abbau von Vertrautheit und die Produktion von Fremdheit beginnt, kritisieren die Moralisten wieder verstärkt die Respektlosigkeit der „grünen" Jugend[138]. Die Suche nach dem Glück, seit der Aufklärung das große Ziel aller Intellektuellen, und den zivilisatorischen Fortschritt scheint man jetzt mit einem Verlust an Moralität bezahlen zu müssen. Mit beginnender Hochschätzung der Bildung und des Lernens verliert die Weitergabe der Tradition und überlieferter Weltbilder an Wert. Ein Teil der älteren Generation muß erkennen, wie schnell verderblich jetzt ewige Weisheiten sind. Sie stellt sich die Frage, wohin sie ihre Kinder erziehen soll. Für welche Welt, gegen welche Welt? Sie weiß es oft nicht mehr. Nicht nur in Frankreich nehmen in den Beichtspiegeln und Katechismen die Texte, die den Pflichten der Eltern gewidmet sind, immer mehr zu und lassen die Texte über die Pflichten der Kinder in den Hintergrund treten, die noch im 16. Jahrhundert eindeutig im Vordergrund gestanden hatten[139]. Sicherlich rüttelt ein Teil der jungen Generation in der Zeit des Sturm und Drangs an der starken Stellung der Älteren, deren Allmacht jetzt auch unzweifelhaft geschmälert wird, deren Autorität oft schon nicht mehr so weit reicht, um z.B. den Ehepartner der Kinder zu bestimmen, aber eine Rückkehr zu den Verhältnissen des 16. Jahrhunderts ist damit keinesfalls verbunden. Zwar preisen die durchweg jungen Stürmer und Dränger sich und ihre Jugendlichkeit, aber das Alter setzen sie doch nur in Ausnahmefällen herab und bewahren ihre Hochachtung vor der väterlichen Autorität. Sie achten die Alten weiterhin, aber sie verehren sie nicht mehr. Sie sorgen auch weiter für sie wie in dem Roman „Carl von Carlsberg oder über das menschliche Elend" (1783/88) von Christian Gotthilf Salzmann, in dem der Fürst seinen Ministern gegenüber betont, daß jeder Vater für seine Kinder sorge, solange diese unmündig seien. Seien sie aber mündig, dann ernährten sie den Vater[140]. Die Jungen richten im kunstvoll eingerichteten Park der Zivilisation keinen Kahlschlag an, sondern beschränken sich auf behutsame Försterarbeit; sie verständigen sich trotz aller Unbekümmertheit auf eine ausgewogene Synthese von Beharrung und Dynamik. Im westlichen Ausland dagegen geht man an diese Frage, ebenso wie an die politischen Probleme, mit sehr viel größerer Radikalität heran. Rousseau erklärt in seinem 1762 erschienenen „Emile", diesem Kompendium der neuen, auf humanitären Grundsätzen beruhenden Erziehung, die Autorität der Väter für unnötig, die er durch Erzieher fast vollkommen ersetzt sehen möchte. In diesem Punkt stimmt Voltaire mit seinem Antagonisten überein, nur daß er den Vater noch zusätzlich verspottet, den Rousseau lediglich ignoriert. Schließlich steigert sich der Schwede Carl Michael Bellmann (1740-1795), dieser größte aller Anakreontiker, in „Fredmans Monolog im Rinnstein" aus dem Jahre 1790 in frechen Zynismus:

> Ach, meine Mutter, sag, wer dich sandte
> Grad in des Vaters Bett?[141]

In Deutschland führt die Aufwertung der Jugend nicht zu einer völligen Umkehrung der Positionen, weil sich im Sturm und Drang nur eine Geisteshaltung neben vielen äußert, weil diese Zeit des Umbruchs noch zu keiner einheitlichen Linie gefunden hat und weil die junge Generation ihre Kritik nur halbherzig vorträgt. Sie fühlt sich hin und her gerissen zwischen Verdammung und Verherrlichung der Väter. In den „Räubern" verurteilt Schiller einerseits den alten Moor als „schwachen, nachgiebigen Verzärtler und Vater", der bei der Erziehung seiner Kinder versagt habe, andererseits verherrlicht er ihn und nennt ihn einen „göttlichen Mann" und einen „göttlichen Vater". Er preist den schlafenden Moor: „Wie schön, wie ehrwürdig! — ehrwürdig wie man die Heiligen malt — "[142] und erkennt seine religiös begründete Autorität an. Auch bei Schiller ist der Vater noch Stellvertreter Gottes auf Erden. Ebenso sieht Justus Möser in seiner Osnabrückischen Geschichte im Hausvater einen Priester. Die Mitglieder des „Göttinger Hains" feiern fast durchweg das Alter, am deutlichsten Johann Martin Miller in seinem Gedicht „Lob der Alten", und bewundern in „Vater Klopstock" einen Vertreter der Elterngeneration als ihr Vorbild[143]. Schließlich hebt Johannes Bernhard Basedow in seinem „Methodenbuch für Väter und Mütter der Familien und Völker" im Jahre 1770 ausdrücklich die Bedeutung der Eltern neben den besoldeten Lehrern und Erziehern hervor. Man will die

---

136 Ernst Moritz Arndt: Geist der Zeit, 6. Aufl., Altona 1877, S. 76.

137 Friedrich Ancillon: Über die Perfectibilität der bürgerlichen Gesellschaft, ihre Bedingungen und Triebfedern, in: Ders.: Zur Vermittlung der Extreme in den Meinungen, Teil 1, Berlin 1828, S. 192.

138 Vgl. C. Gebauer (1930), S. 43 und 46.

139 Flandrin (1978), S. 163.

140 Vgl. Münch (1982), S. 36.

141 Zit. nach Wais (1931), Bd. 1, S. 20.

142 Vgl. Quabius (1976), S. 35.

143 Vgl. Schachner (1937), S. 100ff.

Blüten, die man über lange Jahrzehnte herangezüchtet hat, nicht mutwillig wieder knicken.

Die jungen Genies können und wollen mit ihren Kraftausbrüchen nicht die allgemeine Hochachtung vor den alten Menschen beeinträchtigen. Dies wird vielleicht nirgendwo deutlicher als in der Kinder- und Jugendliteratur aus dem letzten Viertel des 18. Jahrhunderts. Die Pädagogen dieser Jahrzehnte fordern, eine Distanz zwischen Zögling und Erzieher herzustellen. Sie verlangen vom Erzieher, selbst ein Vorbild zu sein [144]. Solche Forderungen erfüllt in fast idealer Weise der ältere Mensch; er steht als Garant für Weisheit und Erfahrung. In dem „Sittenbüchlein für Kinder aus gesitteten Ständen“, das Joachim Heinrich Campe im Jahre 1777 veröffentlicht, ist der Erzähler und Lehrer ein Greis von siebzig Jahren (Bild S. links). Campe will damit die Richtigkeit seiner Anstandsregeln unterstreichen. In diesem Sinne läßt er den alten Mann sagen: „Nun, Kinder, müßt ihr mir, als einem alten Manne, der viel Erfahrung hat, auf mein Wort glauben ...“ [145] Auf einer Vielzahl an Graphiken erscheinen die älteren Menschen als die Weisen, die Lebensklugheit und Wissen vermitteln, so auf dem Kupferstich „Des Großvaters Unterricht“ aus dem frühen 19. Jahrhundert (Bild S. 142). Indem die Menschen fortan von Kindheit an über die verschiedensten Erziehungsmittel lernen, die Autorität des Alters anzuerkennen, werden die Gegenströmungen, die in dieser Umbruchzeit die Jugend begünstigen, stark abgemildert oder aufgehoben.

Anknüpfend an Rousseaus „Emile“ aus dem Jahre 1762 beginnen zunächst das gebildete Bürgertum und die Schule „das Kind mit vereinten Kräften aus der Gesellschaft der Erwachsenen“ herauszureißen, wie Philippe Ariès in seiner „Geschichte der Kindheit“ schreibt [146]. Zwar hatte es bereits vorher vereinzelt Kinder- und Jugendbücher gegeben, die die zwischenmenschlichen Beziehungen kultivieren und verfeinern wollten — hier seien lediglich das kleine Werk von Erasmus von Rotterdam „De civilitate Morum puerilium libellus“ aus dem Jahre 1533 sowie das Kinderbuch des Comenius „Orbis sensualium Pictus“ von 1658 genannt —, aber diese Bücher waren nie typisch, sie waren Sonderfälle in einer Zeit, in der die Kinder lediglich am Literaturprozeß der Erwachsenen teilnahmen, wenn sie daran Interesse hatten. Erst als sich der Literaturmarkt in der zweiten Hälfte des 18. Jahrhunderts stark ausweitet, nimmt auch die Kinder- und Jugendliteratur einen steilen Aufstieg, und es entstehen drei Arten von Jugendschriften: 1. Sach- und Realienbücher sowie Aufklärungsschriften, 2. Kinderwochenschriften, 3. Beispielgeschichten und Fabeln [147]. Christian Felix Weißes Wochenschrift „Der Kinderfreund“, der zwischen 1776 und 1782 erscheint, wird nach einigen Vorläufern wie „Adelungs Leipziger Wochenblatt für Kinder“ die bedeutendste Kinderwochenschrift des 18. Jahrhunderts in Deutschland. Auch in diesem Blatt tritt der Herausgeber als Familienvater mehrerer Kinder auf, mit denen er unablässig Gespräche führt, den Tugendvermittler spielt und die er in den moralischen Normen, wie sie das aufgeklärte Bürgertum vertritt, unterrichtet. Noch entschiedener und nachhaltiger aber wirkt Joachim Heinrich Campes „Robinson der Jüngere“ (1780). Bereits Rousseau hatte den Robinson Crusoe als einzig erlaubte Lektüre seines Emile gepriesen, da Robinsons einsame Insel seinem Ideal eines Naturzustandes am ehesten entsprach. Daniel Defoes Klassiker von 1719 war bereits zwei Jahre später ins Deutsche übersetzt und bis 1760 in vierzig verschiedenen Robinsonaden nachgeahmt worden. Aber erst Campes Bearbeitung wird die Bibel der Kinderbücher schlechthin. Campe greift aus pädagogischen Gründen gezielt in den Inhalt ein und läßt ähnlich wie Weiße im „Kinderfreund“ einen Vater an den Abenden „unter dem Apfelbaum“ die Robinsongeschichte erzählen. Er gibt damit den Kindern Gelegenheit zu Fragen und dem Vater die Möglichkeit zu belehrenden Antworten [148]. Lebensweisheiten werden in der Regel nur von erfahrenen alten Menschen vorgetragen und ihre Richtigkeit durch die Autorität des Alters untermauert [149]. Im „Kinderfreund“ des Landpädagogen Friedrich Eberhard von Rochow aus dem Jahre 1776 heißt es im 79. Kapitel unter der Überschrift „Der Alte“: „Am stillen Abend saß ein alter Bauer vor seiner Thür. Im Mondschein glänzte sein silberweißes Haar. Neben ihm stand sein Sohn, dem er das Guth übergeben hatte, und seine junge Frau; ihr kleines Kind spielte vor seinen Füßen. ‚Meine lieben Kinder‘, sprach der Alte, ‚ich fühle, daß ich bald sterben werde; denn ich bin alt und schwach — Weinet nicht, daß ich euch dieses sage; aber hört meine wohlgemeynten Ermahnungen an. Bleibt fromm und redlich, hütet euch vor Neid und Geiz, liebet Gott über alles, weil ihr alles von ihm habt, seyd wohlthätig gegen die Armen, fleißig in eurem Beruf, und ehrerbietig und gehorsam gegen eure Obrigkeit. Seyd friedfertige Nachbarn und Eheleute, und erzieht euere Kinder zu verständigen und rechtschaffnen Menschen, durch gute Lehren, und vornemlich durch euer eigenes gutes Beyspiel — So werdet ihr mit Ehren alt werden, und einst, wie ich, den Tod gelassen erwarten können; denn ich getröste mich nach Gottes Wort eines bessern

144 Vgl. Schlumbohm (1983), S. 15.

145 Campe (1777), S. 28.

146 Ariès (1981), S. 562.

147 Vgl. M. Dahrendorf (1980), S. 25ff.

148 Vgl. ebd. S. 29f.; Kühner (1980), S. 113; Jahnke (1977), S. 17ff.

149 Z.B. die Lebensregeln von K. Hahn: Die Familie Bendheim. Lehrreiche Unterhaltungen für die Jugend, Berlin 1805.

Lebens' — Und als er diese Worte gesprochen hatte, da starb er."[150] Ähnlich treten im „Moralischen Elementarbuch" (1785) von Christian Gotthilf Salzmann „alte, eißgraue Männer" auf, voll Würde und Heiterkeit, als Wohltäter ihrer Mitmenschen allen ein Vorbild[151]. Damit verbunden werden Verhaltensregeln für den Umgang mit älteren Personen. Christian Felix Weiße schreibt in dem von ihm herausgegebenen „Briefwechsel der Familie des Kinderfreundes" im Jahre 1784: „ ... es mißfällt mir ..., wenn Kinder und Zöglinge sich über die Fehler ihrer Aeltern und Lehrer lustig machen. ... Ueberhaupt verdient schon das Alter ohne alle Rücksicht Hochachtung und Ehrerbietung, auch bey den größten Schwachheiten. ... Swift, einer der größten englischen Schriftsteller, ein Mann voller Witz, Verstand und Laune ward in seinem Alter wieder zum Kinde. Er vergaß alles... Ist aber ein solcher Mann Belachens und nicht vielmehr Mitleidens werth, oder ist es nicht billig, daß wir die Verdienste seiner jüngern Jahre in Rechnung bringen?"[152]

Vieles von diesem altklugen „moralischen Puppenkram", den eine „unabsehbare Schaar von Scriblern"[153] jetzt produziert, ist in einer breiten, steifen und poesielosen Sprache verfaßt. Aber dieser Stil, der Inhalt und die Vorbilder entsprechen dem Geschmack und den Einstellungen von großen Teilen der Elterngeneration. Der ideale Vater zerfließt in den achtziger Jahren nicht mehr in übergroßer Weichheit und Tränenseligkeit, er gibt sich auch nicht rücksichtslos, egoistisch und autoritär, sondern er ist ebenso wie der aufgeklärte absolutistische Landesherr hart und entschlossen im Auftreten, man wünscht sich ihn liebevoll und uneigennützig, wobei in der Wirklichkeit die erstgenannten Eigenschaften dominieren. Zur gleichen Zeit, als auf Staatsebene der absolutistische Herrscher dem aufgeklärten, fürsorgenden Monarchen Platz macht, wird innerhalb der Familie der verständnisvoll-achtungsgebietende Vater zum Ideal. Herzog Karl Eugen von Württemberg kann im Jahre 1778 an seinem 50. Geburtstag in einem Manifest weitgehend zu Recht verkünden: „Wir hoffen, jeder Untertan wird nun getrost leben, da er in seinem Landesherrn einen sorgenden, getreuen Vater verehren kann."[154] In einer Gedenkurkunde, die man 1784 im Turmknopf der Margaretenkirche zu Gotha einschließt, heißt es: „Unsere Tage füllen den glücklichsten Zeitraum des 18. Jahrhunderts. Kaiser, Könige, Fürsten steigen von ihrer gefürchteten Höhe menschenfreundlich herab, verachten Pracht und Schimmer, werden Väter, Freunde und Vertraute ihres Volkes. ... Aufklärung geht mit Riesenschritten. ... Menschenliebe und Freiheit im Denken gewinnen die Oberhand."[155] Während die Westeuropäer die obrigkeitliche Vaterrolle mit Gewalt zurückweisen, hofft man in Deutschland, daß die zuvor in weite Ferne entrückten Fürsten als zeitgemäße „Landesväter" in die neue Rolle schlüpfen. In naivem Zutrauen besingt Rudolph Zacharias Becker in seinem 1799 erscheinenden „Mildheimischen Liederbuch" das weise und gerechte Regiment des unmittelbar von Gott eingesetzten Landesvaters:

> Dank, dank dir lieber, weiser Vater oben,
> für unsern Landesvater hier!
> Er ist dein Bild! wie kann ich mehr ihn loben?
> Wir haben ihn von dir. ...
>
> Wo Hülfe Noth thut da ist er zugegen;
> er fliegt herbey, sein Herz kömmt mit:
> und wo er geht, da folget Glück und Segen
> des Menschenfreundes Tritt.[156]

Das Wort „Vater" bleibt weiterhin „ein großes Wort, das größte im Staate", wie Theodor Gottlieb von Hippel erstmals 1774 und danach noch mehrfach betont[157], wenn auch diese Väter jetzt nach Ansicht der Literaten von ihrem hohen Thron herabzusteigen und die sozialen Unterschiede zu den übrigen Familienmitgliedern zu verringern haben. „Vergiß den Vater und denke in mir nur den Freund", läßt Otto von Gemmingen den Hausvater verkünden[158]. Josef II. zielt in Österreich mit seinen Reformen zum Teil auf die „väterliche, ehemännliche und herrische Gewalt", die er im Interesse der Frau, der Kinder und der Dienstboten einzuschränken hofft[159]. Die unbedingte, keinen Widerspruch duldende Autorität der Landesväter, Väter und Großväter wird zwar in der Zeit des Sturm und Drangs und der Französischen Revolution eingeschränkt, gleichwohl behalten sie im Alltag weiterhin eine große Machtstellung, die die meisten von ihnen mit unerbittlicher Strenge, Härte und Gewalt verteidigen. Das monumentale Bild „Die Eltern", das Philipp Otto Runge 1806 gemalt hat (Bild S. 195), und erst recht „Das Ehepaar Keuchen mit Enkel" von Peter Schwingen aus dem Jahre 1844 vermitteln etwas von dieser autoritären Strenge. Hier wird aufs Wort gefolgt. Diese Großeltern mögen zwar lieb sein, sie mögen ihre Enkel verwöhnen, aber sie sind doch zum Fürchten. Ihre Erziehungs-

150 Rochow (1979), S. 111f.
151 Salzmann (1980), S. 207ff.
152 Weisse (1784), S. 43f.
153 So bereits im Jahre 1787 Friedrich Gedike im Programm seines Gymnasiums; zit. nach Kühner (1980), S. 116.
154 Zit. nach Münch (1982), S. 35.
155 Zit. nach Steinhausen (1913), S. 431.
156 Rudolph Zacharias Becker: Mildheimisches Liederbuch, Gotha 1815, ND: Stuttgart 1971, S. 484f.
157 Hippel (1827), S. 4.
158 Otto von Gemmingen: Der deutsche Hausvater oder die Familie (1781), S. 79; zit. nach Gaus (1937), S. 98f.
159 Möller (1969), S. 280.

grundsätze verraten die Prägungen und Eindrücke, die sie selbst über Elternhaus, Schule, Militär und Literatur in sich aufgenommen haben. Selbst die Erzieher des ausgehenden Jahrhunderts praktizieren ein hohes Maß an unnachgiebiger Härte. Johannes Bernhard Basedow, der 1774 in Dessau das Philanthropinum errichtet, verpaßt seiner Tochter des öfteren schwere Maulschellen, unter anderem um in ihr immer wieder die Erinnerung von der väterlichen Gewalt wachzuhalten [160]. Wie im Arbeitshaus, dem Handwerksbetrieb oder der Kaserne herrscht auch in der Kinderstube der Stock. Die Erziehungsgrundsätze eines Rousseau oder Pestalozzi finden nur in einem kleinen Kreis Anwendung, und Milde und Herzlichkeit werden fast nur den Allerkleinsten entgegengebracht. Sonst handeln fast alle Eltern auch zu Beginn des 19. Jahrhunderts nach dem Satz der Bibel: „Wer sein Kind liebt, der züchtigt es." Sie erziehen ihre Kinder, wie eine beliebte Rechtfertigung lautet, „in der Zucht und in der Ermahnung des Herrn" und prügeln es durch [161].

Vor allem der Adel verlangt von seinen Kindern „Unterordnung gegen jeden Erwachsenen bis auf den letzten Dienstboten" und betont die Autorität der Älteren durch Strenge, der jede herzliche Vertraulichkeit fehlt [162]. Wie keine andere Bevölkerungsgruppe erweist er sich in höchstem Maße anfällig gegenüber den geistigen und sozialen Veränderungen dieser weltgeschichtlichen Sattelzeit. Gerade hier prallen die alte und die neue Generation, die Ideen der absoluten Autorität des Vaters und des Alters sowie der individuellen Freiheit der erwachsenen Kinder mit ungebremster Wucht aufeinander. Ein gütlicher Mittelweg ist hier fast völlig ausgeschlossen. Die Forderungen der Aufklärer nach Anerkennung aller Menschen als Einzelpersönlichkeiten sind unvereinbar mit der absoluten Macht des adligen Hausvaters über seine eigene Familie, Geschwister und Bedienstete. Sie unterspülen die Fundamente des kunstvollen Gebäudes der Familienordnung. Sie bringen den Thron des Stammherrn ins Wanken, der mit harter Hand und blinden Gehorsam fordernd für die Exklusivität des Adels und die Sicherung seines Vermögens sorgt; der z.B. in Westfalen über die Wahrung der „Stiftsfähigkeit" wacht und damit die Voraussetzung schafft für gesellschaftliches Prestig, Privilegien, Herrschaft und Spitzenpositionen; der Erziehung und Lebensführung, Ausbildung und Heirat des erstgeborenen Sohnes schärfstens kontrolliert und die standesgemäße Ausbildung, Abfindung und Ämterversorgung der nachgeborenen Söhne sowie die Mitgift der heiratenden und die Versorgung der nicht heiratenden Töchter in alleiniger Verantwortung regelt. Gerade der westfälische Adel mit seiner extremen Allgewalt der Stammherren und seiner engen Bindung an Reich, geistlichen Staat und katholische Kirche ist empfindlich gegenüber den Veränderungen des späten 18. Jahrhunderts, wogegen andere deutsche Staaten mit ihren aufgeklärten absolutistischen Landesherren und ihrer Konzentration der politischen Herrschaftsbefugnisse beim Fürsten und dessen weisungsgebundener Beamtenschaft weniger unter Spannung leben und flexibler reagieren [163].

Bezeichnend für den Generationenkonflikt, der unter diesen Bedingungen ausbrechen muß, als es überall in Europa gärt, ist die Konfrontation der Jahre 1775 bis 1787 zwischen Clemens Lothar von Fürstenberg, einem der reichsten westfälischen Adligen, der auf Schloß Herdringen im Sauerland seinen Hauptwohnsitz hat, und seinem ältesten Sohn und designierten Nachfolger Franz Clemens von Fürstenberg [164]. Der Sohn war mit aufgeklärten bürgerlichen Intellektuellen in Berührung gekommen und gehörte einem Diskussions- und Lektürekreis an, dessen Mitglieder ähnlich den aufklärerischen geheimen Gesellschaften auf dem Weg der Bildung zu einem neuen, die Stände überwindenden, individuell-leistungsbezogenen, vernünftigen und tugendhaften Leben zu kommen hofften. Auch wurden hier bereits Themen wie Liebe, Freundschaft, Kindererziehung, Familien- und Geschlechtsrollen erörtert. Unter dem Eindruck dieser Ideen erscheint dem Sohn die Familienpolitik seines Standes und die Allmacht seines Vaters als „Unvernunft". Er rebelliert gegen die Prinzipien der Adelsfamilie, die übermächtig vor dem Einzelnen steht und nur wenig Spielraum läßt für individuelle Wünsche und Ansprüche. Der Vater dagegen empfindet die in einem Tagebuch niedergelegte Kritik an der traditionellen adligen Familienordnung als ungeheuerlich, da der Sohn mehr zu wissen glaubt als das Familienoberhaupt. Er verdammt die geheime Lektüre und Diskussionsrunden seines Sohnes: „Solches Studieren wird nicht erfordert; es ist ein unerlaubtes, zur Hölle führendes Studieren." [165]. Und als er begreift, daß es der 19jährige bitter ernst meint mit seinen Prinzipien, pocht er um so härter auf seine Vaterrechte: „Die Zeit ist noch nicht gekommen, daß er seinem eigenen Willen folgen darf. Er muß noch fremdem (Willen) folgen und selbigen sich durch einen geschwinden Gehorsam zu eigen machen." [166]. Aus der Position des Allgewaltigen heraus überschüttet er seinen Sohn mit Spott und gibt zu verstehen, daß sein Verständnis von Autorität nichts gemein hat mit dem der Aufklärer: Mit einigen Prinzipien „scheint er meine Befehle angreifen zu

160 Vgl. STEPHAN (1891), S. 130.
161 Vgl. BACHERLER (1914), S. 87.
162 Ebd. S. 80f.
163 Zum westfälischen Adel: REIF (1979).
164 Zu diesem Konflikt: REIF: Väterliche Gewalt (1982), S. 82ff.
165 Ebd. S. 105.
166 Ebd. S. 102.

wollen; aber der Ochs soll lange warten, daß ich mich ans Disputieren gebe, wo ich zu befehlen habe“ [167]. Dann bei anderer Gelegenheit: „Am wahren Besten der Familie ist mir am meisten gelegen; und werde ich es (einer) dergleichen eigenwilligen Rotznas nicht anvertrauen. Et Deus et Caesar mihi eligendi dedit potestatem (Gott und der Kaiser geben mir die Macht, (einen Erben) zu wählen).“ [168]. Er enterbt den Sohn, läßt vor der Familie als stummer Staffage das Richtschwert auf ihn niedergehen und stellt mit Genugtuung fest: „... jetzt ist er ein Bettler.“ [169]. Als Jahre später der inzwischen 28jährige die väterliche Heiratserlaubnis erbittet, um in nicht-arrangierter Ehe die nur mäßig begüterte Sophie von Ascheberg zu heiraten, verweigert der Vater den Konsens zu dieser Liebesheirat. Vor allem die Briefwechsel zwischen dem Vater und seinem Bruder Franz Friedrich von Fürstenberg offenbaren die Explosivität dieser Umbruchzeit. Letzterer versucht als leitender Minister des Fürstbistums Münster diesen geistlichen Staat nach aufgeklärten politischen Prinzipien zu reorganisieren, stützt sich dabei auf die Mitglieder der Münsteraner Freimaurerloge „Friedrich zu den drei Balken“ und steht zusammen mit der Gräfin Amalia von Gallitzin im Mittelpunkt des von Rousseau'schen Gedanken geprägten „Kreises von Münster“. Hier kreuzen sich zwei extreme Persönlichkeiten die Waffen, und die Unnachgiebigkeit überkommener Anschauungen und die Dynamik jugendfrischer Ideen stehen sich Stirn an Stirn gegenüber. Als sich der Kurfürst für den Sohn einsetzt, verbittet sich der Vater strikt jede Einmischung und verweist auf seine angestammten Rechte als Familienoberhaupt, das „keinem als dem allerhöchsten Richterstuhl Gottes“ Rechenschaft zu leisten habe [170]. Hinter den Mauern seiner Wasserburgen glaubt der Adel, die Zeit aufhalten zu können und reagiert mit ungespieltem Unverständnis auf die Veränderungen der Geschichte. „Mir dünkt, wir sind in die verkehrteste Welt gekommen, da der Vater sich gegen den Sohn rechtfertigen soll“, schreibt Clemens Lothar von Fürstenberg an seinen Bruder [171]. Die Jugend gewinnt im Zeitalter der Französischen Revolution und einer sich im Umbruch befindlichen Welt überall an Macht, und ein Großteil der älteren Generation will dies rückwärts gewandt nicht wahrhaben. Nicht nur in den Familien des westfälischen Adels häufen sich um die Jahrhundertwende derartige Generationskonflikte.

Auch das Bürgertum kennt zu dieser Zeit weiterhin das machtvolle und gefühlsarme Familienoberhaupt. Der nachfolgenden Generation, der bereits das Idealbild vom gutmütigen und warmherzigen Großvater vorgehalten wird, bleiben diese Autoritäten oft nur in schlechter Erinnerung. Der spätere Direktor der Berliner Gewerbeschule Karl Friedrich von Klöden beschreibt z.B. in seinen „Jugenderinnerungen“, die in den achtziger und neunziger Jahren spielen, seinen Großvater als eine autoritär-unbarmherzige Person: „Meine Großväter liebte ich nicht. Von dem Großvater väterlicher Seits hatte ich kaum etwas vernommen, den mütterlicher Seits mochte ich nicht gern. Er hatte beständig viel zu tadeln, und meine Mutter hielt mich seiner Ansicht nach nicht streng genug. Ich mußte mehr Prügel haben. Mit solchen Recepten empfiehlt sich ein Großvater seinen Enkeln keineswegs. ... Das Wesen meines Großvaters wirkte nicht wohltätig auf mein Gemüth. Sein grillenhafter, Alles im schwärzesten Lichte sehender, stets tadelnder Sinn machte, daß ich ihn vermied, wo es nur möglich war. Wenn ich mich verkrochen hatte, bekam meine Mutter Vorwürfe, weil man den Jungen nie zu Hause fände, sondern ihn sich umhertreiben und zum Gassenjungen werden ließe. Mir kam diese Sorge meines Großvaters sehr seltsam vor und nicht als ein Beweis seiner Zärtlichkeit. In Gedanken habe ich ihn nicht selten arg ausgeschimpft.“ [172] Klödens Großvater haßt zwar den Soldatenstand, praktiziert aber die militärische Zucht als Ideal seiner Erziehung. Kinder können nie genug Schläge bekommen, so lautet sein Erziehungsgrundsatz, und so handelt er auch [173]. Diese Kinder bringen ihren Vätern weit öfter Furcht als herzliche Zuneigung entgegen; sie achten sie zwar, aber sie lieben sie nur selten. Das bekennt eine Vielzahl an Zeitgenossen. Jean Paul nennt seinen Vater nur den „Allherrscher“. In der Moralischen Wochenschrift „Der Greis“ heißt es: „Der Vater kommt. — Die Kinder fliegen in die innersten Winkel, wenn der Vater in das Haus tritt, und zittern, wenn sie seine stets drohende Stimme hören.“ [174] Im Jahre 1809 erscheint ein Buch „über das Du und Du zwischen Eltern und Kindern“, in dem der Autor sich scharf gegen diese neue Sitte ausspricht, den Frauen die Schuld an der Einführung des wechselseitigen Du zuschiebt und voraussagt, daß diese Neuerung das Ansehen der Eltern untergraben und die Ehrfurcht vor Alter und Eltern vernichten werde [175]. Gleichzeitig aber taucht in anderen Kindheitserinnerungen bereits das Bild vom gutmütigen-ehrfurchtsgebietenden Großvater auf, vor allem in den pietistischen und reformierten Familien. Hier wird der Besuch der Enkelkinder beim „bedächtigen und gescheuten“ Großvater zum Fest: „Alles dabei aber streng nach Formen;

---

[167] REIF: Väterliche Gewalt (1982), S. 102.
[168] Ebd. S. 103.
[169] Ebd. S. 105.
[170] Ebd. S. 104.
[171] Ebd. S. 108.

[172] KARL FRIEDRICH VON KLÖDEN: Jugenderinnerungen, hg. von MAX JÄHNS, Leipzig 1874; zit. nach SCHLUMBOHM (1983), S. 276.
[173] Vgl. MÖLLER (1969), S. 44.
[174] Der Greis, 3. Teil, S. 114, zit. nach STEPHAN (1891), S. 133.
[175] Vgl. ebd. S. 137.

jeder hatte seinen bestimmten Platz; der Großvater saß in einem Lehnstuhl, im Schlafrock, aber mit einer viel gelockten weiß gepuderten Perücke", heißt es in den „Genrebildern aus dem Leben eines siebenzigjährigen Schulmanns" von G.F. Schumacher[176]. In solchen Familien ehrt man gegen Ende des 18. Jahrhunderts mehr als je zuvor den familienverbundenen, liebevollen Großvater und feiert seine Geburtstage mit Blumen und Geschenken, wie dies Daniel Chodowiecki auf seiner Radierung „Frohes Alter" zur selben Zeit darstellt. In einem Garten mit Blick auf sein stattliches Haus empfängt der altehrwürdige Patriarch die Glückwünsche und Geschenke von Tochter und Enkelkindern und genießt im Kreise seiner Familie die Früchte seines Lebens.

In Anlehnung an Rousseaus „Nouvelle Héloise" versucht die Generation des Sturm und Drangs auch die Frau aus ihren traditionellen Fesseln zu befreien, um ihren Gefühlen, Leidenschaften und ihrem Seelenleben freie Bahn zu ebnen. Wenn die jungen „Genies" auch zu einer grundlegenden Neubestimmung der Mutterrolle noch nicht in der Lage sind, da sie zögern, die überlieferte Autorität des Mannes einzuschränken[177], so erfährt die Mutter innerhalb von Familie und Staat gleichwohl eine Aufwertung, als die neuen organisch-naturgemäßen Erziehungsideale sich durchzusetzen beginnen, die die von außen nach innen wirkende Erziehung der Aufklärung ablösen und Deutschland nach einem Wort von Jean Paul zum Land der „Pädagogopädien" machen. Am eindeutigsten formuliert Joachim Heinrich Campe das neue Credo der intimisierenden bürgerlichen Familien und nennt als die vordringlichste Aufgabe der Gattinnen, das mühevolle Leben der Männer durch „zärtliche Theilnahme, Liebe, Pflege und Fürsorge" zu versüßen, nicht bloß Kinder zu gebären, „sondern auch die ersten Knospen ihrer Seelenfähigkeiten weislich" zu fördern und „als Vorsteherinnen des Hauswesens" dieses „zu einer Wohnung des Friedens, der Freude und der Glückseligkeit" zu machen[178]. Auch in der bürgerlichen Öffentlichkeit bessert sich die Stellung der Frau. Nicht nur in Frankreich sind jetzt die alten, die Frau diskriminierenden Sprichwörter verpönt, und mit dem Wechsel dieser Lebensweisheiten dürfte auch ein Wandel der Verhaltensweisen einhergehen. Jenseits des Rheins waren noch im 16. Jahrhundert Redewendungen geläufig wie „Zu jeder Stunde pißt der Hund und heult die Frau" oder „Gutes Pferd, schlechtes Pferd will die Sporen/ Gute Frau, schlechte Frau will den Stock". Gegen Ende des 18. Jahrhunderts liest sich das bereits anders: „Man muß der Gefährte und nicht der Herr seiner Frau sein" oder „Die Natur hat die Frau dem Manne unterworfen, aber die Natur kennt keinen Sklaven"[179]. Auf den Gemälden erscheint die alte „Hausherrin" sehr viel seltener als schrumpeliges, abgehärmtes Wesen, dem nur noch die Hoffnung auf einen baldigen Tod bleibt, sondern fast zartwangig und zufrieden, so auf dem Porträt von Joachim M. Falbe „Bildnis einer Matrone" (Bild S. links). Auch verändert und hebt sich die Stellung der Frau auf Staatsebene. Für Maria Theresia von Österreich und Katharina die Große von Rußland wird der Titel einer „Landesmutter" gebräuchlich. Christian Friedrich Germershausen widmet sein Werk „Die Hausmutter in allen ihren Geschäften" der preußischen Kronprinzessin Friderica Louisa und schreibt in der Vorrede zum ersten Band: „Heil den preußischen Unterthaninnen! die an ihrer künftigen preiswürdigsten Landesmutter zugleich die vortrefflichste Hausmutter haben, von der sie, wie andere, also vornehmlich auch alle die hausmütterlichen Tugenden lernen können, wodurch ihre Häuser in Wohlstand gesetzt und erhalten werden müssen."[180] Die zeitgenössische Malerei setzt dieses neue Eheideal ins Bild um, läßt die Ehegatten eng zusammenrücken, ohne den Mann hervorzuheben, und weist die Frau durch ihre Stellung zu den Kindern als deren Erzieherin und Vorsteherin des Hauswesens aus. Das deutsche Bürgertum definiert sich selbst durch und in der Familie und kultiviert das Private als eine Art Gegenkultur zum Familienverständnis des Adels.

Der Angriff, den die Stürmer und Dränger sowie die Revolutionäre gegen die alten Autoritäten führen, hat zur Folge, daß man die Nachteile des Alters und die Schwächen der alten Menschen noch deutlicher heraushebt und nicht mehr mit dem Mantel der Verschwiegenheit zudeckt. Man nennt sie beim Namen, da man selbstbewußt um die sittliche Stärke der Zeit weiß. Symptomatisch für dieses zivilisiert-freie Denken, Urteilen und Handeln ist die berühmte aufklärerische Schrift des Freiherrn Adolph von Knigge „Über den Umgang mit Menschen", die 1788 erscheint und 1790 in einer redigierten endgültigen Fassung herauskommt. In diesem Diskurs will Knigge praktische Lebensklugheit vermitteln, aufbauend auf einer reichen Lebenserfahrung. In dem Kapitel „Von dem Umgange unter Menschen von verschiedenem Alter" spricht er sich zunächst ganz nach dem Gesellschaftsideal der Aufklärer für eine Gemeinschaft von Jung und Alt aus: „Es ist nicht gut, wenn eine zu bestimmte Absonderung unter Personen von verschiedenem Alter stattfindet ... Der Ton, den die Jugend annimmt, wenn sie immer sich selbst überlassen ist, pflegt nicht der sittlichste zu sein; manche gute Einwirkung wird verhindert, und alte Leute bestärken sich im Egoismus, Mangel an Duldung, an

[176] Schleswig 1841; zit. nach SCHLUMBOHM (1983), S. 371f.
[177] SADDELER (1938), S. 32ff.
[178] CAMPE (1807), S. 13f.

[179] Zit. nach FLANDRIN (1978), S. 144f.
[180] 3. Aufl., Leipzig 1782; zit. nach MÜNCH (1982), S. 33, Anm. 60.

Toleranz und werden mürrische Hausväter ...“ [181] Knigges Lebensweisheiten beschränken sich nicht mehr allein auf einseitige Ermahnungen, die von der hohen Warte der elterlichen Autorität aus an die Adresse der Jugend gerichtet werden. Sie legen die Fehler von Alt und Jung rücksichtslos offen und zeigen, wie diese im beiderseitigen Interesse zu vermeiden sind. Zunächst wendet sich der Autor an die älteren Leute: „Greise verlangen von Jünglingen dieselbe ruhige, nüchterne, kaltblütige Überlegung, Abwägung des Nützlichen und Nötigen gegen das Entbehrliche, dieselbe Gesetztheit, die ihnen Jahre, Erfahrung und physische Herabspannung gegeben hat. Die Spiele der Jugend scheinen ihnen unbedeutend, die Scherze leichtfertig. ... Lasset uns nicht durch plattes Räsonnement die süßen Freuden der Phantasie niederpredigen. Wenn wir zurückschauen auf jene seligen Tage, wo ein einziger Liebesblick des holden Mädchens, das jetzt eine alte runzlige Matrone ist, uns bis in den dritten Himmel entzückte; wo Scherz und Witz jeden trüben Gedanken verjagten; wo süße Träume, Ahnungen, Hoffnungen unsere Existenz froh machten — o, so lasset uns doch diese glückliche Periode bei unsern Kindern zu verlängern trachten und so viel möglich teilnehmen an ihren Wonnegefühlen. ... Ich bin als Jüngling mit so liebenswürdigen alten Damen umgegangen, daß ich wahrlich, wenn ich die Wahl gehabt hätte, an ihrer Seite lieber mein Leben hingebracht haben würde als bei manchen hübschen, jungen Mädchen; und wenn bei großen Tafeln mich als einen jungen Menschen die Reihe traf, neben einer dummen Schönheit Platz zu nehmen, so habe ich oft den Mann beneidet, dem sein Rang ein Recht gab, der Nachbar einer verständigen, muntern alten Frau zu sein.“ [182]

Offenbar versucht im ausgehenden 18. Jahrhundert ein Teil der alten Menschen sich durch Nachahmung von jugendlichen Sitten und Gebräuchen den Traum von einer zwar nicht ewigen, so doch verlängerten Jugend erfüllen zu können. Auch hierin deutet sich die Aufwertung der jüngeren Generation an. In einem Zeitalter, in dem der alte Mensch noch immer als Autorität gilt, die mit geradem Rücken und erhobenem Zeigefinger den Jüngeren den Weg des Lebens zeigt oder wenigstens zeigen soll, darf der nach der Mode der Jugend herausgeputzte Alte nicht ohne weiteres hingenommen werden. Knigge sagt daher unmißverständlich, daß es uns lächerlich vorkommen muß, „wenn ein Greis so sehr Würde und Anstand verleugnet, daß er in Gesellschaft den Stutzer oder den lustigen Studenten spielt; wenn die Dame ihre vier Lustra vergißt, sich wie ein junges Mädchen kleidet, herausputzt, kokettiert, die alten Gliedmaßen beim englischen Tanze durcheinander wirft oder gar andern Generationen Eroberungen streitig machen will. Solche Szenen wirken Verachtung; nie müssen Personen von gewissen Jahren Gelegenheit geben, daß die Jugend ihrer spottet, die Ehrerbietung oder irgendeine der Rücksichten vergesse, die man ihnen schuldig ist.“ [183] Dann geht Knigge auf den Nutzen ein, den die junge Generation durch den Umgang mit der älteren hat: „Es ist indessen nicht genug, daß der Umgang ältrer Leute den jüngern nicht lästig und hinderlich werde; er muß ihnen auch Nutzen schaffen. Eine größere Summe von Erfahrungen berechtigt und verpflichtet jene, diese zu unterrichten, zurecht zuweisen, ihnen durch Rat und Beispiel nützlich zu werden. Dies muß aber ohne Pedanterie, ohne Stolz und Anmaßung geschehn, ohne auf lächerliche Weise für alles eingenommen zu sein, alles anzupreisen, was alt ist, ohne Aufopferung aller Jugendfreuden, beständige Huldigung und untertänige Aufwartung zu fordern, ohne Langeweile zu erregen, und ohne sich aufzudrängen.“ [184]

Dem schließen sich Regeln für das Verhalten „der Jünglinge im Umgange mit Männern und Greisen“ an. Aus ihnen ist abzulesen, daß eine revolutionäre Zeit angebrochen ist, in der vermehrt gefragt wird, was es Neues gebe, in der es mit der ewigen Wiederholung vorbei ist, in der der Wert der Erfahrung schwindet, in der die Jungen von den alten Menschen immer weniger lernen können, in der sie ihnen lediglich noch Achtung aufgrund von Anstandsregeln entgegenbringen. So meint denn auch Knigge: „In unsern von Vorurteilen so säuberlich gereinigten, aufgeklärten Zeiten werden manche Empfinden, welche Mutter Natur uns eingeprägt hat, wegräsoniert. Dahin gehört denn auch das Gefühl der Ehrerbietung gegen das hohe Alter. Unsre Jünglinge werden früher reif, früher klug, früher gelehrt; durch fleißige Lektüre, besonders der reichhaltigen Journale, ersetzen sie, was ihnen an Erfahrung und Fleiß mangeln könnte; dies macht sie so weise, über Dinge entscheiden zu können, wovon man ehemals glaubte, es würde vieljähriges, emsiges Studium dazu erfordert, nur einigermaßen klar darin zu sehn. Daher entsteht auch jene edle Selbstigkeit und Zuversicht, die schwächre Köpfe für Unverschämtheit halten, jene Überzeugung des eignen Werts, mit welcher unbärtige Knaben heutzutage auf alte Männer herabsehen, und alles mündlich und schriftlich überschreien, was ihnen in den Weg kommt. Das Höchste, worauf ein Mann von ältern Jahren Anspruch machen darf, ist gnädige Nachsicht, züchtigende Kritik, Zurechtweisung von seinen unmündigen Kindern und Enkeln, und Mitleiden mit ihm, der das Unglück gehabt hat, nicht in diesen glücklichen Tagen, in welchen die Weisheit ungesät und ungepflegt

[181] Knigge (1977), S. 138.
[182] Knigge (1977), S. 138f.
[183] Ebd. S. 140.
[184] Ebd.

wie Manna vom Himmel regnet, geboren worden zu sein. ... Es gibt viele Dinge in dieser Welt, die sich durchaus nicht anders als durch Erfahrung lernen lassen; es gibt Wissenschaften, die so schlechterdings langwährendes Studium, vielfaches Betrachten von verschiednen Seiten und kältres Blut erfordern, daß ich glaube, auch das feurigste Genie, der feinste Kopf sollte einem bejahrten Manne, der selbst bei schwächern Geistesgaben Alter und Erfahrung auf seiner Seite hat, in den mehrsten Fällen einiges Zutrauen, einige Aufmerksamkeit nicht versagen. ... Endlich dünkt es mich so schön, so edel, dem, welcher nun nicht lange mehr die Schätze und Freuden dieser Welt schmecken kann, den Rest seines Lebens, in welchem gewöhnlich Sorgen und Kümmernisse wachsen und der Genuß verhindert wird, so leicht als möglich zu machen, daß ich kein Bedenken trage, dem Jünglinge und Knaben zuzurufen: ,Vor einem grauen Haupte sollst Du aufstehn! Ehre das Alter! Suche den Umgang älterer kluger Leute! Verachte nicht den Rat der kältern Vernunft, die Warnung des Erfahrnen! Tue dem Greise, was Du willst, daß man Dir tun solle, wenn einst Deiner Scheitel Haar versilbert sein wird! Pflege seiner und verlasse ihn nicht, wenn die wilde, leichtfertige Jugend ihn flieht!'" [185]

Der Freiherr von Knigge steht mit seiner zurückhaltenden Kritik an einem Teil der alten Menschen nicht allein. Im ausgehenden 18. Jahrhundert häufen sich die Artikel und Anstandsbücher, in denen die Autoren nicht nur diskret andeuten, was sie von den sich jugendlich gebenden Greisen halten. Jetzt ist es nicht mehr nur die Heirat zwischen Jung und Alt, ein Thema das bereits die Maler des 16. Jahrhunderts mit bissigem Humor aufgegriffen hatten und auch weiterhin unter dem Titel „Alter schützt vor Torheit nicht" verfolgen, jetzt gehen Autoren mit spitzer Feder auch gegen die jugendlich gekleideten Greise und die sich der Jugend anbiedernden Matronen vor und überschütten sie mit Spott. Greise sinken oft „zu unglaublichen Thorheiten hinab", heißt es in einer solchen Schrift aus dem Jahre 1786. „Sie kleiden sich nach der Mode der Jünglinge, sie tanzen, sie schwärmen bis über Mitternacht, sie fahren leicht verwahrt zu Schlitten, sie quälen sich und stumpfen ihren Körper noch mehr ab durch knappe Kleider und Schuhe ... Sie opfern ihre Zeit der Galanterie und dem Putze, verabsäumen ihre Geschäfte, parfümieren sich, und schmelzen am sanften Klavier ins Elysium hinüber." [186] Dann belustigt sich der Autor über den verliebten Greis: „Mädchen lachen heimlich, Jünglinge öffentlich über ihn. Wenn er der jungen, zwanzigjährigen, in Lüften schwebenden Schönen seine kalte, fleischlose Hand nun bietet, und sie ihr vielbedeutend drückt, indes seine tiefliegenden Augen Wollust zu funkeln sich aus der Höhle herausarbeiten; muß nicht das Mädchen von Todesangst überfallen werden?" [187] Am schärfsten aber geht die Gesellschaft mit der „Geschlechtsliebe" von „verlebten Frauenpersonen" ins Gericht: „Amor setzt sich tückisch in die Falten ihrer Wangen, oder in die öden Zahnlücken ... Und dennoch erscheinen oft solche Thörinnen in den Reihen der Jugend. Sie mischen sich in ihre feurigen Tänze, und hüpfen mit müden Schenkeln unter ihnen her. Sie lesen neue Romane, und weil die Welt nicht mehr nach ihrer Mode liebet, so schmähen sie darauf, weil sie wahrscheinlich darinnen die Ursache finden, daß man sie nicht mehr schätzet. Sie kleiden sich in glänzenden Trachten, setzen auf ihre Köpfe Thürme von fremden Haaren, und drängen ihre erschlappte unelastische Muskeln in knappe Schnürbrüste. Diese unverzeihliche Thorheit, daß Großmütter mit vieler Theilnehmung und jugendlichem Putze bey den Zeitvertreiben der Jugend erscheinen, ist jezt allgemeiner, als jemals." [188]

Erneut mehren sich um die Wende zum 19. Jahrhundert die Stimmen, die ihren ätzenden Spott kübelweise über die „Veteranen der Liebe" ausschütten, während noch ein halbes Jahrhundert zuvor, als der alte Mensch auf dem Zenit seines Ansehens stand, die Meinung vorgeherrscht hatte, „daß auch alte Personen sich zum Troste und zur Versüßung der düsteren einsamen Stunden dieses Winters im menschlichen Leben des Alters heiraten" könnten [189]. In der deutlich negativeren Einstellung zur Wiederheirat und zur Heirat älterer Menschen kommt der relative Statusverlust, den das Alter inzwischen hinnehmen mußte, zum Ausdruck. Sie findet ihren Niederschlag auch in einem deutlich erhöhten Witwen- und Witweranteil. Die Zeitkritiker beschreiben jetzt sehr viel zynischer und bissiger alte Männer und Frauen, die dem anderen Geschlecht zu gefallen suchen. In seinem „Charaktergemälde des Alters" schildert Carl Friedrich Pockels im Jahre 1801 voller Hohn derartige Begegnungen: „Ihr tretet in einen geselligen Zirkel; ihr erblickt ein Frauenzimmer, welches, wie es die Kunstsprache ausdrückt, schon passirt ist; — ihr bemerkt sogleich, daß ihre Blicke blitz-artig in dem Zimmer hin- und herfahren, — bis der Gegenstand sichtbar wird, den das feurige Auge sucht. ... die Alte befindet sich in einer fiberhaften Extase ..." [190] Oder an anderer Stelle: „Es giebt alte Männer, die zwar eigentlich nicht mehr vom Feuer der Liebe erwärmt werden, aber dennoch alle Zeichen und Ausdrücke derselben an-

---

185 KNIGGE (1977), S. 141f.

186 Liebe und Ehe in der Narrenkappe und im Philosophenmantel — Von einem Greise, Breslau, Brieg, Leipzig 1786, S. 103.

187 Ebd. S. 102.

188 Ebd. S. 109f.

189 JOHANN LORENZ VON MOSHEIM: Sittenlehre der Heiligen Schrift, 8. Teil verfaßt von JOHANN PETER MILLER, Göttingen und Leipzig 1767, S. 70.

190 POCKELS (1801), S. 353.

nehmen. Dies sind jene verschrobene männliche Coquetten, die von jeher das Zwerchfell des Publicums in Bewegung setzen, und in weit lächerlichern Gestalt, als die bejahrte Buhlerinn, auf dem Schauplatz der Welt erscheinen. ... Da ihre Welt die Welt der Weiber ist, und sie nur die Regeln dieser Welt kennen, — so nehmen alle diese alten Kinder endlich etwas Weibisches und Buntes an. Sie sind die ängstlichen Affen der Mode ...“ [191]

In Frankreich hatte schon achtzig Jahre früher als in Deutschland Alain René Lesages „Hinkender Teufel“ über dermaßen aufgeputzte Alte höhnisch gelacht. Er hatte die Dächer der Häuser leicht angehoben, hatte die Haut der Personen, die er dort antraf, leicht angekratzt und unter Puder, Perücke und Seide viel Häßliches gefunden, wie er zu verstehen gab: „Ich erblicke im Nachbarhaus zwei recht vergnügliche Bilder: das eine ist eine überalterte Kokette, die sich ins Bett legt, nachdem sie auf dem Toilettentisch ihre Haare, ihre Brauen und ihre Zähne zurückgelassen hat; das andere ein sechzigjähriger Galant, der soeben von einem Liebesabenteuer nach Hause kommt. Er hat schon sein Auge und seinen falschen Bart abgelegt, zusammen mit seiner Perücke, die seine Glatze verbarg. Er wartet darauf, daß sein Diener ihm seinen Arm und sein Holzbein abschnallt, und wird sich dann mit dem, was von ihm übrigbleibt, ins Bett legen.“ Dann wohnt in dem Haus noch ein, dem äußeren Anschein nach, schönes, junges Mädchen: es ist die ältere Schwester des Galants, der eben zu Bett geht. „Ihre Taille ist“, nach den Worten des Hinkenden, „eine Maschine, deren Federn verbraucht sind. Ihr Busen und ihre Hüfte sind künstlich ... Da sie sich jedoch so minderjährig gebärdet, so streiten sich trotz alledem zwei junge Kavaliere um ihre Gunst.“ [192] Auch für den französischen Arzt G. Daignan hat das höhere Alter nur noch wenig Wert. Für ihn beginnt mit 64 Jahren das „Alter der Schwäche“, mit 71 das „Alter der Habsucht“ und mit 78 das „Alter des Mistrauens“ [193]. So direkt und bisweilen brutal stellt man in Deutschland die Fehler, Laster und Unzulänglichkeiten der alten Menschen selbst gegen Ende des Jahrhunderts nicht dar. Auch Molière findet diesseits des Rheins keinen Nachahmer, der derartig fiebrische, epileptische, paralytische, hektische, asthmatische und wassersüchtige Greise geschildert hätte, die nur noch einen Zahn im Mund haben, der dann auch noch beim ersten Hustenanfall herausfällt, die sich aber gleichwohl um junge, frische Mädchen bemühen.

Obwohl sich die jüngere Generation in Deutschland politisch und gesellschaftlich weniger radikal gibt als ihre Altersgenossen im Westen, sind auch hier die vielfältigen Tendenzen zur Neubewertung des Alters unübersehbar. Die kritische und ihrer Kraft bewußte Jugend will nicht mehr die Augen vor den Schwächen und Nachteilen des Alters verschließen. Andererseits will und kann man nicht mehr die gesellschaftlichen Regeln der Sittlichkeit ablegen, man hat sie als Selbstzwänge längst verinnerlicht. Höflichkeit ist fast zu einer zweiten Haut geworden. Zwar fühlen Jung und Alt instinktiv, daß die Erfahrung in einer in Bewegung geratenen Welt immer weniger zählt, daß unter dem Einfluß des sozialen Wandels ein Informationsvorsprung schnell zusammenschmilzt, daß die Antworten des „Kulturspeichers“ (Alexander Mitscherlich) Alter nicht mehr gefragt sind, daß in einer dynamischen Gesellschaft der Sozialisationseinfluß der Älteren auf die Jüngeren abnimmt [194], und daß nur der mithalten kann, der flexibel und allem Neuen aufgeschlossen ist. Gleichwohl verbietet die Erziehung, diese naturgegebenen Vorteile dem Alter gegenüber offen und rücksichtslos zu demonstrieren, noch prämiert diese Gesellschaft die Jugend nicht übermäßig hoch. Es gehört zum „guten Ton“, zur Ästhetik des Umgangs miteinander, die Gefühle des anderen zu schonen. Das aber hat zur Folge, daß sich die „positive Höflichkeit“ in eine „negative Höflichkeit“ (Erving Goffman) wandelt, daß sich die Sympathie, Aufmerksamkeit, Gegenseitigkeit und Neugierde für die älteren Menschen in Schonung und Entlastung verändert. Man tadelt zwar, drückt sich bei seinem Tadel jedoch mit äußerster Zurückhaltung aus, damit der andere sein Gesicht wahren kann. Man mutet dem anderen möglichst wenig zu. Kurz: Man ist höflich bei aller Offenheit. Man ist „gegen die üblen Launen und Verstimmungen alter Leute möglichst schonend und duldsam“, wie dies ein Anstandsbuch zu Beginn des 19. Jahrhunderts ausdrückt [195]. Auch Kant ist bereits von der vormals gültigen, durch und durch positiven Bewertung des Alters abgerückt, bringt diesem aber noch etwas mehr als nur die „schuldige Achtung“ entgegen. Kant bewegt sich im Grenzbereich zwischen beiden Epochen. Bei ihm hört sich dies in der für ihn typischen langatmigen Sprache so an: „Die Pflicht, das Alter zu ehren, gründet sich eigentlich nicht auf die billige Schonung, die man den Jüngern gegen die Schwachheit der Alten zumuthet; denn die ist kein Grund zu einer ihnen schuldigen Achtung. — Das Alter will noch für etwas Verdienstliches angesehn werden, weil ihm eine Verehrung zugestanden wird. Also nicht etwa weil Nestorjahre zugleich durch viele und lange Erfahrung erworbene Weisheit zu Leitung der jüngern Welt bey sich führen, sondern bloß weil, wenn nur keine Schande dasselbe befleckt hat, der Mann, welcher sich so lange erhalten, d.i. der Sterblichkeit ... so lange hat ausweichen,

[191] POCKELS (1801), S. 363f.

[192] ALAIN RENÉ LESAGE: Le diable boiteux (1707); zit. nach HAZARD (1939), S. 423f.

[193] DAIGNAN (1788), S. 444ff.

[194] Vgl. BUCHHOFER, FRIEDRICHS, LÜDTKE (1970), S. 306ff.

[195] POCKELS (1813), S. 174f.

und gleichsam der Unsterblichkeit hat abgewinnen können, — weil, sage ich, ein solcher Mann sich so lange lebend erhalten und zum Beyspiel aufgestellt hat." [196]

Diese neue Einstellung zum Alter kündigt sich in Deutschland im Sturm und Drang an, als trotz dieses ausgeprägten Geniekults und dem Lob der Jugendlichkeit eine gewisse Grenzlinie kaum einmal überschritten wird. Sie findet sich beim Freiherrn von Knigge, der das Verhalten vieler alter Menschen deutlich kritisiert — mehr als das der Jugend —, der nur halbherzig und mit brüchig werdenden Argumenten die Weisheit des Alters rühmt, der aber trotz alledem ein „Ehre das Alter!" an den Schluß stellt. Sie mündet dann in der Zeit der Romantik in eine endgültige Form, die sich zu der für das 19. Jahrhundert allgemein gültigen Norm entwickelt. Die hohe Zeit des Alters, in der Achtung vor dem Alter und Macht der Alten wie in keiner Epoche vorher und nachher weitgehend konform gehen, neigt sich dem Ende zu. Die sich langsam herausbildende industrielle Gesellschaft findet schließlich andere Formen, um den realen Machtverlust des Alters nicht in Verachtung umschlagen zu lassen. Dies ist Thema des nachfolgenden Bandes. Noch immer ist das Alter nicht durch ein bestimmtes Lebensjahr oder die Freistellung vom Beruf definiert. Alt ist der, der sich so fühlt und die typischen äußeren Merkmale aufweist: graues Haar, gebückte Haltung, körperlichen Verfall oder aus dem Berufsleben ausgeschieden ist.

Das 18. Jahrhundert hat zweifellos wie keine Zeit früher oder später das Alter als Autorität anerkannt; es hat immer wieder neue Argumente angeführt, um das Ansehen der alten Menschen zu begründen, und es hat mit einer Vielzahl an pädagogischen Mitteln die neue Lehre im Alltag umzusetzen versucht. Dennoch verkündeten die schöngeistige Literatur, die darstellende Kunst, die Predigten der Pfarrer oder die Anstandsbücher lediglich eine Lebensnorm, nach der sich die Menschen ausrichten sollten, nicht jedoch die Realität, wie die Menschen wirklich lebten, wie sie ihre alten Mitmenschen einschätzten und sie behandelten. Die offizielle Hochpreisung des Guten und Schönen, der Brüderlichkeit und Zusammengehörigkeit erwies sich in der Realität zu oft noch immer als Illusion und Verschleierung, als oberflächliche Politur, die bei der geringsten Störung der Lebensverhälnisse abbröckelte, oder als modisches Zeremoniell, dem man sich nicht aus innerster Überzeugung unterwarf. Die Verehrung des Alters war zunächst nichts anderes als eine fast reine Elitenkultur, die in den obersten Gesellschaftskreisen ihre Begründung nicht nur im aufgeklärten Denken und im vierten Gebot der Bibel, sondern auch im realen Alltag fand. Die Erfahrung und der Reichtum des alten Patriziers zwangen auch den zur Hochachtung, der die Aufklärer nicht gelesen hatte. Der körperliche Verfall, fehlendes esoterisches Wissen und Armut eines alten Bettlers ließen dagegen selbst den an der Autorität des Alters zweifeln, der die aufklärerischen Schriften kannte. Die hohe Stellung der alten Menschen war in der Wirklichkeit zunächst allein eine Frage der Schichtenzugehörigkeit, des Geldes, zum Teil des Geschlechtes und hing weiterhin sehr stark von religiösen Bindungen ab; darüber hinaus war sie ein Ideal, auf das hinzuarbeiten war, eine Art Sozialutopie, deren Inhalt zwar relativ schnell bis zu der großen Masse des Volkes vordrang, die aber nur sehr langsam, über Generationen hinweg verinnerlicht wurde. Davon abgesehen ist es aber schon erstaunlich, in welch kurzer Zeit die Kultur der Aufklärer von „oben nach unten" durchsickerte, obwohl in dieser Zeit weder der Hamburger Kaufmann den bayerischen Bauern verstand noch der masurische Großgrundbesitzer den rheinischen Handwerksmeister, als fernab von ihnen eine Hochsprache existierte, in der sich die Gebildeten verständigten, als die Masse des Volkes froh war, wenn sie ihren Namen richtig schreiben konnte. Die Pfarrer predigten zwar von der Kanzel, wie man den Älteren zu begegnen habe, die Juristen ahndeten bei der Auslegung bestehender Gesetze jetzt schärfer entsprechende Vergehen und in den von Pädagogen verfaßten Lesebüchern — besser den Vorlesebüchern — traten immer häufiger alte Leute als Helfer und Ratgeber auf. Dennoch wurde diese Lehre nur relativ selten im Alltag in die Tat umgesetzt, da während des 18. Jahrhunderts noch immer weitaus stärker die populären Erzählungen und Redeweisen wirkten, die seit Jahrhunderten im Volk weiter fortbestanden, und die die soziale Wirklichkeit eher widerspiegeln als die Ideale und Wünsche der Intellektuellen. Da traten alte Frauen weiterhin in Gestalt böser und häßlicher Hexen auf, lebten als Sozial-Leichen fernab von der Gesellschaft und wurden am Ende ganz selbstverständlich im Backofen verbrannt; da bekam in den plattdeutschen Volksmärchen die lästige Alte „ên'n mit 'n Hammer vör 'n Kopp", da wurde den Alten das Recht auf Sexualität abgesprochen und die Schwankbücher quollen über von deftigen Scherzen über den Greis, der noch eine dralle Dirne begehrte, obwohl es doch — so in einem typischen Vergleich — im Tal ganz kalt sei, wenn es auf den Bergen reife [197]. Im Alltag wurde besonders den alten, häßlichen Frauen noch immer ein Bündnis mit dem Teufel unterstellt. In Bielefeld glaubte man auch noch zu Ende des 18. Jahrhunderts, daß es Unglück bringe, wenn man morgens zuerst einer alten Frau begegnete [198]. Trotz der starken Zunahme gegensätzlicher Altersbilder ist der

[196] Von der Macht des Gemüths durch den bloßen Vorsatz, seiner krankhaften Gefühle Meister zu seyn; zit. ebd., S. 175.

[197] Zu den Volkserzählungen siehe RUDOLF SCHENDA: Art.: Alte Leute, in: RANKE (1977), S. 373ff.

[198] MÖLLER (1969), S. 244.

Greis in der Mehrzahl der Volkserzählungen und Redeweisen des 18. Jahrhunderts sozial immer noch weitgehend tot. So beschränkt sich denn auch die Leistung des 18. Jahrhunderts nicht so sehr darauf, den Menschen verändert, sondern seine Werte umgeformt zu haben. Im 16. Jahrhundert war es noch leicht möglich, die Alten öffentlich zu verspotten und ihnen Unrecht zuzufügen, ohne dafür zur Rechenschaft gezogen zu werden; im 18. Jahrhundert muß man dagegen mit gesellschaftlichen Sanktionen rechnen.

Die pädagogische Literatur der Zeit hat in Anbetracht der Wirklichkeit fast immer ohne jegliche Differenzierung von *dem* alten Menschen gesprochen. Sie hat das Alter im Vergleich zu den Jugendjahren zwar bisweilen höher, bisweilen weniger hoch bewertet, sie hat aber im Zeitalter der Aufklärung innerhalb der Gruppe der älteren Generation nur zwischen den aufgeklärten, tugendhaften Menschen und den unaufgeklärten und tyrannischen unterschieden. Zwar bestand in der Aufklärung — wie gezeigt — eine starke Tendenz, die unschönen Seiten des Lebens auszuklammern, doch bleibt es gleichwohl auffällig, wie selten man auch nach Mitte des 18. Jahrhunderts dem Gegensatzpaar des reichen und mächtigen Patriarchen auf der einen Seite und dem in äußerster Armut lebenden, von öffentlicher Fürsorge abhängigen Tagelöhner andererseits Beachtung geschenkt hat, wie selten man die Unterschiede zwischen der allseits geachteten, selbstbewußten greisen Hausherrin und der in der Armenstube des Spitals untergebrachten Witwe thematisiert hat. Obwohl in der Wirklichkeit weiterhin Lebenserfahrung und Macht ein stabiles Korsett für ein Alter in Ehren abgaben, und auf der anderen Seite Hinfälligkeit, Hilflosigkeit und materielle Not in den letzten Lebensjahren die Vorstellungen vom Alter als der Krone des Lebens als Zynismus und Hohn erscheinen ließen, blieb das offizielle Altersbild davon unberührt. Die Ursache mag unter anderem darin zu suchen sein, daß in diesem Jahrhundert die soziale Ungleichheit vor dem Tod nicht sehr stark ausgeprägt war, daß dem Armen, hatte er nur das Kindesalter mit seiner extrem hohen Sterblichkeit überstanden, in der Regel kaum weniger Lebensjahre blieben als dem Reichen. Wie Arthur E. Imhof richtig erkannt hat, ließen erst das Industriezeitalter, die Urbanisierung, der Ausbau des Gesundheitswesens, die wirkungsvolleren Hygienemaßnahmen und der Anstieg des Lebensstandards, die alle im 19. Jahrhundert zunächst den gehobenen Gesellschaftsschichten zugute kamen, die Lebenserwartung von „unten" und „oben" stark auseinanderlaufen. Dagegen war in der „vormedizinischen" Ära die soziale Ungleichheit vor Krankheit und Tod zwar gegeben, jedoch nicht so offensichtlich wie in der Folgezeit, da die Vielzahl an Seuchen die einzelnen Sozialschichten meist gleichermaßen heimsuchte [199].

Diese Auffassung scheint vorhandenen Forschungsergebnissen zu widersprechen. Alfred Perrenoud ist in seiner breiten demographischen Untersuchung über die Stadt Genf des 17. und 18. Jahrhunderts zu einem gegenteiligen Resultat gekommen. Er hat eine schichtenspezifische Sterbetafel erstellt, aus der abzulesen ist, daß in dieser Stadt während des 17. Jahrhunderts von jeweils 1000 Geborenen 305 aus der Oberschicht, 171 aus der Mittelschicht, aber nur 106 aus der Unterschicht das 60. Lebensjahr erreichten [200]. Derartige Zahlen sagen zwar einiges über soziale Ungleichheiten aus, können aber bei isolierter Betrachtung leicht zu falschen Schlußfolgerungen führen, da etwa eine solche unterschiedliche Anzahl von Überlebenden einzig und allein auf eine schichtenspezifisch verschieden hohe Säuglingssterblichkeit zurückgehen könnte. Tatsächlich lebten in Genf ein Jahr nach der Geburt von 1000 Säuglingen in der Oberschicht noch 792, in der Mittelschicht noch 697 und in der Unterschicht nur noch 642, wodurch allein die Überlebendenzahlen in einem höheren Alter stark voneinander abweichen mußten. Darüber hinaus aber erwies sich in fast jedem Alter das Risiko zu sterben für einen Angehörigen der Unterschicht als deutlich größer als für einen Angehörigen der Oberschicht. Entsprechend niedriger lag die durchschnittliche weitere Lebenserwartung: für einen Fünfzigjährigen um fünf Jahre, für einen Sechzigjährigen um 2,3 Jahre tiefer (Graphik 12, S. 154, 156). Zu durchaus ähnlichen Resultaten ist Otto Konrad Roller in seiner demographischen Studie über die Einwohnerschaft der in unmittelbarer Nachbarschaft von Karlsruhe gelegenen Stadt Durlach während des 18. Jahrhunderts gekommen, doch haben seine Daten wegen erheblicher methodischer Mängel kaum Aussagekraft [201].

Die soziale Ungleichheit vor dem Tod war für die mittleren und höheren Altersgruppen im späten 17. und im 18. Jahrhundert vor allem ein Phänomen der größeren Städte. Nur hier konnten sich deutlich voneinander abgegrenzte Quartiere herausbilden, in denen für Arme und Reiche gesonderte Lebensweisen vorherrschten. Hier wirkten sich die Unterschiede in der Ernährung, in den Wohnbedingungen und in der Einstellung zur Krankheit, in der Nässe und Härte des Alltags voll aus. Hier lebte ein Teil der Bevölkerung deutlich ungesünder als der andere und starb im Regelfall auch früher. Zwar mußten auch innerhalb der Mauern dieser Städte die Menschen infolge der Bevölkerungsvermehrung des 18.

---

199 IMHOF: Jahre (1981), S. 116.

200 PERRENOUD (1975), S. 235; IMHOF: Jahre (1981), S. 123.

201 Im Vergleich zu den Handwerksmeistern war die Sterblichkeit unter den Handwerksgesellen in der Gruppe der Zwanzig- bis Dreißigjährigen allein deshalb sehr viel größer, weil es nur sehr wenige Meister in dieser Altersgruppe gab. ROLLER (1907), S. 122ff.

Jahrhunderts enger zusammenrücken und die soziale Abschottung wurde verschiedentlich aufgebrochen [202], doch blieben hier die „guten" und die „schlechten" Wohnlagen auch weiterhin bestehen. Die Honoratioren errichteten ihre weiträumigen Häuser in der Nähe des Marktes oder auf einer Anhöhe, die Ärmeren ihre Buden und winzigen Gebäude dagegen in den feuchten Niederungen oder im Schatten der Stadtmauern [203].

Die vorindustrielle Gesellschaft lebte jedoch nur zum geringsten Teil in solchen größeren Städten. Selbst im Jahre 1816 wohnten von den 40,3 Mill. Einwohnern des Deutschen Bundes und Preußens nur 0,94 Mill. (=2,3 v.H.) in Städten mit 40.000 Einwohnern und mehr. Neben den Hauptstädten Wien (247.000) und Berlin (172.000) zählte nur Hamburg (130.000) nach heutigen Maßstäben zu den Großstädten. Die sächsisch-böhmische Region besaß in Prag (75.000), Dresden (60.000) und Leipzig (40.000) bedeutendere städtische Zentren und der ostdeutsche Raum in Breslau und Königsberg (beide je 60.000). Sonst wiesen nur der Vorort des westdeutschen Handels Köln (50.000) sowie die Messe- und Handelsstadt Frankfurt a.M. (48.000) höhere Einwohnerzahlen auf, während das bayerische Zentrum München erst 30.000 Einwohner besaß [204]. In den vielen Mittel- und Kleinstädten war eine strikte Trennung der Wohnquartiere nicht aufrechtzuerhalten, und durch das enge Nebeneinander vermischten sich die Lebensräume der einzelnen Sozialschichten derartig, daß sich die Lebenschancen von Arm und Reich zwangsläufig einander annäherten. Zwar besaßen auch hier Kaufleute oder höhere Amtsträger größere und besser eingerichtete Häuser als die Tagelöhner und die unqualifizierten Arbeiter, sie konnten sich eine abwechslungsreichere Ernährung erlauben und mußten vielfach weniger hart arbeiten, aber sie waren den vielfältigen Seuchen und ansteckenden Krankheiten, die die zeitgenössische Medizin noch nicht in den Griff bekam, ebenso ausgesetzt wie ihre ärmeren Nachbarn. Sie vermochten sich in der Enge der kleinen Städte nicht abzusondern, tranken alle aus demselben Brunnen und trugen alle denselben stinkenden und mit Krankheitserregern durchsetzten Kot und Morast von der Gasse in ihre Häuser hinein.

Eine solche Angleichung der Lebensverhältnisse fand ihren Niederschlag in einer Lebenserwartung, die von Schicht zu Schicht sehr viel weniger Unterschiede aufwies als in den größeren Städten. In der bereits mehrfach erwähnten, späteren württembergischen Oberamtsstadt Nürtingen am Neckar, deren Einwohnerzahl im Dreißigjährigen Krieg als Folge von Pest und militärischer Besetzung bis auf 1196 Personen im Jahre 1652 gesunken war und die erst im Jahre 1771 mit 2234 Personen wieder den Vorkriegsstand erreicht hatte, gab es zwischen der Mittel- und der Unterschicht keinerlei signifikante Unterschiede in Säuglingssterblichkeit und Lebenserwartung [205]. Allein die Oberschicht wich in ihren demographischen Daten von der übrigen Bevölkerung ab, indem weitaus mehr ihrer Kinder das kritische Säuglingsalter überlebten als Kinder aus den unteren Sozialschichten. In den Jahren 1650 bis 1699 starben in der Oberschicht 17,6 Prozent im ersten Lebensjahr, dagegen ein fast doppelt so hoher Prozentsatz in der übrigen Bevölkerung. Ferner kamen auf 1000 Lebendgeborene in der obersten Schicht 42 Totgeborene und 127 in den unteren. Dies führte dazu, daß ein Neugeborener aus der ersten Gruppe mit durchschnittlich 38,8 Lebensjahren rechnen konnte, wogegen allen anderen zum Zeitpunkt ihrer Geburt fast zwölf Jahre weniger zum Leben blieben, wenn auch derartige Zahlen wegen der völlig unterschiedlichen Lebensläufe nur wenig aussagen und mit Vorsicht zu interpretieren sind. Die bessere Pflegemöglichkeiten der Säuglinge durch Mutter und Dienstpersonal, die Entlastung der Mutter während ihrer Schwangerschaft vor schwerer körperlicher Arbeit und dem Stillen, eine bessere Ernährung und eine kontrollierbarere Hygiene in den Häusern der Wohlhabenden mögen dafür ausschlaggebend gewesen sein; hinzu kamen größere Kenntnisse über Methoden zur Verhütung ungewollter Schwangerschaften (Graphik 13). Jedenfalls zeigt die Säuglingssterblichkeit als hochempfindlicher Seismograph die jeweilige Schichtenzugehörigkeit und die momentane soziale Lage an; in ihr unterscheiden sich die vorindustriellen Sterbetafeln am augenfälligsten von den heutigen (vgl. Graphik 14). Bleibt anzumerken, daß eine extrem hohe Säuglingssterblichkeit nicht ein Charakteristikum aller Unterschichtenfamilien war, sondern die Risiken sich in bestimmten Häuften, die Zahl derartiger Hochrisiko-Familien am Fuß der Sozialpyramide aber deutlich höher lag als weiter oben.

Vergleicht man die Höhe der Nürtinger Säuglingssterblichkeit mit der anderer westeuropäischer Länder und anderer Regionen Deutschlands, dann lag sie deutlich über dem Mittel [206]. Der Anteil der im ersten Lebensjahr Gestorbenen an allen Sterbefällen schwankte hier im Zehnjahresdurchschnitt zwischen 32,5 Prozent (1651/60) und 40,7 Prozent (1801/10) und wies besonders unter Berücksichtigung der in den ersten fünf Lebensjahren Gestorbenen einen deutlich ansteigenden Trend auf (Graphik 14), hinter dem sich mehrere

202 Für Warschau siehe BOGUCKA (1985), S. 119ff.

203 Für Göttingen siehe dazu SACHSE (1985), S. 131ff.

204 Zahlen nach KÖLLMANN (1976), S. 10f.

205 Zur Geschichte von Nürtingen siehe KOCHER (1924/28); zur Bevölkerungsentwicklung der Stadt KOCHER (1928), Bd. 3, S. 123 sowie Beschreibung des Oberamts Nürtingen (1848).

206 Vgl. u.a. CHAUNU (1968), S. 267ff.; PERRENOUD (1982), S. 61; IMHOF: Einstellungen (1983), S. 65ff.; IMHOF (1984), S. 107f.

Graphik 12

Schichtenspezifische Sterbetafel der Bevölkerung von Genf 1625-1684

Überlebende im Alter x

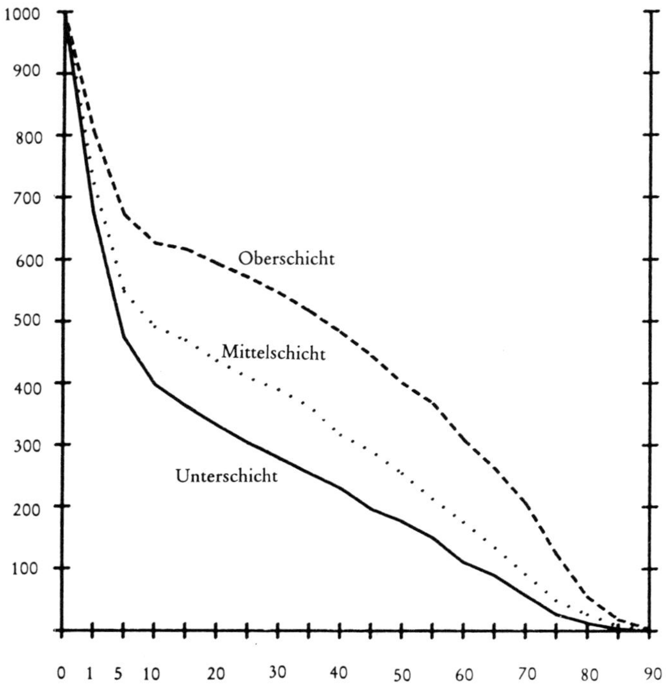

Sterbewahrscheinlichkeit vom Alter x bis x + 1

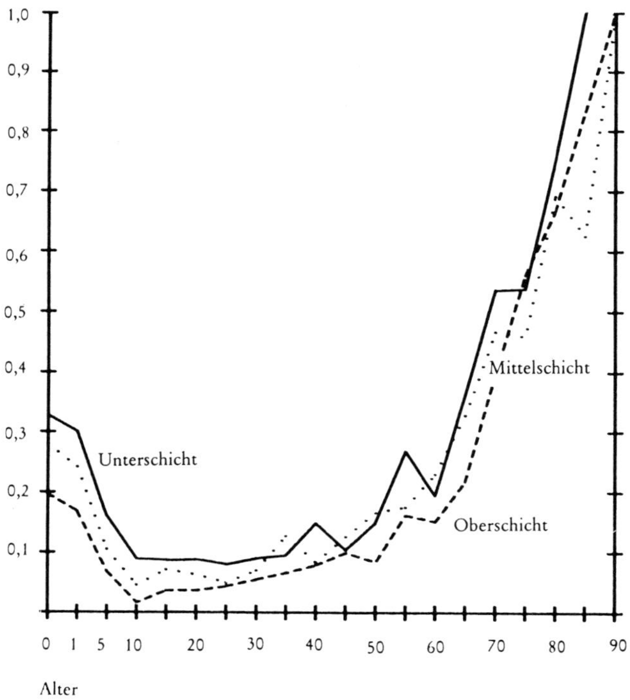

Graphik 13

Schichtenspezifische Sterbetafel der 1650-1699 in Nürtingen Geborenen

Überlebende im Alter x

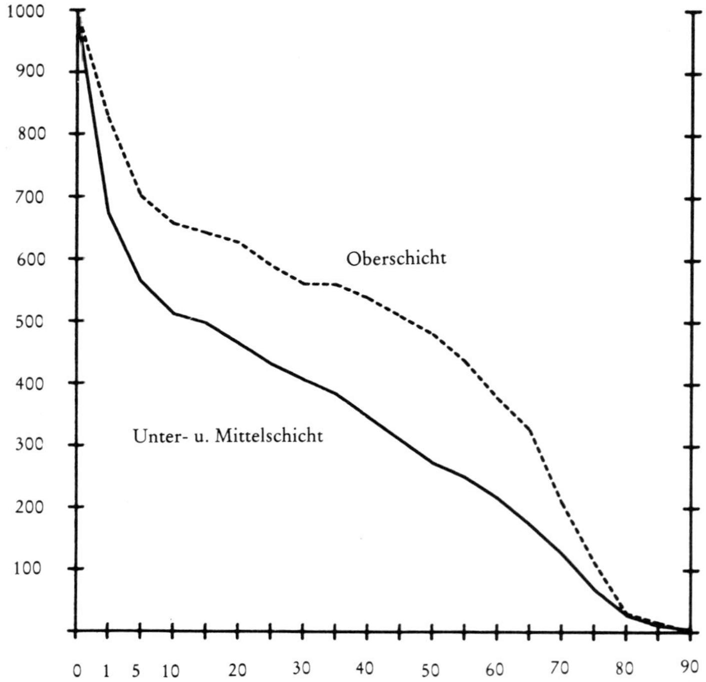

Sterbewahrscheinlichkeit vom Alter x bis x + 1

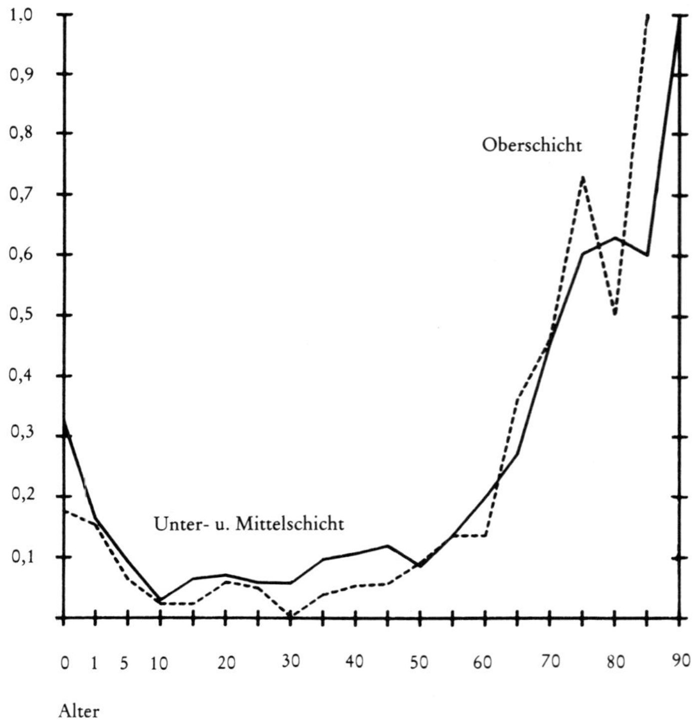

Schichtenspezifische Sterbetafel der 1700-1749 in Nürtingen Geborenen

Überlebende im Alter x

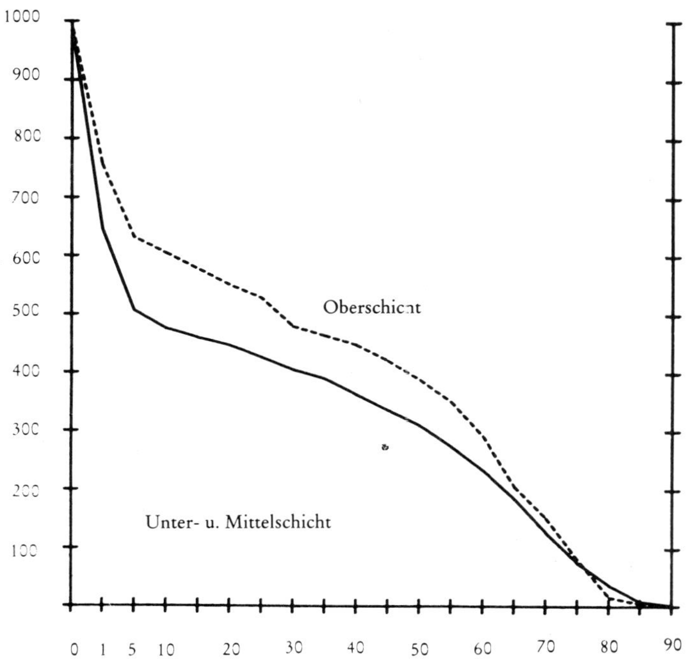

Sterbewahrscheinlichkeit vom Alter x bis x + 1

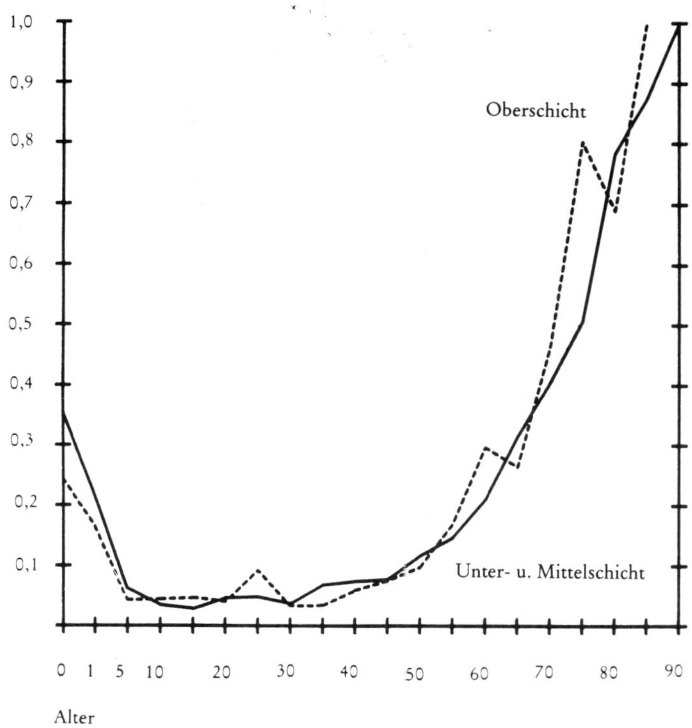

Schichtenspezifische Sterbetafel der 1750-1799 in Nürtingen Geborenen

Überlebende im Alter x

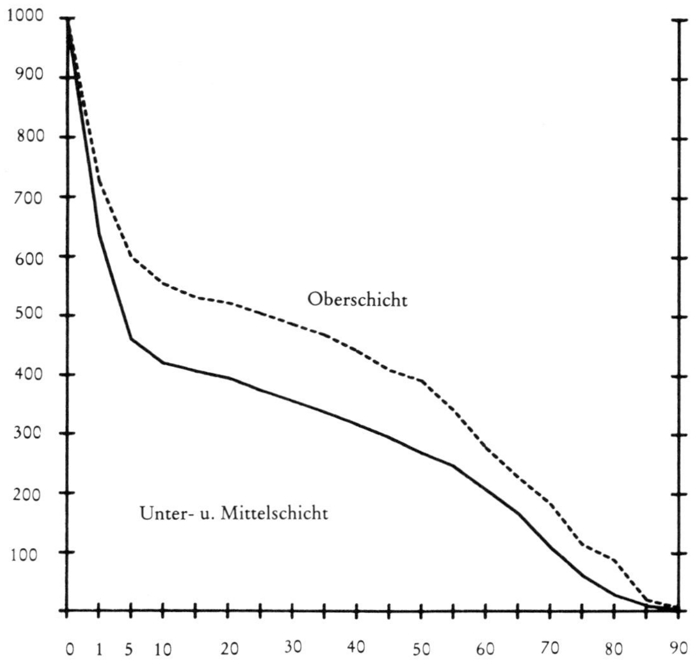

Sterbewahrscheinlichkeit vom Alter x bis x + 1

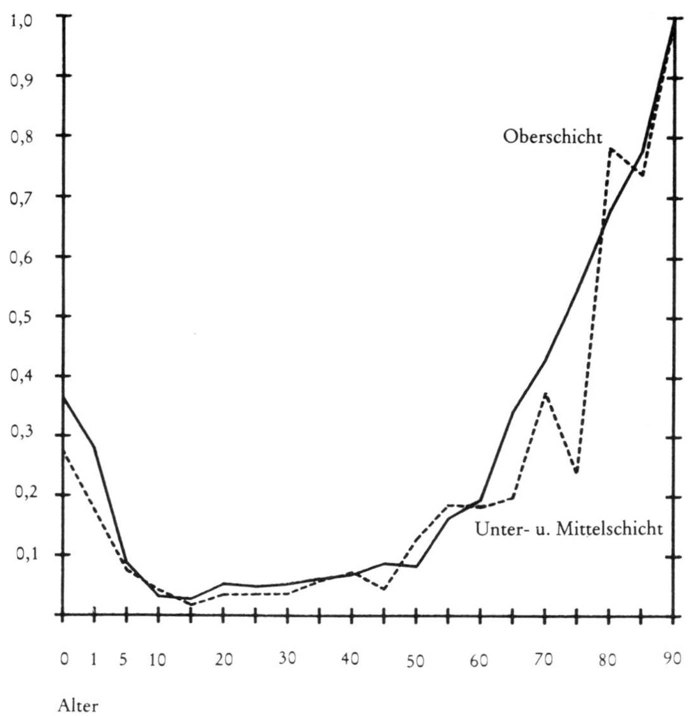

Fortsetzung Graphik 12

Schichtenspezifische Sterbetafel der Bevölkerung von Genf 1625-1684

Lebenserwartung im Alter x

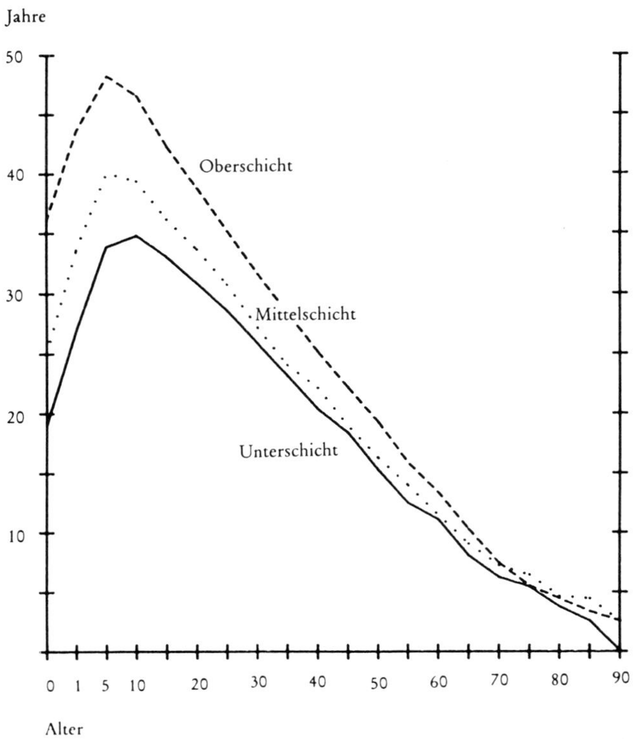

Quelle: Errechnet nach PERRENOUD (1982), S. 61.

Fortsetzung Graphik 13

Schichtenspezifische Sterbetafel der 1650-1699 in Nürtingen Geborenen

Lebenserwartung im Alter x

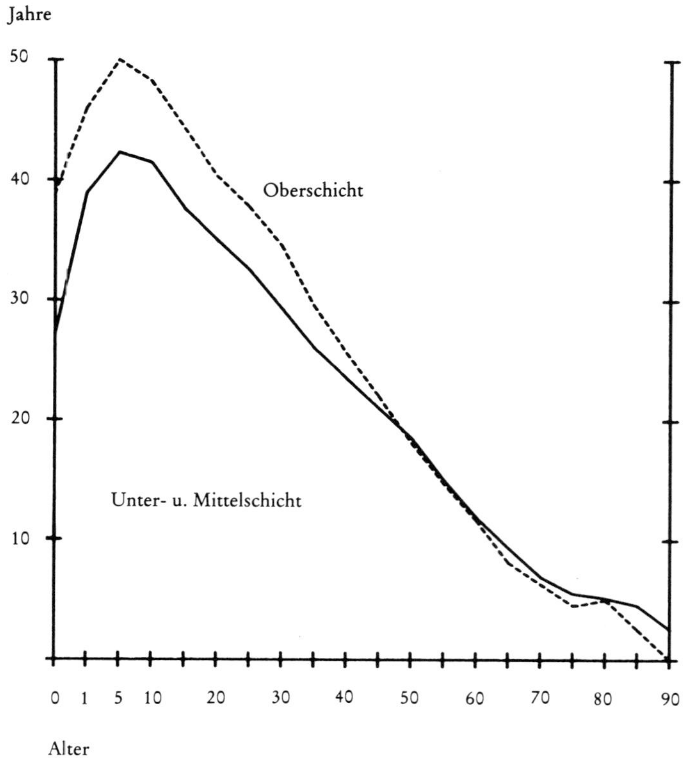

Quelle: Errechnet nach den Sterberegistern von Nürtingen, LKAS; n = 2.292.

Fortsetzung Graphik 13

Schichtenspezifische Sterbetafel der 1700-1749 in Nürtingen Geborenen

Lebenserwartung im Alter x

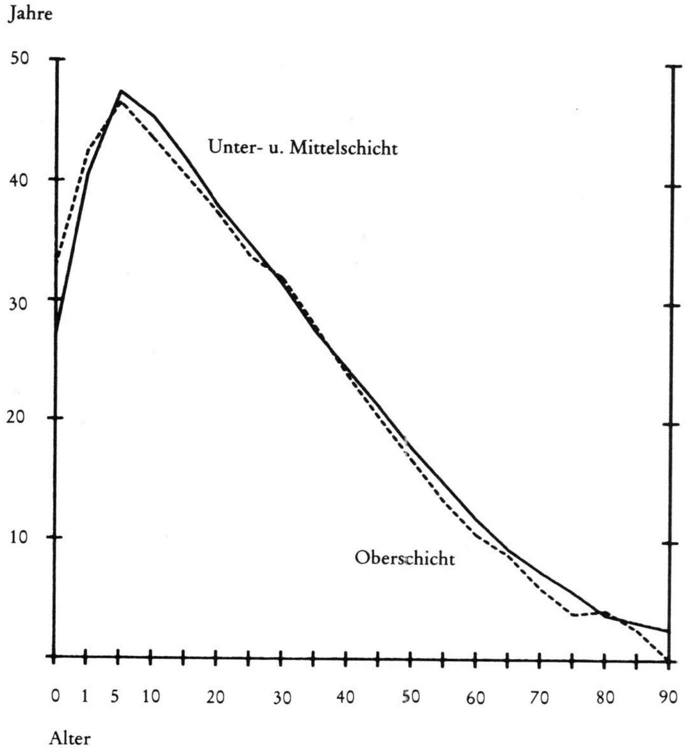

Quelle: Ebd., n = 3.070

Fortsetzung Graphik 13

Schichtenspezifische Sterbetafel der 1750-1799 in Nürtingen Geborenen

Lebenserwartung im Alter x

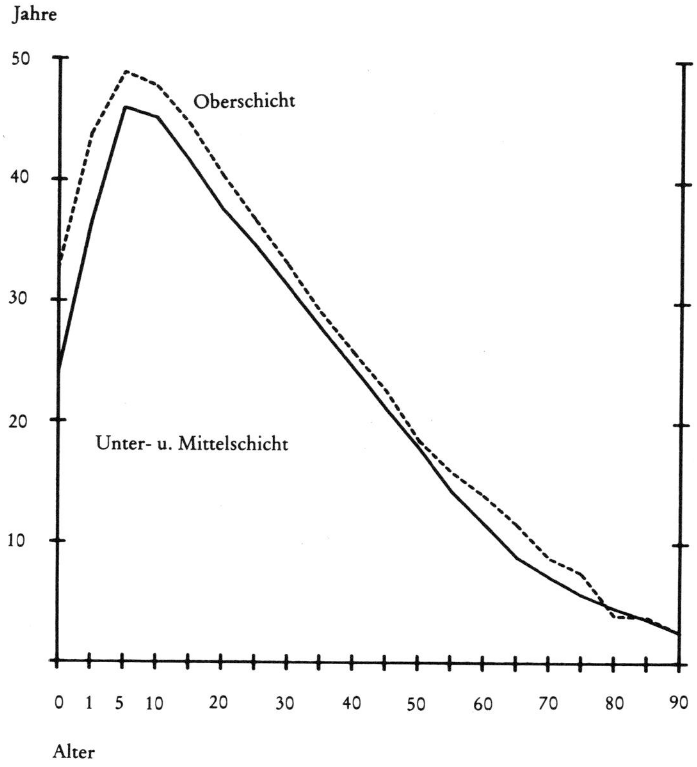

Quelle: Ebd.; n = 4.030.

Graphik 14

Sterbetafel der Bevölkerung von Nürtingen 1650/99-1750/99 und der Bundesrepublik Deutschland (1981/83)

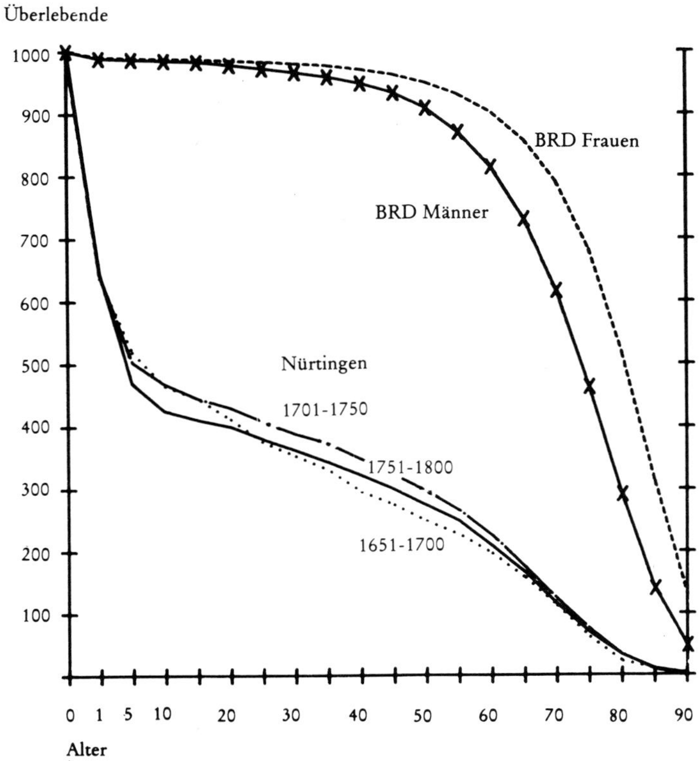

Quelle: Sterberegister von Nürtingen, LKAS, n = 9.093; Statistisches Jahrbuch für die Bundesrepublik Deutschland 1985, S. 78, n = 717.537.

Graphik 15

Sterbetafel der Bevölkerung von Eschenbach 1650/99-1750/99

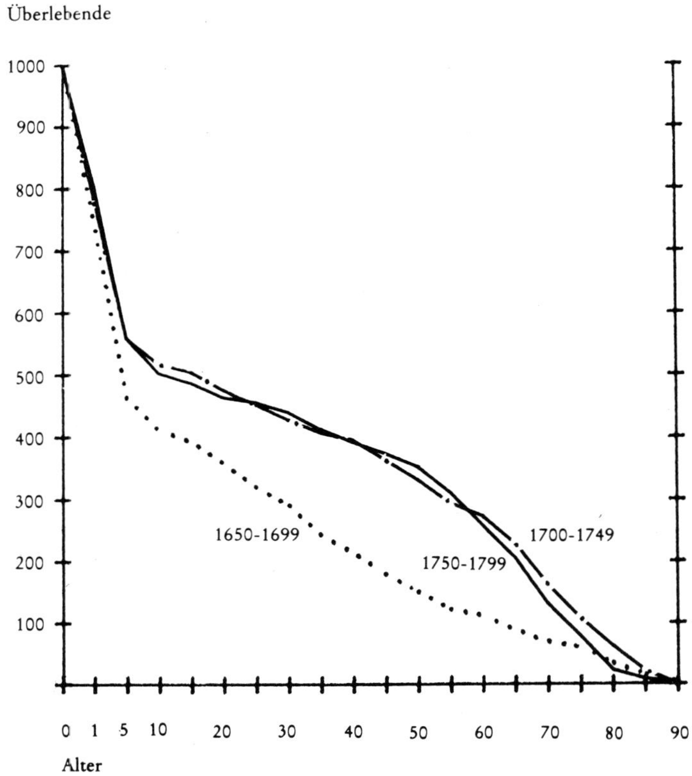

Quelle: Kirchenbücher von Eschenbach, Pfarrhaus Eschenbach, n = 1.074.

Ursachen verbergen. Nach dem Dreißigjährigen Krieg gingen die Menschen wie schon nach den Pestwellen zuvor wieder weniger verschwenderisch mit dem neugeborenen Leben um; sie pflegten die Säuglinge mit größerer Sorgfalt und versuchten, das menschenleere Land schnellstens wieder aufzufüllen. Zu Ende des 18. Jahrhunderts dagegen hatten sich die äußeren Verhältnisse grundlegend geändert. Vor allem in einem dichtbevölkerten Land wie Württemberg mußten die Menschen jetzt wieder mehr zusammenrücken, der Platz und die Nahrung wurden knapper und ein Neugeborener wurde wieder öfter als unnützer Esser angesehen, denn als ersehnter Nachkomme. Anders dagegen in der württembergischen Landgemeinde Eschenbach in der Nähe von Göppingen (Graphik 15). Hier lag die Säuglingssterblichkeit traditionell zwar ebenfalls weit über dem Durchschnitt, aber sie ging von 53,9 Prozent in der zweiten Hälfte des 17. Jahrhunderts auf 43,9 Prozent ein Jahrhundert später zurück, weil in dieser von Menschen entleerten Gegend dringend wieder Arbeitskräfte auf den verödeten Feldern gebraucht wurden und erst recht zu Ende des 18. Jahrhunderts, als die Intensivierung der Landwirtschaft begann und der Aufschwung des Heimgewerbes mehr Arbeitsmöglichkeiten bot. Wo es zur selben Zeit innerhalb von Stadtmauern erneut eng wurde, übertrugen die Menschen einander auch wieder schneller und häufiger ihre Krankheiten und Seuchen. Im letzten Jahrzehnt des 18. Jahrhunderts erreichte die „Pockennot" ihren Höhepunkt. Man schätzte die jährliche Zahl der an Pocken Gestorbenen in Deutschland auf 70.000 [207]. Es ist symptomatisch, daß sich gerade in der Oberschicht Nürtingens das Sterberisiko während des ersten Lebensjahres am deutlichsten erhöhte; hier mag die Familienplanung nach der Geburt eine wichtige Rolle gespielt haben. Die langfristige Zunahme der Säuglingssterblichkeit wirft darüber hinaus aber auch ein Licht auf den Zustand der zeitgenössischen Medizin, die

207 Koch (1935), S. 184.

trotz aller äußerlichen Geschäftigkeit noch weit davon entfernt war, Kindern und Erwachsenen im Notfall wirksam zu helfen, am ehesten noch durch Verhaltensempfehlungen, kaum dagegen mit Medikamenten. Der Vorstellung eines Mortalitätsrückgangs im 18. Jahrhundert ist bereits öfters widersprochen worden [208]. Nach den großen Fortschritten in der Physik und Chemie, die unter anderen mit den Namen Newton, Franklin, Volta, Priestley und Lavoisier verbunden waren, versuchten vor allem die deutschen Mediziner, die neuen Erkenntnisse in ein einheitliches wissenschaftliches System zu integrieren. Statt zur erstrebten Geschlossenheit zu gelangen, verirrten sie sich aber zunächst im Dickicht der Spekulationen und in der ärztlichen Praxis nahmen die Mannigfaltigkeit und Unsicherheit der Krankenbehandlung zu. Die Entwicklungsbahn der im 19. Jahrhundert siegreichen naturwissenschaftlich orientierten Medizin wurde von spekulativen Theorien gekreuzt, die sich letztlich als Irrtum erweisen sollten: Die vitalistischen Anschauungen, die in der Schule von Montpellier ihren Ausgang nahmen, oder die „Erregungstheorie“ des Naturphilosophen Johann Andreas Röschlaub sind ebenso ein Zeugnis vom wirren Zustand der zeitgenössischen Medizin wie die Münchener Vorlesungen des Pathologen Ringseis, der zunächst einmal wochenlang über die Erbsünde dozierte, in der er die Ursache allen Übels sah. Schließlich wirkte sich Wilhelm Schellings „Entwurf eines Systems der Naturphilosophie“ von 1799 sehr zum Nachteil dieser Wissenschaft und der Gesundheit der Bevölkerung aus. Die Ärzte verabreichten bei jeder Gelegenheit Opium, Kampfer und Alkohol in unglaublichen Mengen, deren Wirkung sie nicht verstanden; dazu Brech- und Abführmittel und bei jeder Gelegenheit Aderlässe [209]. So starben die Säuglinge weiterhin in Massen und das fünfte Lebensjahr erreichte nur noch jeder zweite. Auf der perspektivischen Graphik erhebt sich die Säuglingssterblichkeit als steile Wand über dem Tal der relativ geringen Sterblichkeit in den mittleren und den Hügeln der etwas angehobenen Sterblichkeit in den höheren Altersgruppen (Graphik 17 und 18, S. 160f.).

Hatten die Kinder das zweite oder dritte Lebensjahr erreicht, dann spielte es in einer Kleinstadt wie Nürtingen kaum noch eine Rolle, ob ihr Vater ein Tagelöhner oder reicher Kaufmann war, ob sie selbst später als Stadtkärrner oder Stadtschultheiß tätig waren. Sicherlich brachten Kriege, Seuchen und Hungersnöte die Absterbeordnung immer wieder für kurze Zeit durcheinander, aber im längerfristigen Durchschnitt wich die Lebenserwartung der Erwachsenen, ganz gleich ob arm oder reich, nur geringfügig voneinander ab: ein 40jähriger aus der Oberschicht hatte nach 1750 nur 1,3 Jahr mehr zum Leben als ein gleichaltriger Angehöriger der unteren Schichten. Die in den Mittel- und Kleinstädten des 18. Jahrhunderts vorherrschende, von der Schichtenzugehörigkeit weitgehend unabhängige Lebenserwartung ist z.B. auch für Trier erst kürzlich nachgewiesen worden [210].

Graphik 16

Geschlechtsspezifische Sterbewahrscheinlichkeit der Bevölkerung von Nürtingen 1651/1800 und der Bundesrepublik Deutschland 1981/83

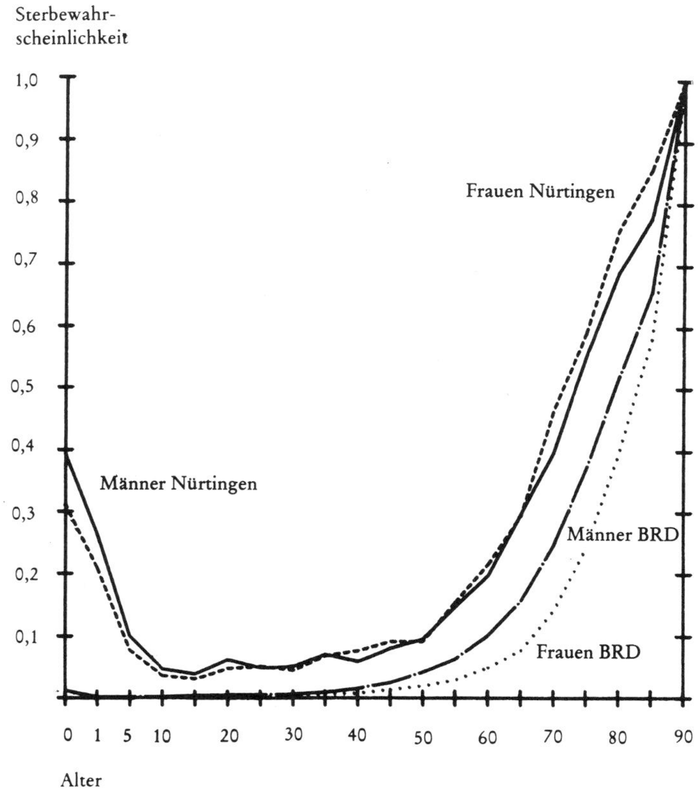

Quelle: Sterberegister von Nürtingen, LKAS, Stuttgart, Männer n = 4.472, Frauen n = 4.621; Statistisches Jahrbuch für die Bundesrepublik Deutschland 1985, S. 78, Männer n = 343.000, Frauen n = 374.537.

Die Unterschiede im mittleren und höheren Alter waren ebenso wenig schichten- wie geschlechtsspezifisch. Noch liefen die demographischen Daten von Männern und Frauen bei weitem noch nicht so stark auseinander wie im späten 19. und im 20. Jahrhundert. Über die gesamten 150 Jahre hinweg lag bis zum Ende des 18. Jahrhunderts

[208] Vgl. KOHL (1985), S. 134.
[209] Vgl. KOCH (1935), S. 180ff.
[210] KOHL (1985), S. 128-145.

Graphik 17

Sterbealter der Männer in Nürtingen 1650/59-1810/19 (pro Jahrzehnt in v.H.)

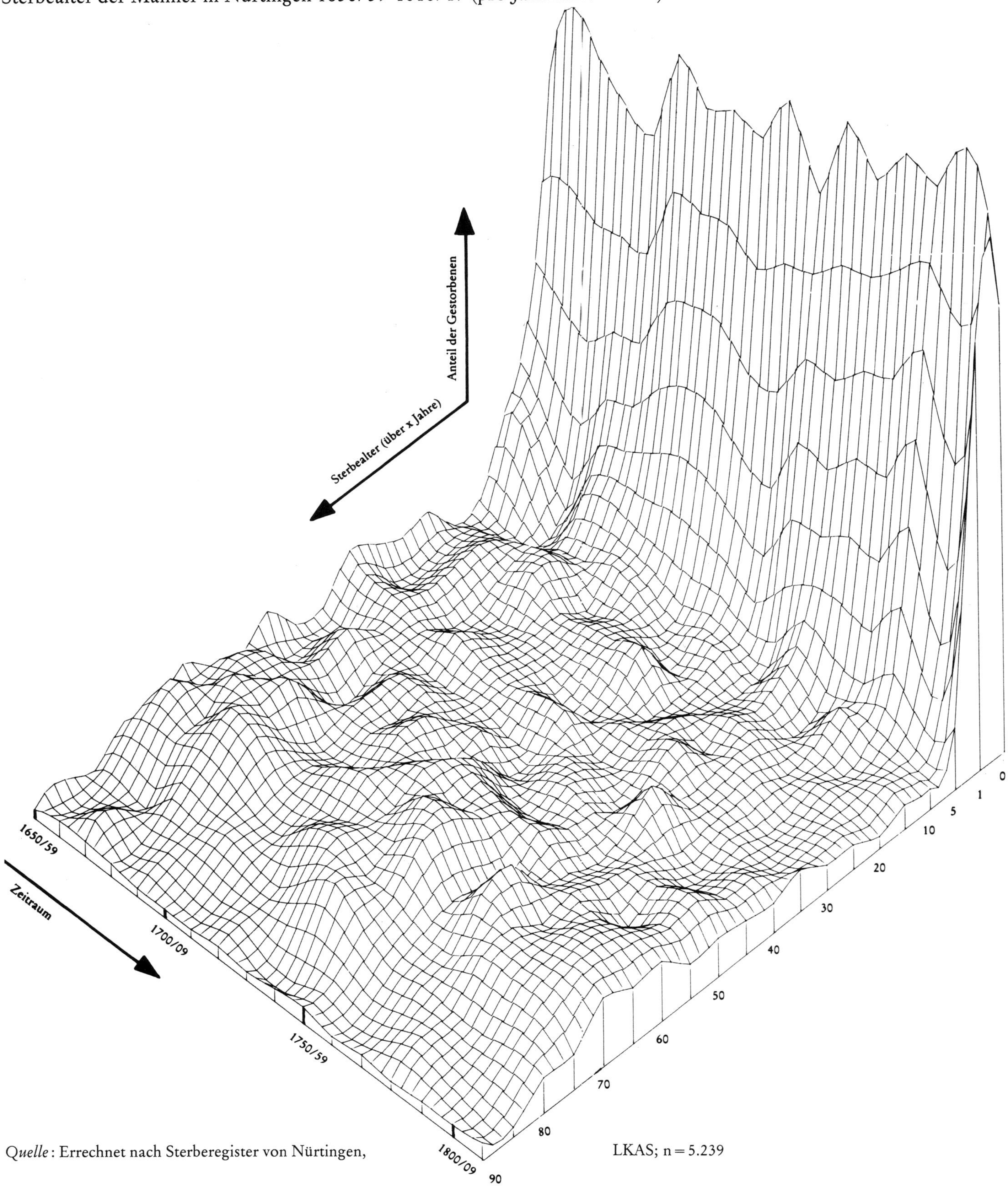

Quelle: Errechnet nach Sterberegister von Nürtingen, LKAS; n = 5.239

Graphik 18

Sterbealter der Frauen in Nürtingen 1650/59-1810/19 (pro Jahrzehnt in v.H.)

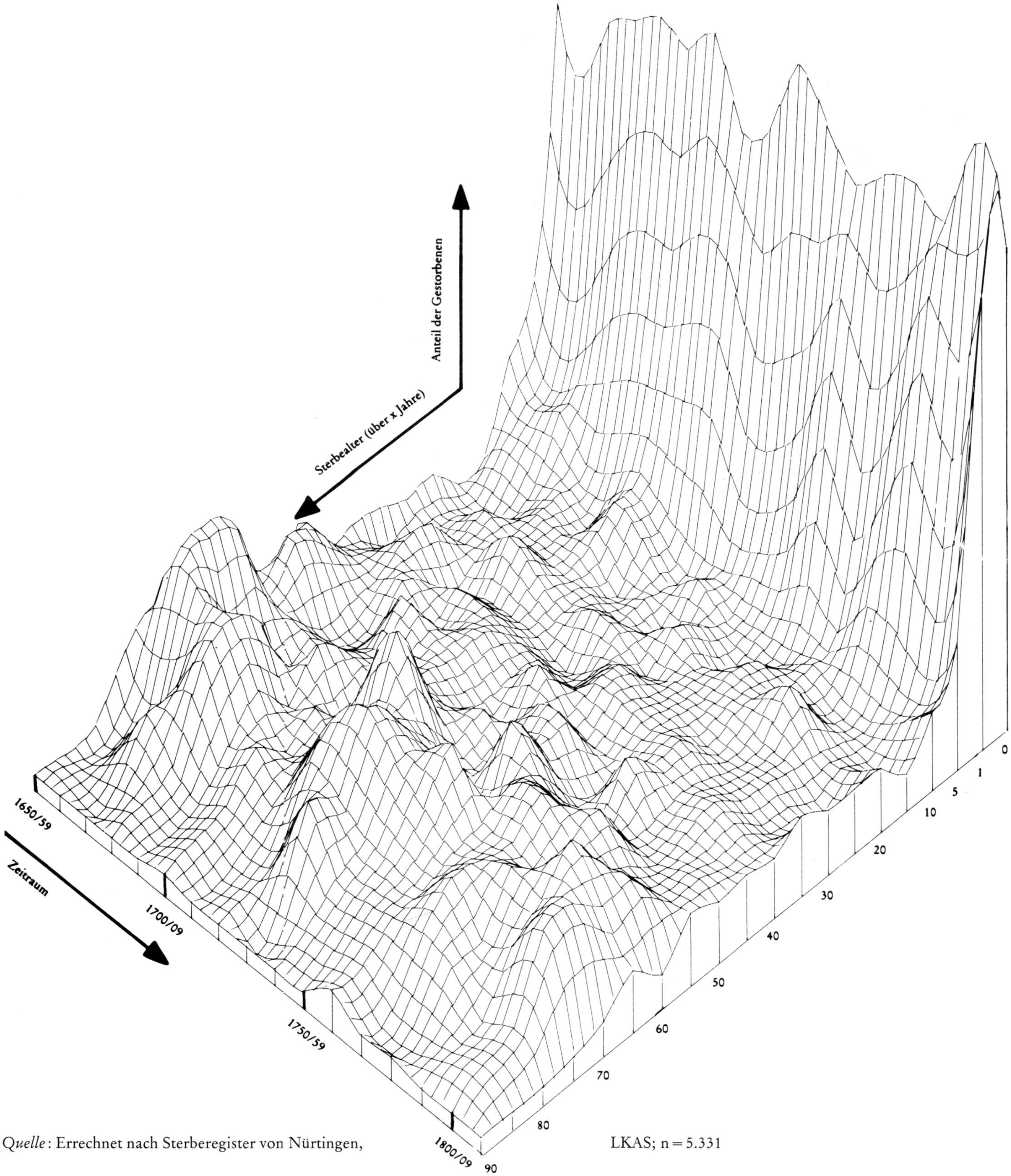

Quelle: Errechnet nach Sterberegister von Nürtingen, LKAS; n = 5.331

die durchschnittliche weitere Lebenserwartung bei einem 40jährigen Mann um ein einziges Jahr über der der Frauen, wogegen letztere zum Zeitpunkt der Geburt 5,6 Jahre mehr erwarten konnten. Noch war die Lebenserwartung der Männer, sofern sie die kritische Säuglingsphase überstanden hatten, etwas höher als die der Frauen. Bei Betrachtung des Sterberisikos der einzelnen Altersstufen fällt auf, daß die immer wieder behauptete höhere Sterblichkeit der Frauen im gebärfähigen Alter hier nicht nachzuweisen ist (Graphik 16, S. 159)[211]. Erst ab dem 60. Lebensjahr, ausgeprägter aber noch ab dem 70. Lebensjahr lag die Sterbewahrscheinlichkeit der Frauen deutlich über der der Männer. In diesen Altersklassen wirkte sich jede Verschlechterung der äußeren Bedingungen extrem nachhaltig auf die Überlebenschancen besonders der alten Frauen aus. Nicht nur Seuchen führten hier zu einem steilen Anstieg der Sterblichkeitskurve, sondern auch kalte oder nasse Winter, in denen der Tod vermehrt die Alten in den schlecht geheizten und feuchten Häusern durch eine ganz gewöhnliche Lungenentzündung hinwegraffte[212]. Noch war das Sterben kein sehr langsames, schmerzhaftes Erlöschen, kein „ewiges" Warten auf den Tod unter der Last chronischer Leiden[213]. Auf der dreidimensionalen Graphik (S. 160f.) ragen die Altersstufen mit dem erhöhten Sterberisiko für die Frauen als ein kontinuierliches Nebeneinander von Tälern und markanten Hügeln heraus entsprechend der Abfolge von milden und rauhen Jahren, seuchenfreien Jahren und Zeiten voller Krankheiten und Not. Ungewißheit war die große Herrscherin der Zeit. Noch war das Leben wenig berechenbar. Erst das Industriezeitalter hat in dieser Beziehung mehr Stabilität gebracht, dafür aber die Lebenserwartung zwischen den Schichten und Geschlechtern stärker auseinanderlaufen lassen. Davon ist später zu berichten.

211 Zum gleichen Ergebnis kommt IMHOF (1986), S. 36.

212 Vgl. CHAUNU (1968), S. 273; vgl. auch RÖDEL (1985), S. 194ff. und 227f.

213 Dazu IMHOF (1986), S. 55f.

Der Lebensabend in der Familie — die Macht des Älteren

Die tiefgreifenden geistigen Veränderungen des 18. Jahrhunderts bleiben fast ohne jeden Einfluß auf die Familienverfassungen und Lebensverhältnisse der einzelnen Gesellschaftsschichten, und auch die wirtschaftlichen Neuerungen des Merkantilismus können die traditionellen Formen der Altersversorgung nur unwesentlich verändern, wenn sie auch bereits die Weichen für die Zukunft stellen. Den entscheidenden Bruch wird erst die Industrialisierung bringen, sie ist der weltgeschichtliche Angelpunkt, sie erst wird zum Motor des Wandels. Wie schon im 16. Jahrhundert bleiben auch weiterhin Familie und Heimatgemeinde die wichtigsten Stützen für die alten Menschen, und Arbeit bis ins Grab gilt für die überwiegende Mehrheit der Bevölkerung auch am Vorabend des Industriezeitalters als unabdingbares Muß. Sicherlich können sich die Reichen einen arbeitsfreien Lebensabend erlauben, doch trifft dies auch jetzt noch immer nur für eine sehr kleine Gruppe zu.

Dazu gehört einmal der hohe Adel, sofern er im Dreißigjährigen Krieg nicht verarmt war und sich weiterhin auf wohldotierte Pfründe und regelmäßige Einkommen stützen kann. Die neuen Reichsfürsten wie die Fürstenberg, Schwarzenberg und Thurn und Taxis, viele Grafen, Freiherrn und Ritter bezogen als reiche Grundbesitzer ein arbeitsfreies Einkommen und lebten meist ohne größere finanzielle Sorgen bis ins höchste Alter. Die Reichsritter konnten über die Domkapitel als geistliche Kurfürsten oder Fürstbischöfe zu höchsten Würden aufsteigen, im Erzbistum Mainz zudem in die Position des Erzkanzlers des Reiches. Zu Ende des 18. Jahrhunderts standen dem katholischen Adel 1.200 bis 1.400 Kapitelstellen zur Verfügung einschließlich der österreichischen Stifte. Davon waren etwa 740 Domherrnstellen, eingerechnet das vom deutschen Adel besetzte Lütticher Kapitel und die katholischen Anteile von Lübeck, Minden und Osnabrück. Auch die weiter fortbestehenden evangelischen Stifte, darunter einige

Klöster, boten dem evangelischen Adel noch immer zahlreiche Stiftsherrnpfründen, wenn jetzt auch als Bedingung der Stiftsfähigkeit zum Teil bis zu 32 adlige Ahnen verlangt werden [1]. Zwar waren adlige Geburt und Stand noch lange keine absolute Garantie gegen vornehme Armut und Mangel, aber mit einem Gut, Privilegien und einer einflußreichen Verwandtschaft im Rücken vermochten die Adligen dem Alter mit weitaus weniger Ängsten entgegenzusehen als kleine Handwerker und Tagelöhner, denen es oft bereits auf dem Höhepunt ihrer Schaffenskraft am Allernotwendigsten mangelte.

Wer als Adliger im Dreißigjährigen Krieg wirtschaftlich geschädigt war und nicht als „Krautjunker" enden wollte, dem standen nur zwei Wege offen, um seinen sozialen Status zu wahren. Der eine führte in die Orden, Stifte und Kapitel, war aber mit einschneidenden persönlichen Beschränkungen verbunden und galt eher als ein letzter Ausweg, denn als echte Alternative. Der andere endete bei den Fürsten, die über ein Monopol bei der Vergabe der Stellen am Hof, der Armee und in der Verwaltung verfügten und diese Ämter sowohl als Anerkennung für Wohlverhalten als auch als Lockmittel benutzten, um den Adel enger an den Hof zu binden, zu kontrollieren und in Abhängigkeit zu halten. Die Pfründe, die ursprünglich einmal zur Abschichtung vom patrimonialen Herrentische gedient hatten, wurden in der Zeit des Absolutismus umgekehrt dazu benutzt, die Präsenz bei Hofe zu ermöglichen [2]. Auf einen Großteil des Adels wirkten diese absolutistischen Höfe wie ein Magnet, zumal es die Fürsten verstanden, ihre Residenzen zum unangefochtenen geistigen Lebens- und Kulturmittelpunkt des jeweiligen Landes auszubauen; die Teilnahme an Oper, Theater, Orchester, Sammlungen und prunkvollen Festen garantierte soziale und kulturelle Exklusivität, die viele Adlige mit ihren eigenen Mitteln allein nicht mehr zu wahren vermochten. Als der Versailler Hof des Sonnenkönigs den spanischen Hof als Vorbild verdrängte, als jeder „jüngste Sohn des jüngsten Sohnes einer abgefundenen Linie" sich noch einbildete, „so etwas zu sein wie Ludwig XIV.", und sich sein eigenes Versailles baute, wie Friedrich der Große spottete, da vermehrte sich dieser Hofadel entsprechend [3]. Eine neue adlige Schicht entstand und zog Nutzen aus der demonstrativen Machtentfaltung der Fürsten, die mit großem Pomp in den kulturellen Wettbewerb zwischen den europäischen Monarchien einstiegen. Die Nähe zum Thron wurde zu einem entscheidenden Kriterium für die Höhe des sozialen Status, weniger der Besitz und weniger das Einkommen. Hier erhielt der Adel eine neue Geltung, er wurde zur Stütze des Thrones. Dieser Hofadel ließ sich nicht durch Geburt, Privilegien und Besitzadel eindeutig bestimmen und abgrenzen wie die Aristokratie. Er setzte sich zusammen aus allen Schichten und Nationalitäten, aus ehrgeizigen Abkömmlingen des Briefadels und aus nachgeborenen, besitzlosen Söhnen und Töchtern des Landadels, oftmals angesiedelt im sozialen Niemandsland zwischen Hochadel und Ritterschaft, ein eng versippter Kreis von Kleinfamilien, die bisweilen über Generationen hinweg um die Hofchargen in unmittelbarer Umgebung des Fürsten wetteiferten. Die meisten waren geprägt von einem unbändigen Drang nach Geltungsbedürfnis und lebenslangem Genießendürfen und lebten bis zum letzten Tag in vollkommener Abhängigkeit vom Fürsten, immer um dessen Gunst buhlend. Friedrich Karl von Moser beschreibt 1759 in „Der Herr und der Diener" die „teutschen" Höfe als Massenansammlungen von Bediensteten, wo man an jeder Straßenecke begegnet „zwo von Gram und Vorwürfen gebeugten Geheimen Kammerräten, zehn bis zwölf Hofkammerräten, vier Kammerbeisitzern, zwo Obereinnehmern" usw. Sie alle können „tanzen, reiten, fechten, spielen, sie verstehen Musik und die schönen Wissenschaften, die Moden von beeden Geschlechtern, sie urteilen kunstrichterlich über das Verdienst einer Opera, sie sind Kenner von Juwelen und andern Galanterien". War aber ein Geschäft zu erledigen, mußten sie zu Sekretären oder Richtern Zuflucht nehmen [4]. Der bissige Spott, den das 17. und 18. Jahrhundert über diese vielfach schmarotzenden Hofschranzen ausgeschüttet hat, ist Legende. Der Graphiker Johann Jakob Haid hat im Jahre 1740 das Bild einer derartigen Hofdame für die Nachwelt festgehalten. Es zeigt eine Frau, die ihr hohes Alter und ihre körperliche Verfallenheit unter einem Berg von teuren Kleidern, glänzendem Schmuck, einer üppigen Perücke und einer dicken Schicht Puder zu verstecken sucht, um ihre Chancen bei Hofe zu wahren [5]. Die Gunst des Fürsten war hier gleichbedeutend mit einer Altersversorgung: für die meisten eine höchst unsichere. Gegen Ende des 18. Jahrhunderts löste sich der Rest dieses Hofadels nach dem Verlust seiner Funktionen in der Zeit des aufgeklärten Absolutismus wieder auf und ging genealogisch, sozial und bewußtseinsmäßig im Landadel und der Aristokratie auf, die sich bis dahin in deutlicher Distanz zu ihm gehalten, sich aus den ehemals politisch bedeutsam gewesenen Hofämtern zurückgezogen und sich nur noch auf die zentralen Behörden konzentriert hatten [6], zumal diese Art von Staatsdienst mehr Prestige

[1] Zorn: 1648-1800 (1971), S. 589.

[2] Kruedener (1973), S. 49f.

[3] Zit. nach Will und Ariel Durant: Kulturgeschichte der Menschheit, Bd. 16, Frankfurt a.M. u.a. 1982, S. 24.

[4] Zit. nach Ermatinger (1935), S. 127f.

[5] Die Torheit schmückt das hohe Alter, abgedruckt bei Helga Möbius: Die Frau im Barock, Stuttgart 1982, S. 198.

[6] Lampe (1963), S. 144ff.

und die einträglicheren Positionen bis ins hohe Alter garantierte. Innerhalb der hannoverschen Aristokratie, die 70 bis 80 Familien umfaßte, hatte sich beim Kampf um diese Ämter eine Art Oligarchie herausgeschält, die unter anderem aus den Familien von der Bussche, Hardenberg, Alvenleben, Lenthe, Eltz und Münchhausen bestand. Sie teilten sich die Ministerposten und im 18. Jahrhundert auch die höchsten Provinzialämter in den Nichtkurlanden. Wichtigstes Kriterium für die Berufung in ein Ministeramt war die Zahl der als Kriegs- und Kammerrat zurückgelegten Dienstjahre. Die meisten dieser Minister sind selbst im hohen Alter nicht von ihren Ministersesseln gewichen, auch wenn Krankheit oder Altersschwäche ihre Leistungsfähigkeit stark eingeschränkt hatte. Viele haben dem Ministerium über zwanzig Jahre lang angehört und sich bei nachlassender Kraft lediglich etwas Erleichterung durch den Wechsel in ein weniger arbeitsreiches Departement verschafft. In Kurhannover hat man von Ministerentlassungen Abstand genommen und seit 1726 galt der Grundsatz, einem Minister sein volles Gehalt stets bis an sein Lebensende zu zahlen. Als Gerlach Adolph von Münchhausen im Jahre 1770 im Alter von 82 Jahren starb, lagen hinter ihm 44 Jahre als Minister und zugleich 17 Jahre als Kammerpräsident [7]. Möglich war ein derartig langes Arbeitsleben an höchstverantwortlicher Stelle nur durch eine enge Zusammenarbeit mit bürgerlichen und neuadligen Beamten, die über das nötige Fachwissen verfügten. Sie bildeten die Kaste der „hübschen Familien“, wie man an der Leine zu sagen pflegte. Lediglich in Württemberg stammten bis zu Beginn des 18. Jahrhunderts drei Viertel aller Geheimen Räte aus alten Adelsfamilien: Söhne von Reichsrittern und Landadligen aus dem lutherischen Deutschland, die gegenüber der höfischen Gesellschaft von Stuttgart deutlich auf Distanz gingen, betont berufsorientiert lebten, alle eine Universitätsausbildung absolviert hatten und sich im Alter auf ihre angestammten Landgüter zurückzogen wie Joachim Rüdiger von Ostien, der von 1693 bis 1696 Präsident des Geheimen Rats von Württemberg gewesen war [8].

Auch dort, wo der ständische Einfluß durch eine starke Zentralgewalt weitgehend gebrochen oder abgedrängt worden war, eröffneten sich dem Adel im 17. und 18. Jahrhundert weit mehr noch als früher neue Dienst- und Versorgungsstellen, die ein standesgemäßes Leben bis ins hohe Alter erlaubten. Das galt besonders für Brandenburg-Preußen, wo sich neben dem Landadel der Hof-, Staats- und Offiziersadel formierte. Unter Friedrich I. erreichte diese Entwicklung ihren Höhepunkt; bis zu Beginn des 18. Jahrhunderts steigerte sich das zahlenmäßige Verhältnis zwischen adligen und „bürgerlichen“ Räten auf 35:1. Insgesamt stellte der Adel hier zwischen 1604 und 1740 ungefähr sechs Siebentel aller Geheimen Räte [9], wenn es sich dabei oft auch nicht mehr um Altadlige handelte, sondern um ehemals Bürgerliche, die wegen ihrer Verdienste als Minister oder höhere Beamte in den Adelsstand erhoben worden waren [10]. Seit dem Großen Kurfürsten handelte man in Brandenburg-Preußen bei der Besetzung von Staatsämtern verstärkt nach dem Grundsatz, daß es auf die Meriten ankomme und nicht auf die Ahnen. Auch Bayern hielt die neueingestellten adligen Räte an, es den gelehrten Räten gleich zu tun und durch fachliche Leistung zu glänzen. Waren die Adligen einst die Inhaber der Staatsämter, so wurden jetzt in Preußen und anderswo alle ausgezeichneten Beamte Adlige [11]. Mit aller Begünstigung des Adels war durchaus zu vereinbaren, daß der Soldatenkönig und Friedrich der Große ihn mit machiavellistischem Argwohn betrachteten, gleichzeitig aber auch Liebe und Furcht zu erwecken suchten. Sie wollten dem krisenanfälligen und zahlenmäßig überwiegenden Kleinadel eine annähernd adäquate Existenzmöglichkeit eröffnen und das alte Vasallitätsverhältnis mit dem Dienst- und Treuebegriff des adligen Offiziers und Beamten verschmelzen.

Der Soldatenkönig baute ein monarchisches Offizierkorps auf, das ein ausgeprägtes Standesbewußtsein entwickelte, eine eigene Ehrauffassung besaß und ganz wesentlich von einer adligen Werthaltung durchzogen war. Er verstand es, das natürliche Spannungsverhältnis zwischen Adel und Landesherrn in dieser Institution zu neutralisieren und das Ansehen dieses Standes kontinuierlich zu erhöhen. Der Geist des Offiziers wurde in Preußen fast identisch mit dem Geist des Adels [12]. Trotz dieser sozialen Aufwertung besaßen die hochrangigen Offiziere noch keinen Rechtsanspruch auf eine Altersversorgung. Ein Teil der Adligen kehrte später wieder auf das Land zurück, da der friderizianische Offizier kein Berufssoldat war; das Offizier-Sein galt noch immer als adlige Ehren- und Standespflicht, die in der Staatsräson begründet war. Zu Ende des 18. Jahrhunderts fixierte das Allgemeine Landrecht diese Pflicht: „Dem Adel, als dem ersten Stand im Staate, liegt, nach seiner Bestimmung, die Verteidigung des Staates sowie die Unterstützung der äußeren Würde und inneren Verfassung desselben hauptsächlich ob.“ [13] Trotz des vergleichsweise sehr ausgeprägten militärischen Engagements der preußischen Adligen sollte nicht übersehen werden, daß der Großteil von ihnen von der Wiege bis zur Bahre auf dem angestammten Gut verblieb, um

[7] LOTZ (1914), S. 266ff.; für Hessen vgl. ECKHARDT (1972), S. 95f.
[8] VANN (1986), S. 180ff.
[9] HEINRICH (1965), S. 299f.
[10] LOTZ (1914), S. 159.
[11] SCHRENCK-NOTZING (1972), S. 43.
[12] WOHLFEIL (1965), S. 333.
[13] Allgemeines Landrecht II, 9; § 1.

im Alter wie in einer großbäuerlichen Familie Versorgung zu finden. Gegen Ausgang des 18. Jahrhunderts erhielten von den jungen kurmärkischen Adligen nur 18 Prozent eine zivile und ein ebenso hoher Prozentsatz eine militärische Ausbildung, weitere vier Prozent besuchten eine Universität, wogegen der Rest, also die überwiegende Mehrheit, nie in den Dienst des Königs trat [14].

Wer dagegen dem Offizierkorps weiterhin angehörte und seine Pflicht erfüllte, konnte bisweilen mit einer Altersversorgung rechnen, die die jeweiligen Herrscher unter den verschiedensten Formen gewährten und die je nach Leistung, Rang und Bedürftigkeit unterschiedlich hoch ausfiel. Bereits vor Regierungsantritt des Großen Kurfürsten im Jahre 1640 war es üblich, ausscheidende Offiziere mit einem sogenannten Abdankungsgeld in Höhe eines Monatssoldes abzufinden; verwundete Offiziere erhielten zudem ein Schmerzensgeld. Kurfürst Friedrich Wilhelm I. stattete verdiente höhere Offiziere mit den Einkünften von Amtshauptmannschaften und säkularisierten Kirchengütern aus, wogegen Offiziere aus begüterten adligen Familien im Alter bei ihren nächsten Verwandten Rückhalt suchen mußten. Andere begaben sich weiterhin, solange es die Kräfte erlaubten, nach Art der Landsknechte in fremde Dienste. Die meisten dieser Offiziere hatten mit dem Hofadel nur wenig gemein. Gottlieb Wilhelm Rabener läßt in seinen Satirischen Briefen einen Feldprediger an einen solchen Obristen schreiben: „Saufen und Huren ist bey Herren von Ihrer Art und Erziehung außer den Ahnen immer noch das einzige, womit sie sich von uns bürgerlichem Pöbel unterscheiden.“ [15] Im Jahre 1675 richtete der Große Kurfürst erstmals mehrere „Blessierten-Compagnien“ ein, von denen eine unter der Leitung eines verwundeten adligen Majors Dienst am kurfürstlichen Hoflager zu versehen hatte [16]. Friedrich I. verstärkte diese „Blessierten-Compagnien“, erhöhte die Gnadengehälter und gründete im Jahre 1705 eine Invaliden-Kasse, wogegen sein Plan zur Errichtung eines Invalidenhauses scheiterte. Zeitgenossen haben die Notwendigkeit einer solchen Versorgungsanstalt unter anderem damit begründet, daß der moderne Krieg kaum noch reizvoll für die Soldaten sei, da nur wenig Hoffnung auf eine satte Beute bestünde. Mit einem Invalidenhaus würde man aber „die Leute eher zum Kriege locken und nicht soviel Mühe und gewaltsamen Zwang gebrauchen als jetzo, da sie den Krieg so sehr scheuen als den Teufel; es würde niemals an Soldaten fehlen, wenn den wohl Verdienten, Alten und Unvermögenden genügsame Belohnung gereicht würde“ [17]. Der Soldatenkönig, auf äußerste Sparsamkeit bedacht, reduzierte die von seinem Vorgänger gezahlten Gnadengehälter auf die Hälfte, teilweise sogar auf ein Drittel oder strich sie vollkommen aus dem Etat. Er gewährte Offizieren den Rückzug ins Privatleben, wenn das Alter nahte oder sich die Gesundheit verschlechterte, wogegen er jüngeren, auf ein Rentnerdasein spekulierenden Offizieren, die ihre „Hühner füttern“ wollten — wie er sich gegenüber einem Infanterie-Major ausdrückte — den Abschied verweigerte [18]. Weiterhin erhielten verdiente Offiziere als Belohnung und Altersversorgung einträgliche Stellen im Zivildienst zugeteilt: ein Stabs-Rittmeister wurde als Salzfaktor angestellt, einem anderen wurde eine Amtshauptmannschaft übertragen. Dagegen verabschiedete er nicht wenige Compagnie-Chefs, die mit ihren hohen Einnahmen und bei langer Dienstzeit die Möglichkeit hatten, für die Zeiten des Alters genügend zurückzulegen, ohne jede Pension. Als die zahlreichen Kriege, die Friedrich der Große führte, die Zahl der verkrüppelten Offiziere und Soldaten stark ansteigen ließ, reichte zu ihrer Versorgung das überkommene System nicht mehr aus. Die Verbesserung der Einnahmen der Invalidenkasse war eine Antwort, der Bau des Berliner Invalidenhauses im Jahre 1748 eine zweite; die Gründung von Witwenpensionsanstalten eine weitere [19]. Gleichzeitig erweiterte der König die Invaliden- und Altersversorgung der Offiziere. Entsprechend den Grundsätzen seines „Militärischen Testamentes“ geschah dies fortan „durch Zahlung von Gnadengehältern, Anstellungen im Civildienste, Unterbringung im Invalidenhause, Verleihung von Amtshauptmannschaften und Präbenden, Versetzung zu Garnison- und Land-Regimentern, Ernennung zu Festungs-Commandanten und Platzmajoren“ [20]. Insbesondere die Anstellung von Offizieren im Zivildienst, unter dem Soldatenkönig noch selten, wurde unter Friedrich dem Großen bei der Versorgung vom Oberstleutnant abwärts zur Regel. Friedrich war der Ansicht, ein tüchtiger Offizier sei zu allen Stellen im Staatsdienst befähigt. Er beorderte einige invalide Unteroffiziere in die Schulen und verteidigte seine Idee: „Die Leute meritieren untergebracht zu werden, indem sie ihr Leben und Gesundheit für das Vaterland verwandt haben.“ [21] Er wollte verdiente Leute belohnen und gleichzeitig brauchbare Menschen bilden. Er wollte sparsam und zugleich menschlich sein; für die Schule jedoch war dies ein zweifelhafter Gewinn, wenn er seinen Plan auch nicht vollkommen verwirklichen konnte und nur wenige Unteroffiziere Einzug ins Klassenzimmer hielten. An allen diesen Aktionen war abzulesen,

[14] Heinrich (1965), S. 308.
[15] Gottlieb Wilhelm Rabener: Satiren, Teil 3, Frankfurt und Leipzig 1760, S. 41.
[16] Schnackenburg (1889), S. 16ff.
[17] Ebd. S. 28f.
[18] Ebd. S. 58.
[19] Vgl. Martiny (1938), S. 69.
[20] Schnackenburg (1889), S. 95.
[21] Zit. nach K. Fischer (1892), Bd. 1, S. 319.

daß die Armee ganz eindeutig das Schoßkind des Königs war. Und so wurden aus altgedienten Offizieren, Landräte, Postmeister, Forstmeister, Inspektoren, Steuerräte und Kontrolleure. Während der Regierungszeit Friedrich des Großen standen 40 Amtshauptmannschaften im Wert von jährlich 500 Talern für ältere Offiziere zur Verfügung; hinzu kamen die Drostenstellen in Ostfriesland und Kleve. Die rund 800 Domstifts- und Kollegiatspräbenden waren Pfründe im Wert bis zu etwa 2.000 Talern; sie wurden zur Hälfte vom König und zur Hälfte von Stiftern vergeben. Daneben lagen noch 25.000 Taler für Offizierspensionen bereit; sie wurden auf die Domänenkasse angewiesen [22]. Im Jahre 1794 wurde zudem der gesamte Gewinn der Staatslotterie zu drei Vierteln für Offizierspensionen, der Rest für die Witwen von Offizieren bestimmt [23]. Genehmigt wurden alle Pensionen und Stellen nach Alter, Verdienst und ihrer Verfügbarkeit. Als der Kriegs- und Steuerrat J.G. Scheffner um seinen Abschied und eine Pension von 200 Talern bat, antwortete der König in seiner barschen knappen Sprache: „Mihr Müste der Teufel plagen, das ich en Kriegsrath Pension gebe, da noch so vihl arme Officiers ohne versorgt Seyndt. Die 200 Thaler wehre einem Invaliden Officier zu wen.“ [24]

Zwischen den einzelnen Pensionen gab es riesige Unterschiede. Der General der Infanterie du Moulin erhielt 1755 nach 60jähriger Dienstzeit außer 1.000 Thalern, die ihm der nachfolgende Regiments-Chef zahlen mußte, die Einkünfte von drei Amtshauptmannschaften, insgesamt 5.450 Taler. Der sehr vermögende und hochverdiente General-Leutnant und Kriegsminister Karl Heinrich von Wedell erhielt nach 52jähriger Dienstzeit dagegen nichts außer einem persönlichen Schreiben des Königs: „Ich danke Euch bei dieser Gelegenheit für Eure mir geleisteten Dienste. Es werden mir solche unvergeßlich sein und werde mir gelegentlich ein plaisir daraus machen, Euch zeigen zu können, daß Ich sei Euer gnädiger König.“ [25] Ebenso mußten Offiziere, mit denen Friedrich unzufrieden war, auf eine Altersversorgung verzichten. General von Mosel, der bei Maxen in Gefangenschaft geraten war, bekam auf seine Bitte um Gewährung einer Pension die lapidare Antwort: „Das Kanonikat hat er bei Maxsen verloren.“ [26] Bis zum Jahre 1806 änderte sich an diesem System der Altersversorgung der adligen Offiziere kaum etwas. Ein Rechtsanspruch auf Pension bestand nicht, diese sollte die Ausnahme bleiben, die weitere Beschäftigung der alten Offiziere in einem Hauptberuf dagegen die Regel. Nach Friedrichs Tod wurden lediglich die Gnadengehälter für die einzelnen Dienstränge genauer festgesetzt, gezahlt wurden sie jedoch nur, wenn der Offizier kein Vermögen besaß, von dem er anständig leben konnte. Reichte der vorgesehene Fonds nicht aus, mußte sich der Offizier zunächst einmal mit der Hälfte oder zwei Dritteln des vorgesehenen Gnadengehalts zufrieden geben [27]. Erst 1807 hat Preußen die Bevorzugung des Adels im Militär- und Staatsdienst erheblich beschnitten. Der Generaladjutant von Friedrich Wilhelm III., Karl Friedrich von Knesebeck, hatte bereits vorher in einer Denkschrift die Beseitigung dieser Vorrechte gefordert, da man nur dadurch die adligen Offiziere zwingen könne, sich zu bilden, und der Freiherr vom Stein urteilte 1810 ebenfalls in einer Denkschrift, der Adel sei „ungebildet, hilfsbedürftig, anmaßend, er drängt sich in alle Stellen“ [28].

Die Einstellung des preußischen Adels zum Militärwesen, die enge Verbindung von Adel und Offizier sowie zum Teil auch die Art der militärischen Altersversorgung können keinesfalls auf den übrigen deutschen Adel übertragen werden, wenn auch z.B. die hannoversche Aristokratie nach dem Grundsatz lebte, die „Familie durch Grundbesitz zu erhalten, sich aber nicht auf den Gütern zu isolieren“, vielmehr „seinem Vaterlande zu dienen, sei es als Offizier, sei es als Staatsbeamter“ [29]. Außerhalb der Monarchie der Hohenzollern sah der Adel seine standesgemäße Aufgabe weiterhin darin, vor allem über die höheren Staats- und Hofämter dem Staat zu dienen, Ansehen und Einfluß zu bewahren, um im Alter ein Rentnerdasein am Hofe oder auf einem der Familiengüter zu führen. In Süddeutschland wie anderswo rangierte der Offizierstand keinesfalls oben auf der gesellschaftlichen Stufenleiter, er war für die meisten Adligen nicht der Traumberuf fürs Leben, eher Ablage für mißratene Söhne [30]. Zwar dienten auch im österreichischen, bayerischen oder kurmainzischen Heer überwiegend adlige Offiziere, jedoch lange nicht so zahlreich wie im preußischen; sie kamen zudem aus fast allen europäischen Ländern und standen in keiner dynastischen Bindung zum jeweiligen Landesherren [31].

Ein arbeitsloses Renteneinkommen, das jene Lebensführung ermöglichte, die den Adligen sozial erst schuf, floß im Zeitalter des Absolutismus wie in den Jahrhunderten zuvor auch den Adligen zu, die selbst über genügend Reichtum verfügten. Da die gesamte Gesellschaft vom Adel einen aufwendigen Lebensstil mit einem demonstrativen Konsum erwartete und nicht

[22] Büsch (1962), S. 131.
[23] Martiny (1938), S. 70.
[24] Schnackenburg (1889), S. 100.
[25] Ebd. S. 96f.
[26] Ebd. S. 97.
[27] Ebd. S. 132.
[28] Martiny (1938), S. 64 und 82.
[29] Zit. nach Lampe (1963), S. 10.
[30] Wohlfeil (1965), S. 339.
[31] Ebd. S. 430ff.

zuletzt davon die Höhe seines Sozialprestiges abhing, bestand andauernd die Gefahr der Überschuldung, der Verarmung und damit des Prestigeverlustes. Für diese feudale Herrenschicht war Luxus nichts Überflüssiges, sondern ein Mittel der sozialen Selbstbehauptung[32]. Eine solche Gradwanderung, verbunden mit der Gefahr des sozialen Absturzes, konnte nur gelingen, wenn Statuskonsum und Einnahmen in Einklang standen, wenn der Besitz ungeschmälert erhalten blieb und kostspielige Erbteilungen vermieden wurden, konkret: wenn ein Teil der Nachkommen einem angenehmen Leben, Macht und Reichtum entsagte, wenn die nachgeborenen Söhne und ein Großteil der Töchter Verzicht leisteten und sich der Familienräson unterordneten. Ein gelungenes Beispiel für eine solche Politik liefert der westfälische Adel, der ebenso wie andere deutsche Adelsgruppen auch auf ein Höchstmaß an Exklusivität achtete, im Unterschied zur höfischen Gesellschaft von Paris und der Londoner Society aber nicht nur auf die strikte Beachtung von Rangunterschieden Wert legte, sondern ganz unter sich blieb und sich total von den bürgerlichen Schichten abkapselte[33].

Die Stammherren dieser Familien[34] verfügten über eine Machtfülle, mit der sich ein Verzicht auf die Rolle des Familienoberhauptes und ein Rückzug aufs Altenteil kaum vereinbaren ließen. Gerade in diesen Adelsfamilien galten Alter und Macht als Synonyma. Hier übte der Ältere als Familienvorstand seine Autorität nicht allein über unmündige Kinder aus, sondern auch über seine erwachsenen und verheirateten Kinder, dazu über fast gleichaltrige Geschwister und natürlich über die untertänigen Bauern und das Gesinde. Ohne diese lebenslange, durch nichts zu erschütternde Stellung der Stammherren wären Macht und Prestige dieses „stiftsfähigen" Adels in dem geistlichen Staat nicht aufrechtzuerhalten gewesen. Das Familienoberhaupt hatte für einen standesgemäßen Lebensstil aller Familienangehörigen Sorge zu tragen, ohne den Besitz an Rittergütern zu gefährden. Es hatte seine Nachfolge zu regeln, die Heirat des erbenden Sohnes zu arrangieren, die Ausbildung der Kinder zu bestimmen und die Ausstattung der heiratenden Kinder festzusetzen. Daneben hatte es alle seine Kinder mit einem Amt oder einer Pfründe zu versorgen bzw. alle der Familie zufallenden Ämter und Pfründen zu besetzen. Schließlich war es seine Aufgabe, die Familie vor dem Aussterben zu bewahren und seinen Stand nach außen hin abzuschirmen[35]. Da in diesen Jahrhunderten mit ihrer hohen Sterblichkeit eine große Kinderzahl zum Weiterleben eines Geschlechts eine unverzichtbare Notwendigkeit war, andererseits aber das Vermögen nur dann zusammengehalten werden konnte, wenn die Aufwendungen für Aussteuer und Erbschaften gering blieben, mußte ein Teil der nachgeborenen Kinder stets auf ein reiches Erbe, auf eine Heirat und auf eine berufliche Spitzenposition verzichten. Dieses Verhalten entwickelte sich im 18. Jahrhundert zu einem ehernen Hausgesetz, und nur die Familien vermochten sich in der kleinen exklusiven Spitzengruppe zu halten, die diese Regeln strikt befolgten. Der ältere Stammherr behielt seine herausragende Machtposition, weil die nichtheiratenden Schwestern und Brüder ihn auf ihre Schultern nahmen und sich im Interesse der Familienmacht solidarisch verhielten. Da die nachgeborenen Söhne nur selten heirateten, weil sie als Domherren nicht heiraten durften oder weil ihnen das Vermögen zum standesgemäßen Unterhalt einer Familie fehlte, mußten in der Regel auch fast zwei Drittel aller Töchter auf eine Ehe verzichten und sich bis ins hohe Alter mit einer Pfründe in einem der Damenstifte zufrieden geben, wenn sie nicht das Glück hatten, nach dem Tod der Ehefrau des Stammherren oder bei Pflegebedürftigkeit desselben als Gouvernante oder Haushälterin auf dem Stammsitz gebraucht zu werden: letztendlich ein schwacher Trost für ein nutzloses Dasein. Darüber wird noch zu sprechen sein. Im 18. Jahrhundert einigte man sich unter den Familienhäuptern der etwa 120 westfälischen Stiftsadelsfamilien über die Höhe der Brautschätze, Witwenrenten und Abfindungen, so daß sich in diesem geschlossenen Heiratskreis die Verteilung des Reichtums kaum veränderte. Verschiebungen ergaben sich lediglich durch das Aussterben von Familien, wodurch einzelne die Zahl ihrer Rittergüter steigern konnten.

Diese langsame Vermögensakkumulation erlaubte im 18. Jahrhundert eine Veränderung der Familienstruktur, ohne daß die starke Autoritätsstellung des Familienvaters in Gefahr geriet. Im vorangegangenen Jahrhundert war es noch üblich gewesen, daß der älteste Sohn als Erbe erst nach dem Tod des Vaters heiratete. Jetzt dagegen wurde der Heiratszeitpunkt vom Tod des Vaters unabhängig, und der zukünftige Stammherr konnte einen eigenen halb-selbständigen Haushalt auf einem kleineren Familiengut gründen, ohne die Autorität des Vaters zu gefährden[36]. Diese „Nebenhaus-Lösung" half zudem, mögliche innerfamiliäre Konfliktherde einzudämmen oder ganz auszuschalten, wenn der Vater ein sehr hohes Alter erreichte. Sie ermöglichte dem Stammherren, bei sich abzeichnender Kinderlosigkeit des erstgeborenen Sohnes einem nachgeborenen Sohn das

[32] Vgl. MAX WEBER: Wirtschaft und Gesellschaft, Tübingen 1922, S. 750.

[33] Vgl. ELIAS (1969), S. 149.

[34] Zum westfälischen Adel siehe REIF (1979).

[35] Dazu REIF: Zusammenhang (1982), S. 125f.

[36] REIF: Zusammenhang (1982), S. 132f.

Erbe zu übertragen und die Familie vor dem Aussterben zu sichern. Solche Beispiele dokumentieren die ganze Machtfülle dieser Väter. Dennoch lassen sich in der zweiten Hälfte des 18. Jahrhunderts, als die bürgerliche Jugend gegenüber der älteren Generation an Macht gewann, auch im westfälischen Adel leichte Autoritätseinbußen der Stammherren feststellen; nach dem fünfzigsten Lebensjahr wurde ihre Wiederverheiratung unüblich, wenn bereits ein männlicher Erbe vorhanden war. Als Folge mehrte sich die Zahl der Ehen zur linken Hand. Inwieweit der Rückgang der Wiederverheiratung auf Druck der jüngeren Generation zurückzuführen ist oder in Selbstbeschränkung geschah, um das Familienvermögen zu schonen und innerfamiliäre Spannungen zu vermeiden, oder in Zusammenhang mit dem allgemein zu beobachtenden Rückgang der Wiederverheiratung stand, bleibt ungewiß. Ansonsten aber vermied der Adel alles, was die Position des Familienoberhauptes irgendwie unterhöhlen konnte. Witwen, erwachsene Kinder und Geschwister durften in der Regel nicht auf dem Stammsitz wohnen, sondern wechselten in ein Nebenhaus, eine Amtswohnung oder Witwensitz, sieht man einmal von zeitlich begrenzten Aufenthalten ab, wenn die Familie ihren Schutz- und Pflegepflichten nachkommen mußte. Bis zur Mitte des 19. Jahrhunderts war es den Spitzen des westfälischen Adels gelungen, auf der Grundlage ihrer Autorität Ordnung in ihren Familien und in ihrem Stand zu schaffen, die Zahl der Konflikte zu mindern und die Gefahr der Verarmung weitgehend zu bannen. Dies war nur möglich, weil das Kind als eine Art „parasitärer" Existenz [37] den Eltern zu unterwürfiger Dankbarkeit und absolutem Gehorsam verpflichtet war und sich in dieser Beziehung kaum vom Hauspersonal und Gesinde unterschied. Das galt nicht nur für Westfalen. In der schleswig-holsteinischen Ritterschaft besaß der Vater das Recht, die Töchter, auch gegen deren Willen, mit einer Präbende in einem der vier adligen Klöster abzufinden; eine Möglichkeit das väterliche Testament anzufechten und eine Mitgift zu fordern, hatten diese Töchter nicht [38]. Auch die Ehefrauen blieben von dieser Machtfülle der Stammherren überall in Deutschland weitgehend ausgeschlossen. Noch zu Beginn des 18. Jahrhunderts wurde die Frau erst mit der Geburt des ersten Kindes, wenn sie ihre wichtigste Aufgabe erfüllt hatte, vollständig in den Familienverband des Mannes integriert. Zwar besserte sich ihre Stellung im Verlaufe des Jahrhunderts, aber von der Position einer „Herrin" blieb sie noch immer weit entfernt.

Ein von materiellen Sorgen freies Leben waren sich auch alle nachgeborenen Söhne sicher, die als Domherren lebten und in der Regel mit 22 bis 25 Jahren ihre Unabhängigkeit von der väterlichen Gewalt erreichten. In der zweiten Hälfte des 18. Jahrhunderts gilt es jedoch zu unterscheiden zwischen denjenigen Mitgliedern des Stiftsadels, die sich mit Nutznießung einer Präbende zufriedengaben, und denen, die aktiv an der Verwaltung des Hochstifts mitarbeiteten. Oft pochten letztere mit Nachdruck auf die Interessen des sich neu bildenden Staates und traten in Opposition zu den nur auf Genuß ihrer Pfründe bedachten Domherren. Man kann dies etwa bei den Stadions nachverfolgen, die im 18. Jahrhundert das Amt (Tauber-)Bischofsheim von Kurmainz verwalteten und als erste Minister des Mainzer Kurerzbischofs den Kurstaat ausbauten [39]. Es läßt sich ebenfalls festmachen an Franz Friedrich von Fürstenberg, der im ausgehenden Jahrhundert als leitender Minister des Füstbistums Münster flexibel auf die wachsende Adelskritik reagierte und den geistlichen Staat nach aufgeklärten politischen Prinzipien zu reorganisieren versuchte. Obwohl er aus Tradition sein Leben lang der Familienloyalität verpflichtet war und gewissermaßen die Ämter der Familie verwaltete, stellte er sich dennoch in dem erwähnten Streit zwischen dem Stammherrn Clemens Lothar von Fürstenberg und dessen ältesten Sohn Franz Clemens auf die Seite seines Neffen. Die bessere Ausbildung dieser für höhere Ämter vorgesehenen Nachgeborenen und ihre Unabhängigkeit von der Gewalt des Stammherrn förderten ihre Eigenständigkeit, zumal sie sich ihre Autorität stärker durch eigene Leistungen erworben hatten, während die Autorität des Älteren lediglich ererbt war. Zudem hatten sie mit ihrem Heirats- und Erbverzicht die Forderung der Familie nach loyalem Verhalten zur Genüge erfüllt [40].

Die Vielzahl an Pfründen, die nicht nur dem westfälischen Adel eine zum Teil sehr komfortable Lebens- und Alterssicherung bot, wischte die Säkularisation der sechzehn geistlichen Staaten des Reiches im Jahre 1803 mit einer Handbewegung weg. Mit dem Ende der Feudalherrschaft verlor der Adel seine ständischen Funktionen und — für den Einzelnen meist noch schmerzlicher — auch seine Vorrechte auf bestimmte Ämter, Versorgungsstellen und teilweise auch auf fromme und milde Stiftungen [41]. Entfeudalisierung hieß auch, daß der hohe Klerus nicht länger eine Domäne des Adels war, die Domkapitel nicht länger als Versorgungsinstitut für nachgeborene Söhne des Adels dienten; der Klerus wurde in der Folge mit einer gewissen zeitlichen Verzögerung egalisiert und verbürgerlicht. Preußen und Franzosen führten die Säkularisation der Kapitel und Klöster hart und mitleidlos durch. Dem Adel blieb, und damit rettete er

---

[37] Reif: Zusammenhang (1982), S. 142.
[38] Sering (1908), S. 346f.
[39] Vgl. H. Rössler (1965), S. 192f.
[40] Dazu Reif: Väterliche Gewalt (1982), S. 106f.
[41] Siehe Reif (1980), S. 73ff.

sich über diese gefährlichen Jahre, in Westfalen sein Grundvermögen und seine Adelsqualität. Nach der Franzosenzeit wurde der Beruf des Guts- und Forstwirts für viele westfälische Adlige zum wichtigsten Auffang- und Rückzugsgebiet. Mit der Übernahme eines Familiengutes erlebten sie ihr Alter in der Rolle eines Gutsherrn, andere halfen dem ältesten Bruder bei der Bewirtschaftung der Güter und alterten in der Rolle eines zwar versorgten, aber nur geduldeten und ohne Kompetenzen ausgestatteten, berufslosen Familienmitgliedes, sie aßen ihr hartes Gnadenbrot am Tisch des immer noch mächtigen Stammherrn. Bei seinem Versuch, auch in der preußischen Zeit die zahlreichen Ämter in der Verwaltung mit nachgeborenen Söhnen zu besetzen, scheiterte der westfälische Adel kläglich. Zwar hatten die Preußen, um das Vertrauen der Bevölkerung zu gewinnen, zunächst einen Teil der Beamten des ehemaligen Fürstbistums übernommen, darunter auch zahlreiche Adlige, aber in der Folgezeit wurden die meisten bei ihrer Bewerbung um eine der Stellen wegen fehlender Qualifikationen abgewiesen und fielen bei den Prüfungen durch [42]. Der stiftsfähige Adel war für den Übergang von der adlig-ständischen zur bürokratisch-zentralistischen Verwaltungsstruktur denkbar schlecht gerüstet. Als einzig standesgemäßer Abstieg akzeptierte der Adel den Beruf des Geistlichen, wenn sich dahinter auch die Hoffnung auf einen Aufstieg in der kirchlichen Hierarchie bis zum Bischof verbarg. Ähnlich fanden die nicht heiratenden Töchter in den karitativ tätigen Orden ein Berufsfeld, das ihnen die Anerkennung nicht nur der Standesgenossen sicherte und ihnen über den Verlust der unproduktiven Stiftsstellen hinweghalf. Obwohl in der Umbruchphase zu Ende des 18. und zu Beginn des 19. Jahrhunderts mancher nachgeborene Adlige eigenwillig die Schranken der Standesdisziplin durchbrach und ein Leben in bürgerlichen Kreisen dem entsagungsreichen und für viele zunehmend sinnloseren Pfründnerleben vorzog, hielt die Mehrheit strikt an den alten Prinzipien fest, oder wie dies im Jahre 1837 Graf Bocholz gegenüber Werner von Droste-Hülshoff ausdrückte: „Wir wollen nicht mit Gevatter Schneider und Handschuhmacher verwandt sein, und wenn wir die Vollbürtigkeit nicht festhalten, so bleiben unsere Töchter, die wir nicht mit großen Capitalien aussteuern können, sitzen.“ [43] Noch immer wurden hier soziale und kulturelle Werte zum Erhalt der Exklusivität den materiellen übergeordnet; dafür nahm man eine verdeckte Berufslosigkeit und ein unausgefülltes, eintöniges Leben in Kauf.

Seit dem 16. Jahrhundert hatte der Adel zähneknirschend versucht, der Macht der Staatsbediensteten in der nächsten Umgebung der Landesherren zu trotzen. In der zweiten Hälfte des 17. Jahrhunderts begann er seine angeborene Stellung im Regiment des gewandelten Fürstenstaates wieder zurückzugewinnen. Jetzt strömten die auf den Universitäten gebildeten Adligen wieder in Scharen in den fürstlichen Dienst und nach und nach besetzten sie wieder die höchsten Staatsämter. Davon war bereits die Rede. Als die Fürsten die politische Opposition des Adels gebrochen hatten, näherten sie sich auch ihrerseits wieder ihren alten Vasallen und diese nutzten ihre alten Beziehungen zur Dynastie und die Zugehörigkeit zu den uralten Geschlechtern des jeweiligen Landes, erneuerten die historische Gemeinschaft und verdrängten die gelehrten Doctores Schritt für Schritt aus ihren Ämtern. Andererseits strebten die fähigsten und ehrgeizigsten Nachkommen dieser graduierten Juristen zur Nobilitierung und Landsässigkeit, und die nichtadligen Beamten zogen sich auf ihre eigentliche Domäne, die Rechtsprechung und Lokalverwaltung zurück. Eine solche Scheidung in eine adlige und eine bürgerliche Karriere kannten alle Staaten [44]. Die Beamtenschaft überwand seit dem ausgehenden 17. Jahrhundert durch den gemeinsamen Fürstendienst weitgehend die altständischen Unterschiede und konsolidierte sich zu einem geschlossenen Beamtenstand mit eigener Tradition, Haltung und Kultur, verdichtete sich zum Staatspatriziat, wurde zur Grundlage der absolutistischen Staaten und zum „Amtsträger zwischen Krongewalt und Ständen“ [45]. Der neue Typus des Beamten hatte sich fortan ausschließlich seinem Dienst zu widmen. Derartigen Zwängen folgte nicht nur ein expandierender Staat wie Brandenburg-Preußen; die oftmals wiederholte These vom Aufbau des preußisch-deutschen Beamtentums durch Friedrich Wilhelm I. ist ein Märchen; bereits für das 16. Jahrhundert ist ein ausgeprägtes Dienstethos der Beamten nachzuweisen, wenn sich auch bis Ende des 18. Jahrhunderts erst Vorstufen und erste Ansätze zum Berufsbeamtentum herausbildeten. Solange das geburtsständische Sozialsystem bestand, zersetzte das „Familien-, Clan- und Klienteldenken des Adels“ jede Ausbildung einer Verwaltungshierarchie [46]. Selbst in Brandenburg hatte der Staat noch einen weiten Weg zurückzulegen bis zur Ausbildung eines klaren Beamtenrechts, einen noch weiteren bis zu einer geregelten Beamtenbesoldung und einen sehr weiten bis zur Durchsetzung einer abgesicherten Altersversorgung. Zur Zeit des Großen Kurfürsten lebte ein jeder Beamter noch in einer höchst unsicheren Stellung; unsicher war sein Recht auf das Amt, unsicher waren seine Amtseinkünfte, unsicher war seine Altersversorgung. Jeder Landesherr nahm sich grundsätzlich und unwidersprochen das

[42] Reif (1980), S. 84ff.

[43] Zit. nach Reif (1980), S. 99.

[44] Lampe (1963), S. 237.

[45] D. Gerhard (1963), S. 232.

[46] B. Wunder (1986), S. 18.

Recht, Beamte und Zivilbedienstete zu entlassen, sofern keine vertraglichen Abmachungen dem entgegenstanden. Der Landesherr war nach Meinung vieler Juristen Eigentümer der staatlichen Ämter, die er nach freiem Ermessen verleihen und zurückfordern konnte[47]. Jeder absolutistische Herrscher hätte sich nach Meinung der Zeitgenossen durch Anerkennung der Unabsetzbarkeit zum Sklaven seiner Beamten gemacht[48]. Hier handelte es sich um Staatsdiener, von denen Friedrich Wilhelm I. in seiner drastischen Art sagte: „Sie sollen nach meiner Pfeife danzen oder der Deufel hole mir."[49] Zwar kannten die meisten Anstellungsverträge des ausgehenden 17. Jahrhunderts keine Zeitbeschränkung, und sofern sich der Beamte loyal, fleißig und sachkundig erwies, blieb er auf Lebenszeit angestellt, aber die Beurteilung dieser Fähigkeiten behielt sich der Landesherr ganz allein vor, und die Ansicht einiger juristischer Fakultäten und des Reichskammergerichts, dem Fürsten stehe das Recht zur willkürlichen Entlassung von Beamten nicht zu, fegte nicht nur der brandenburgische Herrscher ganz selbstbewußt und mit Verweis auf seine absolute Macht mit einer knappen Handbewegung vom Tisch. Andererseits erklärte Friedrich Wilhelm II., daß er „keinen rechtschaffenen Bedienten unverschuldet und ungehöret des Dienstes entlassen noch verstoßen werde"[50]. Das klang noch ganz patriarchalisch und war es im Grunde auch. Der Herzog von Württemberg gestand 1733/34 zu, willkürliche Entlassungen nach einem Regentenwechsel zu unterlassen; ab 1787 waren sie an ein vorheriges Kollegialgutachten gebunden, das die Entscheidungsfreiheit des Fürsten jedoch kaum beeinträchtigte. Noch immer besaß er ein uneingeschränktes dreimonatiges Kündigungsrecht[51]. Selbst das Allgemeine Landrecht hat noch an dem Grundsatz, Beamte nach eigenem Ermessen „kassieren" zu können, festgehalten. In Bayern hatte Maximilian I. den 75jährigen Hofkammerpräsidenten Johann Mändl ungeachtet dessen großer Verdienste für das Haus Wittelsbach im Jahre 1662 ohne jedes Gnadengehalt entlassen und wegen einiger Mängel in der Amtsführung, die vor allem mit dem hohen Alter des Hinausgeworfenen zusammenhingen, sogar zu einem Schadenersatz in Höhe von mehr als 26.000 Gulden verurteilt[52]. Ein Teil der Juristen begründete dieses Kündigungsrecht der Landesherren damit, daß der Staatsdienst ein Beruf wie jeder andere sei. „Denn Ignominia, welche einen solchen Bedienten wiederführet, ist nicht größer als diejenige, so ein Domestique erduldet, dem aufgesagt wird, oder einen Rechtsgelehrten und Arzt, an dessen Statt man einen andern gebrauchet", schrieb J.D. Struben im Jahre 1761[53]. Gegen diese Interpretation des Staatsdienstes mehrten sich gegen Ende des 18. Jahrhunderts überall im alten Polizeistaat die neuen Ideen des Rechtsstaates, und vor allem die Beamten selbst strebten nach einer rechtlichen Sicherung ihrer Lage, nach einem gesetzlich verbürgten Amtsrecht. Da es ihnen noch an rechtlichen Argumenten für die Unabsetzbarkeit fehlte, versuchten sie es zunächst mit moralischen Appellen: „Soll der im Dienst des Staates grau gewordene, oder durch fortgesetzte Anstrengung seiner Geistes-Kräfte schon in einem nicht sehr hohen Alter, an Leib und Seele geschwächte Vater darben? sich der Mittel beraubt sehen, die so theure ihm von der Natur ans Herz gelegte Pflicht unerfüllt zu lassen?", fragt F.A. von der Becke im Jahre 1797[54]. Andere geißelten die willkürliche Entlassung als „himmelschreiende Vergewaltigung"[55], bis endlich der Landshuter Staatsrechtler Nikolaus Thaddäus Gönner mit seiner im Jahre 1808 erschienenen Schrift „Der Staatsdienst aus dem Gesichtspunkt des Rechts und der Nationalökonomie betrachtet" das Dienstverhältnis der Staatsdiener aus dem Vertragsrecht herauslöste, es dem öffentlichen Recht unterstellte und damit das Alimentationsprinzip zur Grundlage des Besoldungswesens erklärte[56]. Die Gleichberechtigung beider Partner bei der Ausgestaltung des Dienstvertrages wurde aufgehoben und die Fürsorge für die Beamten ganz in die Hand des Staates gelegt. Gönner setzte den Schlußstrich unter eine Entwicklung, die durch die Französische Revolution ganz wesentlich beschleunigt und zu Ende geführt worden war. Während der Revolutionsjahre und danach hatte die stellungslose und desorientierte Intelligenz in Zeitschriftenartikeln zunehmend beamtenrechtliche Fragen der Ausbildung, Anstellung und Entlassung aufgegriffen, das Ämterprivileg des Adels kritisiert und die Ersetzung des Geburtsstandes durch das Leistungsprinzip gefordert[57]. Zugleich war dem Staat bei seiner Reformpolitik und im Interesse der Selbstbehauptung und Machtsteigerung an engagierten Staatsdienern gelegen, die sich ausschließlich ihrem Dienst widmeten; der „Mietling" (v. Stein), der für einen fixen Lohn eine begrenzte Leistung erbrachte, war ebensowenig gefragt, wie der nur unvollkommen ausgebildete Adlige. Das alte System der Personalpolitik, das weitgehend auf Bestrafung abgestellt war, wurde zugunsten der Belohnung verändert. Der Staat sicherte

---

47 WYLUDA (1969), S. 96f.
48 HATTENHAUER (1980), S. 140.
49 Zit. nach HINTZE (1963), S. 31.
50 Ebd. S. 32; vgl. auch JESERICH, POHL, v. UNRUH (1983), S. 357.
51 B. WUNDER (1978), S. 45f. und 48f.
52 LOTZ (1914), S. 289.
53 J.D. STRUBEN: Rechtliche Bedenken, Bd. 3, Hannover 1761, S. 510.
54 F.A. VON DER BECKE: Von Staatsämtern und Staatsdienern, Heilbronn 1797, S. 105.
55 Vgl. AGENA (1972), S. 186.
56 Vgl. PANNHAUSEN (1978), S. 8ff.
57 B. WUNDER (1978), S. 116f. und 124f.

künftig seine Beamten besser gegen materielle Not ab und wertete sie sozial auf; der zu jeder Zeit entlaßbare Bedienstete wandelte sich zum Lebenszeitbeamten[58]. Der Staat verzichtete auf sein jederzeitiges Kündigungsrecht, mit dem er seine Bediensteten bis zu dieser Zeit diszipliniert hatte. Das neue Beamtenrecht wurde erstmals in der berühmten bayerischen „Haupt-Landespragmatik über die Dienstverhältnisse der Staatsdiener" vom 1. Januar 1805 unter Montgelas kodifiziert. Alle vormärzlichen Verfassungen schlossen sich diesem Beispiel an: Baden im Jahre 1818, Württemberg ein Jahr später, Hessen-Darmstadt 1820, Kurhessen und Sachsen 1831 und Hannover 1840; Preußen folgte erst mit der Verfassung von 1850[59]. Die „Landespragmatik" unterschied zwischen pragmatischen und nicht pragmatischen Staatsdienern. Zu der ersten Kategorie gehörten die Richter und höheren Verwaltungsbeamten, zu letzteren die Subaltern- und Unterbeamten.

Ebenso unsicher wie das Dienstverhältnis blieb bis zu Ende des 18. Jahrhunderts auch die Bezahlung. Der ständige Geldmangel kann nur als einer von vielen Gründen für die von Jahr zu Jahr wechselnden Einnahmen der Amtsträger und die höchst unterschiedliche Besoldung ein und derselben Rangstufe gelten. Eine hinreichende und pünktliche Bezahlung hatte der Landesherr noch nicht aus rechtlichen Verpflichtungen, sondern aus christlicher Gnade und staatsmännischer Klugheit sicherzustellen. Im Jahre 1697 hat J. Döpler in seinem Verwaltungsleitfaden diese Auffassung in einem Satz zusammengefaßt: „Fürsten und Herren gedeyet es zu hohem Ruhm, wenn sie ihren Beampten und Bedienten austrägliche Besoldungen machen und geben lassen, wovon sie nicht allein mit den Ihrigen sich ehrlich hindurch bringen, sondern auch etwas davon erübrigen und beylegen können, damit sie im Alter, oder nach dem Tod die Wittibe und Kinder nicht darben, Noth leiden, oder noch gar nach Brodt gehen dürffen."[60] Erst gegen Ende des 18. Jahrhunderts erklärten die Staatsrechtler die Besoldung nicht mehr als bloße Wohltat, sondern als ganz natürlichen Bestandteil des Dienstvertrages. Bis zu dieser Zeit herrschte die Ansicht vor, jeder müsse selbst für das Seinige sorgen. Darum versuchten die meisten Beamten, gleich mehrere Stellen zu ergattern und bewarben sich in Scharen auf jedes freie Amt, selbst wenn sie auf ganz andere Tätigkeiten spezialisiert waren. Noch mußte das Amt weitgehend den Amtsträger finanzieren, da der absolutistische Staat sich ein ausschließlich auf Gehalt gesetztes Beamtentum noch nicht leisten konnte[61]. Auch die unterentwickelte Geldwirtschaft und die zu geringen Staatseinnahmen standen dem entgegen. Besonders begehrt waren jene Ämter, deren ehemalige Funktion lange erloschen war, die aber immer noch stattliche Einnahmen bescherten wie die Amthauptmanns- oder die Domherrenstellen. Ein Großteil der Grundgehälter war in hohem Maße unzulänglich. Da die Landesherren zudem von ihrem Recht der Gehaltsminderung bisweilen Gebrauch machten, oder die Zahlungen auch einmal ganz ausblieben, weil die Belange des Hofes und des Heeres vorgingen, waren die Beamten geradezu darauf angewiesen, ihr Einkommen in irgendeiner Weise „aufzubessern". Die gesamte Beamtenbesoldung war bis zu einem gewissen Grad auf eine derartige Selbstversorgung angelegt und konnte in einer Zeit, in der es noch keinen Staatshaushaltsplan und keinen Stellenetat gab, nicht anders funktionieren. Größte Bedeutung kam immer noch den Naturalien zu, die eher bei den einfacheren Amtsstellungen fehlten und meist sicherer zu erhalten waren als Geld aus dem fürstlichen Säckel. In einem solchen System, in dem der Einzelne bei Zahlungsunfähigkeit der landesherrlichen Kassen auf die Einnahmen einzelner Domänen oder Zollstätten verwiesen werden mußte, war die Grenze zu Mißbräuchen fließend, und mancher, der an die Unsicherheit seines Einkommens und an sein Alter dachte, nutzte die Möglichkeit des sogenannten Sportulierens, überschritt die festgesetzte Sporteltaxe und erfand schnell neue Gebührensätze[62]. Und da ein unsolides Leben der Untertanen dem Beamten mehr Strafgelder einbrachte als Ruhe und Ordnung, hielt sich mancher an das Motto: „Wann die Bauern tapffer sauffen, so gibt es viel Ungeld, und so sie untereinander rauffen, gibt es viel Frevel."[63] Auch wurde die Bestechlichkeit begünstigt, so daß mancher mit Erfolg nicht nur eine fette Gans durch die Tür des Amtshauses trug. Die Zeitgenossen verstanden, daß diese Art von Bereicherung mit dem gesamten Besoldungs- und Wirtschaftssystem unlöslich verbunden war, daß alle Versuche der Landesherren, diese Mißbräuche abzustellen, nichts fruchteten, wenn die Unsicherheit der Einkommen den Beamten eine vorausschauende Planung unmöglich machte. Der sonst so strenge Döpler erklärte sich angesichts dieser harten Realität zu einem Kompromiß bereit, der beiden Seiten gerecht wurde: „Dem Schäfer ist erlaubt, die Herde zu bescheren/ Jedoch soll er das Fell nicht mit darzu begehren."[64] Besonders laut hörte man die Bevölkerung in Württemberg und in der bayerischen Pfalz über Ämterschacher, Habgier und Bestechlichkeit der Be-

[58] B. Wunder (1986), S. 28f.
[59] Ebd. S. 29f.
[60] J. Döpler: Der Getreue und Ungetreue Rechnungs-Beamte, Bd. 1, Frankfurt a.M. 1697, S. 159.
[61] Vgl. D. Gerhard (1963), S. 238.
[62] Zum Unwesen des Sportulierens in Preußen siehe Isaacsohn (1884), Bd. 3, S. 192ff.
[63] J. Döpler: Der Getreue und Ungetreue Rechnungs-Beamte, Bd. 3, Frankfurt a.M. 1697, S. 20.
[64] Ebd., Bd. 1, S. 50.

amten klagen. Friedrich Karl von Moser sah in der elenden Besoldung der Kammerräte an den meisten Höfen die Quelle allen Übels: „Der Versuchung zum Betrug der Herrschaft und heimlichen Bedrückung der Untertanen, zum Geschenknehmen, zu bösen Streichen bei Verpachtungen und Akkorden usw. wird dadurch Tür und Tor geöffnet." Der französische Publizist Courtilz de Sandras erklärte die Bestechung sogar zu einem Teil der Staatsräson[65]. Man mag aus heutiger Warte diesen sogenannten Ämtermißbrauch verurteilen, man vergißt dabei jedoch allzu leicht, daß nach den Worten von Gustav Schmoller „ein tüchtiger, ehrlicher, über dem Egoismus der einzelnen socialen Klassen stehender Beamtenstand ... ein sociales und wirtschaftliches, wie ein psychologisch-sittliches Kunstwerk (ist), das nur die Jahrhunderte unter besonders glücklichen Bedingungen schaffen können". Die Gefahr der Korrumpierung ergab sich daraus, „daß der Beamte gegen ein festes, meist mäßiges Gehalt und gegen gewisse Ehrenrechte das höchste Maß von Eifer und Hingebung für Zwecke einsetzen" sollte, die „zunächst nicht mit seinem natürlichen Egoismus, seinem wirtschaftlichen Selbstinteresse" zusammenfielen[66]. Alle Landesherren waren sich bewußt, daß der absolutistische Staat nur mit einer pflichtbewußten, der Krone ergebenen und auch wirtschaftlich unabhängigen und daher unbestechlichen Staatsdienerschaft zu festigen und zu verbessern war. Da aber der chronische Geldmangel Unzufriedenheit und Nachlässigkeit im Dienst zur Folge hatte, versuchte es ein reformbesessener Herrscher wie Josef II. mit Appellen an das Gewissen der Beamten. Sein berühmter „Hirtenbrief" von 1783 konfrontierte die Beamtenschaft mit einem hohen Ideal, das in krassem Widerspruch stand zur Realität: Liebe für das allgemeine Beste, Anspannung der Arbeitskraft ohne Rücksicht auf Dienststunden, auf Ehre und Besoldung, Uneigennützigkeit, Vorurteilslosigkeit, Unparteilichkeit und vollkommene Hingabe[67]. Josef II. war auch hier seiner Zeit voraus. Der von ihm favorisierte Typ des Staatsdieners hat sich erst nach der Französischen Revolution herausgebildet.

Die vielfältigen Umwälzungen und Reformen der Jahrhundertwende brachten auch in Deutschland dem Staatsdiener neben der Unkündbarkeit schließlich einen Rechtsanspruch auf sein Amtseinkommen. Als im Jahre 1800 Bayern nach dem Verlust der linksrheinischen Pfalz die Mannheimer Beamtenschaft nicht mehr in vollem Umfang weiterbeschäftigen konnte, wurde dieser unter dem Eindruck der Diskussion ein Recht auf den weiteren Genuß der Bezüge garantiert, deren Höhe von der Zahl der Dienstjahre abhängig war[68]. Noch weiter gingen die Bestimmungen des Reichsdeputationshauptschlusses vom Februar 1803 über die „Hof-, geistlichen, Civil- und Militairdienerschaft" der säkularisierten, geistlichen Territorien und mediatisierten Reichsstädte. Ihnen allen wurde „der unabgekürzte lebenslängliche Fortgenuß ihres bisherigen Rangs, ganzen Gehalts, und rechtmäßiger Emolumente, oder, wo diese wegfallen, eine dafür zu regulirende Vergütung unter der Bedingniß gelassen, daß sie sich dafür nach Gutfinden des neuen Landesherrn, und nach Maasgabe ihrer Talente und Kentnisse auch an einem anderen Orte und in anderen Dienstverhältnissen gebrauchen und anstellen müssen"[69]. Diese Regelung half beiden Seiten: dem Staat, der zur Durchsetzung seiner Reformen Helfer brauchte, die nur von ihm abhängig waren, und sie half der neuen Beamtenschaft, die sich vermehrt aus vermögenslosen bürgerlichen Akademikern rekrutierte[70].

Jeder Staatsdiener, ob Spitzenverdiener oder Stadtkärrner, mußte versuchen, Vorsorge zu treffen, damit seine Familie im Fall seines vorzeitigen Todes oder bei Arbeitsunfähigkeit nicht ohne alle Hilfe dastand. Das 18. Jahrhundert hat dazu eine ganze Palette an Möglichkeiten entwickelt, insgesamt ein System der Altersversorgung von höchster Flexibilität und Mannigfaltigkeit. Wo starre Berufslaufbahnen fehlten, ließ sich auch die Altersversorgung nicht normieren. Konnte ein Beamter wegen Krankheit und Gebrechlichkeit seinen Verpflichtungen nicht mehr nachkommen, beließ man ihn bisweilen zwar in seiner Amtsstellung und gewährte ihm auch sein Gehalt weiter, zur Ausführung der Arbeiten erhielt er jedoch einen oder mehrere Hilfsbeamten zur Seite gestellt, die als Anwärter auf diese Stelle oft über lange Jahre hinweg gegen ein geringes Entgelt den Kranken oder altersschwachen Stelleninhaber ganz oder teilweise entlasteten. Verschiedentlich nahm der nicht mehr Dienstfähige auch selbst einen Gehilfen unter Vertrag, den er aus eigener Tasche bezahlte. In anderen Fällen hat die Obrigkeit ein solches Amt sofort neu besetzt, gewährte dem Ausgeschiedenen aber weiterhin einen Teil der Einnahmen aus dieser Stelle, in der Regel den größeren Teil. Ehrenstellungen wie Amtshauptmannschaften mitsamt den dazugehörenden Einkünften blieben bis zum Lebensende erhalten. Ergänzt wurden solche „Pensionen" in ganz wenigen Fällen durch die Einkünfte aus den Pfründen der säkularisierten Mannesstifter, die der König vor allem in Hannover den verdientesten Beamten auf Lebenszeit verlieh[71]. Aus Gründen der fami-

[65] Zit. nach ERMATINGER (1935), S. 128.
[66] GUSTAV SCHMOLLER: Der deutsche Beamtenstaat vom 16.-18. Jahrhundert, in: Jahrbuch für Gesetzgebung, Verwaltung und Volkswirtschaft im Deutschen Reich, NF 18 (1894), S. 710.
[67] JESERICH, POHL, v. UNRUH (1983), S. 537.
[68] B. WUNDER (1978), S. 125f.
[69] Zit. nach HATTENHAUER (1980), S. 179.
[70] B. WUNDER (1986), S. 32.
[71] LAMPE (1963), S. 338.

lieninternen Altersversorgung und der Ausbildung eines zuverlässigen Beamtenstandes sah es der Staat mit Wohlwollen, wenn die Söhne dem Vater im Beruf folgten. In einer Zeit, in der die Menschen noch in feste Bevölkerungskörper gegliedert und geordnet waren und in der jeder Stand ein gesondertes Leben führte, ergab sich eine derartige Erblichkeit fast zwangsläufig. Für Friedrich II. war es wichtig, in Preußen „Beamte zu haben, die von Jugend auf in einer gewissen Staatsanschauung und -auffassung erzogen waren und von den Geschäften eine gewisse Vorstellung hatten“ [72]; oder wie dies der Historiker Joachim Lampe formuliert hat: „In einem intensiven Erziehungs- und Verfeinerungsprozeß über Generationen waren die Söhne dieser Familien darauf gedrillt worden, den Sinn ihres Lebens in den Dienst am Staat, in Rechtsprechung und Verwaltung zu erkennen und zu bejahen.“ [73] Zahlreiche Beamte verzichteten daher bei nachlassenden Kräften auf ihr Amt zugunsten eines nächsten Verwandten erwirkten eine Anwartschaft für den designierten Nachfolger, falls der Sohn noch nicht herangewachsen war oder ließen sich ihn als Gehilfen zuteilen, wenn er seine Ausbildung noch nicht beendet hatte. Ein Grund für das Entstehen derartiger Erbhöfe ist sicher auch in den permanenten Zahlungsschwierigkeiten der meisten Staaten zu suchen, die seit Beginn des 17. Jahrhunderts dem Ämterkauf wieder größeren Raum gaben, so daß man gegen Ende des Jahrhunderts etwa in Bayern wieder in die Zeit des Lehenbeamtentums zurückgekehrt schien [74]. So wurden einträgliche und weniger bedeutende Stellen oft über Generationen weitervererbt und mit Zähigkeit über Jahrzehnte und Jahrhunderte in ein und derselben Familie gehalten. Das Amt Rheine-Bevergern blieb seit dem 18. Jahrhundert in den Händen der Familie von Twickel zu Havixbeck. Durch sieben Generationen, über 200 Jahre lang konnte die Familie Freusberg bis zum Jahre 1927 den Landratsposten des Kreises Olpe halten, und in Münster besaß die Buchdruckerfamilie Tzwivel von 1505 bis 1659 zugleich das Amt eines Briefträgers am Offizialat der Stadt, dann wanderte es mit der Hand der Witwe des letzten Tzwivel an die Familie Tondorff, die es noch über zwei Generationen bis 1683 weiterführte [75]. Die Einheirat in ein Amt gehörte ebenso zu den Gepflogenheiten der ständischen Gesellschaft wie die Einheirat in ein Handwerk. Mit diesem ganzen System, das immer noch zu großen Teilen auf Naturallieferungen abgestellt war, konnte ohne besondere Belastung des Staatshaushaltes eine auskömmliche Versorgung der Alten und Kranken sichergestellt werden, die jedoch in einer Zeit, als das Alter als höchste Autorität galt, eindeutig zu Lasten der Jüngeren ging. Nur in den seltensten Fällen gewährte der Landesherr ein echtes Ruhegehalt, das er neu aus seiner eigenen Kasse anwies. Enge Verbindungen zum Hof haben die Gewährung solcher Pensionen zu allen Zeiten gefördert, selbst wenn der Antragsteller noch weit von einem hohen Alter entfernt war. Im Jahre 1804 richtete der Oberamtmann von Ellwangen, der ein Vermögen von 12.000 Gulden besaß, mit 43 Jahren letztlich nicht ohne Erfolg ein Gesuch an den Churfürsten: „Ich muß nun bei der vorgebrachten Bitte um gnädigste Entlassung und Pensionierung unterth. bestehen. Ich will mich nicht auf meine ehevorige Besoldung, nicht auf meine 21jährige Anstellung, nicht auf meine anspruchslosen vielen Verdienste wegen der Pension berufen, ich will mich mit einzigen jährlichen 500 fl. unterth. begnügen, wenn es mir gn. erlaubt wird, wo und wie es meine künftigen Umstände zulassen, verzehren zu dürfen ...“ [76] Einzig in Bayern hat man bereits seit dem frühen 17. Jahrhundert in relativ vielen Fällen unter Berücksichtigung der vorhandenen Gelder und der Verdienste der Beamten Ruhegelder gezahlt, auf die jedoch niemand einen Rechtsanspruch hatte und deren Höhe im Ermessen des Landesherrn lag. Solche sogenannten Provisionen bewilligte die Hofkammer auch den Hinterbliebenen verstorbener Beamter, wenn auch Maximilian I. im Jahre 1650 diese Renten wieder einschränkte, um „leichtfertigen“ Heiraten kleiner Hofbeamter vorzubeugen [77].

Auch die städtischen Bediensteten, die sogenannten „Officianten“ hatten so lange für die Stadt zu arbeiten hatten, bis sie in Erfüllung ihrer Pflicht starben. Waren sie wegen ihres fortgeschrittenen Alters oder wegen Krankheit dazu nicht mehr in der Lage, erhielten sie die Kündigung ausgesprochen und blieben ihrem Schicksal überlassen. Warum sollte es ihnen auch besser ergehen, als der Masse der Bauern und Handwerker? Ansprüche auf eine Ruhestandsversorgung bestanden nicht und konnten auch nicht erworben werden. In einigen ganz wenigen Fällen bewilligte die Landesregierung auf Antrag dennoch eine sogenannte Gnadenpension, wozu allerdings eine Reihe von Voraussetzungen erfüllt sein mußten: Dienstunfähigkeit, langjährige, verdienstvolle und untadelige Amtsführung, schlechte finanzielle Lage des Beamten und gute finanzielle Lage der Stadtkasse sowie einhellige Unterstützung des gesamten Ratskollegiums. Unter diesen Beschränkungen wurde in der Stadt Göttingen, für die die Praxis der Pensionierung näher untersucht worden ist [78], in den einhundert Jahren nach 1750 lediglich in elf Fällen ein Gnadengehalt bewilligt. Ein sehr anschauliches Beispiel für die ganze

[72] Lotz (1914), S. 161.
[73] Lampe (1963), S. 266.
[74] Vgl. Schinkel (1972), S. 166; Jeserich, Pohl, v. Unruh (1983), S. 355f; Hintze (1981), S. 64f.
[75] Steinbicker (1972), S. 126 und 131f.
[76] HSTAS E 146,1902 Pensionen.
[77] Lotz (1914), S. 296f.
[78] H.-J. Gerhard (1978), S. 144f.

Problematik einer solchen Pension bietet der Fall des Kämmerers Speckbötel, der im Jahre 1759 aus Altersgründen nach 31 Dienstjahren um eine Gnadenpension in Höhe von 100 Reichstalern nachsuchte. Die Landesregierung lehnte dieses Gesuch ab, worauf Speckbötel gezwungen war, weiter im Amt zu bleiben, obwohl er wegen zunehmender Gebrechen seinen Dienstpflichten kaum nachkommen konnte. Zugleich mußte sein designierter Nachfolger, der wegen seiner kenntnisreichen Kritik an der Organisation der Witwen- und Waisenkassen wenige Jahre später in ganz Deutschland bekannt gewordene Kämmerer Johann August Kritter, weiter auf den begehrten Posten warten. Kritter unterbreitete daher Speckbötel das Angebot, er werde ihm für den Fall seines Rücktritts jährlich 30 Reichstaler und 4 Klafter Holz aus seiner Besoldung abtreten. Mit dieser schriftlichen Zusage in der Hand wandte sich der alte Kämmerer im Jahre 1760 erneut an die Landesregierung und bat „fußfällig", „mir doch nicht ohne mein Verschulden gänzlich außer Brodt zu setzen, sondern doch die Gnade für mich zu haben, und mir ... noch 30 rtl. von hiesiger Cämmerey zu verwilligen". Fünf Monate später hielt Speckbötel die Zusage aus Hannover in der Hand [79]. In der Regel gewährte die Regierung eine Pension, wenn abzusehen war, daß sie diese nur noch kurze Zeit zu zahlen hatte. Bisweilen hat sie sich dabei gründlich verrechnet. Als im Jahre 1792 der Göttinger Ratspedell Himme nach einem Schlaganfall gelähmt war und alles nach einem raschen Tod des alten Mannes aussah, beließ sie ihm „kurze Zeit" sein Diensteinkommen. Himme aber lebte noch 17 Jahre und kam in den Genuß des ausgedehntesten Ruhegehaltes, das man in Göttingen bis zur Mitte des 19. Jahrhunderts zahlte [80].

Die Zahlung von Alterspensionen blieb bis zu Beginn des 19. Jahrhunderts von der Art der Anstellung abhängig. Berief sich der Dienstherr auf einen privatrechtlichen Dienstvertrag mit Kündigungsrecht, ging der Bedienstete leer aus, beurteilte er das gegenseitige Verhältnis dagegen nach dem Gesinderecht, konnte der dienstunfähig gewordene Beamte mit einer Versorgung durch seinen Dienstherren rechnen, ähnlich einem alten Knecht durch den Gutsherrn, wobei die Lasten — wie gesagt — der Amtsnachfolger aufgebürdet bekam. Maria Theresia und Josef II. rückten als erste von dieser Praxis ab. Seit 1762 erhielten in Österreich alle Bediensteten bei Arbeitsunfähigkeit die Hälfte ihres Gehaltes weiterbezahlt. Josef II. billigte 1781 jedem Bediensteten nach zehn Dienstjahren bei Invalidität oder Verlust seines Amtes eine lebenslängliche Pension zu, deren Höhe von der Zahl der Dienstjahre abhing und sich auf ein Drittel bis höchstens zwei Drittel des Dienstgehaltes belief. Die meisten deutschen Staaten übernahmen im neuen Jahrhundert diese Regelung, nachdem in der zweiten Hälfte des 18. Jahrhunderts die Reichsgerichte eine entschädigungslose Entlassung von Staatsbediensteten zunehmend als ehrmindernd beurteilt und seit den neunziger Jahren generell einen Pensionsanspruch anerkannt hatten. Bayern folgte 1803/05 dem österreichischen Beispiel, Baden im Jahre 1809, Württemberg 1817 [81]. Abgesehen von Invalidenrenten zahlten diese Staaten eine Altersrente nach vierzig Dienstjahren oder bei Erreichen des 70. Lebensjahres. Nur Preußen gestand seinen Beamten weiterhin keinen Pensionsanspruch zu. Erst 1825 wurden hier per Verordnung ähnlich gestaffelte Pensionen eingeführt, wenn die Bediensteten diese auch durch Gehaltsabzug von 1 bis 5 Prozent teilweise selbst finanzieren mußten [82]. Mit der Umwandlung des privatrechtlichen Dienstverhältnisses in ein öffentlich-rechtliches erhielten die Staatsdiener für sich und ihre Hinterbliebenen eine lückenlose wirtschaftliche Sicherstellung zugestanden; sie blieben gegenüber ihrem Dienstherrn zwar weitgehend rechtlos, wurden dafür aber mit materiellen Privilegien ausgestattet. Montgelas hatte bereits im Jahre 1796 eine solche materielle Sicherstellung der Staatsdiener gefordert, um eine allein an Leistungskriterien orientierte Rekrutierung der Kandidaten sicherzustellen, die revolutionären Strömungen zu unterbinden und die Staatsdiener innerlich fest an den Staat zu fesseln [83]. Gegenüber der gnadenweisen Fürsorge des Herrschers für seinen Adel im Ancien Régime besaß der Staatsdiener jetzt einen einklagbaren Rechtsanspruch auf Unterhalt; ebenso wie der Adel sollte die neue Staatsdienerschaft unabhängig von materiellen Erwägungen sein, wobei der Pensionsanspruch an die Stelle einer Rente eines Adelsgutes trat. Die im 18. Jahrhundert gültige Praxis, Pensionen als Gnadenerweis nach „Charge, Bedürfnis, Dienstjahren und Alter" zu gewähren, wurde fallengelassen und die Altersversorgung der Willkür des jeweiligen Herrschers entzogen [84]. Aufgrund der wachsenden finanziellen Misere des Staates verloren jedoch bereits im Jahre 1808 die mittleren und unteren, die sogenannten nicht-pragmatischen Staatsdiener wieder ihre Privilegien der Unkündbarkeit, Pensionsberechtigung und Hinterbliebenenversorgung [85], weil diese Personen „ohne besonderes Interesse für den Staats- und Hofdienst" waren, weil „ein besonderes Vertrauen bei der Übertragung dieses Postens" nicht nötig war, wie es in der Definition von 1804 der unteren Dienerschaft hieß [86]. Insgesamt blieb die Lebenslänglichkeit der

[79] H.J. GERHARD (1978), S. 146f.
[80] Ebd. S. 147.

[81] B. WUNDER (1986), S. 33f.
[82] Ebd. S. 34.
[83] B. WUNDER (1978), S. 129ff.
[84] Ebd. S. 140ff.
[85] Ebd. S. 134ff.
[86] Zit. nach B. WUNDER (1978), S. 142, Anm. 62.

Beamtenstellung umstritten, und erst in der zweiten Hälfte des 19. Jahrhunderts setzte sich eine einheitliche Auffassung durch [87].

Nach Bayern, Baden und Westfalen hatte das 1806 neu gebildete Herzogtum Nassau im Jahre 1811 ebenfalls ein Zivilpensionsedikt erlassen und bereits ein Jahr zuvor nach französischem Vorbild eine Pensionsregelung für alte und invalide Militärpersonen veröffentlicht, die alle Dienstgrade vom Divisionsgeneral bis hin zum gemeinen Soldaten umfaßte. Als pensionsberechtigt galt, wer unfähig war, seinen Dienst weiter zu versehen. Die Höhe der Pensionen richtete sich nach Dienstgrad und Dienstjahren. Es wurde ein Pensionsmaximum festgelegt, das für Divisionsgeneräle bei 2.784 Gulden und für gemeine Soldaten bei 139 Gulden im Jahr lag. Nach dreißig Dienstjahren kam die Hälfte dieses Maximums zur Auszahlung, nach fünfzig der Gesamtbetrag [88]. Noch weitergehende Veränderungen brachte das Zivilpensionsedikt, das als Reaktion auf die breite Diskussion über die Rechte der Staatsbediensteten die neuen Grundsätze festschrieb. Ab sofort konnte ein Beamter nur während der ersten fünf Dienstjahre vom Regenten unter Verlust des Dienstgehaltes, der Titel und der Amtskleidung wieder entlassen werden; danach nur nach gröberen Vergehen oder Verbrechen sowie einem vorausgegangenen gerichtlichen Verfahren. Davon abgesehen konnte der Herzog jeden Staatsdiener jederzeit unter Beibehaltung aller Titel, der Amtskleidung und eines Teils seines Gehalts in den Ruhestand versetzen. Die Höhe des Ruhegehaltes belief sich vom sechsten bis zum fünfunddreißigsten Dienstjahr auf die Hälfte des Dienstgehaltes und stieg mit jedem weiteren Dienstjahr um 1/30 des regulären Gehaltes, konnte dieses jedoch nicht übersteigen. Anspruch auf Versetzung in den Ruhestand mit Pension bestand nach 35 Dienstjahren oder ab dem 70. Lebensjahr. Bei körperlichen Gebrechen oder Geistesschwäche galten diese Grenzen nicht. Für die Pensionen kam der Standes- oder Grundherr auf, der auch zur Zahlung des Dienstgehaltes verpflichtet war. Wie in Bayern galten diese Regelungen auch in Nassau nur für die höheren, nicht hingegen für die Subalterndiener [89]. Im Jahre 1816 wurden die Oberforstbeamten pensionsberechtigt, ein Jahr später alle Lehrer des Schullehrerseminars in Idstein, der Landwirtschaftlichen Schule, der Pädagogien und des Gymnasiums, nicht jedoch die Real- und Elementarschullehrer; wieder ein Jahr später die Medizinalräte und Medizinalassistenten [90]. Insgesamt gilt, was bereits 1855 Heinrich Zoepfl in seinen „Grundsätzen des allgemeinen und deutschen Staatsrechts“ ausgesprochen hat: „Die Geschichte des Staatsdienstes ist ... in der Hauptsache eine Geschichte der Ausbildung des Pensionssystems. Dieses bildet das eigendliche Standesinteresse der Staatsbeamten ...“ [91]

Ohne Zweifel hatten die höheren Beamten auch im fortgeschrittenen Alter überall in Deutschland ein ausgesprochen behagliches Auskommen, selbst wenn es krasse Unterschiede zwischen den einzelnen Ländern gab. Namentlich in Hannover, wo die höheren Chargen glänzend gestellt waren, wo der Landesherr ihnen fürstliche Domänen weit unter Preis verpachtete und wo die Besoldung, die Naturalien und die Gebühren reichlicher flossen als anderswo, konnte man mit einiger Berechtigung über den preußischen Staatsdienst spotten, daß in ihm niemand recht satt werde. Dort ging man davon aus, daß der höhere Beamte, wie Friedrich Wilhelm I. sich ausdrückte, „mehr vor die Ehre, als um Besoldung“ diene [92]. Sicherlich waren in Preußen die Gehälter der mittleren Beamten und der Subalternen karg bemessen, vom Standpunkt Friedrich Wilhelm I. aber waren sie durchaus zulänglich. Der König verwies auf die große Zahl an Bewerbern, die unaufhörlich in den Staatsdienst drängten. Ein Gehalt von 800 Talern galt zur Zeit Friedrich des Großen als ausreichend, um als Obergerichtsrat ein standesgemäßes Leben zu führen. Gezahlt wurden den Geheimen Finanzräten 900 bis 1.800 Taler, den Sekretären gegen 200 Taler und den Dienern und anderen Unterbeamten 20 bis 70 Taler [93]. In anderen Territorien war das Besoldungsgefälle wesentlich höher und im 18. Jahrhundert vergrößerte sich die Pyramide noch weiter. Die obersten Beamten besaßen selbst bei Einstellung eines Gehilfen noch immer eine üppige Altersversorgung, vor allem wenn es ihnen gelungen war, genügend Vermögen anzusammeln. Für das Gros der Staatsdiener aber blieb nur die Hoffnung, von längeren Krankheiten und Siechtum verschont zu bleiben, um bis zum letzten Tag arbeiten zu können und das Einkommen nicht teilen zu müssen. Es waren dies die „geringer besoldeten Beamten“, die zum Leidwesen der Handwerker Rock und Hemd zweimal wendeten, die Schuhe solange besohlen ließen, bis sie auseinanderfielen, die von dünnen Suppen und trockenem Brot lebten [94]. Mit dem beschleunigten Ausbau der Verwaltung in der zweiten Hälfte des 18. Jahrhunderts und der zunehmenden Privilegierung der Beamten hat sich deren materielle Lage in allen Lebensphasen deutlich gehoben. Die Zeitgenossen haben diese Besserstellung der Staatsdiener vielfach betont. In der württem-

[87] Ellwein, Zoll (1973), S. 26.
[88] Dazu Lewinski (1967), S. 67f.
[89] Zu diesem Edikt ebd. S. 68ff.
[90] Ebd. S. 76f.

[91] Heinrich Zoepfl: Grundsätze des allgemeinen und deutschen Staatsrechts, 4. Aufl., Bd. 2, Heidelberg 1855/56, S. 777; zit. nach Ellwein, Zoll (1973), S. 26.
[92] Zit. nach Hintze (1963), S. 32.
[93] Lotz (1914), S. 208.
[94] Berlin im Jahre 1786. Schilderung der Zeitgenossen, Leipzig 1886, S. 174 und 146; siehe auch Möller (1969), S. 105.

bergischen Kleinstadt Nürtingen stiegen die Durchschnittsvermögen der staatlichen und kommunalen Beamten bis Anfang der neunziger Jahre ganz markant an, um in den folgenden Jahren aufgrund der stark verteuerten Lebenshaltung wieder zurückzufallen (Graphik 19). Auch der Anstieg des Lebensstandards der

Graphik 19

Vermögensentwicklung der staatlichen und städtischen Beamten in Nürtingen 1750/54-1815/19

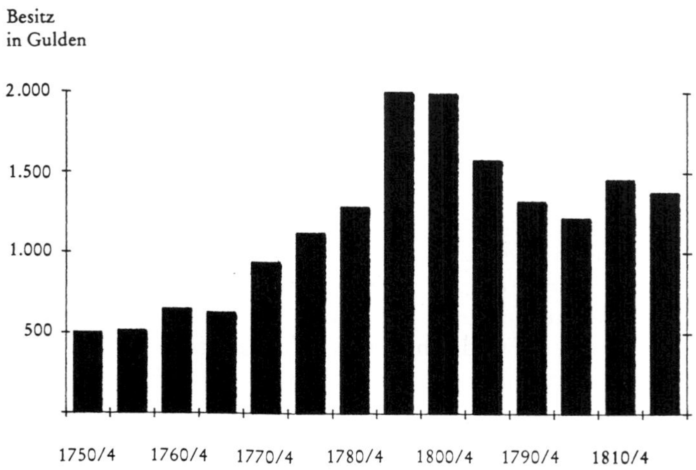

Quelle: Inventuren und Teilungen, StAN; vgl. auch Anm. 269 und 270 in diesem Kapitel.

Bauern und Handwerker sowie die Verarmung letzterer seit Ausgang des Jahrhunderts schlugen sich in vermehrten bzw. zurückgehenden Gebühren und damit steigenden und fallenden Einnahmen der Beamten nieder. Die älteren Staatsdiener dürften ebenfalls von diesem Auf und Ab der materiellen Lage betroffen gewesen sein. Verglichen mit der Zeit vor 1750 wurde ihr Lebensabend jedoch auf alle Fälle behaglicher und sicherer.

Auch die Pfarrer gehörten im 18. Jahrhundert zu jener kleinen Gruppe, die dem Alter mit relativ wenig Sorgen entgegensehen konnte. Sicherlich tat sich zwischen den Stadtpfarrern und der Masse der Landpfarrer ein beträchtliches Gefälle auf, was sozialen Rang, Lebensstil, Besoldung und Bildung betraf, und diese Kluft verbreitete sich im Gefolge der Aufklärung noch weiter, doch war selbst der kleine Dorfpfarrer in der Regel noch immer besser gestellt als das Gros der Bevölkerung. Ohne Zweifel kam diesem Stand im Zeitalter des Absolutismus nicht die gleiche materielle Fürsorge zu wie den weltlichen Amtsträgern, und er mußte sich der Begehrlichkeit der Fürsten erwehren, aber es entfielen für ihn jetzt auch die vielen Unabwägbarkeiten, die die Reformation und die Glaubenskämpfe mit sich gebracht hatten. Fraglos verringerte sich seit dem Westfälischen Frieden infolge der Aufklärung, der Toleranzpolitik, der despektierlichen Haltung mancher Regenten wie Friedrich dem Großen und nicht zuletzt der kritischen Einstellung vieler Theologen, die das ehemalige Charisma ihres Standes zersetzten, das Ansehen der Geistlichen, auf der anderen Seite aber führten die überdurchschnittlich hohen Einkommen der Pfarrer über Generationen hinweg zu einer Vermögensakkumulation, die dem Stadt- wie dem Dorfpfarrer weiterhin einen Platz unter den Honoratioren sicherte. Auch als im Zuge der großen Staatsreformen um die Wende zum 19. Jahrhundert die Aufsicht über die katholische Kirche straff angezogen, die Sonderrechte der Geistlichkeit im Sinne der allgemeinen Rechtsgleichheit aufgehoben, die Kirche über eine eigene Kirchenverwaltung und einen zuständigen Minister vom Staat regiert wurde und die Geistlichen zu „religiösen Volkslehrern" oder „Offizieren der Moral" wurden [95], änderte sich grundsätzlich nichts daran. Zu dieser Zeit hatte die Kirche bereits damit begonnen, einige der vielen Schwachstellen zu reparieren, die Anlaß zur Kritik gaben. Sie hatte in einzelnen Ländern unter anderem auf die vielen Klagen über senil, schwach und unfähig gewordene Pfarrer reagiert und eine erste, wenn auch noch sehr unvollkommene Form von Pensionierung geschaffen. Sie hat zudem mit der Einführung von Witwen- und Waisenkassen das Los der Hinterbliebenen, das zu vielen Mißständen geführt hatte, etwas verbessern können.

Der Pfarrer des ausgehenden 17. und des 18. Jahrhunderts war sicherlich nicht die hochverehrte, allseits geachtete Respektperson, noch der von allen getretene und verspottete Außenseiter, viel hing von der jeweiligen Persönlichkeit ab, ob sich der Zeiger der öffentlichen Meinung in Richtung Achtung oder Verachtung neigte. Die zahlreichen Vorhaltungen gegen die Geistlichen, sie würden im Übermaß Würste, Eier, Brot und Opfergeld fordern, sie würden eigenmächtig die Gebühren erhöhen, sie erschienen mit Kind und Kegel auf Hochzeiten und Taufen, um anschließend auch noch Bier und Speisen mit nach Hause zu nehmen, sind so alt wie der Priesterstand selbst. Sie sind entstanden aus dem Glauben, geistliche Versorgung könne zum Nulltarif geliefert werden. Die allgemein übliche Form der Besoldung mit ihrem Selbsteinzug führte unweigerlich zu vielfältigen Spannungen, die sich leicht erahnen lassen. Im einer fingierten Reisebeschreibung über Schwaben aus dem Jahre 1784 heißt es: „Das einzige Unbequeme (in der Besoldung) sind ... die Zehenden, bey deren Einzuge, je nachdem die Pfarrkinder wohl oder übel geartet sind, sie (die Pfarrer) manchen Strauß auszustehen haben. ... Will er ... genau

---

[95] Vgl. NIPPERDEY (1983), S. 73.

haben, was ihm gebührt, und weiß er, den Bauern by ihrem Keiffen und Betrügereyen in die Ränke zu fahren, so erheben sie ein lautes Geschrey über die Hartherzigkeit und den Geiz des Pfaffen, dem alles, was er habe, nicht genug sey.“ [96] Mit diesem mühseligen Selbsteinzug, dem Bitten und Fordern von Haus zu Haus, den schweren Zehnthändeln, war ein älterer Pfarrer meist vollkommen überlastet und sah sich gezwungen, den kleinen Zehnten und auch seine Äcker zu verpachten. Überfordert war er aber auch durch die Doppelbelastung, die die Seelsorge und die Eigenwirtschaft mit sich brachten. Seine Einnahmen gingen zurück und Gemeinde wie Kirchenoberen konnten mit seinen seelsorgerischen Leistungen oft nicht mehr einverstanden sein. Dem Dorfpfarrer, der hinter dem Pflug gehen, den Mistwagen beladen und die Kuh auf die Weide treiben mußte, blieb meist kaum noch Zeit zur Weiterbildung. Hier zeigten sich in aller Deutlichkeit die Schwächen des Pfründnersystems, das dem Stelleninhaber zwar den Genuß des Einkommens gewährte, ihm aber auch alle Lasten auferlegte. Als in der zweiten Hälfte des 18. Jahrhunderts die städtische Welt mit Riesenschritten einer neuen Zeit entgegeneilte, blieben diese Geistlichen weit zurück und ein Großteil von ihnen ähnelte dem Dolgeliner Pfarrer, den Theodor Fontane später in „Vor dem Sturm“ auf freundlich-ironische Weise porträtiert hat: „Er entbehrt vieler Gaben, aber was er an gewissestem entbehrte, das war die Leuchtekraft des Glaubens. ... Im Übrigen war er ebenso brav wie beschränkt und wohlgelitten. Es fehlte nur der Respekt.“ [97] Überlastet waren viele Geistliche auch durch weltliche Aufgaben, die ihnen der Staat aus Mangel an geeigneten Fachkräften aufgebürdet hatte. Kurz nach Mitte des 18. Jahrhunderts klagte Ph.D. Burk, und seine Klage dürften vor allem die älteren Pfarrer unterschrieben haben: „Warum überlastet man uns arme Pfarrer mit soviel Lasten? Warum müssen wir halbe Vögte sein? Warum plagt man uns mit Hurenhändeln, uneinigen Ehen, Bauerngütern, Heiligen [98], Waisen- und Rechnungssachen?“ [99]

Eine harte materielle Bürde drückte sehr oft den ackernden Dorfpfarrer, diese häufig negative Auslese, die den Sprung in eine Stadtpfarrei nicht geschafft hatte und z.B. in Brandenburg während des 18. Jahrhunderts maximal 300 Taler als Besoldung einnahm, während sein Kollege in der Stadt auf 500 bis 800 Taler kam [100]. Gerade auf dem Land offenbarte sich in aller Schärfe, wie problematisch eine lebenslange Arbeit sein konnte. Die sich aus der nachlassenden Arbeitskraft ergebenden verminderten Einnahmen bereiteten noch die geringsten Schwierigkeiten; dafür hatten auch weitaus schlechter gestellte Berufsgruppen immer noch eine praktikable Lösung gefunden. Schwerer wog hingegen, daß unter den zurückgehenden Kräften des Pfarrers auch andere zu leiden hatten. Gegen jüngere Geistliche, die ihren Aufgaben nicht nachkamen und „ihre Predigten, ohne genugsame Vorbereitung und vorgängige Meditatio, confuse, seucht und kaltsinnig, gleichsam aus dem Ermel heraus zu schütteln gewohnt seynd“ — wie es in einem Gesetz von 1730 hieß [101] — konnte man mit strafrechtlichen Mitteln vorgehen; bei einem älteren Pfarrer aber, der es nicht mehr besser konnte, verbot es die Ehrfurcht, und eine Strafe hätte kaum etwas eingebracht. So fanden sich bei der überdurchschnittlich hohen Lebenserwartung der Pfarrer nicht selten welche, die 80 Jahre und älter waren und in Schwermut verfallen die letzten Jahre ihres Lebens dahinvegetierten, wie die Memorabilienbücher bezeugen. Im Jahre 1794 war in der württembergischen Gemeinde Aich der Pfarrer noch mit 94 Jahren im Amt [102]. Einige wenige hielten sich, wenn es nicht mehr anders ging, auf eigene Kosten einen Adjunkten oder Substituten [103]. Für die Inhaber der mageren, der „Strafpfründen“, war dies ohne weiteres nicht möglich. 1771 schrieb der Diakon der württembergischen Gemeinde Owen, der wegen seiner Trunksucht mit der Leitung dieser armen Pfarrei bestraft war, an das Konsistorium: „... man möge doch in gnädigsten Betracht ziehen, daß ich schon über 15 Jahre auf einem blosen schlechten Anfangsdienst und Diakonat kümmerlich ausgeharret, mit 9 lebendigen Kindern, worunter 6 Söhne, gesegnet worden, ... Ich mein und meiner Frau Vermögen gäntzlich dabey aufgeopfert ...“ [104] Ähnliche Klagen einzelner Pfarrer, die für ihre „Roßarbeit“ lediglich ein „Geißleins-Futter“ zum Lohn erhielten [105], finden sich immer wieder; verallgemeinern lassen sie sich aber sicher nicht. Die Mehrzahl selbst der Landpfarrer lebte bis ins hohe Alter bei großen regionalen Unterschieden in finanziell sicheren Verhältnissen. In Württemberg, wo in kirchlichen Angelegenheiten die Uhren anders gingen, hatte man bereits sehr früh eigene Wege bei der Besoldung und der Altersversorgung der Pfarrer eingeschlagen. Herzog Christoph hatte nach den Bestimmungen der Großen Kirchenordnung von 1559 die Erträge aus dem gesamten geistlichen Vermögen, das von seiner Fläche etwa ein Drittel des Herzogtums umfaßte, vor allem für die Finanzierung der Kirche sowie des Schul- und

[96] J.Fr. Gaum: Reisen eines Churländers durch Schwaben, (o.O.) 1784, S. 192.

[97] Theodor Fontane: Vor dem Sturm, MÜnchen 1959, S. 83.

[98] Der Armenkasten einer Gemeinde.

[99] Ph.D. Burk: Sammlungen zur Pastoraltheologie, Bd. 1, Tübingen 1773, S. 298f.; zit. nach Hasselhorn (1958), S. 57.

[100] Heinrich (1972), S. 211.

[101] Vgl. Hasselhorn (1958), S. 86.

[102] Kolb (1957/58), S. 187.

[103] Heyden (1957), S. 149.

[104] Zit. nach Hasselhorn (1958), S. 15.

[105] Kolb (1957/58), S. 169.

Armenwesens bestimmt. Dieses Geistliche Gut bildete bis 1806 das starke wirtschaftliche Rückgrat der Kirche Altwürttembergs. Die Hälfte des jährlichen Reinertrages, der sich zu Ende des 18. Jahrhunderts auf etwa 5-6.000 Gulden belief, diente zur Besoldung der rund 720 Geistlichen und der 90 Lehrer der Lateinschulen. Diesen festen Besoldungsteil, der in Geld und in Naturalien ausgezahlt wurde, kannte man in den anderen deutschen Ländern nicht. Aber auch in Württemberg zog der Pfarrer mit dem kleinen Zehnten einen Teil seiner Pfründe selbst ein. Gegen Ende des 18. Jahrhunderts wurden im Durchschnitt aller Pfarreien 41 Prozent der Besoldung in Naturalien ausgezahlt, der Zehnte deckte rund 29 Prozent ab, das Bargeld knapp 13 Prozent und etwa 9 Prozent entfielen auf den Gütergenuß [106]. Wie eine derartige Besoldung konkret aussah, zeigt eine Zusammenstellung aus dem Jahre 1793 des Pfarrers von Aich, einer kleinen Gemeinde in der Nähe von Tübingen. Dieser erhielt an Geld 29 Gulden von der Klosterverwaltung Denkendorf; 2 Scheffel [107] Roggen; 5 Scheffel Dinkel; 7 Scheffel Hafer; 3,5 Simri Erbsen; 1 Simri Linsen; 3 Fuder [108] Stroh; 4 Eimer [109] Wein; 8 Klafter [110] Holz; 200 Büschel Reisig; ein viertel Morgen Krautgarten; drei achtel Morgen Küchengarten; anderthalb Morgen Baumgarten; den großen Fruchtzehnten aus 24 Morgen; den kleinen Zehnten im Betrag von 90 Gulden; 6 alte und 9 junge Gülthühner; Anteil an der Allmende; 6 Pferchnächte und Emolumente in Höhe von 42 Gulden [111]. Auffallend sind hier im Südwesten die großen Weinrationen. Mancher Pfarrer beschwerte sich darüber, daß er zu wenig Wein bekäme, den er zudem wegen der schlechten Qualität nur bei „Verlust der Gesundheit" trinken könne [112]. Infolge der gemischten Besoldung vermochten sich die Pfarrer von der säkularen Inflation weitgehend abzukoppeln und bisweilen von den Preissteigerungen der Hauptnahrungsmittel zu profitieren.

Ohne finanzielle Sorgen lebten sicherlich die Prälaten, die in Altwürttemberg die protestantische Hierachie bildeten. Ihr einziger Zweck bestand in der landschaftlichen Repräsentation der Klostergüter. Ihre Ernennung erfolgte aus den unterschiedlichsten Gründen. Oft bedeutete sie die letzte Ehrung für verdiente Geistliche, oft mehr ein Abschieben von alten, geistig unbeweglich gewordenen Theologen. Fähige Pädagogen konnten zudem Prälaten einer der vier Klosterschulen des Landes werden [113]. Da aber die Prälatur in der Regel als eine Art Ruheposten betrachtet wurde, ergab sich meist sehr bald die Notwendigkeit, die alt und schwächlich gewordenen Amtsinhaber wirklich zur Ruhe zu setzen. Ihr Leibgeding bestand aus 200 Gulden, dazu einigen Naturalien, einigen Scheffeln Roggen, Dinkel und Hafer sowie mehreren Eimern Wein. Nach den Worten von Nikolaus Ludwig von Zinzendorf, dem Gründer der Herrnhuter Brüdergemeinde, wurde man in Württemberg nicht Prälat, um zu predigen, sondern wenn man nicht mehr arbeiten konnte und wollte [114]. Bereits im 18. Jahrhundert hatte die Einrichtung der Prälaturen überlebt. Im Jahre 1817 wurde nach Aufhebung des Landtags unter König Friedrich die Bitte um Wiederherstellung der vierzehn Prälaturen entschieden abgelehnt.

Graphik 20

Sterbealter der zwischen 1700 und 1750 geborenen badischen Pfarrer

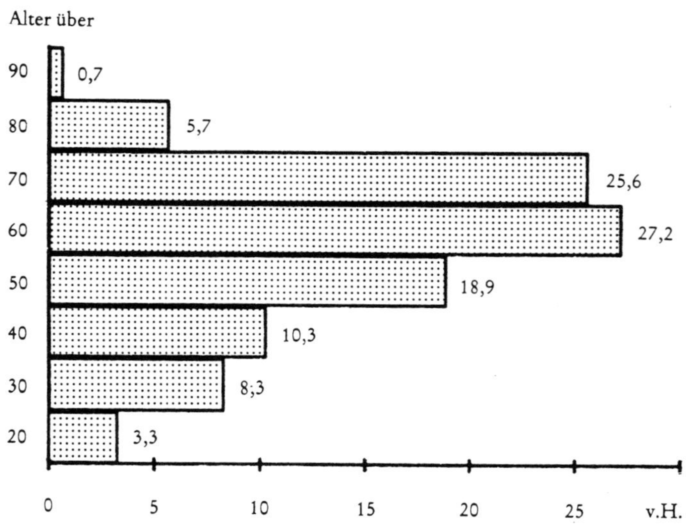

Quelle: Errechnet nach NEU (1939), n = 301.

Insgesamt gesehen zählten die Geistlichen sicher nicht zu den ärmeren Bevölkerungsschichten, wenn auch bisweilen der Niederklerus — so in Bayern zu Ende des 18. Jahrhunderts — zahlenmäßig stark überbesetzt und ohne Pfründe war. Dieses relative Wohlergehen schlug sich noch mehr als im 16. Jahrhundert in einer überdurchschnittlich hohen Lebenserwartung nieder: Resultat eines vergleichsweise sorgenarmen Lebens und einer wenig anstrengenden Arbeit (Graphik 20). Wer auf einer mittelmäßigen bis fetten Pfründe von 500 Gulden an aufwärts saß, konnte sich während seines Lebens ein

[106] HASSELHORN (1958), S. 2ff.
[107] 1 Scheffel = 8 Simri = 1,772 hl.
[108] 1 Fuder = 1 Wagenlast.
[109] 1 Eimer = 300 Liter.
[110] 1 Klafter = etwa 4 Raummeter.
[111] HASSELHORN (1958), S. 4f.
[112] KOLB (1957/58), S. 166.
[113] Ebd. S. 81.

[114] Nach KOLB (1925), S. 73.

kleines Vermögen zusammensparen, und gelang dies über Generationen, dann kam ein sehr ansehnlicher Besitz zusammen. Da die „Hungerpfründen“ in erster Linie für Berufsanfänger gedacht waren, endeten die meisten Geistlichen in einer besser besoldeten Pfarrei und hatten im Alter ein gesichertes Auskommen. Davon zeugen die sogenannten Inventuren und Teilungen [115], diese detaillierten Vermögensaufstellungen, in denen die württembergischen Notare mit höchster Akribie den Besitz eines jeden Bürgers anläßlich seiner Heirat und seines Todes Stück für Stück auflisteten. [116]. Darin addieren sich Truhen und Schränke, Kleider und Wäsche, Bücher und Schmuckstücke, Bargeld und Wertpapiere zu oftmals ganz erstaunlichen Summen, die meistens weitaus höher liegen, als es die Einkommensverhältnisse vermuten lassen. Da diese Akten fein säuberlich vermerken, wieviel in die Ehe eingebracht, wieviel ererbt und wieviel während der Ehe erwirtschaftet wurde, wird das besondere Gewicht der Erbschaften ersichtlich. Gerade bei den Pfarrern bewahrheitet sich der alte schwäbische Spruch: Die Württemberger werden nicht reich durchs Verdienen, aber durchs Sparen [117]. In der Öffentlichkeit jedoch waren diese Geistlichen wie andere Zeitgenossen auch ängstlich darauf bedacht, diesen Reichtum nicht durchscheinen zu lassen; sie beklagten bei jeder Gelegenheit ihre Armut, obwohl die Dörfer und Kleinstädte des 17. und 18. Jahrhunderts in dieser Beziehung keine Geheimnisse kannten: Man lebte in einer gläsernen Welt. Diese Pfarrer besaßen auch deshalb ein hohes Sozialprestige, weil sie mit ihrem Vermögen den Nachweis eines fleißigen, sparsamen und honorigen Hausvaters erbringen konnten. Wer dagegen aus eigenem Verschulden verarmt war, den traf die Geringschätzung der ganzen Gemeinde. Armut, Verlust des Hauses, Besitzverlust überhaupt galten als Schande, verursachten Scham und Ehrverlust.

Angesichts der relativ günstigen materiellen Lage der Pfarrer, die vielfach als ländliche Kleinkreditgeber auftraten, ließ sich in Württemberg auf der Grundlage des gewichtigen Geistlichen Gutes früher als in anderen Ländern eine Altersversorgung aufbauen, die auf eine generelle Pensionierung arbeitsunfähiger Geistlicher hinauslief. Die Bestimmung der Großen Kirchenordnung von 1559, nach der ein Pfarrer möglichst lange in seinem Amt bleiben und sich bei Krankheit und Altersschwäche von einem Vikar oder Amtskollegen unterstützen lassen sollte, hatte sich als nachteilig erwiesen, da die seelsorgerische Betreuung der Gemeinden nicht gewährleistet war. Deshalb erhielten besonders im 18. Jahrhundert die alten Pfarrer immer öfters ein Leibgeding bewilligt, wobei es zwischen einem großen und einem kleinen Viktalitium zu unterscheiden gilt. Das erste brachte den Ruhestand mit vollem Gehalt und wurde nur in Ausnahmefällen als Anerkennung für besonders große Verdienste erteilt; das zweite war ein Ruhegehalt in Höhe von 78 Gulden einschließlich 8 Gulden Hauszins pro Jahr. 1743 bezogen 25 Pfarrer wöchentlich diesen einen Gulden und 30 Kreuzer. Sicherlich war ein solches Ruhegehalt auch im Vergleich mit der Minimalbesoldung, die knapp unter 300 Gulden lag, eine sehr bescheidene Summe, die zu größeren finanziellen Einschränkungen zwang, doch kann man hier keineswegs von sozialer Kälte sprechen, da selbst diese relative Gleichgültigkeit für die Kirche nicht einfach zu finanzieren war, zumal die Herzöge immer höhere Ansprüche an das Geistliche Gut stellten, zahlreiche widerrechtliche Eingriffe vornahmen und die Zahl der Anwärter auf eine freie Pfarrstelle wuchs. In Einzelfällen baten Pfarrer allerdings, sie vor der Pensionierung zu verschonen, da sie mit einem solchen Leibgeding nicht zu leben vermochten [118]. In der Regel konnte das Konsistorium die alten Pfarrer auf ihr ererbtes und erwirtschaftetes Vermögen verweisen, und die Solidargemeinschaft der Familie fing die übrigen auf, so daß sich größere wirtschaftliche Härten vermeiden ließen [119].

Außerhalb Württembergs organisierte man die Altersversorgung oftmals weithin nach den Gepflogenheiten des 16. und frühen 17. Jahrhunderts. Auf Rügen und in Vorpommern hatte sich die sogenannte Konservation, d.h. die Bewahrung einer Pfarre in der Familie, als Gewohnheitsrecht durchgesetzt. Viele altersschwache Pfarrer suchten sich hier noch zu Lebzeiten einen Substituten aus, dem sie ihre Nachfolge in Aussicht stellten, wenn er die Tochter des Hauses heiratete. Gegen die Auffassung der Kirchenoberen, die immer wieder betonten, einem Pfarrer dürfe die Witwe oder Tochter eines Vorgängers nicht aufgedrängt werden, sowie gegen die Bestimmung des Hauptkommissionsrezeßes von 1663, das die Konservierung bei großen Altersunterschieden, bei Verschiedenheit der Sitten und Gebräuche sowie bei Krankheit untersagte, wehrten sich die Pfarrer und bestanden weiterhin auf diesem ihrem Recht und beschimpften alle diejenigen, die sich auf derartige Geschäfte nicht einlassen wollten. Bisweilen ging auch das Amt vom Vater auf den Sohn über [120], so daß sich in einer Reihe von Pfarren manche Familien über Generationen hinweg halten konnten. Es ist sicherlich kein Einzelfall, daß ein Kreuzpfarramt in Dresden von 1559 bis 1690 durch Angehörige der

[115] Vgl. dazu BORSCHEID (1978), S. 15ff.
[116] (Bild S. rechts: Vermögensinventar von Joh. Phil. Hohlens aus dem Jahr 1762, Inventuren und Teilungen Nr. 3106, StAN.)
[117] Vgl. dazu auch HASSELHORN (1958), S. 18.
[118] KOLB (1957/58), S. 187.
[119] HASSELHORN (1958), S. 21.
[120] HEYDEN (1957), S. 148; dazu besonders B. WUNDER (1985), 436ff.

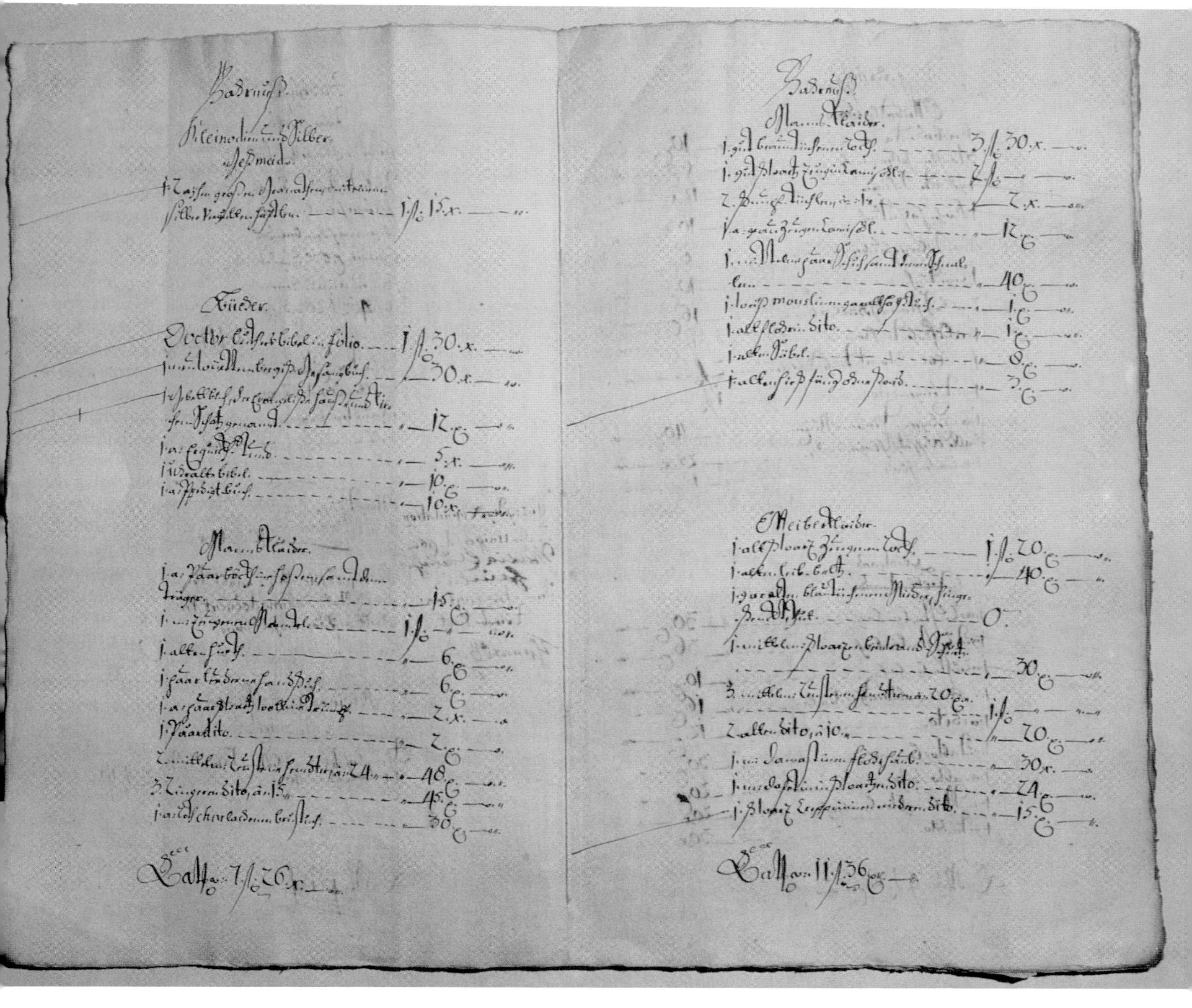
Fahrnuß

Kleinodien und Silber geschmeid.

Bücher.

Doctor Luthers bibel in folio — j fl 30 x

Mannskleider.

Summa 7 fl 26 x

Fahrnuß

Mannskleider.

Weibskleider.

Summa 11 fl 36 x

Familie Lucius besetzt war [121]. Auch in Württemberg gab es derartige Erbpfarreien. Seit 1680/90 hatten sich hier einige große Theologenfamilien weitgehend abgeschlossen und verteilten bis 1803/06 die lukrativsten Pfründe unter den eigenen Angehörigen. Die Familie Grückler besaß schon vor der Reformation die besonders reiche Pfarrei Bulach, die sie bis ins 18. Jahrhundert mit Erfolg für sich beanspruchte, ohne daß auch nur ein einziges Mal ein Schwiegersohn dazwischen gestanden hätte. Dasselbe gilt für die Pfarrei Kornwestheim, die reichste im ganzen Land, die ohne Unterbrechung von der Familie Hauff besetzt war. Als dritte dieser Erbpfarreien wurde Ofterdingen bei Tübingen von der Familie Wucherer gegen alle Anfeindungen und Kritik mit Zähnen und Klauen verteidigt [122]. Gegen diese Erbhöfe und gegen das Einheiraten in eine Pfarrei sind die Geistlichen selbst z.T. heftig angegangen, so Chr. M. Pfaff, der zur Mitte des 18. Jahrhunderts die Frage stellte: „Ob man sich eines göttlichen Beruffs versichern könne, wenn man einen geistigen Dienst durch erbettelte recommendation, durch Heyrathen, durch Geschenke und Simoney ... oder andere krumme Wege erhält?“ [123]. Er sprach damit die Praxis des Konsistoriums an, bei der Vergabe von Pfarreien bisweilen die Verwandtschaft zu berücksichtigen. Es ging das Sprichwort, in anderen Ländern regiere der Dativus (Schenkung), in Württemberg der Genetivus (Abstammung) [124]. Man muß sich jedoch dafür hüten, derartige Erscheinungen zu verallgemeinern. Es blieb stets eine Minderheit, die glaubte, dem Glück nachhelfen zu müssen. Seit Ende des 18. Jahrhunderts wehrten sich zudem die Gemeinden mit mehr Nachdruck gegen diese Erbpfarreien, die den Stelleninhabern zwar ein sorgenarmes Leben bis ins hohe Alter bescherten, den Gemeinden jedoch keine optimale seelsorgerische Betreuung. Die Bürger von Bulach wandten sich schließlich 1790 an die Kirchenoberen und erhoben erfolgreich Einspruch gegen einen neuen Erbpfarrer [125]. In den Städten folgte aufgrund der erhöhten Anforderungen, die man dort an den Kandidaten stellte, der Sohn nur äußerst selten auf den Vater, und vor allem Superintendenten und Hofprediger hatten sich wissenschaftlich auszuweisen.

In den katholischen Gebieten blieben auch nach der Reformation die alten Erbhöfe an den Domkapiteln weiter am Leben. Die Domherren bezogen überall in Deutschland ein standesgemäßes Einkommen, das sich aus höchst unterschiedlichen Gefällen zusammensetzte: einer Wohnung, einer Präbende aus Wein und Früchten und verschiedenen Zuschlägen. In Mainz kamen sie in den Genuß des sogenannten Reminisceregeldes, fällig am Sonntag Reminiscere, des Lahnsteiner Zollquartalgeldes, des Neujahrsgeldes, Reliquiengelder und Fastenverdienste; daneben standen Geldreichungen wie das sogenannte Paradiesvögelchen für die Anwesenheit im Generalkapitel am 18. Dezember, die Mensualgelder für die Anwesenheit im ersten Monatskapitel oder Anteile am Mainzer und Binger Judenschutzgeld [126]. Bis zur großen Säkularisation von 1803 hielt sich der Feudalismus in der Besetzung der Bischofsstühle und Domherrenstellen und gerade die Domkapitel dienten schon wie im Mittelalter den adligen Geistlichen, die nicht zu einer Mitra gelangten, als standesgemäße und gesuchte Versorgungsstätte. Nach Luther blühten in den katholischen Gebieten zudem die alten Orden wieder auf, neue kamen hinzu, die Zahl der Priester wuchs an und die Klöster bevölkerten sich wieder. Das gilt für Benediktiner wie Zisterzienser, Prämonstratenser wie Jesuiten, Franziskaner wie Karmeliter. Die Kapuziner und Paulaner schufen die ersten Niederlassungen, ebenso die Englischen Fräulein, die Salesianerinnen und Ursulinen. In Bayern zählte man zu Ende des 17. Jahrhunderts achtzehn verschiedene Ordens- und Kongregationsgemeinschaften. Die Kirche weitete durch Kauf von adligem Grund und Boden, der bei Verarmung oder durch Aussterben einer Familie nicht mehr bewirtschaftet werden konnte, ihren eigenen Grundbesitz beträchtlich aus. Da ihr im Gegensatz zum Adel niemals Erben fehlten, befanden sich schließlich mehr als die Hälfte des Bodens und etwa 56 Prozent der Bauerngüter Altbayerns in ihrer Hand [127]. Die Aufklärer haben im 18. Jahrhundert das durch diesen Besitz begünstigte „Schmarotzertum“ und behäbige Rentnerdasein in den Mittelpunkt ihrer Kritik gerückt. Man sprach und schrieb von horrenden Wucherzinsen, übelster Erpressung und wirtschaftlicher Knebelung des Volkes zugunsten des Papstes, der römischen Kurie, dickbäuchiger Äbte und wohlgenährter Mönche und würzte die vielen Haßtiraden mit den zu allen Zeiten beliebten Sexgeschichten vom Mönch und der Nonne. In einer Zeit, in der in der Bibelforschung eine kritisch-historische Skepsis an Boden gewann und die Bibel bei immer mehr Menschen in Mißkredit geriet, in der das anthropozentrische Weltbild das theozentrische ablöste, sich die Weltachse von Gott in den Menschen verlagerte und mit Goethe viele einen wahrhaft „Julianischen Haß“ gegen das Christentum entwickelten, als die Zahl der Menschen wuchs, die sich nicht mehr von der Geburt bis zur Bahre von der Kirche begleiten ließen, sondern auch neben der Kirche lebten, als die Naturwissenschaften immer größere Teile der Welt erschlossen und die

---

121 Schieckel (1972), S. 156.
122 Decker-Hauff (1972), S. 66f.
123 Chr. M. Pfaff: Entwurf der Theologischen Gewissensfragen, Gießen 1756, S. 14.
124 Kolb (1957/58), S. 83f.
125 Hasselhorn (1958), S. 85.
126 Dazu Veit (1924), S. 18ff.
127 Bauerreiss (1977) S. 219f.

bürgerlichen Tugenden Ordnung, Fleiß und Sparsamkeit zur Richtschnur im täglichen Leben wurden, da mußte das nicht erst seit Luther heftig angeprangerte „Rentnerdasein" der Mönche erneut zur Zielscheibe heftigster Kritik werden. Die gehäßigsten Tiefschläge kamen aus den Klostermauern selbst, wo nicht wenige Konvente in eine innere Krise gerieten und unter akutem Nachwuchsmangel litten. Der ehemalige Benediktinermönch Roman Schad veröffentlichte seinen mit viel Wut geschriebenen Roman „Paradies der Liebe" und der Propst Paul Hupfauer vom Chorherrenstift Beuerberg an der Loisach ließ seine „Zehn Paragraphen über das Mönchunwesen in Baiern" folgen[128]. Gleichzeitig listeten wohlmeinende Reformatoren die Vielzahl an Übeln und Fehlentwicklungen auf. Der Oberaltaicher Abt Beda Aschenbrenner zählte 1784 dazu die Überbetonung des Chorgebetes und die zum Teil völlige Weltfremdheit der Mönche, die dem Geiste der Aufklärung von Grund auf zuwider sein mußte. Er wandte sich scharf dagegen, die Freundschaft mit Weltleuten als Sünde zu verdammen und verurteilte im Gegenteil die Einsamkeit als größte Feindin der Keuschheit, insbesondere wenn „ein stark gebrautes Bier die Adern durchwallt"[129]. Aus Österreich meldete sich 1784 Josef Richters mit seiner „Bildergalerie klösterlicher Mißbräuche" zu Wort, in der er die verhaßten Bettelmönche mit bissiger Ironie attackierte: „Daß die armen Kapuziner und Franziskaner, die nicht arbeiten können, und nicht stehlen dürfen, ihre Sammler ausschicken, und die Laien um Almosen anflehen lassen, ist ihnen zu verzeihen, oder der Staat müßte sie nur, so lang sie noch existieren, wie in Österreich, aus seinem Säckel nähren, oder die reichen Prälaturen müßten sich entschließen, sie von dem Überfluß ihrer Einkünfte, bis sie nämlich abgestorben sind, anständig zu erhalten. ... Aber nichts geht über den Anblick eines ausgefütterten Karmeliter- oder Servitensammler, die dem dürftigen Landmann durch süße Worte, oder wohl auch durch Drohungen für ihre in Müßiggang lebenden Brüder den im Schweiß seines Angesichts erzeugten Wein abdringen und ihm das Fett von der Suppe wegschöpfen. ... Denn die Kutte hat leider für den gemeinen Mann noch so viel Blendendes, daß er weder die vollen roten Backen, noch den Schmerbauch sieht, ..."[130] Weitaus nachhaltiger jedoch als solche Angriffe hatte bereits Jahrzehnte zuvor die Schrift des Direktors des kurfürstlichen Geistlichen Rates und der Bayerischen Akademie der Wissenschaften Peter von Osterwald mit dem Titel „Von den Einkünften der Klöster und dem Amortisationsgesetz" gewirkt, in der dieser vehement für den Gallikanismus eintrat. Er bewegte sich mit seiner Kritik ganz im Trend der Zeit, die unter der Wirkung aufklärerischer Ideen unaufhaltsam auf den Primat des Staates über die Kirche hinauslief. Das heftig diskutierte Buch des Trierer Weihbischofs Johann Nikolaus von Hontheim „Über den Zustand der Kirche und die päpstliche Gewalt" aus dem Jahre 1763 war Ausdruck dieser Gedanken, die überall lebendig waren. Viele erregten sich über die unnützen Mönche und den hinderlichen Einfluß der katholischen Kirche auf den wirtschaftlichen Fortschritt; man zählte die Prozessionen auf, die die Menschen von der Arbeit abhielten, die vielen Feiertage, an denen die Arbeit verboten war, man verdammte die Almosen, die nur die Faulheit begünstigten, und schließlich die Klöster, die ein Rentnerdasein als Vorbild hinstellten. Im Windschatten der wachsenden allgemeinen Animosität gegen die Klöster, der ewigen Sticheleien und Schmähungen, wagte auch der Staat, deren Privilegien anzutasten. Am spektakulärsten wirkten die voller Unruhe durchgeführten Reformen, die Josef II. in Österreich verwirklichte, und die bereits unter Maria Theresia durch den Minister Kaunitz und den Studiendirektor von Swieten vorbereitet worden waren. Hier kam am augenfälligsten der Wille zur Staatsomnipotenz zum Vorschein. Kurbayern verbot im Jahre 1769 die Gründung neuer Bruderschaften ohne landesherrliche Genehmigung, überwachte strenger die Vermögensverwaltung, setzte das Aufnahmealter der Kandidaten herauf, begrenzte die Zahl der Franziskaner auf 400, schränkte die klösterliche Disziplinargewalt ein und untersagte den Armutsorden das Betteln. In der Folge fristeten viele große Konvente wie Tegernsee und Benediktbeuern ein recht kümmerliches Dasein. Vor allem die Jesuiten waren hier wie in Südeuropa das Ziel heftigster Angriffe. Mit dem Hinweis, ihre Sittenlehre lösche das Licht der Vernunft aus, gelang es Peter Osterwald Kurfürst Max Josef für die Aufhebung des Jesuitenordens zu gewinnen. Das 1769 erlassene Aufhebungsdekret verpflichtete die Ordensmitglieder zur Unterwerfung unter den Papst und den Landesherrn, der ebenso wie Maria Theresia von Rom das volle Verfügungsrecht über alle Jesuitengüter übertragen erhielt. Max Josef verwies alle ausländischen Jesuiten des Landes und ließ die alten Mönche in dem aufgelassenen Noviziat „zur Abnährung" zusammenpferchen[131]. Am 21. Juli 1773 hob schließlich Papst Clemens XIV. den gesamten Jesuitenorden auf: Ein schwerer Schlag für einen Großteil der Gymnasien, die z.B. in Westfalen hauptsächlich von Jesuiten und Franziskanern getragen worden waren. Zugrunde gegangen ist deshalb allerdings kaum ein Gymnasium, da entweder die Exjesuiten als Lehrer blieben, so am Paulinum in Münster, oder die Franziskaner ihre Nachfolge antraten[132].

---

[128] Dazu BAUERREISS (1977), S. 403f.
[129] Ebd. S. 431
[130] Zit nach KOCH (1935), S. 126.
[131] Dazu BAUERREISS (1977), S. 403-411.
[132] HANSCHMIDT (1983), S. 672.

Der Reichsdeputationshauptschluß hat am 25. Februar 1803 diese Säkularisationsbewegung zum Abschluß gebracht. Die geistlichen Fürstentümer wurden abgeschafft, die Domkapitel aufgelöst und der reiche kirchliche Besitz der Bistümer, Klöster und Stifte eingezogen. Mit den Klöstern vernichtete der Staat die stärkste vormoderne nichtstaatliche Machtbastion und ermöglichte damit erst die Durchsetzung der Staatssouveränität und letztendlich die Begründung des modernen Staates. Die Motive zur Säkularisierung, d.h. der Verstaatlichung der geistlichen Institutionen, sind in der akuten Finanznot der Staaten zu suchen, im Willen zur politischen Integration und nicht zuletzt in der beschriebenen spätaufklärerischen Klosterfeindschaft mit ihrer Gegnerschaft gegen den unproduktiven Besitz der Toten Hand und der antiklerikalen Stimmung gegen die Mönche als „Hindernisse der Kultur“ [133]. Gerade hier zeigte sich, wie sehr der unterwerfende Staat zugleich befreiend wirkte; indem er alle unterwarf, machte er sie gleich, wenigstens dem Programm nach. Johann Adam Freiherr von Aretin schrieb damals ganz im Hochgefühl, an der Schwelle zu einem neuen Zeitalter zu stehen: „Die philosophischen Geschichtsschreiber werden von der Aufhebung der Klöster wie sie es von der Aufhebung des Faustrechtes taten, eine neue Zeitrechnung anfangen und man wird sich dann den Ruinen der Klöster mit ungefähr den gemischten Gefühlen nähern, mit welchen man jetzt die Trümmer der alten Raubschlösser betrachtet.“ [134] Im Gegensatz zum Norden Deutschlands waren südlich der Mainlinie die notwendigen Reformen lange hinausgeschoben worden, so daß jetzt eine gänzliche Neuordnung und der Bruch mit dem Bestehenden das Tunlichste waren. Das erklärt die zum Teil rücksichtslose Energie und Radikalität, mit der die Reformer hier vorgingen und unmittelbar und ohne Zwischengewalt in alle Lebensbereiche und Lebensabläufe eingriffen. Auf dem Territorium des heutigen Bundesstaates Bayern wurden rund 200 Klöster beschlagnahmt und leergefegt, darunter 158 Männerklöster, deren Immobiliarbesitz der Staat ebenso einzog wie den Großteil ihres Inventars von der Küchenpfanne bis zu den kostbarsten Gefäßen, von wertlosen Papieren bis zum unersetzlichen Pergamentcodex. Die Säkularisation hat den Feudalismus in der Besetzung der Bischofsstühle und Domherrenstellen beseitigt. Mit den Domkapiteln verlor der Adel eine Jahrhunderte alte Versorgungsstätte. Dennoch befanden sich Fürstbischöfe und Klosterinsassen nicht bar jeder Habe auf der Straße wieder. Der Reichsdeputationshauptschluß hat in einer Reihe von Paragraphen die Entschädigung geregelt. Standesgemäß „in Pension“ gingen die wenigen Fürstbischöfe und Domherren. Erstere erhielten Jahrespensionen in Höhe von 20.000 bis 60.000 Gulden, der Bischof von Würzburg jährlich 30.000 Gulden, die Fürstäbte und Fürstpröpste ersten Ranges 20.000, die anderen zwischen 6.000 und 12.000 Gulden, den übrigen Äbten gewährte der Staat pro Jahr zwischen 2.000 und 8.000 und den gefürsteten Äbtissinnen zwischen 3.000 und 6.000 Gulden. Auch die Domkapitulare mußten bei Jahrespensionen in Höhe von neun Zehntel ihres bisherigen Einkommens kaum Einschränkungen in Kauf nehmen. Dies gilt ebenso für die Stiftsdamen und Stiftsfräulein. Weitaus geringer fielen die Pensionen der schlichten Klosterleute aus. „Sie sind — so der Reichsdeputationshauptschluß — auf eine ihrer bisherigen Lebensweise angemessene, anständige Art in ein oder der anderen Kommunität ferner zu unterhalten oder denen, die mit landesherrlicher Bewilligung austreten, ist bis zu anderweitiger Versorgung eine Pension von 300 bis 600 Gulden nach dem Vermögen ihrer Stiftung zu verabreichen.“ [135] Diese Regelung hatte nur für die Konventualen aus Prälatenklöstern Gültigkeit, während von den Mitgliedern der Armutsorden überhaupt nicht die Rede war. Sie sollten bei Verbot des Neueintritts für die unmittelbaren Dienste im Kloster Verwendung finden, während die älteren den Prälatenklöstern als Pfründner, als sogenannte „Panisbrüder“ aufgebürdet wurden. Die in den drei „Zentralklöstern“ untergebrachten Franziskaner und Kapuziner erhielten eine Jahrespension von je 135 Gulden bewilligt, für die unter anderem die Kassen der Wallfahrtsorte aufzukommen hatten [136]. Das war die Kehrseite der Säkularisation für den Staat: Die Kirche mit ihren Geistlichen wurde Geldempfängerin der weltlichen Macht, und ein Gutteil der staatlichen Gewinne aus der Säkularisation des Kirchengutes ging infolge dieser Pensionszahlungen an die Ordensangehörigen und einen Teil der Klosterangestellten wieder verloren. Andererseits kann man dem bayerischen Staat trotz aller Brutalität gegenüber den Klöstern und dem religiösen Brauchtum eine grundsätzliche Kirchenfeindlichkeit nicht vorwerfen. Der Besitz der Pfarreien blieb unberührt und die finanzielle Lage der Weltgeistlichen wurde verbessert. Schließlich ging mit der Säkularisation eine wirkliche Entfeudalisierung einher; die Kirche wurde zu einer rein geistlichen Institution und eine neue Spiritualisierung konnte beginnen. Soviel zur Altersversorgung der Geistlichen.

Wie bereits im 16. Jahrhundert, so galt auch zweihundert Jahre später der Schulmeister noch immer als des Pfarrers Schuhabtreter, als sein persönlicher Lakai. Zu Beginn des 19. Jahrhunderts konnte ein sächsischer Pfarrer weiterhin mit einigem Recht die Meinung vertreten: „Der Lehrer ist der Diener des Pfarrers und hat ihn nicht bloß als seinen Vorgesetzten,

---

[133] Nipperdey (1983), S. 74f.
[134] Zit. nach Bauerreiss (1977), S. 445.
[135] Zit. nach ebd. S. 453.
[136] Ebd.

sondern auch als seinen Herrn anzusehen.“ [137] Noch immer diente dieser Beruf als letztes Auffangbecken für beruflich gescheiterte Geistliche, an den niederen Stadt- und Landschulen zudem für mittellose Handwerker und vereinzelt auch für invalide Unteroffiziere. Wer sich auf eine freie Lehrerstelle bewarb, mußte vor dem Ortsgeistlichen seine Fähigkeiten nachweisen, aber welche Anforderungen verlangt wurden, war nirgends genau festgelegt, und wo und wie er seine Kenntnisse erworben hatte, war letztlich unerheblich. Noch im Jahre 1848 enthielten Anstellungsurkunden eine lange Liste an Diensten, denen der Lehrer neben seiner Haupttätigkeit nachzukommen hatte. Das reichte vom Orgelspielen oder Balgtreten, Vorsingen und Tragen des Klingelbeutels bis zum Aufziehen der Turmuhr, Schneeschippen auf dem Kirchhof und persönlichen Botengängen für den Pfarrer [138]. Schaut man in die Anstellungsverträge, dann ist dort mehr von Religionsunterricht und von Kirchendienst die Rede als von Schreiben und Rechnen. Das Einüben von Kirchenliedern war gefordert. nicht die Unterrichtung des Weltlichen. Die Volksschule war zwar staatlich und weltlich, sie war keine Institution der Kirche, aber sie war doch sehr eng mit der Kirche verbunden. Gottlieb Wilhelm Rabener hat die Abhängigkeit des Lehrers vom Pfarrer in seinen Satiren immer wieder mit spitzer Feder aufgegriffen. In einem Bewerbungsschreiben läßt er einen Schulmeister sagen: „Meine Stimme ist gut, und ich getraue mir die größte Kirche zu füllen. Die Orgel schlage ich frisch, und in Fugen bin ich stark.“ [139]. Der Lehrer war oftmals zuerst Küster, nicht umgekehrt.

Nur die besser dotierten Stadtschulen kannten den hauptberuflich tätigen Lehrer, der — wie in den Visitationsakten immer gesondert hervorgehoben — „kein Handwerk erlernt“ und „mit keinem Nebenämtlein beschweret“ [140], der vielfach auf Universitäten vorgebildet und auch besser besoldet war, der die Schule als Warteposten für die weitere berufliche Laufbahn als Pfarrer oder Richter oder als Sprungbrett für Führungsposten der verschiedensten Art benutzte [141]. Auf dem Land dagegen war der Handwerkerlehrer oder der ackernde Schulmeister eine Selbstverständlichkeit. Der Stelleninhaber konnte sich nur mit einem zweiten Beruf finanziell über Wasser halten, und was seine hauptamtliche Tätigkeit war, ließ sich im Einzelfall nur schwer ausmachen. So bewarben sich denn in erster Linie beruflich gescheiterte Handwerker aus den überbesetzten Berufen des Kleingewerbes, allen voran Schneider und Schuster, um die freien Stellen. Bisweilen nahm es auch einer der einheimischen Bauern auf sich, während der Wintermonate in seiner Stube der Dorfjugend das Schreiben, Lesen und Rechnen beizubringen. Viele, die im Winter schulmeisterten, verdingten sich im Sommer als Tagelöhner, um im nächsten Winter Sense und Dreschflegel wieder aus der Hand zu legen und sich nach einer Filialschulmeisterstelle umzusehen. In den Listen der Schulmeister der einzelnen Gemeinden sind diese Haupt- oder Nebenberufe — ganz wie man will — detailliert aufgeführt. Die Lehrer der württembergischen Gemeinde Marschalkenzimmern waren während des 16. und 17. Jahrhunderts zugleich Schreiner, Bader, Kastenknecht, Schmied, Tagelöhner und Weber [142]. In Brandenburg übten in der zweiten Hälfte des 17. und im gesamten 18. Jahrhundert über 70 Prozent der Landschulmeister ein Textilhandwerk aus; sie waren in der Mehrzahl als Schneider tätig [143]. Johann Heinrich Jung-Stilling, der spätere Augenarzt, Kameralist und Freund Goethes, der durch seine Lebensgeschichte ein breites Lesepublikum zu Tränen zu rühren vermochte, hat im Jahre 1755 als Fünfzehnjähriger als Schulmeister und Schneider begonnen: In den Augen der meisten Zeitgenossen denkbar „schlechte Mittel ans Brot zu kommen“ [144]. Er erzählt selbst: „Stilling konnte mit dem Stundenlohn niemals auskommen, denn der ist in dasigen Gegenden außerordentlich klein; fünfundzwanzig Reichstaler des Jahres ist das Höchste, was einer bekommen kann; Speise und Trank geben einem die Bauern um die Reihe. Daher können die Schulmeister alle ein Handwerk, welches sie in den übrigen Stunden treiben, um sich desto besser durchzuhelfen.“ [145] Solange der Mensch noch in Haus und Stand eingebunden war, blieb die Schule allenfalls eine Hilfsinstitution des ganzen Hauses, das Leben genügte vollauf als erzieherische Macht und auf eine ausgeklügelte, professionelle Erziehung waren nur wenige angewiesen. Die Grundsätze vieler Pietisten wie August Hermann Franke, die Schüler nicht nur zu frommen Jenseitspredigern, sondern auch zu tüchtigen Erdenbürgern mit politischem Geschick auszubilden, gingen zwar in das Lehrprogramm der Universitätsseminare ein, an Art, Inhalt und Bedeutung des Volksschulunterrichts änderten sie aber kaum etwas. Als um die Wende zum 19. Jahrhundert die Forderung nach einer besseren Volksbildung immer lauter wurde, hörte man überall Klagen, die Bildung der Massen läge „in den Händen unwissender, roher, unsittlicher, halbverhun-

137 Pfarrer Gottlieb Schlegel im Jahre 1805; zit nach W. Fischer (1961), S. 40.

138 Bungardt (1965), S. 22.

139 Gottlieb Wilhelm Rabener: Satiren. Teil 3, Frankfurt und Leipzig 1760, S. 42f.

140 Bericht von 1745 über den Schulmeister Ph. L. Griesinger in Nürtingen. HSTAS A 281,1056 Kirchenvisitationsakten.

141 Neugebauer (1985), S. 302ff.

142 STL E 341,92 Criminalsenat Ellwangen.

143 Neugebauer (1985), S. 322.

144 Johann Heinrich Jung-Stilling: Lebensgeschichte, Frankfurt a.M. 1983, S. 124.

145 Ebd. S. 160.

gerter Menschen“ [146]. Es paßt genau in dieses Bild, wenn die Clevische Kammer im Jahre 1763 in einer Schulverordnung ausdrücklich verlangte, der Schulmeister dürfe „dem Diebstahl, dem Trunke und der Unzucht nicht ergeben“ sein [147]. Nicht ohne Grund ist der Schullehrer in Johann Gottfried Zeidlers berühmter Satire von den „Sieben bösen Geistern“ ein „stoltzer“, „fauler“, „grober“, „falscher“, „böser“, „nasser“, d.h. versoffener und „dummer Teuffel“ [148]. Die hessische Schulordnung, die Landgraf Wilhelm 1656 erließ, beschreibt die Schulmeister oftmals „gar hitzig und stürmisch, daß sie so bald zürnen, schelten, und wol gar mit Büchern, Ruhten und Stecken, ja auch mit Fäusten, ganz unbarmherzig zuschlagen, den Knaben nicht allein viel Maulschellen geben, sie bey den Ohren und Haaren ziehen, und blutrünstig machen, sondern auch je zu weilen mit den Ruthen und Stäben ins Gesicht und in die Augen stossen, auch wol gar Beulen und Löcher in die Köpffe schlagen [149]. Ein Prüfungsprotokoll über eine Lehrerwahl aus dem Jahre 1729 verdeutlicht äußerst drastisch, wer sich zum Lehrerberuf berufen fühlte. Da heißt es über einen Bewerber: „Philipp Hopp, Schneider aus G., schon ein alt gebrechlicher Mann von 60 Jahren, sollte lieber zu Haus geblieben sein, als sich dies vermessen. Hat gesungen: a) Ein Lämmlein geht etc.; b) Mitten wir im Leben etc. Stimme wie ein blöckend Kalb, auch öfter Malen in unrechte Lieder verfallen. Gelesen Josua 19, 7-13 — gar jämmerlich; buchstabirte 18, 22-23 mit viel Anstoßen, das große T ein Stein des Anlaufens, kam endlich rüber. Drei Fragen aus dem Verstand — blieb fest sitzen. Dreierlei Handschriften gelesen, schon am Anfang gesagt, daß er des nicht erfahren sei. Dictando nur drei Wörter geschrieben — mit Mühe zu lesen. Rechnen ganz unbekannt, er zählt an den Fingern wie ein klein Kind.“ [150] Vom Sozialprestige her rangierte der Dorfschullehrer nur knapp über dem Schweinehirten und Tagelöhner. Zwar hatte bereits Martin Luther gemahnt: „Es ist aber in einer Stadt an einem Schulmeister soviel gelegen als an einem Pfarrherrn; Bürgermeister, Fürsten und Edelleute können wir entbehren. Schulen kann man aber nicht entbehren, denn sie müssen die Welt regieren.“ [151] Geändert hatte diese Belehrung des Reformators an den meist sehr erniedrigenden Zuständen jedoch nichts. Die Schullehrer blieben in den meisten Gemeinden soziale Außenseiter: Ohne Haus- und Grundbesitz, ohne Heimatrecht, Nichtdazugehörige, die nur solange geduldet wurden, wie sie im Amt waren, arme Teufel am Anfang, in der Mitte und erst recht am Ende ihrer Laufbahn. Solange der Adel sich weigerte, seine Kinder in die öffentlichen Schulen zu schicken, und das Bürgertum dieses Verhalten so weit wie möglich nachahmte, mußte dieser Beruf zusätzlich diskreditiert bleiben. Solange ein Regent wie Friedrich der Große anordnete, das Wissen der Landbevölkerung auf das Notwendigste zu beschränken, damit „die Leute nicht aus den Dörfern weglaufen“, um in den Städten „secretairs oder sowas“ zu werden, „sondern hübsch dableiben“, solange blieb dieser Beruf ohne gesellschaftliche Bedeutung und Prestige [152]. Die Lehrer waren staatlich und kirchlich kontrolliert und diszipliniert, besaßen aber nicht die Privilegien des Beamten; sie begannen seit der Wende des 19. Jahrhunderts sozial aufzusteigen, aber sie blieben ohne soziale Integration. Sie galten oftmals als die Bediensteten einer Gemeinde [153]. Bernhard Overberg, seit 1783 Förderer des westfälischen Volksschulwesens, schrieb an Fürstbischof Maximilian Friedrich: „Das schlechte Gehalt und der schlechte Lohn haben dieses Amt, das so wichtig in jedem Staate ist, in solchen Abfall gebracht, daß man eher die schlechtesten als die besten Leute dazu wählt.“ [154]

Dem niedrigen Ansehen und der geringen Bildung entsprachen die Einkommen. Ende des 18. Jahrhunderts erhielten in der Kurmark von 1.650 Dorfschullehrern lediglich drei das Höchstgehalt von 250 Talern, aber 1.455 weniger als 100 Taler [155]. Nach einem Revisionsbericht aus dem Jahre 1767 bezogen in Ostpreußen die Lehrer, die Kandidaten für ein Predigeramt waren und die dem normalen Dorfschullehrer unentlich überlegen waren, ein durchschnittliches Gehalt von 38 Talern; gegenüber den nichtstudierten Lehrern, die auf armselige 21 Taler kamen, waren sie komfortabel entlohnt, gegenüber den Pfarrern, die im Durchschnitt 140 Taler im Jahr bezogen, dagegen äußerst kärglich [156]. Derartige Durchschnittswerte sagen einiges, verdecken aber auch anderes. Charakteristisch für die Besoldungswirklichkeit war wie bei den Beamten die große Bandbreite der Einkommen an allen Arten von Bildungseinrichtungen. Nach dem „General-Etat von denen Universitäten und Gymnasiis in Sr. Königl. Majestät Landen excl. Schlesien, worunter die kleine Lateinische Schulen unter 5 Classen nicht mit inbegriffen“ aus dem Jahre 1775 reichten die Besoldungen von 24 Talern bis hinauf zu 1000 Talern jährlich, die der Rektor des Joachimtalschen Gymnasiums erhielt, und sogar bis 2000 Taler, die Friedrich Gedike am Gymnasium zum Grauen Kloster in Friedrichswerder

146 Bungardt (1965), S. 21.
147 Ebd.
148 Zit. nach Grave (1982), S. 207.
149 Abgedruckt bei Kimpel (1906), S. 146.
150 Zit. nach K. Fischer (1892), Bd. 1, S. 238f.
151 Burghardt (1965), S. 39.
152 Zit. ebd. S. 13.
153 Neugebauer (1985), S. 500.
154 Brinkmann (1951), S. 27.
155 Koch (1935), S. 250.
156 Leschinsky, Roeder (1976), S. 98.

bezog [157]. Auf dem Land waren die Erträge aus dem Schuldienst höchst verschieden und schwankten im Jahre 1800 in der Kurmark zwischen weniger als 10 Talern und 250 Talern. Entscheidend ist, daß 88 Prozent dieser Dorfschulmeister weniger als 100 Taler im Jahr bezogen, obwohl erst 120 Taler genügten, um allein von einer solchen Stelle zu leben [158]. In den Visitationsakten finden sich immer wieder Vermerke, die auf die Armut der Dorfschulmeister hinweisen, so wie in dem Bericht von 1724 über den Schullehrer der armen württembergischen Gemeinde (Häfner)-Neuenhaus: „Ein christlicher, fleißiger, zumalen sehr armer Mann." [159] Auch der Zustand vieler Dorfschulen läßt Rückschlüsse auf die geringe soziale Bedeutung der Bildung und die entsprechende Bezahlung der Lehrer zu. „Der Viehstall ist neben der Schulstube und daraus gehet immer so ein sehr unflätiger Geruch, daß man vor Gestank fast nicht bleiben kann und ein altes und junges dabei notwendig krank wird. ... So hat es auch unter der Schulstube einen Keller, der beständig Wasser hat, welches in eine Fäulnis geratet und nicht nur alles verderbet, sondern auch ... unaufhörlich stinkend Geruch von sich gibt und übel ausdünstet", heißt es im Jahre 1745 im Bericht über eben diese Schule [160]. Im ausgehenden 18. Jahrhundert vergleicht ein bayerischer Schriftsteller die Schulstuben auf dem Land mit Viehställen, wo Hennen, Gänse und Schafe sich aufhalten und den Unterricht mit den Kindern teilen, eher Heringstonnen als Schulstuben vergleichbar [161]. Das Einkommen der Lehrer setzte sich zusammen aus Gütergenuß und Naturalien, aus Sporteln oder Stolgebühren für die Wahrnehmung kirchlicher Ämter und schließlich aus dem Schulgeld, das für jeden Schüler zu zahlen war [162]. Je mehr Kinder zu einer Schule gehörten, um so begehrter war die Stelle, und es lag ganz im Interesse des Lehrers, daß möglichst alle schulpflichtigen Kinder die Schule besuchten: eine sinnvolle Lösung zur Durchsetzung der Schulpflicht, die in Münster/Westf. bereits 1693 und in Preußen 1717/36 eingeführt worden war. Wenn sich dennoch die Kluft zwischen gesetzlicher Vorschrift und Realität in diesem Punkt sehr weit öffnete, so lag das auch an der tiefgründigen Abneigung der Bevölkerung gegen einen regelmäßigen Schulbesuch; ihr war die Schule zu teuer und blockierte die Arbeitskraft der Kinder [163]. Es lag aber auch daran, daß die begüterten Familien ihre Kinder von Hauslehrern unterrichten ließen, so daß den Schulmeistern dieses Geld verlorenging. Viele bekannte Persönlichkeiten haben dieses nicht minder sauer verdiente Brot des Informators gegessen: Kant, Fichte, Hegel, Schleiermacher und Hölderlin. Mehrere erfahrene Schulleute haben immer wieder nach dem Gesetzgeber gerufen, der die Eltern zwingen sollte, ihre Kinder auf öffentliche Schulen zu schicken, so wie man gezwungen war, zur Taufe, Kommunion und Trauung in die Kirche zu gehen [164]. Solange die Volksbildung nicht weiter oben auf der Prioritätenliste des Staates rangierte, wurde das Elend der oft halbgebildeten Schullehrer zwar bisweilen angesprochen, einschneidende Veränderungen jedoch kaum einmal laut geäußert. Eberhard von Rochows vergebliche Forderung nach einem festen Einkommen blieb ein Einzelfall [165]. Weiterhin mußten die Lehrer ihre „Accidentien ... vierteljährlich von Thür zu Thür zusammenholen"; man ließ sie „das, was ihnen für die Mühe als Vergeltung zuerkannt (war), zusammenbetteln, als wenn es ein Almosen wäre", hielt 1785 ein Prediger und Rektor seiner Gemeinde vor [166]. Während sich die materielle Lage der Grundbesitzer, Beamten und Bauern langfristig verbesserte, mußte der Lehrer bei steigenden Lebensmittelpreisen und konstanten Schulgeldern Einkommenseinbußen hinnehmen. Im Jahre 1796 schrieb Friedrich Gustav von den Reck: „Vom General und ersten Minister bis zum geringsten Soldaten und Civilbedienten hat man seit hundert Jahren die Gehalte ansehnlich verbessert, gerade die geringen armen Schullehrer des platten Landes, die ganz unstreitig unter allen, die öffentliche Aemter bekleiden, die mühevollste Arbeit und dabei die geringsten Einkünfte haben, hat man bei der Verbesserung der Gehalte vergessen." [167] In übelster Lage lebten die Winterschulhalter in armen Gegenden wie der Eifel und dem Hunsrück; ihnen wurde „die Kost von einem Haus zum anderen ... nebst einem kleinen Gewinn für solche Zeit gehandreicht" [168]. Als jedoch kurz nach der Jahrhundertwende Fichte die Erziehung zu einer nationalen Aufgabe deklarierte, um das Volk vor dem drohenden Untergang zu retten, als das „Jahrhundert der Volksbildung" einsetzte und der Freiherr vom Stein einen „Allgemeinen Erziehungs- und Schulplan" förderte, als Bildung den Charakter eines Glaubens, einer säkularen Religion annahm, als Preußen die Zahl seiner Lehrerseminare vervielfachte und sich ein fast mystischer Glaube an die wissenschaftlich-phi-

157 Neugebauer (1985), S. 309f.

158 Ebd. S. 349ff. Im Jahre 1790 lagen an den preußischen Stadt- und Landschulen königlichen Patronats 2,7 v.H. der Einkünfte über 200 Taler, 12,7 v.H. zwischen 100 und 200 Talern und 84,6 v.H. darunter; ebd. S. 351.

159 HSTAS A 281,1063 Kirchenvisitationsakten.

160 HSTAS A 281,1075 Kirchenvisitationsakten.

161 K. Fischer (1892), Bd. 2, S. 79.

162 Beispiele für die Besoldung der hessischen Lehrer bei Kimpel (1906), S. 159ff. und 272ff.

163 1816 besuchten in Preußen 60 Prozent der Schulpflichtigen regelmäßig die Schule. Nipperdey (1983), S. 463.

164 Vgl. Koch (1935), S. 248ff.

165 Kittel (1957), S. 8; siehe auch Grave (1982), S. 208.

166 Johann Gotthilf Lorenz: Predigt über die Pflichten einer Gemeinde oder Stadt gegen ihre öffentliche rechtmäßige Schule, Berlin 1785, S. 31f.

167 Friedrich Gustav von den Reck: Ueber die Verbesserung der Landschulen, Hannover 1796, S. 280f.

168 Grave (1982), S. 210.

losophische Lenkbarkeit des Menschengeschlechts entfaltete, als Bildung und Schule verstärkt als Mittel anerkannt wurden, um die wirtschaftliche Leistungsfähigkeit der Untertanen zu heben und die Finanzkraft des Staates zu stärken, als die Lehre von Pestalozzi Widerhall fand und die Schule primär weltlich und nicht mehr kirchlich wurde, erst dann mehrten sich die Forderungen nach einer Verbesserung der materiellen Lage der Lehrer. „Es ist Pflicht der Menschlichkeit, sich des gedrückten Lehrerstandes zu erbarmen. Haben wir doch Vereine gegen Tierquälerei, und wir sollten es gleichgültig ansehen, wenn ein großer Teil eines achtenswerten Standes, von dem wir die Heranbildung eines besseren Geschlechtes erwarten, in Arbeit, Mühe und Entbehrung zu Grunde geht?" schrieb damals der preußische Schulrat Otto Schulz [169]. Bereits seit dem letzten Viertel des 18. Jahrhunderts war fast lautlos, jenseits aller geräuschvollen innenpolitischen Diskussion der Ausbau des Schulwesens erfolgt, und selbst in den geistlichen Staaten hatten die Bischöfe meist gegen den Widerstand der niederen Geistlichen und des Volkes eine Modernisierung des Schulwesens durchgesetzt. Die neuen Schulordnungen von Mainz, Münster, Würzburg und besonders die von Fulda im ausgehenden 18. Jahrhundert gelten als Meilensteine auf dem Weg zum bildungsbesessenen 19. Jahrhundert.

Unter allen diesen Bedingungen konnten die Schulmeister im 17. und 18. Jahrhundert nicht auf ein sorgenarmes Alter hoffen. Noch immer schlugen sie sich wie in vorangegangenen Zeiten mehr schlecht als recht durch, solange die Arbeitskraft reichte. Waren sie aber krank und alt, gerieten sie in arge materielle Bedrängnis. In Preußen besaßen sie bis zum Erlaß des Allgemeinen Landrechts von 1794 weiterhin keinen Anspruch auf Ruhegehalt. Sie waren gezwungen, so lange im Amt zu bleiben, wie sie nur eben konnten, so daß manche Stellen mit an Körper und Geist völlig gealterten Schulmeistern besetzt waren, die zu einem halbwegs geordneten und fruchtbaren Unterricht nicht mehr in der Lage waren. Auch an den städtischen Lateinschulen sah es kaum anders aus. In einem Bericht aus Gütersloh aus dem Jahre 1804 heißt es: „Dieser Schullehrer ... ist jetzt von der Gicht so zusammengezogen, daß er weder gehen noch stehen kann. Dennoch zwingt ihn die bittere Noth, Schule zu halten. Die Schüler fahren den alten Mann in einem kleinen Wagen in das Schulhaus und aus demselben wieder zurück. Während des Unterrichts hebt ihn oft der Schmerz convulsivisch von seinem Sitze in die Höhe, und entreißt seiner Brust einen lauten Schrey, Fürwahr! eine Jammerscene für den mitleidigen Pinsel eines Malers." [170]. Mit der langsamen Höherbewertung der Bildung gegen Ende des 18. Jahrhunderts forderten vereinzelte engagierte Pädagogen eine generelle Pensionsregelung für Lehrer. Friedrich Gedike rechnete es „zum Mangel der Aufmunterung des Schulstandes, daß man zu wenig für den durch das Alter untüchtig gewordenen Schulmann sorgt, oder wenn man es thut, es entweder nur halb thut, indem man ihm einen Adjunkt giebt, oder — noch schlimmer — auf Unkosten der Schule und der übrigen Lehrer." [171] Friedrich Gustav von den Reck forderte „alte Schullehrer" zur Ruhe zu setzen und ihnen ebenso wie Militär- und Zivilbeamten oder Predigern ein Gnadengehalt zu gewähren [172].Letztlich hat auch das Allgemeine Landrecht an der miserablen sozialen Lage der alten Schulmeister nicht viel geändert, sieht man davon ab, daß sie jetzt eine staatliche Zusicherung für ein Ruhegeld erhielten, das ein Drittel des bisherigen Einkommens betrug. Wie kärglich diese Summen ausfielen, bedarf keiner weiteren Erörterung. Auch wurde das Einkommen des Nachfolgers weiterhin um dieses Drittel gekürzt. Trotz dieser gesetzlichen Regelung hat mancher Schulmeister noch zu Mitte des 19. Jahrhunderts mit der Gemeinde um sein Ruhegeld kämpfen müssen. [173]. Auch in der Zeit der großen Reformen standen die Lehrer weiterhin zwischen Tür und Angel. Dies gilt insbesondere für die nichtpreußischen Staaten. Das Fürstbistum Münster z.B. erließ im Jahre 1782 die „Provisional-Verordnung, die Landschulen betreffend", die neben den Lehrinhalten unter anderem bestimmte, daß jeder neu anzustellende Lehrer sich einer Tauglichkeitsprüfung durch die Schulkommission unterziehen mußte und nach bestandener Prüfung eine Zulage zum Schulgeld erhielt. Auch die bereits angestellten Lehrer konnten sich dieser Prüfung unterziehen, ab 1801 wurde es ihnen zur Pflicht gemacht. Was im Sinne einer besseren Volksbildung sicherlich als großer Fortschritt zu werten ist, erwies sich für viele der alten Lehrer als fatale Neuerung. Da die Approbation nur für eine befristete Zeit galt, nach der die Schulmeister ihre Qualifikation erneut nachweisen mußten, da sie sonst ihre Stelle verloren [174], endeten viele von ihnen als Tagelöhner und Arme. Im übrigen war der Lehrerberuf noch immer ein reiner Männerberuf. Erst im Jahre 1837 hat Preußen eine Prüfungsordnung für die Lehrerinnen erlassen und erst seit Mitte des 19. Jahrhunderts entstanden in ganz Deutschland private Lehrerinnenseminare. Die Lehrerinnen sind anschließend ganz langsam in die Volksschulen gekommen. Nach herrschender Meinung bedurfte im 18. Jahrhundert zudem die Frau aus dem Mittelstand nicht vieler

[169] PRETZEL (1921), S. 24.
[170] BRINKMANN (1951), S. 72.
[171] FRIEDRICH GEDIKE: Aristoteles und Basedow oder Fragment über Erziehung und Schulwesen bei den Alten und Neuern, Berlin, Leipzig 1779, S. 250f.
[172] FRIEDRICH GUSTAV VON DEN RECK: Ueber die Verbesserung der Landschulen, Hannover 1796, S. 345f.
[173] Vgl. beispielhaft BRINKMANN (1951), S. 72ff.
[174] HANSCHMIDT (1983), S. 671f.

Kenntnisse. Für ihre Unterweisung in den Hausgeschäften sorgte die Mutter und der Besuch der Dorf- oder Winkelschule genügte, um lesen und schreiben zu lernen.

Auch vor dem 19. Jahrhundert hat man einzelnen Lehrern ein Ruhegeld gezahlt, wenn ein tadelloser Lebenswandel, langjährige Dienstzeit, Gebrechlichkeit, Not und wohl auch persönliche Beziehungen zusammenkamen, doch blieben derartige Pensionen die große Ausnahme. Wenn sich der Staat schon bei seinen Beamten sehr zurückhielt, dann erst recht in dieser wenig bildungsbeflissenen Zeit bei seinen Lehrern. Die Lehrer der städtischen Lateinschulen kamen bisweilen in den Genuß eines solchen Ruhegehaltes [175], zumeist jedoch nur die höheren Chargen. Der normale Schullehrer mußte ebenso wie der Handwerker, Tagelöhner oder Bauer sehen, wie er im Alter über die Runden kam. Daher unterschieden sich die Formen der Altersversorgung im Lehrerberuf im Prinzip kaum von denen der genannten Berufsgruppen. Abgesehen davon, daß Arbeit bis ins Grab für die meisten als Regel galt, versuchte auch der Lehrer, wenn er ein Machtmittel in der Hand hatte, sich einen arbeitsfreien Lebensabend zu erkaufen. Wie in vielen anderen Berufen auch hatten an erster Stelle die eigenen Kinder diese Lasten zu tragen. Der Vater bildete einen seiner Söhne im Lehrerberuf aus, damit dieser ihn im Alter entlastete, seine Stelle übernahm und seine Versorgung sicherte. So haben sich lange Schulmeisterdynastien gebildet, an denen niemand Anstoß nahm [176]. Wo der Bauer in diesem Tauschhandel zwischen Eltern und Kindern seinen Hof und seine Äcker einbrachte, setzte der Lehrer seine verschiedenen Ämter und bisweilen auch eine Kuh ein. Am 12. April 1728 unterzeichnete in der Gemeinde Cronheim bei Eichstätt der Schulmeister und Mesner Michael Böhaimb und sein Sohn Franz Michael im Beisein des Pfarrers und anderer Personen einen Vertrag, in dem sich der Sohn gegen Überlassung des Schul- und des Mesnerdienstes zur Versorgung seiner alten Eltern bereit erklärte. Lassen wir den Vertragstext sprechen:

2do
Mues er Vns alle Jahr, solang wir beede leben, aus seinem erheyratheten Heyratgueth 30 fl. zum einbues geben.
3tio
Wan er mein S.V. Khue wil haben, Kan ers vmb einen billigen Preis erkhauffen, oder alle Jahr einen bestandt daraus geben.
4to
Mues er Vns ein herberg verschaffen, oder alle Jahr 6 fl. Züns geben.
5to
Mues er Vns von seinen erheyratheten aigenen äckheren Vndt lehen alle Jahr 2 Simera Khorn geben.
6to
Item mues mein öffters gedachter Sohn, Vns alle Jahr 3 Claffter holz verschaffen.
7mo
Nach meinem vndt meines Weibs absterben, wan was überbleibet, gehöret aller haus Rath an Kleideren, betteren vndt übrigen vermögen in gleiche Theillung.
8vo
In übrigen aber, wan ich aus verhängnus vndt willen Gottes von meinem Weib solte sterben, so mues mein Sohn meinem hinderlassenen Weib alle Jhar 15 fl. an gelt, 1 Simmera Khorn, 2 Claffter holtz, 3 fl. für den Züns geben. Solte aber meine Muetter Vor meinen Vatter sterben so Verspriche ich Franz Michael Beheimb das meinen Vatter all obiges, wie ob N° 1.2.3.4.5.6. enthalten, ohn abbruch Jerlichen raichen wolle. [177]

Die finanziellen Probleme, die durch einen solchen Vertrag auf das junge Ehepaar zukamen, lassen sich nur erahnen. Welche Folgen sie hatten und wie diese Belastungen bei einem langen Leben der Eltern und einer nur bescheidenen Mitgift der Schwiegertochter getragen werden konnten, darüber schweigen sich die Quellen zumeist aus. Das Alltagsleben hat keine eigene Biographie geschrieben. Interesse an derartigen Begebenheiten fand bisweilen der Staat, wenn in einem Mordfall mit anschließendem Indizienprozeß jedes Detail von Bedeutung sein konnte, um den Mörder zu überführen. Die Vernehmungsprotokolle, Anklage- und Verteidigungsschriften in solchen Prozessen sind daher, wenn sie gegen den Strich gelesen werden, für den Alltagshistoriker von einiger Bedeutung, um Denken und Handeln der schriftlosen Masse der Bevölkerung zu erfassen [178].

Im Jahre 1819 fand vor dem Oberamtsgericht Aalen ein derartiger Mordprozeß gegen den Lehrer Johann Jakob Riesenmann und seine Frau statt, die beide des Giftmordes bzw. versuchten Giftmordes an dem ehemaligen Schullehrer Sartori und dessen Frau überführt wurden. Die Prozeßakten vermitteln sehr lebensnah einen Eindruck von den vielseitigen Schwierigkeiten eines alten Lehrers und den kaum überwindbaren Problemen, die die üblichen Abtretungsverträge für beide Seiten heraufbeschworen. Sie zeigen aber auch den dornenreichen Weg eines jungen Lehrers, das beschwerliche Suchen um eine Stelle, das Eingehen schmerzlicher Kompromisse, um Geld zu verdienen, und die Rolle der Familie als Auffangbecken für die in Not geratenen Kinder. Hören wir in das Plädoyer des

[175] Vgl. Württembergische Kommission für Landesgeschichte (1920), Bd. 2, S. 266f., 291, 318, 325.
[176] NEUGEBAUER (1985), S. 369.
[177] SCHUSTER (1954), S. LVIf.
[178] Vgl. dazu BORSCHEID (1982), S. 227ff.

Verteidigers hinein: „Johann Jakob Riesenmann ist der Sohn des Schullehrers Johann Jakob Riesenmann von Marschalkenzimmern im Oberamt Sulz. ... Bis zum 14. Jahre blieb Riesenmann im elterlichen Hause und erhielt die erste Erziehung bei seinem Vater. Nach der Confirmation kam derselbe nach Aistaig eine Stunde von Marschalkenzimmern zu dem Schullehrer Staiger als Schulkandidat in die Lehre. Nach 2 1/2 Jahr mußte er krankheitshalber in sein elterliches Haus wieder zurückkehren, verweilte jedoch nicht länger daselbst bis zu seiner völligen Genesung und kehrte nach einem halben Jahr ungefähr nach Aistaig zurück, um seine Lehrjahre zu vollenden. Nach vollendeter Lehrzeit kam Riesenmann auf die Filialschule nach Gündelshausen. ... Daselbst brachte er den Winter von 1805-1806 zu und wurde von dem Stadtpfarrer Schmit in Dornhan im Sommer 1806 ... als Privatlehrer seiner Kinder aufgenommen. Bis Martini versah (er) diese Stelle, wurde aber sodann Lehrer auf der ersten Hälfte der 24 Höfe. Im Sommer 1808 bekam Riesenmann die Gelbsucht, kehrte deswegen zu seinem Vater zurück und blieb daselbst bis Martini 1808, wo derselbe nach Rielingshausen, Marbacher Oberamts, als Provisor zu dem dortigen Schullehrer Benignus kam. Daselbst blieb er aber nicht über ein Jahr. Indem er zuviel in den Weinbergen des Schullehrers arbeiten mußte und in seinen Schulkenntnissen zu sehr zu verlieren befürchtete. Auf Martini 1809 wechselte er seine Stelle mit jener zu Oberstenfeld und kam als Provisor zu dem Schullehrer Geiger allda. Beinahe zwei Jahre brachte Riesenmann bei dem Schullehrer Geiger zu und lernte während seinem Aufenthalt die Kammerjungfer der Stiftsdame ... kennen, mit welcher er sich in der Folge verheiratete. ... Weil er in seinen Kenntnissen selbst zurückkam, entschloß sich derselbe, nach Stuttgart zu reisen, und sich bei dem Königlichen Ober-Consistorium um ein anderes Provisorat ... zu melden. ... (er) erhielt ... den Befehl, nach Fachsenfeld zu gehen, woselbst noch das Provisorat vakant war. ... Im September 1811 kam Riesenmann nach Fachsenfeld zu dem alten Schullehrer Sartori, welcher darüber sehr ungehalten war, daß er bei einer Schule von 40 Kindern einen Provisor halten solle. (Riesenmann) sah dieses wohl ein und fühlte es sehr deutlich, daß er diesen alten Leuten zu viel sey. ... Als ... der alte Schullehrer Sartori in Fachsenfeld auf die erhobene Beschwerde gegen einen Provisor keine Hilfe fand, vielmehr ihm eröffnet wurde, einen Provisor halten zu müssen, erklärte derselbe, resignieren zu wollen. In dieser Absicht machte Sartori allererst den Versuch, einen Provisor zu finden, der seine Tochter heiraten würde und an den er den Dienst sodann abtreten könnte. Da dieses Verhalten nicht glückte, indem weder der Knabenschullehrer Sihler in Aalen noch Provisor Kenner in Lindach, an welche sich Sartori namentlich wendete, hierzu Lust bezeugten, so entschloß er sich, seinen Dienst an einen Provisor unter Vorbehalt einer jährlichen Pension abzutreten. Schullehrer Sauter in Söhnstetten schrieb in dieser Absicht auch an den alten Sartori und offerierte eine jährliche Pension von 100 fl., was letzterer aber als zu wenig ausschlug. Nun trat endlich Sartori mit dem (Riesenmann) in Unterhandlungen und so wenig Lust auch Riesenmann anfangs hatte, so entschloß er sich doch auf Zusprechen des ... Herrn Spezials zu Aalen und des Herrn Baron von Wöllwarth, einen Accord abzuschließen, indem er nicht nur bei dem hohen Alter der Sartorischen Eheleute bald von der Pension los zu werden hoffte, sondern ihm auch sein damaliger Gutsherr Herr von Wöllwarth die Hoffnung einer Dienstaufbesserung machte. Zwischen dem alten Schullehrer und Verwalter Carl Sartori und dem Provisor Riesenmann kam daher ein Vertrag unterm 10. März 1812 zustande, nach welchem der erstere zu Gunsten des letzteren den Schul- und Meßnerdienst zu Fachsenfeld resignierte, wogegen Riesenmann sich verbindlich machte, den Sartorischen Eheleuten eine jährliche Pension von 150 fl. von dem Ertrag des Dienstes zu reichen. Sollte der Ehemann Sartori zuerst sterben, so bliebe dessen hinterlassenem Weibe nur mehr eine jährliche Pension von 50 fl., im umgekehrten Falle aber dem alten Schullehrer jährlich 125 fl.“ [179]

In einem der zahlreichen Verhöre hatte Frau Riesenmann zuvor ausgesagt: „Ich war immer bedacht, so viel Geld zusammenzubringen, und jedesmal den Quartals-Betrag von dem Abtrag an den Verwalter Sartorius zu berichtigen. ... Ich sagte ihm (dem Ehemann) deswegen gar oft, daß man die Haushaltung, solange als man Schulden habe, so gering einrichten müsse, als möglich ist, und daß er deswegen nicht daran könne, etwas an Kleidungsstücken anzuschaffen. ... Ich machte ihm nun den Vorschlag, daß er den Erlös aus den Kälbern, welche wir von unseren Kühen auf Martini, Weihnachten 1818 und das neue Jahr hofften, zur Abtragung des auf Martini anfallenden Abtrags verwenden solle. ... Nun waren wir aber mit einem Kalb unglücklich, das andere mußten wir dem Metzger geben, der es an Zahlungs statt annahm und das dritte stellte mein Mann an, weil er hoffte, in kurzer Zeit aus demselben mehr zu lösen.“ [180] In einem weiteren Verhör gab die Frau zu Papier: „Daß wir sehr harte Zeiten und ein sehr schweres Hausen hatten. Wir bekamen von dem Verwalter Sartorius sehr vernachlässigte Güter, auf welche mein Mann viele Unkosten verwenden mußte. Wir bekamen davon daher fast keine Früchte und mußten sie sogar noch kaufen. Wir mußten viele Tagelöhner haben und durch Bauern ackern lassen, was uns sehr viel kostete. ... Der zweite Punkt war der, ... weil

[179] Verteidigungsschrift vom 10. Aug. 1819, STL E 341,93 Criminalsenat Ellwangen.

[180] Verhör vom 3. Juli 1819, STL E 341,93.

ich wohl die Einsicht hatte, daß ich meinem Manne, weil er einen schwächlichen Körperbau hat, und über seine Kräfte arbeitete, bisweilen eine bessere Kost geben sollte, was ich aber doch nicht konnte. ... Ich dachte hierbei auch, er könnte, wenn er noch länger bei so schlechter Kost, die ich ihm geben mußte, so streng arbeiten müsse, er mir wegsterben könnte, ich dann mit meinen Kindern verlassen dasäße."[181] Ergänzend dazu heißt es in dem Bericht des Oberamtsgerichts: „Was nun ihre ehelichen Verhältnisse betrifft, so waren diese nach ihrem eigenen Bekenntnis und den Aussagen vieler Zeugen durch häufige Zwistigkeiten getrübt, wobei beide den schweren Abtrag als Grund angeben, welcher auch um so mehr immer ein Zankapfel bleiben mußte, als doch Riesenmann dieser Abtrag auch wirklich nach dem Zeugnis des Decans dadurch hart wurde, daß das Schulgeld in vielen Jahren nicht einging und auch von den Pächtern des Schulgutes nichts bezahlt wurde, wozu noch die teure Zeit und Hagelschlag gekommen, so daß sie mit dem Abtrag in Rückstand kommen mußten. ... Das Riesenmännsche Eheweib erklärt sich selbst hierüber ausführlich: Der große Abtrag an den Verwalter Sartori sei ihnen beiden stets ein nagender Wurm gewesen. Sie beide haben eingesehen, daß sie durch diesen Abtrag von Jahr zu Jahr in ihrem Vermögen zurückkommen mußten. Nur die äußerste Sparsamkeit habe es vermocht, sie kaum bei Kräften zu erhalten. ... Unter diesen Verhältnissen habe es nicht fehlen können, daß es öfters Veranlassung zu Verdrießlichkeiten hab geben müssen. Die Armut sei eine Haderkatze."[182] Sicherlich wäre es falsch, die materiellen Probleme, die die Altersversorgung hier heraufbeschworen hatte, zu verallgemeinern, aber sie bewegten sich doch nahe an den allgemein üblichen Verhältnissen, die die Teilung einer „Hungerpfründe" mit sich brachte. Bis ins 19. Jahrhundert hinein arbeiteten sich die Schullehrer auf ihren Stellen langsam zu Tode oder aßen mit ihren jungen Nachfolgern gemeinsam das kärgliche Brot. Johann Gottlieb Fichte hat aus eigener Erfahrung das Leben der städtischen Privatlehrer treffend beschrieben: „Der Mann, der mit wunder Lunge von einem Hause in das andere steigt, um für einige Groschen die Elemente einer Wissenschaft zu lehren, der ambulierend sein jämmerliches Stückchen Brot erwerben muß und nach des Tages Last und Hitze zu Gegenständen häuslicher Erholung hungernde, armselig gekleidete Kinder, eine düstere Gattin und drängende, im Laufe des Tages eingezogene Rechnungen hat; der Mann, der keinen andern Weg aus dem Leiden als den Tod sieht."[183]

Die alte Welt ist agrarisch geprägt. Deutschland bleibt auch an der Wende zum 19. Jahrhundert ein Agrarland, in dem die ländlichen Verhältnisse die Grundlage für die Herrschafts- und Lebensordnung abgeben und das Normensystem ganz wesentlich diktieren. Wie von Thomas Nipperdey in glänzender Weise beschrieben, ist für den Bauern das Leben weiterhin bestimmt durch die Launen der Natur, durch jederzeit mögliche Notlagen, durch die Sorge ums Überleben; der Bauer ist der „Tyrannei des Getreides" ausgeliefert; er muß sich der Natur fügen, die eine reiche Ernte oder Hagelschlag bringen kann. Über allem steht und alles durchdringt die harte, lebenslange Arbeit. Leben hieß im 17. und 18. Jahrhundert für die Bauern vor allem Arbeit und nochmal Arbeit, immer wieder den Boden bebauen, um sich selbst und eine Familie ernähren zu können; Leben hieß Sorge für Nahrung und Notdurft der Hausgenossen. Wie keine andere Berufsgruppe waren die Bauern auf die Natur angewiesen, ihr ausgeliefert; sie gab ihnen das zum Leben Notwendige, und das konnten weder Arbeit noch Fleiß garantieren. Wer sehr lange auf seinem Acker arbeitete, hatte noch keine Gewähr für eine reichere Ernte. Gleichzeitig stand ihnen diese Natur aber auch feindlich gegenüber, eine fremde gewaltige Macht, die sich nicht unterwerfen ließ. Um die Erhaltung und Vermehrung ihres Landbesitzes kreiste das Denken der Bauern, hiervon hing ihr individuelles Schicksal ab, ihr Wohlergehen und Sozialprestige. Dieses Land war zunächst ererbter Besitz; so daß ebenfalls das Erbe in den Mittelpunkt des bäuerlichen Denkens rückte. Damit war der Kreis geschlossen zu Haus und Familie, ohne die der Mensch fast ein Nichts, ein sozial Degradierter war. Haus und Familie machten den Besitz erst zu einem produktiven Gut, sie boten Sicherheit bei Not, Krankheit und im Alter, die Kinder dienten als Arbeitskräfte und auch zur Altersversorgung. Der Einzelne war eingebettet in Herkunftsfamilie und Verwandtschaft, die Erbchancen, Heiratskreis und soziale Position bestimmten; ferner in das Dorf, das als Zwangs- und Notgemeinschaft Lebensnotwendiges bereitstellte. Diese sich selbst genügende und sich selbst erhaltende Gemeinschaft von Arbeitenden fristete durchweg ein mühseliges Dasein am äußersten Rande des Überlebens, sie bewegte sich in einer extrem labilen Welt, die durch Krieg, Mißernten und Krankheiten andauernd umzukippen drohte, um ihre Mitglieder unweigerlich in den Strudel von Hunger und Not zu ziehen. Auf dem Gemälde „Durchgang durch die Welt", aus dem ausgehenden 18. Jahrhundert, das im Bremer Landesmuseum für Kunst- und Kulturgeschichte hängt, blickt der Erbe noch hoffnungsvoll in die Zukunft: „Nun wohlan, frisch angetreten. Vater ihr solt seyn gebeten, Sagt mih doch wies gehen soll, da ihr seid durchwandert wohl." Der Vater, von der Last des Lebens tief gebückt, dem Grab zugehend, antwortet: „Alle unsere besten tage sind nur Kummer, Jammer, Klagen. Alle unser beste Zeit ist nur

---

[181] Verhör vom 12. Juli 1819, ebd.

[182] Bericht des Oberamtsgerichts Aalen vom 24. Sept. 1820, STL E 341,95 Criminalsenat Ellwangen.

[183] Zit. nach K. Fischer (1892), Bd. 2, S. 64f.

müh und Hertzeleid" (Bild S. rechts). Deshalb war die bäuerliche Gesellschaft ängstlich darauf bedacht, dieses empfindliche Gleichgewicht nicht zu stören, raffte sich zu allen notwendigen Veränderungen nur äußerst langsam auf und begegnete allen auf Wandel drängenden Kräften mit einem hohen Maß an Mißtrauen [184]. Die Sitte, was man tut und immer getan hat, prägte das Verhalten. Hof, Dorf und lokales Interesse standen im Mittelpunkt, nicht Ideen und Fortschrittsdenken.

Der Umgang mit dem Besitz gehört mit zu den wichtigsten Grundkategorien des Lebens: den Besitz zu erlangen, ihn zu mehren und ihn bei der Erbschaft zu teilen. Der Besitz, vor allem das Land, ist das große und feste Fundament in dieser vor Angst und Unsicherheit zitternden Welt: Er ist nicht zu entführen und kaum zu zerstören, er bildet den ruhenden Pol des Lebens. Im Zusammenhang mit dem Besitz erweisen sich die Beziehungen zu den übrigen Familienmitgliedern als außerordentlich ambivalent. Man ist beim Pflügen und Ernten auf den Bruder angewiesen und muß ihn gleichzeitig daran hindern, Erbvorteile zu erlangen; man sucht andauernd nach einem Gleichgewicht zwischen Kooperation und Konkurrenz. Der designierte Hoferbe sieht sich konfrontiert mit dem Wunsch, die Eltern zu entmachten und in die prestigeträchtige Hausherrenstellung aufzurücken, sowie mit der Angst, seine eigenen Kinder könnten ihn, sein Beispiel vor Augen, im Alter nicht mehr gut behandeln. Es ist der Konflikt zwischen den Generationen, der sich wie ein roter Faden durch die Geschichte zieht: Wann darf die junge Generation heiraten, wann muß die ältere den Hof übergeben? Hier können keine ausgeprägt liebevollen Beziehungen entstehen, eher latentes Mißtrauen und Sorge, übervorteilt zu werden. Streit und Prozesse um die Versorgung der Alten und die Pflichten der Jungen gehören zum Alltag. Das bäuerliche Nebeneinander ist weit von aller Idylle entfernt, hat weniger mit Glück und Harmonie zu tun, ist vielmehr geprägt von einem ewigen Aufeinanderangewiesensein bei gleichzeitig nie unterdrücktem Argwohn [185].

Die bäuerlichen Übergabeverträge sind Ausdruck dieser Ambivalenz. Auch der alte Bauer suchte für sich und seine Ehefrau den persönlichen Vorteil, der eine rücksichtlos seinen Willen durchsetzend, der andere je nach individuellem Temperament mit sehr viel mehr Milde und Wohlwollen. In der Regel war Härte der charakteristische Wesenszug des Hausvaters gegenüber seinen Hausgenossen und Kindern; hier fehlte jede Herzlichkeit oder Zärtlichkeit [186]. Man achtete auf das Wohlergehen des Hofes, aber sehr oft erst an zweiter Stelle. Bei der Hofübergabe hat der Egoismus vielfach die Feder geführt, andernfalls wäre das Eingreifen des Gesetzgebers kaum notwendig geworden, der bereits im 18. Jahrhundert die Altenteilsverträge von Gerichts- und Verwaltungsbehörden überprüfen ließ, um eine zu frühe Hofübergabe zu unterbinden und für ein ausgewogenes Verhältnis zwischen ausbedungenen Lasten und den Erträgen des Hofes zu sorgen [187]. In Sachsen, Hessen und Baden waren Ausgedinge sogar zeitweilig verboten [188]. In Preußen und Sachsen, wo je nach Provinz ganz verschiedene Formen des Altenteils vorherrschten und dieses „theils in Geld, theils in Korn- und Gartenfrüchten, theils in lebenslänglichem Nießbrauche eines gewissen Grundstücks, auch wohl in einer gewissen Anzahl an Gänsen, Schaafen, Schweinen, Eyern, Butter und Käse" bestand, waren die Richter gehalten, darauf zu achten, „daß der neue Besitzer den Abgehenden nicht übermäßige Vortheile einräumte, wodurch er selbst, der Stelle gehörig vorzustehen, und die Lasten derselben zu übertragen, unvermögend werden" konnte [189]. Fast überall drohten die Landesherren mit empfindlichen Strafen, wenn ältere Bauernehepaare, vor allem wenn sie noch rüstig waren, große „Leibzüchten" aushandelten, von denen sie „überflüssig" lebten, ihre jungen Nachfolger aber in den Ruin trieben [190]. In Chur-Hessen heißt es 1739 in einem Zirkular: Es ist „in Unßerm Ober-Fürstenthum Marburg die übele Gewohnheit mehr als zu viel eingerissen, daß noch gar nicht alte Bauerleuthe bey ihre gantz iunge Kinder sich in Auszug begeben, wodurch nichts anders als beyder Ruin mit der Zeit erfolgen kann" [191]. In Bayern, wo selbst die kleinen Sölden ein seperates Altenteil beanspruchten, versuchte die Forstordnung dies zu unterbinden, weil das „alte Volck" für ein solches Haus, „die Zäune vnd Gehägern" zu viel „Holtz verbraucht vnd verschwendt" [192]. Zwar war die Hofübergabe letztlich ein echter Tauschhandel, ein langwieriges Feilschen und Pokern um kleine und kleinste Vorteile, aber der Übergebende hatte dabei doch meistens die besseren Karten in der Hand; er konnte in der Regel die Konditionen diktieren, und wenn der potentielle Jungbauer darauf nicht eingehen wollte, waren in dieser Zeit der rapiden Bevölkerungsvermehrung meistens andere nur zu gerne bereit, an seine Stelle zu treten. Sicherlich hatte es der Grundherr letztlich in der Hand, Abmachungen zu vermeiden, die unweigerlich zu einer Überschuldung des Hofes führen mußten, aber die Vielzahl an Verträgen mit fetten und

184 Dazu Blum (1982), S. 9ff.; Jeggle (1977); Nipperdey (1983), S. 173f.; Ilien, Jeggle (1978), S. 45f.

185 Nipperdey (1983), S. 175.

186 W. Roessler (1961), S. 39.

187 Vgl. auch Berkner (1972), S. 401ff.

188 Sieder (1987), S. 69; vgl. auch K. Schmidt (1930), S. 23ff.

189 Christian Friedrich Germershausen: Oekonomisches Reallexicon, Bd. 1, Leipzig 1795, S. 176.

190 So etwa in der Verordnung der Grafschaft Ravensberg vom 8. Nov. 1669; Runde (1805), S. 43f.

191 Postscriptum vom 10. Juli 1739; ebd. S. 174.

192 Ebd. S. 252.

Nun wohlan, frisch angetreten, vater ihr solt seyn gebeten,
Sagt mih doch wie es gehen soll, da ihr seid durchwandert wohl.
Alle unsre besten tage sind nur Kum̃er, Jam̃er, Klagen.
Alle unser beste zeit, ist nur müh und Hertzeleid.

überfetten Leibgedingen und die wiederholten Verordnungen dagegen deuten doch darauf hin, daß diese Kontrollinstanz sehr oft versagte. Man wußte nicht nur unter den Staatsbeamten um die Nachteile überschwerer Ausgedinglasten, verhindern ließen sie sich nie vollkommen. In Schleswig-Holstein und anderen Gebieten haben die Altenteilverträge auch daher keinerlei Genehmigung bedurft[193]. Als im ausgehenden 18. Jahrhundert die Reform der bäuerlichen Wirtschaftsweise im Interesse der Gesamtwirtschaft lag, erschwerten derartige Belastungen eine notwendige Kreditaufnahme und blockierten damit die erwünschten Innovationen. Zog sich der Bauer zu zeitig auf das Altenteil zurück, lag seine Arbeitskraft brach, hatte er harte Bedingungen durchgedrückt, konnte der Hof die Doppelbelastung oft nicht tragen, und Überschuldung und Streitigkeiten waren die Folge. Im Volksmund haben die Altenteilverhältnisse nie einen besonderen Klang gehabt[194]. Der Markgraf von Baden hatte eine solche „Pfreundt" gänzlich verboten und dieses Verbot erst ab 1732 etwas gelockert[195]. In der Zeit vor den großen Fortschritten in der Landwirtschaft drängte die Obrigkeit darauf, daß die „Altväter" solange arbeiteten, wie es nur eben ging[196]. Es ist richtig, daß ein Teil der Altenteilverträge nie genau nach den Buchstaben der einzelnen Paragraphen befolgt worden ist. Das hätte eine unzumutbare Verteuerung der Haushaltsführung mit sich gebracht und die Überschuldung der Höfe. Vielfach reichten die Erben den Altbauern keine Naturalien, sondern ließen sie ganz einfach an ihrem Tisch mitessen. Die Verträge traten erst dann mit ihren detaillierten Abmachungen in Kraft, wenn sich der neue Wirt irgendein schweres Vergehen oder eine unentschuldbare Pietätlosigkeit gegen den Altbesitzer hatte zuschulden kommen lassen[197]. In manchen Verträgen sind derartige Übereinkommen genau festgelegt: „Verpflegung, Sitz im Hause, sonst 1/4 Ochse, 1 fett Schwein zu 5 Reichsthaler, Brot, welches er nach Belieben von der Trage nehmen kann", heißt es in einer solchen Urkunde aus dem Jahre 1729[198].

Altenteilregelungen findet man in allen Agrarlandschaften, weniger in den Realteilungsgebieten, gehäuft in den Landschaften mit Anerbenrecht. Hier, wo die Höfe ungeteilt in den Besitz der nachfolgenden Generation übergingen, die restlichen, eventuell noch vorhandenen Erben aber abgefunden werden mußten, kam man ohne schriftliche Abmachungen nicht aus. Der Altbauer verkaufte — der Ausdruck „vererbte" wäre hier falsch[199] — in der Regel seinen Hof an den Anerben und regelte bei dieser Gelegenheit auch die Erbfrage seiner übrigen Kinder. Hohenlohe, ein typisches Anerbengebiet mit bäuerlichen Betrieben von durchschnittlich 5 bis 20 ha Größe[200], kannte drei Arten von Altenteilregelungen. In relativ wenigen Fällen behielt der Altbauer für sich und seine Frau bis ans Lebensende den halben Hof mitsamt der Viehnutzung und teilte sich mit der Familie des Jungbauern alle Lasten, Arbeiten und Erträge. Das war die Ausnahme. Öfter beanspruchte der Altbauer den fünften Teil „von allem", übernahm dafür aber weder Arbeit noch Kosten. In der Regel kam ein sehr detaillierter Vertrag zustande, der eindeutig die individuelle Handschrift des Altbauern trug und ganz auf die Gegebenheiten des jeweiligen Hofes und des alten Ehepaares zugeschnitten war, der alle Pflichten des Nachfolgers genauestens festlegte und den Übergebenden von allen Arbeiten und Pflichten befreite. In einigen zweistufigen Verträgen behielt sich das alte Ehepaar noch die weitere Nutznießung einiger Äcker und einiger Stück Vieh vor, solange es sich noch rüstig fühlte[201]. Das Altenteil war zumeist eine arbeitslose Versorgung; nur selten sahen die Verträge eine, wenn auch deutlich reduzierte Weiterarbeit des Altbauern vor, so z.B. im Fürstentum Paderborn, wo im Land Delbrück der Leibzüchter weiterhin ein Drittel der Ländereien und die Hälfte aller Mobilien, d.h. „alles, was nagellos" war, für sich behielt[202].

Die Machtstellung der Älteren ergibt sich aus den vielen Einzelregelungen, aus sprachlichen Wendungen und Zusatzparagraphen, die bei Nichterfüllung des Vertrages in Kraft traten. In Hohenlohe behielt sich das alte Ehepaar zumeist ein lebenslanges Wohnrecht in einem genau beschriebenen Wohn- und Schlafraum innerhalb des Bauernhauses vor, auf größeren Höfen bisweilen auch in einem Nebengebäude, dem sogenannten Korb. Genau festgeschrieben waren die Mitbenutzung der Küche und der Wohnstube, der Platz vor dem Kamin oder am gemeinsamen Tisch. In der Sprache der Verträge beanspruchten die Übergebenden „freien Umgang in Haus und Hof", „den freien Sitz in der warmen Stube" oder „den Stuhl dorthin zu rücken, wo es ... beliebt"[203]. Die Eltern sicherten sich voller Mißtrauen dagegen ab, nach Übergabe ihres Besitzes von einer undankbaren und ebenfalls egoistischen Jugend an die Wand gedrückt und mit tausend Sticheleien und Bosheiten aus der Stube und dem Haus gedrängt zu werden. In der gläsernen Welt des Dorfes wußte man stets eine Fülle derartiger Streitfälle aufzuzählen, in

[193] SERING (1908), S. 80.
[194] Vgl. VON MIASKOWSKI, WYGODZINSKI (1923), S. 253f.
[195] RUNDE (1805), S. 228.
[196] Ebd. S. 115; ähnlich S. 47; BAER (1908), S. 6f.
[197] KRAFFT (1930), S. 30.
[198] Zit. nach KEESENBERG (1972), S. 29.
[199] Vgl. REBEL (1978) und HELD (1983), S. 160.
[200] WOLFGANG SAENGER: Die bäuerliche Kulturlandschaft der Hohenloher Ebene und ihre Entwicklung seit dem 16. Jahrhundert, Remagen 1957, S. 116ff.
[201] SCHREMMER (1963), S. 38; STEINLE (1971), S. 47.
[202] Dazu HENNING (1964), S. 320.
[203] ACHILLES (1965), S. 108.

denen ein hilfloser alter Bauer den Pfarrer, den Schultheißen, die Nachbarn oder die Gerichte um Hilfe nachsuchen mußte. „Alt Friz Davids klagt, daß sein Sohn ihn sogar mißhandle, und bittet um Obrigkeits-Hilfe, weil sein Weib nicht einmal ein Essen im Ofen kochen dürfe, sondern in benachbarten Häusern sich behelfen müsse“, hieß es dann knapp in der dürren Sprache eines Protokollführers [204]. Hinter solchen Kurzvermerken verbergen sich menschliche Tragödien, täglich wiederkehrende Haßausbrüche und folternde Grausamkeiten, ein die Alten zermürbender Kleinkrieg, weil sie den Jungen zur Last fielen, und schließlich Einsamkeit, da über den Streitigkeiten jedes Miteinander unmöglich geworden war. Dagegen sicherte man sich ab, so gut es eben ging, und verfügte, sein „Stuhl setzen und sein Bett aufschlagen zu können“, wo man wollte, oder untersagte jedem, seinen Stuhl im Hause zu verrücken. Man überließ es nicht dem Zufall, durch welche Tür man das Haus betreten durfte, und schrieb es fest [205]. Breiten Raum nehmen in den Urkunden stets die Abmachungen über die Bereitstellung von Brennholz sowie über die regelmäßige Lieferung genau festgelegter Mengen und Qualitäten an Getreide, Butter, Eiern, Milch, Fleisch oder Wolle ein. Auch verlangte der scheidende Bauer nicht selten eine Kuh oder eine sogenannte „eiserne Kuh“, was heißen soll, daß der Wirt eine neue Kuh zur Verfügung zu stellen hatte, wenn die alte erkrankte, starb oder geschlachtet werden mußte. Um einen Streit bei der Auswahl dieser Kuh zu vermeiden, präzisierte der Leibzüchter: das zweitbeste Stück oder die freie Wahl. Sehen wir in einen solchen Altenteilvertrag von 1695 aus Norddeutschland hinein. Darin heißt es: „9) 32 Wispel Rocken, 8 Braunschweigische Himten Weizen, 1 Sack Gerste, 1 Sack Hafer, 1 Rind oder 50 Mark, 8 Thaler zum Schwein. 10) 1 Kuh frei zu halten, steht sie trocken, wöchentlich 1 Pfund Butter. 11) 2 alte Gänse, 2 alte Ahnten, 2 alte Hühner. 12) Frei Feuerung, Licht, Salz und Sauer...“ [206] Damit war abgemacht, daß der neue Wirt für den Altbauern eine Kuh „frei zu halten“, d.h. sie zu füttern hatte, und gab sie vor dem Kalben keine Milch — „stand sie trocken“, — dann mußte der Hoferbe wöchentlich ein Pfund Butter liefern. Auch mußte er „altes“ Federvieh abgeben, also ausgewachsene Tiere und kein Jungvieh. Er mußte für „Salz und Sauer“ sorgen, worunter Salz, Essig und Gewürz zu verstehen ist. Natürlich verlangten die Altbauern bisweilen auch die übrigen Genußmittel: „Wöchentlich 1 Nössel Branntwein und 1/4 Pfund Tabak“ heißt es 1728 und im Jahre 1805: „Wöchentlich 1/4 Pfund Kaffee und 1/2 Pfund Kandiszucker“ [207]. Auch fehlen in solch detaillierten Verträgen nicht die Abmachungen über Wäsche und Kleidung, und da die Pflegeleistungen des heutigen Krankenhauses bis Ende des 19. Jahrhunderts zum Aufgabenkatalog der Familie zählten, zeigen derartige Abmachungen, mit welchem Mißtrauen sich die Generationen begegneten. „Der Sohn soll den Vater mit nothdürfftiger Speis und Trank versehen, so gut er es isset und trinket, desgl. mit Leinenzeug, dasselbe ihm waschen, wo es nötig, ihm an die Hand gehen; wenn er krank wird, ihn pflegen lassen“, heißt es im Jahre 1681 [208]. Die Übergabeverträge enthalten eine Litanei an Kleinigkeiten, die aber letztendlich über die Lebensqualität dieser alten Menschen entschieden. Man wollte es nicht zum Streit darüber kommen lassen, daß die Altwirte zwar einen Kraut- und Küchengarten besaßen, der neue Wirt jedoch keinen Dung lieferte und traf entsprechende Abmachungen. Das reichte bis zu gesonderten Paragraphen, in denen genau festgelegt war, an welchen Tagen und bis zu welcher Entfernung der Jungbauer seine Eltern mit dem Pferdewagen durch die Umgebung zu kutschieren hatte. Natürlich wurde ein ehrenhaftes Begräbnis gefordert. Bei Durchsicht derartiger Verträge ist die starke Stellung der älteren Generation in den Anerbengebieten unverkennbar, die mit einem verlockenden Besitz im Rücken, ihre Machtposition oft rigoros durchsetzte und den Alleinerben eines Hofes gegenüber seinen Geschwistern benachteiligte. Dieser mußte neben dem Ausgeding auch für eventuelle Schulden nach Abfindung der anderen Erben aufkommen und war vor Übernahme des Hofes meist über Jahre äußerst schlecht für seine Mitarbeit entlohnt worden [209].

Die Leibgedingverträge waren einem langsamen, aber augenfälligen Wandel unterworfen. Die ansteigende Agrarkonjunktur hat in der zweiten Hälfte des 18. Jahrhunderts die Durchsetzung höherer Forderungen und den Rückzug immer jüngerer Bauern aufs Altenteil möglich gemacht. Sie hat die Tendenzen in Richtung auf eine Diktatur des Egoismus begünstigt, als die alten Menschen vermehrt aus einer Position der Stärke heraus verhandeln konnten. In Oberbayern gingen die Bauern bereits im Alter von 45 bis 50 Jahren ins Ausgeding; ähnlich im Schwarzwald und im Odenwald [210]. Das hing keineswegs von der körperlichen Leistungsfähigkeit ab. Ohne Zweifel haben diese Altbauern auch aus der allgemein zunehmenden Hochschätzung des Alters Nutzen gezogen. Sie konnten ihre Forderungen vermehrt durchsetzen und dabei sicher sein, daß im Streitfall die Gerichte eher zu ihren Gunsten entschieden. Auf der Elbinsel Wilhelmsburg verlangten einige im ausgehenden 18. Jahrhundert auch nach der

[204] Gemeinderatsprotokoll von Neuenhaus vom 28. Dez. 1799, GAA.
[205] Vgl. Sieder (1987), S. 68.
[206] Zit. nach Keesenberg (1972), S. 29.
[207] Ebd. S. 31.
[208] Ebd. S. 39.
[209] Steinle (1971), S. 50.
[210] Sieder (1987), S.69.

Übergabe des Hofes weiterhin das Patriarchat. „Der Vater behält 1. Platz und Rang im Hause", heißt es 1791 in einem Übergabevertrag und in einem weiteren acht Jahre später: „Altenteiler (behalten) Vorsitz bei Tische."[211] In anderen Regionen sicherten sich die Alten große Mengen an Lebensmitteln, die ihren eigenen Bedarf bei weitem überstiegen[212]; bisweilen geschah dies als Vorsichtsmaßnahme, bisweilen als Demonstration der Macht. Im Braunschweigischen behielten die alten Hofbesitzer in zunehmendem Maße die Wirtschaftsführung auch nach Vertragsabschluß bei und stellten den eigentlichen Übergabetermin ganz in ihr eigenes Belieben. Sie legten das Essen und Trinken des jungen Ehepaares genau fest, ferner die Kleidung, das zur Eigenbewirtschaftung vorgesehene Land und auch den „freien Sitz und Tisch". Mehr noch als in anderen Regionen war den Jüngeren hier ein hartes Los beschieden. In einem dieser Verträge liest man: „Er und seine Hausfrau (die Altbauern) haben sich vorbehalten, Zeit ihres Lebens in ihrem Hause zu regieren und Jonas Künen und ihre Tochter Anna als Diener und Dienerin mit Arbeit und sonst in dem Hause zu halten."[213] Hier hatte zwar die ältere Generation Grund zum Lachen wie das „alte Pärchen", das Harmen Hals um die Mitte des 17. Jahrhunderts gemalt hat (Bild S. 199). Hier war aber nur wenig von der friedlichen und trauten Idylle zu verspüren, mit der das 19. Jahrhundert die Realität des bäuerlichen Alltags überdeckt hat. Hier suchte man vergeblich etwas von der Unschuld der Schäferwelt oder der unversehrten, harmonischen Natürlichkeit, mit der Dichter und Bürgerliche verklärend die bäuerlichen Lebenskreise beschrieben haben. Hier begannen sich die Generationen bereits auseinanderzuleben und in ihre eigene Welt zurückzuziehen. Als im ausgehenden 18. Jahrhundert die landwirtschaftliche Revolution einsetzte, der Geist der Rationalisierung und Ökonomisierung sich ankündigte, als die neuen Normen von Erwerb, Rentabilität, Versachlichung und Gewinnmaximierung auch in der Landwirtschaft Anhänger gewannen, als Reform auf der Tagesordnung stand und das Wissen der Väter nicht mehr gefragt war, mußte es allein über diese Fragen zum Konflikt zwischen Jung und Alt kommen[214]. Eine Art „Kulturkampf" brach aus, den Beamte, Geistliche und Wissenschaftler zunehmend beklagten[215]. Ein anonymer Schreiber schlug 1798 im „Westfählischen Anzeiger" die Schaffung eines eigenen Moralgerichts vor, um die zunehmenden Streitfälle zwischen Bauernkindern und ihren Eltern zu schlichten[216]. Mehr noch als anhand zeitgenössischer Aussagen läßt sich dieses Auseinanderleben der Generationen, dieses Aufspalten der Familien in Jung und Alt an Gebäudeveränderungen festmachen. In Mecklenburg arbeiteten bis in die Mitte des 17. Jahrhunderts Alt- und Jungbäuerin noch zusammen an einem Herd in einem gemeinsamen Küchenraum. Danach wurde es zunehmend Brauch, zwei Herde in die Küche einzumauern: einen größeren für die junge Bäuerin und einen kleineren für die alte. Man kochte zwar noch zusammen, aber bereits an zwei Herden. Um die Mitte des 19. Jahrhunderts folgte schließlich der letzte Schritt in dieser Entwicklung. Von jetzt ab gab es in den neuen Bauernhäusern zwei völlig getrennte Wohnungen: eine für den Jungbauern und eine zweite für den Altbauern, jede mit eigener Stube, eigener Küche und zum Teil auch mit gesondertem Eingang. In ihnen war die fast vollkommene Trennung der Generationen vollzogen[217], wenn darunter auch nur eine äußerliche Trennung zu verstehen ist, da jetzt eine innere Annäherung wieder beginnen konnte, eine „Intimität auf Distanz", wie dies der Gerontologe Leopold Rosenmayr genannt hat. Nur so ließ sich der Konfliktstoff abbauen, der sich durch das alltägliche enge Zusammenleben zwangsläufig angesammelt hatte. Erst als die Generationen räumlich auseinanderrücken konnten, trieben sie sich nicht mehr gegenseitig ihre Stacheln ins Fleisch und rieben sich nicht mehr aneinander blutig. Das soll nicht heißen, daß im 17. und 18. Jahrhundert lediglich Haß und Zwietracht die bäuerliche Welt beherrscht hätten, Liebe und Anhänglichkeit nicht zu finden gewesen wären, es soll lediglich verdeutlichen, daß die bäuerliche Welt materiell wie psychisch weit entfernt von jeder Idylle war.

Die Zeitgenossen haben die Nachteile des hautnahen Zusammenlebens der Generationen gesehen, bisweilen beklagt und sich um Abhilfe bemüht. Fast entschuldigend, da keine andere Lösung möglich war, ordnete die „Fürstlich Münsterische Eigenthumsordnung von 1770" an, daß bei kleinen Kotten, die keine Leibzucht tragen konnten, „die Alte bey denen jungen Leuten die Kost und Wohnung verlieb nehmen" mußte[218]. Die vielfältigen Idylle, die Maler und Dichter von einem friedlich-harmonischen Lebensabend im Kreise der Kinder und Kindeskinder entworfen haben, entsprangen mehr dem Wunschdenken, als daß sie die Wirklichkeit korrekt wiedergaben. Man wiederholte als Erziehungsmittel immer wieder, wie es zu sein hatte, nicht wie es wirklich war. Die Maler porträtierten die alte Bäuerin, wie sie im Lehnstuhl sitzend die Bratäpfel vorbereitete, Spinnrad und Bibel in Reichweite; den Kummer und Ärger des Alltags ließen sie im Dunkeln. Die „Alte Frau beim Äpfelschälen" von Nicolaus Maes aus dem

[211] KEESENBERG (1972), S. 24.
[212] GAUNT (1982), S. 171.
[213] Zit. nach ACHILLES (1965), S. 110.
[214] Vgl. MITTERAUER, SIEDER (1980), S. 191.
[215] GAUNT (1982), S. 163.
[216] Westfählischer Anzeiger vom Juni 1798, S. 422.
[217] BAUMGARTEN (1980), S. 163f.
[218] RUNDE (1805), S. 66.

ausgehenden 17. Jahrhundert ist ein Beispiel für viele (Bild S. 200). Auch die Franzosen zeichneten ein verklärtes Bild von den Generationen, obwohl sie andererseits den Schmutz und die Armut der bäuerlichen Familie sehr wirkungsgetreu wiedergaben, so auf dem Kupferstich von Goumez aus der zweiten Hälfte des 18. Jahrhunderts (Bild S. 201). In Deutschland haben nur wenige den Alltag der Familie ohne Schönfärberei protokolliert. Zu ihnen gehörte Johann Friedrich Mayer, der sich als eifriger Reformer um die Wende zum 19. Jahrhundert um die württembergische Landwirtschaft verdient gemacht hat. Lassen wir ihn selbst in seiner blumigen Sprache zu Wort kommen: „Gar oft sah ich bald diesen, bald jenen alten abgelebten Vater; diese, bald eine andere betagte, zum Grabe gebückte Mutter ganz abgeändert, von der vorigen Fröhlichkeit ihres Ganzen hinabgestimmt bis zu dem schwärzesten Trauren, und eben so am Leibe abgezehrt, matt, bis zum Grab verfallen; ich hörte, wenn ich nahe an ihren Kammern, an den Hecken ihrer Gärten, an einem dichten Getraidacker ungesehen vorbeischlich, ihr stilles, doch der Einsamkeit und dem Himmel lautes Aechzen und Seufzen; solcher Erscheinungen hatte ich nur gar zu viele, und wenn ich solche Alte gleich jetzt, da ich sie mitten im Ausbruch ihres Herzengrams antraf, um die Ursache ihres Aechzens, ihres niedergeschlagenen, nicht mehr so fröhlichen Aussehens befragte; so schwiegen sie doch entweder still, leiteten es von weiten Gedanken oder von dem Alter und dessen natürlichen Folgen als nothwendig so ab; — Es glückte mir aber dennoch auch mehrmalen, daß ich bald einen Vater, bald eine Mutter hie und da antraf; ... fern draussen auf dem Feld — bey der Arbeit — bey der Hütung des Viehes — im Wald, wo sie Dorne aufsuchten und abhieben, davon Büschel banden, faules Holz auflasen, sich an solchem zu wärmen, oder im Taglohn anderer ihrer Mitunterthanen standen, um Brot zu erhalten, — wo sie das Aug des bösen Gewissens eines sie mißhandelnden Kindes nicht hinsah ...

Eine alte Mutter, gebuckt auf ihren Stock, sich noch nicht vor vielen Wochen auf dem Eis lahmgefallen, kroch im Wald unter Frost und Schnee ... Schäme ich mich eben sehr, sagte sie, als ich sie ansprach: Warum sie so vor mir hinwegschleiche? Hab ich ja mein Lebtag an so was nicht gedacht, daß ich im Alter erst Holz lesen würde, wenn ich mir eine warme Suppe kochen und essen wollte. ... Sagen und klagen darf ich weiter nichts, wenn ich nicht ausgehadert seyn will, ich darfs nur den Wänden klagen, wie hart es mir und meinem Mann gehet, und meine Tochter hilft auch noch dazu, macht auch mit, oder mein Tochtermann plagt sie, wie uns [219]. ...

Ich weiß solche Vorgänge sehr viele, und allen denen, die dieß lesen, fallen gewiß eben so viele bey; wenn ich nun auf die eben erzehlte Geschichte, welche keine Fiktionen, sondern Thatsachen sind, zurückdenke; so seh ich jene Anmerkungen vollkommen bestättiget; so, wie sich diese gramvolle Eltern nur im mindesten wider die ausgelassensten Grobheiten ihrer Kinder hie und da bis zum geringsten Theil herausliessen; so nahm das Schmähen, so nahmen auch alle Gattungen, der gröbsten Ungezogenheiten zu: nicht nur, daß sie Wochen- und Monateweis kein Wort mit ihnen sprachen, sich auch bey Altersschwachheiten und Krankheiten nicht mehr nach ihnen umsahen, ihnen alle kindliche Schuldigkeiten entzogen, sondern ihnen noch überdieß alles Böses und den frühesten Tod überall laut anwünschten, ja alles dazu beitrugen; man hörte, daß sie, wie sie den Mund wider sie aufthaten, auch die Hand gegen sie aufhuben; wie sie lieber dem Hund ein Stück Fleisch gaben, als ihren Eltern ein hartes Brod vorwarfen; wer in die Geheimnisse, die sich zwischen Eltern und Kindern eräignen, hineinsiehet, der muß sich entsetzen, schwindeln und zurückfallen; denn es sind Geheimnisse schwärzester Bosheit, welche die Kinder begehen und die die Eltern verschweigen, selten bekannt, weniger gerügt werden, und so im Finstern, wie die Pest hinschleichen, ...“ [220] Hier wird verständlich, warum z.B. in der Steiermark und im Südburgenland die Bezeichnung „Ableben“ für Ausgeding stand [221].

Johann Friedrich Mayer bleibt nicht bei einer Zustandsschilderung stehen, er beläßt es nicht bei einer Anklage gegen die Jüngeren, er sagt den alten Menschen, wie sie derartigen Ungerechtigkeiten vorbeugen und wie sie ein unglückliches Alter vermeiden können. Aus seinen Ratschlägen spricht die Erfahrung von Generationen, die in ihrem andauernden harten Kampf mit der Umwelt ein ausgesprochenes Sicherheitsdenken entwickelt haben, die nichts dem Zufall überlassen, die nach einem harten Leben das Erarbeitete nicht gegen eine trügerische Zusicherung der Kinder wegschenken, die listig und hart verhandeln und nicht als dumme und selbstlose Spender auftreten. Hören wir nochmals Johann Friedrich Mayer: „Gott, der alle Arbeiten so ordnet, daß aus ihnen die besten Früchte unausbleiblich nach ihrer Natur folgen, gab mir also nicht durch Wunder, sondern durch meiner Hand Arbeit einen erklecklichen Seegen von einem Vermögen von vierzig tausend Gulden baar Geld, und meinen von allen Schulden freyen Hof; der Seegen Gottes aus vierzigjähriger Arbeit! — Genug! — Zu unsrer Pflege im Alter, zu einer satten Aussteuer für meine Kinder und zu seinem ewigen Lobe aus unsrem Munde und dem dankbarsten Herzen; dieser meiner Güter begab ich mich aus blinder Liebe gegen meine Kinder nicht ganz, nicht wie andere unfürsichtige Eltern,

[219] MAYER (1770/82), Bd. 9, S. 215ff.

[220] Ebd. S. 220f.

[221] MITTERAUER, SIEDER (1980), S. 191.

lles fürnemen,
hat seine Stunde

sondern nur bis auf die Helfte, das übrige legte ich auf gewiß abfallende Zinsen, die ich sicher alljährlich einzog und es so frey anwendete, wie ich es gut fand. Warum Kindern da schon, wann sie noch stark sind und ihr Brod zu erarbeiten vermögen, alle Güter zu übergeben? ...

Ich hatte also beynahem schon genug, und konnte von meinen Zinsen schon leben; doch wollte ich eben auch dies nicht; nehmen kann man nicht immer, hinschenken aber kann man alle Tage; meine Söhne verband ich, mir jährlich zwölf Malter Roggen, zwey Simri Erbsen, zwey Simri Hirsen, sechs Malter Haber im Sacke, und dann Fütterung und Streu zu vier Kühen zu geben. ...

So bestellte ich dann meine Haushaltung auf die Letzte: Ich zog, so bald meine Söhne verheurathet waren, in meine in dem neuerbauten Hause errichtete geräumige, einsame Wohnung; sie war einsam, dann sie war abgelegen von der Wohnung meines Sohn's, mit besondern Ausgängen versehen, und deswegen so erbauet, damit ich mit den Meinen künftig ganz einsam mögte seyn können.

Unverworren mit allem andern; nicht verflochten in irgend eine häusliche Sache meiner Kinder, wollte ich allen Argwohn, zwischen ihnen und ihren Weibern je einen Anlaß zu häuslichem oder ehelichem Streite gegeben zu haben, vermeiden; ‚Ist ein Haus so groß als der Rhein, so gehört doch nur eine Frau drein.' Ich hatte es aus der Erfahrung, daß Junge und Alte gar selten friedlich beysammen zu wohnen im Stande sind: der Jungen Welt ist nicht die Welt der Alten; täglicher und stündlicher Umgang schwächt allen Wert und alle Achtung, und zu deme, was für mich Alten, der ich die Ruhe suchte, der beunruhigende Lermen unruhiger Kinder, der erste Hausrath der Eheleute! fern von deme allen, fern von unendlichem Verdrusse ..." [222]

Dem Interesse, das die Geschichtswissenschaft schon immer dem bäuerlichen Ausgeding entgegengebracht hat, entspricht keinesfalls die reale Bedeutung dieser Form der Altersversorgung [223]. Das Ausgeding war im mitteleuropäischen Raum relativ selten, da es teuer war, für die nicht im Überfluß lebende bäuerliche Welt jedenfalls zu teuer. Von einem Rückzug aufs Altenteil träumten viele; nur für die wenigsten ging dieser Wunsch in Erfüllung. Einer der Gründe dafür ist in den rechtlichen Verhältnissen zu suchen, die viele daran hinderten, im Alter zu tun, was sie gerne wollten. Sie besaßen kaum oder nur geringe Eigentumsrechte an ihren Gütern und waren in der Frage der Altersversorgung weitgehend vom Grundherrn abhängig [224]. Vor allem östlich der Elbe sahen sich viele nach der Verelendung durch den Dreißigjährigen Krieg genötigt, die wohlhabenden Gutsherren um Hilfe nachzusuchen, da sie aus eigener Kraft zu einer Neukultivierung ihres Hofes nicht mehr in der Lage waren und während der langen Kriegsjahre ihren Beruf verlernt hatten. Als in der zweiten Hälfte des 17. Jahrhunderts die Preise niedrig und die Löhne hoch standen, zogen viele Angehörige der ländlichen Bevölkerung das relativ gesicherte Dasein eines Tagelöhners oder Kossäten dem risikoreicheren Leben eines Bauern vor, der bei jedem Mißgeschick auf fremde Hilfe angewiesen war. Mit dem Anstieg der Agrarpreise kamen die wachsenden Gewinnchancen der Gutsherren als weiterer Anreiz zum Ausbau der Großbetriebe hinzu. Ganz systematisch begannen viele erneut mit dem Bauernlegen [225]. Am schroffesten in Mecklenburg, Vorpommern, Schleswig-Holstein, Westpreußen, Böhmen und in der Lausitz entwickelte sich das System der Gutsherrschaft mit allen seinen bekannten Begleiterscheinungen wie Gutsuntertänigkeit, Realleibeigenschaft, Schollengebundenheit sowie den vermehrten Frondiensten und dem Gesindezwangsdienst. Auch die Bauernschutzpolitik, vor allem seit Mitte des 18. Jahrhunderts von Friedrich dem Großen mit Nachdruck betrieben, konnte an der Struktur der Gutsherrschaft nur wenig ändern; sie hat lediglich dazu geführt, daß der Bauernstand im großen und ganzen in seinem Besitzstand erhalten blieb. Das 1794 verkündete Allgemeine Landrecht hat den Bauernschutz ausdrücklich festgeschrieben, wenn auch die Bauern in der zweiten Hälfte des 18. Jahrhunderts, als sich die Agrarkonjunktur stark verbesserte, die Leidtragenden dieses Aufschwungs waren, da die Gutsbesitzer bei erhöhtem Arbeitsbedarf ihre Leistungspflichten erhöhten, um ihre Arbeitskraft besser zu nutzen oder sie schneller loswerden zu können [226]. So fand sich im Osten ein gutsuntertäniges Landvolk, das alle Abstufungen zwischen einem abhängigen Bauern bis zum abhängigen Gutstagelöhner aufwies; daneben existierte noch eine Gruppe rein grundherrlicher Bauern mit guten Besitzrechten, die in Brandenburg-Preußen die Gruppe der gutsuntertänigen Bauern von der Zahl her sogar übertraf [227]. Diese Erbuntertänigen des Adels und des Landesherrn waren in ihren Möglichkeiten, in eigener Verantwortung ihre Altersversorgung zu gestalten, stark eingeschränkt. Sie besaßen an dem Grund und Boden, den sie bebauten, und an den Gebäuden, die sie bewohnten, lediglich ein Nutzungsrecht von begrenzter Dauer. Ein Teil der Bauern verfügte über erblichen Besitz, ein anderer besaß lebenslängliche Rechte, andere Bauern wiederum durften auf dem Hof bleiben, „solange sie gut wirtschafteten" oder „solange es der Herrschaft gefällt", wie es in den

222 MAYER (1770/82), Bd. 5, S. 212ff.
223 Vgl. HELD (1983), S. 167.
224 Vgl. auch RUNDE (1805), S. 125.

225 FRIEDRICH LÜTGE: Geschichte der deutschen Agrarverfassung, Stuttgart 1963, S. 126f.
226 Vgl. SCHISSLER (1978), S. 89.
227 FRIEDRICH LÜTGE: Geschichte der deutschen Agrarverfassung, Stuttgart 1963, S. 127ff.

Verträgen heißt[228]. Das war die eine Seite der Untertänigkeit, die in historischen Rückblicken immer im Vordergrund steht. Daneben besaß der Gutsherr neben seinen Rechten auch ganz gewichtige Pflichten und war gehalten, seinen untertänigen Bauern in allen möglichen Notlagen beizustehen, ihnen bei Mißernten Pachtnachlässe zu gewähren, nach Bränden freies Bauholz zu liefern und bei Arbeitsunfähigkeit für sie zu sorgen. Er mußte seinen Untertanen mit Vieh und Saatkorn, oftmals auch mit Brotkorn aushelfen, nicht zuletzt um sein eigenes Gut, das auf die Mithilfe dieser Kleinbauern angewiesen war, nicht in Mitleidenschaft zu ziehen. In Ostpreußen erhielten die Erbuntertänigen des Landesherrn zu Beginn des 18. Jahrhunderts im Alter eine kleine Stube, eine Kuh und die notwendigen Lebensmittel. Hohe Anforderungen stellte niemand; bei der hohen Achtung, die das Alter genoß, ist fast jeder Gutsherr seiner Versorgungspflicht nachgekommen[229]. Als in der zweiten Hälfte des Jahrhunderts die Getreidepreise mit der Bevölkerungsvermehrung stiegen, die Getreideexporte florierten und neue Wirtschaftsmethoden in der Landwirtschaft Einzug hielten, neigten die Gutsherren eher dazu, die alten Bauern zur Ruhe zu setzen und die Führung der Höfe jüngeren zu übertragen. So stieg im ausgehenden 18. Jahrhundert die Zahl der Ausgedinge deutlich an, aber auch jetzt bestanden diese nur aus Lebensmitteln und Wohnung, nicht aber aus Bargeld[230]. Derartige Leibgedinge waren immer weit davon entfernt, einen behaglichen Lebensabend zu garantieren. Sie lagen fernab von jeglicher Idylle. Was immer an Lobpreisungen auf das Landleben geschrieben wurde, bezog sich auf das Leben eines vermögenden, gebildeten, womöglich adligen Grundherren. Für die Masse der Bauern gaben Kargheit, Nässe und Kälte, Schmutz und Eintönigkeit den alltäglichen Rahmen ab; sie ließen die Menschen rasch sterben. Das war das Los der jungen und alten Bauern, der „vilains", wie sich die Franzosen ausdrücken, was zugleich auch für „gemein, häßlich, lästig" und „abscheulich" steht. Als im Jahre 1770/71 eine riesige Hungersnot Deutschland heimsuchte und mittelbar wie unmittelbar Hunderttausende hinwegraffte, zehrte die Not einen Großteil der Bevölkerung weitgehend aus, so daß sie „schon in ihrem Leben als Todengerippe" herumgeisterten, wie Johann Peter Frank in seinem „System einer vollständigen medicinischen Polizey" schrieb[231]. Natürlich gab diese Altersversorgung, aus der Nähe betrachtet, ein sehr buntscheckiges Bild ab, das auch von dem guten Willen, der Hilfsbereitschaft und dem Reichtum des jeweiligen Herrn abhing. So wie es zwischen Hochadel und schlichten „Krautjunkern", zwischen kapitalistischen Unternehmer- und patriarchalischen Gutsherren ein ganzes Raster an Zwischentypen mit mehr oder weniger Interesse an Macht und Profit oder ausgeprägtem Pflicht- und Rechtsbewußtsein gab, so verschieden fiel auch der Lebensabend der alten Bauern aus. Da die Rechtsstellung eines Bauern nicht unbedingt ausschlaggebend war für seine wirtschaftliche Situation, konnte ein leibeigener während aller Lebensphasen durchaus wohlhabender sein als ein freier Bauer. Auch westlich der Elbe hörte in den Gebieten, in denen sich die Rechtsverhältnisse der Bauern nach dem Dreißigjährigen Krieg verschlechterten, der bäuerliche Auszug auf, ein Bestandteil der Gemeinschafts- und Familienbeziehungen zu sein. Die Gesetzwerke betonten jetzt z.B. in Westfalen wesentlich stärker als in den alten Hofrechten die Rechte der Grundherren. Nach dem „Eigenthums-Recht und Ordnung der Grafschaft Ravensberg" von 1669 lag es in der Gewalt des Grundherrn, den Anteil des Altenteils an Grund, Tieren und Mobiliar festzulegen, wobei sein Wert jedoch niemals ein Sechstel des Gesamtwerts des Anwesens übersteigen durfte. Alle Gesetze untersagten dem alten Bauern und seinen Kindern, Nebenabsprachen zu treffen, die höhere Auszugsleistungen zum Inhalt hatten oder den Jungbauern zu Geldzahlungen verpflichteten[232]. Die aufgeklärte absolutistische Bürokratie hat unter dem Eindruck der Französischen Revolution und der liberalen Ideen von Adam Smith gegen Ende des Jahrhunderts dieser Untertänigkeit der Bauern den Kampf angesagt, die nicht mehr länger Lasttier und Sklave der Gesellschaft sein sollten. Im Sinne der humanitären Aufklärung und des ethischen Rigorismus Kants wollte man dem Menschenrecht und der -würde des Bauern zur Anerkennung verhelfen. Dazu haben Jean-Jacques Rousseau, Justus Möser, Ernst Moritz Arndt und der Freiherr vom Stein den Bauern idealisiert, als Mark der Nation bezeichnet und als eigentlichen Träger des Gemeinwesens gefeiert. Der „rationelle Landwirt" als freier Eigentümer von Boden und Arbeitskraft war gefordert; nur er garantierte Produktivität und Effektivität. Das hieß aber nicht nur Befreiung der Bauern, sondern auch Befreiung der Herren von außerökonomischen Bindungen wie z.B. von der Fürsorgepflicht[233]. Die Bauernbefreiung erschöpfte sich nicht in einer humanitären Geste der Emanzipation, sondern sie löste auch die enge Verbindung von Herrschaftsrechten und Herrschaftspflichten. Bauern und Grundherren hatten sich verschiedentlich in diesem Netz der gegenseitigen Abhängigkeiten verfangen und

[228] Henning (1964), S. 176ff.
[229] Czybulka (1949), S. 18f.
[230] Henning (1964), S. 171.
[231] Johann Peter Frank: System einer vollständigen medicinischen Polizey, Bd. 1, Neuauflage, Mannheim 1804, S. 19.
[232] Gaunt (1982), S. 161f.
[233] Vgl. Nipperdey (1983), S. 42.

standen sich gegenseitig im Wege[234]. Als alle diese Bindungen auf beiden Seiten fielen und der Ackerbau aufhörte, moralische Verpflichtung, Tradition und Ordnung Gottes zu sein, und zum freien Gewerbe und egoistischen Kalkül wurde, da vermehrte sich in den meisten Gebieten, in denen der Staat die Reform an den Bauern vollzog, die Zahl der Ausgedinge sprunghaft. Die Eigentümer von Hof und Boden lockte das Ideal eines arbeitsfreien Lebensabends, und wo immer ihr Besitz ausreichte, setzten sie sich zur Ruhe.

Den Traum eines arbeitsfreien Lebensabends konnten sich jedoch nur wenige Bauern verwirklichen. Das Ausgedinge und auch die Dreigenerationenfamilie blieben im mitteleuropäischen Raum während des 18. Jahrhunderts stets die Ausnahme. Eine entscheidende Rolle spielte einmal die Kombination von geringer Lebenserwartung und später Heirat, so daß ein Großteil der Höfe erst beim Tod des Altbauern in die Hände der nachfolgenden Generation überging[235], vor allem in den Gebieten, in denen das Minorat — das Jüngsten-Erbteil — anzutreffen war[236]. Auch blieben viele Großgrundbesitzer bis an ihr Lebensende in der Hausherrenstellung und übertrugen die Bewirtschaftung ihrer Güter familienfremden Kräften; sie waren nicht auf das Entgegenkommen ihrer Kinder angewiesen. Ein entscheidender Grund für die geringe Verbreitung des Altenteils ist schließlich in dem Überwiegen von mittleren und kleineren bäuerlichen Wirtschaften zu suchen, die durch die Einrichtung eines Ausgedings oder die Gewährung eines Leibgedings meist völlig überfordert gewesen wären. Für die Menschen, die auf diesen Zwergbetrieben saßen, blieb die Vorstellung von einem Alter in Ruhe und Muße allemal graue Theorie; sie taugte für die großen Güter und Meierhöfe, nicht jedoch für die kleinen Bauern ohne viel Land und Kapital. Dieser Klein- und Kleinstbesitz dominierte in Südwestdeutschland und in Westdeutschland; in den fruchtbaren Flußniederungen von Main und Rhein als ausgesprochene Splitterwirtschaften. Der Großgrundbesitz mit Betrieben über 200 Hektar fand sich in den Gebieten der gutsherrlichen Eigenwirtschaft im nordöstlichen Deutschland und in Schlesien sowie als grundherrlicher Großgrundbesitz in Süddeutschland; großbäuerliche Wirtschaften mit Betriebsgrößen von 20 bis 200 Hektar gab es in Hannover, Westfalen, Oldenburg, Schleswig-Holstein und Braunschweig, aber auch im südlichen und östlichen Bayern, im Schwarzwald, in Hohenlohe, in Teilen Hessens und in Thüringen[237]. Als Faustregel gilt: der Klein- und Kleinstbesitz dominierte in den Gebieten mit Realteilung; der mittlere und größere Besitz in den Gebieten mit Anerbenrecht. Aber auch die Anerbengebiete waren durchsetzt von Kleinstbesitz, auf dem Halb- und Viertelbauern saßen bis hin zu landlosen Brinksitzern, Köttern, Häuslern, Heuerlingen oder Anbauern. In Preußen hielten sich um die Wende zum 19. Jahrhundert die Vollbauern, Halbbauern und die landlose Unterschicht zahlenmäßig etwa die Waage[238]; in Ostpreußen stellten die Kötter, Häusler und Einlieger zu Ende des 18. Jahrhunderts 47 Prozent der ländlichen Familien und im Fürstentum Paderborn sogar 73 Prozent[239]. Während der zweiten Hälfte des Jahrhunderts vermehrte sich diese unterbäuerliche Bevölkerung rasch und erhielt durch die Bauernbefreiung einen zusätzlichen Schub. Wenn schon die Bauern nicht üppig lebten, dann erst recht nicht die landlose Unterschicht. Nach einer neueren Berechnung bewegten sich vor dem 19. Jahrhundert andauernd 70 bis 80 Prozent der Bauern in ihrer Lebenshaltung am Rande des Existenzminimums; Kargheit, Hunger und Not bestimmten hier den Alltag von der Kindheit bis ins Alter[240]. An einer Belastung des Hofes durch ein Ausgeding konnten diese Familien nicht denken. So ist es verständlich, daß in den Realteilungsgebieten fast nur Zweigenerationen- oder Kernfamilien anzutreffen waren und auch in den Anerbengebieten Dreigenerationsfamilien die Minderheit stellten. Zu Ende des 17. Jahrhunderts fanden sich in den Haushalten des Realteilungsgebietes um Göttingen nur sechs Prozent Dreigenerationsfamilien und auch im Anerbengebiet von Calenberg lediglich 28 Prozent[241]. Vielfach läßt sich auch an den Hausformen ablesen, wie die Bauern im Alter lebten. In Oberbayern besaßen die reichen Bauern ein separates Wohnhaus bzw. ein Wohnhaus mit Pferdestall, einen Stadel für die Kühe, einen Schuppen für das Kleinvieh, ein Back- und eben ein Altenteilerhaus. Die wohlhabenden Söldner besaßen neben dem Wohnstallhaus nur noch einen Stadel, während der normale Söldner und Kleinhäusler alle Wohn- und Wirtschaftsteile unter einem schmalen Dach vereinigte; hier war für drei Generationen kaum Platz, höchstens einmal als Notbehelf für einen verwitweten Vater oder eine Mutter, die irgendwo in einer Ecke ihr Bett aufschlagen konnte[242]. Man orientierte sich an der Nahrung, die im Regelfall gerade zum Unterhalt einer

234 Vgl. PALLACH (1986), S. 254.

235 MITTERAUER, SIEDER (1980), S. 49f.

236 Vgl. auch ROSENBAUM (1982), S. 62f.

237 WILHELM ABEL: Geschichte der deutschen Landwirtschaft vom frühen Mittelalter bis zum 19. Jahrhundert, 2. Aufl., Stuttgart 1967, S. 212ff.; ROSENBAUM (1982), S. 49f.

238 LOUIS BERGERON, FRANÇOIS FURET, REINHART KOSELLECK: Das Zeitalter der europäischen Revolution 1780-1848 (=Fischer Weltgeschichte Bd. 26), Frankfurt a.M. 1969, S. 250

239 FRIEDRICH-WILHELM HENNING: Die Bestimmungsfaktoren der bäuerlichen Einkommen im 18. Jahrhundert, in: Jahrbuch für Wirtschaftsgeschichte 1970, Teil 1, S. 168f.

240 HENNING (1969), S. 173.

241 BERKNER (1977), S. 87.

242 GLÄNTZER (1980), S. 174.

Kernfamilie ausreichte. Arbeit bis ins Grab blieb die einzige Möglichkeit, um das labile Gleichgewicht zwischen Personenzahl und wirtschaftlicher Kapazität des Hofes nicht zu zerstören. Man hat im 19. und 20. Jahrhundert immer wieder die Bedeutung der bäuerlichen Familie mit ihrer angeblichen emotionalen Wärme als die große Versorgungs- und Pflegeanstalt für die alten Menschen betont. In besonderen Notfällen hat die Familie bei dem Fehlen anderer Institutionen diese Aufgaben ohne Zweifel, wenn auch nur bei Anspannung aller Kräfte, erfüllen können. Der Normalfall sah jedoch anders aus; die Generationen haben sich, wo immer möglich, selbst geholfen. Gerade die Rolle der Familie als „Pflegeheim" für die alten Menschen des 17. und 18. Jahrhunderts wird oft überschätzt. Über Jahrzehnte währende Gebrechlichkeit und chronische Krankheiten sind Erscheinungen des ausgehenden 19. und des 20. Jahrhunderts, sie sind Begleiterscheinungen der Fortschritte in der Medizin, die ältere Menschen am Leben zu halten vermag, die in der vorindustriellen Zeit von der ersten schweren Grippeepidemie hinweggerafft worden wären. Das Alter zog sich nicht, von andauernden Krankheiten unterbrochen, über Jahrzehnte hin und auch das Sterben war nicht lang und schmerzhaft; das Ende kam rasch, der alte Mensch war kein Pflegefall [243].

Trotz allem haben sich auch in den Realteilungsgebieten Formen der bäuerlichen Altersversorgung herausgebildet, die zwar meist kein sorgenfreies Lebensende ermöglichten, aber doch eine Hilfe im Alter bedeuteten. Gebräuchlich war, eine Tochter zur Versorgung der alten Eltern ans Haus zu binden. Meist geschah dies durch Locken mit einem größerem Erbteil und durch Appelle an das Verantwortungsbewußtsein der Kinder; bisweilen haben die Eltern aber auch kräftig nachgeholfen. Die „dubbelige" Tochter, die sich um die Eltern kümmerte, war oft nicht von Natur aus geistig verkrüppelt, sondern sie war mit Alkohol und Mohn „dubbelig gemacht" oder wurde „als Dubbel gehalten", wie man im Schwäbischen Schwachsinnige bezeichnet. Eine solche Tochter konnte den Haushalt versorgen, ohne Ansprüche zu stellen [244]. Kinder dienten als Arbeitskräfte und als Unterstützung im Alter; sie wurden nach ihrer Arbeitsleistung bewertet und wuchsen fast „nebenbei" auf. Hier war wenig Platz für Rücksichtnahme, Zärtlichkeit und Einfühlungsvermögen; hier wurde auf den Zweck geachtet und nicht auf die Mittel; hier bewegten sich Emotionalität und Affektivität auf niedrigstem Niveau [245]. Die zwischenmenschlichen Beziehungen verliefen wortkarg, gefühlsarm und äußerst rigoros. Mitleid und Rücksichtsnahme wären in dieser Welt, die andauernd ums nackte Überleben kämpfte und in der zermürbender Hunger nicht nur in Berichten aus fremden Ländern vorkam, oft tödlich gewesen. Barmherzigkeit, Opferbereitschaft und Selbstlosigkeit ließ man den Pfarrer von der Kanzel predigen, der konnte sich dies mit einigen hundert Gulden Salär erlauben [246]. Die nicht zu unterdrückende Angst, sich im Alter auf den Bettelstab stützen zu müssen, war stärker als jede Mutterliebe und jedes Mitgefühl. In der Auseinandersetzung mit dem unerbittlichen Leben halfen nur Strenge und Härte, Furcht und Zittern; dadurch wurden die Gefühle beherrscht. Nicht ohne Grund waren die Bauern, wenn die Pfarrer in der Passionszeit die körperlichen Leiden Jesu schilderten, ganz Ohr, während auf sie die Seelenqual Jesu keinen Eindruck machte [247]. Das alles heißt nicht, daß kindliche Anhänglichkeit, innige Ehrfurcht und echte Dankbarkeit gegenüber den Eltern in der bäuerlichen Welt des 17. und 18. Jahrhunderts unbekannnt gewesen wären; es lassen sich genügend Gegenbeispiele anführen. Aber die Regel waren sie nicht; den bäuerlichen Alltag und das Nebeneinander der Generationen beherrschten nicht Gefühle, sondern sachliches Kalkül, Mißtrauen und das Wissen, aufeinander angewiesen zu sein. Die Menschen waren aus bäuerlicher Sicht letztlich nur Arbeitsmittel und wurden als solche eingesetzt.

Auch in den Realteilungsgebieten finden sich verschiedene Formen von Leibgedingen, die in der Härte ihrer Bedingungen, in ihrer Gefühlslosigkeit und im Grad des Mißtrauens gegenüber den eigenen Kindern den Ausgedingverträgen aus den Anerbengebieten nicht nachstehen. Es entspricht keinesfalls der Realität, daß in Gebieten mit einer extremen Bodenzersplitterung diese Form der Alterssicherung völlig unbekannt gewesen sei; sie nahm hier andere Formen an, war viel seltener anzutreffen, aber sie war existent. Auch hier zeigt sich, wie höchst flexibel die Familie auf die spezifischen Bedingungen ihrer Umwelt reagierte. In Wolfschlugen, einem evangelischen Pfarrdorf in der Nähe der württembergischen Stadt Nürtingen, wo die Teilung des Grundeigentums bereits weit vorangeschritten war und im Winter das Spinnen und Weben als Nebenerwerb betrieben wurden [248], schlossen einige ältere Ehepaare mit allen ihren Kindern gegen Übergabe eines Teils des Vermögens einen solchen Leibgedingvertrag ab. Im Jahre 1761 begründet ein Elternpaar diese Abmachung: „Da vor Sie die Eltern nicht rathsam, daß sie sich so bloß stellen, und ihrer Kinder freyem Willen überlaßen sollten, was und wie viel selbige, zu ihrer jährl. Unterhaltung gerne beytragen und abraichen möchten, mithin selbigen zu Gnaden zu leben, so seynd die Kinder schuldig und verbunden, ihren Eltern, so lange denselben

243 Vgl. Imhof (1986), S. 50f.
244 Ilien, Jeggle (1978), S. 76.
245 Vgl. auch Rosenbaum (1982), S. 114f.
246 Vgl. Ilien, Jeggle (1978), S. 59.
247 W. Roessler (1961), S. 51f.
248 Beschreibung des Oberamts Nürtingen (1848), S. 224.

Gott das Leben fristen wird, ...“ Nahrung und Unterkunft zu gewähren. Dann folgen die Sachlieferungen: 4 Eimer Roggen, 6 Scheffel Dinkel, 4 Eimer Gerste, 28 Pfund Schmalz und 20 Ellen Tuch; dazu behalten die Eltern eine Haushälfte für sich. Da man tagtäglich aus allernächster Nähe erlebte, daß die Alten von den Jüngeren als Last empfunden wurden und diese ihre Ansichten auch offen aussprachen, traf man die nötigen Vorkehrungen, so gut es eben ging. Man war sich bewußt, daß es ratsam war, auch nach Übergabe des Hofes weiterhin ein Machtmittel gegenüber den eigenen Kindern in der Hand zu haben, da unter dem zermürbenden Druck des Hungers und der zerstörerischen Kraft andauernden Mangels die Schale der Moral leicht zerbrach, und viele die Alten als nutzlose Esser zum Teufel wünschten. Da war der zu beneiden, der einer solchen Situation nicht hilflos ausgeliefert war, der nicht betteln, sondern gleichberechtigt oder als machtvolle Autorität fordern und seine Bedingungen durchsetzen konnte. Hier wie überall diente allein der Besitz als sicherster Schutzschild gegen Hunger, Armut und Elend im Alter. In dem angeführten Testament können die Eltern, falls ein Kind „sich saumseelig oder halsstarrig bezeugen — oder in all under Weegs nicht nach der kindlichen Pflicht und Obliegenheit ihnen begegnen und den respect außer Augen sezen würde“, dessen Anteil wieder an sich ziehen [249]. Derartige Beispiele lassen sich zur Genüge anführen. Da sichert sich ein 77jähriger Vater, der seine Feldgüter nicht mehr bebauen kann, ein lebenslängliches Wohnrecht in dem Haus, das er einem seiner Söhne überlassen hat, mitsamt „Liegestatt, wo es ihm gefällig“, während das Leibgeding aus Dinkel, Schmalz und Milch von allen Kindern gemeinsam getragen wird [250]. Ein weiterer übergibt im Jahre 1750 Haus und Äcker an seine fünf Kinder, die ihm als Gegenleistung alle zusammen ein Leibgeding aus Dinkel, Gerste, Erbsen, Schmalz und Holz versprechen. Zusätzlich sichert sich der Vater ein lebenslängliches freies Wohnrecht in dem Haus mit „Ligestatt in der gewohnlichen Stuben Kammer, zu Winterszeiten aber, wo es selbigen gefällig, auch in der Stube zu gestatten“ [251]. Seit dem ausgehenden 18. Jahrhundert beginnen die klein- und unterbäuerlichen Schichten die großbäuerlichen Altenteilregelungen nachzuahmen, da die fühlbare Hebung des Lebensstandards es ihnen ermöglicht [252]. In anderen Erbteilungsgebieten wie z.B. dem hessischen Heuchelheim übergaben die Eltern den Erben bei deren Heirat nur einen kleinen Teil der Felder und bewirtschafteten den Hof lebenslang weiter. Nach einer Verordnung des hessischen Landgrafen sollte ein Bauer seine Güter nicht vor dem 60. Lebensjahr abgeben [253]. Auch in Württemberg war diese Praxis zu beobachten.

Auf der Bühne der Theater, in den Moralischen Wochenschriften, den Anstandsbüchern und pietistischen Gemeinden war das Alter eine Macht, der man fast blindlings Verehrung und Gehorsam entgegenbrachte. Im rauhen Alltag, wo die Lehren der Aufklärer nicht gehört oder schnell wieder vergessen wurden, mußte diese Macht meist erkämpft, vielfach auch erkauft werden. Wer als alter Mensch mit leeren Taschen dastand, konnte nur noch auf Mitleid, kaum aber auf Hochachtung oder Ehrfurcht hoffen. Das Leben am Rande des totalen Elends machte die Menschen hart und unbarmherzig, versteinerte ihr Herz und ließ ihr Mißtrauen gegen die anderen wachsen, zumal diese immer auf dem Sprung waren, ihren eigenen Vorteil zu nutzen. Fernab der Poesie eines Christian Fürchtegott Gellert hat man sich darüber keinen Illusionen hingegeben. Die alten Menschen haben in ihren Testamenten und Übergabeverträgen lange vor ihrem Tod von ihren zum Teil bereits erwachsenen Kindern Gehorsam, Hilfe, „Liebe“ und Hörigkeit erzwungen. Im Jahre 1749 verteilt eine Witwe im württembergischen Nürtingen ihr gesamtes Vermögen unter ihre Kinder, sichert sich lebenslang Unterkunft, Nahrung und Pflege und läßt sich von ihren Kindern garantieren alle kindliche „Liebe und Gehorsam unter der verbindlichsten Danksagung für die erwiesene mütterliche Guttat und Versicherung, alles dasjenige, was hierhin vermeldet ist, lebenslang steif und fest zu halten“. Und falls die Kinder diese Bedingungen nicht erfüllen, „und überhaupt ihrer Mutter nicht allen denjenigen Respekt und Liebe beweisen, welche Kinder ihren Eltern durchaus schuldig sind, mithin dadurch dieser elterlichen Guttat unwürdig machen“, kann die Mutter das gesamte Vermögen wieder an sich nehmen [254]. Es ist die Regel, daß sich ein solcher „Tractat eo ipso“ aufhebt, wie es in einem der zahlreichen Paragraphen heißt, wenn die Kinder den Vater „nicht gebührend und so tractiren, daß er damit vergnügt seyn kann“ [255]. In einem anderen Übergabevertrag müssen sich die Kinder gegenüber der Witwe verpflichten, „in Liebe, Treue und Gehorsam gegen ihr nicht nachlassen oder müde werden, sondern viel mehr noch ferner damit anhalten, und Sie biß an ihr Ende als eine getreue Mutter fürchten, lieben und verehren, in welcher zweitem Fall sie dann auf sie ihren

[249] Übergabevertrag von 1761; Inventuren und Teilungen Nr. 914, GAW.

[250] Übergabevertrag von 1798; Inventuren und Teilungen Nr. 1377, GAW.

[251] Übergabevertrag von 1750; Inventuren und Teilungen Nr. 784, GAW.

[252] Vgl. zum frühen 19. Jahrhundert JOSEF MOOSER: Soziale Mobilität und familiale Plazierung bei Bauern und Unterschichten, in: Familie zwischen Tradition und Moderne, hg. von NEITHARD BULST, JOSEPH GOY und JOCHEN HOOCK, Göttingen 1981, S. 195.

[253] G. SCHMIDT (1975), S. 699.

[254] Testament von 1749; Inventuren und Teilungen Nr. 2547, StAN.

[255] Kostvertrag von 1755; Inventuren und Teilungen Nr. 2605, StAN.

mütterlichen Seegen geleget und gegeben haben wolle". Mit „unveränderter Liebe, Treue und Gehorsam" versprechen sie, „daß sie ihr biß an ihre letzte Todes Stunde mit aller möglichen Hülfe und Sorgfallt beyspringen, und bey allen Gelegenheiten mit Rath und That an Hand zu gehen, willig und bereit seyn wollen". Und sollten die Kinder „mit dem zu geben versprochenen Ausding nicht richtig einhalten und die übrigen conditionen nicht behörig erfüllen, also mit ihr nicht in gutem Verständnis bleiben, sondern sie auf ein oder andere Art belaydigen", so kann die Mutter das „Tradierte" zurückfordern. Zur Begründung dieser harten, aber durchaus geläufigen Bedingungen vermerkt die Witwe, „weilen die Herzen der Menschen eher zum Bösen als zum Guten, ja besonders bey denen Kindern lieber zum Einnehmen als zum Geben je und je geneigter seyend, deßto gesicherter" müßten solche Vermögensübergaben sein[256]. Das Alter fordert Liebe von der jüngeren Generation, weil diese Liebe nicht selbstverständlich ist. Die Eltern suchen immer sofort nach einem Pferdefuß, wenn die eigenen Kinder ihnen völlig grundlos Freundlichkeiten entgegenbringen[257]. Die Urangst vor dem Hunger regiert hier und bestimmt die Normen und Gepflogenheiten. Auch der Bauer will in diesem Jahrhundert, in dem das Sicherheitsdenken den Menschen erstmals nahegelegt wird, auf Sicherheit gehen. In einer Zeit, in der man erstmals sein Haus gegen Feuer versichert, das Getreide gegen Hagel sowie Frauen und Kinder gegen den Tod des Ernährers, versucht sich auch der Bauer auf seine Art vermehrt zu schützen gegen die Lieblosigkeit und den Egoismus der eigenen Kinder. Noch immer versteht man unter der Liebe, die hier eingefordert wird, nicht psychische Hingabe, sondern Solidarität und häusliche Pflichten[258], sie trägt asketische Züge, ist ausgerichtet auf die sozialen Zwecke der Familie und läßt sich sehr wohl an die Kandare materieller Zwänge nehmen. Die bäuerliche Sitte erzieht die Kinder in hoher Ehrerbietung und strenger Unterordnung gegenüber den Eltern; hier dominiert das Gefühl der Autorität; zärtliche Hingabe und Beweise der Zärtlichkeit gegen die Kinder bleiben dem Bauern weitgehend unbekannt. Die Ehrfurcht und Achtung vor den Eltern, absoluter Gehorsam sind das stabile Fundament der bäuerlichen Erziehung; der Wille des Hausvaters ist maßgebend[259].

Die Bedeutung von Erbregelungen, Vermögensübergaben und damit die Macht der Alten waren in der vorindustriellen Gesellschaft so groß, weil die Heirat an den Nachweis einer „ausreichenden Nahrung" gebunden war, auf dem Land in der Regel an den Besitz eines genügend großen Hofes, der in dieser Welt mit ihren zahlreichen offenen und versteckten Ängsten die einzige Sicherheit bot. Da das Land knapp und nicht beliebig vermehrbar war, setzte die nachwachsende Generation auf eine reiche Heirat und eben auf das Erbe. Das in Mittel- und Westeuropa im Vergleich zu Südeuropa und den meisten anderen Teilen der Welt sehr hohe Heiratsalter von circa 25 Jahren bei den Frauen und knapp 30 Jahren bei den Männern belegt die Schwierigkeiten zur „Nahrung" zu gelangen; es ist Beleg für die unzureichende Zahl an „Lebensstellen" wie auch für die Zähigkeit, mit der die ältere Generation an diesen Stellen klebte und kleben mußte. In den Realteilungsgebieten blieben die erwähnten Leibgedinge immer die Ausnahme; sie waren von den meisten Höfen nicht zu tragen. Die Kinder mußten mit der Heirat warten und vielfach relativ lange unentgeldlich auf dem elterlichen Hof mitarbeiten, bis genügend Vermögen angesammelt war, um jedes Kind mit einem Erbteil auszustatten, ohne sich zu überschulden, und bis genügend Rücklagen für ein ungewiß langes Leben gebildet waren[260]. Oftmals blieb den Kindern als einzige Möglichkeit, bis zum Tode des Vaters zu warten. Im hessischen Heuchelheim lag das durchschnittliche Heiratsalter der Männer bei Erstehen im gesamten 18. Jahrhundert mit 26,6 Jahren erstaunlich niedrig, wobei es in dem krisenhaften Jahrzehnt von 1741 bis 1750 mit 28,6 Jahren seinen höchsten Wert erreichte[261]. Die Bauern im württembergischen Realteilungsgebiet um Nürtingen waren in der zweiten Hälfte des 18. Jahrhunderts mit 26,8 Jahren etwa im gleichen Alter, als sie vor den Traualtar traten[262]. In Niedersachsen heirateten bei den Vollbauern die Männer in der ersten Hälfte des 18. Jahrhunderts im Durchschnitt mit 28,0 Jahren und in der zweiten Jahrhunderthälfte, als die ansteigende Agrarkonjunktur vermehrt und frühere Altenteilsregelungen erlaubte, mit 26,6 Jahren; die Kleinbauern dagegen kamen mit 30,7 bzw. 29,6 Jahren deutlich später zur Ehe[263], sie mußten öfter warten, bis der Altbauer gestorben war. Sicherlich muß man derartige Durchschnittswerte mit größter Vorsicht interpretieren, da das 17. und 18. Jahrhundert noch keinen weitgehend „standardisierten" Lebenslauf kannte; der eine heiratete bereits im Alter von 18 Jahren, weil sein Vater gestorben war, der andere mußte bis 50 warten, bis sein Vater ihm den Hof übergab[264].

Gegen Ende des 18. Jahrhunderts wuchs in den Realteilungsgebieten ebenso wie in den Anerbengebieten die Zahl der Leibgedingverträge unverkennbar an.

---

256 Vermögensübergabe von 1763; Inventuren und Teilungen Nr. 3156, StAN; vgl. auch BORSCHEID: Altern (1983), S. 248f.

257 ILIEN, JEGGLE (1978), S. 60.

258 Dazu BORSCHEID: Geld (1983), S. 113.

259 BACHERLER (1914), S. 137.

260 Vgl. auch ROSENBAUM (1982), S. 71.

261 IMHOF (1975), S. 315.

262 Auswertung der Nürtinger Pfarregister; LKAS.

263 NELL (1973), S. 73.

264 Vgl. IMHOF (1984), S. 56ff.

Dahinter verbargen sich in erster Linie wirtschaftliche Ursachen. Als mit der Einführung neuer Feldfrüchte in Produktion und Konsumtion sowie der Ausbreitung des Heimgewerbes die Tragfähigkeit der einzelnen Stellen stieg, und mancher Hof ohne größeres Problem geteilt werden konnte, eröffnete sich für manchen Altbauern erstmals die Möglichkeit, seinen Hof frühzeitig seinem Nachfolger zu übergeben, ohne das wirtschaftliche Gleichgewicht zwischen Erträgen und Menschenbesatz zu stören. Vor allem nach Einführung der Kartoffel ließen sich mit den vorhandenen Ackerflächen mehr Kalorien produzieren [265]. Der vermehrte Anbau von Kohl, Rüben und Hülsenfrüchten sowie das Ausweichen auf Sonderkulturen wie den Flachsanbau senkte den Flächenbedarf zusätzlich, und gerade bei den zahlreichen kleinen Stätten spielte die Gartennutzung eine ganz entscheidende Rolle [266]. Die Hausindustrie, vor allem die Hausweberei, hat diese Klein- und Kleinststellen weiter absichern helfen. Wo zudem für den Markt produziert wurde, konnten die Bauern von den steigenden Agrarpreisen profitieren. Daraus zog zwar in erster Linie der Großgrundbesitzer Nutzen, daran ist nie gezweifelt worden; aber auch in den Realteilungsgebieten war die zweite Hälfte des 18. Jahrhunderts eine Zeit langsam steigenden Wohlstandes, wenn auch noch immer wie überall in der ländlichen Welt der Hunger allgegenwärtig war, urplötzlich alles in seinen Bann zog und nur durch Verzicht auf neue Kleidung und Hausrat, Strecken der Vorräte, geringere Portionen und Kartoffeln statt Fleisch zu überwinden war [267]. Unser Wissen über die Entwicklung der materiellen Lage der ländlichen Bevölkerung besonders in den Gebieten der Erbteilung ist relativ unsicher. Wir kennen den Verlauf der Marktpreise für landwirtschaftliche Produkte und für Löhne und können davon ableiten, daß sich die Landwirtschaft seit der zweiten Hälfte des 18. Jahrhunderts im Aufschwung befand, weil die Preise und damit die Einnahmen der Bauern mit der Bevölkerungsvermehrung stiegen und diese erhöhten Preise auch gezahlt werden konnten. Wir verfügen auch über Berechnungen, in die zusätzliche Kennziffern des landwirtschaftlichen Rechnungswesens des 18. Jahrhunderts eingegangen sind wie Betriebsgröße, Erträge und feudale Belastungen, doch blieb das Gewicht der Schätzgrößen immer bedeutend [268]. Da jedoch immer noch ein Teil der Höfe autark lebte, kaum mit dem Markt in Berührung kam und in Notzeiten eventuell noch Getreide zukaufen mußte, gerät vieles über die Lage der Bauern zur Spekulation. Anhand von Vermögensinventaren, die aus erbrechtlichen Gründen in Württemberg seit dem ausgehenden 17. Jahrhundert bei der Heirat und beim Tod eines jeden Ehepartners aufgenommen wurden, läßt sich dagegen auf der Grundlage von Tausenden dieser detaillierten Vermögensaufstellungen [269] und mit Hilfe entsprechender statistischer Verfahren [270] die Entwicklung des durchschnittlichen bäuerlichen Vermögens aufzeigen. In der württembergischen Kleinstadt Nürtingen, wo neben der dominierenden Gruppe der Handwerker und der Unselbständigen die bäuerliche Bevölkerung wie in allen diesen Städten stark vertreten war, begann sich der eigentliche Aufschwung nach dem absoluten Tiefpunkt zur Mitte der 1730 Jahre, als die Bevölkerung nach allen Berichten als äußerst arm beschrieben wurde [271], erst zu Beginn der 1760er Jahre ganz deutlich abzuzeichnen (Graphik 21). Im Zehnjahresdurchschnitt stieg das Nettovermögen [272] der einzelnen Bauernfamilien von 544 Gulden (1730/39) auf 764 Gulden (1750/59) und 1.121 Gulden zwei Jahrzehnte später, um sich vor allem im ersten Jahrzehnt des 19. Jahrhunderts erneut kräftig zu erhöhen (Graphik 23, S. 216). Auch in der württembergischen Gemeinde Eschenbach nahe Göppingen, wo neben ungeteilten „Urhöfen" viele kleine Sölden unterschiedlicher Größe anzutreffen waren [273], kletterten die Durchschnittsvermögen markant in die Höhe, während die Besitzverhältnisse in Wolfschlugen, wo alle Bauern auch Heimweberei und -spinnerei betrieben, wegen der sehr schnell fortschreitenden Zersplitterung des Grundbesitzes eher stagnierten (Graphik 25, S. 225). Sicher verbarg sich hinter allen diesen Verbesserungen kein sanfter Aufstieg in eine behäbige Lebensweise, da immer wieder Not- und Hungerjahre wie z.B. 1770/72 den langfristigen Aufwärtstrend unterbrachen. Die Fieberkurve der Getreidepreise mit ihren heftigen

[265] Dazu Hans J. Teuteberg und Günter Wiegelmann: Einführung und Nutzung der Kartoffel in Deutschland, in: Dies: Unsere tägliche Kost, Münster 1986, S. 93-134.

[266] Vgl. Ingomar Bog: Die bäuerliche Wirtschaft des Nürnberger Umlandes am Ende des Alten Reiches, in: Altnürnberger Landschaft. Mitteilungen 1954, H. 1, S. 7f.

[267] Siehe Pallach (1986), S. 11-44.

[268] Vgl. Friedrich-Wilhelm Henning: Die Bestimmungsfaktoren der bäuerlichen Einkommen im 18. Jahrhundert, in: Jahrbuch für Wirtschaftsgeschichte 1970, Teil 1, S. 165-183.

[269] Für die Stadt Nürtingen wurden im Rahmen eines Forschungsprojektes des Verfassers etwa 15.000 dieser sogenannten Inventuren und Teilungen für die Zeit vom ausgehenden 17. bis zum 19. Jahrhundert ausgewertet. Da für die verschiedenen Epochen und Berufsgruppen auch die materielle Lage im Lebenszyklus erechnet wurde, war eine derartig hohe Zahl notwendig. Für die beiden ländlichen Gemeinden Wolfschlugen und Eschenbach sowie die Hausierergemeinde Neuenhaus kamen weitere 7-8.000 Inventare hinzu.

[270] Eine Modifikation des Beckerschen Schemas über den Zusammenhang von Bestands- und Bewegungsmassen; dazu Paul Flaskämper: Allgemeine Statistik, Teil 1, Hamburg 1949, S. 36ff. und Borscheid (1978), S. 396ff.

[271] Vgl. Kocher (1924), Bd. 1, S. 122f.

[272] Wert der Immobilien + Wert des mobilen Habes + Geldvermögen abzüglich der Schulden.

[273] Dazu Hermelink (1965), S. 28-43.

Graphik 21

Vermögensentwicklung der Bevölkerung von Nürtingen nach Berufsgruppen 1670-1820

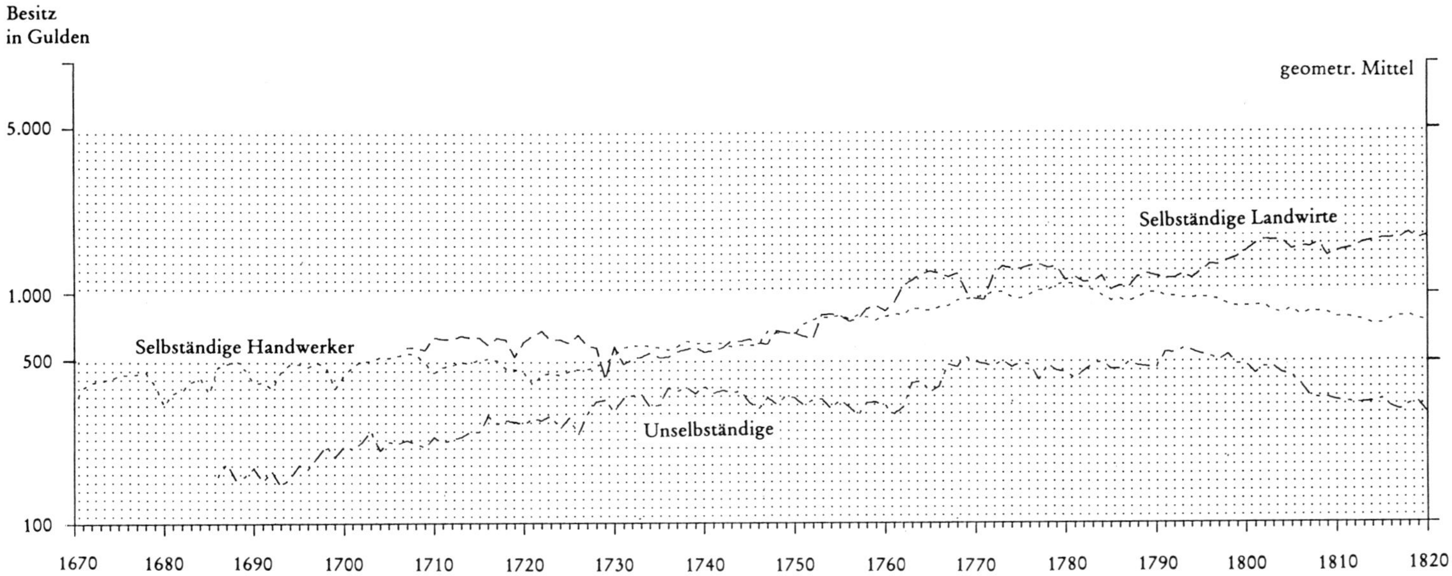

Quelle: Alle Inventuren und Teilungen, StAN.

Ausschlägen[274] läßt die vielen Fallgruben des vorindustriellen, von der Landwirtschaft abhängigen Lebensstandards erahnen. Aber selbst in den Realteilungsgebieten lebten die Bauern gegen Ende des 18. Jahrhunderts doch merklich besser als in den einhundert Jahren nach dem Dreißigjährigen Krieg, wenn es auch bei der Verdoppelung des durchschnittlichen Vermögens zu bedenken gilt, daß das Ausgangsniveau äußerst tief gelegen hatte und daher der normale Landwirt auch zu Ende dieser Epoche noch immer ein sehr kärgliches Leben führte, das voller sozialer Härten war. Wenn ein fast Mittelloser sein Vermögen verdoppelt oder verdreifacht, bleibt er immer noch arm. Trotzdem genügte dieser Aufschwung, um einigen alten Bauern einen etwas arbeitsärmeren oder wenigstens einen etwas sichereren Lebensabend zu ermöglichen. Als auf den Märkten für Getreide und Brot die Verkäufer den Preis diktierten, als auf die mageren Jahrzehnte wieder die fetten folgten, füllten sich die Wohnungen der Bauern wieder mit Mobiliar. Die Sterbefallinventare der zweiten Jahrhunderthälfte verzeichnen mehr Kleider und Wäsche in den Truhen, mehr Geschirr in der Küche und mehr Stühle und Bänke in der Stube. Die Möbel sind jetzt bemalt und man besitzt zwei Hosen anstatt einer, hat Bettwäsche zum Wechseln und genehmigt sich Kaffee und Tabak. Aufmerksame Zeitgenossen wie der bereits erwähnte Johann Friedrich Mayer haben diese materielle Zivilisation auf dem Land durch Zahlenmaterial in eindrucksvoller Weise bestätigt[275].

Auch den älteren Bauern ist diese erhöhte Tragfähigkeit ihrer Höfe nicht verborgen geblieben. Als die Agrarpreise stiegen und die Löhne der Tagelöhner und Handwerker immer mehr zurückblieben, entschlossen sich einige, ein Leibgeding auszuhandeln, da jetzt bereits Höfe von 1,5 bis 2 Hektar eine positive Rendite ereichten[276]. Andere haben ihre Höfe auch in den Anerbengebieten noch zu Lebzeiten geteilt und an die eigenen Kinder verkauft, da die beiden Hälften ihnen mehr einbrachten als der ungeteilte Hof[277]. In Schlesien, wo sich das Bauernlegen fortsetzte, richteten die Gutsherren auf der eingezogenen Bauernstelle oft zwei oder drei Büdner- oder Häuslerstellen ein[278]. Es ist dies die Zeit, in der die Physiokraten an Einfluß gewinnen und gegenüber der einseitigen Förderung des Handels und der Manufakturen durch die Merkantilisten wiederum die Bedeutung der Landwirtschaft betonen. Als Josef II. sich hinter dem Pflug als Ackermann abbilden ließ, war dies ein eindeutiges Signal. Hier laufen die geistigen Strömungen des 18. Jahrhunderts zusammen, vor allem die Rückwendung zur Natur, wie sie Rousseau gefordert hatte. Gleichzeitig breitete sich in

274 Vgl. DIETRICH EBELING, FRANZ IRSIGLER: Getreideumsatz, Getreide- und Brotpreise in Köln 1368-1797, 2 Bde., Köln, Wien 1976.

275 Vgl. STEINLE (1971), S. 219 und 222.

276 Ebd. S. 221.

277 Vgl. ebd. S. 187.

278 SCHISSLER (1978), S. 81.

den norddeutschen Gutsbezirken als Folge des landwirtschaftlichen Booms ein ausgesprochener Luxus aus. Kredite flossen von der Stadt in Richtung Land, weil hier die höchsten Gewinnaussichten bestanden; ein umfangreicher, höchst spekulativer Güterhandel war Ausdruck einer deutlich verbesserten Einkommenslage in der Landwirtschaft[279], und starke Preissteigerungen für schöne Möbel, Porzellan und Überseewaren belegen, daß diese Mehreinnahmen auch in vermehrten Konsum umgesetzt wurden[280]. In Oberschlesien stiegen die Güterpreise zwischen 1765 und 1780 um rund 17 Prozent, von 1781 bis 1806 dagegen um 180 Prozent[281]. Dem kleinen Bauern wurde zwar nur ein Abglanz von alledem zuteil, aber das Leben wurde doch ein wenig befreit von seiner Mühsal und seiner ziellosen Schufterei. Nicht nur die großen Landbesitzer und die Getreidehändler standen auf der Gewinnerseite, auch die Kleinbauern und kleinen Pächter, sieht man einmal von den kurzfristigen Krisen- und Notjahren wie 1770/71 ab. Das soll nicht heißen, daß sich der Lebensstandard aller Landbewohner hob. Die Gesellschaft spaltete sich jetzt wieder stärker in wirtschaftlich Begünstigte und Benachteiligte auf. Die unterbäuerlichen Schichten wuchsen stark an, da der allgemeine Wohlstand mit der Bevölkerungsvermehrung nicht Schritt hielt; die sozialen Kluften vertieften sich und die Zeit des Pauperismus kündigte sich an. „Das Mißverhältnis der Glücksgüter“, schrieb ein deutscher Nationalökonom im Jahre 1805, „wird in unseren Tagen täglich größer und die ärmere Klasse fühlt es desto tiefer, je mehr ihr die Bereicherung der Gutsherren und Pächter in die Augen springt, die nach der Verschiedenheit des Geschmacks, der Erziehung, der Grundsätze und der individuellen Konvenienz sich entweder durch Sammeln und Anhäufen von Schätzen und Kapitalien oder durch einen übertriebenen Luxus im Essen, Trinken, Schmausereien, Kleiderpracht, kostbaren Hausgerätschaften und Equipagen, hohem Spiel usw. äußert.“[282]. Der größte Teil der Bauern hatte im Alter kaum etwas zu vererben, hielt nicht genügend Besitz als Faustpfand in der Hand, konnte nicht mit Enterbung drohen, mußte im Greisenalter froh sein, am Tisch der Kinder das harte Gnadenbrot essen zu dürfen und im Winkel zwischen Ofen und Wand ein Bett aufgeschlagen zu bekommen[283]. Die meisten alten Bauern waren eine Last, eine schwere soziale Belastung für die Kinder, die nichts anderes als ihren möglichst raschen und friedlichen Tod erhofften. Gab es keine Familie, sprang die Gemeinde helfend ein, heftete dem Betroffenen aber gleichzeitig das stigmatisierende „Blechle“ eines sozialen Außenseiters ans Revers und reihte ihn in das Heer der Bettler ein. Dahinter steckten keine Niedertracht und keine Bosheit; hierin kamen nur die dornenvollen und mühsamen Umweltbedingungen zum Vorschein, die harte Herzen zum Überleben verlangten. Menschliche Wärme, Liebe und edle Gesinnung kann sich erlauben, wer im Wohlstand lebt, kaum jedoch der, der ausgehungert und besinnungslos ums eigene Dasein kämpft, oder wie sich Albert Ilien und Utz Jeggle ausgedrückt haben: “Die Not macht den eigenen Bauch am hungrigsten.“[284].

Es bleibt die Frage, in welchen materiellen Bedingungen die bäuerliche Bevölkerung in den Realteilungsgebieten im Alter gelebt hat und ob sie besser oder schlechter als die Jüngeren gestellt war. Auch dazu lagen bisher keine statistischen Berechnungen vor, wogegen alle Einzelaussagen von Zeitgenossen keinerlei generelle Aussagen erlauben. Wenn auch hier lediglich Daten für eine einzige Kleinstadt vorliegen, so sind die Bauern dieses württembergischen Städtchens Nürtingen doch typisch für die vielen kleinen Bauern überall in Deutschland, die ihr ganzes Leben lang hart um ihr Brot kämpfen mußten, die von der Natur nicht begünstigt waren und keine große Stadt in ihrer Nähe hatten, die ihnen ihre Produkte einer intensiveren Landwirtschaft gegen gute Bezahlung abnehmen konnte. Die Vermögensentwicklung dieser Bauernfamilien nimmt im Lebenszyklus einen ganz typischen Verlauf (Graphik 22)[285]. In der landwirtschaftlichen Aufschwungphase der zweiten Jahrhunderthälfte waren die ersten Ehejahre stets die eigentliche Problemphase, nicht dagegen das Alter. Die erwachsenen Kinder hatten von ihren Eltern relativ wenig Aussteuer erhalten, weil in dieser überbevölkerten Landschaft, die nur über immer neue Auswanderungsschübe wieder genügend Luft zum Leben und Atmen bekam, immer ein bis zwei Kinder pro Familie zuviel zur Welt kamen[286]. Und weil in jeder Familie nur wenig vorhanden war, und sich die Eltern immer einen Großteil für sich selbst zurückbehielten, mußte jedes Kind mit relativ wenig auskommen und vom Ehepartner war niemals mehr zu erwarten. Im Interesse der eigenen materiellen Sicherheit heiratete niemand nach unten; da aber niemand nach unten wollte, konnte

279 Vgl. ABEL: 1648-1800 (1971), S. 529f; SERING (1908), S. 353.

280 STÜRMER (1979), S. 271.

281 SCHISSLER (1978), S. 79.

282 W. L. BUCHER: Ueber die jetzige Theurung des Getraides mit besonderer Anwendung auf die preußischen und sächsischen Staaten, Gotha 1805, S. 34; zit. nach LESCHINSKY, ROEDER (1976), S. 237.

283 Vgl. GLÄNTZER (1980), S. 122.

284 ILIEN, JEGGLE (1978), S. 73.

285 Die Vermögensdiagramme im Lebenszyklus wurden errechnet mit Hilfe von Vermögensinventaren, die bei der Heirat und beim Tod erstellt wurden. Neben den Heiratsinventaren wurden nur Inventare beim Tod eines Ehepartners benutzt, also keine Inventare von Witwen oder Witwern. Die Zuordnung zu der jeweiligen Altersgruppe erfolgte nach dem Alter des Mannes. Unvollständige Altersangaben haben die Zahl der berücksichtigten Inventare stark vermindert.

286 Vgl. auch für Hessen IMHOF (1975), S. 354.

Graphik 22

Durchschnittsvermögen der Landwirte und Handwerker in Nürtingen nach Alter 1750/1820

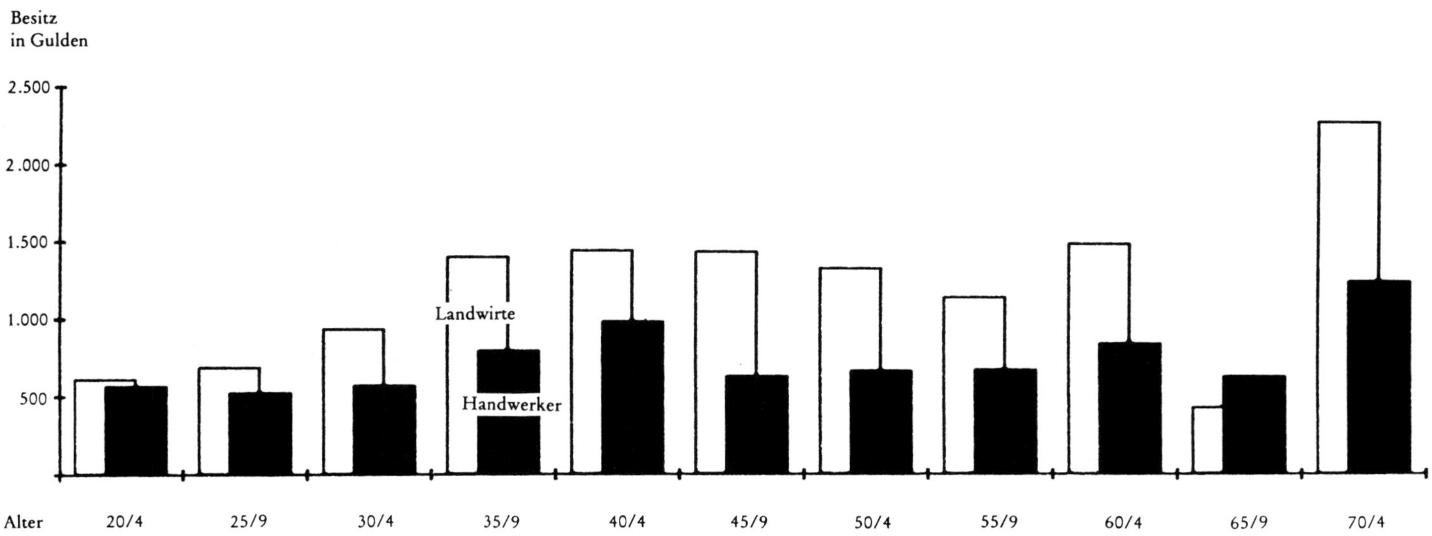

Quelle: Alle Inventuren und Teilungen, StAN.

auch niemand nach oben. So verband sich stets Gleich mit Gleich und verlegte den Traum von der Heirat des Aschenputtel mit dem Prinzen in die Welt der Märchen [287]. Geburt und sogenannte Aufzuchtphase der Kinder haben die materielle Zwangslage zu Beginn der Ehe weiter verlängert. Erst als aus den Mitessern auch Mitarbeiter wurden und Erbschaften anfielen, besserte sich die Lage dieser Familien ganz erheblich. Durch die relativ lange Mithilfe der Kinder errichteten sie sich ein relativ stabiles Fundament, das auch die Mitgiftzahlungen an die heiratenden Kinder einigermaßen unbeschadet verkraftete. Zwar sank das durchschnittliche Vermögen der bäuerlichen Familien in der Lebensphase, als der Mann ungefähr das 65. Lebensjahr erreicht hatte, auf ein absolutes Minimum ab, aber von diesem Vermögensabfluß erholten sich die meisten sehr rasch. Das alte Ehepaar lebte genügsamer, die Kinder saßen nicht mehr mit am Tisch und bisweilen hatte man sich ein Leibgeding ausgehandelt. Während die Jüngeren über mehr als ein Jahrzehnt in sehr gedrückten finanziellen Verhältnissen lebten, kamen die Alten aus diesem Tief in der Regel bereits nach wenigen Jahren wieder heraus [288]. Ihre Macht in der bäuerlichen Welt scheint auch durch diese Zahlen hindurch. Sicherlich lassen sich immer eine Menge Gegenbeispiele anführen, in denen Familien zu Beginn der Ehe ein sorgenfreies Leben führten und das Alter in bitterster Armut verbrachten, aber was auch immer die Ursachen dafür waren, ob Krankheit, Verschwendung oder individuelles Unglück, die Regel war ein solcher Lebenslauf nicht. Und nochmal: Selbst die reativ guten finanziellen Verhältnisse dieser alten Bauern bedeuteten in den Alltag übersetzt noch immer einen harten Kampf und unaufhörliche Sorge ums Überleben, keinesfalls einen geruhsamen Lebensabend im Lehnstuhl vor dem Kamin. Die Welt, wie sie etwa Johann Heinrich Voss in seinen Gedichten gemalt hat, entsprang dem Wunschdenkens des Bürgertums, das nur die dampfende Scholle und nicht den Schweiß des Bauern sah.

Nach den Bauern stellten die Handwerker die zweite große Gesellschaftsgruppe; auch sie war sehr stark dem traditionellen Wertesystem verhaftet; auch in ihr bestimmten die Produktionsformen und die soziale Lage die Art der Altersversorgung. Die Zunft als totalitäre, alle Lebensbereiche umfassende und regelnde Zwangskorporation hielt diese handwerkliche Welt zusammen, schützte sie und setzte die Normen; sie formte in der altständischen Gesellschaft eine eigene Subkultur. Die Aufklärer haben die Zunft zum Inbegriff für Rückständigkeit und Unbeweglichkeit erklärt. Seit etwa 1750 haben die Fortschrittsgläubigen mit zunehmender Lautstärke die Einschnürung des Marktes, den Geist des Monopols und die mangelnde Konkurrenz gegeißelt.

---

[287] Zum Heiratsverhalten BORSCHEID: Geld (1983), S. 112ff.

[288] Die langwährenden wirtschaftlichen Probleme der jungen Ehepaare bestätigt für das hessische Heuchelheim auch G. SCHMIDT (1975), S. 700.

lichkeit wiedergeben, da wohl kaum anzunehmen ist, daß derartige Bevölkerungsmassen diese langen Zeitspannen mit Betteln oder gar Diebstahl überbrückt haben, so zeigen die Berechnungen doch, wie sehr das städtische Handwerk unter den Preissteigerungen der wichtigsten Nahrungsmittel, der zunehmenden außerzünftigen Konkurrenz und letztendlich unter dem Bevölkerungsdruck zu leiden hatte. Andererseits dürfte ein Teil der Handwerker in den vielen Mittel- und Kleinstädten nicht ganz ohne eigenen oder gepachteten Grundbesitz gewesen sein. Die Vielfalt der möglichen Nebeneinnahmen oder der Kostenersparnisse durch Selbstversorgung machen exakte Berechnungen des Lebensstandards der vorindustriellen Bevölkerung unendlich schwierig und fast unmöglich. Einzig Vermögensuntersuchungen auf der Grundlage von Tausenden von Inventaren geben ein verläßliches Bild; sie zeigen für den süddeutschen Raum, daß nach einer langen Depression, in der Krieg und staatliche Mißwirtschaft die klassischen, durch Mißernten oder Preisverfall für landwirtschaftliche Produkte ausgelösten Krisen des alten Typs verschärft hatten, sich die materielle Lage der Handwerker ab Mitte des Jahrhunderts für vier Jahrzehnte besserte (Graphik 21 und 23). Das waren die goldenen Jahrzehnte des 18. Jahrhunderts, als alle Sozialschichten vom Aufschwung der Landwirtschaft profitierten, als die vermehrten Einnahmen der Bauern wieder in Form von Aufträgen in das Gewerbe zurückflossen und sich Bevölkerungs- und Konkurrenzdruck noch in Grenzen hielten. Der allgemeine wirtschaftliche Aufschwung erzeugte ein optimistisches Klima und ließ die Philosophie der Glückseligkeit zur ökonomischen Leitidee dieser Jahrzehnte werden [307]. Ab dem Jahre 1770 begann das Handwerk etwa zwei Jahrzehnte lang unter Schwankungen zu stagnieren, um ab 1790 in seinem Lebensstandard deutlich abzusinken. Wie für Frankfurt nachgewiesen, spalteten sich die Betriebe in eine kleine Gruppe, die immer reicher wurde, und in einen breiter werdenden Teil, der hart an der Armutsgrenze lebte oder darunter [308]. Jetzt setzte eine Spiralbewegung ein, die stetig nach unten zeigte, jetzt nährte die Krise die weitere Krise, jetzt steuerte das Gewerbe auf die Zeit des Pauperismus zu. Der kontinuierliche Preisschub für Land und Brot mußte als untrügliches Warnzeichen gelten, daß diese Krise über lange Zeit andauern werde, daß sie eine Umverteilung des Wohlstandes zwischen Stadt und Land in Gang setzte. Die Bevölkerungsexplosion begünstigte die Landbesitzer und ließ die Landlosen verarmen. Die Zeitgenossen klagten über den Zerfall der kleinen Gewerbestädte und das Zurückbleiben der Städter gegenüber den Bauern [309]. Die „lange Agonie des Alten Handwerks" [310] begann, das sich jetzt mit den Eigentumslosen eindeutig auf der Verliererseite befand.

Graphik 23

Vermögensentwicklung der Bevölkerung von Nürtingen nach Berufsgruppen 1670/79-1810/19

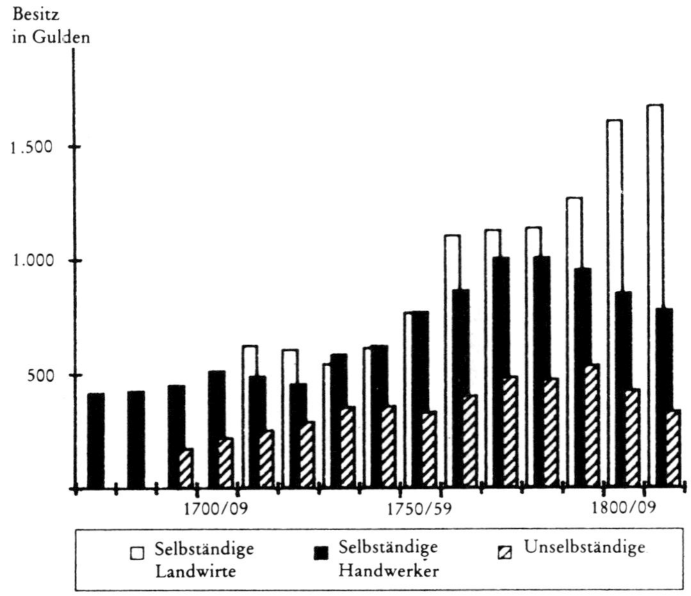

Quelle: Inventuren und Teilungen, StAN; vgl. auch Anm. 269f., S. 210.

Trotz aller Abwehrmaßnahmen der Zünfte war das Handwerk zu Ende des 18. Jahrhunderts weiter denn je davon entfernt, ein homogenes soziales Gebilde zu verkörpern; sehr arme und sehr reiche Handwerker lebten auf engstem Raum nebeneinander, der wohlhabende Bäcker in einem reich verzierten und festen Haus, der ärmliche Weber in einer feuchten und zugigen Bude. Vor allem in den schon während des 17. Jahrhunderts sehr schnell wachsenden und daher überbesetzten Branchen des Textil- und Baugewerbes konzentrierten sich die am Rande der Armut dahinvegetierenden Kümmerexistenzen, während die sehr viel langsamer wachsenden Nahrungs- und Dienstleistungsgewerbe zu den Spitzenverdienern gehörten [311].

---

307 STÜRMER (1979), S. 270.

308 HUSSONG (1936), S. 86ff.

309 So etwa JOHANN GOTTFRIED HOFFMANN: Das Interesse des Menschen und Bürgers bei den bestehenden Zunftverfassungen, Königsberg 1803, S. 123 f.

310 STÜRMER (1979), S. 276.

311 In der Stadt Ansbach erhöhte sich die Zahl der Handwerker in diesen Branchen im Zeitraum von 1651 (= 100) bis 1741 auf 428 im Textil-, 407 im Bau-, aber nur 271 im Dienstleistungs- und 197 im Nahrungsbereich. Während im Jahre 1741 die Textilhandwerker 21,3 Prozent aller Gewerbetreibenden stellten, betrug ihr Vermögensanteil lediglich 16,1 Prozent; bei den Bauhandwerkern

Wohnung und sorgten nur für die eigene Familie. Berufliche Kontinuität und betriebliche Diskontinuität waren charakteristisch für die Generationsfolge im Handwerk [328]. Das heißt nicht, daß die Handwerker früher heiraten konnten als die Bauern. Die lange Ausbildung und der Zwang, das für die Familiengründung notwendige Vermögen zu einem Großteil selbst aufbringen zu müssen, begünstigten keinesfalls ein niedriges Heiratsalter. In Gewerben, die an einen festen Standort gebunden waren und größere technische Einrichtungen erforderten wie bei den Bäckern, Müllern, Badern oder Schmieden, war auch die jüngere Generation vom Wohlwollen der älteren abhängig. Natürlich sorgte die relativ geringe Lebenserwartung dafür, daß die Übernahme des elterlichen Betriebes auch in den Massenberufen nicht zu der ganz großen Ausnahme zählte. Anders wäre es kaum zu erklären, daß viele Handwerker besonders in den Klein- und Mittelstädten Alleinbesitzer oder Teilhaber von Häusern waren, — 50 Prozent in Göttingen im Jahre 1763 und sogar 70 Prozent in Hildesheim zu Ende des 18. Jahrhunderts [329] — wenn diese Häuser bisweilen auch nicht viel mehr waren als billige Buden, von Nachbarhäusern oder den Stadtmauern gestützt und vor dem Umfallen geschützt.

Es bleibt die Feststellung, daß sich aus den unterschiedlichsten Ursachen die Generationen in der handwerklichen Welt nicht gesucht haben, und trotzdem, so ist zu vermuten, war ihr Verhältnis vielfach herzlicher, weil sie im Alltag den Kleinkrieg vermeiden konnten, der immer wieder durch die bäuerlichen Übergabeverträge und Testamente hindurchscheint. Leopold Rosenmayr hat dieses Verhältnis treffend mit „Intimität auf Abstand" umschrieben. Wieweit es jedoch bereits für das 17. und 18. Jahrhundert Gültigkeit hatte, bleibt ungewiß; manche Fakten sprechen dagegen: der „verschwenderische" Umgang mit dem neugeborenen Leben, das frühe Ausscheiden der Kinder aus dem Elternhaus, die zum Teil rauhen bis brutalen Erziehungsmethoden sowie die Kargheit des Lebens, die den Egoismus begünstigte. Auch lassen die Leibgedingverträge aus der handwerklichen Welt nur selten etwas von Zuneigung erahnen; Mißtrauen und das eigene Wohl stehen auch hier eindeutig im Vordergrund. Für den Bauern waren die eigenen Kinder Garanten einer Altersversorgung, wenn sie auch zugleich als seine Kontrahenten auftraten. Was dagegen brachten sie dem Handwerker? Sie sicherten ihn kaum einmal im Alter ab; das tat er im 18. Jahrhundert noch immer selbst. Erst im 19. Jahrhundert sollte sich das entscheidend ändern. Im Handwerk dienten die eigenen Kinder im Alter vornehmlich zur Hinterbliebenenversorgung, zur Unterstützung insbesondere der älteren Witwen; hier lag das große Problem der Zeit. Der Boom der vielen Witwen- und Waisenkassen der merkantilistischen Zeit spricht dafür. Nicht ohne Grund konzentrierten sich die sozialen Aufgaben des „Alten Handwerks" neben der Unterstützung von kranken Menschen gerade auf die Hilfestellung für Witwen und unversorgte Kinder. Leibgedingverträge zwischen älteren Handwerkereheparen und ihren erwachsenen Kindern sucht der Historiker in den Archiven meist vergebens; worauf er stößt, sind Verträge, die ältere Witwer oder Witwen mit ihren Kindern abgeschlossen haben. In der Härte der Bedingungen, die auch hier die starke Position des Alters unterstreichen, stehen sie den bäuerlichen Verträgen in nichts nach. Wenn im „Alten Handwerk" jemand Vermögen besitzt, dann ist es die ältere Generation, nicht die jüngere, sie diktiert auch hier mit ihrem Geld die Bedingungen. Sie hat aus Erfahrung heraus Vermögenswerte gehortet, weil sie von den Umständen immer wieder geknechtet und geknetet worden ist und die vielen „Heimsuchungen" und Prüfungen nicht nur aus ihrem Glauben heraus erklärt hat. Hören wir in einen solchen Vertrag aus dem Jahre 1810 hinein, mit dem ein Nürtinger Handwerker seinem Sohn und seiner Tochter sein Haus und einen Teil seines übrigen Vermögens überträgt, sich aber das Eigentumsrecht und das Wohnrecht ausdrücklich vorbehält: „Den Aufenthalt für seine Persohn erhält er, in der 1 Stok hohen oberen Stube, neben der Familie des Contrahenten ganz ungehindert; auch bleibt es ihm dem Vatter überlassen, in derselben zu schlaffen, oder zur Nachtruhe die gerade ob der angeführten Wohnstube angebrachten Blättlens Kammer zu wählen, ... Um das übergebene Vermögen nehmen die beiden Kinder ... die Verbindlichkeit auf sich, den Vatter je von halb Jahr zu halb Jahr abwechslungsweise nicht nur mit guter Kost zu besorgen, sondern denselben nach Bedürfniß seines Leibs in gesunden und kranken Tagen mit kindlicher Sorgfalt zu verpflegen. Insbesondere ist der Sohn Gottfried schuldig, dem Vater in seine Wohnung, wenn die Raihe an ihn kommt, die Kost zu senden, damit derselbe nicht sich schlechter Witterung oder sonsten Unbequemlichkeiten auszusezen nöthig hat." [330]. Ein anderer Witwer hatte im Jahre 1736 seine Grundstücke den Kindern übergeben und sein Haus verkauft, um Geld für seinen "künftigen Unterhallt und Nahrung" in der Hand zu haben. „Mithin wolle er seine Kinder mit Beyträgen zu Alimentation, welche zu weilen so beschwerlich und vertrüßlich fielen, nicht beschweren, sondern seye gesonnen, ... zu einem seiner Kinder, so er sich selbsten choisiren wolle, in die Kost zu gehen, und demselben ein billichmäßiges Kostgeld zu geben. Gleichwie aber dem Menschen die

[328] MITTERAUER (1979), S. 209f. und 212.
[329] B. SACHSE (1978), S. 133; KAUFHOLD (1980), S. 121.

[330] Vermögensübergabe zu Inventuren und Teilungen Nr. 5663, StAN.

Zeith und Stunde seines Todes verborgen seye, allermaßen sich durch allerhand dermalen noch nicht glaubliche Zufälle äußern könnte, daß obiges Reservat dem Traditori zu seiner Unterhalltung ad dies vitae nicht hinlänglich seyn dörfte, mithin Er Traditor in seinem hohen Alter erst Mangel und ein beschwerliches Darben zu gewartten hätte, allso verordne Er hiemit zu seiner Sicherstellung folgendes, ... daß im Fall sich — wie man zwar nicht hoffet — obriger casus eraignen sollte, Er Traditor auff nachstehenden Gütern ein vollkommenes Dominium und Aigenthumsrecht dergestalten zu suchen haben solle, daß er quaest. Güter stündl. anzufallen, zu verkauffen und eben zu einer unklagbaren Sustentation und Unterhallt zu verwenden, gut Fug, Macht und ergeben Recht habe." [331] Die ältere Generation übergibt zwar den eigenen Kindern, wenn es ihr gelegen ist, einen Teil ihres Vermögens im Tausch gegen entsprechende Zuwendungen, doch wenn der zurückgehaltene Besitz für den Lebensabend nicht mehr ausreicht, fordert sie unerbittlich zurück, was sie übergeben hat. Hier ist noch viel von der patriarchalischen Verfassung des Handwerkerhaushaltes und der hohen Autorität des Mannes als Meister, Ehegatte, Hausvater, Zunftmitglied und Inhaber politischer Ämter zu spüren. Hier beansprucht auch der alte Meister noch immer Furcht und Gehorsam [332], so daß der Gesetzgeber in Württemberg die Eltern ausdrücklich ermahnt, „doch ihrer Vätterlichen und Mütterlichen Trew gegen den Kindern nicht (zu) vergessen" [333]. An Einzelbeispielen läßt sich ablesen, wie gegen Ende des 18. Jahrhunderts mit der Agonie des Handwerks manchem Zunftmeister die Betonung der Vater- und Älterenrolle geradezu als Kompensation für den Verlust an wirtschaftlicher Macht diente, wie Härte gegenüber den eigenen Nachkommen über die Entwertung des Sozialprestiges hinwegtäuschen sollte. Ebenso wie die Bauern erkaufen sich auch die Handwerkerwitwen und -witwer von ihren Kindern Liebe und Gehorsam. In einem Übergabevertrag aus dem Jahre 1750 versichern die Kinder ihrer Mutter, „sie werden diese von Ihrer freywillig geschehenen Tradition und Übergab mit schuldigstem Dank erkennen und annehmen; in ihrer kindlichen Liebe, Treue und Gehorsam gegen Ihrer nicht nachlaßen oder müde werden, sondern vielmehr noch ferner damit anhalten, und sie biß an Ihr Ende alß eine getreue Mutter förchten, lieben und verehren, in welcher Zuversicht Sie dann auf Sie samtlich ihren Mütterlichen Seegen geleget und gegeben haben wolle." Der Sohn hatte sich verpflichtet, „die Mutter nicht nur ad dies vita zu sich in das Hauß zu nehmen ..., sondern Ihrer auch die benöthigte Kost an kalt und warmer Speiß und Getränkh, also wie sie es ihrem Alter nach wohl gewiesen und ertragen kann, ohn Klagen abzuraichen und mit aller Pflaag und Warth an Hand zu gehen." [334] Aus den Übergabeverträgen der Handwerker läßt sich zwar auch das permanente Mißtrauen herauslesen, das die ältere Generation gegenüber der jüngeren hegte, aber es wird auch etwas von dieser Achtung offenbar, die man dem Alter entgegenbrachte: Hochachtung, Ehrfurcht und Respekt; die Gesellschaft des 18. Jahrhunderts nahm das vierte Gebot noch immer relativ ernst.

Auch hinsichtlich der materiellen Lage besaßen die Lebensläufe der Handwerker durchaus Ähnlichkeit mit denen der Bauern, sieht man einmal davon ab, daß sie sich gegen Ende des 18. Jahrhunderts, als die Landwirtschaft einen Aufschwung erlebte und das zunehmend überbesetzte Handwerk sich im Abstieg befand, auf einem deutlich tieferen Niveau bewegten (Graphik 22, S. 213). Langandauernde finanzielle Probleme waren auch hier typisch für die jungen Familien, ein relativ gesichertes Auskommen für die mittleren Jahre mit nochmaligen finanziellen Engpässen, wenn die Aussteuer der Kinder anfiel, sowie schließlich das vergleichsweise beste Auskommen im höheren Alter. Dafür gab es verschiedene Ursachen. Das ältere Handwerkerehepaar bezog weiterhin sein Einkommen, hatte aber bei Verminderung des Personals die Kosten gesenkt und wahrscheinlich auch seine Ansprüche. Auch verschafften die Zünfte den älteren Meistern verschiedene Vorteile [335], zumal die Macht dieser Meister bisweilen sehr groß war. Sie nutzten sie zur Schließung der Zünfte, wenn der Andrang der Jüngeren überhandnahm, verlängerten die Mut- und Standjahre der Gesellen, erschwerten die Meisterstücke, forderten von den Gesellen Kontributionen und aufwendige Schmausereien oder setzten für jeden ein Produktionsmaximum fest, um selbst genügend Aufträge zu erhalten. Nach der Handwerkerordnung, die Maria Theresia im Jahre 1759 den Tuchmachern der landesfürstlichen Stadt Eggenburg verlieh, war z.B. bei Wassernot beim Walken „zur Verhütung vieler Uneinigkeiten" eine feste Reihenfolge einzuhalten, die sich aus dem Alter der Meister ergab [336]. Schlechtere Zeiten forderten vor allem von den Jüngeren ihren Tribut; ihr Kundenstamm war noch relativ gering, und bei einer Halbierung der Aufträge sanken sie schnell unter das Existenzminimum ab [337]. Schließlich boten die Städte den Handwerkerfrauen vielfältige Gelegenheiten, sich mit Nähen, Spinnen oder Waschen ein Zubrot zu verdienen [338]. Auch eröffneten sich den alten Handwerkerehepaaren innerhalb der Stadtmauern zusätzliche

331 Vermögensübergabe zu Inventuren und Teilungen Nr. 2073, StAN.
332 Vgl. ROSENBAUM (1982), S. 158ff.
333 REYSCHER (1832), S. 262.
334 Vermögensübergabe zu Inventuren und Teilungen Nr. 2611, StAN.
335 Vgl. MUMMENHOFF, (1924), S. 106.
336 W. FISCHER (1955), S. 43.
337 HUSSONG (1936), S. 49.
338 EHMER (1982), S. 73.

Möglichkeiten zur Regelung ihrer Versorgung über eine Pfründe oder Rente. Schwer lösbare Probleme stellten sich erst ein, wenn das Leben viel länger währte als vorgesehen. Mit dem achtzigsten Lebensjahr gingen die Vermögen in der Regel schlagartig zurück; jetzt fehlten die Einnahmen, und von ihrer materiellen Substanz konnten nur die wenigsten leben. Das Gros der Handwerker arbeitete so lange, bis die fehlenden Kräfte eine andere Lösung erzwangen; erst dieser Zeitpunkt markierte einen wirklichen Einschnitt in ihrem Leben. Eine feste Grenze, die den Beginn des Alters auf Jahr und Tag festlegte und zu einer Änderung des bisherigen Lebens Anlaß gegeben hätte, blieb diesen Menschen gänzlich unbekannt. Der Eintritt in die Altersphase war individuell und je nach sozialer Lage recht verschieden. Sie setzte für den reichen Oberzunftmeister oft relativ früh ein, wenn er einem seiner Nachkommen den Betrieb übergeben und selbst, gestützt auf sein Geld, einen arbeitsfreien Lebensabend begonnen hatte, oftmals verbunden mit einem stärkeren Engagement in den städtischen Ämtern. Sie brach für den ärmeren Handwerker meist erst sehr viel später an, wenn die Kräfte zur Weiterführung des Betriebes versagten und Kinder oder Gemeinde um Unterstützung nachgesucht werden mußten. Noch war Alter ein sehr vager Begriff. Solange der reiche Handwerker schon mit 55 bis 60 Jahren „alt" war, der arme aber erst mit 70 oder 80, verbot es sich, das „Alter" als Kriterium für die Gewähr sozialer Hilfsmaßnahmen heranzuziehen. So zahlten die Zunftkassen ihre Unterstützungen auch nicht ab einem bestimmten Alter, sondern nur bei Gebrechlichkeit, Arbeitsunfähigkeit und Armut. Die Zünfte kannten keine Alters-, sondern eine Invalidenversorgung.

Ohne allen zünftigen Schutz mußte gegen Ende des 18. Jahrhunderts eine andere, schnell wachsende Berufsgruppe auskommen, die in ihren Produktions- und Familienformen traditionelle und „moderne" Elemente vereinigte und eine Übergangsstufe darstellte: die Heimarbeiter. Mit der Förderung des ländlichen Gewerbes durch die Landesherren und Kaufleute in der Zeit des Merkantilismus [339], der wachsenden Staatsaufträge für den Heeresbedarf [340] sowie infolge der Intensivierung der Landwirtschaft vermehrte sich diese meist unterbäuerliche Bevölkerung verhältnismäßig rasch. Als im zweiten Drittel des 18. Jahrhunderts eine ausgeprägte Leinenkonjunktur einsetzte und sich die Agrarproduktion mit Urbarmachung der Marken, neuen Anbaumethoden, dem Durchbruch der Kartoffel und anderer Feldfrüchte [341] fühlbar steigerte, schnellte wie in einem „demographischen Treibhaus" (R. Schofield) auch die Zahl der Heimarbeiter nach oben [342]. In Schlesien, der am dichtesten besiedelten Provinz, vermehrte sich zwischen 1777 und 1807 die städtische Bevölkerung um 17,8 Prozent, die ländliche dagegen um 40 Prozent [343]. In den Dörfern der Kurmark stieg in der zweiten Hälfte des 18. Jahrhunderts die Zahl der Bauern pro Jahr durchschnittlich um 0,14 Prozent, die der Kossäten und kleinen Ackerleute dagegen um 0,90 und die der Hausleute, Handwerker und Spinner sogar um 1,02 Prozent [344]. Für ein Heer von Kümmerexistenzen, die zuvor keine Arbeit gefunden hatten und sich nur mit Mühe am Rand der bäuerlichen Gesellschaft halten konnten, eröffneten sich jetzt neue Verdienst- und Lebensmöglichkeiten. Ihr Leben war fortan nicht mehr nur von den Erträgen des Bodens abhängig, sondern fand auch am Leinen, an der Seide, der Wolle und Baumwolle einen Halt. Die Heimindustrie gab diesen Menschen, die meist dem bäuerlichen Lebenskreis entstammten, aber durch den nicht beliebig vermehrbaren Boden in ihren Entfaltungsmöglichkeiten gebremst waren, eine neue Grundlage, zur Heirat und zu einem eigenen Haushalt zu kommen. In einer Welt, die dem einzelnen Menschen nur ganz wenige Betätigungsfelder anzubieten hatte, waren Weberei und Spinnerei mehr als ein schmaler Hoffnungsschimmer; sie versprachen Erwerb auch ohne Grund und Boden; mit ihnen war der Elendsdruck, der von der noch zu statischen Landwirtschaft ausging, etwas aufzuweichen. So kärglich dieses neue Auskommen auch zumeist war, der arme Tagelöhner war zunächst einmal froh, überhaupt welches zu finden. Die endlosen bitteren Klagen über den Mangel an ländlicher Arbeit wurden mit der Ausbreitung des Heimgewerbes etwas leiser. Das eklatante Mißverhältnis zwischen Arbeitsangebot und -nachfrage konnte deutlich geschmälert werden. Am Ende des 18. Jahrhunderts bestätigten Beamte aus Ostpreußen, daß die Herstellung von Leinwand den Bauern „sehr zu statten kommt", „wodurch ihre Umstände nach hiesiger Art nicht die schlechtesten sind" [345]. Zwar konnten Spinner und Weber durch ihren Lohn nicht reich werden, wie Johann Peter Süßmilch damals richtig feststellte [346], doch gab ihnen die Heimarbeit wenigstens eine Lebensgrundlage. Auch gaben Handspinnerei und -weberei zahllosen Menschen eine Heimat, die zuvor in der Fremde ihr Brot hatten suchen müssen. Gierig ergriffen die vielen arbeitslosen und unterbeschäftigten Hände, die den alten Leitsatz vom Beten und Arbeiten immer nur zur Hälfte hatten

339 Vgl. KISCH (1981), S. 195ff.

340 Vgl. LUDWIG ZIEHNER: Zur Geschichte des kurpfälzischen Wollgewebes im 17. und 18. Jahrhundert, Stuttgart 1931, S. 32f. und 110ff.

341 Dazu HANS J. TEUTEBERG, GÜNTER WIEGELMANN: Unsere tägliche Kost. Geschichte und regionale Prägung, Münster 1986, S. 93ff.

342 Vgl. MAGER (1981), S. 142ff.

343 SCHISSLER (1978), S. 72.

344 Errechnet nach SACHSSE, TENNSTEDT (1980), S. 182.

345 HENNING (1969), S. 162.

346 Vgl. KRÜGER (1958), S. 302.

erfüllen können, nach der neuen Einkommensquelle.

Die Weberei und insbesondere die Leinenweberei waren vom Produktionswert her die wichtigsten Industriezweige des 18. Jahrhunderts. Schlesien und die Grafschaft Glatz exportierten Leinwand- und Schleiergewebe; Böhmen und Mähren Garn und billiges Leinen. Nach dem Siebenjährigen Krieg siedelten in der Kurmark Kolonisten auf Staatskosten in königlichen Spinndörfern an. In Böhmen und Mähren verdoppelte sich nach Aufhebung der Leibeigenschaft durch Josef II. die Zahl der Spinner und Weber innerhalb von knapp zwei Jahrzehnten. Weitere Zentren der Leinenproduktion waren die sächsische Oberlausitz, Bautzen und Zittau, Ravensberg-Minden und das übrige Westfalen, der Niederrhein, Hessen-Kassel und Schwaben. In Sachsen und im Umkreis von Augsburg, in Niederösterreich und Vorarlberg-Tirol konzentrierten sich die Baumwollverarbeitung, die Tuchherstellung in den Bezirken Aachen und Monschau, in Sachsen, Schlesien, Brandenburg, Böhmen und dem Schwarzwald, die Seidenindustrie schließlich hatte in Krefeld ihre Heimat [347]. Vor allem die Leinenspinnerei und -weberei konnten an traditionelle Nebenbeschäftigungen der ländlichen Bevölkerung anknüpfen, was ihre Ausdehnung erleichterte. Insgesamt gesehen breitete sich das Heimgewerbe dort aus, wo die Landwirtschaft allein nur ungenügende Erträge abwarf: in gebirgigen Gegenden und in den Gebieten mit Klein- und Kleinstbesitz.

Mitentscheidend für die Lebens- und Familienverhältnisse dieser Heimarbeiter war die verlagsmäßige Organisation des Textilgewerbes. In einem schrittweisen Prozeß setzten sich die Verlage im 19. Jahrhundert endgültig durch und brachten die zunächst meist selbständigen Spinner und Weber in ihre Abhängigkeit. In der entwickelten Form verfügte der Heimarbeiter weder über das Rohmaterial noch über das Endprodukt, doch waren auch zur Mitte des 19. Jahrhunderts noch überall Zwischenformen zwischen verlegten und selbständigen Webern anzutreffen. Ebenso wie Bauern und Handwerker produzierten diese Heimarbeiter mit handwerklichen Techniken unter Mitarbeit der gesamten Familie und bestimmten selbständig ihre Arbeitszeit, Arbeitsorganisation und Arbeitstempo. Im Gegensatz zu jenen war ihre Arbeit aber bereits zerlegt, Besorgung der Rohmaterialien und Verkauf waren von der Herstellung abgetrennt und die Abhängigkeit vom Verleger und dessen Kapital weit fortgeschritten [348]. Der Heimarbeiter war weder Bauer noch Handwerker, aber auch nicht Manufaktur- oder Fabrikarbeiter; er besaß von allen etwas; im 18. Jahrhundert stand er der bäuerlichen Welt noch am nächsten. Hier von „Proto-Industrie“ zu sprechen, wie ein neumodischer Begriff lautet, verrät ein gewisses Unverständnis vom Wesen der Industrialisierung [349]. In ihrer ausgeprägten Form bildeten die Heimarbeiter eine eigene Berufsgruppe mit ganz speziellen Lebens-, Familien- und Produktionsformen.

Wer seine Zukunft der Baumwolle anvertraut hatte und nur noch ein winziges Stück Gartenland mit Kartoffeln besaß, auf den drückte nicht mehr wie auf den Bauernsohn das Bleigewicht des Erbes; er konnte eine eigene Familie gründen, wann immer es ihm paßte; er konnte sich relativ früh selbständig und unabhängig machen. In der Heimindustrie, je mehr sie voranschritt und je zentralisierter sie wurde, neigte sich die Waage der Generationen immer mehr auf die Seite der Jüngeren; sie legten an Gewicht zu, das die Älteren verloren. Welche materiellen Werte hatte ein alter Weber noch in der Hand, die sich ein fleißiger Weber bei guter Konjunkturlage in relativ kurzer Zeit nicht hätte selbst erarbeiten können? Ein mittelgroßer Hof konnte meist nur ererbt, aber kaum einmal erworben werden; ein Webstuhl und ein Spinnrad mitsamt der Wohnung waren dagegen Produktionsmittel, die frei zu erstehen waren. Das niedere Heiratsalter der Weberfamilien ist bekannt. Es ist eine Reaktion auf die neuen Erwerbsmöglichkeiten, die sich den Menschen eröffneten [350]. Es ist ein wesentlicher Grund für das schnelle, von den Merkantilisten gern gesehene starke Bevölkerungswachstum in den Spinn- und Weberdörfern. In Minden-Ravensberg heirateten zu Beginn des 20. Jahrhunderts in diesen unterbäuerlichen Schichten die Männer mit 25,6, die Bauern dagegen mit 26,8 Jahren [351]; in einem französischen Dorf kamen in der zweiten Hälfte des 18. Jahrhunderts die Weber mit 25,5 Jahren zur Heirat, die Bauern mit 29,0 Jahren [352]. Das sinkende Heiratsalter verlängerte die Fruchtbarkeitsperiode der Frau, die mehr Kinder zur Welt brachte, wenn davon auch oft die Hälfte wegen mangelnder Pflege, unzureichender Ernährung und Erkältungskrankheiten bald wieder starb: Familien- und Geburtenplanung erfolgten hier meist nach der Geburt. Die Verbindung von Landwirtschaft und Heimgewerbe vervielfältigte die Ehen und beschleunigte die Güterteilung, bis schließlich nur der Webstuhl in der Stube als einziges Gut übrig blieb. Die Klagen der Pfarrer über diese „Bettelhochzeiten“ sind Legende. Sie sind zu verstehen in einer Welt, in der bis dahin nur Grund und Boden oder die Qualifikation des Meisters für die Masse des Volkes ein relativ gesichertes Auskommen garantierten. Darauf war

[347] Zusammenfassung bei ZORN: 1648-1800 (1971), S. 537f. und MICHEL (1921), S. 16ff.

[348] ROSENBAUM (1982), S. 195.

[349] So etwa bei KRIEDTE, MEDICK, SCHLUMBOHM (1978).

[350] Vgl. KISCH (1981), S. 235.

[351] JOSEF MOOSER: Familie und soziale Plazierung in der ländlichen Gesellschaft am Beispiel des Kirchspiels Quernheim im 19. Jahrhundert, in: Familie und soziale Plazierung, hg. von JÜRGEN KOCKA u.a., Opladen 1980, S. 190.

[352] MARTINE SEGALEN: Nuptialité et alliance, Paris 1972, S. 60.

das Heer der Heimarbeiter kaum noch angewiesen, immer seltener auch auf die Erbschaft, noch auf eine reiche Mitgift der Frau. Ein Weber hatte in erster Linie auf die Arbeitsfähigkeit und Arbeitserfahrung der Frau zu sehen; sie allein versprachen materiellen Erfolg. Je nach Organisationsgrad des Gewerbes kam auch der Mitarbeit der Kinder einige Bedeutung zu. Im Leinengewerbe webte der Mann, die Frau säuberte die Kette und die Kinder waren mit Spulen oder zusammen mit der Mutter mit Spinnen beschäftigt.

Diese Beschreibung der materiellen Arbeitsgrundlage gibt die Verhältnisse des 18. Jahrhunderts jedoch nur unvollkommen wieder, sie skizziert lediglich die Richtung, in die die Entwicklung im nachfolgenden Jahrhundert ging. Das 18. Jahrhundert war die große Zeit der Leinenweberei und -spinnerei, die noch in der Landwirtschaft verankert und in der Arbeitsteilung und verlagsmäßige Organisation mit einigen Ausnahmen wie z.B. Schlesien [353] noch nicht weit fortgeschritten waren; hier dominierte noch die bäuerliche Mentalität. Nur selten vertrauten diese Menschen allein dem Leinen ihr Schicksal an; noch immer bildeten Weben und Spinnen nur einen, wenn auch einen bedeutenden Posten in der Jahresrechnung; noch trafen die Konjunktureinbrüche die Heimarbeiter nicht voll in ihrer Existenz; noch immer diente die Landwirtschaft der Grundversorgung, sie bot Sicherheit vor den Wechselfällen der gewerblichen Konjunktur, sie war Ausweis der Solidität und letzter Rettungsanker vor der Armut. An Haus und Boden waren politische und wirtschaftliche Rechte sowie die soziale Geltung gekoppelt. Im 18. Jahrhundert behielt auch unter den Heimarbeitern die ältere Generation noch viel von ihrer starken Stellung, die sie in der bäuerlichen Welt auszeichnete. Hier ließ sich noch mit dem Besitz wuchern, hier konnte sie noch ihre Bedingungen diktieren. Selbst ein Zwergbetrieb besaß für die Kinder noch an Attraktivität; um in seinen Besitz zu kommen verzichteten sie auf vieles und ließen sich im Gegensatz zu ein oder zwei Generationen später von den Eltern noch strammer an die Kandare nehmen, da ihnen kaum eine Alternative blieb [354]. Die Leinenweber des 18. Jahrhunderts hatten sich noch nicht vom bleiernen Joch ihrer konservativ-traditionalistischen Denkweise befreien können, sie folgten noch gewohnheitsmäßig den bäuerlichen Gesetzen. Sie zogen aus dem Besitz an Haus und Boden ihre Selbstbestätigung und ihr Selbstbewußtsein. Auch die erste Generation, die den Großteil des Einkommens aus der Heimarbeit bezog, dachte noch immer wie ein Bauer und nannte als wichtigsten Teil des Erbes den Acker, die Wiese und die Kuh. Erst die nachfolgende sah im Spinnrad und Webstuhl die entscheidenden Voraussetzungen für die Gründung eines eigenen Hausstandes [355]. Hier war der Wirtschaftsverband Familie noch von dinglichen Momenten bestimmt; sie gaben den Banden zwischen Eltern und Kindern Halt; hier ging der Verdienst der Kinder noch in das Familieneinkommen ein, und selbst ältere Ehepaare konnten oft auf die Mitarbeit eines erwachsenen Kindes rechnen, zumal wenn Haus und Hof als Belohnung winkten [356]. Die Kleinbetriebe des späten 18. Jahrhunderts waren in der Regel noch nicht die Zwergbetriebe des 19. Jahrhunderts, und noch immer waren die meisten dieser Weber in ihrem Selbstverständnis an erster Stelle Bauern und erst an zweiter Stelle Heimarbeiter. Noch kam dem Familienvater im Arbeitsprozeß eine herausragende Bedeutung zu, da er allein aufgrund seiner physischen Kraft den schwergänglichen Leinenwebstuhl bewegen konnte, während Frau und Kinder nur Hilfsdienste leisteten. Die Baumwolle hat diese Arbeitsorganisation ganz entscheidend verändert; als sie ihren Siegeszug antrat, vermochten auch Frauen und Jugendliche die geschmeidigen Massenartikel herzustellen. Erst die Baumwollindustrie hat das traditionelle Autoritätsgefälle zwischen den Geschlechtern und Generationen ins Wanken gebracht; erst als eine neue Generation ihre Zukunft ganz dem Maschinengarn anvertraute, begannen die Weber von oben auf die bäuerliche Lebens- und Arbeitsweise herabzuschauen. Die städtische Modeströmung, die das Landvolk verklärte und die bäuerliche Welt aufwertete, teilten diese Heimweber nicht. Sie spotteten zum Teil über den mühsam ackernden Bauern und seine kräfteverzehrende Arbeit. Erst mit Durchbruch der Baumwollindustrie im zweiten Jahrzehnt des 19. Jahrhunderts lösten sich diese Heimarbeiter vermehrt von der bäuerlichen Welt, ihren Werten, Idealen und Gewohnheiten, vom bäuerlichen Rhythmus der Jahres- und Arbeitszeiten; erst jetzt gewannen sie einen eigenen Lebensstil und eine eigene Mentalität. Erst jetzt fiel die geistige Bevormundung durch die bäuerliche Ordnung; erst jetzt brachen die Menschen aus dieser Wirtschaftsordnung mit ihren fesselnden Erbsitten aus. Erst diese Generation besaß im Alter keinerlei Druckmittel gegenüber den eigenen Kindern; erst sie war weitgehend auf sich allein gestellt; erst jetzt lösten und lockerten sich die Familienbande [357]. Als die neuen mechanischen Spinnereien das Garn billiger, schneller und in besserer Qualität lieferten, sank auch der Wert der Kinder, da das Kleinkind die Mutter vom Weben abhielt. Man mag eine solche Einstellung als unmenschlich und herzlos verurteilen; aber wie in anderen Berufsgruppen lenkte auch im Heimgewerbe die Angst vor Hunger und Not die Gedanken und Taten.

---

[353] Dazu SCHUMANN (1928), S. 20f.

[354] Zu Ravensberg siehe MAGER (1981), S. 146.

[355] Vgl. R. BRAUN (1960), S. 61.

[356] Ebd. S. 81.

[357] MAGER (1981), S. 147.

Wo diese Sorge das gesamte Denken beherrschte, blieb für Mutterliebe zwangsläufig kein Platz. Bisweilen sahen es die Eltern nicht ungern, wenn die Säuglinge wegstarben; sie taten nichts für ihre Rettung, zumal sie mit diesen unschuldigen Seelen einen Fürsprecher mehr im Himmel wähnten [358].

Wie war die materielle Lage der Heimweber des 18. Jahrhunderts? Welche Vorteile hat ihnen der Ausbau der Hausindustrie gebracht? Welchen Nutzen zogen sie aus dem Aufschwung der Landwirtschaft? In welcher materiellen Lage befanden sich die älteren Menschen? Eine definitive und für alle gültige Antwort kann nicht gegeben werden. Dafür waren die Gegebenheiten je nach Region zu unterschiedlich, dafür war der gesamte Textilsektor zu sehr in einem andauernden Wandel begriffen. Es war ein riesiger Unterschied, ob eine Familie mit selbst gesponnenem Garn als Nebentätigkeit neben dem Ackerbau Leinwand herstellte oder in einer unfruchtbaren Berglandschaft im Hauptberuf Spielsachen schnitzte und Garn spann. Auch war es ein Unterschied, ob sie die Strukturveränderungen rechtzeitig erkannte und vom Flachsspinnen zur Baumwollweberei hinüberwechselte oder in der vergeblichen Hoffnung auf bessere Zeiten bei der alten Tätigkeit verblieb. Auch für die Heimarbeiter, die den Zug der Zeit nicht verschlafen hatten, war charakteristisch der andauernde und regelmäßige Wechsel von fetten und dürren Jahren. Wie der Bauer Hagelschlag und Frost als unabänderliches Schicksal hinnahm, so der Heimarbeiter Absatzstockungen und Lohnverfall. Riß der Faden, dann war daran nur wenig zu ändern; irgendwann kam sicher wieder die Zeit, ihn wieder fest zu knüpfen. Für viele waren Hunger und Teuerung noch immer Strafen Gottes für eine sündige Menschheit, sie waren Prüfungen auf Glaubensfestigkeit; noch immer bildete nicht der Glaube, sondern der Unglaube die Ausnahme von der Regel. Ein Teil der Historiker war bei Behandlung der Heimarbeit immer nur starr auf die Notzeiten fixiert, auf das Elend der Weber und Spinner, hat lediglich die Porträtgalerie mit den abgehärmten, ausgehungerten und halbtoten Gerippen vorgeführt, während sie die lange Reihe der selbstbewußten, modisch gekleideten, Kaffee trinkenden und zartes Fleisch essenden Weberfamilien im Schatten stehen ließ. Wäre das Heimgewerbe lediglich eine Quelle von Not, Hunger und Entbehrungen gewesen, wären wohl kaum derart viele Menschen der Lockpfeife des Leinen und der Baumwolle gefolgt. Die Heimweberei und -spinnerei besaßen ein ausgeprägtes Janusgesicht, dessen Züge tiefer eingekerbt waren als die des Handwerks und der Landwirtschaft. Die Ausschläge der Konjunktur erfolgten hier heftiger als in den anderen Wirtschaftsbereichen der Zeit. Bei guter Auftragslage bekam der Heimweber relativ viel Geld in die Hand, und sofern die Bindungen zur Landwirtschaft nicht mehr sehr stark waren, genoß er sofort diesen Segen, kaufte sich teures Fleisch, üppigen Sonntagsputz, allerlei Leckereien, Branntwein und feierte, da er ganz nach der vorindustriellen Mentalität nur soviel arbeitete, wie notwendig war, um das Auskommen zu sichern. Öfter als andere Berufsgruppen unternahm der Heimarbeiter kurze Ausflüge ins Schlaraffenland der Festschmäuse. Bei schlechter Konjunktur lebte er dagegen von Wassersuppen und Kartoffeln, mußte seinen ganzen Modekram für ein paar Groschen weit unter Wert wieder verkaufen, mußte hungern und war auf Armenunterstützung angewiesen [359]. Diese Weber lebten nach den Worten von Uli Brägger „wie das Wetter im April“ [360]. Trotz aller Armut und Not, die auch das Leben der Bauern und Handwerker bei Mißernten und Fehljahren begleiteten, war deren materielle Basis doch stetiger; der Heimarbeiter dagegen lebte eher von der Hand in den Mund und legte sich auch in guten Zeiten nichts zurück [361]. Krisensicherung blieb ihm weitgehend unbekannt; die große Zeit der Sparkassengründungen und Sparmentalität war noch fern. Dem mittleren und kleinen Bauern ging es schlecht, wenn er nach Mißernten nichts für den Verkauf erübrigen konnte oder gar teure Nahrungsmittel dazukaufen mußte. Der Handwerker litt Not, wenn infolge eines solchen Ernteausfalls die Nahrungsmittelpreise in die Höhe schnellten und die Bevölkerung den Kauf von Schuhen, Kleidern oder Möbeln zurückstellen mußte. Die Heimweber und -spinner waren von dieser stockenden Nachfrage nach gewerblichen Produkten ebenso betroffen, nur daß sie im Gegensatz zu den Handwerkern, die bei fehlenden Aufträgen nichts herstellten, auch während der Krise weiter und mehr produzierten, um die Einkommenslücke durch Mehrarbeit auszufüllen, damit aber die Preise noch weiter drückten und die Not infolge des Überangebots weiter verlängerten. Der einzelne Weber handelte für sich allein gesehen zwar richtig, in ihrer Gesamtheit rutschten die Heimarbeiter aber nur noch tiefer in die Katastrophe. Hierin lag der Fluch der Heimindustrie. Hinzu kam die zunehmende Abhängigkeit des einzelnen Webers von fernen, nicht überschaubaren Märkten, von Zollpolitiken und nicht sichtbaren Konkurrenten. Das Leben dieser Menschen wurde „künstlicher“ und die Abhängigkeiten des relativen Wohlergehens und des Elends geheimnisvoller [362]. Diese Krisenbedrohung verschärfte sich im

358 R. BRAUN (1960), S. 82; IMHOF: Einstellungen (1983), S. 78.

359 R. BRAUN (1960), S. 208; ROSENBAUM (1982), S. 204ff.

360 ULI BRÄGGER: Leben und Schriften des armen Mannes im Toggenburg, hg. von SAMUEL VOELLMY, Basel 1945, S. 331.

361 Siehe auch SCHUMANN (1928), S. 20; L. SCHNEIDER (1967), S. 82f.; SIEDER (1987), S. 77ff.

362 Vgl. MOOSER (1984), S. 324.

Bewußtsein der Zeitgenossen, als immer mehr dieser Menschen die harte landwirtschaftliche Arbeit beiseite ließen und sich besonders in Gegenden mit mageren Böden auf die angenehmere und anfangs einträglichere Heimarbeit konzentrierten, mit dem Verlust an Land aber aus der traditionellen ständischen Ordnung herausfielen, an dessen Rand und nach dessen Normen sie bisher immer noch gelebt hatten. Sie verloren ihre angestammte soziale Heimat [363].

Wirtschaftliche Krisen kannten alle Berufszweige; für die Heimarbeiter dauerten sie lediglich länger als für andere. Es ist falsch, ganz pauschal von der Krise der Heimindustrie und der kontinuierlichen Verarmung der Weber und Spinner zu sprechen. Wer sein Urteil allein von der Lage der Textilarbeiter in Berlin abhängig macht, muß zwangsläufig zu einem äußerst negativen Ergebnis kommen. Berlin war ein Sonderfall, da das Textilgewerbe hier wegen der hohen Lohnkosten sehr früh in eine Krise geriet und die Arbeiter wegen der hohen Lebenshaltungskosten von zwei Seiten in die Zange genommen wurden: Während ihre Löhne sanken, stiegen ihre Aufwendungen für Nahrungsmittel, Miete und Kleider [364]. Typischer ist das ländliche Heimgewerbe. Am Beispiel der württembergischen Heimspinnerei und -weberei läßt sich zeigen, daß die Menschen dieses Wirtschaftszweiges in der zweiten Hälfte des 18. und in der ersten Hälfte des 19. Jahrhunderts mehrere Krisen durchlebten, aus denen sie mehr oder minder gestärkt wieder hervorgingen, bis schließlich der Sieg der Maschinenware ein Überwechseln in die Fabriken oder andere Heimgewerbe wie die Stickerei, die Zigarrenherstellung oder die Bekleidungsindustrie notwendig machten [365]. Für die Weber und Spinner im deutschen Südwesten erstickte der erste Textilboom in der Hungerskrise 1770/71. Während das städtische Handwerk sich innerhalb von zwei Jahren von diesem Rückschlag wieder erholte, kam die Heimindustrie aufgrund ihrer Überproduktion in den Notjahren erst ab 1777 wieder auf die Beine (Graphik 25). Der erneute langsame Abstieg der Heimindustrie setzte Mitte der 1780er Jahre ein, als die Leinenpreise fielen, die Bevölkerung stark zunahm und die Weber die Produktivitätssteigerungen in der Landwirtschaft und die Verdienstaussichten in der Heimindustrie überschätzten (Graphik 26). Der Aufschwung der Landwirtschaft ging an Spinnern und Webern vorbei, die durch ihre fortwährende Güterteilung den agrarischen Fortschritt immer bereits im voraus verteilten. In Schlesien, wo die Weber vielfach allein von ihrem Gewerbe lebten, wechselten je nach Lage des Exports gute und schlechtere Jahre in rascher Folge; der eigentliche Niedergang setzte unter Schwankungen aber erst seit dem Jahre 1807 ein [366]. Auch in Württemberg führte vom Wendepunkt der Konjunktur zur Mitte der 1780er Jahre kein direkter, stetig abfallender Weg bis in die Zeit, als in Schlesien die Weber aufbegehrten und die Maschinen stürmten, gegen deren Elend Heinrich Heine und Gerhart Hauptmann andichteten. Man hat immer den Verfall der Garnpreise, den Rückgang des Leinwandexports oder die zeitweilige bittere Not der Heimarbeiter als Indikator für deren soziale Lage benutzt und den Verfall der Leinenhandweberei mit Verarmung gleichgesetzt. In Wirklichkeit reagierten

Graphik 25

Vermögensentwicklung der Bevölkerung von Wolfschlugen und Eschenbach 1750-1820

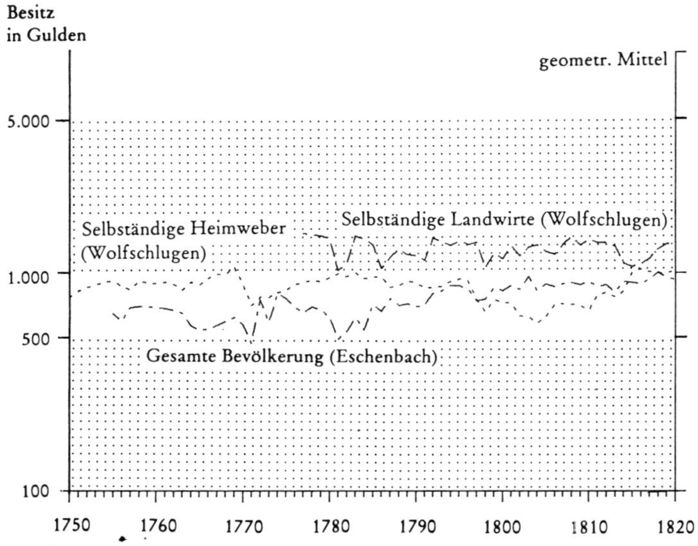

Quelle: Inventuren und Teilungen GAW, GAE.

die Heimarbeiter vielfach sehr flexibel auf die zunehmende Verschlechterung ihres Gewerbes und suchten nach Alternativen. Eine bestand seit dem zweiten Jahrzehnt des 19. Jahrhunderts in der Umstellung von Leinenspinnerei oder -weberei auf die Herstellung von Baumwollstoffen, eine andere in der Qualitätsverbesserung des Leinengarns und -gewebes [367]. Beide Wege wurden in den Realteilungsgebieten des deutschen Südwestens gewählt. Seit Beginn der Kontinentalsperre im Jahre 1806 stiegen die Vermögen der Wolfschlugener Heimarbeiter bis zur Agrarkrise zur Mitte der 1820er Jahre wieder an. Dann drängte die bäuerliche Bevölkerung nicht zuletzt aufgrund dieser günstigen

363 Vgl. NIPPERDEY (1983), S. 226.
364 Vgl. KRÜGER (1958), S. 300ff.
365 Vgl. SCHUMANN (1928), S. 61ff; STAHL (1929), S. 34ff.

366 Siehe die Exportationstabelle des Landeshuter Leinenhandels 1763-1856 bei SCHUMANN (1928), S. 128.
367 Vgl. auch Beschreibung des Oberamts Nürtingen (1848), S. 223ff.

Entwicklung wieder verstärkt in die Handweberei, und die Überbesetzung führte zu erneuten Vermögensverlusten. Seit etwa 1815 ließen viele Frauen von der Leinenspinnerei ab, die schon immer eine armselige Tätigkeit gewesen war, da sich stets eine große Zahl unterbeschäftigter und zu keiner anderen Arbeit fähiger Hände dazu bereit gefunden hatte, und wechselten zur Baumwollweberei über. In erster Linie trugen die Jüngeren diesen Strukturwandel. Während die ältere Generation meist bei der Leinenweberei blieb, setzte die jüngere auf den Fortschritt. Wer jetzt den Anschluß verpaßte, mußte sich sehr schnell in das Heer der Pauper

Graphik 26

Vermögensentwicklung der Heimweber von Wolfschlugen 1745/49-1815/19

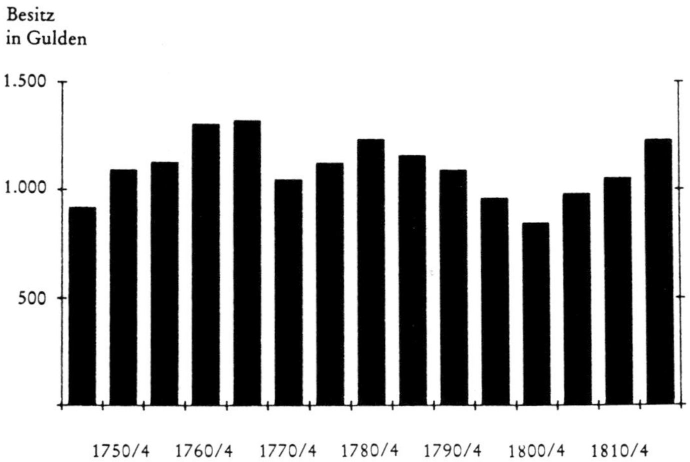

Quelle: Inventuren und Teilungen GAW.

des frühen 19. Jahrhunderts einreihen lassen. Ab jetzt fand in der Heimindustrie nur der sein Auskommen, der in der Generationenfolge auf die immer schneller werdenden Strukturveränderungen reagierte, nicht blind im Gewerbe der Väter verharrte, sondern in die neuen Zweige hinüberwechselte: die Zigarrenindustrie, die Herren- und Damenkonfektion, die Stickerei oder Strickwarenherstellung.

Im 18. Jahrhundert war von diesem Wandel nur wenig zu spüren. Noch war die Heimindustrie ein Beruf, der wie andere auch von regelmäßigen Krisen geschüttelt wurde, der aber in Verbindung mit der Landwirtschaft ein relativ gesichertes Auskommen versprach. Der Weber war noch vielfach Bauer mit dessen Lebensweisen, Mentalitäten und Familienformen. Entsprechend begehrt war die Erbschaft, die ein solcher Heimweber hinterließ, entsprechend gefestigt die Position der Älteren. Zwar befand sich der ältere Weber nicht in der starken Stellung des alternden Bauern, aber gänzlich machtlos war er nicht. Land- und Hausbesitz, selbst nur Anteile davon, wogen im Handel mit den Jüngeren schwer. Mit diesen Lock- und Machtmitteln in der Hand, zwangen die Eltern den Kindern ihren Willen auf; sie sicherten für den Notfall ihre Versorgung, und da ein Kind allein dazu meist nicht in der Lage war, mußten in diesem Realteilungsgebiet alle Kinder zusammen die alten Eltern unterstützen. In einem Kostvertrag aus dem Jahre 1745 versprechen in Wolfschlugen zwei Söhne ihrer Mutter „aus Liebe und Erkanntlichkeit", ihr nach Übergabe des Ackerlandes und des Hauses jährlich 5 Scheffel Dinkel zu geben, ferner 3 Gulden zum Kauf von Salz und Schmalz sowie ihr lebenslänglich „den freien Sitz im Haus" einzuräumen, dabei darf sie sich „Logis und Lagerstatt... choesiren, wo sie will" [368]. In einem anderen Fall übergibt im Jahre 1796 eine 66 Jahre alte Witwe, die „um ihrer gebrechlichen Umstände willen nicht mehr imstande, ihre habenden Feldgüther zu bauen", an ihre drei Kinder ihr gesamtes Ackerland und ihr Haus und erhandelt sich dafür ein lebenslängliches Wohnrecht „in der Stub ihren Auffenthalt und Plaz, so viel sie nötig hat und die Kammer, worin sie ganz allein" wohnen darf. Zudem erhält sie Holz und Licht, ein Drittel des geernteten Obstes; die lebenslängliche Nutznießung am bestellten Land, das aber alle drei Kinder gemeinsam düngen müssen; lediglich ihren Anteil an der Allmende erhalten die Kinder zu eigenem Nutzen. Als Leibgeding verlangt sie 4 Scheffel und 4 Simri Dinkel, 6 Simri Gerste, 24 Pfund Schmalz sowie jede Woche Milch. Da sie auch weiterhin Flachs spinnen möchte, muß jedes Kind ein bestimmtes Maß Leinsamen säen und der Mutter den Flachs abliefern [369]. Das waren harte Bedingungen, die die hohe Macht unterstreichen, die selbst diese weniger bemittelte Berufsgruppe besaß. Hier wird erneut die unverminderte Anziehungskraft deutlich, die von Grund und Boden ausging. In normalen Zeiten wurden die Kinder für ihr Warten und ihre Opferbereitschaft sicherlich durch ein solches Erbe gut belohnt. Wenn jedoch die Konjunktur abflachte oder zusammenbrach und die Weber Darlehen aufnehmen mußten, geriet für die Jüngeren das Erbrecht oft zur Schuldenübernahme [370]. Auch hier gilt, daß insbesondere Witwen und Witwer derartige Versorgungsverträge aushandelten, während Ehepaare meist bis an ihr Lebensende arbeiteten, oftmals wie die Bauern unterstützt durch ein unverheiratetes Kind. Die Heimarbeit kannte kaum einmal die Drei-Generationen-Familie [371], aber dort, wo ein landwirtschaftlicher Betrieb Rückhalt gab, blieben die Familienverbindungen relativ stabil. Das scheint auch für die unfruchtbaren Gebiete des Zürcher

---

[368] Vermögensübergabe und Kostvertrag von 1745, Inventuren und Teilungen Nr. 745; GAW.

[369] Übergabevertrag von 1796, Inventuren und Teilungen 1325; GAW.

[370] KRIEDTE, MEDICK, SCHLUMBOHM (1978), S. 112.

[371] ROSENBAUM (1982), S. 209.

Graphik 27

Durchschnittsvermögen der Bevölkerung von Nürtingen nach Alter und Startvermögen 1750/1820

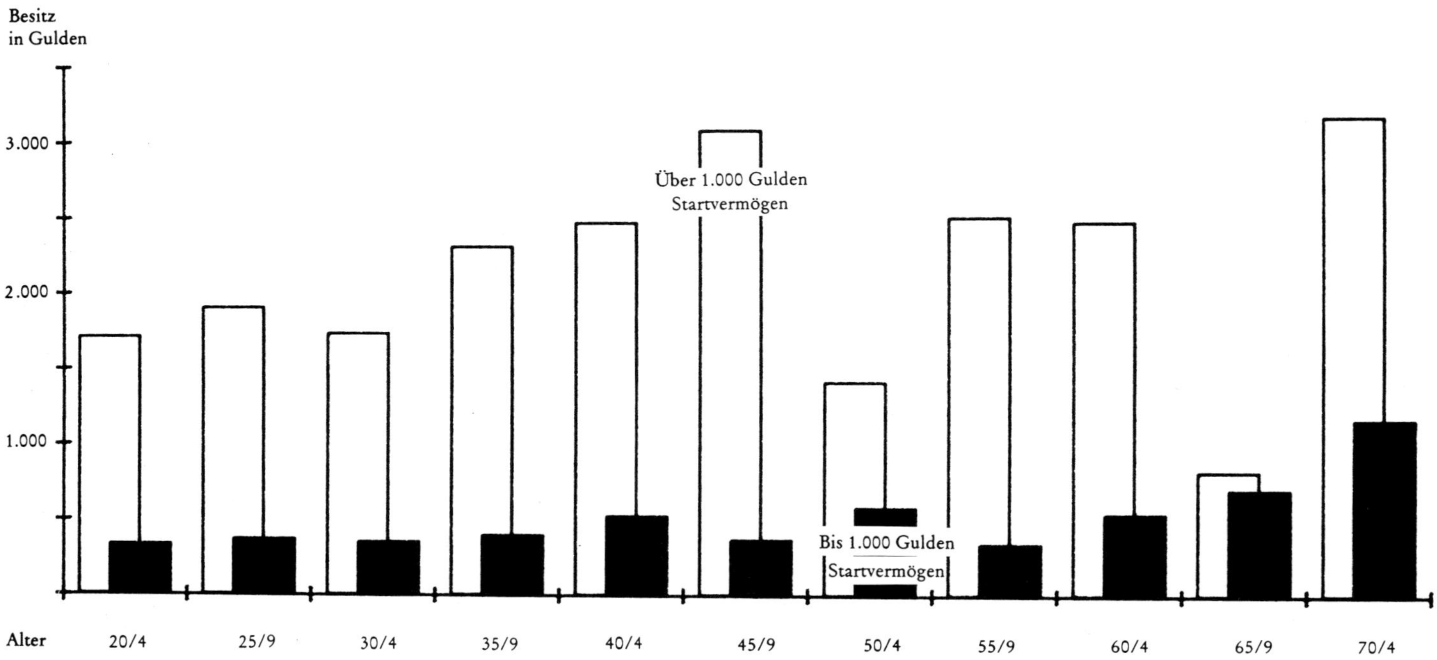

Quelle: Alle Inventuren und Teilungen, StAN.

Oberlandes zu gelten, wo die Heimarbeit zu eigenartigen Siedlungsformen geführt hat: aneinandergeklebte kleine Häuser, deren Bewohner alle zusammen größere Wohn- und Notgemeinschaften bildeten; auch hier lebte jede Kernfamilie unter einem gesonderten Dach [372]. Ebenso führte in Deutschland die Hausindustrie zu besonderen Haus- und Lebensformen [373]. Im Voigtland und im Erzgebirge gab es nach einem Bericht aus dem Jahre 1819 „niedrige, nur aus einem Erdgeschoß bestehende, aus lauter Balken zusammengefügte Häuser, welche mit Schindeln gedeckt sind. Sie haben eine, auch oft zwei Stuben einander gegenüber, in deren jeder oft drei bis vier Familien wohnen. Jede Familie hat, wo es möglich ist, ihr eigenes Fenster und ihren Tisch, auch eine Stelle am Heerde. Die Heizung wird gemeinschaftlich besorgt“ [374]. Hier war die Abhängigkeit von der Leinenkonjunktur bereits sehr weit fortgeschritten und ein Alter in Armut nicht selten. Im Südwesten dagegen sah sich zur Jahrhundertwende der ältere Weber in der Regel noch finanziell besser gestellt als der jüngere. In gewisser Weise läßt sich dies an einer Gegenüberstellung des ärmeren und reicheren Teils der Nürtinger Bevölkerung ablesen (Graphik 27). Auch diejenigen, die mit relativ wenig Vermögen heirateten, — dazu gehörten besonders viele Heimweber — und es wegen ihrer schlechten Startchancen ihr gesamtes Leben über noch nicht einmal zu einem mittelmäßigen Auskommen brachten, lebten im Alter deutlich besser als in jüngeren Jahren. Die Mithilfe der Kinder bzw. eines unverheirateten Kindes sowie die fehlende oder äußerst geringe Vermögensübertragung an die Kinder bei deren Volljährigkeit zeichneten dafür verantwortlich. Bei den Lausitzer Bandwebern war es sogar üblich, dem zukünftigen Erben bereits früh Schulden aufzubürden, die er vor seiner Heirat abzuarbeiten hatte [375]. Die Kurve der materiellen Lage im Lebenszyklus zeigte bei diesen Heimarbeitern nach oben; erst im 19. Jahrhundert, das mit seinen neuen Produktionsbedingungen den jungen Menschen begünstigte, sollte sich dieser Kurvenverlauf völlig umkehren. Das heißt natürlich nicht, daß das 18. Jahrhundert den völlig verarmten Weber noch nicht gekannt habe. Dafür war die Gesellschaft, in der auch den Bauern immer wieder Hunger und Not heimsuchten,

372 R. BRAUN (1960), S. 77ff.

373 Vgl. auch L. SCHNEIDER (1967), S. 67ff.

374 Neueste Kunde von dem Königreiche Sachsen, Weimar 1819, S. 96f.; zit. nach GLÄNTZER (1980), S. 141; vgl. auch KISCH (1981), S. 235.

375 BERND SCHÖNE: Kultur und Lebensweise der Lausitzer Bandweber, Berlin 1977, S. 53ff.

noch zu weit von jeder wirtschaftlichen Stabilität entfernt. Wo Alter, Krankheiten, Mißernten und eine extreme Güterzersplitterung zusammenkamen, konnte niemand der Not entrinnen, und die Almosenhilfe bildete die letzte Stütze.

Besser gestellt als die unterste Schicht dieser teils selbständigen, teils abhängigen Heimarbeiter waren die Bergarbeiter: ein staatlich privilegierter „Stand", ausgezeichnet mit ähnlichen Rechten wie eine Zunft, ausgestattet mit Selbsthilfeeinrichtungen bei Krankheit, Invalidität und Tod. Der absolutistische Obrigkeitsstaat, der die gesamte Wirtschaft mit starker Hand zu reglementieren und steuern suchte, hat auf die alten genossenschaftlich organisierten Knappschaften zurückgegriffen, hat sie weiter ausgebildet und den bis dahin autonom tätigen Korporationen in der Zeit des sogenannten Direktionsprinzips einen einheitlichen Rahmen gegeben. Die Churkölnische Bergordnung von 1669 zielte erstmals in diese Richtung, aber erst Friedrich der Große hat nach den schlesischen Kriegen in der Zeit von 1766 bis 1772 mit den revidierten Bergordnungen von Cleve und der Mark, Schlesien sowie Magdeburg-Halberstadt das sehr zersplitterte Bergrecht ganz konsequent vereinheitlicht und bei dieser Gelegenheit durch Ausbau der Fürsorge- und Vorsorgeeinrichtungen versucht, einen tüchtigen Arbeiterstamm heranzuzüchten und diesen an sich zu binden. Ein halbes Jahrhundert vor den höheren Staatsbeamten erhielten in Preußen die Bergarbeiter beamtenähnliche Privilegien; sie waren zu Gehorsam verpflichtet, aber geschützt; sie waren bevormundet, aber mit einem besonderen Status ausgezeichnet; ihr Lohn war staatlich reguliert, aber sie waren gegen vielerlei Risiken des Lebens abgesichert [376]. Seit jeher hatte die Obrigkeit die Bergleute durch Befreiung von Diensten und Steuern sowie eine eigene Gerichtsbarkeit prämiert, und die Knappen hatten sich selbst mit Hilfe einer eigenen Ordnung sozial weiter aufgewertet und nach unten abgegrenzt; sie duldeten nur ehrenhafte Männer unter ihren Fahnen, keine Rechtsbrecher und keine Unehrlichen [377]. Friedrich der Große griff diese Vorgaben auf und gewährte 1767 den Bergleuten der Westprovinzen die Befreiung von der Leibeigenschaft, von den Gemeindelasten, von allen Einquartierungen und vom Wehrdienst, er garantierte Freizügigkeit und eine eigene Berggerichtsbarkeit. „Wir befreien auch hierdurch alle sowohl fremde als einheimische Berg-Arbeiter, so lang sie ihr Metier treiben, auch wenn sie Alters halber solches nicht mehr thun können, von allen personellen Städte- und Dorfschaftslasten und Diensten, Wachten, Wege-Besserung, und wie dergleichen persönliche Lasten sonst Nahmen haben mögen", heißt es in diesem „General-Privilegium für die Bergleute im Herzogthum Cleve, Fürstenthum Meurs und die Grafschaft Mark" [378]. Als Gegenleistung verlangte der König von diesem sozial aufgewerteten, „besseren und gebildeteren Teil der niederen Volksklasse" Staatstreue und peinlich genaue Pflichterfüllung. Ebenso wie die Manufakturen mit Hilfe von Kranken-, Witwen- und Waisenkassen die Arbeiter an den Betrieb zu binden und zu disziplinieren suchten, so dienten auch die Knappschaftskassen unter anderem dazu, der Arbeiterschaft die alten vorindustriellen Untugenden auszutreiben: Unpünktlichkeit, den Blauen Montag, Unzuverlässigkeit und Fahrlässigkeit [379]. Die Bergleute wollten ihre über Jahre entrichteten Beiträge nicht verlieren; sie wußten, daß sie mit leeren Händen auf der Straße standen, wenn sie wegen bestimmter Verfehlungen aus der Knappschaftsrolle gestrichen wurden, und übten sich unter diesem Zwang in den bürgerlichen Tugenden Fleiß, Ordnung und Sparsamkeit; gleichzeitig förderten sie damit die Selbsthilfekräfte und den Betriebszusammenhalt [380]. Unter Tage galten härtere Regeln als über Tage. Man mußte sich im Interesse aller unbedingt auf den anderen verlassen können, mußte absolut sicher sein, daß er nicht fahrlässig handelte. Die besonderen Gefahren für Leib und Leben vor Ort und das aufeinander Angewiesensein erforderten eine strenge, positive Auslese unter den Arbeitern.

Ähnlich dem Gutsherrn, der seinen untertänigen Bauern in Notzeiten beizustehen hatte, und ebenso wie die Zunft, die ihre Mitglieder gegen Armut absichern sollte, so hatte auch der Landesherr Vorsorge für kranke und invalide Bergleute mitsamt ihren Angehörigen zu treffen. Das Recht auf Krankenunterstützung durch die vom Staat beaufsichtigte und geschützte Knappschaftskasse besaßen alle Bergleute: die minderberechtigten, das heißt die auf einem Bergwerk tätigen Arbeiter, und die vollberechtigten, die eine gewisse Probezeit absolviert hatten und unbescholten waren. Das Recht auf Pension und Hinterbliebenenversorgung besaßen nur letztere. Man verstand dies als eine besondere Auszeichnung, die wie bei Beamten, Pfarrern oder Lehrern nur einer kleinen Minderheit zugute kam [381]. Im Jahre 1763 schreibt ein Bergmeister nach Berlin, daß durch die Errichtung einer Knappschaftskasse in Cleve die einheimische Bevölkerung vermehrt den Bergmannsberuf ergreifen würde, „da sie zumalen dadurch die Versicherung haben, daß nicht nur sie bei etwaigem Alter oder Schaden ihren nothdürftigen Unterhalt bekommen, sondern auch ihre bei erfolgendem Absterben hinterlassenden Witwen und Waisen einen billigmäßigen Beitrag zu ihrer noth-

376 NIPPERDEY (1983), S. 233f.
377 Siehe TEUTEBERG (1961), S. 136ff. und 142f.
378 Zit. nach dem Abdruck bei HUE (1910), S. 448.
379 TENNFELDE (1977), S. 87ff. und SCHULZ-BRIESEN (1933), S. 26ff.
380 TEUTEBERG (1961), S. 116f.
381 KÖHNE (1915), S. 9.

dürftigen Unterhalt erhalten sollen“ [382]. Das erwähnte „Reglement“ von 1768 sicherte den Bergmann bei „Schaden oder Krankheit“ alle mögliche „Assistance so wohl in der Cur als auch nöthigen Unterhalt“ zu, „und in dem Fall, daß er gar nicht wieder curiert werden mögte, oder auch Alters halber nicht mehr arbeiten könne“, hatte er sich „auf Lebens-Zeit einen möglichsten Beystand zu seinem Unterhalt aus der Kasse zu erfreuen“ [383]. Das heißt nicht, daß den Bergleuten überall derartige Vergünstigungen zustanden. Bis zur preußischen Zeit waren in den Bergwerken der Reichsstifte Essen-Werden Kranken-, Invaliden- und Hinterbliebenenunterstützung unbekannt [384]. Aber auch in Preußen gab es keine echte Altersrente; gewährt wurde lediglich eine Invalidenrente, die nicht von der Erreichung eines bestimmten Alters, sondern vom Grad der Arbeitsunfähigkeit abhing. Konnte ein Bergmann die besonders kräfteraubenden Arbeiten nicht mehr ausführen, wurden ihm leichtere Tätigkeiten zugeteilt. War er auch dazu nicht mehr fähig, erhielt er eine Rente, deren Höhe sich nach den Vermögensverhältnissen des Betreffenden richtete und von den Knappschaftsältesten festgesetzt wurde [385]. Hier galt noch das Prinzip des „Gnadenlohns“; die Altersrente war zwar kein Almosen mehr wie in den älteren Knappschaften, aber einen Rechtsanspruch auf eine in ihrer Höhe genau festgelegte Rente, die sich nach Arbeitsverdienst und der Dauer des Berufslebens richtete, besaßen die Bergleute noch nicht. Die Knappschafts-Ordnung für die Mark und Essen-Werden aus dem Jahre 1824 machte die Höhe der Invalidenrente vom jeweiligen Dienstgrad abhängig, den Beginn der Rentenzahlung von einem Gutachten des Berg- oder Bergwundarztes [386].

Diese Bergleute hoben sich mit ihrem sehr ausgeprägten Bewußtsein und in ihrer sozialen Lage nicht nur im Alter ganz deutlich von den anderen „Arbeitern“ ab. Ihre Häuser, die Kotten, waren zumeist mit Land ausgestattet. Sofern sie nicht mit dem Gesetz in Konflikt gerieten und sich unterordneten, war den Knappen ein Alter ohne größere materielle Sorgen sicher, wenn darunter auch nur eine karge, aber ausreichende Versorgung zu verstehen ist. Auch hier wurde „Reichtum“ nur in sehr kleiner Münze berechnet. Zudem kamen nur relativ wenige in den Genuß eines längeren arbeitsfreien Einkommens; die typischen Bergmannskrankheiten haben schon immer die Mehrzahl dieser Arbeiter nicht alt werden lassen.

In ihrer materiellen Lage im Alter unterschieden sich die Bergleute ganz wesentlich von den Manufakturarbeitern, die zwar ebenfalls nur ihre Arbeitskraft anzubieten hatten und nur in besonderen Fällen eine hohe Qualifikation, die sie bis ins Alter unersetzlich für die Porzellan- und Wollmanufakturen machte, die aber keine Privilegien besaßen, keinen Landbesitz und nur höchst selten eine Alterssicherung für den Fall der Invalidität. Justi verwies im Jahre 1761 auf die Probleme dieser Arbeiter, die die Leistungsfähigkeit der herkömmlichen Armenverwaltung überforderten: „Allein es ereignen sich nicht selten außerordentlich betrübte Zeitläufte, in welchen sich die Anzahl der Armen auf einmal auf eine unglaubliche Art vermehrt. Eine große Menge Menschen im Staate leben lediglich aus der Hand in den Mund, ohne daß sie imstande sind, auf künftige Not- und Unglücksfälle etwas zurückzulegen, oder sie unterlassen solches aus Mangel guter Wirtschaft. ... Wenn nun eine starke Teuerung einreißet; wenn der Krieg die Commercien und dem Absatz der Manufactur- und Fabriken-Waren hemmet, folglich eine Menge Arbeiter außer Arbeit gesetzet werden; wenn sich epidemische Krankheiten ereignen, welche diese Leute eine Zeitlang außerstande setzen, zu arbeiten; so entstehen auf einmal eine große Menge elender und mitleidenswürdiger Armer, die sich in den allerbetrübtesten Umständen befinden.“ [387] Ganz wenige Manufakturen errichteten im 18. Jahrhundert Arbeiter-Hilfskassen; wo sie entstanden, waren sie meist zur Versorgung der Hinterbliebenen gedacht, seltener zur Absicherung der Arbeitenden [388]. 1789 entstand die Versorgungskasse der Staatlichen Porzellan-Manufaktur Berlin, die Unterstützungsleistungen für Kranke, Invalide, Witwen und Waisen vorsah und Kur- und Arzneikosten sowie das Schulgeld für die Arbeiterkinder zahlte [389]. 1777 gründete Wilhelm Scheibler, Mitglied der berühmten Tuchherrendynastie, in seinem Stammunternehmen in Monschau eine „Liebesbruderschaft“, eine Kombination aus Kranken-, Unfall- und Sterbekasse [390]. Ähnliche Kassen sind in der Folgezeit auch bei den niederrheinischen Seiden- und Tuchmanufakturen entstanden [391], doch setzte die eigentliche Gründungswelle erst in den dreißiger Jahren des folgenden Jahrhunderts ein. Ähnlich wie die Knappschaftskassen waren diese Hilfskassen auch als Zucht- und Disziplinierungsinstrumente gedacht; nur relativ wenige Arbeiter kamen in den Genuß einer Altersrente, die auch hier bei Invalidität gewährt wurde. Wenn die Ar-

382 Bericht des Bergmeisters Johann Friedrich Heintzmann; zit. nach ADELMANN (1960), S. 8.

383 Zit. ebd. S. 16.

384 WILHELM VON VELSEN: Beiträge zur Geschichte des niederrheinisch-westfälischen Bergbaues, Essen 1940, S. 45f.

385 TEUTEBERG (1961), S. 143.

386 Ordnung von 1824 bei ADELMANN (1960), S. 38.

387 J.H.G. JUSTI: Die Grundfeste zu der Macht und Glückseligkeit der Staaten, Bd. 2, Königsberg, Leipzig 1761, S. 403f.; zit. nach MOOSER (1984), S. 322f.

388 Vgl. TEUTEBERG (1961), S. 154ff.

389 FORBERGER (1958), S. 222.

390 TEUTEBERG (1961), S. 165.

391 Vgl. ALPHONS THUN: Die Industrie am Niederrhein und ihre Arbeiter, Leipzig 1879.

beitskraft nachließ, standen die Manufakturarbeiter in der Regel ohne alle Hilfe da. Besonders in einer Großstadt wie Berlin mit ihren hohen Lebenshaltungskosten konnten diese Arbeiter bei Arbeitsunfähigkeit nur auf einen baldigen Tod hoffen. Sie lebten am Rande der Stadt in einstöckigen Holzhütten, „wo die Armuth ihr Schild ausgehangen" hatte, — „traurige Gruppen des menschlichen Elends"[392]— in erschreckenden unhygienischen Verhältnissen. Hier starben sie früher als an anderen Orten; in keiner anderen Stadt war das Risiko derart groß, zwischen dem 20. und 60. Lebensjahr zu sterben[393]; neben dem Reichtum konzentrierten sich auch Armut und Not in der Hauptstadt. Hier gab es zwar die meisten Armenanstalten, aber auch weitaus die meisten Armen; entsprechend niedrig fiel die Unterstützung für den Einzelnen aus[394]. Die Sonderstellung Berlins in der deutschen Wirtschafts- und Sozialgeschichte wird auch daraus ersichtlich. Aber selbst in den anderen Städten und auf dem Land gelang es den Manufakturarbeitern im Alter nur äußerst selten, Hunger und Not auszuweichen. In guten Jahren vermochten sie über Gelegenheitsarbeiten etwas Geld für die nötigsten Nahrungsmittel zu verdienen; in den Mangeljahren blieb ihnen nur die dürftige Armenunterstützung. Für sie hatte das Alter allen Wert verloren, war wie im 16. Jahrhundert noch immer eine ewige Pein und Mühsal, von der sie nur der Tod erlösen konnte.

Diese Manufakturarbeiter sind in der alten ständischen Gesellschaft Teil der sehr heterogenen Unterschicht, sie gehören zum „Stand der Standlosen", leben hart am Rand der Armut oder sind bereits völlig verarmt. Ohne Grundbesitz und berufliche Qualifikation können sie kaum irgendwelche Rechte beanspruchen und sind lebenslang von anderen abhängig; nur vom Verkauf ihrer Arbeitskraft lebend, sind sie ohne regelmäßiges Einkommen, und das wenige Geld, das sie dann und wann verdienen, reicht nur in guten Jahren zur Beschaffung der notwendigsten Nahrungsmittel. In der Stadt sind es die Tagelöhner, die Gelegenheitsarbeiter, die Störer und Stümper außerhalb des zünftigen Handwerks, die untersten Beamten und die Soldaten; auf dem Land zählen dazu die Inhaber von Kleinststellen, die Kätner, Häusler und Insten, die wenigstens noch ein Stück Gartenland besitzen. Die Kommerzialisierung der Landwirtschaft hat ihre Zahl stark vergrößert; aus ihren Reihen rekrutierte sich im 19. Jahrhundert vor allem die Landarbeiterschaft[395]. Es gehören zu den Unterschichten die Sölden, die seit dem Mittelalter von reichen Bauern auf ihren Höfen angesiedelt wurden, um bei der Bestellung der Felder behilflich zu sein. Sie waren von diesen Höfen vollkommen abhängig, besaßen ursprünglich kein Ackerland außer einem Nutzanteil an den Gemeindebesitzungen; viele betrieben im 18. Jahrhundert ein Handwerk, um sich finanziell einigermaßen über Wasser zu halten[396], andere begannen mit dem Ausschank von Schnaps und Most, um schließlich ein Wirtshaus zu betreiben[397]. Endlich gehören in Stadt und Land zu den untersten Schichten die Armen im eigentlichen Sinn: die von der Armenversorgung Lebenden, die Bettler und Invaliden, die Vagabunden und Arbeitsscheuen, die im Leben Gescheiterten und der ganze Bodensatz einer von Krisen geschüttelten Welt[398]. Maler und Graphiker haben diese Welt, für die es noch keine Hoffnung gab, immer wieder porträtiert; sie haben Anklage erhoben, weil diese Menschen in den Tag hinein lebten, und hatten sie einmal ein paar Groschen, diese sofort in der „Bettlerkneipe" (Bild S. 231) in Schnaps und Wein umsetzten. Trotz aller Ehehindernisse und des Verbots der Armenehe vermehrten sich diese Schichten sehr schnell. Im Jahre 1789 ordnete der Bischof von Fulda in einem Mandat, „die Ertheilung der Vermögensscheine bey den Verehelichungen der Unterthanen betreffend", an, daß ein Brautpaar in der Residenzstadt mindestens 350 Gulden an Vermögen vorzuweisen hatte, in den anderen Städten 300 Gulden und in den Dörfern 250 Gulden[399]. In Württemberg untersagte das „Generalreskript" von 1712 über die „Abstellung des Gassenbettels und der Versorgung der Armen" die Eheschließung unvermögender Personen. Bayern, Österreich und die geistlichen Fürstentümer verlängerten im 17. und 18. Jahrhundert kontinuierlich die Liste der Genehmigungsvorbehalte. Der Staat beschränkte trotz seiner merkantilistischen Peuplierungsbemühungen die Verehelichungsfreiheit der „Nahrungslosen", ganz im Sinne einer „guten Policey", der an einem Gleichgewicht zwischen Wirtschafts- und Bevölkerungswachstum gelegen war[400]. Während der napoleonischen Zeit und unter dem Einfluß der Ideen der Französischen Revolution wurde das Eherecht in den linksrheinischen Gebieten von allen Hindernissen befreit. Auch in Württemberg und Bayern brachen Friedrich I. bzw. Montgelas 1807 und 1808 rücksichtslos mit der alten Tradition der Verehelichungsbeschränkungen, obwohl im dichtbesiedelten Südwesten die Gemeinden aus Sorge um ihre Armenkassen weiterhin jede unliebsame „Bettelhochzeit" zu unterbinden suchten[401]. Wer kein Geld hatte, durfte auch nicht heiraten oder

392 Krüger (1958), S. 344f.
393 Ebd. S. 368.
394 Ebd. S. 384ff.
395 Schissler (1978), S. 91 und 97.

396 Matzke (1960), S. 101ff.
397 Vgl. Hermelink (1965), S. 40f.
398 Nipperdey (1983), S. 220.
399 Journal von und für Deutschland, 1789, II, S. 268ff.; zit. nach Möller (1969), S. 78f.
400 Siehe Matz (1980), S. 29ff.
401 Ebd. S. 33ff.

mußte sehr lange um seine Heiratserlaubnis betteln gehen [402]. Hunger und rechtliche Diskriminierung ließen die Angehörigen der Unterschicht keinen Tag vergessen, daß sie einem unausweichlichen Generationenschicksal unterlagen: Für die Unterständischen, die in diese Schichten hineingeboren waren, gab es noch kein Hilfsmittel, sozial aufzusteigen, und für die, die dem dritten Stand angehörten, bestand bei der noch zu statischen Wirtschaft eine andauernde Gefahr, für immer sozial abzusteigen. Unterhalb der drei Stände, öffnete sich ein Orkus, aus dem es kein Zurück mehr gab.

Das Leben dieser Unterschichten war von der Kindheit bis ins Alter bestimmt durch die prekäre materielle Lage, die Unsicherheit des Einkommens und die Trennung von Wohn- und Arbeitsstätte. Der tagtägliche Kampf um die Sicherung der Existenz auf niedrigstem Niveau überschattete alles andere; in ihm erschöpfte sich für viele das Leben. Die Geschichte des einfachen Volkes war stets eine Geschichte der Armut und des Hungers gewesen. Trotz der Anspannung aller Kräfte ließen sich keine Rücklagen abzweigen; Unterbeschäftigung, Arbeitslosigkeit und geringe Löhne waren bei mangelnden Verdienstmöglichkeiten die logische Folge. Zwar sorgte die übliche Naturalentlohnung dafür, daß die Preissteigerungen für die Hauptnahrungsmittel an diesen Tagelöhnern vielfach vorbeigingen, aber wenn die Ernte sehr schlecht ausfiel, benötigten die Bauern auch weniger Arbeitskräfte bei den Erntearbeiten, und da bei jeder Teuerung die Gewerbe wegen fehlender Aufträge stockten, verminderten sich auch in der Stadt die Verdienstmöglichkeiten. Die Schreie aus den unterständischen Schichten ertönten jedesmal lauter. Das war normal und an eine Möglichkeit, diesen Zustand ändern zu können, glaubten nur ganz wenige. Gewißheit bestand nur, daß nach einer Zeit vermehrter Not der Hunger wieder etwas weniger beißend sein würde.

An diesem Kampf der Unterschichten ums tägliche Überleben beteiligte sich die ganze Familie; neben dem Mann suchte die Frau nach Arbeit, wo immer sie sie nur fand, und ganz selbstverständlich beteiligten sich daran die Kinder, für die es noch keine „Schonzeit" gab. Wilhelm Heinrich Riehl hat zur Mitte des 19. Jahrhunderts diese Unterschiede zwischen oben und unten detailliert beschrieben: „Bei dem bäuerlichen Tagelöhner und dem armen Kühbauern schafft die Frau ganz das Gleiche wie der Mann. ... Beide arbeiten im Acker, lenken Pflug und Wagen gemeinsam, säen, ernten und verkaufen gemeinsam oder in zufälliger Abwechslung. Das Walten im Hause ist nur eine gelegentliche Zugabe für die Frau. Ja, männlicher und weiblicher Beruf findet sich auch hier oft ebenso ausgetauscht wie die Bezeichnung von Kappe und Haube. So bewacht der Hirt vielleicht, Strümpfe strickend, die Heerde, während seine Frau hinter dem Pfluge geht. Es ist selbst oft, als wäre der alttestamentarische Fluch, daß das Weib mit Schmerzen gebären solle, von solchen Weibern genommen; denn sie gebären wohl gar, hinter den Hecken, packen den neugeborenen Wurm auf, tragen ihn eine Stunde Wegs weit nach Hause und stehen nach drei Tagen wieder an ihrer gewohnten Arbeit." [403] Und an anderer Stelle auf die Unterschiede zwischen den verschiedenen Lebensaltern eingehend: „Hier sei nun ferner daran erinnert, daß die Theilung des Berufs nicht bloß nach dem Geschlecht, sondern selbst nach den Altersstufen immer verwischter wird, je tiefer wir zu besitz- und bildungslosen Volksschichten hinabsteigen. Bei dem armen Kleinbauern muß schon der Schulbube dem Vater die halbe Berufsarbeit abnehmen. Die Beschäftigung der Frau, der heranwachsenden Kinder und des Hausgesindes fällt in eins zusammen. In den Städten haben die Kinder, bis sie zu Jünglingen und Jungfrauen herangereift sind, ihre eigenthümliche Kindertracht. Auf den Dörfern steckt der fünfjährige Bube schon in den verkleinerten Wasserstiefeln und dem Miniaturrocke des Vaters ... Der unterschiedlose Beruf der Geschlechter ist ein trauriges Erbtheil armer und verkommener Leute ..." [404] „Während beim gemeinen Volk das Weib die volle Hälfte von des Mannes harter körperlicher Arbeit auf seine Schultern nimmt, wird unter feinen Leuten die einfachste Kraftäußerung und Leibesübung für unweiblich abgestempelt." [405] Besonders im Alter, sagt Riehl, war in den Unterschichten die „Verschmelzung" der Sitten beider Geschlechter vollkommen: „Als Seitenstück zu den jungen Damen mit der Papier-Cigarre im Munde sind mir bei mittel- und niederdeutschen Bauernhochzeiten, Kindtaufen und Metzelsuppen häufig häßliche alte Weiber aufgestoßen, die als holzschnittmäßige Vordergrundsfiguren, mit dem qualmenden Thonpfeifenstummel, einem sogenannten ‚Backenwärmer' am Tische saßen und eine Tabaksorte in die Luft bliesen, bei deren Arom es selbst einem starknervigen Städter schwarz vor den Augen hätte werden können. Bei der untersten Hefe des Bauernvolkes, dazu bei Vagabunden und Zigeunern, hat die Verschmelzung männlicher und weiblicher Sitte ihren wahren geschichtlichen Boden. Hier sind die Frauen emancipirt. Hier herrscht keine prüde Unterscheidung zwischen männlicher und weiblicher Decenz, und eine Zote, die den Männern zu ungewaschen ist, findet bei den Weibern immer noch eine gute Statt." [406]

---

402 Vgl. auch zu dieser „Alltagsbewältigung unserer Vorfahren" IMHOF (1984), S. 54.

403 RIEHL (1862), S. 30.

404 Ebd. S. 31.

405 Ebd. S. 41.

406 Ebd. S. 28f.

Die Mitarbeit der gesamten Familie, die die Geschlechts- und Generationsrollen verwischte, die Unregelmäßigkeit und Unsicherheit der Einkommen sowie die Vielzahl der Einkommensquellen machen es äußerst schwierig, die soziale Lage dieser unterständischen Familien zu bestimmen und ihre Entwicklung zu verfolgen. Man muß sich davor hüten, die vielen Elendsschilderungen, die sich in den bekannten Hungerjahren häuften, auf das gesamte Jahrhundert zu übertragen. Über die Ärmsten der Gesellschaft des Alten Reiches wissen wir recht wenig; die Demographen registrieren das massenhafte Sterben ihrer Säuglinge, die Sozialhistoriker sehen die Leistungen der städtischen Armenkassen seit Ende des 18. Jahrhunderts anwachsen, aber ihre tatsächliche Lage und vor allem das Elend der ländlichen Unterschichten bekommen wir kaum zu Gesicht. Was sagen hier Löhne und Preise aus, wenn die Bezahlung in Naturalien erfolgte, wenn der arme Häusler mit seiner Kuh und seinen Ziegen auf den Gemeinbesitz des Dorfes gehen konnte, wenn der Tagelöhner ständig zwischen den verschiedensten Arbeitsmöglichkeiten wechselte und seine Arbeit unterbrach, sobald er genug zum Leben für die nächste Woche hatte? Der Begriff Arbeitslosigkeit gibt unter diesen Umständen keinen Sinn. Mehr noch als Handwerker und Bauern gebrauchten die Arbeiter die Zeit äußerst elastisch; Zeit war für sie noch nicht Geld, Arbeit und Leben flossen noch ineinander über, waren noch nicht voneinander getrennt. Einige trugen zwar bereits eine Uhr, aber mehr als Schmuck in der Westentasche, denn als Fessel am Handgelenk; der Terminkalender gehörte nicht zu dieser Welt, seinen Sinn hätte hier niemand begriffen. Hier strebte niemand nach Leistung, nicht nach hohem Lebensstandard; man konnte und wollte es nicht; die heilbringende Lehre vom bürgerlichen Arbeitsethos war noch kaum bis hierhin vorgedrungen. Andere hatten resigniert und waren überzeugt, daß es sich angesichts der nicht zu bändigenden Launen der Natur und der Wirtschaft nicht lohnte, für Lebensplanung, Disziplin und sozialen Aufstieg größere Energien aufzuwenden. Man lebte in den Tag hinein, von der Hand in den Mund, verjubelte unerwartete Einnahmen und hoffte bei nachlassenden Kräften auf die Mithilfe der Kinder, die Finanzkraft der Armenkasse und die Nächstenliebe der reichen Mitbürger. Sparen konnte und wollte man nicht, und die neuen Kassen, die die Hinterbliebenen von Pfarrern, Beamten und Bergleuten absicherten, gingen an den wirklich Bedürftigen vorbei. Wettkampf, individuelles Streben und Aufstieg fanden in den unterständischen Schichten noch wenig Spielraum. Man vertraute blind dem Schicksal und paßte seine Lebensführung den jeweiligen Verdienstmöglichkeiten an, die auch in günstigen Jahren nie ein Leben in süßem Honig und Manna erlaubten. Der Arbeiter wollte zwar weg vom schlüpfrigen Rand des Elends, aber er strebte nicht mit aller Kraft in die Behaglichkeit eines aufwendigen Nahrungs-, Konsum- und Wohnungsstandards; er wollte nicht herausfallen aus der ständisch-traditionellen Ordnung; seine Wünsche richteten sich darauf, seine soziale Heimat und Verwurzelung nicht zu verlieren. Diese Verhaltensweisen und Einstellungen machen die Bestimmung der materiellen Lage der Unterschichten in der vorindustriellen Gesellschaft so unendlich schwer.

Schauen wir wieder zurück auf die Vermögensentwicklung der unselbständig arbeitenden Bevölkerung der württembergischen Kleinstadt Nürtingen, wie sie sich aus Tausenden von Vermögensinventaren ergibt, dann erkennt man, daß sich zwischen 1760 und 1800 die materielle Lage der Tagelöhner, Gesellen, Knechte und aller anderen, die nichts als ihre Arbeitskraft zum Verkauf anzubieten hatten, merklich besserte (Graphik 21 und 23, S. 211, 216). Das Durchschnittsvermögen stieg hier von knapp 180 Gulden im letzten Jahrzehnt des 17. Jahrhunderts binnen einhundert Jahre auf über 530 Gulden. Auch hieran zeigt sich, daß sich das Ancien Régime trotz aller ungelösten Probleme auf dem Weg zu besseren Lebensverhältnissen, materiellem Wohlstand und Wirtschaftswachstum befand. Ebenso wie der selbständige Handwerker und der Bauer besaß der Arbeiter jetzt etwas mehr Sachgüter: ein oder zwei Stühle anstatt eines über zwei Steine gelegten Bretts, zwei Hosen anstatt einer, ein Besteck aus Metall anstatt Holzlöffel, etwas Weißzeug für das Bett anstatt eines Strohsacks. Einige hatten es zu einem eigenen Haus gebracht, das zwar noch mit Schulden belastet war, bisweilen nur mit 50 Gulden taxiert wurde, von den Nachbarhäusern abgestützt werden mußte und in das es hineinregnete[407], aber es sicherte seinem Besitzer ein gewisses Sozialprestige; damit war das Ziel erreicht, mehr wollte man nicht. Ob allerdings die unteren Schichten die Besserung der materiellen Lage wahrnahmen, bleibt mehr als zweifelhaft. Der Abstand zu den selbständigen Handwerkern und Bauern hatte sich vergrößert, noch immer waren die Wohnungen äußerst spartanisch ausgestattet und über die Kleidung vermerkte der Taxator noch immer wie schon hundert Jahre zuvor: „Von keiner Consideration" oder „nicht aufschreibenswert". In der gläsernen Welt des Dorfes und der Kleinstadt wußten die Kärrner und Viehhirten sehr wohl, daß die Witwe des Pfarrers reichlich Bettzeug und Leinwand für fast 600 Gulden besaß, und daß sie Schmuck und Silbergerät für über 500 Gulden in ihrer Wohnung stehen hatte. Sie sahen, wie der Kronenwirt Unmengen an Geschirr aus Zinn, Glas und Porzellan gekauft hatte, wie sein Haus mit eingelegten Tischen und elf Polstersesseln möbliert war, wie hier in jedem Zimmer

---

[407] Vgl. auch die Häuserbeschreibungen bei PEUCKERT (1931), S. 67 und MÖLLER (1969), S. 118.

mehrere Bilder an den Wänden hingen, während ihre eigenen Wohnungen leeren Löchern glichen[408]. Diese Unterschiede haben die Menschen wahrgenommen, nicht den Aufstieg seit Vorvorgestern. Das bescheidene Mehr an Kleidern und Möbeln hat bei weitem noch keinen „Komfort" geschaffen, es hat das Elend nur ein wenig erträglicher gemacht; der Lebensstandard dieser Schichten bewegte sich noch immer auf einem außerordentlich tiefen Niveau. Der Anstieg der Vermögen signalisiert aber, daß die Unterschichten in der zweiten Hälfte des 18. Jahrhunderts mehr Geld zur Verfügung hatten, das nicht für Nahrungsmittel ausgegeben werden mußte; der Anteil der Kosten für das tägliche Brot hatte sich im Haushaltsbudget verringert, die finanziellen Freiräume für den Einzelnen waren größer geworden; er war gegenüber dem beißenden Hunger auf größere Distanz gegangen. Seit Beginn der neunziger Jahre kippte die Entwicklungsrichtung jedoch wieder um, und mit dem weiteren starken Anwachsen der unterständischen Schicht kündigte sich die Zeit des Pauperismus, der Massenverarmung an; ein schwerer sozialer und materieller Rückschritt stand den Unterschichten bevor. Als Preußen schließlich seine Agrarreform durchsetzte, verlor der kleine Mann seinen Anteil an der Allmende und damit, wie sich Karl Lamprecht ausgedrückt hat, „das Gemeinheitsgefühl wie der Bauer", „die letzte Hilfsquelle, den eisernen Bestand gleichsam seiner materiellen Existenz", „er war expatriiert aus der engen Dorfheimat"[409]. Die Allmende hatte den ärmeren Dorfbewohnern die Möglichkeit zu einer bescheidenen Viehhaltung gegeben; sie war ein Teil der Sozialfürsorge des Landes gewesen. Trotz aller Härten und Brutalitäten gegen die Unterständischen und Außenseiter war der absolutistische Staat im Rahmen seiner Möglichkeiten doch eine Art Fürsorgestaat gewesen, der die Sorge der Untertanen um das tägliche Brot ernst nahm. Auch wenn sich die Oberschicht bei den Gemeinheitsteilungen bemühte, die ärmeren Dorfbewohner so wenig wie möglich zu schädigen, war mit den Teilungen doch eine Bevorzugung der größeren Bauern verbunden[410]. Entscheidend für die wachsende Not war jedoch, daß das Bevölkerungswachstum weiterhin den Nahrungsspielraum sprengte, sich weiterhin eine Lücke in den Möglichkeiten zur Versorgung mit Nahrungs- und Existenzmitteln auftat und die Entfaltung der Produktivkräfte noch zu gering blieb. Warner wie Thomas Robert Malthus fühlten sich in ihrem Pessimismus bestätigt.

Inwieweit die für den deutschen Südwesten aufgezeigte Entwicklung des Lebensstandards auch für eine Großstadt wie Berlin Gültigkeit hat, bleibt ungewiß. Berlin war sicherlich auch bereits im 18. Jahrhundert ein Sonderfall: hier konzentrierten sich die Gewerbe- und Manufakturbetriebe; hier wurden die höchsten Löhne gezahlt. Das alles wirkte wie ein Magnet auf die, die keine Arbeit hatten. Andererseits lagen die Lebenshaltungskosten in Berlin aber auch deutlich über denen der kleineren Städte[411], und da hier die Geldwirtschaft bereits stark ausgeprägt war, traf die Arbeiter, die sich auf keine Landwirtschaft stützen konnten, jede Teuerung mit besonderer Wucht. Die Höhen und Tiefen des Lebensniveaus waren hier ausgeprägter als in mehr ländlichen Regionen; die Massenverarmung setzte hier früher ein als an jedem anderen Ort des Reiches[412]. Ob diese Arbeiter fleißig oder faul waren, ihr Leben mündete immer in Altersarmut.

Es ist zu vermuten, daß auch die alten Menschen aus den ländlichen und kleinstädtischen Unterschichten von der Hebung des Lebensstandards, der sich seit 1750/60 vielerorts abzeichnete[413], Nutzen zogen. Jedenfalls besaßen auch unter den Tagelöhnern, Hirten und Knechten die Älteren die höchsten Vermögen (Graphik 28). Das mag überraschen, da in diesen untersten Schichten nicht Wissen und Erfahrung zählten und die alten Menschen kaum ein Mittel besaßen, den Jüngeren ihren Willen aufzuzwingen. Offensichtlich konnten viele Eltern auf die Hilfe ihrer Kinder rechnen, zumal diese noch nicht wie siebzig und hundert Jahre später in Scharen in die neuen Industriezentren abwanderten, sondern in der Regel am Heimatort verblieben und nur hier einen Anteil an der Allmende besaßen sowie ein Recht auf Armenunterstützung. Daß unverheiratete, erwachsene Kinder einen Teil ihres Lohns an die Eltern abgaben, galt vielfach noch als eine Selbstverständlichkeit[414]. Diese Menschen kamen auf Grund ihres fehlenden Vermögens sehr spät zur Heirat, und die Eltern konnten relativ lange in den Genuß dieser Unterstützung kommen[415]. Das vierte Gebot nahm man trotz aller Raubeinigkeit im Umgang miteinander noch sehr ernst. Lehrer und Pfarrer hatten den Kindern immer wieder eingebläut, Alter und Eltern zu ehren, und diese Lehre dürfte nicht spurlos an den Menschen vorbeigegangen sein. Zu Ende des 18. Jahrhunderts hatte der lange Prozeß der Versittlichung im Alltag bereits deutliche Spuren hinterlassen. Gerade in den Zentren des Pietismus stand das „Ehre das Alter!" nicht nur auf dem Papier. Die relativ günstige materielle Lage der alten Menschen erklärt sich darüber hinaus aus den Unterstützungen, die gerade den bedürftigen alten und invaliden Personen von den zahlreichen milden Stif-

[408] Vgl. BENSCHEIDT (1985), S. 175ff.
[409] Zit. nach SACHSSE, TENNSTEDT (1980), S. 187.
[410] PALLACH (1986), S. 255.
[411] Vgl. KRÜGER (1958), S. 343.
[412] Vgl. die Reallohntabelle bei KRÜGER (1958), S. 360.
[413] Vgl. ZORN: Gewerbe (1971), S. 556.
[414] R. BRAUN (1960), S. 81.
[415] Vgl. auch Arbeitsgruppe (1982), Bd. 1, S. 137f.

Graphik 28

Durchschnittsvermögen der Bevölkerung von Nürtingen nach Alter und Berufsstand 1750/1820

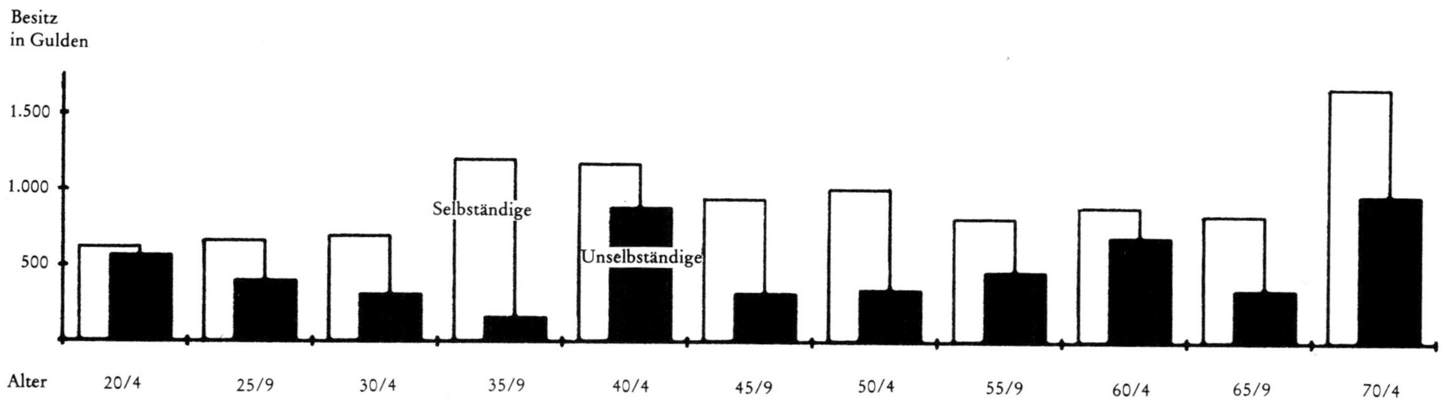

Quelle: Alle Inventuren und Teilungen, StAN.

tungen zuteil wurden. Auch lebten sie genügsamer und hatten für niemand mehr aufzukommen. Das höhere Vermögen der alten Tagelöhner und Arbeiter sagt nicht, daß sie besser lebten als die jüngeren. Sie waren sich vielmehr der finanziellen Probleme des Alters bewußt, die für die junge Generation noch in weiter Ferne lagen. Angesichts einer ungewissen Zukunft lebten sie nicht mehr von der Hand in den Mund; der sprichwörtliche Geiz der Alten findet hier eine Erklärung. Sicherlich haben die Familien der alten Arbeiter in Berlin eine derartige relative Sicherheit nicht gekannt. Hier, wo viele zugewandert waren und die überlastete Armenhilfe nur ganz geringe Unterstützungen zahlte, geriet auch der alte Mensch in arge Bedrängnis; Alter und Armut galten hier als Synonyma. Seit 1750 nahm in Berin der Anteil der Armen ständig zu: Bis zum Jahre 1801 vermehrte sich die Bevölkerung um 60 Prozent, die Zahl der Armen erhöhte sich gleichzeitig um das Neunfache [416]. Witwen, alte Soldaten und Bedienstete stellten das Hauptkontingent [417]. Diese geballte Armut haben die meisten Zeitgenossen gesehen, weniger die verstreute und versteckte Armut des Landes, wo sich die Menschen immer noch notdürftig versorgen konnten und den Wechselfällen des Lebens weniger schutzlos ausgeliefert waren. Allein das besitzlose Landgesinde machte um das Jahr 1800 mehr als 14 Prozent der Gesamtbevölkerung aus [418]. Im Gegensatz zu den Manufakturarbeitern waren Dienstboten und Gesinde vielfach im Alter durch die Fürsorgepflicht des Gutsherren oder der städtischen Gemeinschaft geschützt. Seit jeher nahmen die Spitäler alte Dienstboten auf, bisweilen ausdrücklich als Belohnung für gute Dienste. Als sich in der zweiten Hälfte des 18. Jahrhunderts das Kassenwesen ausbreitete und der Versicherungsgedanke Fuß faßte, schlug Justus Möser in seinen Patriotischen Phantasien die Gründung einer Alters- und Invalidenkasse vor, in Bayern erwarben sich die Dienstboten durch ein Generalmandat im Jahre 1780 nach fünfzehnjähriger Dienstzeit ein Recht auf Unterstützung am Ort des Dienstes, Freiburg und Sachsen-Weimar ließen bald ähnliche Regelungen folgen [419]. Im Zuge der Bauernbefreiung mehrten sich die Stimmen, die die Gemeinschaft von der Altersversorgung des Gesindes entlasten und einem eigenen Institut übertragen wollten. „Gegen Rindviehseuche, Schafräude, Hundswut und dergleichen hat man treffliche Mittel gefunden. Sollte das schleichende und so oft beseufzte Übel des Gesindeunwesens nicht einer ernstlichen Beachtung wert sein?“, schrieb damals ein Pfarrer [420].

Ähnlich den städtischen Handwerkern lebten auch in den untersten Schichten Alt und Jung kaum einmal zusammen, zumal in den meist äußerst kleinen und engen Wohnungen für Drei-Generationen-Familien kein Platz war. Die Zeitgenossen haben diese „elenden Behausungen“ des gemeinen Mannes oft beschrieben [421]. Sie haben die erdrückende Enge beklagt, in der es für Eltern und Kinder keine Freiräume gab. Oft wohnten

[416] KRÜGER (1958), S. 371.
[417] Vgl. W. FISCHER (1982), S. 53f.
[418] Ebd. S. 54.
[419] KÖNNECKE (1912), S. 733ff.
[420] Zit. nach HEDEMANN (1979), S. 211.
[421] Vgl. MÖLLER (1969), S. 120f.; FRIEDRICH WINKELMANN: Wohnhaus und Bude in Alt-Hamburg, Diss. Hannover, Berlin 1937, S. 8f.; KRÜGER (1958), S. 349.

und schliefen alle in einem einzigen Zimmer. Hier fand ein altes Ehepaar keinen Raum mehr. Wenn ältere Menschen bei ihren Kindern lebten, waren es Witwer oder Witwen.

Bleibt auf die Bettler zu verweisen, die Teil der alten ständischen Gesellschaft und allgegenwärtig waren. Obwohl der absolutistische Staat sie nicht mehr als „Brüder Christi“ behandelte, sondern ins Arbeits- oder Zuchthaus steckte, obwohl er in Almosen eine unangemessene Belohnung für Faulheit sah und sich auf den Standpunkt stellte, wer nicht arbeiten wolle, solle auch nicht essen, zogen die Bettler ungeachtet aller Zwangsmaßnahmen und Verbote vor allem in den katholischen Gegenden in Scharen durch das Land: Junge und Alte, abgedankte Soldaten und Soldatenfrauen, die auf ihren König und das Vaterland schimpften, Invalide und Brandgeschädigte mit echten oder gefälschten Brandbettelbriefen, Kinder und Greise, ausgemergelt und in Lumpen gehüllt, Opfer von Kriegen und einer rigorosen Justiz, arbeitsscheues Gesindel und Asoziale, eine Bodenschicht, wie sie jede Gesellschaft kennt. Unter ihnen nahm der alte Mensch keine Sonderstellung ein, er lebte nicht besser und schlechter als jeder andere aus diesem Bettelheer. Bisweilen hatte er das „Glück“, nicht wie die Arbeitsfähigen eingesperrt oder ins Arbeitshaus gesteckt zu werden. Den Grundsatz „Arbeit statt Almosen“ setzte der Staat rigoros in die Tat um, obwohl er zunächst die Almosen zwar zurückgehalten hatte, aber nur selten Arbeit bereitstellen konnte. Wie alle anderen mußten auch die Alten und Schwachen in den Arbeitshäusern mit körperlichen Züchtigungen rechnen. In der Arbeitsordnung des im württembergischen Göppingen im Jahre 1819 gegründeten Spinninstituts, in dem alte Menschen Beschäftigung fanden, hieß es: „... wenn der Spinnmeister Stille gebietet, muß Folge geleistet werden und wenn er zweimal zur Stille aufruft und nicht so gleich gefolgt wird, soll er ohne weiteres die Straffen mit dem Stock ...“ [422] Von diesen Praktiken und diesen Häusern wird noch die Rede sein. Was die kommunale Armenhilfe diesen Bettlern geben konnte und wollte, reichte besonders in den großen Städten zum Leben allein nicht aus. Vor allem in allgemeinen Notzeiten leisteten die Behörden keine echte Hilfe mehr, sondern nur noch Sterbehilfe. Der alte arme Mensch belastete diese Gesellschaft; er sollte möglichst bald in das jenseitige Leben gehen; im diesseitigen war für ihn immer weniger Platz.

---

[422] Zit. nach BORSCHEID (1978), S. 374.

Das Los der Witwen — ein materielles Problem

Die frühe Neuzeit hatte das Alter verachtet und gemieden, sie hatte ihm den Rücken zugekehrt, es verhöhnt und bisweilen angespuckt, sie hatte die materiellen und psychischen Probleme der Witwer kaum beachtet und der Lage der Witwen nur dann ihre Aufmerksamkeit zugewandt, wenn sie Stoff bot für saftige Zoten und derbe Späße. Sie hatte Witwer und Witwen mit aller Macht in eine neue Ehe gedrängt; das hatte sie als großes und fast einziges Allheilmittel gegen den Verlust an Ansehen und Vermögen anzubieten. Auch das 17. und 18. Jahrhundert haben für die Alleinstehenden noch kein anderes Patentrezept parat; noch immer gilt der Satz der Bibel: „Weh dem, der allein ist, wenn er felt, so ist keiner der jhm aufhilft" (Pred. Sal. 4, 10); noch immer wird der Satz der Schöpfungsgeschichte zitiert: „Und Gott der Herr sprach: Es ist nicht gut, daß der Mensch allein sei." Die Gesellschaft singt weiterhin das Hohelied der Ehe als der von Gott gestifteten Ordnung für das Zusammenleben von Mann und Frau, als der einzig erlaubten Form der biologischen Erhaltung, als Grundstein der zivilisatorischen Weiterentwicklung der Menschheit und als Ort der geordneten Befriedigung des Geschlechtstriebes, als „heilsame Artzney vnd külpflaster" gegen „den vnzüchtigen brunst/ flammen vnd begierden", wie es im 1. Korintherbrief heißt, als Institution der gegenseitigen Hilfe und Förderung [1]. Die Hausväterliteratur sieht alles Wirtschaften und Haushalten, das nicht auf dem Zusammenwirken von Mann und Frau in der Ehe gegründet ist, mit einem schweren Mangel behaftet, prophezeit Mühsal und Verdruß und schließlich den wirtschaftlichen Ruin als unausweichliche Folge.

Dennoch finden mit Hochschätzung des Alters seit dem ausgehenden 17. Jahrhundert auch die Sorgen und Nöte der Alleinstehenden und besonders die der Witwen

[1] Zit. nach HOFFMANN (1959), S. 107ff.

mehr Beachtung. Die Spötteleien werden leiser und die Anzüglichkeiten nur noch hinter vorgehaltener Hand in Umlauf gebracht. Zunehmend machen sich die führenden Köpfe darüber Gedanken, wie vor allem diesen Frauen wirksam zu helfen sei. Nicht die Probleme des verwitweten Mannes stehen auf der Tagesordnung, sondern allein die materielle Versorgung der hinterbliebenen Frauen und Kinder. Man diskutiert kaum darüber, wie den alten Menschen in ihrer Gesamtheit besser geholfen werden könne; dafür hat jeder selbst zu sorgen durch lebenslange Arbeit, durch geschickte Leibgedingverträge, durch Rückgriff auf die Hilfe der Kinder oder des Gutsherrn und, falls alles dies versagt, durch ein Bittgesuch an die Armenbehörde oder eine milde Stiftung. Die Altersversorgung ganz allgemein ist keine Aufgabe, die vorrangig einer Lösung harrt. Die Gesellschaft weiß sehr wohl um die Not vieler alter Menschen, aber derartige Sorgen sind nicht ein spezifisches Problem des Alters; auch die Jüngeren werden von Armut gedrückt, oft noch mehr als die Älteren. Hier helfen nur allgemeine wirtschaftliche Verbesserungen, wie sie die Kameralisten durchzusetzen versuchen. Solange die Bevölkerungspyramide auf einem sehr breiten Fuß steht und die Menschen dem biblischen Befehl „Seid fruchtbar und mehret Euch" folgen, besteht kein Handlungsbedarf; solange die Gesellschaft ihre Erwerbs- und Alterssicherung noch relativ eng an den Familienverband angebunden hat, diesen damit belastet, Kinder noch ein Wirtschaftsfaktor sind und die Kontinuität zwischen den Generationen erhalten bleibt, solange muß man sich noch keine besonderen Gedanken machen, wie das Alter anders abzusichern sei. Nur einer Gruppe schenkt man besondere Beachtung, weil sie aus dem allgemeinen Elend hervorsticht: den Hinterbliebenen; sie sind in höchstem Grade gefährdet, sie haben eine spezielle Zuwendung nötig.

Die Gesellschaft steht vor einem Dilemma. Den Verweis auf Selbsthilfe, auf lebenslange Arbeit, den sie ansonsten jedem Arbeitsfähigen, der um Unterstützung nachsucht, als wirksames Rezept in die Hand drückt, kann sie hier nur mit Einschränkungen geben. Der Frau ist ein Großteil der Arbeitsplätze versperrt; gegenüber dem Mann besitzt sie deutlich weniger Möglichkeiten, durch ihrer Hände Arbeit eine Familie zu ernähren. Die vorindustrielle Gesellschaft erkennt nur in zeitlich begrenzten Ausnahmefällen eine Frau als Vorsteherin der Familie und des Hauses an; sie geht vom arbeitsteiligen Zusammenwirken von Mann und Frau aus. Der Ehemann hat die Tätigkeiten außerhalb des Hauses, d.h. des Gebäudes, zu übernehmen, und die Frau beschränkt sich weitgehend auf die Aufgaben innerhalb der vier Wände. Wolf Helmhard von Hohberg faßt zu Ende des 17. Jahrhunderts diese Aufgabenverteilung in einem Bild zusammen: „Die Haus-Wirtschafften sollen seyn (wann sie glücklich und wol bestellet sind) wie ein wolgemachter Teich oder Weyer, der Haus-Herr soll seyn der Einlaß oder die Quelle des Wassers/ die Haus-Frau aber der Damm und der Ablaß/ die alles/ was von der Quellen hinein kommt/ verwahre/ und was übrig und unnothwendig/ ... geschicklich austheile und anwende." [2] In einer Schrift aus dem Jahre 1688 über die Lehrjungen im Handwerk heißt es: „In Bezug auf das Geschlecht schließen wir die Frauen aus, daß sie von keinem Meister in die Lehre genommen werden dürfen. Der Grund dafür ist, daß ihnen die Leitung der Familie unter der Oberleitung des Gatten anvertraut ist, daß es aber ungewiß ist, wer jener Zukünftige sein wird. Sicherer und dem Geschlecht angemessener ist es aber, sich um die Familie und die Küche zu kümmern, den Durchschlag zu handhaben, zu waschen usw. ... Zugleich schließen sie die Annehmlichkeit ein, daß jedes Geschlecht das, was ihm angemessen ist, betreibt, daß sich beide nicht mit demselben beschäftigen und sich gegenseitig hindern, daß jeder das, was dem anderen zukommt, vernachlässigt und sich nicht in Dinge mischt, die ihn nichts angehen, unter Hintansetzung seiner eigenen Angelegenheiten." [3] Nach Meinung der Zeit hat sich die Frau dem Mann unterzuordnen, da sie physisch, intellektuell und vom Willen her der schwächere Teil sei, ferner als Strafe für ihre Schuld am Sündenfall. Nicht nur die Kirche predigt, daß die Frau der Führung durch den Mann bedürfe; ohne männlichen Beistand sei sie eine Gefahr. Sie hatte in der Vergangenheit versagt und trage letztlich die Schuld an der Vertreibung der Menschheit aus dem Paradies. „Eva war schön/ Adam hatte sie lieb/ lies jhr jhren willen/ wolte sie nicht erzürnen/ asse jhr den Apffel zu liebe/ des kam er in jamer vnd not/ Nachrewen halff jn gar nichts." So hatte bereits im 16. Jahrhundert Cyriax Spangenberg in seinem „Catechismus" formuliert [4]. Das 18. Jahrhundert, das trotz aller aufklärerischen Ideen die Bibel noch immer sehr ernst nimmt, für das das göttliche Wort noch immer Grundlage allen Denkens und Handelns ist, aller Gebote, Verbote und Normen, nimmt die Oberherrschaft des Mannes als etwas Gott- und Naturgegebenes hin; man denkt in Ständen, in Über- und Unterordnung. Die Hausväterliteratur spricht von der Frau als einem „schwachen Werckzeug" oder einem „zerbrechlichen gefäß" [5], sie wiederholt die gängige Meinung, die Frau besitze nicht genügend Widerstandskraft, den Verlockungen des Teufels zu trotzen. Daraus ergibt sich die Autorität des Mannes, sein Führungsanspruch in der Familie, wenn die Autoren der Frau auch das

---

[2] Wolf Helmhard von Hohberg: Georgica Curiosa, Nürnberg 1682, S. 193; zit. nach Hoffmann (1959), S. 110f.

[3] Adrian Beier: Der Lehrjung, Jena 1688, S. 35; zit. nach D. Schuster (o.J.), S. 47.

[4] Cyriax Spangenberg: Catechismus, Erfurt 1564; zit. nach Hoffmann (1959), S. 117.

[5] Ebd. S. 128.

vernünftigere Handeln und eine gewisse Überlegenheit im häuslichen Leben zugestehen; sie ist die Herrin des Hauses, aber nicht die Regentin. Nach der klassischen Formulierung von Wilhelm Heinrich Riehl steht die Bäuerin dem Bauern „in der Last der Arbeit" gleich, „in der Zucht des Hauses ist sie ihm unterthan" [6]. Auf dem Bauernhof hat sie „die Aufsicht und Geschäfte in der Küche, dem Keller, der Rind- und Schweine- und Federviehzucht, wegen der Bewahrung, Reinigung und Verfertigung der Kleider, Wäsche, Betten, des Brauens, Backens, Waschens, im Nähen, Spinnen, Weben und andern Geschäften, mit der Wolle und mit Flachs, ja überhaupt wegen der Reinigkeit im Hause und der Ordnung des Hausrathes" [7]. Mit barschen Worten verurteilt die Literatur die sogenannten „Sie-Männer", diese Frauen, die das Hausregiment an sich gezogen haben; sie handeln der natürlichen Ordnung zuwider [8]. „Das gantze Leben des Weibes" muß „von jhrem Ehemann regiert" werden [9], so sieht die natürliche Ordnung aus. Folglich empfehlen die Schriftsteller jedem Mann, den Lockungen einer sehr viel reicheren Frau zu widerstehen, damit seine Autorität nicht untergraben werde.

Der Herrschaftsbereich der Frau ist im 17. und 18. Jahrhundert das Haus, hier liegt ihr eigentliches Aufgabenfeld. Diese strikte Trennung zwischen den Arbeitsbereichen von Mann und Frau findet eine Erklärung auch im Mangel an Erwerbsstellen; man ist gezwungen, die wenige Arbeit einigermaßen gerecht zu verteilen; man muß den Kreis derer, die eine bestimmte Arbeit aufnehmen dürfen, fest eingrenzen, um den Ansturm auf die freien „Nahrungsstellen" einzudämmen und zu kontrollieren. Noch stehen die liberalen Reformen erst bevor. Da das Wirtschaften auf der Familie gegründet ist, wird die Arbeit nach Familien verteilt, nicht nach Einzelpersonen. Daraus ergibt sich fast zwangsläufig, daß die Frau bei der notwendigen Arbeitsteilung den innerhäuslichen Part übernimmt; sie hat nicht zuletzt für den Weiterbestand der Familie zu sorgen, hat Kinder in die Welt zu setzen und großzuziehen. Für die vorindustrielle Gesellschaft liegt darin eine ungemein lebenswichtige Aufgabe. Solange man sich noch kein aufwendiges, künstliches Solidarinstrumentarium errichtet hat, um den Familienverband bei Krankheit, Invalidität, Alter und der Kindererziehung zu entlasten, ist man auf eine relativ hohe Gebürtigkeit angewiesen, insbesondere aufgrund der hohen Säuglingssterblichkeit. Die agrarische Gesellschaft benötigt Kinder zur Hilfe bei der Arbeit und als Unterstützung im Alter; Kinder zu haben , ist „wirtschaftlich". Diese Zwänge fordern der Frau außerordentliche Leistungen ab, zumal die Hausarbeit ohne technische Hilfen lang, ermüdend und mühevoll ist [10]; die Arbeit bindet die Frau fest an das Haus, läßt ihr wenig Möglichkeiten für andersweitige Betätigungen.

Die Oberherrschaft des Mannes über die Familie ist jedoch nicht nur mit Rechten, sondern auch mit Pflichten verbunden; darin unterscheidet sie sich in nichts von der Gewalt des Gutsherrn, der in Notzeiten für die ihm untertänigen Bauern aufkommen muß, oder der des Landesherrn, der für seine Untertanen allzeit zu sorgen hat. Ein Vorgesetzter, der seiner Verantwortung gegenüber seinen Untergebenen nicht nachkommt, verwirkt alle seine Befugnisse. Gegenüber Frau und Kindern ist der Mann zur Fürsorge verpflichtet, er hat sie zu schützen gegen alles Unrecht, hat Leben, Ehre, Hab und Gut zu verteidigen, er hat für ihr Wohlergehen zu sorgen. Diese Verpflichtungen schließen auch eine Versorgung nach dem Tod des Ehemanns ein. In wohlhabenden Schichten ergibt sich daraus kein größeres Problem. Im Adel erwirbt sich die Frau durch ihren Übertritt in den Familienverband des Mannes ein Recht auf eine künftige, standesgemäße Witwenversorgung, die der jeweilige Stammherr sicherzustellen hat. Die Witwe erhält z.B. in Westfalen einen ländlichen Witwensitz auf einem der Nebengüter zugewiesen oder bezieht eine Stadtwohnung; nur selten heiratet sie erneut [11]. Besonders im Adel finden sich jene selbstbewußten Witwen, die nach Beendigung der Trauerzeit wieder am gesellschaftlichen Leben teilnehmen und meist ohne finanzielle Sorgen leben. Caspar Netscher hat im Jahre 1670 auf seinem „Bildnis einer alten Dame in Trauer" eine solche selbstsichere und stolze Witwe verewigt (Bild S. 241). Auch diese adligen Witwen unterstehen weiterhin der Aufsicht und dem Schutz des Stammherrn. Ohne seine Oberherrschaft glaubt man sie hilflos und ohne Stütze. Friedrich Schiller hat die verwitwete Maria Stuart dargestellt als eine Frau, die ihrer Umwelt vollkommen ausgeliefert ist, die die Richtung ihres Lebens nicht mehr zu bestimmen versteht [12]. Das entspricht ganz dem Denken der Zeit.

Keinerlei Anspruch auf Versorgung besitzt zunächst die Beamtenwitwe; noch immer wird dem Nachfolger des Mannes für eine begrenzte Zeit die Versorgung der Witwe aufgebürdet. Nur in sehr seltenen Ausnahmefällen erklärt sich der Staat dazu bereit, ihr als gnädige Belohnung für außerordentliche Verdienste des Mannes und aus christlicher Nächstenliebe heraus, einen einmaligen Geldbetrag zukommen zu lassen. Die Höhe

---

6 RIEHL (1862), S. 44; vgl. auch ROSENBAUM (1982), S. 83ff.; FREVERT (1986), S. 26ff.

7 J.G. KRÜNITZ: Oeconomische Encyklopädie oder allgemeines System der Staats-, Stadt-, Haus- und Landwirthschaft, Bd. 14, Brünn 1788, S. 787ff.

8 HOFFMANN (1959), S. 118f.

9 Ebd. S. 116.

10 Vgl. auch CONZE (1979), S. 19ff.

11 REIF (1979), S. 82f.

12 Vgl. TAYLOR (1980), S. 42.

des Gnadengeldes liegt ganz im Ermessen des Dienstherrn [13]. Es gilt als Selbstverständlichkeit, daß die Witwe, falls sie noch nicht sehr alt ist, in einer neuen Ehe eine längerfristige Sicherstellung sucht. Mehr hat die Witwe nicht zu erwarten, denn nach Auffassung der Zeit hat sich jeder gute Hausvater in weiser Voraussicht rechtzeitig für die eventuell notwendige Versorgung von Frau und Kindern zu bemühen; tut er das nicht, setzt er sein Ansehen nachträglich aufs Spiel. Der absolutistische Staat möchte die Selbsthilfe fördern, er möchte vermeiden, daß sich seine Diener auf das Mitleid anderer verlassen; auch dies gehört zu den vielfältigen Disziplinierungsmaßnahmen. Gegenüber den Hinterbliebenen seiner Beamten hat er keinerlei Verpflichtungen, da nur der Beamte und nicht seine Frau im Staatsdienst steht; das ist im 18. Jahrhundert die durchgängige Meinung der Juristen. Jede „Wohlthat" gegenüber den Witwen ist eine „freundliche Übung" und nicht mehr [14]. Einzig in Bayern besaßen Hofbeamte schon vor 1650 einen Anspruch auf Witwenversorgung [15].

Angesichts ihrer schwankenden Diensteinkommen und der Unsicherheit ihrer Anstellung beginnen die Betroffenen zur Mitte des 18. Jahrhunderts mit Ausbau des Beamtenapparates selbst nach neuen Wegen zur materiellen Absicherung ihrer Familien zu suchen. Gegenüber Bauern und Handwerkern, die bei ihrem Tod einen Hof bzw. eine Werkstatt und Meisterstelle als materiellen Rückhalt zurücklassen, hinterlassen die Beamten oft nur „unbemittelte und hülflose Witwen", wie Johann Jacob Baumann 1776 in seinen Anmerkungen zu Johann Peter Süßmilch schreibt [16]. Sie hatten ihre ganze Arbeitskraft gegen ein relativ geringes Gehalt für den Staat eingesetzt und konnten ihr Einkommen nicht durch Nebenverdienste aufstocken. Nach dem Vorbild der 1705 eröffneten „Christlichen Gesellschaft ... zur Versorgung der Witwen und Waisen sowohl einheimischer wie auswärtiger Geistlicher in Braunschweig" entstehen zur Mitte des 18. Jahrhunderts erste Beamten-Witwenkassen; eine Gründungswelle überrollt anschließend ganz Deutschland. Die Beamten greifen zur Selbsthilfe; das Zeitalter der Versicherungen kündigt sich an [17]. Immer mehr Bevölkerungsgruppen beginnen sich gegen alle nur möglichen Unglücksfälle abzusichern, die nicht nur den Einzelnen, sondern mit ihm auch viele Unbeteiligte in Elend und Not ziehen, z.B. Gläubiger oder Hinterbliebene. Gleichzeitig begrüßen die Kameralisten uneingeschränkt derartige Kassen; sie sehen darin eine Möglichkeit, der Armut entgegenzusteuern und den Aufbau eines Gemeinwesens mit gut ausgebildeten und sittlich gefestigten Menschen zu unterstützen. Im Jahre 1764 schreibt Johann Heinrich Gottlob von Justi: „... je mehr sich die Witwen der Armut überlassen sehen, desto weniger sind sie imstande, ihre Kinder dergestalt zu erziehen, daß sie dereinst geschickte und nützliche Mitglieder des gemeinen Wesens werden." [18] Bereits im Jahre 1750 hat der württembergische Geheimrat Ernst Heinrich von Mylius in einem Gutachten über die Gründung einer Witwen- und Waisenkasse diese als „heilsames und gemeinnützliches Institutum" gepriesen, wodurch viele Bürger in den Stand versetzt würden, „tüchtige Mitglieder der menschlichen Gesellschaft" zu werden [19]. 1743 hat in Braunschweig-Wolfenbüttel die erste obligatorische Witwenkasse für Staatsbedienstete auf Beitragsbasis eröffnet. Alle Staats- und Kommunalbeamte, Pfarrer und Militärs vom Leutnant aufwärts mußten zwei Prozent ihres Gehalts zugunsten der „Gnadengehalte und Pensiones" der Witwen und Waisen in diese Kasse einzahlen. Zunächst waren die Gelder noch zweckgebundene Einnahmen des Fiskus; erst 1775 kommt es zur eigentlichen Gründung der „Fürstlichen Civilbedienten-Wittwen- und Waisencasse für das Herzogthum Braunschweig-Wolfenbüttel" [20], 1756 eröffnet die „Allgemeine freiwillige Wittwen- und Waysen-Casse" in Stuttgart, die drei Jahre nach Gründung 263 Mitglieder zählt, davon über ein Drittel Pfarrer und Präzeptoren und zwei Fünftel Subalternbeamte [21]. 1775 beginnt die preußische „Allgemeine Wittwen-Verpflegungs-Anstalt", über deren ungenügende und falsche Rechnungsgrundlage der Göttinger Fachmann in Kassenfragen J.A. Kritter spottet, in ihr würden die Männer offenbar 135 Jahre alt [22]. In schneller Folge entstehen weitere Kassen, die zum Teil für alle Beamten verbindlich sind. Viele haben wegen fehlerhafter Prämien- und Leistungsberechnungen zum Leidwesen der Hinterbliebenen nur kurze Zeit Bestand; sie brechen zusammen und bringen viele Witwen und Waisen um ihre Versorgung. Davon wird im folgenden Kapitel noch ausführlich die Rede sein. Trotz aller Mängel sind diese Kassen die ersten Versuche, die materiellen Probleme der Beamtenwitwen nicht nur mit Hilfe einer Wiederheirat aus dem Weg zu räumen. Ein Teil der Kassen kann sich nur aufgrund bedeutender

[13] B. Wunder (1978), S. 143.

[14] Vgl. Jacob (1971), S. 14f.

[15] Lotz (1914), S. 296f.

[16] Johann Peter Süssmilch: Die göttliche Ordnung in den Veränderungen des menschlichen Geschlechts aus der Geburt, dem Tode und der Fortpflanzung desselben erwiesen, 3. Aufl., Berlin 1776, S. 432.

[17] Zu den Parallelen auf dem Gebiet der Feuerversicherung siehe Peter Borscheid: Feuerversicherung und Kameralismus, in: Zeitschrift für Unternehmensgeschichte 30 (1985), S. 96ff.

[18] Johann Heinrich Gottlob von Justi: Gesammelte politische und Finanzschriften, Bd. 3, Kopenhagen, Leipzig 1764, S. 293.

[19] Zit. nach B. Wunder (1985), S. 461.

[20] Ebd. S. 467.

[21] Dazu ebd. S. 460ff.

[22] Ebd. S. 464.

Zuwendungen der Landesherren am Leben halten[23]. Nach Meinung einiger Juristen ist der Staat zu derartigen Zahlungen geradezu verpflichtet, da die zu gering bemessene Besoldung eine Eigenvorsorge der Beamten nicht zuläßt[24].

Zum Vorbild für die Hinterbliebenenversorgung der Beamten der deutschen Staaten wird Österreich. Maria Theresia hatte 1748 nach Beendigung des österreichischen Erbfolgekrieges eine außerordentliche Besoldungssteuer beibehalten und deren Ertrag für Alters- und Witwenpensionen bestimmt. Diese waren noch immer an einen Bedürftigkeitsnachweis gebunden und wurden bis 1770 nur an die Hinterbliebenen von im Dienst verstorbenen Bediensteten gezahlt. Im Jahre 1809 fällt schließlich die Besoldungssteuer bzw. die Beitragszahlung fort. Die süddeutschen Staaten, allen voran Bayern, folgen zu Beginn des 19. Jahrhunderts diesem Beispiel. Man will die Entstehung eines Beamtenproletariats verhindern und die Witwen vor dem Gang ins Armenhaus schützen. Zunächst strebt auch der Staat eine beitragsunabhängige Hinterbliebenenversorgung an; nach der neuen Begründung der Juristen sind diese Leistungen Bestandteil der Besoldung und Lohn für die von der Beamtenfrau geleistete Hausarbeit[25]. Im Jahre 1811 erklärt der Regensburger Hofrat Grund, mit ihrer Ehe, die zu fördern, zu den grundsätzlichen Pflichten des Staates gehöre, und mit der Leitung des gemeinsamen Haushaltes unterstütze die Frau die Tätigkeit des Beamten so entscheidend, daß sie auch an den Früchten dieser Tätigkeit, an Besoldung und Versorgung, teilhaben müsse[26]. Wegen finanzieller Schwierigkeiten sind die Staaten jedoch schon bald gezwungen, einen Eigenbeitrag der Beamten zu fordern. Bayern und Württemberg führen eine Sondersteuer ein; Baden und Braunschweig richten eine selbständige Witwenkasse ein, der die Beamten ihre Beiträge entrichten, und in die die staatlichen Zuschüsse fließen[27]. Nur Preußen lehnt jede Witwenpension auf Staatskosten ab und verweist seine Staatsdiener auf die 1775 gegründete „Allgemeine Witwen-Verpflegungs-Anstalt“. Im Jahre 1800 bzw. 1816 wird allen Beamten der Beitritt zur Pflicht gemacht[28]. Mit der Konstruktion eines privatrechtlichen Versicherungsvertrages und der formalen Trennung zwischen Staat und Witwenkasse will Preußen zum Ausdruck bringen, daß man jeden Anspruch auf Witwenpension gegen sich ablehnt[29]. Dagegen sieht Bayern solche Kassen grundsätzlich als ungeeignetes Mittel zur Hinterbliebenenversorgung an; der Staat sei gegenüber seinen Bediensteten in der Schuld und dürfe diese nicht auf die Selbsthilfe verweisen. Bereits während der Beratung des rheinpfälzischen Pensionsreglements von 1802 hatte der Referent die Ansicht vertreten, der Staat sei zur Zahlung von Witwenpensionen verpflichtet, da er seinen Beamten ein zu geringes Gehalt ausbezahle[30]. In Preußen besteht die größte Hilfe für die Witwen weiterhin in der Gewährung des sogenannten Gnadenquartals oder des Gnadenmonats; 1816 wird hier die dreimonatige Weiterzahlung des Dienstgehaltes ohne Rücksicht auf die Bedürftigkeit endgültig festgeschrieben[31]. Alle diese Sicherungen sind von einem umfassenden Schutz noch weit entfernt. Nach der Dienstpragmatik von 1805 erhält eine Beamtenwitwe in Bayern 20 Prozent der Einkünfte ihres Mannes, in Württtemberg ab 1817 25 Prozent[32]. Gerade den Witwen der unteren Beamten fehlt es an materieller Sicherheit. In Preußen sind sie von der Beitragspflicht ausgenommen und werden darauf verwiesen, „ihren Unterhalt durch Dienen oder Handarbeit zu erwerben, für den Fall der Arbeitsunfähigkeit aber dem Armenfonds zur Last zu fallen“, wie es in einem Reskript heißt[33].

Alle Witwenkassen für Staatsbedienstete nehmen sich die Pfarrwitwenkassen zum Vorbild. Während für die Beamten erst gegen Ende des 18. Jahrhunderts mit Ausbau des Behördenapparates und dem Vordringen relativ mittelloser bürgerlicher Juristen die Versorgung der Hinterbliebenen zu einem drückenden Problem wird, waren diese Schwierigkeiten in der protestantischen Kirche bereits seit der Reformation akut. Die Reformatoren hatten für die Pfarrer gesorgt, nicht jedoch für Witwen und Waisen. Vielfach war noch bis ins 18. Jahrhundert hinein die Vorstellung lebendig, Krankheit und Tod seien Strafen Gottes, denen sich der Mensch nicht durch entsprechende Vorsorgemaßnahmen entziehen dürfe[34]. Als erste Hilfsmaßnahmen sagte man der Witwe den Genuß des Bürgerrechts am letzten Dienstort ihres Mannes zu, gewährte ein Gnadenjahr, das in Wirklichkeit in Norddeutschland oft nur ein halbes und in Süddeutschland sogar nur ein Vierteljahr war, ließ ihr eine einmalige Hilfe aus den im 16. Jahrhundert entstandenen Witwenkästen zukommen, die den alten Zunftkästen nachgebildet waren[35], verwies auf be-

[23] Vgl. LEWINSKI (1967), S. 29f.

[24] So etwa bei JOHANN HR. LUDWIG BERGIUS: Wittwen- und Waysenverpflegung, in: Policey- und Cameral-Magazin 9 (1774), S. 136.

[25] JACOB (1971), S. 37ff.

[26] GRUND: Abhandlung über das Recht der Pensionen, Regensburg 1811, S. 35 und 48.

[27] Zu Württemberg und Bayern siehe B. WUNDER (1978), S. 142ff. und 302ff.

[28] Zur Geschichte der Hinterbliebenenversorgung der Beamten siehe B. WUNDER (1986), S. 34ff.

[29] CHRZANOWSKI (1937), S. 3.

[30] JACOB (1971), S. 35.

[31] PONFICK (1940), S. 55.

[32] B. WUNDER (1978), S. 148 und 305.

[33] Zit. nach JACOB (1971), S. 31.

[34] B. WUNDER (1985), S. 433f.

[35] Ebd. S. 443ff.

sondere Witwenhäuser, wie sie in Lüneburg, Wolfenbüttel, Verden, Lauenburg und Teilen von Preußen bestanden, und betrieb in Ermangelung anderer Möglichkeiten die Verheiratung der Witwen mit dem Amtsnachfolger. In Württemberg errichtete man im Jahre 1700 einen sogenannten Fiscus charitativus, aus dem man die Pfarrers- und Präzeptorswitwen unterstützte, da „gemeiniglich lauter Armuthey und bitteres Elend zu nicht geringem Despect und Verkleinerung des geistlichen Standes" führte [36]. Bereits mehr als ein Jahrhundert zuvor waren in Kursachsen erste Pfarrwitwenkassen entstanden, deren Zahlungen jedoch lediglich eine allerletzte Notlösung sein sollten, eine Ergänzung zu den Hilfen einer milden Stiftung [37]. Alle diese Kassen können jedoch nur als Vorläufer der Witwenkassen des 18. Jahrhunderts gelten, zumal sie die materiellen Probleme der Hinterbliebenen nicht im entferntesten zu lösen vermochten.

Zukunftsweisend werden schließlich die von einzelnen Regierungen eingeführten Witwenkassen der zweiten Generation. Sie decken seit Ende des 17. Jahrhunderts zunächst nur einzelne Diözesen oder Dekanate ab, seit der ersten Hälfte des 18. Jahrhunderts bereits ganze Länder [38]. Wie die Beamtenkassen bezwecken sie mehreres: die materielle Versorgung armer Witwen, die Behebung des Nachwuchsmangels, die Unabhängigkeit der Amtsführung und auch die Hebung und Wahrung des Ansehens des geistlichen Standes. Man will „das heilige Predigerambt ... in aufnehmlicheren Respect" bringen, wie es in der „Fürstlich Sächsischen Ernestinischen Verordnung des Kirchen- und Schulwesens" von 1698 heißt [39]. Die frühen Gründer versuchen noch über zeitlich begrenzte Mitgliedsbeiträge eine Stiftung aufzubauen, mit deren Zinsen dann die Pensionen gezahlt werden sollen. In Württemberg bemüht sich der Prälat von Maulbronn bzw. Bebenhausen, Johann Andreas Hochstetter, seit 1682 eine Pfarrwitwenkasse zu gründen, deren Kapital er durch Kollekten, Zahlungen aus dem Kirchengut und der kommunalen Armenversorgung zusammenzubringen hofft. Entrüstet lehnt der Herzog derartige Zuwendungen an eine Berufsgruppe ab, die nicht eben zu den Ärmsten zählt; so bleiben den Geistlichen nur die eigenen Beiträge als Finanzierungsquelle. In der Folgezeit vollzieht sich überall der Übergang von der Stiftung zur reinen Beitragskasse [40]. Diese Pfarrwitwenkassen werden zum Vorbild einer landesweiten Witwenversorgung, an der alle Bürger durch freiwilligen Beitritt Anteil haben können; für Beamte, höhere Offiziere und Pfarrer ist die Mitgliedschaft vielfach Pflicht. Gleichzeitig orientieren sich auch andere Berufsgruppen an den Pfarrern. In den Manufakturen errichten die Facharbeiter eigene Kassen, so im Jahre 1756 die Maler der Staatlichen Prozellan-Manufaktur Meißen [41]. Im Handwerk setzt im 18. Jahrhundert eine neue Gründungswelle von Totenkassen ein, die ähnlich den Zunftladen eine einmalige Leistung erbringen und vor allem die Begräbniskosten abdecken sollen.

Trotz des regen Interesses, das die neue Form der Hinterbliebenenversorgung im 18. Jahrhundert findet, kommt nur ein verschwindend kleiner Teil der Witwen in den Genuß derartiger Geldzahlungen. Die weit überwiegende Mehrheit der Bevölkerung ist zu arm und verfügt nicht über die notwendigen regelmäßigen Einnahmen, um die Beiträge Jahr für Jahr aufbringen zu können. Nur der neuen Schicht der Freigestellten, den Pfarrern, Lateinlehrern, Universitätsprofessoren und gebildeten Beamten eröffnen sich Möglichkeiten, den Sachzwängen zu entfliehen und ihr Geld nach freiem Ermessen zu verwenden. Die meisten Witwen genießen solche Freiheiten nicht; ihre materielle Sicherheit ist eng an einen Hof oder einen Betrieb gebunden. Im bäuerlichen Haushalt müssen die beiden zentralen Positionen des Bauern und der Bäuerin stets besetzt sein, soll der Hof keinen wirtschaftlichen Schaden erleiden; die Bäuerin ist gezwungen, möglichst schnell wieder einen anderen Bauern zu heiraten oder den Hof an die folgende Generation zu übergeben und sich aufs Altenteil zurückzuziehen. Zum Bauern gehört die Bäuerin und umgekehrt; beide haben einen festumrissenen Arbeitsbereich, der nur schwer durch Knechte und Mägde auszufüllen ist. Gerade auf dem Land ist der Anteil der Mehrfachehen stets sehr hoch, die Zahl der Witwen relativ niedrig [42]. Die sofort nach dem Tod des Mannes einsetzenden wirtschaftlichen Zwänge lassen kaum Raum für ein langes Suchen und eine Partnerwahl nach Sympathie und innerer Zuneigung. Hier muß die Frau auf die Arbeitsfähigkeit und materielle Potenz der Bewerber achten, nicht auf Aussehen und innere Werte; Liebe ist hier noch kein Argument. Bäuerliche Witwen, die ihren Hof allein mit unverheirateten Kindern und Gesinde bewirtschaften, findet man äußerst selten; sie sind typischer für die ländlichen Unterschichten. Wer will eine solche Witwe schon heiraten? Die unverheirateten Männer reizt der Besitz mehrerer großer Äcker, nicht der Besitz mehrerer kleiner Kinder. Wenn aber auch diese Witwen in der überwiegenden Mehrzahl wieder einen Partner finden [43], ist dies mit dem materiellen Druck zu erklären, dem diese Frauen ausgesetzt sind; sie müssen unbedingt wieder

36 Zit. nach Hasselhorn (1958), S. 19.
37 B. Wunder (1985), S. 445.
38 Dazu ausführlich ebd. S. 450ff.
39 Zit. nach ebd. S. 450.
40 Ebd. S. 452.
41 Vgl. Teuteberg (1961), S. 155f.
42 Vgl. Rosenbaum (1982), S. 69f.
43 Vgl. Gehrmann (1984), S. 209.

heiraten, koste es, was es wolle.

Einen ähnlich begründeten Heiratszwang kennt das Handwerk; gegenüber dem 16. Jahrhundert hat sich in dieser Beziehung nur wenig geändert. Je nach Zunft und Ort verschieden erhält die Witwe für einige Monate oder ein Jahr die Möglichkeit, mit Hilfe eines Gesellen den Betrieb weiterzuführen [44]. Andere Zünfte erlauben der Frau die Leitung des Betriebs, bis der älteste Sohn sein Meisterstück beendet hat [45]. Auch gewährt die Zunft bei Bedürftigkeit eine einmalige Unterstützung. Ähnlich den Beamten und Pfarrern beteiligen sich die Handwerker im 18. Jahrhundert an der Gründung von Kassen und orientieren sich dabei an den alten Totenbruderschaften, die in der Regel nur eine einmalige materielle Hilfe leisteten und keine Pensionen zahlten wie die Witwenkassen. In den Satzungen einer Schuhmachermeister-Sterbekasse aus dem Jahr 1800 heißt es: „Für jeden verstorbenen Mitbruder soll an dessen Wittib oder Erben die Summe von zwanzig Rthlr. gleich nach Anzeige des Todes vor dem Deputierten oder Lade-Meister ins Sterbehaus gebracht werden.“ [46] Die weitere Unterstützung geschieht nicht mit Hilfe von Geld, sondern die Zunft verschafft der Witwe für eine begrenzte Zeit die Möglichkeit, sich über ihren Betrieb am Leben zu erhalten und einem sozialen Abstieg zu entgehen; sie zwingt sie aber auch gleichzeitig in eine neue Ehe, wenn die Witwe die Meisterstelle nicht an einen Sohn oder Schwiegersohn übergeben will. Andere Möglichkeiten hat die vorindustrielle Mangelgesellschaft nicht zu bieten. Ist bereits ein Meister verarmt, kann die Zunft auch der Witwe nicht mehr helfen; ihr selbst und ihren Kindern bleibt dann nur der Gang zum Armen- und Waisenhaus [47]. Solange die weit überwiegende Mehrheit der Bevölkerung hart an der Armutsgrenze lebt, ist an eine arbeitsfreie Versorgung der Witwen nicht zu denken. Die Lösung, die Beamte und Pfarrer für ihren Stand anzubieten haben, ist in Landwirtschaft und Handwerk ferne Zukunftsmusik, sie weist weit über die Gegenwart hinaus, ist ein Ideal, auf das man hinarbeitet, ist fern jeder Realität. Jede dieser Witwen versucht sich trotzdem mit den ihr zur Verfügung stehenden Mitteln abzusetzen von den vielen Frauen der Tagelöhner und Arbeiter, die bereits während ihrer Ehe auf eigene Erwerbsarbeit angewiesen sind und erst recht nach dem Tod ihres Mannes. Frauen-Erwerbstätigkeit ist mit dem Stempel materieller Bedürftigkeit versehen, kommt einer sozialen Degradierung gleich und fällt letztlich auf den Mann zurück, der offenbar seinen Pflichten, für die von ihm Abhängigen zu sorgen, nicht ausreichend nachkommen kann. Die bürgerliche Frau hat nicht Geld zu erwerben, sondern mit dem vom Mann erworbenen Geld behutsam umzugehen [48]. Die Frauen, die im Erwerbsleben stehen, sind, wie Wilhelm Heinrich Riehl später anmerkt, den Männern gleich [49]. Nach Krünitz' Encyklopädie „sind die Weiber des gemeinen Mannes, welche gar oft die schwersten Arbeiten verrichten müssen, mehr wie Mannspersonen, als Frauenzimmer, anzusehen. Man sieht sie auf den Marktplätzen und auf dem Felde, aller Orten mit den Männern vermischt: sie müssen sich unter eben die Lasten biegen; und kommen sie nach Hause, so warten neue Arbeiten auf sie. Die Frau ... scheint beyden Geschlechtern zu zugehören ...“ [50] Pfarrer und städtische Lehrer haben diese aus der Not geborene Arbeit immer wieder als „Sittenverfall“ beklagt, als „unweiblich“ angeprangert und als „schamlos“ verurteilt [51]. Obwohl die Lohnarbeit verheirateter Frauen in den breiten Unterschichten zur Normalität gehört, entspricht sie nicht dem Ideal und nicht der gesellschaftlichen Norm.

Der Tod des Mannes potenziert für fast alle Frauen die Mühen und Nöte, die bereits das normale Leben in überreichlichem Maß bereithält. Wer „attraktiv“ ist, d.h. einen stattlichen Hof, einen gutgehenden Betrieb und reichlich Vermögen vorzuweisen hat, womöglich noch ohne Kinder ist, muß um seine Zukunft nicht bangen. Wer dagegen mit solchen Reizen nicht glänzen kann, besitzt deutlich verminderte Chancen, zu einer sicheren Versorgung zu kommen. Kinder, die in der vorindustriellen Welt in vielfacher Hinsicht ein Segen sind, werden an der Hand der Witwe oft zum Kreuz. Goethe kreiert symbolhaft im Urfaust die Gestalt der Marthe Schwerdlein, die in ihrer elenden sozialen und wirtschaftlichen Lage als Witwe selbst dem Teufel nachläuft. Caspar David Friedrich zeichnet im frühen 19. Jahrhundert die „Alte Frau“, die allein und ohne Hilfe die Stunden bis zu ihrem Tod, bis zu ihrer Erlösung zählt (Bild S. 245). Eine Strumpfweberin aus dem württembergischen Dorf Perouse beschreibt im Jahre 1792 in einem Brief an Herzog Carl das Dilemma: „Eine Witwe mit Kindern und wenig Vermögen kann sich eben nicht nach bestem Gefallen wieder verheiraten. Sie muß sich eben begnügen, wenn sie einen findet, der sich der Erziehung fremder Kinder unterziehen will.“ [52] Derartige Witwen sind in den Augen der Öffentlichkeit meist wie „ein umgewandtes Kleid, ein aufgewärmtes Essen,

[44] FRÖHLICH (1976), S. 108ff.

[45] Z.B. bei den Zinngießern in Dortmund; MARGARETE PIEPER-LIPPE: Zinn im südlichen Westfalen bis zum Anfang des 19. Jahrhunderts, Münster 1974, S. 14.

[46] VESPER (1966), S. 148.

[47] Vgl. HUSSONG (1936), S. 45.

[48] Vgl. FREVERT (1986), S. 44.

[49] RIEHL (1862), S. 30.

[50] J.G. KRÜNITZ: Oeconomische Encyklopädie, Bd. 14, Brünn 1788, S. 807.

[51] FREVERT (1986), S. 30.

[52] Ansuchen der Witwe Elisabeth Katharina St. aus Perouse vom 26. April 1792 an den württembergischen Herzog Carl; HSTAS A 238a,177, Württembergisches Ehegericht.

eine Perücke statt eigen Haar, eine Tulpe, die den Schlüssel verloren hat und sich nicht mehr zuschliessen läßt", so der Junggeselle Theodor Gottlieb von Hippel 1775 in seiner despektierlichen Art[53]. Ohne unmündige Kinder hat es eine Witwe meist leichter. „Als Wittwe kann ich mich nicht fortbringen und bin also zur zweiten Ehe gezwungen. Hinzu habe ich gegenwärtig mit dem Wittwer Kristoph Heinrich M. zu Laufen ... eine vorteilhafte Gelegenheit gefunden", schreibt im Jahre 1814 eine Witwe aus dem württembergischen Weilheim an den König und bittet um Verkürzung der gesetzlich vorgeschriebenen Trauerzeit[54]. Die Witwen suchen die Wiederheirat, weil sie durch die Doppelbelastung aus knochenharter Hausarbeit und schlecht bezahlter Erwerbsarbeit überfordert wären, ganz abgesehen davon, daß in der Landwirtschaft der Grundherr ihr die Leitung eines Hofes untersagt, im Handwerk die Zunft ihr die Führung des Betriebes nur für eine begrenzte Zeit erlaubt, und ihr zum öffentlichen und kirchlichen Dienst jeder Zugang verwehrt ist. Ein Beispiel für eine solche Witwe, die trotz ausreichendem Vermögen mit großer Hartnäckigkeit und sehr berechnend mehrfach einen Mann und einen Hausstand wiedergewinnen will, ist Johanna Christina Gock, die Mutter von Friedrich Hölderlin. Als sie nach dem Tod von Johann Christoph Gock, dem Bürgermeister und Weinhändler in Nürtingen, mit dreißig Jahren zum drittenmal Witwe ist, resigniert sie schließlich. Sie hat noch fünfzig Jahre vor sich: fünfzig Jahre Einsamkeit, fünfzig Jahre Selbstbescheidung, fünfzig Jahre ohne Gefährten[55]. Auch eine Witwe darf die strikte Arbeitsteilung zwischen Mann und Frau nicht durchbrechen; hier ist die vorindustrielle Mangelgesellschaft unerbittlich. Das hat nichts mit eisigen Herzen zu tun; die Not ist ein rigoroser Gesetzgeber. Die Witwe wird auf eine neue Ehe verwiesen; unverheiratet stört sie das gesellschaftliche Gefüge, ist ein potentieller Kunde für die Armenkasse und fällt den anderen zur Last. Wo die materiellen Probleme das ganze Leben dominieren, kann man auf eventuell vorhandene psychische Probleme keine Rücksicht nehmen; sie sind wahrscheinlich auch sehr viel geringer und seltener als in der Freizeitgesellschaft des materiellen Überflusses. Man versucht, die finanziellen Schwierigkeiten halbwegs in den Griff zu bekommen; gelingt dies, ist bereits sehr viel gewonnen.

Um das materielle Elend der Witwe nicht unnötig zu vergrößern, gewährt die Gesellschaft ihr einige Erleichterungen, sie macht ihr Zugeständnisse wie ansonsten kaum einer anderen Bevölkerungsgruppe, so daß Theodor Gottlieb von Hippel entrüstet feststellt: „Heut zu Tage werden die Wittwen oft eher als die Mädchen befördert."[56] Bereits seit dem Mittelalter kann der Mann mit Hilfe des Wittums seiner Frau eine Zuwendung zur Versorgung im Witwenstand zukommen lassen; bei schlechten Einkommens- und Vermögensverhältnissen ist damit jedoch nur ein ungenügender Schutz verbunden. Preußen befreit im Jahre 1817 die Witwensöhne vom Militärdienst, um die Witwe nicht jeder Hilfe zu berauben[57]. Am nachdrücklichsten unterstützen Staat, Zunft und Grundherren die Witwe bei ihrer Wiederverheiratung; sie treiben sei geradezu in eine neue Ehe. Bis ins 19. Jahrhundert hinein verpflichtet sich der Staat verschiedentlich gegenüber der Beamtenwitwe, daß er „gegen Stellung eines tauglichen Subjectes" dieses in seinen Dienst nehmen werde, wie man sich in Preußen ausdrückt; konkret: man beläßt der Witwe bis zu ihrer Wiederverheiratung die Einkünfte aus dem Amt ihres verstorbenen Mannes und akzeptiert den neuen Ehemann als Amtsnachfolger[58]. Davon war bereits ausführlich die Rede. Im Handwerk genießen die Gesellen, die eine Meisterwitwe oder eine von ihren Töchtern heiraten, ähnliche Vergünstigungen wie Meistersöhne; zuweilen werden ihnen die Mut- und Wanderjahre erlassen[59]. Das geschieht nicht, weil die Zunft den Gesellen helfen will; ihr Ziel ist einzig und allein, der Meisterwitwe und ihren Kindern unter die Arme zu greifen. Zu Beginn des 18. Jahrhunderts beschließen die wendischen Städte sogar mehrfach, daß derjenige, der „keine Wittwe oder Meisters Tochter Heuraten wollte, ... als ein Verächter des Ambts ... von unserm Kreis ausgeschlossen und nimmer wieder aufgenommen" werde[60]. 1690 gibt es in Kiel von über vierzig Schneidermeistern nur ganze drei oder vier, die nicht in ihr Amt hineingeheiratet haben[61]. Nach Gustav Schmoller konnte man in Bayern, „wenigstens in den größeren Städten, gegen 1800 nur noch mit vollen Börsen oder an der Hand einer verwelkten Meisterswitwe in den engen Ring der realberechtigten Meister eintreten"[62]. Auf dem Land ist es nicht viel anders; auch hier „erhält mancher alter Geck ein hübsches Töchterlein und eine häßliche Trude einen frischen wackern Kerl zu ihrem Troste", wie Simon Rottmanner 1783 auf seine spöttische Art in seinem Lehrbuch für angehende Beamte schreibt. Mit beißender Ironie zählt er die Vorteile auf, die der Staatskasse durch derartige Vebindungen von Alt und Jung entstehen: „Meine Unterthanen machen lauter gescheite Heiraten,

[53] Hippel (1827), S. 87.
[54] Gesuch der Witwe Elis. Kath. H. aus Weilheim vom 27. Juli 1814 an den König, STL E 308 II,117 Obertribunal Tübingen.
[55] Johanna Christina Gock verwitwete Hölderlin geborene Heyn, Nürtingen 1980 (= Schriften der Hölderlin-Gesellschaft Bd. 12).
[56] Hippel (1827), S. 87.
[57] Jacob (1971), S. 10.
[58] Ebd. S. 11.
[59] Kaufhold (1980), S. 53.
[60] Zit. nach Möller (1969), S. 97.
[61] Ebd. S. 98.
[62] Zit. nach ebd.

das ist, sie heiraten nicht nach Schönheit, Jugend oder Tugend, sondern nach Geld. Es ist dies für die Herrschaft, für mich und meinen Schreiber, selbst für den Amtmann weit nützlicher. Ein alter Mayer oder Mayerin stirbt natürlicher Weise eher als ein junger: es gibt also mehr Gutsveränderungen und Laudemien. Ein junger Mann erzeugt bei einem alten Weibe keine Kinder: das Gut wird also mit Kindern nicht beschwert und wird der Herrschaft leichter heimfällig. Es entstehen in meinem Gerichte mehr Irrungen und Streitigkeiten, und selbst mehr Ehebrüche, wovon jeder hundert Pfund Pfennige einträgt." [63] Im 17. und 18. Jahrhundert sind die Ehen noch nicht durch Gleichaltrigkeit „normiert"; körperliche Attraktivität und „Seelenverwandtschaft" bilden noch keine Grundlage [64]. Obwohl die publizistische Öffentlichkeit und die normsetzenden Gesellschaftsschichten die „ungleichen Paare" über den ganzen Zeitraum hinweg vom Dreißigjährigen Krieg bis ins frühe 19. Jahrhundert als unnatürlich und schädlich verurteilen, stören sich die Menschen kaum daran; die Macht der Not ist stärker, wer sich und seine Kinder versorgen muß, achtet nicht darauf, ob seine Ehe mit den Idealen eines fernen Denkers in seinem Elfenbeinturm übereinstimmt. Die Ehe ist keine „Lustpartie", sie ist ein „generalstabsmäßig geplantes Unternehmen" zur eigenen Versorgung und sozialen Anerkennung [65]. In Trier beträgt der Altersunterschied bei Zweitehen im Durchschnitt 12 bis 14 Jahre, wenn der Mann älter ist, und sechs bis sieben Jahre, wenn die Frau das höhere Alter hat [66]. Im Jahre 1661 nimmt ein Anstandsbuch diese Altersunterschiede zum Thema: „Zum andern/ ist auch die Heirath nach gleichem Alter geschaffen/ dann es sich gar übel schicket/ wann ein junger frischer Gesell/ ein altes verlebtes Mütterlein/ und diese einen jungen Gesellen freiet. ... Weil ein Alter eben so geschickt zum Heirathen/ als der Winter zur Ernde ...; dann der Jungfrauen Wunsch ist/ daß sie einen schönen Mann bekommen/ und bald von ihm eine Frucht zur Welt bringen mögen; welches Wunsches sie von einem Alten gar selten können gewehret werden; dahero sihet man/ daß die alte Männer/ bey den jungen Weibern nicht lange gesund bleiben/ sondern auch bald sterben müssen." [67] Gegen Ende des 18. Jahrhunderts, als viele Literaten im Gefolge von Goethes „Werther" in Liebe schwelgen, findet man zunehmend scharfe und ironische Worte gegen die Ehen zwischen abgelebten Greisen und jungen Frauenzimmern, verwelkten Matronen und kraftstrotzenden Kerlen: „Mit einem Worte, ein bejahrter Mann, der ein junges Mädchen heyrathet, wagt alles für seine Ruhe und Glückseligkeit, das Mädchen aber, wenn es Tugend und Ehre liebt, hat das Schicksal einer Bekennerinn der römischen Kirche, die in der Blüthe ihres Alters Kloster Gelübde ablegt, hat, eben wie sie, alle Schrecken einer späten, fruchtlosen Reue zu gewärtigen." [68] Ein anderer Autor spottet: „Mit gleichem Schlage sollten sie aneinander klopfen, die Herzen der Verliebten: aber wie kann das geschehen, wenn ein bejahrter Mann ein junges Mädchen in seine Arme schließt, nicht um den väterlichen Segen ihr zu geben, sondern nun selbst mit ihr zum Traualtar zu eilen. Er hat wohl keine Zeit zu versäumen, der alte Mann, aber hüten sollte er sich doch, daß er nicht zum Spott der Kinder seiner jungen Frau würde! — Unnatürlicher noch ... ist es, wenn sich ein altes Weib (denn der ehrwürdigen Benennung einer Matrone geht sie hiemit verlustig) einen jungen Kerl zulegt, — ich wenigstens möchte der Prediger nicht seyn, der die Worte: seyd fruchtbar und mehret euch! über sie ausspräche." [69] Auch die Künstler belustigen sich weiterhin über Paare, die Vater und Tochter, Mutter und Sohn sein könnten. Matthias Scheits malt Ende des 17. Jahrhunderts „Alter schützt vor Torheit nicht" und möchte wie viele Schriftsteller neue Normen setzen, er möchte weg von der Ehe als einer reinen Versorgungsinstitution (Bild S. 204). Dennoch bleiben solche Verhaltensmuster für die große Mehrheit der Bevölkerung ferne Träume, die nur auf dem Boden eines gehobenen Lebensstandards zu verwirklichen sind. Davon ist man Ende des 18. Jahrhunderts trotz aller Fortschritte immer noch weit entfernt. Witwen und Witwer drängen allein aus materieller Not in eine neue Ehe. Wo immer sie können, zögern sie ihre Entscheidung hinaus, um in Ruhe den neuen Partner auswählen zu können, oder verzichten ganz auf eine Wiederheirat. Als sich zu Ausgang des 18. Jahrhunderts die allgemeinen materiellen Bedingungen merklich verbessern, verlängert sich auch sogleich die durchschnittliche Witwendauer [70], und die „Notheiraten" innerhalb des ersten Jahres der Witwenschaft werden weniger [71]. Gegenüber den ärmeren Schichten zögern die Oberschichten die zweite Heirat länger hinaus [72]; sie können sich das erlauben. Ob bei diesen Veränderungen auch die Romantisierung des Eheideals eine Rolle spielt, bleibt mehr als fraglich, da auch im 19. Jahrhundert bei der Ehe noch immer die Versorgung und das Geld im Vordergrund stehen und erst mit gehörigem Abstand auch Liebe und Sympathie

---

[63] SIMON ROTTMANNER: Unterricht eines alten Beamten an junge Beamte, Bd. 2, Linz 1783, S. 87ff.

[64] Vgl. IMHOF: Lebensuhr (1983), S. 184ff.

[65] FREVERT (1986), S. 42.

[66] KOHL (1985), S. 162.

[67] JOH. LASSENII: Adeliche Tisch-Reden, Nürnberg 1661, S. 239f.

[68] CHR.L. WILLEBRAND: Ueber die Wahl eines Ehegatten — Von dem Verfasser der sittlichen und rührenden Unterhaltungen für Frauenzimmer, Leipzig 1776, S. 84.

[69] FRANK THIESS: Liebe und Ehe, Bern 1804, S. 153f.

[70] Vgl. die Zahlen bei IMHOF: Jahre (1981), S. 166.

[71] GEHRMANN (1984), S. 213; IMHOF: Wiederverheiratung (1981), S. 208.

[72] KOHL (1985), S. 160.

Beachtung finden [73].

Die Vergünstigungen, die die Gesellschaft den Witwen gewährt, finden dort ihre Grenzen, wo sie die festgeschriebene Arbeits- und Rollenverteilung zwischen Mann und Frau berühren, wo die finanziellen Möglichkeiten für eine arbeitsfreie Versorgung erschöpft sind und wo sie mit dem Programm zur Disziplinierung und Zivilisierung der Bevölkerung in Konflikt geraten. Der Staat, der seinen Untertanen bei jeder Gelegenheit die bürgerlichen Tugenden einzubläuen und sie auf Arbeit, Ordnung und Fleiß abzurichten versucht, macht auch vor den Witwen nicht halt. Diejenigen, die nicht zu einer neuen Heirat kommen, sich nicht selbst ernähren können, keinen Unterschlupf bei ihren Kindern finden und nicht in einem Witwen- oder Armenhaus versorgt werden, sondern aufs Betteln angewiesen sind, steckt er, wenn immer es noch geht, ins Arbeitshaus, wo sie „sich ehrbar, still und fromm verhalten, und Gott und Sr. Königl. Majestät dancken (sollen), daß sie nicht mehr betteln dürfen, sondern hier ihre nothdürftige Verpflegung finden“, wie es im Reglement für das Zucht- und Arbeitshaus zu Stettin aus dem Jahre 1751 heißt [74]. Vor allem Preußen gewährt den Beamtenwitwen zu Ende des 18. Jahrhunderts nur in ganz seltenen Ausnahmefällen irgendwelche Zuwendungen, da der Staat seine Bediensteten dazu zwingen will, in eine Witwenkasse einzutreten. Schon zuvor blieben sie von Gnadenpensionen ausgeschlossen, wenn die Witwe „den Vermögens-, Alters-, Standes- oder verwandtschaftlichen Verhältnissen nach im Stande (war), sich selbst zu unterhalten, oder die nöthigen Unterhaltsmittel sich zu verschaffen“, wie ein Reskript des Innenministeriums anordnet [75]. Auch dürfen die Dienstführung des Beamten und die Lebensführung der Witwe keinen Anlaß zur Klage geben. Die Literatur und das Theater treten hierbei als Übermittler der Verhaltensnormen auf, sie bringen Negativfiguren auf die Bühne, um abzuschrecken, und zeigen positive Beispiele, um zur Nachahmung anzuregen. Die Schriftsteller wiederholen und variieren als Erziehungsmittel immer wieder das uralte Motiv von der treulosen, männertollen und geilen Witwe; sie zeigen, welche Folgen Wankelmut und „Betrug“ am toten Ehemann zur Folge haben. Schon Grimmelshausen hatte in seinem Roman „Die Landstörtzerin Courasche“ im Jahre 1670 die Biographie einer Frau aufgezeichnet, die im Laufe ihres Lebens sechsmal zur Witwe wird, keinem ihrer Ehemänner auch nur einen Tag nachtrauert und nach dem Tod eines jeden aus sexueller Begierde und Berechnung sofort einen neuen in sich verliebt macht, immer weiter sozial absinkt, um schließlich als Spitzbübin, Hure und Abenteuerin zu enden [76]. Dagegen steht als positive Gestalt die Witwe Marthe Rull in Kleist's Lustspiel „Der zerbrochene Krug“ von 1806, die Ehrlichkeit und Tugendhaftigkeit verkörpert und damit im Kampf gegen die Unbilden der Welt Erfolg hat [77].

Gegenüber den Männern haben die Witwen weitaus mehr Schwierigkeiten, einen neuen Ehepartner zu finden. Sie unterliegen einer strikten gesellschaftlichen Kontrolle und müssen eine längere Trauerzeit einhalten. In einer Zeit, in der die Familie das Fundament der Gesellschaft und die Grundlage allen Wirtschaftens bildet, in der die Herkunft für den sozialen Rang und die Erbschaft maßgebend sind, muß eine zweifelsfreie Bestimmung des Vaters gewährleistet sein, zumal die Medizin noch keinerlei zuverlässige Hilfestellung erbringen kann. Es muß zu klären sein, ob ein Kind aus der ersten oder der nachfolgenden Ehe stammt, und so darf die Witwe erst heiraten, bis eine posthume Geburt gänzlich ausgeschlossen ist. Nach der sächsischen Ehe-Ordnung muß „ein Wittwer zum wenigsten ein halbes, eine Wittwe aber ein gantzes Jahr ihre Trauer-Zeit halten“ [78]. Obwohl es im 18. Jahrhundert vor allem in katholischen Gebieten bisweilen noch Trauerzeiten von zwei Jahren gibt, besteht doch die Tendenz, sie auf das für den juristischen Zweck notwendige Maß zu beschränken. Trauerzeiten von einem Jahr für Mann und Frau werden zur Regel [79], wenn auch Abweichungen nach beiden Seiten immer noch sehr zahlreich sind [80]. Vor allem ein Mann hat in vielen Fällen die Möglichkeit, von der Trauerzeit teilweise befreit zu werden. Stirbt in einem Bauernhaushalt die Frau kurz vor Beginn der Feldarbeiten, sieht sich der Hausherr nicht selten „genötigt, zur Führung (der) Haushaltung und besonders wegen herannahender Ernte-Zeit ... bald möglichst wieder zu heiraten“, wie dies ein Bauer aus Rothenburg im Jahre 1814 wie selbstverständlich ausdrückt und mit Erfolg um Verkürzung der gesetzlichen Trauerzeit bittet [81]. Im Oktober 1812 schreibt ein Seiler aus Blaubeuren an das Ehegericht: „Mein zweites Eheweib ist am 6. Juni dieses Jahres gestorben und hat mir ein Kind von 2 Jahren hinterlassen, zu dessen sorgfältiger Pflege und Wart ich einer Hausfrau nicht länger entbehren kann, da ich immer mehr einsehe, daß mein Kind durch Dienstbothen oder fremde Personen nicht so besorgt wird, wie es sein hülfloser Zustand erfordert. Überdies muß ich mein ganzes Hauswesen im Stich lassen, um zu meiner

[73] Vgl. Borscheid: Geld (1983), S. 112ff.
[74] Zit. nach Sachsse, Tennstedt (1980), S. 164.
[75] Zit. nach Jacob (1971), S. 29f.
[76] Vgl. Taylor (1980), S. 32.
[77] Ebd. S. 45.
[78] Zit. nach Möller (1969), S. 192.
[79] Vgl. Zedlers Grosses vollständiges Universal-Lexikon aller Wissenschaften und Künste, Bd. 45, Leipzig, Halle 1745, Sp. 116f.
[80] Vgl. Gehrmann (1984), S. 213.
[81] Bitte des Jakob Friedrich T. aus Rothenburg vom 30. Juli 1814 um Erlaß der Trauerzeit; STAL E 308 II,124 Obertribunal Tübingen.

Graphik 29

Altersaufbau der Bevölkerung von Ansbach nach Geschlecht und Familienstand 1713

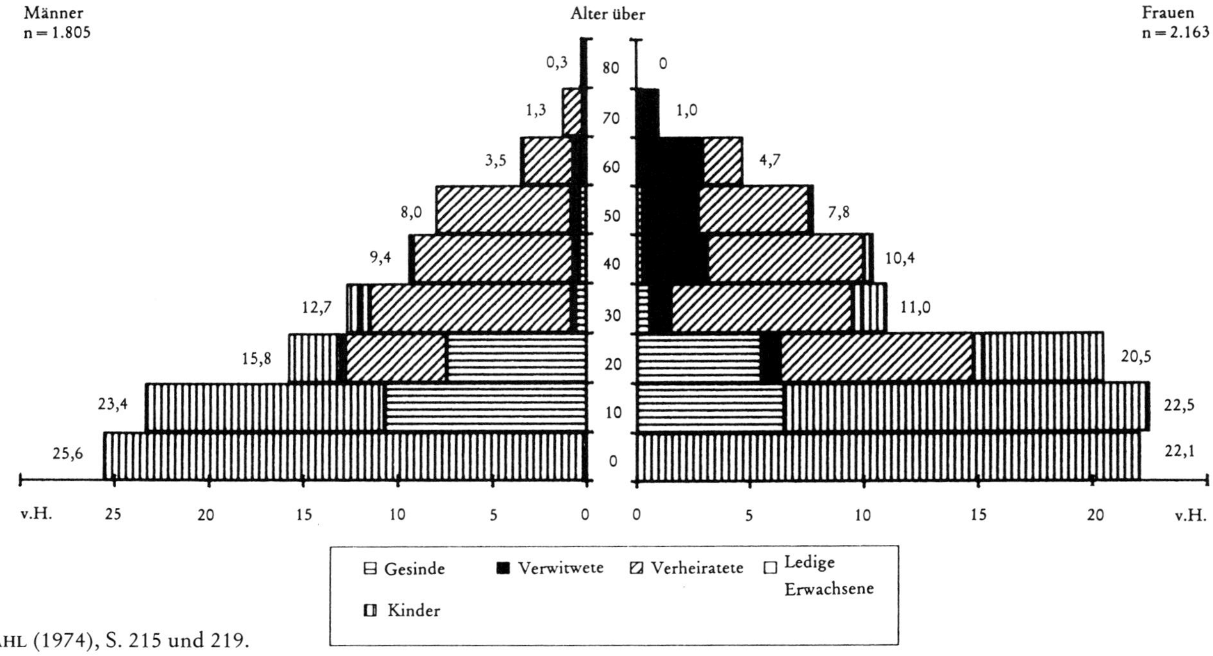

Quelle: Bahl (1974), S. 215 und 219.

Unterhaltung das Seilerhandwerk zu betreiben, das ich nicht wie andere Professionisten im Hause selbst, sondern wegen des nötigen Raums nur auf der Stadtmauer — etwas von meinem Haus entfernt, treiben kann. Meine Trauerzeit würde sich erst in der geschlossenen Zeit endigen und ich alsdann noch einige Wochen an meiner Wiederverheiratung verhindert werden ...“ [82] Wo Familie und Verwandtschaft nicht helfend eingreifen können, bleibt dem Witwer nur die schnellstmögliche Wiederheirat, weil eben die Position der Hausfrau und Mutter durch fremde Personen nicht auszufüllen ist. Im April 1810 schreibt ein Wirt an den württembergischen König: „Euer Königliche Majestät wage ich es, folgend alleruntertänigste Bitte vorzutragen. Wie der ... Auszug aus dem ... Toten- und Begräbnisregister bezeugt, ist meine Ehefrau am 23. Dezember vorigen Jahres gestorben ... Ihr Tod hat meine Oekonomiewesen in einen wahren Waisenzustand versetzt, und seit nun 15 vollen Wochen liegt mir die Last einer frequenten, an der Landstraße situierten Wirtschaft allein ob, noch mehr aber die Besorgung meines bedeutenden Bauernguts. Durch dieses bin ich in die Notwendigkeit gesetzt, eine bedeutende Anzahl von Knechten und Mägden zu halten, die ohne die Aufsicht einer sorgenden Hausmutter einem Hauswesen öfters mehr lästig als nützlich werden. Mein Schwiegervater besorgt selbst noch sein ... Hofgut ... und ist immer abwesend. Die Großmutter meiner verstorbenen Ehefrau erfordert bei ihrem sehr hohen Alter eher selbst noch Aufsicht, als daß sie welche tragen könnte. Durch die Combination dieser gebietenden Umstände nun, sehe ich mich notgedrungen ad secunda vota zu schreiten, um dem täglich wachsenden Verlust in meinem Hauswesen so bald als möglich zu begegnen.“ [83]

Die Kirche steckt Witwer und Witwen in Trauerkleidung, die symbolischer Ausdruck der Trauer ist, aber auch ein Signal an potentielle Bewerber, daß ihr Träger als Heiratskandidat noch nicht in Frage kommt; sie drückt mit der Trauerkleidung der Witwe gleichzeitig ein Siegel auf und unterstellt sie der verschärften Kontrolle durch ihre Umwelt [84], die ihren Lebenswandel zu überwachen hat. Trotzdem beginnt in vielen Fällen notgedrungen bereits während der Trauerzeit die Suche nach einem neuen Mann oder einer neuen Frau. Unter dem Druck des Elends setzt man sich, muß man sich über manche gesellschaftlichen Regeln hinwegsetzen, will man

[82] Gesuch des Jakob H., Seiler in Blaubeuren, vom 30. Okt. 1812 um Erlaß der Trauerzeit; STL E 308 II,21 Obertribunal Tübingen.

[83] Gesuch des Wirtes Christof Karl B. aus Neuenstein, Oberamt Öhringen, vom 20. April 1810 um Dispensation der Trauerzeit; STL D 69,144.

[84] Zur Trauerkleidung siehe vor allem Metken (1984), S. 186ff.; Geiger (1960), S. 91ff.; Ebert (1939), S. 65ff.; Jutta Schmidt: Trauerzeiten in Westfalen, in: Rheinisch-westfälische Zeitschrift für Volkskunde 21 (1974), S. 28ff.

überleben. Das gilt für Männer und Frauen. Voller Ironie schreibt Theodor Gottlieb von Hippel: „Der Flor, den die Weiber um ihren Mann tragen, (ist) schon so durchsichtig, daß er füglich als ein Netz angesehen werden kann, worinn der zweyte Mann gefangen werden soll. Sie halten es mit ihrer Trauer so wie mit ihren Sechswochen, die sie lang und kurz machen können, nachdem es ihre Leibesnahrung und Nothdurft bedarf. Ueberhaupt scheint die schwarze Trauer ein ausgehangener Kranz zu seyn, um zu beweisen, daß der Wein noch nicht sauer sey."[85] Wenn trotzdem die Frauen deutlich seltener als die Witwer zur Wiederheirat kommen, so liegt dies vor allem daran, daß sie während der Witwenschaft meist mehr an wirtschaftlicher Attraktivität eingebüßt haben als die Männer; ihr Einkommen ist schlagartig zurückgegangen, während Handwerker oder Beamte in ihrem Beruf weiterarbeiten können. In dieser Welt, in der sich Leidenschaft zu allererst darin äußert, „auf Äcker scharf" zu sein[86], ist die Frau ganz eindeutig im Nachteil. Da bereits die meisten Familien hart an der Grenze zum Existenzminimum leben, ist nach einjähriger Witwenschaft und beim Vorhandensein von kleinen Kindern dieses Wenige bald aufgezehrt. Die Witwe wird relativ oft ein Fall für die Armenbehörde. Die „Feminisierung der Armut", diese Überrepräsentation der Frauen in den Armenhäusern, vom Mittelalter bis ins 20. Jahrhundert immer wieder nachgewiesen, findet hier eine teilweise Erklärung. Der ärmere Teil der Bevölkerung zählt immer mehr Witwen als der reichere[87]; in Dörfern und Städten gibt es immer sehr viel mehr Witwen als Witwer (vgl. Graphik 29)[88].

Das will nicht heißen, daß die Gesellschaft des 17. und 18. Jahrhunderts lediglich die bettelarme Witwe kennt, die von der Armenkasse unterhalten wird oder in der konfliktgeladenen, bedrückenden Enge des Armenhauses ihren Lebensabend verbringt. Auf dem Dorf haben Witwen meist die Möglichkeit, sich ein Leibgedinge auszuhandeln, können im Haushalt der Kinder noch sinnvolle Aufgaben übernehmen, die Hausfrau entlasten und z.B. mit Spinnen Geld verdienen[89]. Wie sich die Witwe materiell steht und wie sie mit ihren Kindern auskommt, hängt zuerst von den individuellen Verhältnissen ab. Viele Witwen und Witwer handeln sich ein reichliches Leibgeding aus, das sie oft allein nicht aufbrauchen können. In den Realteilungsgebieten fällt diese Altersversorgung oft sehr mager aus. Hier wie dort stößt man bei der Durchsicht der Testamente immer wieder auf sehr harte Bedingungen, mit denen eine Witwe allen Bosheiten einer undankbaren Jugend vorzubeugen sucht. Im Jahre 1757 verkauft in Nürtingen eine Witwe ihr Haus an den Schwiegersohn, sichert sich zugleich ein Wohnrecht bis zum Tode und übergibt ihren Kindern alle ihre Güter „nur nuznießlich", „daß, wo sich eines von denen Kindern gröblich an Ihro versündigte oder auf anderen Wege den kindlichen Respect außer Augen sezten, oder auch in andern noch unbekannten ohnverhofftenden Vorfallenheiten, sie die Wittib ... recht haben solle, ... Güter wieder an sich zu ziehen"[90]. Ein Witwer, der im Alter von 76 Jahren „dem Bau seiner Felld-Güther nimmer nachkommen" kann, übergibt sein Vermögen, sichert sich ein ewiges Wohnrecht und ein Leibgeding, verpflichtet die Erben „ihne sowohl in kranck alls gesunden Tagen mit nöthiger Cost zu versorgen" und behält sich das Recht bei, das gesamte Vermögen wieder an sich zu ziehen, wann immer es ihm gefällt[91]. In einem anderen Fall müssen sich die Kinder gegenüber einer Witwe verpflichten, sie „als eine alte kränkliche Frau so viel, als möglich, niemalen weder bey Tag noch bey Nacht allein im Hauß oder in ihrem Zimmer zu laßen, sondern Ihr beständig jemand ... zu ihrer Besorgung zuzugeben"[92]. Wo nach dem Tod des Ehepartners etwas Vermögen vorhanden ist, setzen ältere Witwen und Witwer dieses ein, um sich einen arbeitsfreien oder wenigstens arbeitsarmen Lebensabend zu verschaffen. Witwer und Witwen leben meist nicht allein[93], sie lassen sich oftmals versorgen von einer unverheirateten Tochter oder lassen sich helfen von Bekannten, denen sie dann einen Teil ihres Vermögens vermachen, weil diese im „hohen Alter und bey der damit verbundenen Leibes Gebrechlichkeit mit ausnehmender Geduld grose Liebe, Treue und Sorgfalt" bewiesen haben, wie es in einem Testament aus dem Jahre 1799 heißt[94]. Hier hat es den Anschein, als ob diese Witwer und Witwen auch eine seelische Stütze gefunden hätten, denn die Gesellschaft macht sich zu dieser Zeit lediglich Gedanken, wie das materielle Los der Hinterbliebenen zu verbessern sei. Das 17. und 18. Jahrhundert beschränken sich darauf, die materielle Not der Witwen zu lindern, mit ihren weiteren Problemen beschäftigt man sich erst im 20. Jahrhundert.

---

85 HIPPEL (1827), S. 87.

86 UTZ JEGGLE: Liebe auf dem Dorf, in: Journal für Geschichte, 1982, H. 5, S. 10.

87 Vgl. KOHL (1985), S. 164.

88 Vgl. IMHOF: Wiederverheiratung (1981), S. 186.

89 Vgl. die Bedeutung der Großmutter in der Familienwirtschaft von Neuengland im 17. Jahrhundert bei DEMOS (1978), S. 256ff.

90 Vermögensübergabe vom Mai 1757, Inventuren und Teilungen Nr. 3874, StAN.

91 Vermögensübergabe vom Mai 1743, Inventuren und Teilungen Nr. 2331, StAN.

92 Vermögensübergabe vom Oktober 1761, Inventuren und Teilungen Nr. 3091, StAN.

93 EHMER (1983), S. 199.

94 Testament vom September 1799, Inventuren und Teilungen Nr. 4828, StAN.

Der Lebensabend außerhalb der Familie — die Fülle der Möglichkeiten

Das Spital des 16. Jahrhunderts hatte die Menschen mit seinen reichlich gedeckten Tischen angelockt, bisweilen die Gaumen gekitzelt und das Sicherheitsbedürfnis der Bevölkerung in einer Zeit steigender und wieder fallender Nahrungsmittelpreise angesprochen. Das alles hatte seinen Reiz ausgemacht. Im Anschluß an den Dreißigjährigen Krieg ändert das Spital sein Aussehen. Es wird in dieser Beziehung vor allem in protestantischen Gebieten zumeist grau und unansehnlicher und leidet unter der Klosterfeindlichkeit der reformierten Gebiete. Zwar werden die alten Spitäler von den Landesfürsten nicht mehr offen ausgeraubt und als Steinbrüche benutzt, aber von dem im ausgehenden 16. Jahrhundert einsetzenden wirtschaftlichen Niedergang und von dem allgemeinen Rückgang des Fleischkonsums können sich auch die weiter bestehenden Häuser nicht abkoppeln. Der Magistrat von Schwäbisch Gmünd beklagt 1648 den „Ruin, worin Stadtwesen und Spital stecken", da „sonderlich die letzten Einquartierungen alles Mark und alle Kräfte aufgezehrt haben"[1]. Auch in den Spitälern tritt ein verstärkter Getreidekonsum an die Stelle des relativ großen Fleischverzehrs, und dem zunehmenden Druck der steigenden Getreidepreise vermögen sich auch die Spitalinsassen nicht zu entziehen. Gewiß kommt diese Entwicklung bisweilen zum Stillstand und kehrt sich für kurze Zeit um wie unmittelbar nach dem Dreißigjährigen Krieg, als sich in dem entvölkerten Deutschland der Viehbestand schnell wieder erholt. Blickt man jedoch ins 18. Jahrhundert, dann ist auf den Märkten vermehrt Getreide gefragt, dessen Preis schnell nach oben klettert. Natürlich machen sich der Rückgang des Fleischverbrauchs und die Verteuerung des Getreides nicht überall gleich stark bemerkbar, ohne Zweifel gibt es von der Natur bevorzugte Regionen, in denen sich die Menschen in einer Zeit unzulänglicher Transport-

[1] WÖRNER (1905), S. 153.

bedingungen durchweg besser ernähren können als anderswo, aber im großen und ganzen verschlechtert sich doch die Ernährungssituation der Bevölkerung bis zum Beginn des 19. Jahrhunderts [2]. Das Spital, das mit seiner wachsenden Eigenwirtschaft während des 16. Jahrhunderts von den allgemeinen Preissteigerungen meistens unberührt geblieben war und seine Insassen gleichbleibend gut hatte ernähren können, bleibt im 18. Jahrhundert keine isolierte Insel des Wohlstandes in einem kargen Land. Es ist gezwungen, seine Preise für die verschiedenen Pfründen stark zu ermäßigen, da die Nachfrage schlagartig zurückgeht. Im Hl. Geist-Hospital von Schwäbisch Gmünd müssen 1656 bereits nur mehr 500 Gulden für eine Reichenpfründe bezahlt werden gegenüber 1000 Gulden zehn Jahre zuvor [3].

Von den Alten und Kranken in diesen Häusern wird nun ein Solidaritätsbeitrag verlangt. Wo die Not am größten ist, fällt der Griff in die Fleischtöpfe der Spitalisten am rigorosesten aus. Als im Jahre 1712 die Kornlieferungen der Güter des Heiligengeisthospitals von Wismar während der Belagerung der Stadt im Nordischen Krieg ausbleiben, beschließt die Verwaltung, die Verpflegung fortan ganz in bar zu reichen. Gleichzeitig müssen sich die Hospitaliten eine Kürzung ihrer Verpflegung um 30 Prozent gefallen lassen. Es ist bezeichnend für den Attraktivitätsverlust dieses und vieler anderer Spitäler im 18. Jahrhundert, daß diese Kürzung nicht nur auf die Kriegszeiten beschränkt bleibt, sondern ein ganzes Jahrhundert Bestand hat. Die rapide Verteuerung der Hauptnahrungsmittel läßt den Brotkorb in immer größere Höhen aufsteigen. 1755 kostet der Scheffel Roggen 18 Schillinge bei einem jährlichen Verpflegungssatz von 56 Mark; 1795 hat er sich bei einem Verpflegungssatz von nur noch 54 Mark auf 72 Schillinge erhöht. Erst 1831 werden die Verpflegungssätze auf 71 Mark angehoben [4]. Im westfälischen Rheine, wo in der ersten Hälfte des 17. Jahrhunderts an die Pfründner noch Brot, Butter, Speck, Stockfisch, Fleisch, Salz und Öl ausgeteilt wurden, können fünfzig Jahre später und im 18. Jahrhundert nur noch Butter, Speck, Korn und Geld gereicht werden und schließlich lediglich Geld und Korn [5]. Auch im katholischen Süden, wo die Stiftungen reichlicher fließen als im protestantischen Norden, stellen gegen Ende des 18. Jahrhunderts viele Spitäler den Küchenbetrieb ein, reichen den gesunden Pfründnern nur die Nahrungsmittel und später sogar nur Bargeld. Zwar spart man so Personal und verhindert Unterschlagungen, beseitigt aber auch viel von der Attraktivität dieser Häuser [6]. Das Kreuzspital zu Göttingen gewährt bereits 1671/72 nur noch drei Fleischmahlzeiten pro Woche. Ansonsten weist der Speiseplan für einen Gaumen des 20. Jahrhunderts höchst seltsame Zusammenstellungen auf: Warmbier und Butter als Mittagessen oder Wasserbrei und Schmalz als Abendmahlzeit [7]. Da die Leitung des Spitals 1670 auf das kurfürstliche Konsistorium in Hannover übergegangen war, das einen Verwalter eingesetzt hatte, der auch gleichzeitig das Spitalland in Pacht nahm, regiert in der Folgezeit vermehrt der Rechenstift. Während zuvor die Spitalleitung bei Mißernten teures Getreide auf den Märkten dazugekauft hatte, zieht der Verwalter bei solchen Gelegenheiten jetzt den Brotkorb höher und läßt Pfründner und Arme bisweilen hungern [8].

Nutznießer der Leistungsminderung sind wie in Wismar oft die Vorsteher des Spitals. Die Gehälter von Pastor und Küster, die sich weiter nach den im Mittelalter festgesetzten Naturallieferungen richten, steigen mit den höheren Kornpreisen kräftig an, und die sechs Stiftoberen genehmigen sich aus den Mitteln des Spitalvermögens opulente Essen, die im krassen Gegensatz stehen zu der immer kärglicher werdenden Kost der Pfründner und Armen. Bis in den Dreißigjährigen Krieg waren die von den Stiftsdörfern zu liefernden Rauch- und Pachthühner in vollem Umfang noch den Insassen des „Langen Hauses“, also den Armen zugute gekommen. 1725 liest man, daß von den sechzehn Rauch- und achtundzwanzig Pachthühnern zwölf an den Bürgermeister, sechs an die Provisoren, zwei an den Inspektor und vier an den Rechnungsführer gehen, während die letzten zwanzig Hühner verkauft werden. Das Vermögen des Hospitals wandert nach und nach in die Taschen der Stiftsoberen. Die Gerichtsausübung lassen sie sich mit 900 Mark pro Jahr bezahlen; hinzu kommen unter anderem die jährlichen Lieferungen von 96 Pfund Butter, 18 fetten Gänsen, 30 Hasen, 400 Pfund Schweinefleisch, 42 Scheffel Roggen und die freie Anfuhr von 33 Faden [9] Holz [10]. Das Spital, das im 16. Jahrhundert trotz aller Vorbehalte, die gegen es vorgebracht worden sind, sehr insassenfreundlich gewesen war, kann im 18. Jahrhundert seinen wirtschaftlichen Aufstieg nicht mehr fortsetzen. Auf Grund der an vielen Orten zu beobachtenden Mißwirtschaft und Korruption, der allgemeinen Verarmung und der Plünderungen in Kriegszeiten, der Politik der Landesherren, die den Häusern und ihren Insassen immer neue Lasten aufbürden, sowie den gegenüber der Zeit vor der Reformation zurückgehenden frommen Stiftungen verliert der Großteil der Spitäler an wirtschaftlicher Substanz, teilweise werden sie bewußt

2 Vgl. BRAUDEL (1985), S. 201ff.
3 WÖRNER (1905), S. 155.
4 KLEIMINGER (1962), S. 205.
5 RÖCKEN (1935), S. 133.
6 TRÖGER (1979), S. 50.
7 WELLSCHMIED (1963), S. 132f.
8 Ebd. S. 92f., Anm. 76.
9 1 Faden = 3,4566 Raummeter.
10 KLEIMINGER (1962), S. 210.

entspeckt oder verfallen [11]. Vor allem in allgemeinen Krisenzeiten beherrschen Brot und Wassersuppe die Speisepläne [12].

Auch wird sich die Gesellschaft des späten 18. Jahrhunderts bewußt, daß selbst im katholischen Süden die Spitäler nicht eben das Paradies auf Erden sind, sondern oft Stätten der Krankheit und gefährliche Infektionsherde, und obwohl den Insassen ärztliche Hilfe zugesichert ist, werden nicht selten viel mehr Arzneien für Pferde und Rindvieh eingekauft als für die Menschen [13]. Bis gegen Ende des 18. Jahrhunderts hatte die Bevölkerung mit den vielen üblen Gerüchen, die aus dem knöcheltiefen Morast und Kot der Gassen aufstiegen und die das ganze Jahr hinweg als Wolke über den Dörfern und Städten standen, mit den Sekretionen des Elends und des Reichtums gelebt, ohne darüber die Nase zu rümpfen. Seitdem jedoch die Ärzte bei ihren Bemühungen um eine bessere Sozialhygiene diese Gerüche zu giftigen Ausdünstungen und Seuchenherden erklären, wird dieser Alltagsgeruch zum Gestank. Es wächst die Schreckensvorstellung von einer steigenden Flut giftiger Exkremente und tödlichen Drecks. Zwar üben sich die meisten Menschen noch weiter in Geruchstoleranz, doch steigt in der zweiten Hälfte des 18. Jahrhunderts in den Städten merklich die Empfindlichkeit gegenüber schlechten Gerüchen, die man mit allerlei aromatischen Präparaten zu überdecken versucht. Vor allem stinkt das Spital; es verbreitet den gefürchteten, sprichwörtlichen „widrigen Spitalgeruch“. Es nimmt saubere Luft auf und stößt Krankheitskeime aus. Der hechelnde Atem der Alten, die säuerlichen Schweißabsonderungen der Kranken, ihr schleimiger Auswurf und ihre eiternden Wunden sowie der Inhalt von Kübeln und Nachtstühlen aller vermischen sich zu einem überwältigenden Gestank. „Das Allerschlimmste ist die ‚Spitalfäulnis‘, ein Leichengeruch, der dem Sterben vorausgeht und den baldigen Tod verkündet; er kommt von brandigen Gliedern und den schweißgetränkten Betten, die den Sterbenden vorbehalten sind“, schreibt der französische Historiker Alain Corbin in seiner Geschichte des Geruchs [14]. Im Jahre 1775 verspottet in Frankreich der Arzt Théophile de Bordeu in seinem Buch „Recherches sur les maladies chroniques“ die damals mit Entdeckung des Gestanks in Mode gekommene Erforschung von Fürzen und Blähungen [15]. Das Spital wird als großer Krankheitserreger und als gesellschaftlich wertlose Pfründneranstalt von den Kritikern von zwei Seiten in die Zange genommen und als eine doppelte Belastung der Gesellschaft empfunden [16]. Der „kurpfalzbaierische General-Landesdirekzionsrath“ Joseph Hazzi kritisiert im Jahre 1803 das Münchener Heilig-Geist Spital, in dem 300 bis 400 Personen in drei Pfründnerklassen leben, wegen seiner „großen Unreinlichkeit“, da „man in warmen Sommertagen an den üblen Gerüchen schon in weiter Entfernung die Nähe des Spitals riecht“ [17]. Bis dato hatte sich kaum jemand an diesem pestilenzialischen Gestank gestört. Nun versuchen die Architekten mit Hilfe entsprechend geformter Kuppeln und Gewölbe, die Miasmen anzusaugen und nach draußen zu leiten. Sie setzten auf die reinigende Kraft der Luft und schieben das Problem der Beheizung in den Hintergrund. Das Spital wird besonders in Frankreich zum Inbegriff des für die Gesundheit der Gesellschaft so schädlichen Gestanks, es wird aber auch zum Experimentierfeld, um die in ihm aufgetretenen Gefahren zu beseitigen [18]. Es verliert für die Bevölkerung an Anziehungskraft und wird, wenn immer möglich, mehr und mehr gemieden.

Mehr noch als sein gesunkenes Ansehen trifft das Spital der Rückgang seiner Einnahmen. In den protestantischen Gebieten ebbt bereits seit Ende des 16. Jahrhunderts, insgesamt aber im 18. Jahrhundert die selbstlose Opferbereitschaft der Bevölkerung merklich ab, und an Stelle der Kirche und der Armen wird die eigene Familie jetzt immer stärker oder gar ausschließlich Nutznießer der erwirtschafteten Vermögen. Auch das Spital und die darin untergebrachten alten Menschen sind von dieser nachlassenden Opferbereitschaft betroffen. Einen Niederschlag findet dieser alle Schichten umfassende Verhaltensumschwung im Wandel des Testaments, das zu dieser Zeit auch ein religiöser Akt gewesen war und formal aus zwei Teilen bestanden hatte, den causae piae und den Bestimmungen zur Aufteilung des Erbes unter Kindern und Verwandten. Das Testament eröffnete bis dahin einen Weg, sich das ewige Leben zu erkaufen, ohne auf die weltlichen Reichtümer ganz verzichten zu müssen. Der „Passierschein für den Himmel“ [19] wurde mit frommen Legaten bezahlt, der „Passierschein auf Erden“ mit Messen und mildtätigen Stiftungen. Nur ein Teil des Nachlasses gelangte in die Hände der weltlichen Erben. „Wenn man sich nicht die zwanghafte Besessenheit von der Sorge um das Seelenheil und der Angst vor ewiger Verdammnis vor Augen hält, von der die Menschen des Mittelalters umgetrieben wurden“, schreibt der französische Historiker Jacques Le Goff, „wird sich auch kein Verständnis für ihre Mentalität einstellen, und man

---

[11] Vgl. auch MITTERWIESER (1906), S. 63.

[12] Siehe den Speiseplan der Armenstiftsverwaltung Ulm aus dem Jahre 1816/17 für „gesunde Hospitaler“ S. 255.

[13] WÖRNER (1905), S. 63.

[14] CORBIN (1984), S. 74.

[15] Paris 1775, Bd. 1, S. 523.

[16] Vgl. FOUCAULT (1976), S. 36.

[17] JOSEPH HAZZI: Statistische Aufschlüsse über das Herzogthum Baiern, aus ächten Quellen geschöpft, Bd. 3, Nürnberg 1803, S. 301.

[18] Vgl. CORBIN (1984), S. 144ff.

[19] LE GOFF (1964), S. 240.

bleibt ratlos angesichts dieses Verzichts auf die geballte Anstrengung eines habsüchtigen Lebens, Verzicht auf Macht, Verzicht auf Reichtum, der auf eine außergewöhnliche Mobilität der Vermögen hinausläuft..." -[20] Seit dem ausgehenden 16. Jahrhundert wird das Testament zuerst in den gehobenen Schichten und in den reformierten Gebieten, zuerst in den größeren Städten und im Bildungsbürgertum zu einem „Akt der Vorsorge und der Umsicht"[21] im Interesse der eigenen Familie. Das katholische Deutschland folgt erst, ähnlich wie Frankreich, im 18. Jahrhundert langsam nach. Almosen, Stiftungen und Messen hören auf, ein Hauptzweck des Testaments zu sein, wohl auch aus der Einsicht heraus, wie dies ein Erblasser im Jahre 1736 im protestantischen Nürtingen formuliert, daß die Geistlichen genügend Besoldung erhalten und auch reichlich Messen gelesen werden[22]. Das Testament dient nicht mehr dazu, sich die ewige Seeligkeit zu erkaufen. Man hält es nicht mehr für nötig, über seine lebenslange Jagd nach Reichtum Rechenschaft abzulegen und sich mit milden Gaben an die Kirche und an die Armen freizukaufen. Das Testament wandelt sich immer mehr zu einem rein weltlichen Akt, durch den rein diesseitige Belange geregelt werden und bei dem man den lieben Gott aus dem Spiel läßt. Diese veränderte Einstellung, die Teil des säkularen Entchristianisierungsprozesses ist, findet ihren Niederschlag auch in den Einleitungen der Testamente. Die Anrufung Gottes, die im 17. Jahrhundert noch in 93 Prozent aller Nürtinger Testamente zu finden ist, geht auf rund 73 Prozent in der ersten und auf 60 Prozent in der zweiten Hälfte des 18. Jahrhunderts zurück. Zur Zeit der Französischen Revolution verzichtet weitaus mehr als die Hälfte aller Testatoren auf diese religiösen Formeln[23]. Für Südfrankreich hat Michel Vovelle ähnliche Beobachtungen gemacht[24]. In diesen Veränderungen ist etwas von jener gärenden Unruhe zu spüren, die in den beiden letzten Jahrzehnten des Jahrhunderts Europa von Grund auf verändert, die das alte christliche Normen- und Wertesystem, in das Staat und Gesellschaft eingebettet sind, zum Einsturz bringt, die der Religion alte Rechte entreißt und sie der Philosophie aushändigt, die schließlich viele kollektive Einstellungen zum Wanken bringt, von den Beerdigungsbräuchen bis hin zur Geburtenkontrolle. Das Heil liegt nicht mehr im Himmel, sondern auf Erden, es richtet sich nicht mehr nach einer göttlichen Ordnung, sondern fußt auf dem Recht des Einzelnen auf Freiheit und Glückseligkeit. Um es zu erlangen, bedarf es nicht mehr der Priester, sondern des Gebrauchs der Vernunft und der Willenskraft.

Schon unter Luther hatten das Almosen und die frommen Spenden eine Abwertung erfahren, da nach Auffassung des Reformators der Armut nicht durch Mildtätigkeit zu begegnen war, sondern durch Arbeitsbeschaffung und nötigenfalls auch durch Arbeitszwang. Der Calvinismus vertiefte diesen Gedanken und interpretierte die Berufsarbeit als innerweltliche Askese. Er wertete den materiellen Gewinn aus dieser Arbeit als sichtbaren Beweis dafür, daß der erfolgreiche Wirtschafter zu den Auserwählten Gottes gehöre. Um diesen Gewinn zu mehren, waren neben Fleiß auch Sparsamkeit unerläßlich. Der Gewinn durfte nur zu einem kleinen Teil in Genuß überführt werden, er durfte nur behutsam dem Konsum dienen, er mußte zum allergrößten Teil wiederum der Arbeit dienstbar gemacht, das heißt, investiert und kapitalisiert werden[25]. Darin war eingeschlossen, daß der erworbene Reichtum über die Generationen hinweg beisammen gehalten und in der Generationsfolge gemehrt wurde. Gerade in den reformierten Gebieten wird daher das Testament am frühesten zu einem Akt der wirtschaftlichen Vorausplanung und Umsicht, um das Leben ordentlich abzuschließen und den Grundstein für einen wirtschaftlichen Erfolg der Kinder zu legen. Man überträgt den nachfolgenden Geschlechtern möglichst viel von seinem Reichtum und übergibt sein Erbe in geordnetem Zustand, um die Unordnung kostspieliger Erbstreitigkeiten zu verhindern. Insbesondere in den württembergischen Städten zeigt man sich solchem Denken sehr aufgeschlossen. In diesem Gebiet, in dem sich die lutherische und die zwinglische Reformation treffen, in dem die Stuttgarter Weinsteige die Grenzlinie zwischen der Reformation im hessischen und im zürichischen Sinne bildet, in dem seit dem berühmten Götzentag in Urach im Jahre 1536 die Kirchen genau so kahl sind wie in Zürich[26], wo die Geistlichen 1728 beim Herzog ein Dekret erwirken, das Gartenwirtschaften „zur Verhütung von Aergerniß und Excessen" verbietet, da sie „zu Müssiggang, Verschwendung und Sabbathschänderei vielfach Anlaß gäben", wo Kaffeehäuser im ganzen 18. Jahrhundert nicht Fuß fassen und wo der Hang zur Sparsamkeit sprichwörtlich ist[27], fällt dieses Gedankengut auf fruchtbaren Boden. In Nürtingen, im Süden von Stuttgart gelegen, schreibt im Jahre 1774 ein Bürger in diesem Sinne als Einleitung zu seinem Testament: Da „seine Lebenszeit bald vollends dahin sein dürfte, ... (hat) er ... sich in Gottes Namen entschlossen, ... zuvor sein

20 Le Goff (1964), S. 240.

21 Ariès (1980), S. 253.

22 Testament zum Teilungsinventar Nr. 2356, Inventuren und Teilungen StAN.

23 Errechnet auf der Basis von 220 Testamenten aus allen Bevölkerungsschichten, Beilagen zu den Inventuren und Teilungen StAN.

24 Vovelle (1973).

25 Dazu Max Weber: Die protestantische Ethik, München 1969; Radbruch (1938), S. 47f.

26 Decker-Hauff (1972), S. 53f.

27 Borst (1974), S. 136.

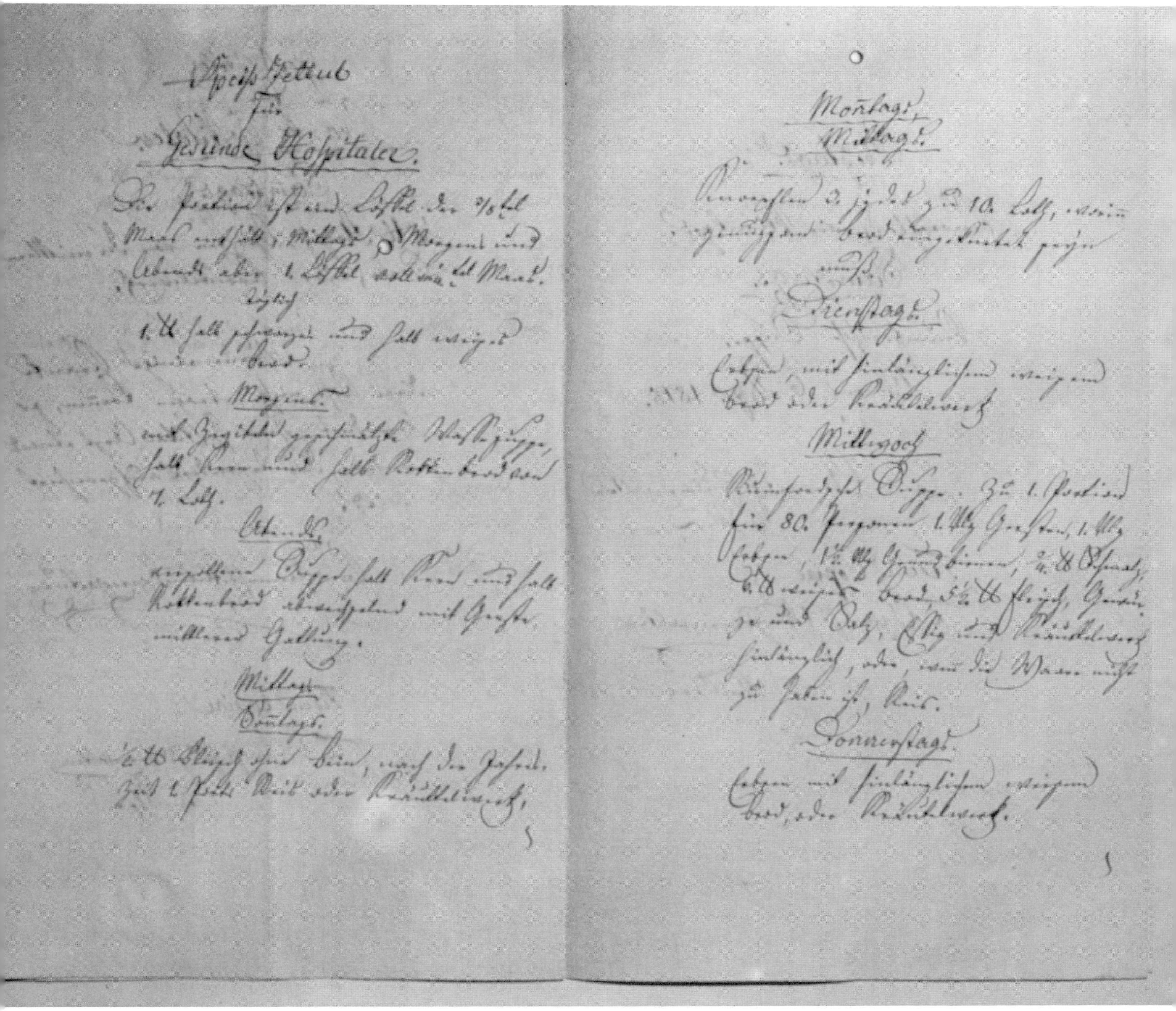

Speiß Zettel
für
Gemeinde Hospitaler.

Die Portion ist ein Löffel der 2/8tel Maaß enthält, Mittags, Morgens und Abends aber 1. Löffel voll ein 1/8tel Maaß.

täglich
1. ℔ halb schwarzes und halb weißes Brod.

Morgens.
Mit Zwiebel geschmälzte Wassersuppe, halb Kern und halb Rockenbrod von 7. Loth.

Abends.
Eingekochte Suppe halb Kern und halb Rockenbrod abwechselnd mit Gerste mittlerer Gattung.

Mittags
Sonntags.
1/2 ℔ Fleisch, Suppe, Brühe, nach der Jahreszeit 1 Porti Reis oder Kräuterwerk,

Montags.
Mittags.
Knöpflen, zu jedem zu 10. Loth, weißes geröstetes Brod eingeschnitten seyn muß.

Dienstags.
Erbsen, mit hinlänglichem weißem Brod oder Kräuterwerk.

Mittwoch
Rumfordische Suppe. Zu 1. Portion für 80. Personen 1. Mz Gersten, 1. Mz Erbsen 1 1/2 Mz Grundbirnen, 3/4. ℔ Schmalz, 6. ℔ weißes Brod, 5 1/2 ℔ Fleisch, Zwiebel und Salz, Essig und Kräuterwerk hinlänglich, oder, wenn die Waare nicht zu haben ist, Reis.

Donnerstags.
Erbsen mit hinlänglichem weißem Brod, oder Kräuterwerk.

irdisches Haus, nach der weisen Anleitung Heiliger Schrift, da es bei Sirach Kap. 33 V.24 heißt, wenn dein Ende kommt, daß du davon mußt, so teile zuvor dein Erbe aus, als ein kluger Hausvater zu bestellen"[28]. Man hat das mittelalterliche Denken hinter sich gelassen, hat aufgehört, die Kirche zu „bestechen", damit sie für das Seelenheil des Erblassers eintrete. Ab nun gilt die Pflichterfüllung gegenüber der eigenen Familie, die Sorge um das materielle Wohlergehen der eigenen Nachkommen als eine der wesentlichen Grundlagen der Glückseligkeit im Jenseits. 1789 vermerkt ein anderer Nürtinger Bürger in seinem Testament: „Gleichwie es eines guten Christen, besonders eines Vaters Pflicht ist, vor seinem tödl. Dahinscheiden sein Haus zu bestellen, so treibet mich auch die väterliche Liebe und Sorgfalt, auf das wahre Wohl meiner Kinder und Enkel mein Hauptaugenmerk zu richten."[29] Während sich zuvor die Kirche das Versöhnungswerk der Sünder reichlich honorieren ließ, ihnen einen zusätzlichen Zehnten abverlangte und damit ihr Vermögen zu mehren verstand, lernen nun vor allem die Bürger in den protestantischen Gebieten sehr schnell, daß das wahre Wohl der eigenen Familien in deren materiellem Wohlbefinden liege und dies ebenso wichtig sei wie das Wohl des Pfarrers, der Armen und der Wohltätigkeitsanstalten[30]. Die Legate an das Spital nehmen gegenüber dem 15. und 16. Jahrhundert und erst recht gegenüber dem Mittelalter deutlich ab. Es werden fast nur noch in den katholischen Gebieten neue Häuser für alte und sieche Menschen gestiftet, doch geht auch hier die Zahl der Neugründungen drastisch zurück. Im protestantischen Nürtingen enthalten im 17. Jahrhundert nur noch weniger als vier Prozent der Testamente eine Zuwendung an das Spital. Umgekehrt erwarten die Bürger jetzt zunehmend von ihren Spitälern immer mehr Leistungen. Sie fordern, daß diese oftmals sehr reichen Häuser ihre Vermögen zum materiellen Wohl der Bevölkerung einsetzen. Vermehrt übertragen Stadtobrigkeit oder Landesherr seit dem Dreißigjährigen Krieg dem Spital völlig sachfremde Aufgaben und kürzen damit die Leistungen an die Armen, Kranken und Alten. In Rheine übernimmt das alte Hospital die Arzt- und Arzneimittelkosten für ärmere Bürger, bezahlt ihre Verpflegung, wenn nähere Verwandte dafür nicht aufkommen können und stellt Reise- und Aufenthaltsgelder bei notwendigen Kuren bereit. Es kommt für die Begräbniskosten der verstorbenen Stadtarmen auf, besoldet die Lehrer, kauft Schulbücher für arme Kinder, zahlt ihr Schulgeld und schenkt ihnen Kleider; ferner dient es als Kreditanstalt, die gegen mäßigen Zins an Arm und Reich Darlehen gewährt[31]. Ähnliche Leistungen werden aus anderen Spitälern gemeldet. Das Tübinger Spital übergibt jeder armen Kindbetterin 1 Pfund Brot, 1 Vierling Mehl und 1 Pfund Schmalz „zu eigner Ergötzung"[32]. In Nürtingen übernimmt das reiche Spital zusätzlich die Bewirtung hoher Persönlichkeiten, kauft die Geschenke anläßlich von Feierlichkeiten des Fürstenhauses, begleicht die Reisekosten und die „Anstandsessen" neuer Beamter, schenkt anläßlich des Reformationsjubiläums im Jahre 1717 jedem Bürger „zur Ergözlichkeit" ein Maß Wein und zwei Pfund Brot, „damit das Fest auch im Gedächtnis bleibe", unterstützt Bürgersöhne bei ihrem Studium, streckt während des Pfälzischen Krieges gegen Ludwig XIV. den Amtsorten Steuern und Kriegskosten vor und erläßt ihnen später diese Schulden zum größten Teil, zahlt Abfindungssummen, um Einquartierungen und Kontributionen fernzuhalten, öffnet während der Hunger- und Teuerungsjahre seine Fruchtkästen für die Bevölkerung, errichtet eine Suppen- und Speiseanstalt, ersetzt während der beiden großen Stadtbrände in den Jahren 1750 und 1787 jedem Bürger die Hälfte seines Feuerschadens[33] und bezahlt schließlich im 19. Jahrhundert vielen Auswanderern die Überfahrt nach Amerika. Im württembergischen Horb muß die Spitalkasse armen Schülern und Lehrlingen das Schul- und Lehrgeld bezahlen. Jede Wöchnerin erhält in den Spitalorten vier Hennen und täglich sind bis zu 115 Stadtarme zu speisen. Das Esslinger Spital hat neben vielen anderen Aufgaben das sogenannte Warzenhaus mit den Syphilitikern zu betreuen und am Martinstag jedem Bürger der Stadt ein halbes Maß Wein auszuschenken[34]. Andere tragen die Besoldung von Schulmeister und Mesner, unterhalten kirchliche Gebäude oder bezahlen, so in Württemberg, eine bestimmte Zahl von Stipendiaten der Landesuniversität[35]. In Rottweil, Kirchheim u.T. und Leonberg ist das Spital zur Farren- und Eberhaltung im Dienst der Stadt gezwungen, und in Riedlingen hat es den Scharfrichter zu besolden[36].

Das alles schwächt die Wirtschaftskraft vieler Spitäler und geht zu Lasten der alten Menschen. Sie schwindet zudem mit dem Aufstieg der absolutistischen Landesherren, die in ihrem Bemühen um Ausbildung einheitlicher Territorialstaaten die vielen kleinen Zwischengewalten beseitigen, wo immer sie nur können. Absolutismus heißt nicht nur Entmachtung rivalisierender Adelsgruppen und Vereinheitlichung der

[28] Testament zu Teilungsinventar Nr. 4114, Inventuren und Teilungen StAN.

[29] Testament zu Teilungsinventar Nr. 4292, ebd.

[30] Zu diesen säkularen Veränderungen siehe auch BORSCHEID: Altern (1983), S. 244ff.

[31] RÖCKEN (1935), S. 137ff.

[32] DUNCKER (1940), S. 26.

[33] KOCHER (1924), Bd. 2, S. 72f.

[34] ZELLER (1954), S. 83.

[35] SEIGEL (1966), S. 48.

[36] ZELLER (1954), S. 88.

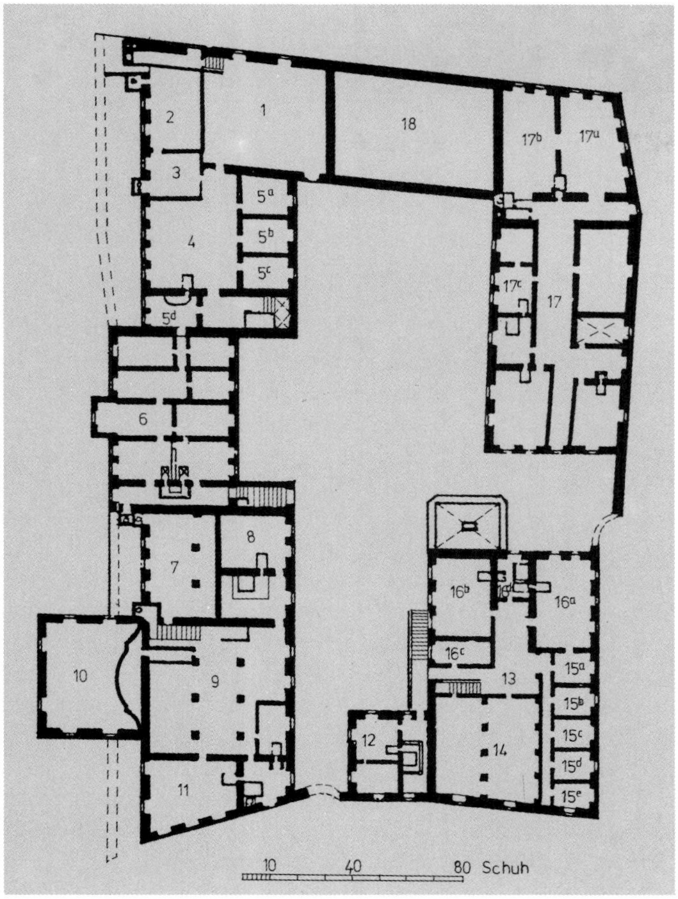

Grundriß des Spitals von Biberach im 18. Jahrhundert:

1. Die Mägles Kammer
2. Die Knaben Kammer
3. Das Krankenstüble vor Kinder
4. Kinder Stuben
5. Stüble vor den Vater und den 2 Mütern
6. Die Wohnung vor Herrn Spital Meister
7. Kammer vor Männer
8. Die obere Kirchen Stube
9. Hier schlafen die Weiber
10. Ein Stück von der Cath. Kirch
11. Die armen Stube
12. Hof Meisters Wohnung
13. Das Pfründ Haus
14. Da schlafen die Armen
15. Kammern vor Pfründer
16. Pfrundstuben
17. Das Amthaus
18. Das Hay-Haus

Rechts- und Verfassungsverhältnisse, sondern auch Ausdehnung des herrscherlichen Machtmonopols auf alle regionalen, gesellschaftlichen, wirtschaftlichen und kulturellen Bereiche. Davon betroffen sind neben den Klöstern auch die Kirchenkästen und Spitäler, denen in Württemberg bereits im Jahre 1556 Herzog Christoph erstmals den Erwerb von Grundeigentum untersagt hatte. Die Aufnahme dieses Verbots in das dritte und letzte württembergische Landrecht von 1610 unterstreicht, wie wichtig es für die Landesherren war, die Weiterentwicklung der Spitäler als mächtige Grundherren endgültig aufzuhalten. So heißt es denn in der entsprechenden Verordnung: „Ferner soll den armen Kästen, Spitäln, und dergleichen Häusern, nicht gestattet werden, Vnser Vnderthonen ligende Güter, Kauffs- oder Tauschweise, oder gegen einer erkaufften Pfründt, oder auch durch Testament, Gemächt vnd andere wege, an sich zu bringen, vnd zu behalten, sondern hierinnen dem Mandat so in Vnser Kastenordnung zu fünden, nachgesetzt werden.“ [37] Ein solches Vorgehen wird verständlich, wenn man bedenkt, daß das Biberacher, Memminger oder das Augsburger Spital jeweils 20 und mehr Ortschaften besaßen, das Überlinger in dreizehn Ämtern Recht sprach und das Esslinger aus über 150 Orten Zinsen und Gefälle bezog [38] und damit eine ernstzunehmende Macht darstellte. Wenn im 17. Jahrhundert in Württemberg ein Spital seine Besitzungen noch geringfügig ausbauen kann, dann nur noch „mit gnädigem Consensu und Zulassen des Herzogs“, wie in Schorndorf geschehen [39]. Für die meisten begann dagegen schon vorher ein langanhaltender Abstieg, der durch den Dreißigjährigen Krieg beschleunigt wurde, als die auferlegten Kontributionen große Verluste verursachten, dessen Schlußphase dann im 19. Jahrhundert durch die Beseitigung der Grundherrlichkeit, die Ablösung der Grundlasten und den Verkauf der meisten liegenden Güter eingeläutet wird, bis schließlich die dabei entstehenden großen Kapitalvermögen der Inflation und Währungsreform des frühen 20. Jahr-

[37] REYSCHER (1832), Bd. 5, S. 192.

[38] ZELLER (1954), S. 84. Grundriß des Spitals von Biberach (1. Obergeschoß) während des 18. Jahrhunderts Bild S. oben; aus: ERICH NAU, KURT DIENER : Die Kreiskrankenhäuser des Landkreises Biberach, Biberach 1976, S. 18.

[39] KLUGE (1936), S. 43f.

hunderts weitgehend zum Opfer fallen. Sicherlich gibt es Ausnahmen, die sich nicht nur in den katholischen Gebieten finden, wo die frommen Stiftungen weiterhin relativ reichlich fließen und sich die meisten Landesherren mit sehr viel weniger Nachdruck in diese Angelegenheiten einmischen, wo insgesamt der kirchliche Charakter des Spitals sehr viel stärker respektiert wird. Sie finden sich aber auch in protestantischen Territorien, so etwa im württembergischen Nürtingen, dessen Spital sich im Laufe des 16. Jahrhunderts zum reichsten des gesamten Herzogtums entwickelt hatte, obwohl es erst 1526 gegründet worden war. Schon König Ferdinand hatte sich hier 1529 rund 500 Gulden geliehen. Diese Schuldverschreibung haben die Vorsteher des Spitals später ohne Erfolg den Herzögen Ulrich und Christoph vorgelegt. Dies ist vielleicht ein Grund für die stillschweigende Duldung der umfangreichen Grunderwerbungen des Spitals in der Folgezeit bis ins 18. Jahrhundert [40]. Die Landesherren erkennen sehr bald, daß die wirtschaftliche Potenz dieses Spitals zwar der Vereinheitlichung ihres Staates entgegensteht, daß ihnen selbst der Reichtum dieser Anstalt aber auch von Nutzen ist. Bereits im späten 17., dann aber besonders im 18. Jahrhundert wächst das Spital geradezu in die Rolle eines Bankiers des württembergischen Fürstenhauses hinein. Allein in den Jahren 1715 bis 1765 finanziert es, nicht allzu bereitwillig, verschiedene fürstliche Unternehmungen in der riesigen Gesamtsumme von 480.000 Gulden. Auch andere Spitäler bauen nach 1648 das Darlehensgeschäft stärker aus, seitdem sie ihre Einnahmen nicht mehr nach freiem Ermessen in Grundbesitz anlegen können. Im übrigen ist es bezeichnend für den Niedergang des Spitals, daß seit Mitte des 16. Jahrhunderts in Württemberg, abgesehen von Ludwigsburg, keine weiteren Spitäler mehr entstehen, obwohl sich die Zahl der Städte von 53 im Jahre 1534 auf 66 zu Ende des 18. Jahrhunderts weiter erhöht. Die Zahl der Neugründungen geht in ganz Deutschland aber auch deshalb zurück, weil inzwischen neue Formen der Altersversorgung gefunden sind und das Rentnerdasein der Spitalisten nicht in eine Zeit paßt, in der die bürgerlichen Tugenden Arbeit, Fleiß und Leistung immer stärker propagiert werden [41].

Der Druck, den Landesherren und Städte auf die Spitäler ausüben, darf keinesfalls als eine Form der Altenfeindschaft interpretiert werden. Der Unmut entzündete sich lediglich an der Form dieser aus dem Mittelalter stammenden Institution, der man neue Lösungen entgegensetzt, die nach Ansicht ihrer Befürworter besser auf die Verhältnisse dieser weltgeschichtlichen Sattelzeit zugeschnitten sind. Lediglich der katholische Süden tritt weiter als Befürworter des Spitals auf und es kommt hier sogar zur Gründung neuer Häuser. Als erster läßt der Erzbischof von Salzburg 1685 bis 1689 das „Erhart-Spital“ erbauen und 1692 bis 1705 entstand nach den Plänen von Johann Baptist Fischer von Erlach mit dem Johannisspital ein besonders prächtiges Haus [42]. In Kempten im Allgäu stiftet im Jahre 1702 der Abt Rupert von Bodmann ein neues Spital, das „Seelhaus“; 1720 eröffnet die Gräfin Johanna zu Öttingen-Spielberg in Öttingen ein Spital für katholische Pfründner und Waisen; Anfang der dreißiger Jahre läßt der Ortsherr Franz Anton von Imhoff im Landkreis Schwabmünchen ein derartiges Haus für seine alten Diener, die Ortsarmen und alten Dienstboten bauen; 1751 gibt der Kemptener Abt Engelbert von Syrgenstein „armen, verlassenen, schwachsinnigen und krüppelhaften Personen“ eine Bleibe; 1761 sorgt der Bischof von Augsburg mit Gründung eines Priesterspitals dafür, daß alte, irre und straffällige Priester ein Zuhause finden und schließlich lassen 1776 die Stiftsdamen von St. Stephan in Augsburg ein Spital mit zwölf Plätzen für ihre Untertanen errichten [43]. Schließlich sind das St. Rochus Spital in Mainz (1722) und das nach demselben Grundmuster errichtete Heilig-Geist Hospital in Fulda (1732) zu nennen. Im Auftrag des Kölner Kurfürsten und Erzbischofs Clemens August entwirft Johann Conrad Schlaun die Pläne für das 1745 bis 1753 errichtete Clemenshospital in Münster [44]. Auch versuchen Privatleute, für kleinere Gemeinden Spitäler zu schaffen, doch scheitern sie meist an der auch in den katholischen Gebieten langsam zurückgehenden Stiftungsbereitschaft. Wo neue Häuser entstehen, bringt zumeist die katholische Kirche einen Großteil der Mittel auf. Auch werden ältere Spitäler erweitert, so in den Jahren 1754 bis 1760 das St. Nikolaus-Hospital in Cues an der Mosel, in dem nach den Bestimmungen der Stiftungsurkunde von 1458 auch im 18. Jahrhundert noch immer „33 Arme, abgearbeitete Greise von 50 Jahren und darüber, nur männlichen Geschlechtes, von ehrlichem Rufe, Berufe, Lebenswandel und Namen, niemanden dienst- und schuldpflichtig, freien Standes, ledig“ Versorgung finden [45]. Für viele alte Menschen ist das Spital weiterhin die letzte Zufluchtsstätte, es bietet ihnen eine körperliche und seelische Stütze in Zeiten der Not und Einsamkeit. Der Maler Rudolf Jordan hat dies zur Mitte des 19. Jahrhundert auf seinem Gemälde „Die Klostersuppe“ treffend dargestellt (Bild S. rechts).

Der Souveränitätsanspruch der protestantischen Landesherren, der den Spitälern so sehr zusetzt,

[40] KOCHER (1924), Bd. 2, S. 61.

[41] Zu den württembergischen Spitälern siehe SEIGEL (1966), S. 51ff.; ZELLER (1954), S. 86ff.

[42] JETTER (1986), S. 125ff.

[43] TRÖGER (1979), S. 32f.

[44] JETTER (1986), S. 130.

[45] MARX (1906), S. 171 und 193

manifestiert sich auch in der zunehmenden Trennung zwischen weltlichen und geistlichen Häusern. Schon im 16. Jahrhundert war der kirchliche Charakter der älteren Spitäler langsam in Vergessenheit geraten. In Rechtsgutachten und Dissertationen wird nach 1648 die Ansicht vertreten, daß viele Spitäler nicht zum Kirchengut gehören, da sie ohne bischöfliche Genehmigung entstanden seien, kein Gotteshaus enthielten oder in ihnen keine Messen stattfänden. Die meisten Rechtslehrer vertreten die Ansicht, Fürsten, Magistrate und Privatleute könnten auch ohne Bewilligung des Bischofs ein Spital errichten und in den reformierten Gebieten sei die Neueröffnung von Spitälern wie auch die Armenfürsorge Sache der Landesherren, wenn auch in der Praxis die Ortsgeistlichkeit bis ins 19. Jahrhundert hinein weiterhin ein Mitspracherecht besitzt und bei den Wahlen der Pfleger ein entscheidendes Wort mitzureden hat [46]. Mit zunehmender Durchsetzung des Absolutismus gerät das Spital, so sehr es sich auch widersetzt, in die Hand der alles ordnenden und alles befehlenden Landesherren und es verändert im Zuge der Umgestaltung des Armenwesens und seiner Unterwerfung unter die rein weltlichen Zwecken dienende „policey" seinen Charakter, sein An- und Aussehen.

Im katholischen Süden Deutschlands gehen auch auf diesem Gebiet die Uhren völlig anders. In Bayern setzt der Einfluß der Landesherren auf die Spitäler mit erheblicher zeitlicher Verzögerung ein. Erst Montgelas greift in das alte System der Fürsorge- und Krankenanstalten ein und unterstellt am 1. Oktober 1807 die Stiftungen nach französischem Vorbild einer zentralen, königlichen Administration. Er hofft damit Geld zu sparen und die Leistungen zu verbessern. Wenige Monate später bestimmt er in jeder Stadt oder jedem Landgericht ein Armenbeschäftigungshaus und ein -verpflegungshaus einzurichten. Dieser Zentralismus äußert sich zudem in der Zusammenlegung von Spitälern: 1804 werden die fünf Spitäler der Fürstabtei Kempten vereinigt, zwischen 1804 und 1816 sämtliche Anstalten Memmingens. Kleine Häuser werden aufgehoben und die Renten fließen in den großen Topf des Armenwesens. Andere Spitäler werden mit ihrem ganzen Besitz stückweise zugunsten des Staates versteigert, so das Spital von Grönenbach im Allgäu, das im Jahre 1802 mit dem Stift Kempten dem Kurfürsten von Bayern als Entschädigung für dessen an Frankreich abgetretenen linksrheinischen Besitzungen überlassen worden war. Trotz dieser auf den ersten Blick einleuchtenden und sinnvollen Maßnahmen erlebt das bayerische Spital unter der Regierung Montgelas den Tiefpunkt seiner langen Geschichte. Die Administration überschätzt ihre Fähigkeiten, und vor allem geht mit der Verstaatlichung die Bereitschaft der Bevölkerung zur Wohltätigkeit zurück. Der Staat seinerseits ist nicht in der Lage, diese finanzielle Lücke zu schließen. Montgelas muß die Zentralisierung rückgängig machen, überträgt 1816 das Armenwesen wieder den Gemeinden, und nach seinem Sturz händigt die Regierung 1818 die Stiftungsvermögen erneut den früheren Verwaltern aus. Der Staat begnügt sich fortan damit, nur noch den gesetzlichen Rahmen für die Gemeinden abzustecken und ihre Verwaltung zu beaufsichtigen. Nach Montgelas erleben die bayerischen Spitäler eine neue Blütezeit [47].

Im Zeitalter des Absolutismus und Merkantilismus muß sich neben der Wirtschaft auch die Wohlfahrt der Untertanen zum Teil tiefgreifende staatliche Eingriffe gefallen lassen. Sie wird zentral gesteuert, gründlich verändert und an eine harte Kandare genommen. Nicht nur das Spital wird davon betroffen. Fast das gesamte Wohlfahrtswesen wird Teil der staatlichen Verwaltung, wenn damit auch keineswegs das Ende jeder kirchlichen und privaten Wohltätigkeit verbunden ist, und es weiterhin eine Fülle von wohltätigen Stiftungen der einzelnen Konfessionen und Menschenfreunde jedweder Couleur gibt. Der Staat knüpft zunächst einmal bei der Versorgung der wirklich armen Mitmenschen an spätmittelalterliche Vorbilder an, untersützt über die Almosenämter und Armenkassen der Gemeinden die unverschuldet Bedürftigen und geht mit repressiven Maßnahmen gegen die arbeitsfähigen Bettler vor. „... so werden Alte und Verlebte, Krancke, Gebrechliche Preßhaffte, welche dieses ihres Alters, Schwachheit und Leibes-Gebrechen halber nichts verdienen können; ferner Waysen-Kinder, Witwen, Hauß-Arme und solche, die zwar gesunder Gliedmaßen sind, aber wegen anderer Umstände als Vielheit unerzogener Kinder, im Witwen-Stande entgehender Nahrung und sofort anderer Hülffs-Leistung darneben bedürfen, in diese gemeine Versorgung mitleidend bezogen; diejenigen aber, so liderlich und verschwenderisch, werden zu ihrer Besserung und damit sie nicht durch Müßiggang und Üppigkeit sich und andere in Elend und Unglück stürzen durch obrigkeitsliches Einsehen auf Art und Weise, die ihrem Stande gemäß, zur Gebühr gebracht", heißt es in der Leipziger Armenordnung von 1704 [48]. Der Staat kümmert sich wie zuvor um seine verarmten Bürger, betont aber zunehmend den Arbeitsgedanken, der schon im frühen 16. Jahrhundert immer wieder geäußert, doch kaum einmal konsequent in die Tat umgesetzt worden war. Jetzt müssen sich die Armen verstärkt einer Kontrolle ihrer Arbeitsfähigkeit, ihrer Lebens- und Vermögensverhältnisse unterziehen lassen, um die „wahrhaft Bedürftigen" von den „muthwilligen" Bettlern, den Schwindlern und Simulanten auszusondern. Gleich-

---

46 Dazu SEIGEL (1966), S. 56ff.

47 TRÖGER (1979), S. 38f.

48 Zit. nach SACHSSE, TENNSTEDT (1980), S. 107f.

zeitig nehmen die repressiven Maßnahmen zur Unterdrückung der Bettelei zu. Landesherren und Stadtoberen wetteifern wie nie zuvor in dem Erlaß von Bettelordnungen, Mandaten und Verboten. Leipzig veröffentlicht zwischen 1671 und 1720 acht Bettelordnungen, Bremen zwischen 1711 und 1749 sieben, Schlesien zwischen 1630 und 1729 ganze 26 Patente zur Beseitigung des Bettler- und Vagabundenunwesens [49], in denen nun auch das Almosengeben unter Strafe gestellt wird. Was sollen die absolutistischen Herren auch anders machen, wenn sie ihre Länder wirtschaftlich stärken wollen? Der Bettel ist die große europäische Landplage des 16. und 17. Jahrhunderts. In den geistlichen Territorien des 18. Jahrhunderts zählt man auf 1000 Einwohner 260 Bettler [50]. In der Zeit im Anschluß an den Dreißigjährigen Krieg, als die Landwirtschaft nicht auf die Beine findet, weil es ihr an zahlungskräftigen Konsumenten fehlt, und wie in einem Teufelskreis die Gewerbe am Boden liegen, weil die Landwirtschaft als Abnehmer ihrer Produkte ausfällt, kommt viel echtes Elend zusammen: Abgebrannte, Verstümmelte, Witwen, Waisen, abgedankte Soldaten, Opfer einer harten Justiz usw. usw. Nach jedem Feldzug werden die Heere zum größten Teil aufgelöst, und die Entlassenen, jeder Arbeit entwöhnt, ziehen in Scharen bettelnd und plündernd durch das Land. Auch trägt die Peuplierungspolitik vieler Landesherren, die wahllos Köpfe sammeln, nicht nur zum wirtschaftlichen Aufstieg bei, da neben den gut ausgebildeten, fleißigen und unternehmungshungrigen Glaubensflüchtlingen auch Deserteure und Marodeure aus den Kriegszügen des Jahrhunderts, der soziale Bodensatz aus aller Herren Länder und mancherlei Gesindel, in der Hoffnung auf leicht zu verdienendes Geld über die Grenzen kommen. Dem Beobachter aus dem vom Wirtschaftsliberalismus geprägten 19. Jahrhundert fällt am 18. Jahrhundert „die merkwürdige Keckheit des Forderns auf Seiten der Hülfesuchenden" auf „und die ebenso merkwürdige Schwäche und Planlosigkeit des Gebens auf Seiten der Hülfeleistenden", wie sich Karl Biedermann in seinem Werk über die politischen, materiellen und sozialen Zustände im Deutschland des 18. Jahrhundert ausdrückt. Und weiter: „Schaarenweise zogen gesunde, starke Leute von Ort zu Ort, von Land zu Land, Musik machend, Almosen heischend, nach Befinden auch stehlend und raubend. ... Die verschiedensten Gesellschaftsklassen lieferten ihr Contingent zu diesem flottirenden Proletariate, und ebenso mannigfaltig waren die Formen und die Vorwände, unter denen dasselbe sich Almosen zu erbetteln, nöthigenfalls zu ertrotzen wußte." [51]

Für die im Alter Verarmten und Hilfsbedürftigen ist ein Teil der staatlichen Maßnahmen zur Eindämmung des Bettelns und zur Versorgung der Armen keineswegs neu. Neu ist dagegen, daß der Staat sich nicht nur auf Versorgungsmaßnahmen beschränkt, sondern mit zum Teil rigorosen Mitteln auch mit der Erziehung der Armen in den bürgerlichen Tugenden Ordnung, Fleiß und Sparsamkeit beginnt. Er errichtet Werk-, Zucht- und Arbeitshäuser nach dem Vorbild entsprechender Anstalten in Amsterdam, dem „Tuchthuis" von 1595 für Männer, dem „Spinhuis" von 1597 für Frauen sowie dem sogenannten „Secreten Zuchthaus" von 1603 für die mißratenen Söhne besserer Leute. Bremen folgt im Jahre 1609, Lübeck 1613, Hamburg 1620 und Danzig 1629 diesem Beispiel. In der zweiten Hälfte des Jahrhunderts reiht sich dann eine Gründung an die andere. Von Wien bis Lüneburg, von Pommern bis ins Rheinland ist Deutschland gegen Ende des 18. Jahrhunderts mit einem Netz von wenigstens 60 Zucht- und Arbeitshäusern überzogen. Zuerst in den calvinistischen Ländern entstanden, finden sie bald auch in lutherischen Ländern Nachahmung, bis sie im letzten Drittel des 17. Jahrhunderts auch vereinzelt Einzug in den katholischen Ländern halten. In Das in Wien nach der zweiten Türkenbelagerung (1683) von Kaiser Leopold eröffnete „Großarmenhaus" ist eine riesige rechteckige Anlage; fast 2000 Arme, Alte, Obdachlose, Invalide und Kinder finden hier Unterkunft [52]. In der Mehrzahl sind die Zuchthäuser des 18. Jahrhunderts gemischte Anstalten: Arbeitshäuser, Strafanstalten und Versorgungsheime, die die einzelnen Insassen nicht vollkommen von einander trennen. Im Kurfürstentum Sachsen läßt im Jahre 1710 August der Starke ein „Armen-, Waysen-, Zucht- und Tollhaus" einrichten. Die Absonderung der Züchtlinge von den Strafgefangenen, sodann von den Irren, Kranken und Waisen erfolgt im wesentlichen erst zu Beginn des 19. Jahrhunderts. Jede Randgruppe der absolutistischen Gesellschaft bringt ihren Kontingent in diese Anstalten ein. Wir finden hier neben den arbeitsscheuen Bettlern und den gerichtlich abgeurteilten Verbrechern auch unbotmäßiges Gesinde und aufmüffige Kinder, neben Prostituierten, Wahnsinnigen und Syphilitikern auch gebrechliche alte Menschen, verarmte Witwen und Waisenkinder. Im Vorfeld der Magdeburger Zuchthausgründung von 1687 heißt es, daß darinnen „böses und Herrenloses Gesindel, so sich des Bettelns und Muthwillens bey dieser Stadt befliessen, und dabei in aller Gottlosigkeit gelebet, zur Gottesfurcht, Zucht und Arbeit anzuhalten, und Arme und Unvermögende, die Alters oder anderer Leibes-Schwachheit halber ihr Brodt entweder gar nicht oder doch nicht völlig mehr verdienen können, des Gottesdienstes durch andächtiges Gebet abzuwarten, zu verpflegen und zu versorgen" [53].

---

49 SACHSSE, TENNSTEDT (1980), S. 109.

50 SOTHMANN (1970), S. 52.

51 BIEDERMANN (1854), Bd. 1, S. 401.

52 JETTER (1986), S. 152f.

53 E. SCHMIDT (1915), S. 5; zur Geschichte des Zuchthauses siehe SACHSSE, TENNSTEDT (1980), S. 113-125; SOTHMANN (1970);

Das Große Friedrichshospital in Berlin beherbergt „Notleidende jeglichen Alters, ... Kranke, Arbeitslose, liederliche und mutwillige Bettler, Irre und blödsinnige Personen“ [54]. Die Gesellschaft der Aufklärung, die wie keine vorher und nachher die alten Menschen ehrt, sie als höchste Autorität würdigt, steckt sie gleichzeitig mit allerlei Verbrechern, mit dem Abschaum dieser Zeit zusammen. Wie kaum auf einem anderen Gebiet stoßen sich hier derart Ideal und Wirklichkeit. In kaum einem anderen Bereich wird sichtbar, mit welcher Härte der absolutistische Staat mit seinen Bürgern umspringt, wie er Disziplin in sie hineinprügelt ohne Rücksicht auf Alter und Geschlecht, wie er seinen Untertanen, die sich bis dahin ihre Arbeit selbst einteilten, bei denen Müßiggang mit höchster Arbeitsintensität wechselte, die Bedeutung der Zeit einbläut [55]. Doch so zügellos uns diese Maßnahmen auch heute erscheinen mögen, für die Masse des Volkes waren sie zwar neu, aber keineswegs ungewöhnlich und härter als das übrige staatliche Handeln und viele Formen des Miteinander innerhalb der Gesellschaft. Wer mit den Grausamkeiten des Dreißigjährigen Krieges oder der nachfolgenden Kriege aufgewachsen war, wem die verschiedenen öffentlichen Hinrichtungen als Gaudi dienten und wer tagtäglich die üblichen Strafformen miterlebte, der änderte sein Verhalten und seine Einstellung zur Arbeit nicht auf Grund der Poesie eines Christian Fürchtegott Gellert und nicht auf Grund der wissenschaftlichen Überlegungen eines Johann Heinrich Gottlob von Justi. Die Reformkräfte wären an dieser Welt der Brutalität, des Aberglaubens, der Fortschrittsfeindschaft und der Gleichgültigkeit gescheitert, hätten sie sich allein aufs verbale Überzeugen beschränkt; ihre Bemühungen, die Modernisierung der Wirtschaft im Interesse einer schnell wachsenden und oftmals hungernden Bevölkerung voranzutreiben, wären erfolglos im Sande verlaufen, hätten sie ihre Erkenntnisse allein schriftlich niedergelegt. Die philanthropischen Gesellschaften in Deutschland, England, Frankreich und Holland beklagen im 18. Jahrhundert einstimmig die Faulheit, Arbeitsunlust und den Disziplinmangel eines Großteils der Armen und Arbeiter. Nach Ansicht der Mitglieder der Hamburger Patriotischen Gesellschaft kann bei einer „so tief versunkenen Menschen-Klasse“ nur Zwangsarbeit helfen, „das heißt, unangenehmere und beschwerlichere Arbeit, durch Mangel der Freiheit, durch Einsamkeit und Langeweile, durch ewiges Einerlei, durch Entbehrung jedes fröhlichen Lebensgenusses ... erzwungen“ [56]. Offenbar wurde die Modernisierung vor allem in den protestantischen Gebieten mit einem hohen Maß an Härte vorangetrieben, wogegen in katholischen Ländern solche Strafmaßnahmen weniger oft Anwendung fanden. Der amerikanische Physiker Graf von Rumford, der während des Unabhängigkeitskampfes nach England flieht und 1784 in bayerische Dienste tritt, dort die Kartoffel einführt, den Englischen Garten in München anlegen läßt und Arbeitshäuser gründet, lehnt wie andere jede harte Behandlung der Insassen dieser Häuser strikt ab, da nach seiner Ansicht niemandem die Liebe zur Arbeit mit Schlägen, Schimpfworten und Arrest eingeimpft werden könne [57]. Im überwiegend protestantischen Deutschland zählen die Ansichten von Rumford jedoch eher zur Ausnahme. In der Regel bläut die Obrigkeit der Bevölkerung die neuen Werte ohne alles Zartgefühl ein, nicht mit blutunterlaufenen Augen und als blindwütiger Schläger, sondern als Zuchtmeister, der seine Untergebenen in bester Absicht zu ihrem Glück zwingt. Die aufgeklärte Beamtenschaft der absolutistischen Staaten will das Beste für die Untergebenen und sie greift zu den nach ihrer Meinung wirkungsvollsten Erziehungsmitteln, wenn die Worte der Vernunft nichts fruchten: Strafen, absolute Härte, Schläge und Zwang. Sie möchte nach dem Ideal der Aufklärung alle Randgruppen in die Gesellschaft integrieren, und dazu scheint ihr jedes Mittel recht. In Frankreich, wo man den alten Menschen im gesamten 18. Jahrhundert entschieden weniger Hochachtung entgegenbringt, ist man bei der Arbeitsbeschaffung für sie noch weniger zimperlich. Bei der Desodorierung des öffentlichen Raums denken die Hygieniker nicht an Sträflinge und auch kaum an Bettler, sondern an Arme und vor allem an die Alten, die durch das Aufsammeln des Straßenkots eine Gegenleistung erbringen könnten für einen Teil der Kosten, die sie verursachen. Brügge, Gent und Lüttich gelten in dieser Beziehung als die großen Vorbilder [58].

Fleiß und Arbeit sind die großen Schlüsselbegriffe der Zeit, mit denen der absolutistische Staat alle gesellschaftlichen Probleme zu lösen gedenkt, angefangen bei der Moral bis hin zum finanziellen Auskommen: ein unfehlbares Universalmittel zur Beseitigung aller Form von Elend. Das Arbeits- und Zuchthaus erscheint, ganz symptomatisch für das zeitgenössische Denken als das wirksamste Patentrezept, den Menschen Freude an der Arbeit und die Überzeugung von der Notwendigkeit des Fleißes beizubringen. Davon wird keine Altersgruppe ausgenommen. Auch der alte Mensch hat mit dem Rest seiner körperlichen Kräfte zur Stärkung des Staates beizutragen. Auch er soll noch zur Arbeitsamkeit

RADBRUCH (1938); WEBER (1941); BAUMANN (1984); EICHLER (1970), S. 127ff.

[54] Nach EICHLER (1970), S. 139.

[55] Dazu E.P. THOMPSON: Zeit, Arbeitsdisziplin und Industriekapitalismus, in: Gesellschaft in der industriellen Revolution, hg. von RUDOLF BRAUN, WOLFRAM FISCHER u.a., Köln 1973, S. 81-112.

[56] Zit. nach URLAUB (1932), S. 72.

[57] Vgl. BAUMANN (1984), S. 180.

[58] CORBIN (1984), S. 156.

erzogen werden. Nur angesichts des grenzenlosen pädagogischen Optimismus der Zeit eines Basedow und Pestalozzi sind diese Maßnahmen zu verstehen. In einem Königlichen Edikt aus dem Jahre 1748, das in Berlin erlassen wird, heißt es: „Es sollen aber die Regierungen, Kriegs- und Domänen Cammern, Land- und Steuer-Räthe, Magistrate und gesamte Obrigkeit jeden Orts ... dafür sorgen, daß annoch bey guten Leibes-Kräften sich befindende faule Manns- oder Weibes-Personen mit Betteln niemand beschweren, sondern daß sie zur Arbeit und ihr Brod selbst zu verdienen angehalten, nöthigenfalls auch andern ihres gleichen zum Exempel, in die Festungen, und an den Orten, wo Zucht- und Arbeits-Häuser sind, darin gesperret, denen aber, die wegen schwachen Leibes oder Alters nicht viel jedoch etwas schaffen können, (wozu ihnen auch Gelegenheit gemachet werden muß) hinlängliche Beyhülfe gereichet, und dann denjenigen, welche wegen Gebrechlichkeiten oder hohen Alters gar nichts zu erwerben vermögen, ... das zu ihrem nöthigen Unterhalt erforderte aus der Armen-Casse gegeben ...“ [59] Die Münchener Armenverwaltung eröffnet im Jahre 1804 das „Beschäftigungshaus am Anger“, um alten und gebrechlichen Menschen, die sich nur noch einen Teil ihres Lebensunterhaltes selbst verdienen können und keine andersweitige Arbeit mehr finden, eine Verdienstmöglichkeit zu geben. Die Behörde weist z.B. eine 73jährige, „ganz entkräftete“ Frau an, in diesem Haus wöchentlich 24 Kreuzer zu verdienen, dann wolle man ihr ein zusätzliches Almosen von 28 Kreuzern pro Woche gewähren [60]. Man gibt sich nicht eben zimperlich gegenüber den alten Leuten, selbst wenn ihnen die Gicht die Finger hat dick und die lebenslange Arbeit den Rücken hat krumm werden lassen. Zwar läßt man die arbeitsunwilligen Alten nicht mehr an die öffentlichen Halseisen legen, wie dies noch zu Beginn des 17. Jahrhunderts in Hamburg üblich war, aber man verlangt von ihnen doch zu arbeiten, soviel sie nur können. Auch ist der Umgangston rücksichtsvoller geworden und die Behörden schelten die bettelnden alten Menschen nicht mehr als „stinkende Böcke“ [61], doch gehören verbale Beleidigungen weiterhin zum Alltag. In Nürnberg wird 1792 die 73jährige Elisabeth Picklin bereits zum vierten Mal aus der dem Arbeitshaus angeschlossenen Spinnerei und Glasschleiferei entlassen, weil sie auf Grund ihres Alters nicht mehr viel zu arbeiten versteht und daher das Haus nur Geld kostet. Es mutet wie Hohn an, wenn sie gleichwohl ermahnt wird, sich beim Betteln nicht wieder ertappen zu lassen, da sie sonst ins Zuchthaus gesteckt werde [62].

Weil das Geld fehlt, greift der Staat bei der Errichtung von Zuchthäusern auf bestehende Bauten zurück, auf Klöster, Hospitäler und ähnliche, die man dem neuen Zweck notdürftig anpaßt, ohne damit jedoch den andauernden Raummangel beheben zu können. Man zwängt den Landstreicher neben den Dieb, die verarmte Witwe neben die Hure und pfercht die alten Menschen mit Wahnsinnigen zusammen. Manche Zeitgenossen erahnen die Gefahren, die aus diesem engen Nebeneinander der verschiedenen Gruppen entstehen und kritisieren das Zuchthaus als eine „Academie des Lasters“ [63]. Sie melden sich vermehrt zu Ausgang des 18. Jahrhunderts zu Wort, als das Zuchthaus seinen Charakter grundsätzlich verändert und zur Strafanstalt wird, als neben den armenpolizeilichen Aspekt verstärkt der Gesichtspunkt der Strafe tritt. Bis zu dieser Zeit hatte der „ehrliche“ Charakter des Zucht- und Arbeitshauses außer Zweifel gestanden, da die Einweisung die Ehre unangetastet ließ, da sie nicht eine Kriminalstrafe, sondern eine Disziplinar-, vielfach auch nur eine Arbeitsbeschaffungsmaßnahme war zur Förderung des Gewerbefleißes und der Industriosität und zum Aufbau und der Durchsetzung der oftmals angeschlossenen Manufakturen, von deren Erfolg sich der merkantilistische Staat einen entscheidenden Beitrag zur Mehrung seines Reichtums verspricht. Wenn auch unter diesen Gesichtspunkten die Würde der alten Menschen weniger verletzt wird, als dies zunächst den Anschein hat, so wirkt es doch nachteilig auf sein Ansehen aus, daß ihn der Staat gewissermaßen auf eine Stufe mit Verbrechern und Strauchdieben stellt. Vor allem gegen Ende des Jahrhunderts wird dieser Zustand zunehmend unerträglicher, so daß die Trennung von Zucht- und Arbeitshaus und erst recht vom Armenhaus nur als logische Konsequenz anzusehen ist. Vor allem in Hamburg gelingt es dem reichen Mäzen Caspar Voght sowie Johann Georg Büsch, diesem Publizisten und Mitbegründer der Patriotischen Gesellschaft von 1765, das Arbeitshaus vom Zuchthaus zu lösen und neue Grundsätze der positiven Armenpflege zu verwirklichen [64]. In ähnlicher Weise verordnet im Jahre 1790 der bayerische Kurfürst, „daß die bisherigen Zuchthäuser, wohin ... lediglich Verbrecher verurtheillet werden, von nun an bloß Zuchthäuser und nicht mehr zugleich Arbeitshäuser genennet werden“ sollen [65]. Gleichwohl haben die neuen um die Jahrhundertwende errichteten reinen Arbeitshäuser, in die jeder freiwillig eintreten kann, große Probleme, ihren „ehrbaren“ Charakter zu beweisen. Auch sie gelten als Ort der Schande und der Strafe, obwohl sie lediglich als Institutionen gedacht

[59] Otto Mylius: Corpus Constitutionum Marchicarum, Berlin 1736ff. IV, XVI, Sp. 41ff.; zit. nach Sachsse, Tennstedt (1980), S. 142.
[60] Baumann (1984), S. 265, 274.
[61] Vgl. Erichson (1930), S. 61.
[62] Baumann (1984), S. 131.

[63] Wagnitz (1791), S. 306.
[64] Dazu Sothmann (1970), S. 136ff.
[65] Anweisung an die Oberlandesregierung vom 5. Febr. 1790; zit. nach Baumann (1984), S. 133.

sind, in denen gesellschaftliche Rand- und Problemgruppen wie Arme, Bettler, Kranke, alte und schwache Menschen, Witwen und alleinstehende Mütter ihren Lebensunterhalt eigenständig verdienen können. Mit diesen Häusern glaubt gegen Ende des 18. Jahrhunderts z.B. der bayerische Staat ganz unterschiedliche soziale und ökonomische Probleme auf einen Schlag lösen zu können: die Folgen der strukturellen Arbeitslosigkeit, die gesellschaftliche Desintegration der Randgruppen und die fehlende Altersversorgung dieser Menschen [66].

In Österreich eilt gleichzeitig Josef II. mit seinen Reformen der Zeit voraus und verkündet 1781 die „Directiv-Regeln zu künftigen Einrichtung der hiesigen Spitäler und allgemeinen Versorgungs-Häuser", worin er den Bau neuer Häuser ankündigt, in denen die einzelnen Risikogruppen voneinander getrennt untergebracht werden sollen. Zwar wird das Alter in diesem Konzept angesprochen, bleibt aber weiterhin ein Teilkomplex der allgemeinen Armenfürsorge. Unter anderem plant der Kaiser den Bau neuer Versorgungshäuser für „die gänzlich unfähigen, dem Allgemeinen zum Schaden, oder zum Eckel dienenden Menschen". In der Wiener Vorstadt sollen Spitäler für alle Personen entstehen, „welche Altershalber an Körper oder Geist so entkräftet sind, daß sie zu gar nichts fähig, dann gänzlich blinde, stumme oder lahme, welche aus dem Bett nicht aufstehen können, oder sich nur so herumschleppen". Dennoch wird wegen der fehlenden finanziellen Mittel kein einziges neues Spital gebaut. Gleichzeitig aber entläßt die Obrigkeit alle jene Personen mit einem fixen Almosen aus den Anstalten, die ihren Lebensunterhalt mit eigenem Zuerwerb und Unterstützung von Verwandten sichern können. Wie weit dafür das Eigeninteresse der Armen und Alten oder fiskalische Zwänge maßgebend sind, ist ungewiß. Jedenfalls bleibt die Kontrolle dieser Bevölkerungsgruppe ein vorrangiges Anliegen des Staates. Die Entlassenen sollen ein besonderes Abzeichen tragen, um sie beim Betteln sofort erkennen und den Sicherheitsorganen ausliefern zu können. Obwohl die Ausbaupläne für diese Spitäler scheitern, löst sich die alte Multifunktionalität langsam auf und reine Altersheime für Arme bilden sich heraus. Von den insgesamt 334 Neuzugängen des Versorgungshauses in Mauerbach, einem aufgelassenen Karthäuserkloster in der Nähe von Wien, sind im Jahre 1785 nur 20 Prozent unter 50 Jahre alt und 31 Prozent über 70 [67]. Es ist bezeichnend, daß die Gesellschaft zwar das Alter als höchste Autorität ehrt und die Würde des Alters mit missionarischem Eifer predigt, in der Wirklichkeit jedoch eine strikte Trennung zwischen dem erfolgreichen alten Menschen und dem gescheiterten, sprich dem armen alten Menschen vornimmt. Besonders in den Ländern, in denen wirtschaftlicher Erfolg als ein Zeichen für Gottes Gnade gilt, muß sich der ohne Reichtum und Auskommen gebliebene alte Mensch manche Erniedrigung gefallen lassen, da bei zunehmender Betonung der Arbeitspflicht die Armut als Nicht-Arbeit gesellschaftlich geächtet wird. Dagegen fällt in den katholischen Gebieten mit ihrer weit stärker erhalten gebliebenen Caritas diese Herabwürdigung ungleich schwächer aus. Hier gelten Armut und Krankheit gemäß der mittelalterlichen Auffassung noch mehr als Auszeichnung gemäß den Worten Jesu im Matthäusevangelium: „Wahrlich ich sage euch, was ihr dem geringsten meiner Brüder getan habt, das habt ihr mir getan." Das Spital, das an manchen Orten als Zucht- und Arbeitshaus weitergeführt wird, gerät als Armenhaus und Altenheim oft in bedenkliche Nähe zu den Zuchthäusern, zumal in ihm oft eine ähnlich strenge Hausordnung gilt wie in den Strafanstalten, und Arreste nicht selten sind [68]. In den zeitgenössischen Aufstellungen werden bisweilen Spitäler in einem Atemzug mit den Zucht- und Arbeitshäusern genannt, verschiedentlich tauchen in der Bezeichnung beide Begriffe nebeneinander auf, so etwa beim „Großen Friedrichshospital, Waisen- und Arbeitshaus" von 1702 in Berlin oder dem „Hospital-, Armen- und Arbeitshaus" von 1774 in Potsdam. In der „medizinischen Topographie" eines Arztes aus dem Jahre 1796 über die Berliner Anstalten für die „Gebrechlichen, Abgelebten und Elternlose Kinder" finde sich neben dem „Heilige-Geist Hospital" und dem „Georgen Hospital", beide aus dem 13. Jahrhundert, dem „Dorotheen Hospital" und dem „Koppenschen Armenhaus", beide zur Aufnahme armer Bürger-Witwen bestimmt, den zwei Armenhäusern in der Todten-Gasse, „worin 18 alte Weiber erhalten werden", dem „französischen Hospital, worinn sowohl alte als schwache Personen umsonst oder gegen ein geringes Kostgeld auf Zeitlebens" aufgenommen und „Wahnwizzige" verpflegt werden, und anderen ähnlichen Spitälern auch das Irren-Haus und ferner das „Arbeits-Haus, welches 1742 gestiftet wurde um der überhand genommenen Straßenbetteley zu steuren" [69]. Das Mitte der 1730er Jahre vom württembergischen Herzog Carl Alexander gegründete Zucht- und Arbeitshaus in Ludwigsburg ist zugleich ein Irrenhaus und eine Art Pfründnerheim, das „Arme-Freiwillige" je nach dem Grade ihrer Arbeitsfähigkeit für ein jährliches Kostgeld von 30 bis 40 Gulden aufnimmt. Bei Abtretung des Vermögens können diese wie die Mittelpfründner in einem Spital auch einen lebenslangen Unterhalt erwerben, wenn sie wie die Strafgefangenen in der angeschlossenen Tuchmanufaktur arbeiten [70]. Der Pre-

---

[66] Vgl. Baumann (1984), S. 138f.

[67] Angaben und Zitate nach Stekl (1982), S. 124ff.

[68] Vgl. die Hausordnung von Schwäbisch Gmünd aus dem Jahre 1757 bei Wörner (1905), S. 165ff.

[69] Ludwig Formey: Versuch einer medizinischen Topographie von Berlin, Berlin 1796; zit. nach Sachsse, Tennstedt (1980), S. 150f.

[70] Sothamnn (1970), S. 97ff.

stigeverlust, den das Spital durch seine Nähe zum Zuchthaus erfährt, ist unter anderem ein Grund dafür, daß viele Pfründner es vorziehen, ihre Wohnung außerhalb des Spitals zu nehmen und lediglich ihre Verpflegung von dieser Anstalt zu beziehen. Im neuen Hospital zum Heiligen-Geist in Rheine kehrt sich das Verhältnis von internen zu externen Pfründnern von 10:4 im Jahre 1608 in 3:30 im Jahre 1786 um[71].

Obwohl das Konzept des Arbeitshauses letztlich scheitert, weil man es unter anderem mit zu vielen Aufgaben überfrachtet, weil es Menschen umerziehen will, die am Ende ihres Lebens ihre festgefahrenen Gewohnheiten nicht mehr ablegen wollen und können, zeigen diese Bemühungen doch, daß die Probleme des Alters, vor allem die ökonomischen, verstärkt Beachtung finden. Das wird nicht zuletzt daran ersichtlich, daß man sich über die Versorgung alter Soldaten Gedanken macht, eine Fülle von Plänen entwickelt und diese Berufsgruppe nicht einfach ihrem Schicksal überläßt wie noch zu Zeiten der Landsknechte. Dieser Typ des Söldners, der Bärenhäuter, war rauh und sorgenverachtend gewesen, verwegen und abgestumpft, trotzig und apathisch. Er bot sich dem Schicksal an, mochte es Beute bringen oder Niederlage, Reichtum oder Verderben. Die launische Göttin Fortuna galt ihm als Ideal und Symbol. Während die Gesellschaft diese Soldaten, wenn sie verwundet oder verstümmelt waren, auf den Bettel verwies, wenn sie nicht ohnehin wegen mangelnder Pflege starben, so möchte der Staat sie jetzt nicht ganz ins Abseits abdriften lassen, sondern versucht ihre Gesundheit wiederherzustellen oder sie in die Arbeits- und Berufswelt zu integrieren. 1732 befiehlt der Soldatenkönig, alle „unteren Bedienungen" bei der Post mit Invaliden zu besetzen, und Friedrich d.Gr. verlegt den Schwerpunkt seines Invalidensystems auf die „Civil-Versorgung", wenn auch die 1758 angeregte Einstellung der Unteroffiziere als Schulmeister auf dem platten Land viel Staub aufwirbelt und erst seit 1779 befolgt wird, als 79 ehemalige Soldaten für gut befunden werden, den Bauern Lesen und Schreiben beizubringen. Den Gemeinden, die sich über die Unwissenheit dieser Schulmeister beschweren, erwidert der König, „daß es gerecht und billig sei, einen Menschen, der seine Kräfte zum Dienste des Vaterlandes geopfert habe, zur Ruhe zu setzen"[72]. Wer zur Ausübung eines Berufes nicht mehr fähig ist, für den entstehen in diesem Zeitalter spezielle Häuser. Nach dem Vorbild des Hôtels des Invalides aus dem Jahre 1670, einem Pariser Militärhospital zur Versorgung alter und kranker Soldaten, sowie anderer Militärspitäler des Sonnenkönigs in Straßburg (1691) und Nancy (1702) wird unter Friedrich d.Gr. im Jahre 1748 in Berlin ein erstes Invalidenhaus für 600 Männer eröffnet, mit dem der König vor allem seinem Willen zur Verantwortung für seine Armee Ausdruck verleihen will. In seinem „Militärischen Testament" vom 7. November 1768 äußert sich der König über das Invalidenwesen: „Undankbarkeit ist im Privatleben ein häßliches Laster; abscheulich aber ist es, wenn Fürsten oder Staaten der Dankbarkeit ermangeln. Der Soldat, welcher dem Gemeinwohl Gesundheit, Kraft und Leben opfert, hat, wenn er alt oder verstümmelt ist, ein Recht auf Erkenntlichkeit von Seiten derjenigen, für die er Alles eingesetzt hat. Deshalb habe ich in der Nähe von Berlin das Invalidenhaus gestiftet; aber es vermag nur 600 Mann aufzunehmen; dies entspricht der Heeresstärke nicht. Die Kriegskasse verfügt außerdem über einen Fonds, aus welchem unbemittelte Elende, welche auf dem Lande leben, monatlich einen Thaler erhalten. Sämmtliche Unteroffiziere und gut gediente Soldaten bekommen kleine Anstellungen bei der Accise, Steuer-, Tabaks-Verwaltung und sonstige geeignete Posten; trotzdem sind immer noch einige unbemittelte Soldaten vorhanden, für welche bis jetzt nicht gesorgt werden konnte; ich gedenke für dieselben einen kleinen Fonds zu stiften. — Die Offiziere befinden sich in gleicher Lage wie der gemeine Soldat. Es giebt unter ihnen Verwundete und Kranke, welche nicht weiter dienen können und keine hinreichenden Mittel für ihren Lebensunterhalt besitzen. Sie werden auf die mannigfaltigste Weise unterstützt. Generale erhalten Pensionen von 1200 bis 2000 Thalern, andere Offiziere Postmeisterstellen oder finden, wenn sie hierzu befähigt sind, Verwendung als Domainenräthe und beim Commissariat. Diejenigen, welche man nirgends unterbringen kann, erhalten kleine Pensionen von monatlich 5 bis 6 Thalern. Diejenigen Stabsoffiziere, welche für ihre Stellung nicht geeignet sind, werden mit einer Pension entlassen. ... — Im letzten Kriege haben sich einige Regimenter so schlecht verhalten, daß ich, um sie zu strafen, deren Invaliden von den Invaliden-Wohltaten der übrigen ausgeschlossen habe, denn Strafen und Belohnungen müssen nach den geleisteten Diensten bemessen werden." [73]

Dem wachsenden Bedarf an Pflegeplätzen für alte, zu keiner Arbeit mehr taugliche Soldaten kann der König dagegen nur annähernd nachkommen. Im Jahre 1788 sind in Berlin 612 ehemalige Soldaten untergebracht. Erst Friedrich Wilhelm II. verfügt im Dezember 1787 durch Kabinettsordre den Bau neuer Invalidenhäuser. Ein Jahr später kauft er im schlesischen Rybnik von einem dort ansässigen Grafen eine Herrschaft, aus deren Einkünften ein derartiges Haus unterhalten wird. Im Jahre 1794 wohnen hier 150 invalide Soldaten, ferner 12 Unteroffiziere und weitere 50 werden außerhalb des Hauses verpflegt. 1791 wird zudem in Straußberg auf

[71] RÖCKEN (1935), S. 130.

[72] SCHNACKENBURG (1889), S. 53, 75, 92.

[73] Zit. ebd. S. 82f.

Kosten der Landstände ein öffentliches Arbeitshaus sowie ein Invalidenversorgungshaus für 200 Invalide erbaut. Das Landarmen- und Invalidenreglement desselben Jahres sieht die Errichtung von vier weiteren Häusern für je 100 Invaliden vor. Auch finden nicht mehr arbeitsfähige Soldaten in den Gemeinde-Versorgungshäusern für den Rest ihres Lebens Hilfe. Die von den Zivilisten abgehobene Stellung des preußischen Militärs schlägt sich auch in diesen Heimen nieder. In Straußberg sind die Militärinvaliden von den Armenhäuslern räumlich getrennt, werden besser verpflegt und tragen Uniform, wenn sich auch weiterhin noch Scharen von derartig „privilegierten Vagabunden“, wie man zu spotten pflegt, in den Straßen der Städte umhertreiben [74].

Mit Errichtung der Militärversorgungsanstalten nimmt der Staat aus den traditionellen Armenhäusern eine Berufsgruppe heraus und beginnt die Altersversorgung vermehrt den Bedürfnissen der einzelnen Sozialgruppen anzupassen. Auf der anderen Seite aber fallen dem neuen differenzierteren Konzept andere überkommene Einrichtungen zum Opfer. Vor allem die Säkularisation wirkt in diese Richtung. Sie ist der große, furchtbare Schlag, den der Katholizismus in Deutschland jetzt trifft, zumal die alten und neuen Landesherren durch den Reichsdeputationshauptschluß von 1803 die Befugnis zur Aufhebung landsässiger Abteien, Klöster und Kapitel erhalten. Es trifft die Kurfürstentümer von Köln, Mainz und Trier, das Fürsterzbistum Salzburg, 18 Reichsfürstbistümer, etwa 80 Abteien und über 200 andere Klöster, insgesamt ein Gebiet mit über drei Millionen Einwohnern. Mit den geistlichen Fürstentümern verschwinden auch die hochadligen Kapitel und Stifter, die meisten Kollegiats- und Klosterstifte, die fast ausnahmslos ihren Grundbesitz verlieren. Der katholische Adel büßt neben anderen Vorrechten einen Großteil seiner Versorgungsmöglichkeiten ein. Die Säkularisation beachtet nur wenig Rechte und Aufgaben von Kirche und Klerus und auch nicht die Gefühle des Volkes. Sie zieht einen Schlußstrich unter die Geschichte der geistlichen Staaten, die sich inmitten einer neuen Welt wirtschaftlich und sozial nicht mehr zu behaupten und zu regenerieren wissen, wenn sie auch längst nicht so abbruchreif sind, wie manche der verständnislosen und mit Vorurteilen beladenen protestantischen Landesherren und Behörden behaupten.

Bis zu diesem Moment hatte der Adel diese Stifter weiterhin als das große Versorgungsinstitut für seine nachgeborenen Söhne und Töchter benutzt, zumal der Westfälische Friede ihnen die reichsrechtliche Anerkennung gebracht hatte, die eine stabile Garantie gegen fürstliche Säkularisationsgelüste bot. Die Kanoniker bezogen unterschiedlich hohe Bezüge aus Kapitalvermögen und Einnahmen, die ursprünglich für den Dienst an Kapellen oder Altären bestimmt waren, ferner Geldsummen, die zur Feier des Todestages früherer Kanoniker verteilt wurden, und unregelmäßige Gefälle z.B. bei Aufnahme neuer Kanoniker. Schließlich besaßen sie ein Wohnrecht. Der Reichsdeputationshauptschluß entzieht nun diesen Stiftern ihr Existenzrecht und liefert sie der Gnade oder Ungnade des jeweiligen Landesherrn aus. Der § 35 setzt fest, daß „alle Güter der fundierten Stifter, Abteyen und Klöster, in den alten sowohl als in den neuen Besitzungen ... der freien und vollen Disposition der respectiven Landesherrn, sowohl zum Behuf des Aufwandes für Gottesdienst, Unterrichts- und andere gemeinnützige Anstalten, als zur Erleichterung ihrer Finanzen überlassen“ werden [75]. Preußen verzichtet auf ein generelles Vorgehen und entscheidet von Fall zu Fall über die Verwendung der Stifter. In Goslar werden sie zum Aussterben bestimmt, und die freigewordenen Gelder dienen zum Unterhalt der Kirchen und Schulen der Stadt. Die Einkünfte des Stifts am Münster zu Herford werden außer fünf Stellen für den Dechanten und vier Kapitulare „wohlverdienten Staatsdienern aus dem Militär- und Zivilstande als Belohnungen und Pensionen“ zugeteilt [76]. Die Krone ist ermächtigt, frei über alle Stifter zu verfügen und setzt fest, daß der König bei drohender Kriegsgefahr alle bestehenden Bestimmungen aufheben kann, „um ausgezeichnete kriegerische Verdienste auf der Stelle“ durch Verleihung von Präbenden belohnen zu können [77]. Hardenberg geht in seiner Denkschrift vom 12. September 1807 noch einen Schritt weiter und rät dem König, alle Stifter, diese „Polster der Faulheit“, aufzuheben und ihre Vermögen für Staatspensionen zu verwenden. Freiherr vom und zum Stein empfiehlt die Aufhebung der reichen katholischen Stifter und Klöster in Schlesien. Trotz verschiedener Bedenken entschließt sich der König zur Säkularisation und erläßt am 27. Oktober 1810 das Finanzedikt, in dem es heißt: „Ferner haben Wir beschlossen, die geistlichen Güter in Unserer Monarchie zu säcularisiren und verkaufen zu lassen, das Aufkommen davon aber gleichfalls dem Staatsschulden-Abtrage zu widmen, indem Wir für vollständige Pensionirung der jetzigen Pfründner und für reichliche Dotirung der Pfarreien, Schulen und milden Stiftungen sorgen.“ [78] Zugleich wechselt die Zuständigkeit für die Stifter vom Ressort für „geistliche Sachen“ zum Ministerium des Innern. Das Edikt vom 30. Oktober 1810 erklärt alle Klöster, Stifter, „Balleyen und Commenden“ zu Staatsgütern. Das trifft vor allem die

[74] Jany (1967), S. 194ff.; Osten-Sacken und von Rhein (1911), S. 274, 304.

[75] Zit. nach Heckel (1924), S. 246.

[76] Statut aus dem Jahre 1804, ebd. S. 264.

[77] Ebd. S. 272.

[78] Zit. ebd. S. 279f.

Domstifter. Die Damenstifter werden von der Regierung als „milde Stiftungen" angesehen und bleiben verschont. Obwohl vom Edikt suspendiert, tritt der Herrenmeister Prinz Ferdinand Herrenmeistertum und Kommenden des Preußischen Johanniterordens an den Fiskus ab. In Form einer Stiftung wird der Orden seit 1812 als protestantische Adelsgenossenschaft fortgeführt und widmet sich seit 1852 der Krankenpflege. Als das Jahr 1817 und mit ihm die Jubelfeiern der Reformation nahen, fordern viele, besonders in den neuerworbenen Gebieten, die Domstifter, diese „letzten Ueberreste des Papsttums", diese „Schmarotzerpflanzen an dem Baum der Kirche", diese „Körper ohne Kopf" endlich zu beseitigen [79]. Doch die Regierung hat sich schon längst anders entschieden und begnügt sich mit ihrem allmählichen Aussterben. Einige wenige überdauern unter mehr oder minder gelungener Umgestaltung die Säkularisation. Im Königreich Westfalen hatte die Staatskasse bereits im Februar 1808 alle Bezüge von vakanten Stiftsstellen und den zehnten Teil aller Einkünfte eingezogen, um das Geldbedürfnis von Hof und Staat zu decken. Im Dezember 1810 werden schließlich alle westfälischen Stifter aufgehoben [80].

Die Säkularisation bringt trotz der preußischen Rücksichtnahme auch das Ende der meisten adligen Damenstifte, die die unverheiratet bleibenden Töchter der Adelsfamilien bis dahin aufgenommen hatten. Ursprünglich waren die Stifter zu religiösen und zu Versorgungszwecken eingerichtet worden, doch war schon seit dem 16. und 17. Jahrhundert der religiöse Aspekt immer stärker in den Hintergrund getreten. Für die meisten Stiftsdamen bedeutete der Eintritt in ein solches Haus langwährende Einsamkeit, Kargheit und Verzicht auf ein eigenes Leben. Das Stift galt bei vielen Familien als einzig standesgemäßes Mittel, um die sonst funktionslosen unverheirateten Töchter leidlich zu versorgen. Die hier eintretenden Töchter opferten sich für das Wohl der Familie, was mehr als eine billige Geste von Familienloyalität bedeutete. Die trostlose Lage der Insassinnen schildert im Jahre 1787 der ehemalige Minister und Generalvikar Franz von Fürstenberg in einer Denkschrift über die Damenstifter des Münsterlandes: „Damenstifter sind Zufluchtsörter, wo sich Fräuleins von Adel schicklich aufhalten können. Die Voruteile der Geburt und die wenigen für Fräuleins vom Stand übrigbleibenden Aussichten machen diese Einrichtung für den mehr zahlreichen als bemittelten deutschen Adel nötig ... Der überall eingedrungene Mönchsgeist hat sich auch hier verbreitet, und da die zunehmende Aufklärung hinderte, die Mädchen wie ehemals zu wirklichen Nonnen zu zwingen, so wurden quasi-Nonnen daraus gemacht und man glaubte, Gott, dem Herzen- und Nierenforscher einen gefälligen Dienst durch gezwungenen und unverstandenen Gesang schmachtender Mädchen zu bringen. Nun stelle man sich ein westfälisches und auf einem elenden Dorf gelegenes, von allem menschlichen Umgang entferntes Damenstift vor, von welchem alle jene sorgfältigst wegeilen, denen Glücksumstände oder bessere Aussichten einen anderweitigen Aufenthalt gönnen. Der eigentliche gegenwärtige Bestand solcher Stifter ist also aus alten übergebliebenen und in ihrem Dorfe gegen allen menschlichen Umgang verwilderten Fräulein und aus jungen aufkeimenden Mädchen bestellt, welche in verschiedenen aus Holz und Leim zusammengemachten elenden Wohnungen die Tage ihres Lebens mit Psalmodieren und Nichtstun zubringen. Ohne Aussicht, ohne Meister, ohne gesitteten Umgang, ohne Bücher noch sonstige Langeweile zerstreuenden und Herz und Verstand bildenden Hilfsmittel, sitzt das junge, unerfahrene Mädchen die besten Jahre ihres Lebens in diesem Ort, wo ihr, wenn sie sich der Zanksucht und Hader der armen Fräulein entschlagen will, kein ander Mittel übrigbleibt, als mit Hintansetzung aller Anständigkeit in Tracht und Kleidung durch Kot und Morast über Heiden und Feldern bei allen Witterungen umherzuirren und nebst Vernachlässigung ihres Anzugs und Teints sich durch körperliche Bewegung zu zerstreuen; und wer weiß, wie mancher Müllerknecht oder Jägerbursche ein so verlassenes gefühlvolles Mädchen ein Adonis war?" [81] Zwar hatte sich das Los mancher Stiftsdame etwas gemildert, als mit Beginn des 18. Jahrhunderts der westfälische Adel zum Stadtleben in Münster überging und die Witwen Stadtwohnungen bezogen, doch änderte dies wenig an der generellen Misere dieser unverheirateten Tanten, die in der spannungsgeladenen und intrigenreichen Atmosphäre des Stifts altern, wo sich die Gespräche auf Käufe und Verkäufe von Pfründen sowie auf Heiratsgerüchte reduzieren. Seit 1824 versucht der münsterländische Adel unter Leitung des Grafen Merveldt vergeblich, die in der Säkularisation verlorengegangenen Damenstifter unter finanzieller Beteiligung des Staates neu zu gründen [82]. Dennoch räumt die Säkularisation nicht vollkommen mit den Damenstiften auf. Wie schon in den protestantischen Territorien im Zuge der Reformation, als manches evangelisierte Nonnenkloster in ein evangelisches Damenstift zur Versorgung unverheirateter Frauen aus den verschiedenen Ständen umgewandelt worden war, so werden auch jetzt aus säkularisierten Nonnenklöstern ebensolche katholischen Damenstifte. Auch betätigen sich einige Landesherren als Gründer. In München bestehen seit 1785/1802 das Damenstift zur hl. Anna, das aus den Gütern des aufgehobenen Prämonstraten-

---

[79] Heckel (1924), S. 309.
[80] Ebd. S. 274ff.
[81] Zit. nach Reif (1979), S. 119.
[82] Dazu Reif (1979), S. 305f.

serstiftes zu Osterhofen bei Passau dotiert wird, sowie das Maximilianstift [83].

Die absolutistischen Landesherren greifen bei der Organisation des Staatswesens sowie im Gefolge der Aufklärung und der Französischen Revolution mehr oder minder tief in die überkommenen Versorgungseinrichtungen ein, sie heben sie auf oder passen sie den neuen Bedingungen und Erfordernissen an. Sie ergänzen sie aber auch durch vollkommen neue Institutionen, die vor allem in ihrer technischen Grundlage weitgehend ohne historisches Vorbild sind. Die große Neuerung der absolutistischen Ära auf dem Gebiet der Altersversorgung ist die Einführung und Durchsetzung der Kassen in Form von Witwen-, Invaliden- und Sterbekassen. In ihnen findet das gestiegene Prestige der alten Menschen seinen greifbarsten Niederschlag. Gleichwohl ist es symptomatisch für diese Zeit, daß der Grundsatz der lebenslangen Arbeit von niemandem zur Diskussion gestellt und als unverzichtbarer Bestandteil der Altersversorgung angesehen wird, sieht man einmal von einer schmalen Oberschicht ab. Jedenfalls werden in diesem Jahrhundert in der Regel keine Pensions-, sondern lediglich Hinterbliebenen- und Invalidenkassen gegründet. Man reagiert auf den wachsenden Problemdruck, der von den älteren Witwen ausgeht und deren Zahl gegenüber dem 16. Jahrhundert merklich ansteigt.

An der Nahtstelle zwischen dem alten und dem modernen Europa, während dieser Achsenzeit der Geschichte, entwickelt sich zunächst mit den Kassen zur Hinterbliebenenversorgung und später mit der Lebensversicherung eine neue Art der Zukunftsvorsorge, die die Folgen des Todes eines Familienvaters auf die breiten und tragfähigen Schultern einer größeren Gemeinschaft verteilt. Der Mensch des Mittelalters und der frühen Neuzeit war meist nur den Gefahren entschlossen entgegengetreten, die gegenwärtig oder unmittelbar abzusehen waren. Dagegen bildet sich seit dem ausgehenden 17. und verstärkt zu Ende des 18. und im 19. Jahrhundert ein planmäßiges Abwehrdenken gegenüber den Gefahren einer ungewissen Zukunft heraus. Kassen und Versicherungen arbeiten jetzt auf eine befriedete, ruhige Zukunft hin, sie bezwecken, die störenden Eingriffe von Zufälligkeiten auszuschalten und zielen auf eine klare, kalkulierbare Entwicklung ab. Der Unbeständigkeit der Welt setzt der Mensch vorausschauende Überlegung und Planung entgegen. Dieses neue Denken wird der Bevölkerung von oben, durch den Staat und gebildete Kreise, schrittweise beigebracht. Die Aufklärung bereitet mit ihrer Betonung der Vernunft und des praktischen Nutzens dazu den geeigneten Nährboden. Man mag einwenden, daß es derartige Organisationen bereits in vorangegangenen Jahrhunderten gegeben habe und auf die Joachimstaler Bergordnung von 1518 verweisen, die eine Knappschaftshilfe enthielt. Auch mag man die Brandgilden in Dithmarschen anführen, die zu Beginn des 16. Jahrhunderts entstanden, doch blieben alle diese genossenschaftlichen Verbände in örtlicher Enge stekken, und es gelang ihnen nicht, sich als größere Gefahrengemeinschaften auf einen breiteren Kreis auszuweiten, geschweige denn, wissenschaftliche Erkenntnisse für ihre technische Konstruktion nutzbar zu machen. Dazu gehören auch die völlig in Vergessenheit geratenen Sklavenkassen, die das Risiko, von türkischen Seeräubern überfallen und in Sklaverei verkauft zu werden, abdeckten und das Lösegeld bereitstellten. 1622 wurden die Kasse der Stücken von Achten in Hamburg, 1629 die Lübecker- und gleichzeitig die Bremer Sklavenkasse gegründet, die erst im 19. Jahrhundert ihre Bedeutung verloren [84].

Die Einführung der Kassen erfolgte seit dem Dreißigjährigen Krieg in einzelnen sehr behutsamen Schritten. Über niedrige Beiträge und staatliche Bezuschussung versuchte man die Bevölkerung langsam an diese neue Form der Vorsorge heranzuführen. Auch blieb der Beitritt in der Frühphase meist freiwillig und wurde erst nach einer längeren Eingewöhnungs- und Experimentierphase obligatorisch [85]. Schließlich beschränkten sich die Kassen anfangs auf die finanziell überdurchschnittlich gut gestellten Berufsgruppen. Der gesamte Aufbau des Kassenwesens ist aber auch ein Kapitel der Rationalisierung der staatlichen Wirtschaftsverwaltung, die in der zweiten Hälfte des 18. Jahrhunderts verstärkt einsetzt, als die Kameralisten nach und nach die nichtfiskalischen Bereiche aus der Verwaltung herauslösen und auf neue Sonderbehörden und -institutionen übertragen. Gleichzeitig verschwinden die traditionellen patriarchalischen Unterstützungsverpflichtungen der Landesherren gegenüber ihren Untertanen und werden durch Leistungen in vertraglich festgesetzter Höhe abgelöst, auf die nur die Mitglieder einer Kasse ein Anrecht haben. Letztlich bringt diese Maßnahme dem Staat eine merkliche finanzielle Entlastung und eine bessere Planbarkeit seiner Ausgaben. Eine solche Abwälzung von landesherrlichen Leistungen auf die Untertanen, dieser Ersatz der Wohlfahrt durch Selbsthilfe, kann nur gelingen, wenn die materielle Basis stimmt, wenn die betroffenen Bürger genügend Mittel besitzen, um die regelmäßigen Beiträge auch aufzubringen. Dies ist für breitere Bevölkerungsschichten erst in der zweiten Hälfte des 18.

[83] Fritz Sambeth: Art.: Stift, in: Staatslexikon, hg. von Hermann Sacher, 5. Aufl., Bd. 5, Freiburg i.Br. 1932, Sp. 137.

[84] Scholl (1987), S. 13.

[85] Die Parallelen zur Einführung der Feuerversicherung sind evident; dazu Peter Borscheid: Feuerversicherung und Kameralismus, in: Zeitschrift für Unternehmensgeschichte 30(1985), S. 96ff.

Jahrhunderts möglich.

Die Gründungswelle, die seit etwa 1750 von Norden nach Süden über Deutschland hinwegrollt, wird vorbereitet durch einzelne Vordenker des 17. Jahrhunderts, sie wird begünstigt durch die Erkenntnislehre der Aufklärung und ausgelöst durch die praktischen Notwendigkeiten des vollausgebildeten absolutistischen Staates mit seinem wachsenden Beamtenapparat, seinem zunehmenden Wohlfahrtsdenken und seinem Bemühen um eine immer perfektere Durchorganisation des gesamten Staatswesens und um Absicherung seiner Macht. Aus dem Kreis der Vordenker ist zunächst der im ausgehenden 16. Jahrhundert an der Straßburger Akademie tätige Rechtslehrer Georg Obrecht zu nennen, dessen volkswirtschaftliche Hauptarbeiten im Jahre 1617, fünf Jahre nach seinem Tod, von seinem Sohn herausgegeben wurden. Obrecht beschäftigte sich ebenso wie Berthold Holzschuher vor ihm noch nicht mit der Alters- und Hinterbliebenenversorgung. Dies ist typisch für eine Zeit, die von anderen Problemen gedrückt wurde als von der Frage, wie man der winzigen und gesellschaftlich nicht hoch geschätzten Gruppe der alten Menschen einen sorgenfreien Lebensabend bereiten konnte. Für Obrecht besaß weitaus größere Priorität, ein geeignetes Mittel zu finden, um die wirtschaftlichen Folgeschäden von Bränden in den Griff zu bekommen. Daneben regte er aber auch eine sehr weitreichende Bevölkerungsstatistik an, unterbreitete Vorschläge für die Erstellung von Formularen für demographische Berechnungen und wirkte als Bahnbrecher einer landesweiten Statistik. Er schlug vor, alle drei Jahre sämtliche Erwachsenen zwischen dem 20. und dem 65. Lebensjahr — nicht jedoch die älteren — zu registrieren [86]. Ein solches Herangehen an die Welt der Empirie mit der Zahl als Mittel zur genauen Beobachtung, des Vergleichens und Beweises sowie mit der Statistik als Mittel der Einordnung von Einzelfällen in die Gesamtheit, war bis dahin fremd. Daher steht Obrecht an der Schwelle der deutschen Statistik und Versicherungswissenschaft [87], ebenso wie der Franke Veit Ludwig von Seckendorff, der im Auftrag seines Gönners Herzog Ernst der Fromme von Gotha das Buch schrieb, das für zwei Generationen das Standardwerk über die friedliche Betätigung des Staates werden sollte, der „Teutsche Fürsten-Stat", das im Jahre 1656 erstmals veröffentlicht wurde. Auch Seckendorff schlug vor, die Statistik als Grundlage für die Verwaltung zu benutzen und arbeitete ein Schema für eine Ämter- und General-Landes-Beschreibung aus. Ähnlich wie Obrecht und Holzschuher sah er noch nicht die Notwendigkeit, den alten Menschen das besondere Wohlwollen der Regenten zukommen zu lassen. Wohl war Seckendorff nicht mehr in dem mittelalterlichen Fortunaglauben verfangen und stellte der stoisch-dumpfen Hingabe an die unbegreifliche Macht des Zufalls das selbstbewußte Wollen und den eigenständigen Gestaltungswillen gegenüber, wohl leitete er aus dem Christentum die Verpflichtung der Fürsten, dem Wohl der Untertanen zu dienen, ab und hob die Erhaltung und Vermehrung der Bevölkerung und ihres Vermögens als eines der Hauptziele heraus, aber an die Alten dachte er dabei nicht. In dieser Zeit, in der der Prozeß der Versittlichung noch nicht angelaufen war und die ältere Generation noch immer im Abseits stand, empfahl er lediglich die „Versorgung der unmündigen jungen Leute/ denen die Eltern absterben" [88].

Diesen Schritt vollzieht erst Johann Joachim Becher, der wirtschaftspolitische Berater der Kurfürsten der Pfalz und Bayerns sowie des Kaisers Leopold I. In seinem Hauptwerk mit dem programmatischen Titel „Politischer Discurs von den eigentlichen Ursachen des Auf- und Abnehmens der Städte, Länder und Republiken, in specie, wie ein Land Volkreich und Nahrhaft zu machen und in eine rechte Societatem civilem zu bringen" aus dem Jahre 1668 schlägt er eine Pflichtkasse für Beamte vor, die in ihren Wesenszügen auf eine Sterbegeldversicherung hinausläuft. Dennoch zeigt sich gerade hier, wie sehr der Vorsorgedanke noch im Werden begriffen ist, und welche Gratwanderung ein Mann wie Becher zwischen Scharlatan und Genie vollführt. Der scheinbar ungezügelte Finanzbedarf der absolutistischen Herrscher gibt in dieser Zeit den idealen Humus ab für Projektemacher und Alchimisten, die vorgeben, den Stein der Weisen gefunden zu haben. Der gewachsene staatliche Geldbedarf zur Unterhaltung der neuen Söldnerheere, zur Besoldung des neuen Berufsbeamtentums, zur Förderung von Handel und Gewerbe und zum Wiederaufbau des Landes ist bei gleichzeitig ausgetrocknetem Kapitalmarkt wie geschaffen für alle Pläneschmiede, die in ganz Europa in die Vorzimmer der Fürsten schlüpfen, um diesen die obskursten Rezepte feilzubieten, „Schulden ohne Geld zu bezahlen" [89]. Molière läßt in seinem „Facheux" den Typ des Pläneschmieds als eine der ständigen Figuren der Pariser Gesellschaft auf die Bühne treten, und Daniel Defoe bezeichnet seine Zeit als ein Zeitalter der Projektemacher, die „täglich neue Künsteleien, Kniffe und Pläne, um Geld zu gewinnen, an die niemand zuvor gedacht hätte, hervorbringen" [90]. Durch die zwei Jahrhunderte vom frühen Barock bis ins Rokoko wird die deutsche Volkswirtschaft und Volkswirtschaftslehre zum Teil von solchen Projektmachern vorangetrieben,

[86] MEITZEN (1886), S. 11.

[87] Vgl. SCHMITT-LERMANN (1954), S. 15ff.

[88] SECKENDORFF (1703), S. 203.

[89] Vgl. ELI F. HECKSCHER: Der Merkantilismus, Bd. 2, Jena 1932, S. 113.

[90] Zit. nach SCHMITT-LERMANN (1954), S. 60f.

deren Pläne von höchster Wissenschaftlichkeit bis in betrügerische Tiefen reichen. Johann Joachim Becher zählt zu den vielseitigsten und erfindungsreichsten Vertretern dieser Zunft. Er schlägt dem Kurfürsten Ferdinand Maria von Bayern die erwähnte Sterbekasse vor, deren wichtigster Zweck eine gewinnreiche Vermehrung der eingezahlten Beiträge zum Nutzen der fürstlichen Schatzkammer sein soll. Jeder „Bediente" solle „alle Quartal den zwantzigsten Theil seiner jährlichen Besoldung fünff Jahr lang zurück in der Besoldungs-Cassa" lassen. Bei Beendigung des Dienstes oder im Todesfall solle dieses Geld zurückgezahlt werden, das „mit keinen arresten noch Verpfändungen können arrestiert noch beschwehrt werden". Von der Vermehrung des Kapitals könne der Landesherr dann die Besoldungen bezahlten. Ein finanzieller Zusammenbruch der Kasse sei wegen der Einlagen neu hinzutretender Bedienter ausgeschlossen. Becher schließt sein Projekt mit dem Hinweis, „daß dieses Mittel viel reputirlicher noch ist/ als das weiße Bier brauen/ welche doch/ weil es Ew. Kurfürstl. Durchl. Kassa um ein merkliches mehret/ vor reputirlich und annehmlich ist gehalten", womit er sagen will, daß sein Vorschlag dem Kurfürsten mehr Geld in den Staatssäckel bringen werde als das gut gehende Münchener Hofbräuhaus[91]. Wie jedoch die notwendige hohe Verzinsung zustande kommen soll, darüber schweigt sich Becher aus. Derartig hochgesteckte Erwartungen und die fehlende Kalkulation von Leistung und Gegenleistung lassen erahnen, warum eine Vielzahl dieser Kassen oft sehr bald wegen Zahlungsunfähigkeit ihren Betrieb einstellen muß.

Erst das Universalgenie Gottfried Wilhelm Leibniz reinigt die Idee der Witwen- und Waisenkasse von dem staatsegoistischen Unrat. Er wendet sich scharf dagegen, jede Art von Versicherung als versteckte Steuer zu mißbrauchen, die dem Untertan versüßt und in angenehmer Verpackung dargereicht wird. Er kritisiert die zahlreichen Projektemacher und Beamten, die nur das eine Ziel vor Augen haben, neue Steuerquellen zum Sprudeln zu bringen, die einzig neue Regalien für den Landesherrn ausfindig machen wollen, und sei es in Form überhöhter Beiträge für eine Witwen- und Waisenkasse. Doch was bringt dieses atemlose Suchen nach neuen Steuern und Auflagen? Einzig eine ausgelaugte und unzufriedene Bevölkerung, aber nicht ein Mehr an Reichtum. Daher müsse man nach Wegen suchen, alle Auflagen für die Untertanen ersprießlich zu gestalten und so darzubieten, daß Bauern und Gewerbetreibende ihren Nutzen begreifen. Es ist bezeichnend für die Altersprobleme dieser Zeit, daß auch Leibniz eine Witwen- und Waisenkasse für Beamte vorschlägt. Von allen öffentlichen Besoldungen soll ein Prozent einbehalten werden und neu in den Dienst Genommene sollen ein halbes Jahr keine Besoldung erhalten. Wer aus dem Dienst ausscheidet oder das Land verläßt, verliert seine Beiträge[92].

Vorschläge zur Gründung von Witwen- und Waisenkassen gibt es zur Zeit von Leibniz zur Genüge. Indem er dieses Thema aufgreift, will er lediglich durch sein Ansehen auf die Bedeutung dieser Kassen nochmals ausdrücklich hinweisen. Seine Verdienste im Bereich des Versicherungswesens liegen auf einem anderen Gebiet. Als er die statistischen Auswertungen der Geburts- und Sterbefälle, die der Pfarrer Kaspar Neumann in den Jahren 1687 bis 1691 aus den Pfarregistern seiner lutherischen Gemeinde in Breslau zusammengestellt hat, an den englischen Astronomen Edmund Halley übergibt, gelingt es, eine auf exakten Unterlagen aufbauende Sterbetafel herzustellen, die Lebenswahrscheinlichkeit der verschiedenen Altersstufen zu berechnen und damit den Grundstein für das Rechenwerk der im 18. und 19. Jahrhundert aufkommenden Lebensversicherungswirtschaft zu legen. Leibniz selbst entwickelt die mathematische Grundformel der Zinseszinsberechnung und ermöglicht damit unter Verwendung der neuen Sterbetafeln empirisch fundierte Rentenberechnungen. Diese Leistungen von Leibniz sind an dieser Stelle noch nicht von Interesse.

Während des ausgehenden 17. Jahrhunderts, als einzelne Wissenschaftler aus den unterschiedlichsten Motiven heraus die notwendigen Vorarbeiten zum Aufbau der modernen Lebensversicherungswirtschaft leisten, setzt völlig unabhängig davon eine zuerst noch zögernde Gründungstätigkeit von Sterbe-, Witwen-, Waisen-, Aussteuer- und Knappschaftskassen ein. Aus religiöser Gesinnung heraus legen Landesherren und Berufsgruppen den Grundstein für die Blüte des Kassenwesens im nachfolgenden Jahrhundert, greifen dabei auf mittelalterliche und frühneuzeitliche Vorbilder der tätigen Nächstenliebe zurück oder übertragen die vorhandenen Einrichtungen auf andere Berufsgruppen unter Veränderung ihrer Organisationsstruktur. Solche Vorsorgeeinrichtungen waren in den Gilden, Eidgenossenschaften und Zünften schon Jahrhunderte zuvor herausgebildet und im ausgehenden Mittelalter in den Totengilden fortgeführt worden. In der Literatur sind bekannt die im Jahre 1293 gegründete „Titengilde" von Bevensen bei Lüneburg, die 1447 in Hamburg gestiftete „Schoppenbrauer-Brüderschaft", die 1611 ebenfalls dort entstandene „Begräbnisbrüderschaft der Ewerführer vom alten Kran" sowie die Sterbekasse der „Fischer- und Schiffergenossenschaft zu Frankfurt und Sachsenhau-

[91] Zit. SCHMITT-LERMANN (1954), S. 39.

[92] GOTTFRIED WILHELM LEIBNIZ: Die Errichtung von Versicherungsanstalten gegen alle Zufälle des Lebens oder wenigstens gegen Wasser- und Feuerschäden (1697); dazu SCHMITT-LERMANN (1954), S. 47ff.

sen“, deren Gründung wahrscheinlich vor das Jahr 1558 zurückreicht. Auch die Kapitäne und Seeleute gründeten zur Pflege des äußeren und inneren Heils ihrer Mitglieder seit dem 14. Jahrhundert zahlreiche Bruderschaften von Emden bis Stralsund. Alle diese Totengilden haben längst aufgehört zu bestehen. Bis heute fortgeführt wird dagegen noch in der Stadt Schleswig die „Alte Beliebung von 1629“, eine Totengilde aus der Pest- und Notzeit des Dreißigjährigen Krieges [93]. Diese Kassen, die in der Regel nur für einen Teil der Begräbniskosten aufkamen, waren den Möglichkeiten der damaligen Wirtschaft und Gesellschaft mit ihrer Geldknappheit und ihrem kaum ausgebildeten überregionalen Kommunikationsnetz bestens angepaßt: sie erhoben im Umlageverfahren nur geringe Prämien und griffen zumeist nicht über einen Ort hinaus. Alle diese Laden verwahrten ihr Geld in einer meist reich verzierten, stabilen Truhe und entzogen damit diese, wenn auch geringen Kapitalien der übrigen Wirtschaft.

Während des 17. Jahrhunderts beginnt eine neue Phase in der Geschichte dieser Kassen. In den sich herausbildenden absolutistischen Staaten gehen vor allem die Landesherren daran, für die Hinterbliebenen von Pfarrern, Lehrern, Bergarbeitern und Beamten Versorgungskassen zu gründen, die nun nicht wie die Begräbniskassen eine einmalige Leistung zahlen, sondern ältere Witwen für den Rest ihres Lebens und Waisen während ihrer Minderjährigkeit regelmäßig unterstützen. Bereits im Jahre 1625 gründen die protestantischen Prediger der Stadt Lübeck für ihre Angehörigen eine Witwen- und Waisenkasse und übertragen ihr als Anfangskapital die seit 1536 eingegangenen Spenden der Gemeinde an das Geistliche Ministerium. Jeder Prediger hat jährlich zehn Mark in die Lade zu legen. Zudem fließen der Kasse Einnahmen aus Investitionen in Immobilien und dem Verkauf von Leibrenten- und Kämmereibriefen zu. Die jährlichen Einnahmen werden nach einem ganz einfachen Verfahren zu gleichen Teilen unter die berechtigten Rentenempfänger geteilt, das Grundkapital aber nicht angetastet. So kann die Kasse bis ins 20. Jahrhundert überleben, muß das Fehlen von versicherungstechnischen Prinzipien jedoch damit bezahlen, daß ihre Mitglieder keinen Anspruch auf eine bestimmte Leistung besitzen. Je nach dem Verhältnis von Beitragszahlern und Rentenempfängern fällt die Rente mal höher, mal niedriger aus [94]. Im Jahre 1636 entsteht in Braunschweig-Lüneburg durch Landesverordnung ein Pfarr-Witwen-Kasten, bei dem sich sämtliche Pfarrer pflichtversichern müssen, und der ohne Rücksicht auf die Bedürftigkeit lebenslange Witwenrenten gewährt. Eine ähnliche Kasse errichtet im Jahre 1645 Herzog Ernst der Fromme von Gotha für die Geistlichen seines Ländchens [95]. Schließlich weitet die Bergordnung des Kurfürstentums Köln aus dem Jahre 1669 die Leistungen der Knappschaftskasse sehr beträchtlich aus. Die Zeche zahlt bei Unfällen die Arztkosten und bis zur vollen Genesung den halben Wochenlohn, falls nötig bis zum Tod. Bei einem tödlichen Arbeitsunfall übernimmt sie die gesamten Kosten für ein „ehrliches“ Begräbnis mitsamt Leichenpredigt und vollem Geläut. Diese Zahlungen geschehen ohne Prüfung der Bedürftigkeit. Bei Todesfällen, die nicht auf Arbeitsunfälle zurückzuführen sind, zahlt die Kasse bei Bedürftigkeit einen Zuschuß zu den Begräbniskosten und eine Unterstützung an Witwe und Waisen [96]. 1693 gründen in Nassau-Weilburg neun Geistliche den sogenannten „Wittwencasten“, in den die Mitglieder ihre Beiträge noch in natura einzahlen: jährlich ein Achtel Korn. Noch im Jahre 1725 verabreicht diese Kasse den leistungsberechtigten Witwen jährlich zwei Achtel Korn zuzüglich 6 bis 10 Gulden in bar [97]. Diese und andere Kassengründungen in Zwickau, Magdeburg, Leipzig und Hamburg [98] am Vorabend der Aufklärung entspringen noch der Kraft christlicher Nächstenliebe, zumal auch das Schrifttum dieser Zeit über Verwaltung und Wirtschaft bis in die Aufklärung hinein von tiefer Religiosität durchsetzt ist; es ist beherrscht von dem Wunsch, einer leidenden und völlig zerrütteten, von Nöten und Gefahren geplagten Mitwelt zu helfen und sie abzusichern. Die seit Beginn des 18. Jahrhunderts vereinzelt gegründeten Hilfskassen der Manufakturen — 1736 entsteht die „Allgemeine Sterbe-Casse“ bei der Staatlichen Porzellan-Manufaktur Meißen — dienen zudem der Disziplinierung der Arbeiterschaft und sollen diese fester an den Betrieb binden [99].

Es ist bezeichnend für die Zeit der Aufklärung, daß die oft aus christlicher Nächstenliebe geborenen Bemühungen von Landesherren, Gelehrten und Pfarrern um Verbesserung der Daseins- oder Altersvorsorge bei einem Teil der Christen auf Unverständnis und scharfe Ablehnung stößt. Offene Kritik wird laut am ökonomischen Zweckmäßigkeitsdenken der Aufklärer und an ihrem „klugen“ Utilitarismus. Bereits im Jahre 1703 erscheint im sonst so fortschrittlichen Hamburg aus der Feder eines Pastors eine 60seitige Streitschrift mit dem bezeichnenden Titel „Gründliche Überzeugung und Beweis, daß die jetzo häuffig stiftende Brüderschaften, und Wittwen-Kassen Gottes Wort und Willen, auch Glauben und Christenthum zuwider sey, und daher gefährlichen Schaden, wenn man nicht zeitlich davon lasse, der Seele bringen werde“ [100]. Darin sagt der

[93] SCHOTTE (1961), S. 374; SCHOLL (1987), S. 12.
[94] Zu dieser Kasse vgl. BOEHART (1985), S. 36f.
[95] SCHMITT-LERMANN (1954), S. 30f.
[96] PONFICK (1940), S. 22.
[97] LEWINSKI (1967), S. 24f.
[98] Vgl. BERGMANN (1928), S. 45f.
[99] Dazu TEUTEBERG (1961), S. 153ff.
[100] Nach BOEHART (1985), S. 23.

Verfasser Gottes Zorn voraus, falls die Menschheit ihm nicht bedingungslos traue. Der Pastor deutet die Vorsorgebemühungen als frevelhafte Eingriffe in Gottes Vorsehung und zieht den Schluß, daß die häufigen Bankrotte der Witwen-, Waisen- und Begräbniskassen ein Ausdruck des gerechten Zorns Gottes seien, der das fehlende Geld „wie ein Feuer“ aufgefressen habe. Auch die Gründungsphase der Pfarr-Witwen- und Waisenkasse von Nassau-Usingen aus dem Jahre 1749 zieht sich über zwei Jahrzehnte hin, weil man unter anderem immer wieder theologische Bedenken vorbringt und sich fragt, ob der Mensch mit einer solchen Gründung nicht dem göttlichen Schicksal ganz eigenmächtig eine andere Wendung gebe [101]. Solange man in steter Hingabe in den göttlichen Willen lebt und in Krankheiten, Seuchen, Not und Tod nicht nur blinden Zufall, sondern Prüfungen und Strafen sieht, solange kann der Wunsch, sich mit Hilfe einer mehr oder minder rationalen Konstruktion gegen Unvorhersehbares zu schützen, gar nicht aufkommen. Es fehlt der Mut, in den Ratschluß Gottes einzugreifen, und Kassen und erst recht Versicherungen erscheinen einer Gotteslästerung verdächtig nahe. Man mag heute im Jahrhundert der Versicherungen, in dem von der Aufruhrversicherung bis hin zur Rindvieh-Lebensversicherung fast alle Risiken von einer riesigen und stetig wachsenden Branche abgesichert werden, über jene Ratschläge in lutherischen Hauspostillen des 18. Jahrhunderts den Kopf schütteln, die bei Hagelschlag empfehlen, Einkehr zu halten und über die Prüfungen, die Gott geschickt habe, nachzusinnen. Man mag sich nachträglich über jenen Teil der süddeutschen Geistlichkeit erregen, die sich noch in den vierziger Jahren des 19. Jahrhunderts gegen die Errichtung von privaten Feuerversicherungsgesellschaften ereifern, da der Mensch damit die strafende Hand Gottes zu parieren suche [102]. Man mag auch über jenen deutschen Fürsten lachen, der sich der Einführung des Regenschirms mit dem Hinweis widersetzt, daß Gott es über Gerechte wie Ungerechte regnen lasse [103]. Aber dieses Denken hält sich in Teilen der Bevölkerung noch weit über die Aufklärung hinaus und die vielen Schutzheiligen lassen sich nicht ohne weiteres durch ihre irdischen rational konstruierten „Kollegen“ verdrängen. Henrik Ibsen weist noch im Jahre 1881 in seinen „Gespenstern“ auf diese damals zumindest unterschwellig vorhandene Versicherungsfeindschaft hin. Erst recht muß im frühen 18. Jahrhundert die neue Wirtschafts- und Gesellschaftstheorie der Merkantilisten, die ihre Lehre nicht mehr in das große System der katholischen Theologie einbauen, Widerstand hervorrufen. Diese Lehre läßt „sich nicht mehr von einem Gott, noch von einer außenwirtschaftlichen Wesenheit Maß und Grenze vorschreiben“ [104]. Im ausgehenden 17. und 18. Jahrhundert huldigt man zunehmend anderen Göttern als den himmlischen; der Himmel „entvölkert“ sich. Das Heil liegt nicht mehr nur im Jenseits, sondern mehr und mehr auf Erden, und um es zu erreichen, bedarf es nicht des Gebetes, sondern der Vernunft und einiger Entschlußkraft. Die Anfänge der Witwen- und Waisenversorgung und vor allem der Beginn der Lebensversicherung sind Teil dieser Entwicklung, als der allgewaltige Staat in Verbund mit einer avantgardistischen Schicht engagierter Bürger hervortritt, anregend und vorwärtstreibend, fürsorglich und schützend, befehlend und bevormundend, immer aber fördernd und nützend. Die am wirtschaftlichen Fortkommen ihrer Staaten interessierten Regenten versuchen über Feuerversicherungen und Kassen aller Art zu vermeiden, daß das Unglück eines Einzelnen sich als schädlich für das gesamte Land auswirkt. Johann Heinrich Gottlob von Justi schreibt dazu in seiner „Policey-Wissenschaft“: „So bald dadurch jemand in schlechte Umstände und Armuth gesetzet wird; so wird dadurch nicht allein verursacht, dass dieses Mitglied des gemeinen Wesens zu dem gemeinschaftlichen Besten, und der guten Beschaffenheit des Nahrungsstandes nichts mehr beyträgt; sondern dieses verarmte Mitglied wird noch dem Staat überlästig, und muss entweder durch Betteln, oder durch Betrügereyen oder auf andere, seinen Mitbürgern nachtheilige, Arten seinen Unterhalt suchen.“ [105]

Diese wenigen Gründungen von Witwen- und Waisenkassen bis zu Beginn des 18. Jahrhunderts sind nur ein leises Präludium zu dem, was im Zeitalter der Aufklärung folgt. Im Zuge seiner aktiven Bevölkerungspolitik, des Aufbaus eines durchorganisierten Staatswesens, der Bemühungen um das „Allgemeine Wohl“ und seiner Anstrengungen um Absicherung der Wirtschaft entdeckt der absolutistische Staat Aussteuerladen, Witwen- und Waisenkassen und setzt sie gegen alle Widerstände orthodoxer Vertreter der Kirchen durch. Zum Teil sind gerade die Pfarrer die eifrigsten Propagandisten für die neuen Vorsorgeeinrichtungen. Die Gründer fragen sich jetzt nicht mehr, ob eine solche Kasse zu Sorglosigkeit und Verschwendung verleiten könne. Es stört sie nicht mehr, daß der Umfang der Versorgung von Witwen schnell verstorbener Mitglieder meist im umgekehrten Verhältnis zu dem Beitrag der Verstorbenen steht. Sie halten den Gegnern des Kassenwesens die Bibel vor Augen, die

---

101 Lewinski (1967), S. 14.

102 Vgl. Das deutsche Feuerversicherungswesen, Bd. 1, Hannover 1913, S. 456f.

103 Vgl. Müller-Armack (1944), S. 244f.

104 Salin (1951), S. 52.

105 Johann Heinrich Gottlob von Justi: Grundsätze zu der Macht und Glückseligkeit der Staaten; oder ausführliche Vorstellung der gesamten Policey-Wissenschaft, Bd. 1, Königsberg, Leipzig 1760, S. 763f.

die Unterstützung der Witwen empfiehlt; sie verweisen darauf, daß Frauen und Kinder spät sterbender Männer froh und dankbar sein sollten, vom Leid und Kummer des Witwen- und Waisendaseins lange verschont geblieben zu sein[106]. Vor allem der Wunsch nach Vermehrung der Volkszahl lenkt die Aufmerksamkeit des Staates auf diese Kassen ganz nach dem Grundsatz des Nürnberger Paul Jakob Marperger, Mitglied der Berliner Akademie der Wissenschaften, der 1717 in seiner Broschüre „Wohlgemeynter Vorschlag von Verheyrathung armer Bürgers Töchter und Dienst-Mägde" schreibt: „Wo ein König viel Volck hat, das ist seine Herrlichkeit/ wo aber wenig Volck ist, das macht einen Herrn blöde." [107] Es vermehren sich die Sterbekassen, also die Begräbnisladen, mit vehementer Schnelligkeit. Allein in Hamburg dürften während des 18. Jahrhunderts mehr als einhundert solcher Kassen bestehen[108]. Derartige Bestrebungen einen sich mit dem obrigkeitlichen Wunsch nach einer „guten" Ordnung und Wohlfahrt. Zur Erfüllung dieses humanen und zugleich machtpolitischen Programms sind die Witwen- und Waisenkassen ebenso wie die jetzt entstehenden landesweiten Feuerversicherungen „gute Anstalten", die von der staatlichen Verwaltung, der „guten Policey", zum Wohle der Untertanen errichtet werden. 1756 schreibt Johann Heinrich Justi in seinen Grundsätzen der „Policeywissenschaft": „Endlich muß man auch vor die Witwen in allen Ständen Vorsorge tragen. Je weniger arme Personen in dem Staate vorhanden sind, je weniger Überlästigkeit und Verfall hat der Nahrungsstand zu befürchten; und man siehet nicht, warum nicht eine allgemeine Witwen-Casse im Lande errichtet werden könnte ..." [109] Im Gegensatz zu den Totenladen, deren Mitglieder im Sinne dieser Genossenschaften als Brüder gelten, sind die Mitglieder der neuen Witwenkassen lediglich Kunden oder, wie man sich zu dieser Zeit ausdrückt, Interessenten, mit denen die Kasse einen Geschäftsvertrag abschließt. Die Kassen tendieren nicht mehr in Richtung auf einen totalitären Sozialverband, sie ergreifen nicht mehr wie noch die mittelalterlichen Gilden den ganzen Menschen und durchdringen nicht mehr alle Bereiche seines Lebens.

In der Geschichte des Vorsorgewesens kommt die Mitte des 18. Jahrhunderts ebenso wie in der Geschichte der deutschen Sachversicherung einer Zeitenwende gleich. Überall werden fortan Witwen- und Waisenkassen errichtet. Noch in den 30er und 40er Jahren erfolgen die Gründungen sehr zögernd: 1737 in der Grafschaft Bentheim für die Prediger, 1743 an der Universität Göttingen eine „Professors-Wittwen-Casse", 1746 eine Pfarrwitwenkasse in Baden-Durlach und 1749 eine Witwenkasse für die weltliche Dienerschaft des Herzogtums Zweibrücken. Dann aber geht es Schlag auf Schlag: 1750 die obligatorische Witwenversorgungsanstalt für Staatsdiener in Lippe, 1754 eine Witwenkasse in Bremen, 1756 eine solche in Württemberg und während des Siebenjährigen Krieges (1756-63) eine „Heyraths- und Sterbesocietät" in Erfurt, eine Witwen- und Waisenkasse in Weimar, die „Gerechtigkeit liebende Witwen- und Waisen-Casse" in Hamburg und eine „Hülfs-Casse" in Nürnberg usw. usw. Neben diesen erlangen gleichzeitig die Begräbniskassen „eine weit über das Bedürfnis hinausgehende Bedeutung", wie der Versicherungshistoriker Heinrich Braun meint[110]. Die Totenladen, Denktalergesellschaften, Grabfolge-Brüderschaften und wie sie alle heißen, vermehren sich rasch. Wo das Zunftwesen am Erlöschen ist, finden sich Standes-, Berufs- und Religionsgenossen zu derartigen Kassen zusammen. Wo der Landesherr sie nicht selbst ins Leben ruft, sucht er wenigstens Privatleute dazu anzuregen und drängt die Vorstände zu einer Verbesserung der Statuten. Er unterstützt die Anstalten mit Geldmitteln und übt Kontrolle über sie aus. Auch erlangen die Heiratskassen steigende Bedeutung, auch Braut- oder Jungfernkassen, Frauenzimmersozietäten oder Junggesellenkassen genannt. Über sie versucht der Staat den Ehestand zu fördern und die Bevölkerung zu mehren. In einer Schrift aus dem Jahre 1772 über den Nutzen derartiger Sterbekassen heißt es: „Die Stiftung solcher Societäten schaffet würdigen Männern Gemüthsruhe, Munterkeit zu Geschäfften und Vergnügen; die Thränen vieler Wittwen werden gemildert; und verwaysete Kinder dem Elend und der Verwilderung entzogen. Menschenliebe und Nutzen des Staats geben unwiderstehliche Ermunterungen, diese edlen Gesellschaften zu vermehren und zu verbessern." [111].

Natürlich versucht allen voran der preußische Staat mit Hilfe derartiger Kassen die Hinterbliebenen- und Altersversorgung seiner alten und invaliden Soldaten zu organisieren. Bereits Friedrich I., der auch auf dem Gebiet des Feuerversicherungswesens verschiedene, letztlich gescheiterte Gründungsversuche unternimmt, gründet eine Invalidenkasse, deren Direktor der spätere Friedrich Wilhelm I. ist. Bei Friedrich spielt noch das alte merkantilistische Bestreben, die Einnahmen des Staates zu mehren und sei es über den Weg einer als Versicherungsprämie verkleideten Steuer, eine ganz entscheidende Rolle. Daher sind alle die von ihm ins Leben gerufenen Kassen alsbald wieder zugrundegegangen. Der Soldatenkönig als sein Nachfolger

106 Vgl. LEWINSKI (1967), S. 14.
107 S. 14; zit. nach SCHMITT-LERMANN (1954), S. 68.
108 BOEHART (1985), S. 33.
109 S. 186; gleiche Forderungen erhebt GÜNTHER HEINRICH v. BERG: Handbuch des teutschen Policeyrechts, 3. Teil, Hannover 1800, S. 203ff.
110 BRAUN (1963), S. 174.
111 Zit. nach VESPER (1966), S. 35.

verfügt dann 1714, daß von allen für das Heer angewiesenen Beträgen zwei Prozent als sogenannte „Recepturgelder“ in die Invalidenkasse fließen sollen, um einen festen Fonds in der Hand zu haben, dem Elend der alten Soldaten zu begegnen. Außerdem gehen der Kasse alle Strafgelder zu. Friedrich d.Gr. baut diese Kasse, die den Bedürfnissen bei weitem nicht gerecht wird, durch Gründung von Provinzial-Invalidenkassen im Jahre 1742 aus und stiftet sechs Jahre später den „Neuen Fonds“, aus dem sofort 4685 Invaliden äußerst dürftig versorgt werden [112]. Dennoch reicht das Vermögen dieser Kassen bei stetig steigender Beanspruchung nicht aus. Als im Jahre 1779 Oberst Levin Rudolph von der Schulenburg die Leitung der Kasse übernimmt, findet er in den Listen noch 4624 unversorgte Invaliden, darunter noch viele aus dem Siebenjährigen Krieg. 1785 ist ihre Zahl sogar auf 5893 angewachsen, ein Jahr später auf 6382 ohne Berücksichtigung der vielen, die ohne Anspruch entlassen sind oder noch in den Regimentern dienen. Ihre Zahl erhöht sich infolge der überlangen Dienstzeit, die es den Entlassenen unmöglich macht, einen Zivilberuf zu ergreifen [113]. Erst Friedrich Wilhelm II. wagt sich gegen Ende des Jahrhunderts weiter vor und errichtet im Jahre 1787 eine Invaliden-Versorgungskasse für Offiziere, die erstmals nach Dienstgrad gestaffelte Beiträge aufbringen müssen. Daneben steuert der König selbst jährlich 100.000 Taler zum Erhalt dieser Kasse bei, die invaliden Offizieren, die nicht anderweitig zu versorgen sind, Pensionen ausbezahlt: 1200 Taler jährlich für einen Generalleutnant, 500 Taler für einen Oberstleutnant, 72 bis 96 Taler für einen Leutnant. Vorbedingung ist eine Verwundung im Krieg, eine im Dienst erlittene Verletzung oder der Nachweis der Invalidität nach mindestens 20jähriger Dienstzeit [114]. Invalide Offiziere — aber nur sie — sind fortan nicht mehr auf die Gnade des Königs angewiesen, sondern besitzen einen Rechtsanspruch auf vorher festgelegte Leistungen.

Zusätzlich zu dieser Kasse genehmigt Friedrich Wilhelm II. im Jahre 1792 eine Militär-Witwenkasse, deren Konstruktion bereits erahnen läßt, daß in der Zwischenzeit auch in Deutschland das Versicherungsalter begonnen hat und man bei der Beitragsfestsetzung bereits die Erkenntnisse der ersten Lebensversicherungsunternehmen berücksichtig. Nachdem in England einige dieser modernen Gesellschaften schon seit geraumer Zeit und mit wachsendem Erfolg tätig sind, wird 1778 in Hamburg mit der Hamburgischen Allgemeinen Versorgungsanstalt die erste moderne deutsche Lebensversicherung gegründet, deren neue Rechnungsgrundlage in der Öffentlichkeit diskutiert wird [115]. An den neuen Erkenntnisse der Sterbewahrscheinlichkeit können auch die Kassengründer nicht mehr ganz achtlos vorbeigehen. Da sie aber die mathematisch-statistischen Berechnungen und die neuen Sterbetafeln nicht verstehen, berücksichtigen sie wenigstens vermehrt das Eintrittsalter der neuen Mitglieder und staffeln die Beiträge nach Altersklassen, wie dies bereits im Jahre 1715 Paul Jacob Marperger vorgeschlagen hatte [116]. Dies gilt etwa für die erwähnte Militär-Witwenkasse. Das Kriegsrisiko deckt der König durch eine persönliche Lösung ab und zahlt den Witwen gefallener Offiziere die Pensionen aus eigener Tasche. Zwar hatte bereits im Jahre 1775 Friedrich d.Gr. eine Allgemeine Witwenanstalt ins Leben gerufen, doch besaß diese Gründung von Beginn an kaum eine Zukunft, da die Offiziere während eines Krieges bei Rückgabe der eingezahlten Prämien wieder austreten mußten [117]. Nach dem Vorbild anderer Berufsgruppen gründen im Jahre 1790 auch die Regiments- und Bataillonschirurgen der preußischen Armee eine eigene Pensions- sowie eine Witwenkasse, die sie über Gehaltsabzüge finanzieren [118]. Im Juli 1810 ordnet schließlich als Abschluß dieser Entwicklung Friedrich Wilhelm III. den Zwangsbeitritt für Offiziere in die staatliche Witwenkasse an: „Alle Offiziere von der aktiven Armee sollen hinführo, im Fall ihrer Verheirathung ohne Ausnahme verbunden seyn, der Offizier-Wittwenkasse beizutreten, und es muß jedesmal gleich bei Nachsuchung des Heirathskonsenses angezeigt werden, welche Pensionssumme der künftigen Gattin im nächsten Rezeptionstermin versichert werden wird. Unterbleibt diese Anzeige, so wird das Gesuch um den Heirathskonsens unberücksichtigt bleiben. Den sich verheirathenden inaktiven Offizieren bleibt es zwar überlassen, ob sie der Offizier-Wittwenkasse beitreten wollen, oder nicht. Dagegen wird aber im Falle ihres Absterbens, auf die Pensionierung ihrer hinterbleibenden Wittwen auf keine Weise Rücksicht genommen, vielmehr werden alle etwa deshalb eingehende Gesuche gänzlich zurückgewiesen werden.“ [119] Die aufgeklärten absolutistischen Herrscher zwingen ihre Untertanen, in die neuen Kassen und Versicherungen einzutreten und bauen gleichzeitig die alten patriarchalischen Fürsorgeleistungen ab, damit die neuen Institutionen nicht zu unterlaufen sind. Ebenso wie bei Einführung der Feuerversicherung, als die Landesherren folgerichtig den alten Brandbettel untersagen und keine eigenen Hilfeleistungen mehr für die nicht Versicherten zahlen, so verfahren sie auch bei Einführung der Witwenkassen.

---

112 Osten-Sacken und von Rhein (1911), S. 154, 274.
113 Jany (1967), S. 64f.
114 Ebd. S. 300.
115 Vgl. Boehart (1985).
116 Vgl. Vesper (1966), S. 25f.
117 Jany (1967), S. 49f.
118 Ebd. S. 196.
119 Kabinets-Ordre vom 19. Juli 1810; zit. nach Frauenholz (1940), S. 137.

Das preußische Beispiel darf jedoch keineswegs auf die anderen Staaten übertragen werden, die für ihre alten Soldaten fast alle sehr viel weniger Sorge tragen als der ehrgeizige Emporkömmling unter den europäischen Mächten. In Baden ist die soziale Stellung und wirtschaftliche Lage der Soldaten bis zum Jahre 1804 äußerst schlecht. Erst in der Folge wird eine Militärwitwenkasse eingerichtet, während alte und invalide Soldaten notdürftig im Invalidenkorps Versorgung finden. In Württemberg nimmt sich zur gleichen Zeit Friedrich I. vermehrt der ausgedienten Soldaten an, erkennt den Veteranen der Armee besondere Ehrenrechte zu, bestimmt im Jahre 1801, daß alle Soldaten, die vor dem Feind verwundet oder dienstuntauglich geworden sind, bis zu ihrem Lebensende den aktiven Soldaten gleichgestellt bleiben sollen, und bekräftigt im Jahre 1806 den Anspruch aller Soldaten auf Versorgung nach 25jähriger vorwurfsfreier Dienstzeit. Ein Jahr später regelt er schließlich die Versorgung der Hinterbliebenen und Angehörigen [120]. Lediglich Dänemark, das mit seiner Oberhoheit über Schleswig und Oldenburg weit in deutsches Gebiet hineinragt, gründet bereits im Jahre 1737 eine Militärwitwenkasse, die bald für alle Zivil- und Militärbediensteten der dänischen Staaten zur Pflicht erklärt und unter königliche Garantie gestellt wird [121].

Versicherungsmathematische Grundsätze sind diesen Kassen bei der Festsetzung von Beitrag und Leistung vollkommen fremd. Vielerorts erhebt man die Prämien nach den eingetretenen Sterbefällen auf Umlagebasis. Andere Kassen kennen nur regelmäßige, für alle Altersgruppen gleich hohe Beiträge, wieder andere fordern ein Eintrittsgeld. Die Staatsdiener-Witwen- und Waisenkasse von Nassau-Weilburg aus dem Jahre 1762 erhebt Jahresprämien in Höhe von 1,5 Prozent des Einkommens, die sogleich von der Besoldung abgezogen werden. Die Versorgungspflicht der Prediger-Witwen- und Waisenkasse von Nassau-Oranien aus dem Jahre 1732 setzt erst nach Ablauf des sogenannten Gnadenjahres ein [122]. Einige wenige staffeln dieses Eintrittsgeld nach dem Alter: Ein Zwanzigjähriger muß bei der Alten Städtischen Sterbe-Auflage zu Solingen von 1786 eine Mark entrichten, ein Vierzigjähriger dagegen 45 Mark [123]. Die Erfurtische Heyraths- und Sterbe-Societät von 1757 bemißt ihre Leistungen nach der Höhe der entrichteten Beiträge, während die Leichen-Gesellschaft in der Thomasgemeinde in Erfurt aus dem Jahre 1810 über 50jährigen nur das halbe Sterbegeld gewährt [124]. Die Staatsdiener-Witwen- und Waisenkasse in Nassau-Oranien aus dem Jahre 1774 setzt die Prämien der beim Eintritt 30- bis 50jährigen auf 4 Prozent ihrer Besoldung fest, wogegen die über 50jährigen sechs Jahre lang 5 Prozent zu entrichten haben, und ist ihre Frau um über sechs Jahre jünger, sogar 10 Prozent [125]. Bei einer Häufung von Schadensfällen werden die Leistungen in der Regel gekürzt oder eine Umlage erhoben. Diese Verfahren werden in allen nur möglichen Kombinationen praktiziert [126]. Manche Kassenvorstände operieren zudem wie die Direktion der 1766 gegründeten Calenbergischen Gesellschaft mit angeblich raffinierten und sicheren mathematischen Formeln, ohne jedoch Sterbetafeln zu verwenden. Die 1756 in Stuttgart unter der Mithilfe von Johann Jakob Moser errichtete „Allgemeine freiwillige Witwen- und Waisenkasse" kennt zwar nach dem Alter abgestufte Beiträge, zahlt aber die Pensionen nicht nach im voraus bestimmten Sätzen, sondern verteilt jedes Jahr die gesamten Einlagen unter den Rentenberechtigten aus. Sie gewährt am Anfang äußerst attraktive Pensionen, die jedoch sehr bald rapide zusammenschmelzen [127]. Trotz scharfer staatlicher Kontrollen bleiben bei dieser unzulänglichen Technik Mißstände und auch Mißbräuche nicht aus. Das humane Ziel der Kassen schützt nicht vor falschen Berechnungen und einfältigen Versagern. Oftmals von Laien gegründet, deren gute Gesinnung weitaus größer ist als ihr Verständnis für eine notwendige exakte Bestimmung der Prämien, sind viele der Kassen zum alsbaldigen Untergang verurteilt. Jeder glaubt sich berufen, einen Vorschlag zur Finanzierung einer solchen Kasse zu machen und produziert dabei oft die sonderlichsten Einfälle. Selbst Justus Möser, der Leiter der Verwaltung des Fürstbistums Osnabrück, dieser politische Schriftsteller und Historiker seiner Heimat, empfiehlt in seinen „Patriotischen Phantasien" (1774/86) die Gründung einer Invalidenkasse für bejahrte Bediente. Möser glaubt, bei dreißigjähriger Einzahlung an jährlicher Rente das Vierundzwanzigfache eines Jahresbeitrages auszahlen zu können. Wegen des geringen Verdienstes der Bediensteten sollen die jeweiligen Herrschaften diese Prämien aufbringen, und da er nur zu genau weiß, daß diese versteckte Lohnerhöhung kaum durchzusetzen ist, denkt er sich eine Gegenleistung aus, die nur aus dem Blickwinkel eines Staatsmannes zu begreifen ist, der ganz in merkantilistischen Kategorien denkt: „Und wie manche Herrschaft würde diesen Vorschuß nicht für ihre Dienstboten jährlich gern thun, wenn diese sich dagegen des Kaffees und Thees freywillig enthalten wollten?" [128] Beitragszahlungen gegen den Verzicht auf die Importgüter Kaffee und Tee: eine solch origineller

[120] Militärgeschichtliches Forschungsamt (1981), S. 158f.
[121] SCHMITT-LERMANN (1954), S. 89.
[122] LEWINSKI (1967), S. 27 und 35.
[123] VESPER (1966), S. 152.
[124] Ebd. S. 144.
[125] LEWINSKI (1967), S. 47.
[126] Vgl. VESPER (1966), S. 117ff.
[127] BIEDERMANN (1854), Bd. 1, S. 382.
[128] Zit. nach SCHMITT-LERMANN (1954), S. 146.

Vorschlag gehört auch in dieser findigen Zeit zur Ausnahme. 1767 muß das freie Witweninstitut in Kassel, das 17 Jahre zuvor in dem Bestreben gegründet worden war, sein Geschäftsgebiet auf ganz Deutschland und alle Berufsgruppen auszudehnen, seine Zahlungen einstellen. 1771 bricht in Dänemark die große Militärwitwenkasse nach 34jähriger Tätigkeit zusammen, und 1782 muß auch die bedeutende Witwenkasse von Calenberg ihre Leistungen drastisch vermindern. 1792 werden die Witwen- und Waisenkassen, die 1769 für die Bedienten und Arbeiter bei der Spiegelhütte zu Grünenplan und bei der Glashütte zu Schorborn gegründet worden waren, wieder aufgelöst. Von den sieben verschiedenen Heirats- und Totenkassen, die zwischen 1755 und 1760 im Stift Quedlinburg entstehen, ist bereits 1764 keine einzige mehr in Betrieb [129]. Besser geht es in dieser Beziehung den Bergleuten, die durch die 1767 gegründete „Märkische Knappschaftskasse“ versorgt werden. Zwar weist diese sehr bald ein beträchtliches Defizit auf, aber derartige halb-staatliche Einrichtungen können sich das erlauben. Der Freiherr vom Stein erhöht als Oberbergrat der preußischen Westprovinzen im Jahre 1785 die Beiträge der Bergleute ganz entscheidend und leitet die Gesundung der Kasse ein [130]. Dies sind nur einige wenige Beispiele. Jedenfalls steigt der Unmut und das Mißtrauen gegenüber diesen Kassen. Die Kritiker melden sich lautstark zu Wort. Es erscheinen hämische Schriften wie die von Rudolf Z. Becker aus dem Jahre 1789 mit dem Titel „Die Kunst, Leute zu schröpfen, die noch nicht geboren sind, eine Lobrede auf die Todtenkassen und Trauerpfennig-, Denk- und Sterbethaler-Genossenschaften“ [131]. In Bremen untersagen im Jahre 1789 die Behörden den weiteren Betrieb mehrerer Kassen und sprechen davon, man habe „die aus guter Absicht anfänglich errichteten Sterbe-Cassen in ware Räuber-Cassen verwandelt“ [132]. „Es ist eine missliche Sache um Wittwenkassen: und doch sind sie nicht nur eine nützliche, sondern eine nöthige Anstalt in jedem wohl eingerichteten Staate“, umschreibt 1776 der im dänischen Staatsdienst stehende Mediziner Georg Christian Oeder, der sich 1769 in einer Denkschrift für eine Reform der Herrschaftsverhältnisse auf dem Lande ausspricht und 1773 die erwähnte dänische Witwenkasse neu konstituiert, das allgemeine Dilemma [133]. In seinem 1785/86 in zwei Teilen erscheinenden Lehrbuch der Versicherungsmathematik urteilt Johann Nicolaus Tetens über die Zeit bis Ende der 1770er Jahre: „Wittwen-, Waisen-, Todten-Kassen hatten wir. Aber welche? Alle aufs gerade wohl oder nach einem ungefähr, just in diesen Materien am öftesten trüglichen Überschlag entworfen, ohne richtige Grundsätze oder gar gegen sie, die dann auch den Erfolg gehabt haben, den so übel berechnete Projekte gewöhnlich haben.“ [134] Vielen Kunden geht es so wie der Mutter des schwäbischen Dichters Justinus Kerner, die nach dem Tode ihres Mannes im Jahre 1799 mit fast leeren Händen dasteht. Der Sohn berichtet in seinem „Bilderbuch aus meiner Knabenzeit“: „Zur Zeit, als mein Vater den Dienst als Oberamtmann zu Ludwigsburg antrat, mußte man für alle Dienste in die Privatkasse des Herzogs Carl eine Summe entrichten, mein Vater damals die beträchtliche Summe von 6500 Fl. Später verlor er noch 4000 Fl. durch Anlehen an Freunde. Meine Mutter kam nach seinem Tode um eine Pension ein, erhielt aber keine, und die Witwenkasse, es war die von Hanau, aus der für sie mein Vater etwas gehofft hatte, fallierte bald nachher.“ [135]

Gerade der Zusammenbruch der Calenbergischen Gesellschaft, der weitaus größten Witwenkasse des 18. Jahrhunderts, die auf ihrem Höhepunkt im Jahre 1780 über 3700 Mitglieder zählt, kommt einer Bankrotterklärung dieser Art der Vorsorge gleich und wirkt auf viele wie ein tiefer Schock. Dabei hatte Georg III., König von England und Herzog zu Braunschweig und Lüneburg, bei Gründung der Gesellschaft noch von einer grandiosen Tat gesprochen, durch die die Menschen „zum Ehestande“ ermuntert würden und die Vergrößerung „einer nützlichen Bevölkerung“ das Endergebnis sei. Der Kasse kann jeder, ungeachtet seiner Religion, seines Alters, Standes oder Vermögens beitreten außer Militärbedienstete, Seefahrer, Kranke und Ehemänner, die 40 Jahre älter sind als ihre Ehefrau. Verlangt wird ein einmaliger Aufnahmebeitrag in Höhe der gewünschten jährlichen Rente. Die Prämie wird halbjährlich neu festgesetzt und richtet sich, abgesehen von der angestrebten Rente, nach der Gesamtsumme der von der Kasse im laufenden Halbjahr zu zahlenden Renten, sie richtet sich auch bereits nach dem Alter von Mann und Frau, ohne daß jedoch Sterbetafeln zur Berechnung herangezogen werden. Den Kassengründern ist zwar klar, daß die Prämien in den ersten Jahren sehr niedrig ausfallen, da erst die Renten für ganz wenige Witwen zu bezahlen sind, sie hoffen jedoch auch in der Folgezeit mit relativ niedrigen Beiträgen auszukommen. Dies soll sich als verhängnisvoller Irrtum erweisen, denn nicht nur in diesem Fall werden die wirklichen Kosten einer Rente völlig unterschätzt. Dabei fehlt es nicht an Warnern. Bereits kurz nach Gründung der Kasse weist Johann August Kritter, Senator und Kämmerer in Göttingen und Fachmann für Witwenkassen, dem Direktorium anhand der Süßmilchschen Sterbetafeln

[129] Biedermann (1854), Bd. 1, S. 383.
[130] Teuteberg (1961), S. 145ff.
[131] Gotha 1789.
[132] Zit. nach Vesper (1966), S. 37.
[133] Georg Christian Oeder: Etwas von Wittwenkassen, in: Deutsches Museum 1776, S. 604.

[134] Tetens (1785), S. IX.
[135] Justinus Kerner: Ausgewählte Werke, Stuttgart 1981, S. 279.

nach, daß die Zahl der zu unterhaltenden Witwen weitaus höher ausfallen werde, als die Calenbergischen Tabellen annähmen. Die Gesellschaft vergesse, daß Renten über Jahre hinweg zu leisten seien und nicht wie bei einer Brandkasse eine einmalige Entschädigung gezahlt werde. Die Mitglieder der Anfangsjahre müßten gemeinsam das Kapital zusammenbringen, das „mit seinen Zinsen und Zinseszinsen hinreichend ist, allen Wittwen, die aus dieser ersten Gesellschaft nach den Gesetzen der Sterblichkeit entstehen, eine gewisse festgesetzte Pension bis an ihren Tod zu bezahlen“ [136]. Das Direktorium verteidigt sich und verweist auf die stetig neueintretenden Mitglieder, wodurch die ansteigenden Leistungsverpflichtungen aufgefangen würden. Dem ist jedoch nicht so. Als die Durchschnittsprämie von 1769 bis 1778 von 2 2/3 Reichstalern auf 10 5/6 Reichstaler steigt, werden neue Interessenten abgeschreckt, die Zahl der Mitglieder stagniert und ein Teil von ihnen kann die unerwartet hohen Prämien nicht mehr bezahlen. Bereits 1783 weist die Kasse ein Defizit von über einer Million Taler auf. In einem Vergleich müssen die Renten auf ein Fünftel reduziert und die Beiträge zugleich drastisch erhöht werden. Gerade die Geschichte der Calenbergischen Witwenkasse, die mit so viel Zuversicht begonnen hatte, zeigt, wie weit man noch von einer sicheren, mathematisch-statistisch fundierten Versicherungstechnik entfernt ist. Obwohl das später von der Lebensversicherungswirtschaft angewandte Verfahren in England bereits bekannt ist und praktiziert wird, hält der „Schatz-Deputierte“ der Calenbergischen Landschaft eine Personenversicherung in Form einer Witwenkasse für ein ausgesprochenes „Hazzard-Spiel“, für ein unberechenbares Unternehmen, das allein durch glückliche Zufälle ohne Schaden enden könne. Eine solche Auffassung muß erstaunen, da nicht nur Johann August Kritter immer wieder auf den Nutzen der Süßmilchschen Sterbetafeln für die Prämienberechnung einer Witwenkasse hinweist. Im Jahre 1761 betont der Kameralist Johann Friedrich Unger in der von Georg Heinrich Zincke herausgegebenen Zeitschrift „Leipziger Sammlungen von Wirtschaftlichen, Polizey-Cammer- und Finantz-Sachen“, daß nur auf der Grundlage der Absterbeordnung von Süßmilch stabile Kassen zu betreiben seien [137]. Schließlich veröffentlicht 1776 der Prediger Christian Jacob Baumann einen dritten Teil zu Süßmilchs Werk, „welcher Anmerkungen und Zusätze zu den beyden ersten Theilen nebst einer Abhandlung von Wittwenverpflegungsgesellschaften enthält“. Er kritisiert darin das Umlageverfahren der meisten Witwenkassen, da die Zahl der Rentenempfänger in diesen Kassen im Verhältnis zu den Beitragszahlern schon nach wenigen Jahren so stark wächst, „daß den folgenden Mitgliedern der Beytrag zum Wittwengehalt unmöglich wird, und außer allem Verhältniß mit für ihre künftige Wittwen bestimmten Pension kömmt“ [138]. Andere lassen sich von den vielen Zusammenbrüchen beeindrucken und halten eine ausreichende Versorgung von Witwen über derartige Kassen wegen der hohen Verwaltungskosten und der Möglichkeit des Unterschleifs für unmöglich. Heinrich Jung, der Jugendfreund Goethes aus der Straßburger Zeit, der Augenarzt, Nationalökonom und religiöse Mystiker, der durch seine von tiefem Gottvertrauen geprägte Autobiographie „Heinrich Stillings Jugend“ berühmt wird, empfiehlt statt dessen eine Besoldungssteuer für Beamte, um deren Familien nach dem Tod des Mannes zu versorgen [139]. Insgesamt gesehen wirkt der Schock der vielen Bankrotterklärungen von Witwenkassen sehr heilsam; er regt zum Nachdenken an und läßt viele nach neuen Lösungen suchen.

In der zweiten Hälfte des 18. Jahrhunderts gärt es in allen politischen und gesellschaftlichen Bereichen. Man lebt im Bewußtsein der Krise und des kommenden Neuen, man sieht die wirtschaftlichen und sozialen Schwierigkeiten, die den gesamten Kontinent erfassen und sucht, ganz im Sinne der Aufklärung, nach neuen Lösungsmöglichkeiten, da die alten offensichtlich abgewirtschaftet haben. Eine kritische Avantgarde von aufgeklärten Bürgern findet sich in den patriotisch-gemeinnützigen Gesellschaften zusammen, von denen im deutschen Sprachraum zwischen 1760 und 1820 rund 60 nachweisbar sind [140] und die mit ähnlichen Sozietäten in ganz Europa in engem Kontakt stehen. Die „Menschenfreunde“ beschränken sich nicht nur aufs Schreiben, sie handeln auch, sie versuchen das Reformprogramm der Aufklärung in die Tat umzusetzen, da der Absolutismus nicht nur das Armenproblem allein nicht zu bewältigen weiß. Vor allem die Hamburger Patriotische Gesellschaft von 1765 glänzt mit einer Reihe blendender Einfälle. Sie bringt den ersten Blitzableiter auf dem Kontinent an, verbessert die Gassenbeleuchtung und die Feuerspritzen, eröffnet eine Kreditkasse für Haus- und Grundbesitzer und legt den Grundstein für die spätere Gewerbeschule [141]. 1778 eröffnet sie auf Betreiben des Kaufmanns Johann Friedrich Tonnies und des agilen, vielseitigen Johann Georg Büsch die „Allgemeine Versorgungsanstalt“, die Lebens- und Rentenversicherungen, Witwen-, Waisen-, Aussteuer- und Brautkassen umfaßt und auch eine „Ersparungs-Classe“ enthält. Ihr Ziel ist es, „geringen fleissigen Personen beyderley Geschlechts“ zum Nutzen zu sein,

136 Zit. nach BOEHART (1985), S. 39; dort auch alle anderen Angaben zur Calenbergischen Witwenkasse.

137 Vgl. HAGENA (1910), S. 35.

138 Zit. nach SCHMITT-LERMANN (1954), S. 134f.

139 Ebd. S. 148ff.

140 KOPITZSCH (1982), S. 347ff.

141 SCHRAMM (1963), S. 277f.

„um ihnen Gelegenheit zu geben, auch bey Kleinigkeiten etwas zurückzulegen, und ihren sauer erworbenen Noth- oder Braut-Pfennig sicher zu einigen Zinsen belegen zu können“ [142]. Die patriotischen Aufklärer sehen in der Errichtung von Sparkassen eine Möglichkeit, die Altersarmut in den unteren Bevölkerungsschichten zurückzudrängen, dem Notfall vorzubeugen und die Menschen zu einem planvollen Wirtschaften und Haushalten zu erziehen. Wie stark der sozialpädagogische Impetus bei den Verfechtern des Spargedankens ist, zeigt der Bericht, den der einflußreiche Publizist der deutschen Aufklärung und Göttinger Universitätsprofessor August Ludwig Schlözer 1783 in seinen „Stats-Anzeigen“ über die Hamburger Versorgungsanstalt veröffentlicht. Darin heißt es: „Besonders ist die Ersparungs Klasse für jeden Ort, wo viele Bediente in den Familien sind, eine sehr nützliche PolizeiVerfassung, und hat auch in Hamburg viel Zulauf. Dadurch daß der Dienstbote sein bischen Armut nicht in seiner Lade liegen hat, entgehet er tausend Verleitungen zum Verquackeln des Geldes: denn ehe er es von der VersorgungsAnstalt zurücke holt, bedenkt er sich; auch ermuntert ihn der Gedanke, daß sein Pfund, das in seinem SchweißTuch oder Lade bleibt, wie es ist, dennoch, wenn gleich wenig, bei der Anstalt anwächst, und unterdessen in ihren Händen ist.“ [143] Bereits 1779 setzt sich der Kameralist Johann Friedrich von Pfeiffer in seiner „Allgemeinen Policeiwissenschaft“ für die Errichtung von Sparkassen in Stadt und Land ein, da sich mit ihrer Hilfe „ein beträchtlich Kapital“ sammeln lasse, „woraus in trüben Zeiten und Unglücksfällen die zu jeder Kasse gehörige und kräftige Unterstützung erhalten können, und welches zugleich zu Versorgung beschädigter, oder Alters halber zur Arbeit untüchtig gewordenen Personen dienen würde“ [144]. Die Sparkasse wird zu einem der großen Hoffnungsträger im ausgehenden 18. Jahrhundert, das allgemeine Beste zu verwirklichen. Selbst Robert Malthus weist 1798 in seinem berühmten „Essay on the Principle of Population“, in dem er sein Bevölkerungsgesetz erörtert, auf die große Bedeutung der Sparkassen hin [145], und in Frankreich schlägt 1791 Mirabeau d.J. die Errichtung von Arbeitersparkassen vor, wie sie bereits Daniel Defoe in seinem 1697 erschienenen „Essay on Projects“ zur Bekämpfung von Armut und Bettel vorgeschlagen hatte [146]. Im gesamten deutschsprachigen Raum entstehen jetzt unter verschiedenen Namen und in vielfältiger Kombination derartige „Ersparungscassen“. 1786 in Oldenburg, 1787 in Bern, 1792 in Basel, 1795 in Dobersdorf bei Kiel und 1799 in Kiel selbst. Auch gehen die Aufklärer auf das platte Land und versuchen bei „Bier und Tobak“, auf die Bevölkerung einzuwirken. Sie treiben die Agrarreform voran, unterstützen die Bauernbefreiung, setzen sich für eine Schulreform ein und machen Vorschläge für eine bessere soziale Vorsorge. Auf dem Gut Knoop bei Kiel eröffnen Heinrich Friedrich Graf Baudissin, seine Gattin Caroline und ein Schullehrer noch im 18. Jahrhundert eine Spar- und Leihkasse sowie eine Kuhgilde, d.h. eine Vereinigung zur gegenseitigen Hilfe bei Viehschäden [147]. Alle diese Gründer setzen in die neuen Kassen die weitgespanntesten Hoffnungen, wie dies der Lübecker Prediger Bernhard Hinrich von der Hude 1801 in einem Vortrag ausdrückt: „Eine Anstalt, die auf das Glück eines so zahlreichen Theils unsrer Mitmenschen so wohlthätig zu wirken, die Moralität derselben zu erhöhen, manchem in seiner niedern Sfäre verdienstvollen thätigen Arbeiter vielleicht ein ruhigeres sorgenloseres Alter zu bereiten vermag, die entspricht zu sehr dem schönen großen Zweck uns(eres) Bundes: Menschen- und BürgerGlück zu fördern, als daß sie sich nicht der wirksamsten Unterstützung versichern dürfte.“ [148]

Trotz all der übertriebenen Hoffnungen, die eine fortschrittsgläubige Generation von Aufklärern in die Sparkassen legte, und trotz der vielen technischen Unzulänglichkeiten, die die Witwen- und Waisenkassen in Verruf bringen und viele alte Menschen um ihr sauer verdientes Geld, sind diese Gründungen und Bemühungen doch Ausdruck und Folge des seit dem 17. Jahrhundert stärker gewordenen Rationalismus. Seit Descartes setzt sich immer mehr die Überzeugung durch, daß der Ablauf des Weltgeschehens festen Gesetzmäßigkeiten unterliege, die der menschliche Geist erkennen und kontrollierbar machen könne. In den bald einsetzenden Versuchen, auch den Zufall mathematisch einzufangen, äußert sich der neue Geist der Rechenhaftigkeit mit am eindeutigsten. In einer Zeit, in der in Frankreich die Mathematik zu einer Art Mode wird, versuchen Blaise Pascal und Pierre de Fermat, die Gewinnchancen beim Würfelspiel rechnerisch zu bestimmen, und es gelingt ihnen die Formulierung der Wahrscheinlichkeitstheorie, die im Jahre 1700 durch den Basler Mathematiker Jakob Bernoulli vollendet wird. Nach ihrer Systematisierung durch Christiann Huygens bedient sich ihrer als erster der niederländische Staatsmann Jan de Witt, der Berechnungen über die Kosten von Leibrenten anstellt, mit denen er ein Heer

[142] Nach dem Abdruck in den „Hamburgischen AddreßComtoir-Nachrichten“; zit. nach WYSOCKI (1980), S. 198.

[143] A.L. SCHLÖZERS Stats-Anzeigen H. 7 (1783), S. 362; zit. nach KOPITZSCH (1984), S. 130.

[144] JOHANN FRIEDRICH VON PFEIFFER: Natürliche aus dem Endzweck der Gesellschaft entstehende Allgemeine Policeiwissenschaft, Bd. 1, Frankfurt a.M. 1779, ND: Aalen 1970, S. 527.

[145] Vgl. BORN (1977), S. 203.

[146] E. KLEIN (1982), S. 301.

[147] KOPITZSCH (1984), S. 133.

[148] Zit. nach KOPITZSCH (1984), S. 137f.; vgl. auch BIEDERMANN (1854), Bd. 1, S. 376ff.

zur Verteidigung seines Landes gegen Ludwig XIV. zu finanzieren beabsichtigt [149]. Seine Ergebnisse finden nach ihrer Veröffentlichung im Jahre 1671 in den bald aufkommenden Tontinen eine erste praktische Verwendung, wenn auch diese Berechnungen vorerst noch an der Ungenauigkeit des zu Grunde gelegten Materials kranken.

Diese Tontinen werden durch Anwendung der Wahrscheinlichkeitstheorie bis zum Aufkommen der Lebensversicherungen zum lange Zeit erfolgversprechendsten Versuch, die geringe Leistungsfähigkeit der mittelalterlichen Laden und die Labilität der neueren Kassen zu überwinden und die Altersversorgung sicherer zu gestalten [150]. Als eine Art Leibrentengesellschaft gewähren sie gegen eine einmalige Zahlung einem festen Mitgliederkreis lebenslängliche Renten, wobei sich beim Tod eines Mitgliedes die Renten der Überlebenden anteilsmäßig erhöhen. Dadurch kann ein Kind, auf dessen Leben seine Eltern Anteile erworben haben, im Falle eines langen Lebens in den Genuß einer sehr hohen Rente kommen. Diese Tontinen werden in Darstellungen über die Frühzeit der Lebensversicherungen sehr gerne beschrieben, da sie vom Abenteuerlichen der Alchimistenzeit umwittert sind. Der Erfinder dieser Leibrenten, der neapolitanische Arzt Lorenzo Tonti hatte bereits im Jahre 1653 Kardinal Mazarin den Plan unterbreitet, er solle bei Privatpersonen ein Kapital von 25 Millionen Livres aufnehmen, jährlich 1,025 Millionen an Zinsen an die Kapitalgeber ausschütten, diese in zehn Altersgruppen aufteilen und jeder Gruppe den zehnten Teil der Gesamtzinsen überweisen. Beim Aussterben einer Gruppe solle dieser Teil der Rentenverpflichtung des Staates erlöschen. Im Jahre 1689 tritt diese erste Tontine in Kraft. Sie dauert bis zum Jahre 1726, als unter der Regierung Ludwigs XIV. die letzte Rentenempfängerin, eine 96jährige Frau stirbt. Sie bezieht zuletzt eine jährliche Rente von 73.500 Livres [151]. Die Tontinen sind so recht nach dem Geschmack einer Zeit, die für ihre Neigung zum Spielerhaften und tollen Wagen bekannt ist, in der Glücksritter bewundert und Projektemacher gesucht sind, und die im Spekulationsfieber mit den Aktien der Mississipigesellschaft des Schotten John Law ihren Höhepunkt findet. Nach der Aufhebung des Edikts von Nantes im Jahre 1685 führen wahrscheinlich Glaubensflüchtlinge die Tontine in Deutschland ein. 1698 errichtet Kurfürst Friedrich III. in Cölln an der Spree eine derartige Tontinen- und Leibrentenkasse, um seine „getreuen Unterthanen" im Alter und „bey abnehmenden Kräften" vor den wirtschaftlichen Folgen von „Fallimenten" zu schützen [152]. Die zeitgenössischen Kameralisten empfehlen die Tontine als Mittel der Schuldentilgung für Staaten und Städte. Großes Aufsehen erregen in den Jahren 1777 und 1783 zwei von der Stadt Nürnberg errichtete Tontinen, da sich in ihnen Angehörige zahlreicher Fürstenhäuser aus ganz Europa als Mitglieder zusammenfinden und weil mit der Hinrichtung der beiden Tontinisten Ludwig XVI. von Frankreich und seiner Gemahlin Marie Antoinette sowie der Ermordung von Zar Paul von Rußland etliche Renten frei werden, die den anderen Mitglieder zugute kommen [153]. Neu an diesen beiden Anstalten ist, daß sich die Stadt mit ihrem ganzen Vermögen und ihren Einkünften für die Leistungen verbürgt und garantiert, daß kein Mitglied sein eingezahltes und mit vier Prozent verzinstes Kapital verliert. Augenblicklich entsteht eine ganze Literatur für oder gegen diese Institution. Der bereits erwähnte Johann August Kritter meldet sich auch hier zu Wort und vergleicht die Tontine mit einem Hasardspiel und einer Lotterie, wobei der Tod von Mitgliedern für die Überlebenden den Vorteil darstelle, den sonst das gezogene Los eröffne. Im Jahre 1786 schreibt er ganz nach dem Denken eines merkantilistisch geschulten Beamten: „... ein junger Mann, der etwa 3000 Reichsthaler im Vermögen hat, und dieses Geld auf Leibrenten hergiebt, kann dafür auf Zeitlebens eine Rente von 300 Rthlr kaufen, wovon er gemächlich leben kann. Was soll ihn also bewegen zu arbeiten und ein nützliches Glied des Staates zu werden? Er wird es nicht für gut finden zu heyrathen, da er seinen Kindern nichts hinterlassen kann. Sein Geld ist à fond perdu gegeben; also auch zugleich die eheliche Liebe, Blutsfreundschaft und Vaterlandsliebe." [154] Die Tontinen sind nach Auffassung von Kritter dazu geeignet, die bürgerlichen Tugenden Fleiß und Sparsamkeit zu untergraben, da sie nicht wie die Renten der Witwenkassen hilflosen Hinterbliebenen zugute kommen, sondern Leuten im leistungsfähigen Alter, denen sie ein Leben ohne Arbeit ermöglichen. Auch empfinden viele einen bitteren Beigeschmack bei dem Gedanken, daß das Sterben des einen dem Überlebenden einen oft stattlichen Gewinn beschert, daß die Nachricht vom Tode eines weiteren Mitgliedes, bei den anderen oft eine heimliche materielle Freude auslöst. Den letzten Überlebenden einer Tontine kann eine Rente in einer Höhe zufallen, die mit einem angemessenen versicherbaren Ziel nur mehr wenig zu tun hat, so daß die Grenze zwischen versicherbarem Interesse und spielerischer Wette überschritten ist. Trotz aller Kritik erleben die Tontinen einen großen Zulauf.

149 Vgl. I. SCHNEIDER (1980), S. 56.
150 Vgl. GEBAUER (1895), S. 66f.
151 GROSSE (1885), S. 19f.
152 Einleitung zum Kassen-Reglement; zit. nach SCHMITT-LERMANN (1954), S. 65.
153 ARPS (1965), S. 328.
154 JOH. AUGUSTIN KRITTER: Abhandlungen über Tontinen (1786); zit. nach BRAUN (1963), S. 161.

Der spätere Kaiser Wilhelm I. und sein Bruder König Friedrich Wilhelm IV. werden Mitglieder der dänischen Staats-Tontinen-Gesellschaft vom Jahre 1800, und zumindest der Kaiser bezieht in seinem hohen Alter von 91 Jahren eine sehr hohe Überlebensrente. Auch Papst Pius VII. (1823-1829) ist Mitglied dieser als unmoralisch verschrieenen Tontine [155]. Mit Durchsetzung der Lebensversicherung im 19. Jahrhundert nimmt die Kritik an der als Wette verurteilten Tontine zu, und obwohl Höchstgrenzen für die Renten festgesetzt werden, streichen immer mehr Gesellschaften die Tontine aus ihrem Angebot. Die abgeschlossenen Verträge haben gleichwohl noch oft weit bis ins 20. Jahrhundert hinein Bestand. Bei der Karlsruher Lebensversicherung, die Ende 1872 wegen mangelnder Nachfrage die Tontinen einstellt, stirbt im Oktober 1950 der älteste nach einem Tontinenplan Versicherte im Alter von 94 Jahren. Sein Vertrag hatte in der Zeit des Deutschen Bundes begonnen, bestand im Kaiserreich, der Weimarer Republik und im Dritten Reich, durchlief zwei Währungsumstellungen und endet schließlich in der frühen Bundesrepublik Deutschland [156].

Die geistigen Voraussetzungen zur nüchternen Betrachtung und rechnerischen Erfassung sozialer Vorgänge und zur Konstruktion von wissenschaftlich-rational fundierten Vorsorgeeinrichtungen waren in keinem Land des ausgehenden 17. Jahrhunderts derart gegeben wie in England. Im Jahre 1660 tritt die Royal Society in London an die Öffentlichkeit und wird zu dem großen Kommunikationszentrum für die exakten Statistiker. Der Volkswirtschaftler und Begründer der politischen Arithmethik [157] William Petty (1623-1687) sagt über die neuen wissenschaftlichen Methoden der hier zusammengeschlossenen Forscher: „Die Methode, die ich hier anwende, ist nicht gerade üblich. Statt mich nur vergleichender und superlativer Worte und geistiger Argumente zu bedienen, habe ich den Weg eingeschlagen, mich in Zahl, Gewicht und Maß auszudrücken, nur Sinneswahrnehmungen zu benutzen und nur solche Gründe zu betrachten, die sichtbare Grundlagen in der Natur haben; Dinge, die auf wechselnden Stimmungen, Meinungen, Wünschen und Leidenschaften einzelner Menschen beruhen, überlasse ich der Betrachtung anderer!" [158] In der Londoner Royal Society werden Geburt und Tod, Sterbenswahrscheinlichkeit und Lebenserwartung als Ganzes ihrer übernatürlichen Abhängigkeit entkleidet und zu schätz- und meßbaren Größen. Bereits 1661 reicht John Graunt der Gesellschaft ein Essay ein, in dem er mit Hilfe von Sterblichkeitsregistern bestimmte soziale Gesetze ausfindig zu machen sucht. Wegen fehlender Altersangaben vermag Graunt vorerst jedoch nur hypothetische Sterbetafeln zu erstellen. Aber alle diese Vertreter der neuen Naturphilosophie zeigen sich entschlossen, in Ergänzung zur Heiligen Schrift das „Buch der Natur" zu entschlüsseln [159].

Dennoch gehen die eigentlichen produktiven Ansätze zur Sozialstatistik in erster Linie von Deutschland aus. Wie bereits erwähnt, stellt der Breslauer Theologe Kaspar Neumann sorgfältig ausgearbeitete Tabellen über Geburts- und Sterbefälle seiner Gemeinde für die Jahre 1687 bis 1691 zusammen. Neumann war während seines Studiums mit den von Bacon und Descartes angeregten frühaufklärerischen Bewegungen in Berührung gekommen. Jetzt versucht er anhand demographischer Daten eine Bestätigung dafür zu finden, daß Gottes Vorsehung alles aufs beste eingerichtet habe [160]. Es lag „schon seit langer Zeit in meinem Wunsche, eine Übereinstimmung zwischen Glauben und Erfahrung herzustellen", schreibt er 1694 ganz im Geiste der Frühaufklärung [161] an den englischen Astronomen und Mathematiker Edmond Halley [162]. Es geht ihm darum, mit Hilfe exakter „empirischer" Beobachtungen Erscheinungsformen des Aberglaubens zu bekämpfen, in dem er als rationalistischer Theologe eine Leugnung der Vollkommenheit der göttlichen Schöpfung sieht. Er will nachweisen, daß alle diese vermeintlichen Zusammenhänge zwischen Geburt und Tod sowie gewissen kabbalistischen Zahlen und dem Stand der Planeten, woran viele Menschen glauben, mit Hilfe von Experimenten ad absurdum zu führen seien. Gegenüber Leibniz äußert er die Hoffnung, daß durch seine Untersuchungen „vielerlei Aberglaube desto besser aus der Erfahrung widerlegt werde" [163]. Neumann ist ein echter Vertreter der Aufklärung, der voller Pragmatismus darangeht, die Natur zu einer Antwort über ihre Gesetzmäßigkeiten zu zwingen.

Neumanns „Reflexiones über Leben und Tod bei denen in Breslau Geborenen und Gestorbenen" gelangen über Leibniz in die Hände von Halley, der daraus eine Sterbetafel für eine konstant bleibende Bevölkerung entwickelt. Sie wird von dem Basler Mathematiker Leonhard Euler, einem Anhänger des Descartes, für wachsende Bevölkerungen ergänzt. Halleys Mortalitätstabelle bleibt für mehr als ein Jahrhundert das grundlegende Werk der Sterblichkeitsstatistik und dient der bald aufkommenden Lebensversicherungswirtschaft

---

155 Arps (1965), S. 329.
156 Ebd. S. 330.
157 Sozialstatistik.
158 William Petty: Political Arithmetic (1690); zit. nach Müller-Armack (1944), S. 253f.
159 I. Schneider (1980). S. 55.
160 Vgl. Müller-Armack (1944), S. 44.
161 Rosin (1932), S. 69ff.
162 J. Graetzer: Edmund Halley und Caspar Neumann, Breslau 1883, S. 42.
163 Zit. nach Braun (1963), S. 99.

als Berechnungsgrundlage.

Das Eindringen des Cartesianismus in die Theologie führt in Deutschland Jahrzehnte nach Neumanns Arbeit zu einem weiteren nachhaltigen Versuch, den Glauben rational zu rechtfertigen und soziale Probleme rechnerisch zu behandeln. Mit Hilfe selbst entwickelter statistischer Methoden analysiert der preußische Feldprediger Johann Peter Süßmilch in seiner im Jahre 1741 erschienenen Schrift „Die Göttliche Ordnung in den Veränderungen des Menschlichen Geschlechts aus der Geburt, dem Tode und der Fortpflanzung desselben erwiesen" erstmals demographische Phänomene und relative Gesetzmäßigkeiten und deutet die Bevölkerungsweise vor dem Hintergrund sozio-ökonomischer Einflüsse. Er interpretiert unter anderem die über längere Zeiträume gleichbleibende durchschnittliche Lebenserwartung als „die größte Ordnung", die überhaupt möglich ist[164]. Es gelingt ihm der Nachweis von Regelmäßigkeiten, also natürlichen Gesetzen kraft göttlicher Ordnung, die er hinter den scheinbaren Zufälligkeiten der Geschlechts- und Altersverhältnisse hervorholt. Seine und Neumanns Forschungen helfen, die statistischen Werte zu finden, die zur praktischen Anwendung der Wahrscheinlichkeitsrechnung auf das menschliche Leben Voraussetzung sind. Sie erlauben es den im 18. Jahrhundert entstehenden Lebensversicherungsunternehmen, ihren auf exakter Kalkulation beruhenden Betrieb aufzunehmen. Süßmilch publiziert die erste, wirklich brauchbare Sterblichkeitstafel Deutschlands[165]. Die Frage nach der wahrscheinlichen Lebenslänge liegt um die Mitte des 18. Jahrhunderts in der Luft und nicht nur in England und Deutschland wetteifern die intelligentesten Köpfe darum, dem Schicksal sein Geheimnis zu entreißen. Der französische Naturforscher George Louis Leclerc Comte de Buffon (1707-1788) fertigt aus den Sterbelisten von fünf Pfarreien in Paris und Umgebung detaillierte Sterbetafeln an. Sein Landsmann Antoine Deparcieux veröffentlicht 1746 mit den Daten von Tontinengesellschaften Rentnersterbetafeln und der Holländer Nicolaus Struyck errechnet die wahrscheinliche Lebenserwartung der einzelnen Altersstufen[166].

Trotz der Erfolge deutscher Theologen um die Weiterentwicklung einer exakten politischen Arithmetik werden ihre Bemühungen im eigenen Lande nicht aufgegriffen. Neumann und Süßmilch bleiben in ihrer Heimat Außenseiter, und mit ihnen findet auch die Lebensversicherungswirtschaft hier zunächst keinen Widerhall. Um so begieriger greift dagegen das calvinistische England diese Anregungen auf und setzt sie in die Tat um, da zunächst nur hier die Sozialstatistik einen geistigen Nährboden findet, gleichzeitig die religiös-aufklärerische Haltung die Überzeugung breiter Bevölkerungsschichten ausdrückt und drittens von der privatwirtschaftlichen Initiative die für eine Realisierung notwendigen Impulse ausgehen. Während in Deutschland selbst ein so aufgeklärter Kameralist wie Johann Heinrich Justi noch im Jahre 1756 aus religiösen Bedenken gegen die damals in England aufkommenden Lebensversicherungen polemisiert, weil man den Wert eines Menschenlebens nicht beziffern könne[167], hatte fast einhundert Jahre zuvor William Petty in nüchterner Dreistigkeit den Wert des Durchschnittsengländers auf acht Pfund Sterling festgesetzt[168].

Trotz günstiger Vorbedingungen findet die Lebensversicherung als neues Konzept der Alters- und Hinterbliebenenversorgung auch in England nur sehr zögernd Anklang. Das mag zunächst überraschen, zumal aus heutiger Sicht diese Institution eine Menge Vorteile bringt, die den alten Kassen und Laden fehlten. Die Schwierigkeiten werden verständlich, wenn man bedenkt, daß es sich bei der Lebensversicherung nicht bloß um eine Fortentwicklung überkommener Einrichtungen handelt, sondern um etwas qualitativ Neues, daß sie nicht nur die mittelalterlichen Totengilden und Sterbekassen modernisiert hat, sondern eine grundlegend neue, in England entstandene, im aufklärerischen Geist und von wissenschaftlich-rationalen Motiven geprägte Schöpfung darstellt, die erstmals Risikoübernahme und Prämie in ein möglichst exakt berechenbares Verhältnis bringt. Derartig revolutionäre Konzepte lassen sich nicht von heute auf morgen realisieren, da sich die Neuerer nur schwer und in einem allmählichen Prozeß von überkommenen Praktiken und Anschauungen freimachen können. Ein Beispiel dafür ist die immer wieder angeführte „Amicable", eine Gründung aus dem Jahre 1706, deren Direktorium das Prinzip der Tontine auf die Todesfallversicherung überträgt und nur eine gleichbleibende Zahl von Kunden versichert. Erst im Jahre 1790 wagt es der Vorstand, die Mitgliederzahl auf 4000 zu erhöhen[169].

So schlägt erst im Jahre 1765 die eigentliche Geburtsstunde der Lebensversicherungswirtschaft, als die „Equitable Life Assurance Society" in London ihr Büro eröffnet. Durch Anwendung der neuesten Erkenntnisse der Bevölkerungsstatistik gelingt es diesem Unternehmen erstmals, seine Prämien der realen Sterblichkeitsentwicklung anzupassen. Die Arbeiten von Richard Price helfen, Prämientabellen zu entwickeln, die

---

164 SÜSSMILCH (1972), S. 18.

165 In der 1764/65 von Christian Jacob Baumann herausgegebenen 4. Auflage des Werkes von Süßmilch, erörtert der Herausgeber in einer „Abhandlung von Wittwenverpflegungsgesellschaften" die Anwendung der Süßmilchschen Sterbetafel; Berlin 1764/65, Bd. 3, S. 432ff.

166 Vgl. SEYBOTH (1957), S. 71f.

167 JUSTI (1756), Bd. 1, S. 768f.

168 Vgl. MÜLLER-ARMACK (1944), S. 255.

169 BRAUN (1963), S. 114ff.

die unterschiedliche Berufsgefahr berücksichtigen, und den jährlichen Reingewinn sowie die Prämienreserven zu ermitteln. Das Geschäft dieser Gesellschaft entwickelt sich weitaus besser als das aller früheren Gründungen. Die Zahl der Versicherten erhöht sich von 913 im Jahre 1776 auf 5124 im Jahre 1799 bei einer Versicherungssumme von 3,9 Millionen Pfund [170].

Die geschäftlichen Erfolge der „Equitable" sind nicht allein durch ihre versicherungstechnischen Fortschritte bedingt. Sie finden ihre Ursache vor allem in dem gesellschaftlichen und wirtschaftlichen Umbruch des beginnenden Industriezeitalters. Die Gründung dieses Lebensversicherungsunternehmens fällt in eine Zeit, in der sich die englische Wirtschaft von der früheren gewerblichen Gebundenheit befreit, in der die Maschinenarbeit die Handarbeit verdrängt, in der neue Energiequellen erschlossen werden und eine stetig wachsende regionale Mobilität in Richtung auf die neuen Industriezentren einsetzt. Auch ist es sicher kein Zufall, daß die Geburtsstunde der modernen Lebensversicherung mit dem Erscheinen des Hauptwerkes von Adam Smith „An Inquiry the Nature and Causes of the Wealth of Nations" im Jahre 1776 zeitlich zusammentrifft. Mit dem Vorrücken des Liberalismus werden in England auf wirtschaftlichem Gebiet die staatlichen Aktivitäten zurückgedrängt und die nachlassende öffentliche Unterstützung läßt bei der gleichzeitig verlaufenden Auflösung der Zünfte als den traditionellen Trägern der Personenversicherung das Bedürfnis nach eigenverantwortlicher Vorsorge für Krankheit und Alter wachsen. Daher ist es kaum verwunderlich, daß auf der Insel der Wille zur Lebensversicherung sehr viel stärker hervorbricht als zur gleichen Zeit in Deutschland. Während hier die Grundherrschaft noch immer den Bauern absichert, die Zunft den Handwerker, der Staat die Beamten, Geistlichen und Lehrer, entbehrt dort ein Großteil der Bevölkerung derartiger Stützen. „Daß diese Schichten sich nicht, wie die vom Staate gesicherte Orthodoxie, trotz aller religiöser Zuversicht mit den Lilien auf dem Felde und den Vögeln in der Luft trösteten, sondern auf Sicherheit bedacht waren, ist verständlich", meint Alfred Müller-Armack [171]. Der Liberalismus und die Industrialisierung eröffnen in der Altersversorgung ein Sicherheitsvakuum, das es im Interesse des gesamtgesellschaftlichen Fortschritts aufzufüllen gilt. Hier steigen private Unternehmer ein und suchen geschäftlichen Erfolg. Im Gegensatz zu Deutschland entstehen in England und auch in den Niederlanden während des 18. Jahrhunderts Versicherungsunternehmen in privater Form.

Trotz der für die Entwicklung der Lebensversicherung recht günstigen wirtschaftlichen und sozialen Konstellation, gelingt es ihr zunächst einmal nicht, den Hauptnutzen daraus zu ziehen. Zwar feiern historische Rückblicke die Gründung der „Equitable" als Beweis für den Durchbruch des neuen Versicherungsgedankens und als Sieg über das alte Versorgungskonzept, doch den eigentlichen Vorteil aus dem Zerfall überkommener Sicherungseinrichtungen und der Zerstörung der alten karitativen Sozialhilfe ziehen vorerst noch die nach überkommenem Muster aufgebauten Gegenseitigkeitsvereine. Die zweite Hälfte des 18. Jahrhunderts wird in England zum goldenen Zeitalter der sogenannten Friendly Societies. Aus mittelalterlichen Gilden hervorgegangen, hatten sie im späten 17. Jahrhundert zu einem eigenständigen Charakter gefunden, ohne jedoch sonderlich hervorzutreten. Zu Beginn der Industrialisierung in England ist die Friendly Society eine Mischung aus geselligem Verein, Gewerkschaft, Vorsorge- und Sparkasse. Sie unterstützt ihre Mitglieder bei Krankheiten, Unfällen und Tod und sorgt für eine ehrenvolles Begräbnis der Verstorbenen. Der Hauptgrund für die schnelle und weite Verbreitung dieser Vereine seit den sechziger Jahren des 18. Jahrhunderts ist jedoch in der mit der Industrialisierung verbundenen verstärkten Auflösung des Familienverbandes zu suchen [172]. In den schnell wachsenden Industrieregionen, die zum Sammelbecken für die überschüssigen Arbeitskräfte des ganzen Landes werden, sucht vor allem die Industriearbeiterschaft einen Ersatz für den Verlust an Schutz und sozialen Beziehungen, die zuvor die Familie gewährt hatten. Die Friedly Societies schieben sich als eine Art Puffer zwischen Familie und Wirtschaftsgesellschaft. Sie helfen dem Einzelnen durch Feste, Versammlungen und persönlichen Rat, sich in der gewandelten und unbekannten Umwelt zurechtzufinden. Sie schützen die Arbeiter vor unverhofft anfallenden Ausgaben, vor allem vor Krankheits- und Begräbniskosten. Sie versuchen auf breitester Front, der sozialen Not des späten 18. Jahrhunderts zu begegnen. Überall in den Industriezentren schießen solche Gegenseitigkeitsvereine in rascher Folge aus dem Boden. In der ersten Hälfte des 19. Jahrhunderts notiert der „Manchester Guardian" eine starke Konzentration dieser Vereine in den Industrielandschaften ganz im Gegensatz zu den landwirtschaftlich beherrschten Zonen. Zur Wende zum 19. Jahrhundert gehört fast ein Viertel der Gesamtbevölkerung von England und Wales den Friendly Societies an [173].

Mit wachsender Verarmung weiter Teile der Bevölkerung im frühindustriellen England verstärkt sich die Erkenntnis, daß diese Vereine in der gegebenen Form und unter den neuartigen Bedingungen einer mo-

170 Rosin (1932), S. 62f.

171 Müller-Armack (1944), S. 256.

172 So Neil J. Smelser: Social Change in the Industrial Revolution, 4. Aufl., London 1972, S. 353f.

173 Ebd. S. 355ff.

bilisierten Gesellschaft die Not der unteren Schichten nur unzulänglich zu lindern vermögen und bei dem ihnen eigenen Finanzgebaren in allgemeinen Krisenzeiten fast regelmäßig versagen. Anfang des 19. Jahrhunderts weisen die Kritiker vermehrt auf die Schwachstellen dieser Vereine hin und nennen als Hauptursache die kaum übersehbare Fülle an Tätigkeitsbereichen. Gesellige Zusammenkünfte, gewerkschaftliche Aktivitäten und zum Teil pompöse Begräbnisse belasten die Reserven über Gebühr und lassen sie dann, wenn ihre Hilfe am dringendsten gebraucht wird, versagen. Auch macht die Bevölkerung sehr bald die bittere Erfahrung, daß die Friendly Societies ihr sauer verdientes Geld nicht zu vermehren verstehen, da sich eine zinsbringende Anlage der knappen Kassenbestände nicht lohnt.

Es wäre zu einfach, das Zwischenspiel dieser Gegenseitigkeitsvereine als einen teuer bezahlten Irrtum abzutun. Sicherlich verursacht ihr Zusammenbruch viel individuelles Leid, doch ist der langandauernde und kräftige Zulauf zu ihnen auch ein Beweis dafür, daß sie die momentanen Bedürfnisse eines Großteils der Bevölkerung noch besser erfüllen als die hochspezialisierten, auf reine Geldleistungen abgestellten Lebensversicherungsunternehmen. Das breitgefächerte Leistungsangebot der Friendly Societies ist in der Übergangsphase von der Agrar- zur Industriegesellschaft bestens geeignet, einen Teil der Schwierigkeiten zu dämpfen, die der Wandel der Daseinsformen verursacht, und die gegenseitige Hilfe der Mitglieder ersetzt in vielen Fällen die fehlende Finanzkraft. Andererseits haben die starke Zunahme dieser zwischen den gemeinschaftlichen und gesellschaftlichen Versicherungsformen anzusiedelnden Vereine und ihr Zusammenbruch zur Folge, daß der gesamten Bevölkerung unübersehbar und sehr drastisch die vielen Unzulänglichkeiten dieser Art von Daseinsvorsorge in der neuen Industriegesellschaft vor Augen geführt werden, so daß sie um so bereitwilliger und konsequenter die neue Lösung, sprich die Lebensversicherung, annimmt.

Ähnlich wie auf der Insel, wo durch private Bemühungen der „Gemischtwarenladen" der Friendly Societies ausgebaut wird, so entdeckt in Deutschland — wie gezeigt — der Staat im Zuge seiner aktiven Bevölkerungspolitik und unter dem Zwang, die sich immer weiter öffnende Lücke in der Hinterbliebenenversorgung schließen zu müssen, die Witwen- und Waisenkassen. Er setzt auf die Karte der genossenschaftlichen Personenversicherung, die in ihrer öffentlich-rechtlichen Form im westlichen Ausland völlig fehlt. Ebenso wie zuvor England wird das Land von einer Gründungswelle erfaßt, die auch den handwerklichen Kassen zu neuer Blüte verhilft. Diese alte Art des Unterstützungswesens vermag sich über die Zeit des Merkantilismus hinaus wie in England bis in die Hochphase des Maschinenzeitalters zu halten, zumal die Landesherren mit ihren „General-Privilegien" und „Generalzunftartikeln" die Für- und Vorsorge im Handwerk zunächst nur höchst ungenügend zu regeln verstehen. Aus Mangel an geschulten Kräften und finanziellen Mitteln gelingt es den Behörden nicht, das unübersehbare Geflecht der genossenschaftlichen Selbsthilfe zu ersetzen, auch weil diese überkommenen Organisationsformen, ähnlich wie in England, den Bedürfnissen der Bevölkerung eher gerecht werden als die später in der Hochindustrialisierung zur Anwendung gekommenen. Der Staat ergänzt die Vorsorgeeinrichtungen dort, wo die schützende Hand der Zünfte nicht hinreicht. Er greift dort ein, wo das fortwährende Bevölkerungswachstum die alten Einrichtungen überbeansprucht. Gleichzeitig beginnt die sich herausbildende gewerblich-frühindustrielle Arbeiterschaft seit Ende des 18. Jahrhunderts in Selbsthilfe eigene Unterstützungskassen zu errichten, die mehr als nur finanzielle Hilfen leisten. Man hat allein für die Jahre 1801 bis 1847 in Deutschland insgesamt 47 derartiger lokaler Unterstützungskassen und -vereine ausmachen können[174], die oft ähnlich den Friendly Societies den Arbeitern alle möglichen Hilfeleistungen bereitstellen und zur Wiege der Arbeiterbewegung werden.

Dennoch bleibt auch in Deutschland der Aufstieg der ersten englischen Lebensversicherungsunternehmen nicht ohne Widerhall. Seit Ende des 18. Jahrhunderts beginnt man hier vieles von dem zu imitieren, worin man die Ursache für den Aufstieg Englands zur wirtschaftlichen und politischen Führungsmacht vermutet. Vor allem in Hamburg, diesem Einfallstor für englische Waren und Ideen, greift die von den Gedanken der Aufklärung durchdrungene Führungsschicht begierig viele Impulse auf und setzt sie in die Tat um. In der „Hamburgischen Gesellschaft zur Beförderung der Künste und nützlichen Gewerbe", kurz „Patriotische Gesellschaft von 1765" genannt, finden sich um den Wolff-Schüler Johann Albrecht Reimarus viele der Aufklärung verschriebene Akademiker und Geschäftsleute zusammen: Juristen, Geistliche, Gymnasialprofessoren und vor allem Kaufleute[175]. Im Sinne der auf die Praxis ausgerichteten Aufklärungsphilosophie wollen sie sozial und wirtschaftlich wirksam werden. Hier geht das Gedankengut der Aufklärung mit den Wirtschaftsinteressen der Kaufmannschaft eine Symbiose ein, hier werden von Anfang an konkrete soziale und wirtschaftliche Probleme, die auf der Stadt lasten, unter Anwendung der neuesten Erkenntnisse der Wissenschaft in Angriff

[174] Vgl. Ulrich Engelhardt: Gewerkschaftliches Organisationsverhalten in der ersten Industrialisierungsphase, in: Arbeiter im Industrialisierungsprozeß, hrsg. von Werner Conze und Ulrich Engelhardt, Stuttgart 1979, S. 374f.

[175] Dazu Kopitzsch (1982).

genommen, hier findet man sich zusammen, um dem gemeinsamen Wohl zu dienen. Man gibt sich entschlossen, den Bürgersinn zu wecken, den „gemeinschaftlichen Eyfer" anzuregen, das versteht man unter patriotisch. Die Gesellschaft diskutiert Verbesserungsvorschläge in der Land- und Forstwirtschaft, der städtischen Infrastruktur und Innovationen im Gewerbe. Sie bemüht sich, soziale Mißstände in den Griff zu bekommen und geht gegen die durch wirtschaftliche Veränderungen verursachte Armut mit wirtschaftlichen und pädagogischen Maßnahmen an.

Zu diesem gesamten Maßnahmenbündel gehört auch das Konzept einer Versorgungsanstalt, die der Ober- und Mittelschicht Schutz vor dem sozialen Abstieg nach dem Tod des Ernährers bieten soll. Dies hat nichts zu tun mit einer wie auch immer gearteten Fürsorge, sondern soll die Möglichkeit zu einer eigenverantwortlichen Vorsorge eröffnen, um das eigene Leben planbarer, kontrollierbarer und sicherer zu gestalten. Bereits seit Gründung der Patriotischen Gesellschaft im Jahre 1765 erörtert ein Ausschuß unter Leitung von Johann Georg Büsch und des Kaufmanns Johann Friedrich Tonnies die Probleme des Vorsorgewesens, da die bekannten Schwierigkeiten der Witwenkassen nach neuen Lösungsvorschlägen verlangen und eine Reihe von Sachverständigen diese gefunden zu haben glauben. Anläßlich des 25jährigen Bestehens der Anstalt erinnert sich ein Beteiligter: „Schon frühe beschäftigte, auf Veranlassung mehrerer um diese Zeit entstandener, durch falsche Calculationen und zu glänzende Versprechungen dem unvermeidlichen Ruin entgegeneilender und durch diesen Ruin so manches Privat- und Familien-Wohl tief erschütternder sogenannter Witwen- und Waisen-Cassen, der Wunsch einer soliden Anstalt dieser Art, die Gesellschaft sehr lebhaft; und besonders hatte Herr Johann Friedrich Tonnies das Verdienst, dieselbe schon im Jahre 1766 zuerst auf diesen Gedanken aufmerksam zu machen und von dieser Zeit an in sehr ernsthafte Anregung zu bringen." [176] Die Hamburger erbitten bei dem englischen Mathematiker Richard Price, der sich mit seinen Prämientabellen für die „Equitable" einen Namen gemacht hat, ein Gutachten für die geplante Anstalt [177] und beauftragen den Oldenburger Landvogt Georg Christian Oeder, einen Plan für eine Witwenkasse auszuarbeiten. Oeder, der aus Ansbach stammt, ist als Mediziner, Botaniker und Staatswissenschaftler bedeutend. Er gehört zu den ersten, die für Agrarreformen und Bauernbefreiung eintreten. Er ist daneben ein ausgewiesener Fachmann im Armen- und Kassenwesen [178]. Die sich über dreizehn Jahre hinziehenden Vorarbeiten lassen erahnen, welche Schwierigkeiten es zu meistern gilt, ehe das völlig neuartige Konzept endlich konkrete Gestalt annimmt. Wahrscheinlich verhindern weniger die Klippen der Versicherungsmathematik einen schnelleren Abschluß des Projekts als vielmehr die Voreingenommenheit und das Denken in alten Schemata. Zudem ist die Anwendung der Süßmilchschen Sterbetafeln, wie sie Oeder vorschlägt, nur eine von vielen möglichen Wegen, die sich anbieten. Die Verwendung von Sterbestatistiken hat in der zweiten Hälfte des 18. Jahrhunderts ihre größere Tauglichkeit noch keinesfalls völlig überzeugend unter Beweis stellen können. Selbst in England ist die „Equitable" zu dieser Zeit noch immer eine unter vielen kleinen Versorgungsanstalten, bei denen sich allen erst nach Jahrzehnten herausstellt, ob das „Hazzard-Spiel" von Prämien und Leistungen Gewinn oder Verlust beschert. Es ist bezeichnend für diese Schwellenzeit, in der das alte Konzept zunehmend tiefe Risse bekommt und das neue langsam Gestalt annimmt, daß der Vorstand der Calenbergischen Witwenkasse ausdrücklich die Verwendung der Süßmilchschen Tafeln ablehnt. Die Zeitgenossen verfügen noch nicht über die Erfahrungen der später Geborenen, die viel aus dem Schaden gelernt haben, die eine große Zahl an Witwen des späten 18. Jahrhunderts hat hinnehmen müssen. Sie sind in ihren Entscheidungen zunächst noch der Tradition verhaftet, zumal die Vergangenheit gezeigt hat, daß einzelne Kassen mit den bis dahin üblichen Techniken durchaus lebensfähig sind; einzelne Kassengründer legen größten Wert auf eine Rücklagenbildung, zahlen in den ersten Jahren nur einen Teil der Beiträge und der Zinsen wieder aus und haben damit Erfolg [179]. Man mag die Labilität der meisten dieser Kassen kritisieren, die sich oft nur durch drastische Beitragserhöhungen, Leistungsverminderungen und nicht unbeträchtliche Zuwendungen der Landesherren halbwegs über Wasser halten können; bei den wirtschaftlichen und sozialen Gegebenheiten der vorindustriellen Zeit mit ihrer noch weitgehenden Abhängigkeit der einkommen von dem Launen der Natur hätte jede andere Konstruktion zur Hinterbliebenenversorgung versagt. Die Kassen sind den Verhältnissen dieser Zeit an der Nahtstelle zwischen zwei Epochen bestens angepaßt. Wo der Gutsherr seine in Not geratenen Untertanen noch immer zu unterstützen hat, entspricht die hoheitliche Fürsorge für die Kassen den allgemeinen Gepflogenheiten. Letzlich steht es einem Jahrhundert, das seine Sozialversicherung nur durch hohe Subventionen und andauernde Interventionen am

[176] J.A. GÜNTHER: Geschichte der Entstehung, Fundation und Ausarbeitung, der von der Gesellschaft im Jahr 1778 errichteten Hamburgischen Allgemeinen Versorgungs-Anstalt, Hamburg 1909, S. 342. Firmenarchiv der Hamburg-Mannheimer Versicherungs-AG, Hamburg.

[177] Zur Gründung der „Hamburgischen Allgemeinen Versicherungsanstalt von 1778" siehe BOEHART (1985), S. 54ff.

[178] HAASE (1965), S. 1ff.

[179] Vgl. LEWINSKI (1967), S. 27ff.

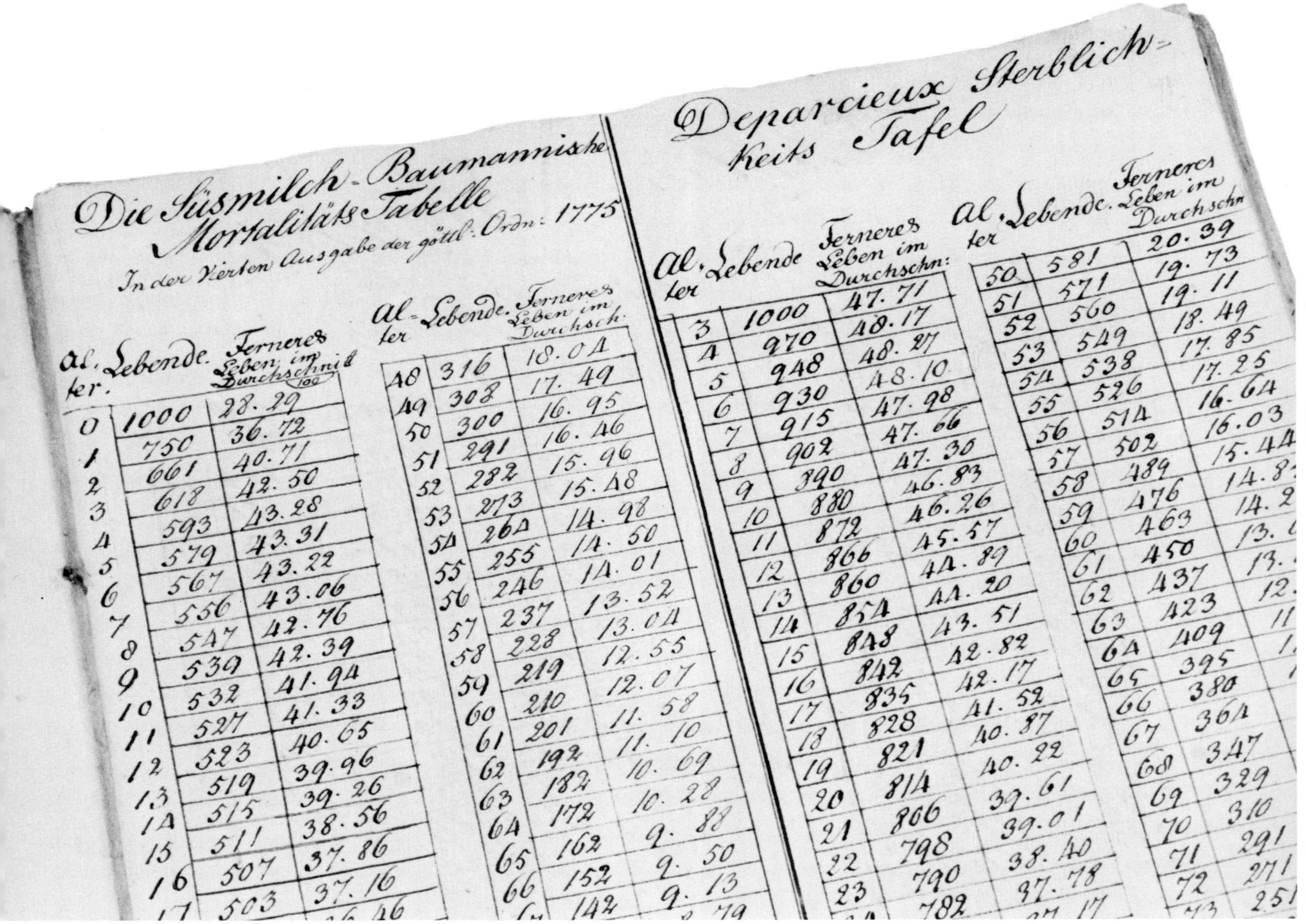

Die Süsmilch-Baumannische Mortalitäts Tabelle
In der vierten Ausgabe der göttl. Ordn: 1775

Alter	Lebende	Ferneres Leben im Durchschnitt
0	1000	28. 29
1	750	36. 72
2	661	40. 71
3	618	42. 50
4	593	43. 28
5	579	43. 31
6	567	43. 22
7	556	43. 06
8	547	42. 76
9	539	42. 39
10	532	41. 94
11	527	41. 33
12	523	40. 65
13	519	39. 96
14	515	39. 26
15	511	38. 56
16	507	37. 86
17	503	37. 16
		36. 46

Alter	Lebende	Ferneres Leben im Durchsch.
48	316	18. 04
49	308	17. 49
50	300	16. 95
51	291	16. 46
52	282	15. 96
53	273	15. 48
54	264	14. 98
55	255	14. 50
56	246	14. 01
57	237	13. 52
58	228	13. 04
59	219	12. 55
60	210	12. 07
61	201	11. 58
62	192	11. 10
63	182	10. 69
64	172	10. 28
65	162	9. 88
66	152	9. 50
[illegible]	142	9. 13
		[illegible] 79

Deparcieux Sterblichkeits Tafel

Alter	Lebende	Ferneres Leben im Durchschn:
3	1000	47. 71
4	970	48. 17
5	948	48. 27
6	930	48. 10
7	915	47. 98
8	902	47. 66
9	890	47. 30
10	880	46. 83
11	872	46. 26
12	866	45. 57
13	860	44. 89
14	854	44. 20
15	848	43. 51
16	842	42. 82
17	835	42. 17
18	828	41. 52
19	821	40. 87
20	814	40. 22
21	806	39. 61
22	798	39. 01
23	790	38. 40
[illegible]	782	37. 78
		[illegible] 17

Alter	Lebende	Ferneres Leben im Durchschn
50	581	20. 39
51	571	19. 73
52	560	19. 11
53	549	18. 49
54	538	17. 85
55	526	17. 25
56	514	16. 64
57	502	16. 03
58	489	15. 44
59	476	14. 8
60	463	14. 2
61	450	13.
62	437	13.
63	423	12.
64	409	11
65	395	1
66	380	
67	364	
68	347	
69	329	
70	310	
71	291	
72	271	
[illegible]	251	

Leben halten kann, schlecht an, derartige Praktiken, die mangelhaftige Sicherheit der alten Kassen und ihre fehlende mathematische Durchdringung zu kritisieren. Nicht zuletzt führen diese Einrichtungen weg vom überkommenen System der Gnadenpension, bei dem der Einzelne vom guten Willen der Obrigkeit abhängig ist; jetzt besitzt er erstmals einen Rechtsanspruch auf Hilfe.

Die Diskussion im Vorfeld der Gründung der Allgemeinen Versorgungsanstalt vermittelt einen Eindruck davon, wie sehr der Bevölkerung das Problem der Hinterbliebenenversorgung unter den Nägeln brennt, wie sehr sie an der Suche der Fachleute nach einer sicheren Lösung Anteil nimmt. Man möchte weg von den bisherigen Anstalten, bei denen die Hinterbliebenen nie wissen, welche Unterstüzung sie erwarten können; man möchte die Zukunft der Witwen kalkulierbarer gestalten und ihnen einen Rechtsanspruch auf eine bestimmte Leistung zusichern. Georg Christian Oeder meldet sich 1776 in der Zeitschrift „Deutsches Museum" zu Wort und zieht die Grenze zwischen den alten und neuen Anstalten: „Es ist eine misliche Sache um Wittwenkassen; und doch sind sie nicht nur eine nüzliche, sondern eine nöthige Anstalt in jedem wohl eingerichteten Staate. Ich verstehe aber unter Wittwenkassen solche Anstalten, wo die den Ehefrauen bestimmten eventuellen Pensionen auf einen förmlichen Kontrakt zwischen der Anstalt und jedem Interessenten ... sich gründen, folglich die Frau im vorkommenden Fall ihre Pension nicht als eine Gnade, sondern als ein für bestimmten Preis erkauftes Recht gewärtiget und geniest. Alle andre den Namen von Wittwenkassen führende Anstalten, wo die Pensionistinnen nicht im Gefolge geleisteter zureichender mit der Erwartung, nach den Regeln des Hazard, ins Gleichgewicht gestellter praestandorum, sondern in totum oder in tantum aus Gunst und Gnade einen Wittwengehalt geniessen, gehören zu Armenanstalten, und ihr Gehalt ist mehr oder weniger Almosen." [180] Als Georg Christian Oeder vorschlägt, die geplante Hamburger Witwenkasse zu einer umfassenden Versorgungsanstalt für alle Bevölkerungsschichten auszubauen, um dem Vorhaben eine größere Resonanz zu sichern, und einen entsprechenden Plan mit detaillierten Prämientabellen vorlegt, melden sich umgehend mehrere kritische Stimmen zu Wort. Neben anderen publiziert Johann August Kritter eine Broschüre mit dem für diese Zeit üblichen Bandwurmtitel „Sammlung von dreyen Aufsätzen über die Calenbergische, Preußische und Dänische Witwen-Versorgungs-Anstalten, nebst einem Anhang, bestehend in einer Prüfung über die am 11ten Juni 1777 angekündigte Verfassung und Statuten der in Hamburg zu errichtenden allgemeinen Versorgungs-Anstalt, desgleichen einen Beschluß bestehend in einem fernern Beweise von der sicheren Anwendung der Süßmilchschen Sterbe-Tabellen auf Witwen-Cassen, durch die 31jährige Erfahrung in Dänemark, und die 23jährige in Bremen" [181]. Kritter begrüßt die Anwendung der Sterbetafeln, glaubt aber, daß Oeder einige Rechenfehler unterlaufen seien. Auch das spätere Mitglied des Direktoriums der Anstalt, der Mathematiker Matthias von Drateln, weist 1778 auf erhebliche Diskrepanzen in den Rentenberechnungen von Oeder hin, der daraufhin umgehend neue Tabellen erstellt. Die 1779 veröffentlichte zweite Auflage der „Anordnung der in der kayserlichen freyen Reichs-Stadt Hamburg errichteten Allgemeinen Versorgungs-Anstalt" hat bis zum Jahre 1805 Bestand. Sie enthält für die zehn Klassen der Anstalt, für die Leib-, Witwen- und Waisenrenten sowie die Sterbegeldversicherung ein detailliertes Tabellenwerk, das sich über 30 Seiten hinzieht und bei den Prämien sowohl das Alter des Versorgers als auch das des Pensionärs berücksichtigt, während die meisten Witwenkassen dieser Zeit ihre Umlagen in einem kurzen Paragraphen zu regeln pflegen. Diese „Mortalitäts- oder Dekremententabellen" [182], die umfangreicher sind als die Statuten, heben die neue Anstalt aus allen übrigen Versorgungseinrichtungen des ausgehenden Jahrhunderts heraus. Hier wird erstmals eine echte Personenversicherung angeboten, während die Witwenkassen in der Mehrzahl dem Caritaswesen noch immer sehr nahestehen, als eine Art Genossenschaft die gefühlsmäßige Bindung der Mitglieder betonen und das Lebensrisiko gewissermaßen als Spielelement aufnehmen, nicht jedoch als exakt berechenbare Größe, von der Leistung und Gegenleistung abhängen. Auch verschließen sie inzwischen ihre Türen vor den über 50jährigen, da in der Vergangenheit ein Großteil der Bevölkerung erst im Anblick des Todes in eine Kasse eintrat und damit die für ihren Bestand so schädliche Überalterung beschleunigte. Die Allgemeine Versorgungsanstalt dagegen nimmt auch 70jährige auf, natürlich gegen Bezahlung einer entsprechend höheren Prämie.

Obwohl die Anstalt in den meisten Geschäftsbereichen eine echte moderne Personenversicherung verkörpert, obwohl ihr das Versicherungs- und nicht das Vorsorgekonzept zugrunde liegt, bleibt sie in gewisser Weise ein Zwitterding, eine Gründung an der Nahtstelle zweier Epochen, als man noch nicht wagt, ganz konsequent einen neuen Weg einzuschlagen, ohne zurückzuschauen. Sie bietet neben einer erstaunlich breiten Palette an Renten in Form von Leibrenten, Witwen- und Waisenrenten, Aussteuerrenten sowie einer Sterbegeldversicherung auch eine sogenannte „Ersparungs-Klasse", also eine Sparkasse an. Mit diesem bunten Sortiment an Leibrenten, Versicherungen und Sparkonten steht die Anstalt noch mit einem Fuß in der alten Zeit. Ihrem Leistungsangebot fehlt noch die Spezialisierung auf einen einzigen Bereich. Sie verkauft noch Leibrenten, wie dies bereits die Klöster des Mittelalters getan hatten. Gegen einmalige Zahlung können Interessenten diese stark spekulativen Renten erstehen, jene Form der Alterssicherung die vom Standpunkt des Rentners aus ein egoistisches Geschäft darstellt, da ja den Erben ein Teil des Vermögens entzogen wird [183]. Ferner finanziert die Anstalt mit Hilfe der Einlagen noch keine wirtschaftlichen Unternehmungen, sondern hinterlegt die eingehenden Gelder bei der Kämmerei, also der Stadtkasse, die darauf Zinsen gewährt. Auf der anderen Seite ist die Anstalt äußerst fortschrittlich. Neben den Versicherungen ist die „Ersparungs-Klasse" ohne Vorbild und steht am Anfang der deutschen Sparkassengeschichte [184]. Diese Sparkasse ist Oeders Idee, der sich offenbar von englischen Vorbildern beeinflussen ließ. In Schlözers „Stats-Anzeigen" von 1782, wo die „Anordnung der in der kays. freyen Reichsstadt Hamburg errichteten allgemeinen Versorgungs-Anstalt" abgedruckt ist, heißt es: „Die Ersparungs-Classe dieser Versorgungs-Anstalt ist zum Nutzen geringer fleißiger Personen beyderley Geschlechts, als Dienstboten,

[180] Georg Christian Oeder: Etwas von Wittwenkassen, in: Deutsches Museum, 7. Stück (1776), S. 604f.

[181] Hamburg 1777.

[182] Georg Christian Oeder: Theorie zu Witwenkassen und Versorgungsanstalten überhaupt, in: Deutsches Museum, 8. Stück (1779), S. 97. Abbildung dieser Mortalitäts-Tabelle Seite 285; Archiv der Hamburg-Mannheimer Versicherungs AG in Hamburg.

[183] Vgl. Ogris (1961), S. 113.

[184] Zur Sparkassengeschichte siehe Trende (1957).

Tagelöhner, Handarbeiter, Seeleute, und dergleichen errichtet, um ihnen Gelegenheit zu geben, auch bey Kleinigkeiten etwas zurückzulegen, und ihren sauer erworbenen Noth- oder Braut-Pfennig sicher zu einigen Zinsen belegen zu können, wobey man hoffet, daß sie diese ihnen verschaffte Bequemlichkeit sich zur Aufmunterung gereichen lassen mögen, um durch Fleiß und Sparsamkeit dem Staate nützlich und wichtig zu werden.“ [185] Heute mag mancher bedauern, daß die Versorgungsanstalt zu Ende des 18. Jahrhunderts auf halbem Weg zu einer modernen Personenversicherung stehenbleibt und sich nicht konsequent von der Vergangenheit löst, doch ist nicht zu vergessen, daß es den Gründern in erster Linie darum geht, den Menschen dieser vorindustriellen Zeit lebensnah, wirksam und sicher zu helfen. Eine reine Lebensversicherung, deren regelmäßig zu zahlenden Beiträge in dieser von den Wechselfällen der Natur noch stark abhängigen Zeit nur die wenigsten aufbringen können und deren Vorteile gegenüber den traditionellen Kassen noch viel weniger Menschen verstehen, wäre in diesem Umfeld sicherlich keine optimale Lösung gewesen.

Die „Allgemeine Versorgungsanstalt von 1778“ übernimmt auf dem Gebiet der Personenversicherung in Deutschland eine Pionierrolle. Sie führt die moderne Lebensversicherung in eine Welt ein, die auf diese neue Art der Altersversorgung noch nicht vorbereitet ist, in der die meisten Voraussetzungen fehlen, die im 20. Jahrhundert die Lebensversicherung zu einer Normalität werden lassen. So kann es kaum verwundern, daß die Erlebens- und Todesfallversicherungen gegenüber der Sparkasse und der Begräbnisgeldversicherung, die beide zusammen die Hälfte aller Einlagen auf sich vereinen, nur eine untergeordnete Rolle spielen. Auch der Leibrentenkauf stößt auf ein weitaus größeres Interesse als die Witwen- und Waisenkasse. Die Einlagen bei der Sparkasse steigen von 18.000 Mark im Jahre 1781 auf 700.000 Mark zwanzig Jahre später und 1 Million Mark 1810. Im Jahre 1805 entfallen von den 2,2 Millionen Mark Vermögen der Gesamtanstalt rund 40 Prozent auf die Sparkasse [186]. Ohne Berücksichtigung der Sparkasse zählt die Anstalt im Jahre 1793 nach fünfzehnjähriger Tätigkeit nur 400 Mitglieder und weist nach weiteren 35 Jahren lediglich 300 Rentenempfänger auf [187]. Die Gründe für das relativ geringe Interesse an der Lebensversicherung sind vielfältig. Zunächst engen die materiellen Bedingungen selbst in einer relativ reichen Stadt wie Hamburg den potentiellen Kundenkreis stark ein. Wie auch in der ersten Hälfte des 19. Jahrhunderts setzen sich die Versicherten vor allem aus Kaufleuten, Ärzten, Juristen, Pfarrern und Professoren zusammen, die als gutgestellte Akademiker alle über genügend finanzielle Mittel verfügen, um die regelmäßigen Prämien zu zahlen, und auch die technischen Vorteile der neuen Vorsorgeeinrichtung zu erkennen imstande sind [188]. Vielen erscheint der Schutz für das Alter, den die Versicherer anbieten, als ziemlich teuer, da die Gründer der früheren Witwen- und Waisenkassen ihnen vorgegaukelt hatten, man könnte mit relativ niedrigen Beiträgen eine komfortable Alterssicherung erwerben. Als die Statistiker jetzt Beitrag und Leistung ins rechte Lot bringen, halten viele erschrocken inne und begreifen nur langsam, wie teuer eine solche Versorgung zu stehen kommt, zumal sich hier Versicherte zusammenfinden, die als Angehörige der oberen Sozialschichten ein überdurchschnittliches Lebensalter erreichen. Die meisten ziehen in dieser Situation den spekulativen Leibrentenkauf vor, der als eine Art Spiel dem Versicherten noch zu Lebzeiten einen hohen Gewinn bescheren kann. Die Kunden der Lebensversicherungsunternehmen des späten 18. und frühen 19. Jahrhunderts sind auf die ausgezahlten Renten nicht unbedingt angewiesen. Ihre Altersversorgung besteht zumeist aus einem soliden Vermögen in Form von Immobilien, Wertpapieren und Einkünften aus ihrem Beruf, neben denen die Lebensversicherung nicht sonderlich ins Gewicht fällt. Sie ist eine Art Zusatzversorgung; die Police oft lediglich Ausweis der Fortschrittlichkeit ihres Besitzers, der als Mitglied einer patriotischen Gesellschaft dem Rest der Bevölkerung durch sein Vorbild den Weg in die Zukunft zeigen möchte, sie ist ein neues Zeichen einer rational denkenden Avantgarde. Daneben gibt es aber auch im 18. Jahrhundert bereits einzelne, die mit Hilfe einer Lebensversicherung z.B. die Dienste einer Haushälterin entlohnen. Im Jahre 1818 schreibt eine gewisse Anna Elisabeth Schütten an die Hamburger Anstalt: „Im Jahre 1793 hat mich der jetzt verstorbene Schullehrer S.G.L. Halscke als Versorger in diese Versorgungsanstalt eingekauft, damit ich nach seinem Tode eine Pension von 5 Portionen erhalten möge. ... Ich habe, meine Herren, die Jahre meines Lebens bisher in Hofnung künftigen Genuß von meiner Treue zu haben, zugebracht, um des alten Mannes zu pflegen und zu warten. ...“ [189]

Die Allgemeine Versorgungsanstalt hat das ganze 19.

---

185 Zit. nach BOEHART (1985), S. 63f.

186 Während der Wirren der napoleonischen Zeit, als Hamburg dem napoleonischen Kaiserreich einverleibt wird, gerät die Sparkasse unweigerlich in eine Krise und muß geschlossen werden. Nach den Befreiungskriegen gründet die Patriotische Gesellschaft mit der „Ersparungskasse von 1819“ eine neue Sparkasse, die jetzt vollkommen von der Allgemeinen Versorgungsanstalt getrennt ist. BOEHART (1985), S. 64; TRENDE (1957).

187 Zahlen bei BOEHART (1985), S. 71ff. Verzeichnis der ersten Versicherten der Allgemeinen Versorgungsanstalt Seite 288f.; Archiv der Hamburg-Mannheimer Versicherungs AG in Hamburg.

188 Vgl. BORSCHEID: Entstehung (1983), S. 314ff.

189 Schreiben vom 19. August 1818; Firmenarchiv der Hamburg-Mannheimer Versicherungs-AG, Hamburg.

Fol^o^ 2.

Die sechste oder

Receptions-Termin	Versicherungs-Schein Nr.	Versicherungs-Schein Datum	Erledigt.	Versorger. Name u. s. w.	Geboren	Alt Jahre	Pensionisten. Name u. s. w.	Gebor[en]
23	136	1789 den 1. Aug.	Aug. 1842	Frans Intelmann.	1756 den 6. Juny	33	Maria Antoinetta Brehn	176[…] den 10. M[…]
do	139	do	Febr. 1843.	Jacob Hinrich Meckelburg, Königl. Ober- & Landgerichts Advocat im Herzogthum Schleswig	1732 den 24. Aug.	57	Margaretha Elisabeth Catarina Meckelburg geb: Fitzmann	176[…] den 10. M[…]
do	144	do		Doctor Johann Friedrich Gottfried Grupen, Bürgermeister zu Neustadt am Rübenberge	1743 den 10. Jan.	47	Charlotta Friederica Amalia Grupen	177[…] den 27. J[…]
27	174	1791 den 1. Aug.	1847 Febr.	Jacob Gottfried Döhling	1760 den 1. Juny	31	Catharina Dorothea Elisabeth Heerwagen	176[…] den 4. M[…]
do	175	do	1847 Aug.	Detlef Johann Marxsen, Organist in [illegible]	1758 den 21. Febr.	33	Sophia Eleonora Johanna Marxsen geb: Michels.	176[…] den 21. S[…]
28	178	1792 den 1. Febr.		Johann Hinrich Moritz, Organist an der hiesigen Michaelis Kirche	1760 den 5. Aug.	31	Juliane Moritz, jetzt verehelichte Nelson	179[…] den 14. […]
do	188	do	Febr. 1848	Georg Heinrich Printz	1746 den 13. Aug.	45	Sara Magdalena Printz geb: Schmidt	175[…] den 29. F[…]
do	189	do	Aug. 1845	Carl Wilhelm Pistorius	1750 den 23. Febr.	41	Margaretha Philippina Pistorius geb: Becker.	176[…] den 19. F[…]
29	194	1792 den 1. Aug.		Andreas Tobias Marschner	1764 den 10. Oct.	28	Anna Sophia Marschner geb: Süberkrub	177[…] den 4. S[…]

abhängende Pensionisten-Classe.

Fol. 2.

CAPITAL Banco	Hat bezahlt: 2 Termine Banco	Hat bezahlt: Admin. Kosten Banco	Zahlt jeden Termin Banco	Versorger: Excludirt	Versorger: Gestorben	Versorger: Alt geworden	Pensionist: Anfang der Pension	Pensionist: Gestorben	Pensionist: Alt geworden	Pensionist: Für verstorben erachtet	Bemerkungen.
. . . .	110 f	31 f 7	55 f	. .	1802 den 3. März	45 Jahr	1802 den 4. März	1842 den 2. März	76 J.		
3377 f 10	. . .	67 " 9	. . .		1793 den 6 Juny	60 do	1793 den 6 Juny	1842 den 23 Sept.	79 "		
. . . .	45 " 10	11 " 4	22 " 13	.	1805 den 10. Febr	62 do	1805 den 11. Febr	1848 den 6 Juny	73 "		
. . . .	116 " 3	34 " 7	58 " 1 " 6	.	1821 den 8. März	61 do	1821 den 9. März	1847 den 25 Jan.	78 "		
. . . .	44	12 " 9	22	.	1830 den 26. April	72 do	1830 den 1. May	1847 den 31 May	80 J.		
. . . .	56 " 8	14 " 4	28 " 4	.	1836 den 16. July	76 do	1836 den 17. July	1874 den 15 Sept.	83 J.		
. . . .	108 " 8	25 " 2	54 " 4	.	1821 den 2 July	75 do	1821 den 3 July	1847 den 9. April	91		
. . . .	465	122 " 4	232 " 8	.	1811 den Juny	60 do	1811 den Juny	1845 den 10. April	75 Jahr		
. . . .	96 " 14	29 " 8	48 " 7	. .	1840 den 30. April	76 do	1840 den 1. May	1851 den 7. Aug	80 Jahr		

Jahrhundert hindurch und danach nie zu den großen, mitgliederstarken Versicherungsunternehmen gezählt. Das lag weniger daran, daß sie die Versicherungssumme lange auf 400 Reichstaler begrenzte, während die 1827 von Ernst Wilhelm Arnoldi eröffnete „Gothaer Lebensversicherungsbank" die Höchstgrenze auf 5000 Reichstaler anhob. Es lag vor allem daran, daß die Anstalt nach dem Willen ihrer Gründer eine Versicherung des und für das Hamburger Bürgertum blieb, wenn sie auch Auswärtige versicherte. Die Hamburger Anstalt war keine Versicherung „für Deutschland", wie die Gothaer mit vollem Namen hieß. Sie unterhielt im übrigen Deutschland keine Vertreter und hatte sich nicht zum Ziel gesetzt, das in viele Einzelstaaten zerrissene Land wirtschaftlich zu einen. Im Jahre 1945 ist die „Hamburgische Allgemeine Versorgungsanstalt von 1778" in die „Hansa Lebensversicherung a.G." umgewandelt worden und später mit der „Hamburg-Mannheimer Versicherungs-AG." verschmolzen. Trotz ihrer regionalen Begrenzung und bescheidenen Größe ist diese Gründung der Hamburger Patriotischen Gesellschaft ein wichtiger Meilenstein in der Geschichte der deutschen Versicherungswirtschaft. Sie ragte aus dem Chaos des Kassenwesens heraus und wirkte als Vorbild weit über die Grenzen der Hansestadt hinaus. Die zeitgenössischen Fachleute wiesen immer wieder auf sie als Musterbeispiel hin, da sie den Weg in die Zukunft gefunden habe. Neben anderen nennt Karl Biedermann in seinem dreibändigen Werk über „Deutschland im Achtzehnten Jahrhundert" die Versorgungsanstalt die „vielseitigste, besteingerichtete und dauerhafteste" aller Gründungen: „Sie zuerst gründete ihre Berechnungen hinsichtlich des Verhältnisses der Beiträge zu den Pensionen auf bewährte Sterblichkeitstabellen und schützte sich dadurch vor dem Schicksal, welches fast alle anderen in der damaligen Zeit enstandenen Anstalten ähnlicher Art betraf." [190]

Obwohl im ausgehenden 18. Jahrhundert von gelehrter Seite manche Anstöße kommen, unterbleiben in Deutschland vorerst noch weitere Gründungen moderner Lebensversicherungsunternehmen. Kann sich im Gewerbe ein freies Unternehmertum schon nicht entfalten, dann erst recht nicht im Lebensversicherungsgeschäft mit allen seinen technischen Schwierigkeiten. Wer in Deutschland seine Vorsorge einer Lebensversicherung überlassen will, der ist bis weit ins 19. Jahrhundert hinein vor allem auf die Filialen englischer Gesellschaften angewiesen, die sich besonders in Hamburg, dem Vorort Englands in Deutschland, konzentrieren. Erst 1806 gründet dort Wilhelm Benecke nach englischem Vorbild eine weitere Lebensversicherungs-Societät mit einem Aktienkapital von vier Millionen Mark, die erste deutsche Lebensversicherungs-AG. Allerdings muß sie ihre Tätigkeit bereits im Jahre 1814 wieder einstellen, nachdem der Napoleongegner Benecke nach England geflohen war.

Bereits wenige Monate vor Benecke war es mit dem „Braunschweigischen Allgemeinen Prediger-, Schullehrer-, Wittweninstitut von 1806" zu einer weiteren Gründung durch den Professor für Mathematik und Naturwissenschaft am Collegium Carolinum Johann Christian Ludwig Hellwig gekommen [191]. Von Hellwig waren bereits im Oktober 1791 und im April 1793 im „Braunschweigischen Magazin" zwei Artikel erschienen, in denen er gegen das bei den Kassen weitverbreitete Umlageverfahren zu Felde gezogen war und „Beiträge nach dem Verhältnis des Alters beim Eintritt" empfahl [192]. Als nun zu Beginn des 19. Jahrhunderts verschiedene Braunschweiger Bürger die Gründung einer Sterbekasse für „Prediger und Schulcollegen" diskutieren, erklärt sich Hellwig sofort bereit, die technische Grundlage für die geplante Kasse zu schaffen. Die von ihm entworfenen Statuten werden im September 1805 durch landesherrlichen Erlaß genehmigt.

Neben diesen beiden norddeutschen Gründungen ist aus der Vorkriegszeit noch ein weiteres Projekt aus dem Jahre 1814 zu erwähnen. Der Versuch, der Elberfelder Feuerversicherungsbank eine Lebensversicherung anzugliedern, muß wegen des Krieges zurückgestellt werden. Insbesondere als Folge der wirtschaftlichen Not dauert es bis in die zwanziger Jahre, ehe die Geschichte der deutschen Lebensversicherungsgesellschaft wirklich beginnen kann.

Zwar hebt Preußen mit dem Edikt vom 9. Oktober 1807 die Hörigkeit auf, und es endet jetzt die Sorgepflicht der Gutsherren für ihre Untergebenen in Zeiten von Krankheit, Verarmung und im Alter, aber noch ist die Binnenwanderung dermaßen gering, daß die Daseinsvorsorge in der Regel an die Familie gebunden bleibt und neue Vorsorgeeinrichtungen nicht benötigt werden. Noch bietet die räumliche Nähe zum Elternhaus und zur Heimatgemeinde die beste Garantie, die Notfälle des Lebens zu überstehen. Noch ist die materielle Lage des überwiegenden Teils der Bevölkerung dermaßen prekär und unkalkulierbar, daß an eine eigenständige Vorsorge nicht zu denken, sondern allein auf die Nächstenhilfe zu hoffen ist. Noch erscheint bei unterentwickeltem Geldverkehr und weitgehender Unterbeschäftigung das traditionelle Vorsorgesystem aus lebenslanger, meist weniger intensiver Arbeit, Sachvermögen und Gemeinschaftshilfe als die „billigste" und sicherste Art, den Unvorhersehbarkeiten des Lebens vorzubeugen. Noch muß einer Gesellschaft, für die Nächstenliebe den meisten noch immer fester Bestandteil

190 BIEDERMANN (1854), Bd. 1, S. 383f.

191 KELLENBENZ (1976), S. 420f.

192 Vgl. VW (1961), S. 521.

ihres Sicherungssystems ist, die Beschränkung auf Geldleistungen als hart und unmenschlich erscheinen. Noch ist die moderne Lebensversicherung gegenüber den traditionellen Einrichtungen nicht lebensfähig. Erst das Industriezeitalter mit seiner sprunghaft ansteigenden Binnenwanderung und der Auflösung der Familienbindungen, der Verstädterung und Industrialisierung sowie dem zunehmenden Geldverkehr und dem gehobenen Lebensstandard ermöglicht neuen Formen der Altersversorgung, sich durchzusetzen. Den großen Bruch in den Formen der Altersversorgung bringt erst das 19. Jahrhundert.

Literaturverzeichnis

Abel, Wilhelm: Landwirtschaft 1350-1500, in: Handbuch der deutschen Wirtschafts- und Sozialgeschichte, hg. von Hermann Aubin und Wolfgang Zorn, Bd. 1, Stuttgart 1971, S. 300-333

Abel, Wilhelm: Landwirtschaft 1500-1648, in: Handbuch der deutschen Wirtschafts- und Sozialgeschichte, hg. von Hermann Aubin und Wolfgang Zorn, Bd. 1, Stuttgart 1971, S. 386-413

Abel, Wilhelm: Landwirtschaft 1648-1800, in: Handbuch der deutschen Wirtschafts- und Sozialgeschichte, hg. von Hermann Aubin und Wolfgang Zorn, Bd. 1, Stuttgart 1971, S. 495-530

Abel, Wilhelm: Massenarmut und Hungerkrisen im vorindustriellen Europa, Hamburg, Berlin 1974

Achenbaum, W. Andrew: Old Age in the New Land. The American Experience since 1790, Baltimore, London 1978

Achenbaum, W. Andrew, Peter N. Stearns: Essay: Old Age and Modernization, in: The Gerontologist 18 (1978), S. 307-312

Achilles, Walter: Vermögensverhältnisse braunschweigischer Bauernhöfe im 17. und 18. Jahrhundert, Stuttgart 1965

Ackerknecht, Erwin H.: Geschichte der Medizin, 4. Aufl., Stuttgart 1979

Adelmann, Gerhard: Quellensammlung zur Geschichte der sozialen Betriebsverfassung, Bd. 1, Bonn 1960

Agena, Carl-August: Der Amtmann im 17. und 18. Jahrhundert, Diss. Göttingen 1972

Albrecht, Edmund: Die Bevölkerungsbewegung einer mecklenburgischen Landgemeinde vom 17. bis zum 20. Jahrhundert, in: Archiv für Bevölkerungswissenschaft und Bevölkerungspolitik 10 (1940), S. 33-45

Angst, Anny: Die religions- und moralpädagogische Jugendschrift in der deutschen Schweiz von der Reformation bis zur Mitte des 19. Jahrhunderts, Diss. Zürich 1947

Arbeitsgruppe Fachbericht über Probleme des Alterns: Altwerden in der Bundesrepublik Deutschland: Geschichte - Situationen - Perspektiven, 3 Bde., Berlin 1982

Ariès, Philippe: Histoire des populations françaises, 3. Aufl., Paris 1976

Ariès, Philippe: Geschichte des Todes, 2. Aufl., München, Wien 1980

Ariès, Philippe: Geschichte der Kindheit, 4. Aufl., München 1981

Arps, Ludwig: Auf sicheren Pfeilern. Deutsche Versicherungswirtschaft vor 1914, Göttingen 1965

Bacherler, Michael: Deutsche Familienerziehung in der Zeit der Aufklärung und Romantik, Diss. Erlangen, Stuttgart 1914

Back, Friedrich: Die evangelische Kirche im Lande zwischen Rhein, Mosel, Nahe und Glan bis zum Beginn des dreißigjährigen Krieges, 3. Teil, Bonn 1874

Baer, Alfred: Der Leibgedingvertrag nach badischem Recht, Diss. Heidelberg 1908

Bahl, Herms: Ansbach. Strukturanalyse einer Residenz vom Ende des Dreißigjährigen Krieges bis zur Mitte des 18. Jahrhunderts, Ansbach 1974

Baltes, Margret M.: Altern und Tod in der psychologischen Forschung, in: Tod und Sterben, hg. von Rolf Wienau und Hans Peter Rosemeier, Berlin, New York 1984, S. 237-251

Barack, Karl August (Hrsg.): Zimmerische Chronik, 4 Bde., 2. Aufl., Tübingen 1881/82

Bauerreiss, Romuald: Kirchengeschichte Bayerns, Bd. 7: 1600-1803, St. Ottilien 1977

Baumann, Angelika: „Armuth ist hier wahrhaft zu Haus ...“. Vorindustrieller Pauperismus und Einrichtungen der Armenpflege in Bayern um 1800, München 1984

Baumgarten, Karl: Das deutsche Bauernhaus, Neumünster 1980
Beauvoir, Simone de: Das Alter, Reinbek bei Hamburg 1977
Becker, Karl F.: Kirche und Alter in Geschichte und Gegenwart, in: Zeitschrift für Gerontologie 17 (1984), S. 32-38
Becker, Rudolph Zacharias: Noth- und Hülfs-Büchlein für Bauersleute oder lehrreiche Freuden- und Trauer-Geschichte des Dorfs Mildheim, Gotha, Leipzig 1788. ND: Dortmund 1980
Begemann, Helmut: Strukturwandel der Familie, 2. Aufl., Witten 1966
Benrath, Gustav Adolf (Hrsg.): Die Selbstbiographie des Heidelberger Theologen und Hofpredigers Abraham Scultetus (1566-1624), Karlsruhe 1966
Benscheidt, Anja R.: Kleinbürgerlicher Besitz. Nürtinger Handwerkerinventare von 1660 bis 1840, Münster 1985
Benz, Ernst: Die ewige Jugend in der christlichen Mystik von Meister Eckhart bis Schleiermacher, in: The Stages of Life in creative Process, hg. von Adolf Portmann und Rudolf Ritsema (Eranos 40 (1971)), Leiden 1973, S. 1-50
Berdahl, Robert M.: Preußischer Adel: Paternalismus als Herrschaftssystem, in: Preußen im Rückblick, hg. von Hans-Jürgen Puhle und Hans-Ulrich Wehler (=Geschichte und Gesellschaft, Sonderheft 6), Göttingen 1980, S. 123-145
Bergmann, Jürgen: Das Berliner Handwerk in den Frühphasen der Industrialisierung, Berlin 1973
Bergmann, Rudolf: Geschichte des rheinischen Versicherungswesens bis zur Mitte des XIX. Jahrhunderts, Essen 1928
Berkner, Lutz K.: The Stem Family and the Developmental Cycle of the Peasant Household: An Eighteenth-Century Austrian Example, in: The American Historical Review 77 (1972), S. 398-418
Berkner, Lutz K.: Inheritance, Land Tenure and Peasant Family Structure: a German Regional Comparison, in: Family and Inheritance. Rural Society in Western Europe, 1200-1800, hg. von Jack Goody, Joan Thirsk, E.P. Thompson, Cambridge u.a. 1976, S. 71-95 Malerei, 1750-1850, Köln, Wien 1977
Berroth, Ulrich: Der Spital Nürtingen und seine Vorläufer von den Anfängen bis zur Mitte des 17. Jahrhunderts, Diss. Tübingen 1957 (Mschr.)
Berweck, Wolfgang: Das Heilig-Geist-Spital zu Villingen im Schwarzwald von der Gründung bis zum Beginn des 17. Jahrhunderts, Villingen 1963
Beschreibung des Oberamtes Nürtingen, hg. von dem Königlichen statistisch-topographischen Bureau, Stuttgart, Tübingen 1848
Biedermann, Karl: Deutschland im Achtzehnten Jahrhundert. Bd. 1: Politische, materielle und sociale Zustände, Leipzig 1854; Bd. 2: Geistige, sittliche und gesellige Zustände. Teil 2,1: Bis zur Thronbesteigung Friedrichs des Großen, Leipzig 1858; Teil 2,2: Von 1740 bis zum Ende des Jahrhunderts, Leipzig 1867
Blaschke, Karlheinz: Bevölkerungsgeschichte von Sachsen bis zur Industriellen Revolution, Weimar 1967
Blum, Jerome: Die bäuerliche Welt, München 1982
Bödeker, Hans Erich: Art.: Menschheit, in: Geschichtliche Grundbegriffe, hg. von Otto Brunner, Werner Conze und Reinhart Koselleck, Bd. 3, Stuttgart 1982, S. 1063-1128
Boedecker, Dieter: Die Entwicklung der Hamburgischen Hospitäler seit Gründung der Stadt bis 1800 aus ärztlicher Sicht, Diss. Hamburg 1974
Boehart, William: Nicht brothlos und nothleidend zu hinterlassen. Untersuchungen zur Entwicklung des Versicherungsgedankens in Hamburg, insbesondere zur Entstehung der Hamburgischen Allgemeinen Versorgungsanstalt, Hamburg 1985
Bogucka, Maria: Soziale Hierarchie und städtisches Wohnen in Warschau im 16. und 17. Jahrhundert, in: Homo habitans. Zur Sozialgeschichte des ländlichen und städtischen Wohnens in der Neuzeit, hg. v. Hans Jürgen Teuteberg, Münster 1985, S. 119-129
Bollnow, Otto Friedrich: Wesen und Wandel der Tugenden, Frankfurt a.M. 1958
Born, Karl Erich: Geld und Banken im 19. und 20. Jahrhundert, Stuttgart 1977
Borscheid, Peter: Textilarbeiterschaft in der Industrialisierung, Stuttgart 1978
Borscheid, Peter: Lebensstandard und Familie, in: Archiv für Sozialgeschichte 22 (1982), S. 227-262
Borscheid, Peter: Altern zwischen Wohlstand und Armut: Zur materiellen Lage alter Menschen während des 18. und 19. Jahrhunderts im deutschen Südwesten, in: Gerontologie und Sozialgeschichte, hg. von Christoph Conrad und Hans-Joachim von Kondratowitz, Berlin 1983, S. 217-253
Borscheid, Peter: Die Entstehung der deutschen Lebensversicherungswirtschaft im 19. Jahrhundert, in: Vierteljahrschrift für Sozial- und Wirtschaftgeschichte 70 (1983), S. 305-330
Borscheid, Peter: Geld und Liebe: Zu den Auswirkungen des Romantischen auf die Partnerwahl im 19. Jahrhundert, in: Ehe, Liebe, Tod, hg. von Peter Borscheid und Hans J. Teuteberg, Münster 1983, S. 112-134
Borst, Otto: Stuttgart. Die Geschichte der Stadt, 2. Aufl., Stuttgart, Aalen 1974
Borst, Otto: Alltagsleben im Mittelalter, Frankfurt a.M. 1983

Bossert, G.: Die Liebestätigkeit der evangelischen Kirche Württembergs von der Zeit des Herzogs Christoph bis 1650, in: Württembergische Jahrbücher für Statistik und Landeskunde Jg. 1905, S. I 1-28, II 66-117
Brandi, Karl: Kaiser Karl V., Bd. 1, München 1937
Braudel, Fernand: Sozialgeschichte des 15.-18. Jahrhunderts. Der Alltag, München 1985
Braun, Heinrich: Geschichte der Lebensversicherung und der Lebensversicherungstechnik, 2. Aufl., Berlin 1963
Braun, Rudolf: Industrialisierung und Volksleben. Die Veränderungen der Lebensformen in einem ländlichen Industriegebiet vor 1800 (Zürcher Oberland), Erlenbach-Zürich, Stuttgart 1960
Bringemeier, Martha: Mode und Tracht, Münster 1980
Brinkmann, Albrecht: Geschichte der Dortmunder Volksschulen, Dortmund 1951
Brüggemann, Fritz: Die bürgerliche Gemeinschaftskultur der vierziger Jahre. Erster Teil: Lyrik und Roman, Leipzig 1933
Brunner, Otto: Das „ganze Haus“ und die alteuropäische „Ökonomik“, in: Familie und Gesellschaft, hg. von Ferdinand Oeter, Tübingen 1966, S. 23-56
Brunschwig, Henri: Gesellschaft und Romantik in Preußen im 18. Jahrhundert, Frankfurt a.M., Berlin, Wien 1976
Buchhofer, Bernd, Jürgen Friedrichs, Hartmut Lüdtke: Alter, Generationsdynamik und soziale Differenzierung, in: Kölner Zeitschrift für Soziologie und Sozialpsychologie 22 (1970), S. 300-334
Bücher, Carl: Die Frauenfrage im Mittelalter, Tübingen 1882
Bungardt, Karl: Die Odyssee der Lehrerschaft, Frankfurt a.M. 1959, 2. Aufl., Frankfurt a.M. 1965
Büsch, Otto: Militärsystem und Sozialleben im alten Preußen 1713-1807, Berlin 1962
Campe, Joachim Heinrich: Sittenbüchlein für Kinder aus gesitteten Ständen, Dessau 1777
Campe, Joachim Heinrich: Väterlicher Rath für meine Tochter, 6. Aufl., Braunschweig 1807
Caron, Ludovici: Unlust Vertreiber: Oder Zwey Tausendt Lehrreiche/ scharffsinnige/ kluge Sprüche, Straßburg 1655
Chaunu, Pierre: Europäische Kultur im Zeitalter des Barock, München, Zürich 1968
Christmann, Ernst: Dörferuntergang und -wiederaufbau im Oberamt Lautern während des 17. Jahrhunderts, Otterbach, Kaiserslautern 1960
Chrzanowski, Oscar: Die Rechte der Hinterbliebenen eines Beamten, Diss. Gießen 1937
Cohn, Egon: Gesellschaftsideale und Gesellschaftsroman des 17. Jahrhunderts, Berlin 1921
Conrad, Christoph, Hans-Joachim von Kondratowitz (Hrsg.): Gerontologie und Sozialgeschichte. Wege zu einer historischen Betrachtung des Alters, Berlin 1983, 2. Aufl., Berlin 1985
Conze, Werner: Der Strukturwandel der Familie im industriellen Modernisierungsprozeß, Dortmund 1979
Corbin, Alain: Pesthauch und Blütenduft. Eine Geschichte des Geruchs, Berlin 1984
Czybulka, Gerhard: Die Lage der ländlichen Klassen Ostdeutschlands im 18. Jahrhundert, Braunschweig 1949
Dahrendorf, Malte: Kinder- und Jugendliteratur im bürgerlichen Zeitalter, Königstein/Ts. 1980
Daignan, G.: Gesundheitslehre, Leipzig 1788
Dann, Otto: Gleichheit und Gleichberechtigung. Das Gleichheitspostulat in der alteuropäischen Tradition und in Deutschland bis zum ausgehenden 19. Jahrhundert, Berlin 1980
Daszynska, Sophie: Zürichs Bevölkerung im XVII. Jahrhundert, in: Zeitschrift für Schweizerische Statistik 25 (1889), S. 369-415
Decker-Hauff, Hans-Martin: Die geistige Führungsschicht in Württemberg, in: Beamtentum und Pfarrerstand 1400-1800, hg. von Günther Franz, Limburg 1972, S. 51-80
Dehio, Georg: Geschichte der deutschen Kunst, Berlin, Leipzig 1926
Delumeau, Jean: Angst im Abendland. Die Geschichte kollektiver Ängste im Europa des 14. bis 18. Jahrhunderts, 2 Bde., Reinbek bei Hamburg 1985
Demandt, Karl E.: Amt und Familie, in: Hessiches Jahrbuch für Landesgeschichte 2 (1952), S. 79-133
Demos, John: Old Age in Early New England, in: Turning Points: Historical and Sociological Essays on the Family, hg. von John Demos und Sarane Spence Boocock, Chicago 1978, S. 248-287
Dilthey, Wilhelm: Auffassung und Analyse des Menschen im 15. und 16. Jahrhundert, in: Ders.: Gesammelte Schriften, Bd. 2, 4. Aufl., Leipzig, Berlin 1940, S. 1-89
Dirlmeier, Ulf: Untersuchungen zu Einkommensverhältnissen und Lebenshaltungskosten in oberdeutschen Städten des Spätmittelalters, Heidelberg 1978
Domarus, Max: Der Reichsadel in den geistlichen Fürstentümern, in: Deutscher Adel 1555-1740, hg. von Hellmuth Rössler, Darmstadt 1965, S. 147-171
Dreißigacker, Erdmuth: Populärmedizinische Zeitschriften des 18. Jahrhunderts zur hygienischen Volksaufklärung, Diss. Marburg 1970
Drews, Paul: Der evangelische Geistliche in der deutschen Vergangenheit, Jena 1905
Dülmen, Richard van: Entstehung des frühneuzeitlichen Europa 1550-1648, Franfurt a.M. 1982

Duncker, M.: Das Tübinger Spital. Aus dem Betrieb des 17. und 18. Jahrhunderts, in: Tübinger Blätter 31 (1940), S. 25-29
Ebert, Sigrid: Die Marburger Frauentracht, Marburg 1939
Eckhardt, Albrecht: Beamtentum und Pfarrerstand in Hessen, in: Beamtentum und Pfarrerstand 1400-1800, hg. von Günther Franz, Limburg 1972, S. 81-120
Eder, Klaus: Geschichte als Lernprozeß? Zur Pathogenese politischer Modernität in Deutschland, Frankfurt a.M. 1985
Egner, Erich: Epochen im Wandel des Familienhaushalts, in: Familie und Gesellschaft, hg. von Ferdinand Oeter, Tübingen 1966, S. 57-93
Ehmer, Josef: Familienstruktur und Arbeitsorganisation im frühindustriellen Wien, München 1980
Ehmer, Josef: Zur Stellung alter Menschen in Haushalt und Familie. Thesen auf der Grundlage von quantitativen Quellen aus europäischen Städten seit dem 17. Jahrhundert, in: Der alte Mensch in der Geschichte, hg. von Helmut Konrad, Wien 1982, S. 62-103
Ehmer, Josef: Zur Stellung alter Menschen in Haushalt und Familie, in: Gerontologie und Sozialgeschichte, hg. von Christoph Conrad und Hans-Joachim von Kondratowitz, Berlin 1983, S. 187-216
Ehrhart, Wilhelm: Die Sterblichkeit in der Reichsstadt Kempten (Allgäu) in den Jahren 1606-1624 und 1686-1870, in: Archiv für Hygiene und Bakteriologie 116 (1936), S. 115-130
Ehrle, P. Franz: Die Armenordnungen von Nürnberg (1522) und von Ypern (1525), in: Historisches Jahrbuch 9 (1888), S. 450-479
Eichler, Helga: Zucht- und Arbeitshäuser in den mittleren und östlichen Provinzen Brandenburg-Preußens, in: Jahrbuch für Wirtschaftsgeschichte 1970, Teil 1, S. 127-147
Elias, Norbert: Die höfische Gesellschaft, Neuwied, Berlin 1969
Elias, Norbert: Über den Prozeß der Zivilisation, Bd. 1, 6. Aufl., Frankfurt a.M. 1978
Ellwein, Thomas, Ralf Zoll: Berufsbeamtentum — Anspruch und Wirklichkeit, Düsseldorf 1973
Endres, Rudolf: Zur Einwohnerzahl und Bevölkerungsstruktur Nürnbergs im 15./16. Jahrhundert, in: Mitteilungen des Vereins für Geschichte der Stadt Nürnberg 57 (1970), S. 242-271
Englert, Anton: Die menschlichen Altersstufen in Wort und Bild, in: Zeitschrift des Vereins für Volkskunde 15 (1905), S. 399-412 und 17 (1907), S. 16-42
Erichson, Kurt: Die Fürsorge in Hamburg, Hamburg 1930
Ermatinger, Emil: Deutsche Kultur im Zeitalter der Aufklärung, Potsdam 1935
Esenwein-Rothe, Ingeborg: Einführung in die Demographie, Wiesbaden 1982
Eyb, Albrecht von: Deutsche Schriften des Albrecht von Eyb, hg. von Max Herrmann, Berlin 1890
Eyb, Albrecht von: Ehebüchlein. Faksimile der Originalausgabe von Anton Koberger Nürnberg 1472, Wiesbaden 1966
Feldenkirchen, Wilfried: Aspekte der Bevölkerungs- und Sozialstruktur der Stadt Köln in der französischen Zeit (1794-1814), in: Rheinische Vierteljahrsblätter 44 (1980), S. 182-227
Fischer, Anton: Die Neugestaltung des bayerischen Stiftungswesens unter dem Ministerium Montgelas 1806-1810, in: Oberbayerisches Archiv für vaterländische Geschichte 65 (1927), S. 1-63
Fischer, David Hackett: Growing Old in America, Oxford, London, New York 1978
Fischer, Hermann (Hrsg.): Georg Rudolf Weckherlins Gedichte, 2 Bde., Darmstadt 1968
Fischer, Konrad: Geschichte des Deutschen Volksschullehrerstandes, 2 Bde., Hannover 1892, ND: Leipzig 1969
Fischer, Otto: Bilder aus der Vergangenheit des evangelischen Pfarrhauses, in: Jahrbuch für Brandenburgische Kirchengeschichte 21 (1926), S. 12-21
Fischer, Thomas: Städtische Armut und Armenfürsorge im 15. und 16. Jahrhundert, Göttingen 1979
Fischer, Wolfram: Handwerksrecht und Handwerkswirtschaft um 1800, Berlin 1955
Fischer, Wolfram: Der Volksschullehrer. Zur Sozialgeschichte eines Berufsstandes, in: Soziale Welt 12 (1961), S. 37-47
Fischer, Wolfram: Armut in der Geschichte, Göttingen 1982
Flandrin, Jean-Louis: Familien. Soziologie — Ökonomie — Sexualität, Frankfurt a.M., Berlin, Wien 1978
Flemming, Willi: Deutsche Kultur im Zeitalter des Barock, Potsdam 1937
Forberger, Rudolf: Die Manufaktur in Sachsen vom Ende des 16. bis zum Anfang des 19. Jahrhunderts, Berlin 1958
Foucault, Michel: Die Geburt der Klinik. Eine Archäologie des ärztlichen Blicks, Frankfurt a.M., Berlin, Wien 1976
Franz, Eckhart G.: Die hessischen Klöster und ihre Konvente in der Reformation, in: Hessisches Jahrbuch für Landesgeschichte 19 (1969), S. 147-233
Franz, Günther: Der Dreißigjährige Krieg und das deutsche Volk, Jena 1940
Franz, Günther (Hrsg.): Quellen zur Geschichte des deutschen Bauernstandes in der Neuzeit, Darmstadt 1963
Franz, Günther: Geschichte des deutschen Bauernstandes vom frühen Mittelalter bis zum 19. Jahrhundert, Stuttgart 1970
Frauenholz, Eugen von: Das Heerwesen in der Zeit des Absolutismus, München 1940

Frevert, Ute: Frauen-Geschichte. Zwischen Bürgerlicher Verbesserung und Neuer Weiblichkeit, Frankfurt a.M. 1986
Freytag, Gustav: Bilder aus der deutschen Vergangenheit, 5 Bde., Leipzig 1924
Friedrichs, Christopher R.: Urban Society in an Age of War: Nördlingen 1580-1720, Princeton N.J. 1979
Fröhlich, Sigrid: Die Soziale Sicherung bei Zünften und Gesellenverbänden, Berlin 1976
Fröhner, Beate: Der evangelische Pfarrstand in der Mark Brandenburg 1540-1600, in: Wichmann Jahrbuch für Kirchengeschichte im Bistum Berlin 19 u. 20 (1965/66), S. 5-46
Gaunt, David: Formen der Altersversorgung in Bauernfamilien Nord- und Mitteleuropas, in: Historische Familienforschung, hg. von Michael Mitterauer und Reinhard Sieder, Frankfurt a.M. 1982, S. 156-191
Gaus, Marianne: Das Idealbild der Familie in den moralischen Wochenschriften und seine Auswirkungen auf die deutsche Literatur des 18. Jahrhunderts, Rostock 1937
Gebauer, Curt: Studien zur Geschichte der bürgerlichen Sittenreform des 18. Jahrhunderts, in: Archiv für Kulturgeschichte 15 (1923), S. 97-116
Gebauer, Curt: Studien zur Geschichte der bürgerlichen Sittenreform des 18. Jahrhunderts. Die Reform der häuslichen Erziehung, in: Archiv für Kulturgeschichte 20 (1930), S. 36-51
Gebauer, Curt: Geistige Strömungen und Sittlichkeit im 18. Jahrhundert, Berlin 1931
Gebauer, Max: Die sogenannte Lebensversicherung, Jena 1895
Gehrmann, Rolf: Leezen 1720-1870. Ein historisch-demographischer Beitrag zur Sozialgeschichte des ländlichen Schleswig-Holstein, Neumünster 1984
Geiger, Werner: Studien zum Totenbrauch im Odenwald, Diss. Frankfurt a.M. 1960
Gerhard, Dietrich: Amtsträger zwischen Krongewalt und Ständen — Ein europäisches Problem, in: Alteuropa und die moderne Gesellschaft. Festschrift für Otto Brunner, Göttingen 1963, S. 230-247
Gerhard, Hans-Jürgen: Diensteinkommen der Göttinger Officianten 1750-1850, Göttingen 1978
Gerhard, Hans-Jürgen: Quantitative und qualitative Aspekte von Handwerkereinkommen in nordwestdeutschen Städten von der Mitte des 18. bis zur Mitte des 19. Jahrhunderts, in: Handwerker in der Industrialisierung, hg. von Ulrich Engelhardt, Stuttgart 1984, S. 51-77
Gillis, John R.: Geschichte der Jugend, Weinheim, Basel 1980
Gläntzer, Volker: Ländliches Wohnen vor der Industrialisierung, Münster 1980
Goedeke, Karl (Hrsg.): Pamphilus Gengenbach, Amsterdam 1966
Goody, Jack: Aging in Nonindustrial Societies, in: Handbook of Aging and the Social Sciences, hg. von Robert H. Binstock und Ethel Shanas, New York u.a. 1976, S. 117-129
Goody, Jack: Erbschaft, Eigentum und Frauen, in: Historische Familienforschung, hg. von Michael Mitterauer und Reinhard Sieder, Frankfurt a.M. 1982, S. 88-122
Grave, Gerhard: Schularbeit. Untersuchungen zur vorindustriellen Tradition des Lehrerberufes mit besonderer Rücksicht auf Deutschland im 16. bis 18. Jahrhundert, Diss. Münster, Frankfurt a.M. und Bern 1982
Grimm, Jacob: Über das Alter, hg. von Max Schneidewin, Hamburg 1893
Grimmelshausen, Hans-Jakob Christoffel von: Der Abenteuerliche Simplicissimus Teutsch, 9. Aufl., München 1985
Grosse, H.: Die Anfänge des Lebensversicherungs-Wesens, in: Assekuranz-Jahrbuch 1885, II S. 3-20
Grundmann, Herbert: Zur Geschichte der Beginen im 13. Jahrhundert, in: Archiv für Kulturgeschichte 21 (1931), S. 296-320
Grundmann, Herbert: Neue Beiträge zur Geschichte der religiösen Bewegungen im Mittelalter, in: Archiv für Kulturgeschichte 37 (1955), S. 129-182
Gschliesser, Oswald von: Das Beamtentum der hohen Reichsbehörden, in: Beamtentum und Pfarrerstand 1400-1800, hg. von Günther Franz, Limburg 1972, S: 1-26
Gumbel, Hermann: Deutsche Kultur vom Zeitalter der Mystik bis zur Gegenreformation, Potsdam 1936
Guttenberg, Erich Freiherr von: Einblicke in das Leben fränkischer Landedelfrauen des 16. Jahrhunderts, in: Archiv für Kulturgeschichte 14 (1919), S. 60-80
Haase, Carl: Georg Christian Oeders Oldenburger Zeit, in: Oldenburger Jahrbuch 64 (1965), S. 1-58
Hagena, Wilhelm: Die Ansichten der deutschen Kameralisten des 18. Jahrhunderts über das Versicherungswesen, Norden 1910
Hahn, Peter-Michael: Struktur und Funktion des brandenburgischen Adels im 16. Jahrhundert, Berlin 1979
Hail, Adolf: Die Sterblichkeit in Memmingen in den Jahren 1644 bis 1870, in: Archiv für Hygiene und Bakteriologie 118 (1937), S. 67-87
Hain, Mathilde: Das Lebensbild eines oberhessischen Trachtendorfes, Jena 1936
Hanke, Gerhard: Zur Sozialstruktur der ländlichen Siedlungen Altbayerns im 17. und 18. Jahrhundert, in: Gesellschaft und Herrschaft. Festgabe für Karl Bosl zum 60. Geburtstag, München 1969, S. 219-269

Hanschmidt, Alwin: Das 18. Jahrhundert (1702-1803), in: Westfälische Geschichte, Bd. 1: Von den Anfängen bis zum Ende des Alten Reiches, hg. von Wilhelm Kohl, Düsseldorf 1983, S. 605-685
Hanslik, Rudolf: Die Achtung vor dem greisen Menschen bei den Römern, in: Beiträge zur historischen Sozialkunde 5 (1975), S. 2-3
Hareven, Tamara K.: The Last Stage: Historical Adulthood and Old Age, in: Daedalus 105 (1976), No. 4, S. 13-27
Hartung, Fritz: Der Aufgeklärte Absolutismus, in: Historische Zeitschrift 180 (1955), S. 15-42
Hartung, J.: Die direkten Steuern und die Vermögensentwicklung in Augsburg von der Mitte des 16. bis zum 18. Jahrhundert, in: Jahrbuch für Gesetzgebung, Verwaltung und Volkswirtschaft im Deutschen Reich, hg. von Gustav Schmoller 22 (1898), S. 167-209
Hasselhorn, Martin: Der altwürttembergische Pfarrstand im 18. Jahrhundert, Stuttgart 1958
Hattenhauer, Hans: Geschichte des Beamtentums, Köln, Berlin u.a. 1980
Haug, Werner: Das St.-Katharinen-Hospital der Reichsstadt Esslingen, Esslingen 1965
Hauser, Arnold: Sozialgeschichte der Kunst und Literatur, München 1978
Hazard, Paul: Die Krise des europäischen Geistes 1680-1715, Hamburg 1939
Hazard, Paul: Die Herrschaft der Vernunft. Das europäische Denken im 18. Jahrhundert, Hamburg 1949
Heckel, Johannes: Die evangelischen Dom- und Kollegiatstifter Preußens, Stuttgart 1924
Heckh, G.: Bevölkerungsgeschichte und Bevölkerungsbewegung des Kirchspiels Böhringen auf der Uracher Alb vom 16. Jahrhundert bis zur Gegenwart, in: Archiv für Rassen- und Gesellschaftsbiologie 33 (1939), S. 126-169
Hedemann, Justus Wilhelm: Die Fürsorge des Gutsherrn für sein Gesinde, in: Festgabe für Felix Dahn, Breslau 1905, ND: Aalen 1979, S. 165-220
Heer, Friedrich: Europäische Geistesgeschichte, Stuttgart 1953
Heinemann, Manfred: Schule im Vorfeld der Verwaltung, Göttingen 1974
Heinrich, Gerd: Der Adel in Brandenburg-Preußen, in: Deutscher Adel 1555-1740, hg. von Hellmuth Rössler, Darmstadt 1965, S. 259-314
Heinrich, Gerd: Amtsträger und Geistlichkeit. Zur Problematik der sekundären Führungsschichten in Brandenburg-Preußen 1450-1786, in: Beamtentum und Pfarrerstand 1400-1800, hg. von Günther Franz, Limburg 1972, S. 179-238
Helbig, Herbert: Der Adel in Kursachsen, in: Deutscher Adel 1555-1740, hg. von Hellmuth Rössler, Darmstadt 1965, S. 216-258
Helbig, Herbert: Die wirtschaftlichen Führungsschichten in Leipzig bis 1750, in: Geschichte in der Gesellschaft, hg. von Friedrich Prinz u.a. Festschrift für Karl Bosl, Stuttgart 1974, S. 216-254
Held, Thomas: Ausgedinge und ländliche Gesellschaft. Generationsverhältnisse im Österreich des 17. bis 19. Jahrhunderts, in: Gerontologie und Sozialgeschichte, hg. von Christoph Conrad und Hans-Joachim von Kondratowitz, Berlin 1983, S. 151-185
Hellman, Manfred: Bemerkungen zur sozialgeschichtlichen Erforschung des Deutschen Ordens, in: Historisches Jahrbuch der Görresgesellschaft 80 (1961), S. 126-142
Henning, Friedrich-Wilhelm: Herrschaft und Bauernuntertänigkeit, Würzburg 1964
Henning, Friedrich-Wilhelm: Dienste und Abgaben der Bauern im 18. Jahrhundert, Stuttgart 1969
Henning, Friedrich-Wilhelm: Bauernwirtschaft und Bauerneinkommen im Fürstentum Paderborn im 18. Jahrhundert, Berlin 1970
Hermelink, Heinrich August: Eschenbach unter der Fuchseck. Ortschronik, Göppingen 1965
Herrmann, Manfred: Der Schutz der Persönlichkeit in der Rechtslehre des 16. bis 18. Jahrhunderts, Stuttgart u.a. 1968
Herrmann, Ulrich: Die Kodifizierung bürgerlichen Bewußtseins in der deutschen Spätaufklärung — Carl Friedrich Bahrdts „Handbuch der Moral für den Bürgerstand" aus dem Jahre 1789, in: „Die Bildung des Bürgers", hg. von dems., Weinheim, Basel 1982, S. 153-162
Hess, Beth B. (Hrsg.): Growing Old in America, New Brunswick N.J. 1976
Hess, Rolf-Dieter: Familien- und Erbrecht im württembergischen Landrecht von 1555, Stuttgart 1968
Hesse, Gabriele: ‚Ganzes Haus' und ‚Kernfamilie' — Zu Struktur und Strukturvarianz des Haushalts in einer präindustriellen Ackerbürgerstadt, in: Schriften des Vereins für Geschichte des Bodensees und seiner Umgebung 102 (1984), S. 130-139
Heyden, D. Hellmuth: Kirchengeschichte Pommerns, 2. Aufl., Bd. 2, Köln-Braunsfeld 1957
Hinrichs, Carl: Preußentum und Pietismus, Göttingen 1971
Hintze, Otto: Der Beamtenstand, Darmstadt 1963
Hintze, Otto: Beamtentum und Bürokratie, Göttingen 1981
Hippel, Theodor Gottlieb von: Über die Ehe, 5. Aufl., Berlin 1827
Hirsch, Arnold: Bürgertum und Barock im deutschen Roman, 2. Aufl., Köln, Graz 1957

Hirschmann, Adam: Bilder aus dem Leben der Geistlichen der Diözese Eichstätt um die Mitte des 16. Jahrhunderts, in: Archiv für Kulturgeschichte 12 (1916), S. 380-400
Hirth, Georg: Kulturgeschichtliches Bilderbuch aus drei Jahrhunderten, Bd. 1, Leipzig 1881
Hochstetter, Eduard: Geschichte von Stadt und Amt Nürtingen, Nürtingen 1886
Höck, Alfred: Witwen und ihre „Hantierung" zu Neukirchen (am Knüll) im Jahre 1775, in: Hessische Blätter für Volks- und Kulturforschung NF 6 (1978), S. 74-79
Hoffmann, Julius: Die „Hausväterliteratur" und die „Predigten über den christlichen Hausstand", Weinheim, Berlin 1959
Hollweg: Ein Verzeichnis der notleidenden reformierten Prediger- und Lehrerfamilien der Pfalz aus dem Jahre 1628, in: Monatshefte für Rheinische Kirchengeschichte 1 (1907), S. 385-426
Horacek, Cyrill: Das Ausgedinge, Leipzig 1904
Hubbard, William (Hrsg.): Familiengeschichte. Materialien zur deutschen Familie seit dem Ende des 18. Jahrhunderts, München 1983
Hue, Otto: Die Bergarbeiter, Stuttgart 1910
Hufeland, Christoph Wilhelm: Die Kunst, das menschliche Leben zu verlängern. Makrobiotik, hg. von K.E. Rothschuh, Stuttgart 1975
Hupel, August Wilhelm: Vom Zweck der Ehen, Riga 1771, ND: Frankfurt a.M. 1985
Hussong, Walter: Das Schneiderhandwerk in Frankfurt am Main und das Schneiderhandwerk in Heilbronn, Diss. Heidelberg 1936
Hütteroth, Oskar: Die althessischen Pfarrer der Reformationszeit, Marburg, Kassel 1953
Ilien, Albert, Utz Jeggle: Leben auf dem Dorf, Opladen 1978
Imhof, Arthur E.: Die namentliche Auswertung der Kirchenbücher. Die Familien von Gießen 1631-1730 und Heuchelheim 1691-1900, in: Historische Demographie als Sozialgeschichte, hg. von dems., Teil 1, Darmstadt, Marburg 1975, S. 279-516
Imhof, Arthur E.: Sterblichkeitsstrukturen im 18. Jahrhundert auf Grund von massenstatistischen Analysen, in: Zeitschrift für Bevölkerungswissenschaft 1976, S. 103-117
Imhof, Arthur E.: Mortalität in Berlin vom 18. bis 20. Jahrhundert, in: Berliner Statistik 8 (1977), S. 138-145
Imhof, Arthur E.: Die gewonnenen Jahre, München 1981
Imhof, Arthur E.: Unterschiedliche Säuglingssterblichkeit in Deutschland, 18. bis 20. Jahrhundert — Warum? in: Zeitschrift für Bevölkerungswissenschaft 7 (1981), S. 343-382
Imhof, Arthur E.: Wiederverheiratung in Deutschland zwischen dem 16. und dem Beginn des 20. Jahrhunderts, in: Studien zur deutschsprachigen Leichenpredigt der frühen Neuzeit, hg. von Rudolf Lenz, Marburg 1981, S. 185-222
Imhof, Arthur E.: Unterschiedliche Einstellungen zu Leib und Leben in der Neuzeit, in: Der Mensch und sein Körper, hg. von dems., München 1983, S. 65-81
Imhof, Arthur E.: Unsere Lebensuhr — Phasenverschiebungen im Verlaufe der Neuzeit, in: Ehe, Liebe, Tod, hg. von Peter Borscheid und Hans J. Teuteberg, Münster 1983, S. 170-198
Imhof, Arthur E.: Die verlorenen Welten, München 1984
Imhof, Arthur E.: Historische Demographie, in: Sozialgeschichte in Deutschland, Bd. 2: Handlungsräume des Menschen in der Geschichte, hg. von Wolfgang Schieder und Volker Sellin, Göttingen 1986, S. 32-63
Imhof, Arthur E., Jean-Pierre Goubert, Alain Bideau, Maurice Garden (Hrsg.): Le vieillissement: implications et conséquences de l'allongement de la vie depuis le XVIIe siècle, Lyon 1982
Isaacsohn, S.: Geschichte des Preußischen Beamtenthums vom Anfang des 15. Jahrhunderts bis auf die Gegenwart. Bd. 1: Das Beamtentum in der Mark Brandenburg 1415-1604, Berlin 1874; Bd. 2: Das Preußische Beamtenthum des siebzehnten Jahrhunderts, Berlin 1878; Bd. 3: Das Preußische Beamtenthum unter Friedrich Wilhelm I. und während der Anfänge Friedrich des Großen, Berlin 1884
Jacob, Peter: Das Risiko der Witwenschaft in der Geschichte des deutschen Beamtenrechts bis 1933, Diss. Saarbrücken, Köln u.a. 1971
Jaeger, Hans: Generationen in der Geschichte, in: Geschichte und Gesellschaft 3 (1977), S. 429-452
Jahnke, Manfred: Von der Komödie für Kinder zum Weihnachtsmärchen, Meisenheim am Glan 1977
Janssen, Johannes: Geschichte des deutschen Volkes seit dem Ausgang des Mittelalters, Bd. 6 und 7, Freiburg i.Br. 1901/04
Jany, Curt: Geschichte der Preußischen Armee vom 15. Jahrhundert bis 1914, 2. Aufl., Bd. 3, Osnabrück 1967
Jeggle, Utz: Kiebingen — eine Heimatchronik, Tübingen 1977
Jenichen, Gottlieb August: Abhandlungen von Wittwen-Cassen, Leipzig 1733
Jeserich, Kurt G.A., Hans Pohl, Georg-Christoph von Unruh: Deutsche Verwaltungsgeschichte, Bd. 1: Vom Spätmittelalter bis zum Ende des Reiches, Stuttgart 1983

Jetter, Dieter: Geschichte des Hospitals. Bd. 1: Westdeutschland von den Anfängen bis 1850, Wiesbaden 1966
Jetter, Dieter: Das europäische Hospital. Von der Spätantike bis 1800, Köln 1986
Joerißen, Peter: Die Lebensalter des Menschen, in: Die Lebenstreppe: Bilder der menschlichen Lebensalter. Ausstellungkatalog, hg. von Peter Joerißen und Cornelia Will, Köln, Bonn 1983, S. 39-59
Jungkunz, Walter: Die Sterblichkeit in Nürnberg 1714-1850, in: Mitteilungen des Vereins für Geschichte der Stadt Nürnberg 42 (1951), S. 289-352
Justi, Johann Heinrich Gottlob v.: Grundsätze der Policeywissenschaft, Göttingen 1756
Jütte, Robert: Obrigkeitliche Armenfürsorge in deutschen Reichsstädten der frühen Neuzeit. Städtisches Armenwesen in Frankfurt am Main und Köln, Köln, Wien 1984
Karajan, Th. G. von (Hrsg.): Siegmund von Herberstein. Selbstbiographie 1486-1553, Wien 1855
Kaufhold, Karl Heinrich: Das Handwerk der Stadt Hildesheim im 18. Jahrhundert, 2. Aufl., Göttingen 1980
Keesenberg, Hermann: Die Altersversorgung im alten Wilhelmsburg, Hamburg 1972
Keinemann, Friedrich: Das Domkapitel zu Münster im 18. Jahrhundert, Münster 1967
Kellenbenz, Hermann: Gewerbe und Handel 1500-1648, in: Handbuch der deutschen Wirtschafts- und Sozialgeschichte, hg. von Hermann Aubin und Wolfgang Zorn, Bd. 1, Stuttgart 1971, S. 414-464
Kellenbenz, Hermann: Verkehrs- und Nachrichtenwesen, Handel, Geld-, Kredit- und Versicherungswesen 1800-1850, in: Handbuch der deutschen Wirtschafts- und Sozialgeschichte, hg. von Hermann Aubin und Wolfgang Zorn, Bd. 2, Stuttgart 1976, S. 369-494
Keller, Adelbert von (Hrsg.): Hans Sachs: Werke, Bd. 4 und 7, Hildesheim 1964
Keyser, Erich: Bevölkerungsgeschichte Deutschlands, 3. Aufl., Leipzig 1943
Kimpel, Heinrich Theodor: Geschichte des hessischen Volksschulwesens, Kassel 1906
Kisch, Herbert: Die hausindustriellen Textilgewerbe am Niederrhein vor der industriellen Revolution, Göttingen 1981
Kittel, Helmuth: Die Entwicklung der pädagogischen Hochschulen 1926-1932, Darmstadt 1957
Kleiminger, Rudolf: Das Heiligengeisthospital von Wismar. Ein Beitrag zur Wirtschaftsgeschichte der Stadt, ihrer Höfe und Dörfer, Weimar 1962
Klein, Ernst: Deutsche Bankengeschichte. Bd. 1: Von den Anfängen bis zum Ende des alten Reiches (1806), Frankfurt a.M. 1982
Kluge, Helmut: Der Heilig-Geist-Hospital zu Schorndorf, Diss. Tübingen, Marbach 1936
Knapp, Theodor: Neue Beiträge zur Rechts- und Wirtschaftsgeschichte des württembergischen Bauernstandes, Tübingen 1919, ND: Aalen 1964
Knigge, Adolph Freiherr von: Über den Umgang mit Menschen, 3. Aufl. (1790), ND: Frankfurt a.M. 1977
Knoll, Hans: Aus der Entwicklungsgeschichte des Versicherungswesens, Köln 1934
Koch, Franz: Deutsche Kultur des Idealismus, Potsdam 1935
Kocher, J.: Geschichte der Stadt Nürtingen, 3 Bde., Stuttgart 1924/28
Kohl, Thomas: Familie und soziale Schichtung, Stuttgart 1985
Köhne, A.: Die deutschen Knappschaftsvereine, ihre Einrichtung und ihre Bedeutung, Hannover 1915
Kolb, D.: Zur Geschichte der Prälaturen, in: Blätter für württembergische Kirchengeschichte NF 29 (1925), S. 22-74
Kolb, D. Christoph: Zur Geschichte des Pfarrstandes in Altwürttemberg, in: Blätter für württembergische Kirchengeschichte 57, 58 (1957/58), S. 74-190
Köllmann, Wolfgang: Bevölkerungsgeschichte 1800-1970, in: Handbuch der deutschen Wirtschafts- und Sozialgeschichte, hg. von Hermann Aubin und Wolfgang Zorn, Bd. 2, Stuttgart 1976, S. 9-50
Könnecke, Otto: Rechtsgeschichte des Gesindes in West- und Süddeutschland, Marburg 1912
Kopitzsch, Franklin: Grundzüge einer Sozialgeschichte der Aufklärung in Hamburg und Altona, Hamburg 1982
Kopitzsch, Franklin: Sparkassenrealität und Sozietätsbewegung im Zeitalter der Aufklärung, in: Sparkassen in der Geschichte, Heft 2: Historische Marktanalyse. Frühe Sparkassenideen: Utopie und Realität, hg. von Manfred Pix und Josef Wysocki, Neustadt a.d. Aisch 1984, S. 123-156
Krafft, Karl: Anerbensitte und Anerbenrecht in Württemberg, Stuttgart 1930
Krebs, Peter-Per: Die Stellung der Handwerkswitwe in der Zunft vom Spätmittelalter bis zum 18. Jahrhundert, Diss. Regensburg 1974
Kriedte, Peter, Hans Medick, Jürgen Schlumbohm: Industrialisierung vor der Industrialisierung, Göttingen 1978
Kruedener, Jürgen Freiherr von: Die Rolle des Hofes im Absolutismus, Stuttgart 1973
Krüger, Horst: Zur Geschichte der Manufakturen und der Manufakturarbeiter in Preußen, Berlin 1958
Kuczynski, Jürgen: Geschichte des Alltags des Deutschen Volkes, 5 Bde., Köln 1981/82
Kühner, Carl: Jugendlectüre, Jugendliteratur, in: Aufsätze historischer Kinder- und Jugendbuchforschung, hg. von Alfred Clemens Baumgärtner, Baltmannsweiler 1980, S. 99-159

Kulischer, Josef: Allgemeine Wirtschaftsgeschichte des Mittelalters und der Neuzeit, Bd. 1, München 1928
Ladendorf, Heinz: Der alte Mensch in der Kunst, in: Wandelt euch durch neues Denken, hg. von W. Göpfert und H.-H. Otten, Düsseldorf 1983, S. 55-68
Lahnstein, Peter: Leben im Barock, Stuttgart 1974
Lampe, Joachim: Aristokratie, Hofadel und Staatspatriziat in Kurhannover, Bd. 1, Göttingen 1963
Lappenberg, Johann Martin (Hrsg.): Paul Flemings Deutsche Gedichte, 3 Bde., Darmstadt 1965
Laslett, Peter: Societal Development and Aging, in: Handbook of Aging and the Social Sciences, hg. von Robert H. Binstock und Ethel Shanas, New York u.a. 1976, S. 87-116
Laslett, Peter: Family Life and Illicit Love in Earlier Generations, Cambridge u.a. 1977
Le Goff, Jacques: La Civilisation de l'Occident médiéval, Paris 1964
Lehr, Ursula: Kontinuität und Diskontinuität im Lebenslauf, in: Die menschlichen Lebensalter, hg. von Leopold Rosenmayr, München, Zürich 1978, S. 315-339
Lenthe, Gebhard von: Zur Geschichte des Beamtentums in Niedersachsen, in: Beamtentum und Pfarrerstand 1400-1800, hg. von Günther Franz, Limburg 1972, S. 239-247
Lenz, Max: Von Luther zu Bismarck, München 1920
Le Roy Ladurie, Emmanuel: Montaillou, village occitan de 1294 à 1324, Paris 1975. Dt. als: Montaillou. Ein Dorf vor dem Inquisitor 1294 bis 1324, Frankfurt a.M., Berlin, Wien 1980
Leschinsky, Achim, Peter Martin Roeder: Schule im historischen Prozeß, Stuttgart 1976
Lewinski, Manfred von: Witwen- und Waisenkassen öffentlicher Bediensteter in Nassau und ihr Verhältnis zum Pensionsrecht, Diss. Göttingen 1967
Liese, Wilhelm: Geschichte des Caritas, Bd. 1, Freiburg i.Br. 1922
Loderhose, Karl-Erich: Das Antlitz der Mutter im Spiegel der Literatur, Bad Homburg, Berlin, Zürich 1959
Lorenz, Angelika: Das deutsche Familienbild in der Malerei des 19. Jahrhunderts, Darmstadt 1985
Lotz, Albert: Geschichte des Deutschen Beamtentums, 2. Aufl., Berlin 1914
Ludwig, Uta: Die soziale Lage und soziale Organisation des Kleingewerbes in Göttingen in der ersten Hälfte des 19. Jahrhunderts, Diss. Göttingen 1982
Lütge, Friedrich: Die bayerische Grundherrschaft, Stuttgart 1949
Lütge, Friedrich: Die wirtschaftliche Lage Deutschlands vor Ausbruch des Dreißigjährigen Krieges, in: Studien zur Sozial- und Wirtschaftsgeschichte, hg. von dems., Stuttgart 1963, S. 336-395
Lütge, Friedrich: Deutsche Sozial- und Wirtschaftsgeschichte, 3. Aufl., Berlin, Heidelberg, New York 1966
Lüth, Paul: Geschichte der Geriatrie, Stuttgart 1965
Lütkemann: Zur Geschichte des Hospitals St. Spiritus in Münden, in: Zeitschrift der Gesellschaft für niedersächsische Kirchengeschichte 16 (1911), S. 265-273
Machiavelli, Niccolò: Gedanken über Politik und Staatsführung, 3. Buch, Stuttgart 1944
Mager, Wolfgang: Haushalt und Familie in protoindustrieller Gesellschaft: Spenge (Ravensberg) während der ersten Hälfte des 19. Jahrhunderts, in: Familie zwischen Tradition und Moderne, hg. von Neithard Bulst, Joseph Goy und Jochen Hoock, Göttingen 1981, S. 141-181
Maier, Kurt Erich: Die Bevölkerung des Dorfes Sipplingen (Bodensee). Ergebnisse einer historisch-demographischen Untersuchung eines Bevölkerungsisolats (1685-1970), Diss. Braunschweig 1972
Mannheim, Karl: Das Problem der Generationen, in: Ders.: Wissenssoziologie, Berlin, Neuwied 1964, S. 509-565
Martens, Wolfgang: Die Botschaft der Tugend. Die Aufklärung im Spiegel der deutschen Moralischen Wochenschriften, Stuttgart 1968
Martiny, Fritz: Die Adelsfrage in Preußen vor 1806 als politisches und soziales Problem, Stuttgart, Berlin 1938
Marx, Jakob: Nikolaus von Cues und seine Stiftungen zu Cues und Deventer, Trier 1906
Matz, Klaus-Jürgen: Pauperismus und Bevölkerung. Die gesetzlichen Ehebeschränkungen in den süddeutschen Staaten während des 19. Jahrhunderts, Stuttgart 1980
Matzke, Josef: Sölden und Lehen, in: Schwäbische Blätter für Heimatpflege und Volksbildung 11 (1960), S. 99-114
Mayer, Johann Friedrich: Beyträge und Abhandlungen, 10 Bde., Frankfurt a.M. 1770/82
Meitzen, August: Geschichte, Theorie und Technik der Statistik, Berlin 1886
Metken, Sigrid (Hrsg.): Die letzte Reise. Sterben, Tod und Trauersitten in Oberbayern, München 1984
Meyer, Maurits de: Verjüngung im Glutofen — Altweiber- und Altmännermühle, in: Zeitschrift für Volkskunde 60 (1964), S. 161-167
Miaskowski, August von: Das Erbrecht und die Grundeigenthumsvertheilung im Deutschen Reiche, 2 Bde., Leipzig 1882/84
v. Miaskowski, Wygodzinski: Art.: Altenteil, Altenteilsverträge, in: Handwörterbuch der Staatswissenschaften, 4. Aufl.,

Bd. 1, Jena 1923, S. 252-257
Michel, Hans: Die hausindustrielle Weberei Deutschlands, Jena 1921
Militärgeschichtliches Forschungsamt (Hrsg.): Handbuch zur deutschen Militärgeschichte 1648-1939, München 1981
Mitgau, J.H.: Die Familie im Bewußtsein des deutschen Bürgers der Reformationszeit, in: Archiv für Sippenforschung 5 (1928), S. 365-369
Mitterauer, Michael: Zur Familienstruktur in ländlichen Gebieten Österreichs im 17. Jahrhundert, in: Beiträge zur Bevölkerungs- und Sozialgeschichte Österreichs, hg. von Heimold Helczmanovszki, München 1973, S. 167-222
Mitterauer, Michael: Arbeitsorgansisation und Altenversorgung seit dem Mittelalter, in: Beiträge zur Historischen Sozialkunde 5 (1975), S. 4-10
Mitterauer, Michael: Zur familienbetrieblichen Struktur im zünftischen Handwerk, in: Wirtschafts- und sozialhistorische Beiträge. Festschrift für Alfred Hoffmann zum 75. Geburtstag, hg. von Herbert Knittler, München 1979, S. 190-219
Mitterauer, Michael: Zur Kritik von Familienideologien aus historischer Sicht, in: Geschichte der Familie oder Familiengeschichten? hg. von Anneliese Mannzmann, Königstein 1981, S. 42-56
Mitterauer, Michael: Problemfelder einer Sozialgeschichte des Alters, in: Der alte Mensch in der Geschichte, hg. von Helmut Konrad, Wien 1982, S. 9-62
Mitterauer, Michael: Familie und Arbeitsorganisation in städtischen Gesellschaften des späten Mittelalters und der frühen Neuzeit, in: Haus und Familie in der spätmittelalterlichen Stadt, hg. von Alfred Haverkamp, Köln, Wien 1984
Mitterauer, Michael, Reinhard Sieder: Vom Patriarchat zur Partnerschaft, 2. Aufl., München 1980
Mitterwieser, Alois: Geschichte der Stiftungen und des Stiftungsrechtes in Bayern, 3. Teil, in: Forschungen zur Geschichte Bayerns 14 (1906), S. 41-64
Mogk, Werner: Eßlinger Wohlfahrtspflege im 15.-18. Jahrhundert, Diss. Leipzig, Zeulenroda 1922
Möller, Helmut: Die kleinbürgerliche Familie im 18. Jahrhundert, Berlin 1969
Mooser, Josef: Ländliche Klassengesellschaft 1770-1848, Göttingen 1984
Moritz, Werner: Die bürgerlichen Fürsorgeanstalten der Reichsstadt Frankfurt a.M. im späten Mittelalter, Frankfurt a.M. 1981
Moser-Rath, Elfriede (Hrsg.): Predigtmärlein der Barockzeit, Berlin 1964
Mount, Ferdinand: Die autonome Familie, Weinheim, Basel 1982
Müller, Ilse: Bevölkerungsgeschichtliche Untersuchungen in drei Gemeinden des württembergischen Schwarzwaldes, in: Archiv für Bevölkerungswissenschaft und Bevölkerungspolitik 9 (1939), S. 185-206, 247-264
Müller-Armack, Alfred: Genealogie der Wirtschaftsstile, Stuttgart 1944
Mummenhoff, Ernst: Der Handwerker in der deutschen Vergangenheit, Köln 1924
Münch, Paul: Die ‚Obrigkeit im Vaterstand' — Zur Definition und Kritik des ‚Landesvaters' während der frühen Neuzeit, in: Daphnis 11 (1982), S. 15-40
Münch, Paul (Hrsg.): Ordnung, Fleiß und Sparsamkeit. Texte und Dokumente zur Entstehung der „bürgerlichen Tugenden", München 1984
Naumann, Hans: Deutsche Kultur im Zeitalter des Rittertums, Potsdam 1938
Nell, Adelheid von: Die Entwicklung der generativen Strukturen bürgerlicher und bäuerlicher Familien von 1750 bis zur Gegenwart, Diss. Bochum 1973
Neu, Heinrich: Pfarrerbuch der evangelischen Kirche Badens von der Reformation bis zur Gegenwart, 2 Teile, Lahr i.B. 1939
Neugarten, Bernice L., Gunhild O. Hagestad: Age and the Life Course, in: Handbook of Aging and the Social Sciences, hg. von Robert H. Binstock und Ethel Shanas, New York u.a. 1976, S. 35-57
Neugebauer, Wolfgang: Absolutistischer Staat und Schulwirklichkeit in Brandenburg-Preussen, Berlin, New York 1985
Neumann, Eva Gertrud: Rheinisches Beginen- und Begardenwesen, Meisenheim 1960
Nipperdey, Thomas: Deutsche Geschichte 1800-1866, München 1983
Oeter, Ferdinand: Die Familie als soziale Funktionseinheit, in: Familie und Gesellschaft, hg. von dems., Tübingen 1966, S. 1-21
Ogris, Werner: Der mittelalterliche Leibrentenvertrag, Wien, München 1961
Osten-Sacken und von Rhein, Ottomar Frhrn. von der: Preußens Heer von seinen Anfängen bis zur Gegenwart, Bd. 1, Berlin 1911
Pallach, Ulrich-Christian (Hrsg.): Hunger. Quellen zu einem Alltagsproblem seit dem Dreißigjährigen Krieg. München 1986
Pannhausen, Rainer: Das Alimentationsprinzip im Beamtenrecht, Diss. Regensburg 1978
Perrenoud, Alfred: L'inégalité sociale devant la mort à Genève au XVIIe siècle, in: Population 30 (1975), S. 221-243
Perrenoud, Alfred: Le recul de la mort. Structure par âges et facteurs sociaux, in: Le vieillissement: implications et

conséquences de l'allongement de la vie humaine depuis le XVIIIe siècle, hg. von A.-E. Imhof, J.-P. Goubert, A. Bideau und M. Garden, Lyon 1982, S. 43-76
Peuckert, Will-Erich: Volkskunde des Proletariats, Frankfurt a.M. 1931
Peuckert, Will-Erich: Die grosse Wende. Das apokalyptische Saeculum und Luther, Hamburg 1948
Pfaff, Karl: Eßlingen in der Zeit nach dem dreißigjährigen Krieg, in: Zeitschrift für deutsche Kulturgeschichte 3 (1858), S. 1-22, 89-109
Philibert, Michel: Stufen des Lebens in philosophischer Sicht, in: Die menschlichen Lebensalter, hg. von Leopold Rosenmayr, München, Zürich 1978, S. 105-124
Pilz, Kurt: Das Handwerk in Nürnberg und Mittelfranken, Nürnberg 1954
Plodeck, Karin: Zur sozialgeschichtlichen Bedeutung der absolutistischen Polizei- und Landesordnungen, in: Zeitschrift für bayerische Landeskunde 39 (1976), S.79-125
Pockels, Carl Friedrich: Charaktergemälde des Alters. Versuch einer Charakteristik des weiblichen Geschlechts, Hannover 1801
Pockels, Carl Friedrich: Ueber Gesellschaft, Geselligkeit und Umgang, Bd. 2, Hannover 1813
Pölnitz, Götz Freiherr von: Jakob Fugger, 2 Bde., Tübingen 1949
Pölnitz, Götz Freiherr von (Hrsg.): Lebensbilder aus dem Bayerischen Schwaben, Bd. 8, München 1961
Ponfick, Friedrich Wilhelm: Geschichte der Sozialversicherung im Zeitalter der Aufklärung, Dresden 1940
Popp, Hermann: Das Werden der deutschen Familie, Weimar 1914
Pretzel, C.L.H.: Geschichte des deutschen Lehrervereins in den ersten 50 Jahren seines Bestehens, Leipzig 1921
Quabius, Richard: Generationsverhältnisse im Sturm und Drang, Köln, Wien 1976
Rabe, Horst: Art.: Autorität, in: Geschichtliche Grundbegriffe, hg. von Otto Brunner, Werner Conze und Reinhart Koselleck, Bd. 1, Stuttgart 1972, S. 382-406
Radbruch, Gustav: Die ersten Zuchthäuser und ihr geistesgeschichtlicher Hintergrund, in: Ders.: Elegantiae Juris Criminalis, Basel 1938, S. 38-49
Radbruch, Renate Maria, Gustav Radbruch: Der deutsche Bauernstand zwischen Mittelalter und Neuzeit, Göttingen 1961
Ranke, Kurt (Hrsg.): Enzyklopädie des Märchens, Bd. 1, Berlin 1977
Rau, Reinhold: Die ältesten Tübinger Steuerlisten, Tübingen 1970
Rebel, Hermann: Peasant Stem Families in Early Modern Austria: Life Plans, Status Tactics, and the Grid of Inheritance, in: Social Science History 2 (1978), S. 225-291
Reicke, Emil: Der Gelehrte in der deutschen Vergangenheit, Leipzig 1900
Reicke, Emil: Lehrer und Unterrichtswesen in der deutschen Vergangenheit, Leipzig 1901
Reicke, Siegfried: Das deutsche Spital und sein Recht im Mittelalter, 2 Bde., Stuttgart 1932
Reif, Heinz: Westfälischer Adel 1770-1860. Vom Herrschaftsstand zur regionalen Elite, Göttingen 1979
Reif, Heinz: Adelsfamilie und soziale Plazierung im Münsterland 1770-1914, in: Familie und soziale Plazierung, hg. von Jürgen Kocka u.a., Opladen 1980, S. 67-125
Reif, Heinz: Väterliche Gewalt und „kindliche Narrheit", in: Die Familie in der Geschichte, hg. von dems., Göttingen 1982, S. 82-113
Reif, Heinz: Zum Zusammenhang von Sozialstruktur, Familien- und Lebenszyklus im westfälischen Adel in der Mitte des 18. Jahrhunderts, in: Historische Familienforschung, hg. von Michael Mitterauer und Reinhard Sieder, Frankfurt a.M. 1982, S. 123-155
Ress, Franz Michael: Unternehmungen, Unternehmer und Arbeiter im Eisenerzbergbau und in der Eisenverhüttung der Oberpfalz von 1300 bis um 1630, in: Schmollers Jahrbuch 74,2 (1954), S. 49-106
Reyscher, A.L. (Hrsg.): Sammlung der württembergischen Gesetze, Bd. 5, Stuttgart und Tübingen 1832
Richarz, Irmintraut: Herrschaftliche Haushalte in vorindustrieller Zeit im Weserraum, Berlin 1971
Ridder, Paul: Tod und Technik: Sozialer Wandel in der Medizin, in: Soziale Welt 34 (1983), S. 110-119
Riedel, Manfred: Art.: Gesellschaft, Gemeinschaft, in: Geschichtliche Grundbegriffe, hg. von Otto Brunner, Werner Conze und Reinhart Koselleck, Bd. 2, Stuttgart 1975, S. 801-862
Riehl, Wilhelm Heinrich: Die Familie, Stuttgart 1855, 6. Aufl. 1862
Rochow, Friedrich Eberhard von: Der Kinderfreund. Ein Lesebuch zum Gebrauch in Landschulen, Brandenburg, Leipzig 1776, ND: Dortmund 1979
Röcken, Josef: Die Armenanstalten der Stadt Rheine, Diss. Münster, Bottrop i.W. 1935
Rödel, Walter G.: Mainz und seine Bevölkerung im 17. und 18. Jahrhundert, Stuttgart 1985
Roessler, Wilhelm: Die Entstehung des modernen Erziehungswesens in Deutschland, Stuttgart 1961
Rolfs: Zur Geschichte der Fürsorge für die Predigerwitwen und -waisen im nördlichen Schleswig, in: Schriften des

Vereins für schleswig-holsteinische Kirchengeschichte 3 (1904/05), S. 480-484
Roller, Otto Konrad: Die Einwohnerschaft der Stadt Durlach im 18. Jahrhundert, Karlsruhe 1907
Rosenbaum, Heidi: Formen der Familie, Frankfurt a.M. 1982
Rosenfeld, Hans-Friedrich, Hellmut Rosenfeld: Deutsche Kultur im Spätmittelalter 1250-1500, Wiesbaden 1978
Rosenmayr, Leopold: Fragmente zu einer sozialwissenschaftlichen Theorie der Lebensalter, in: Die menschlichen Lebensalter, hg. von dems., München, Zürich 1978, S. 428-457
Rosenmayr, Leopold (Hrsg.): Die menschlichen Lebensalter. Einleitung, München, Zürich 1978, S. 11-22
Rosenmayr, Leopold: Die menschlichen Lebensalter in Deutungsversuchen der europäischen Kulturgeschichte, in: Die menschlichen Lebensalter, hg. von dems., München, Zürich 1978, S. 23-79
Rosin Albert: Lebensversicherung und ihre geistesgeschichtlichen Grundlagen, Diss. Köln, Leipzig 1932
Rosow, Irving: Status and Role Change trough the Life Span, in: Handbook of Aging and the Social Sciences, hg. von Robert H. Binstock und Ethel Shanas, New York u.a. 1976, S. 457-482
Rössler, Hellmuth (Hrsg.): Deutscher Adel 1555-1740, Darmstadt 1965
Rost, Hans: Bevölkerungs- und Gewerbestatistik Münchens im 17. Jahrhundert, Diss. München, Wörishofen 1902
Rubner, (**Max**): Der Kampf des Menschen um das Leben, in: Sitzungsberichte der preussischen Akademie der Wissenschaften. Phil.-historische Klasse, Berlin 1928, S. LXVIII-CVII
Runde, Christian Ludwig: Die Rechtslehre von der Leibzucht oder dem Altentheile auf deutschen Bauerngütern nach gemeinen und besonderen Rechten, Oldenburg 1805
Runge, Irene: Älter werden — alt sein. Soziale und kulturelle Aspekte des Alterns im Sozialismus, Berlin 1982
Saalfeld, Dietrich, Burkhard Sachse, Wieland Sachse: Die Haushaltsstruktur der Göttinger Bevölkerung im 18. und 19. Jahrhundert als Kriterium der sozialen Differenzierung einer städtischen Population, in: Göttinger Jahrbuch 25 (1977), S. 87-105
Sabean, David Warren: Landbesitz und Gesellschaft am Vorabend des Bauernkriegs, Stuttgart 1972
Sachse, Burkhard: Soziale Differenzierung und regionale Verteilung der Bevölkerung Göttingens im 18. Jahrhundert, Hildesheim 1978
Sachse, Wieland: Wohnen und soziale Schichtung in Göttingen im 18. Jahrhundert, in: Homo habitans. Zur Sozialgeschichte des ländlichen und städtischen Wohnens in der Neuzeit, hg. von Hans Jürgen Teuteberg, Münster 1985, S. 131-154
Sachse, Wieland: Göttingen im 18. und 19. Jahrhundert. Zur Bevölkerungs- und Sozialstruktur einer deutschen Universitätsstadt, Göttingen 1987
Sachße, Christoph, Florian Tennstedt: Geschichte der Armenfürsorge in Deutschland. Vom Spätmittelalter bis zum Ersten Weltkrieg, Stuttgart u.a. 1980
Saddeler, Heinz Hubert: Die Muttergestalt im Drama des Sturmes und Dranges, Diss. Münster 1938
Salin, Edgar: Geschichte der Volkswirtschaftslehre, 4. Aufl., Bern, Tübingen 1951
Salzmann, Christian Gotthilf: Moralisches Elementarbuch (1785), ND: Dortmund 1980
Sauer, August: Joachim Wilhelm von Brawe, der Schüler Lessings, Straßburg 1878
Schachner, Walter: Das Generationsproblem in der Geistesgeschichte, Diss. Gießen 1937
Schadewaldt, Hans: Bilder vom Tod, in: Tod und Sterben, hg. von Rolf Wienau und Hans Peter Rosenmeier, Berlin, New York 1984, S. 77-101
Schenda, Rudolf: Das Elend der alten Leute, Düsseldorf 1972
Schenda, Rudolf: Die alten Leute in der Volkserzählung, in: Miscellanea C. Peeters, Antwerpen 1975, S. 623-629
Schepers, Josef: Haus und Hof westfälischer Bauern, 6. Aufl., Münster 1985
Schevichaven, J. van: Vom Leben und Sterben. Das Gestern und Heute der Lebensversicherung, Leipzig, Wien 1898
Schieckel, Harald: Die Pfarrerschaft und das Beamtentum in Sachsen-Thüringen, in: Beamtentum und Pfarrerstand 1400-1800, hg. von Günther Franz, Limburg 1972, S. 149-178
Schieder, Wolfgang: Art.: Brüderlichkeit, Bruderschaft, Brüderschaft, Verbrüderung, Bruderliebe, in: Geschichtliche Grundbegriffe, hg. von Otto Brunner, Werner Conze und Reinhart Koselleck, Bd. 1, Stuttgart 1972, S. 552-581
Schiller, Friedrich von: Ueber Anmuth und Würde, in: Schillers sämmtliche Werke, Bd. 11, Leipzig o.J., S. 163-203
Schipperges, Heinrich: Moderne Medizin im Spiegel der Geschichte, Stuttgart 1970
Schissler, Hanna: Preußische Agrargesellschaft im Wandel, Göttingen 1978
Schlingensiepen-Pogge, Alexandra: Das Sozialethos der lutherischen Aufklärungstheologie am Vorabend der Industriellen Revolution, Göttingen, Berlin, Frankfurt 1967
Schlumbohm, Jürgen (Hrsg.): Kinderstuben. Wie Kinder zu Bauern, Bürgern, Aristokraten wurden 1700-1850, München 1983
Schmelzeisen G.K.: Die Rechtsstellung der Frau in der deutschen Stadtwirtschaft, Stuttgart 1935

Schmidt, Eberhard: Entwicklung und Vollzug der Freiheitsstrafe in Brandenburg-Preußen bis zum Ausgang des 18. Jahrhunderts, Berlin 1915
Schmidt, Georg: Hofgröße — Familiengröße — Vererbungsgewohnheiten, in: Historische Demographie als Sozialgeschichte, hg. von Arthur E. Imhof, Teil 2, Darmstadt, Marburg 1975, S. 687-707
Schmidt, Karl: Gutsübernahme und Ausgedinge, Wien, Leipzig 1930
Schmidt, Rudolf: Die Frau in der deutschen Literatur des 16. Jahrhunderts, Diss. Straßburg 1917
Schmitt-Lermann, Hans: Der Versicherungsgedanke im deutschen Geistesleben des Barocks und der Aufklärung, München 1954
Schnackenburg, Eduard: Das Invaliden- und Versorgungswesen des brandenburgisch-preußischen Heeres bis zum Jahre 1806, Berlin 1889
Schneider, Ivo: Mathematisierung des Wahrscheinlichen und Anwendung auf Massenphänomene im 17. und 18. Jahrhundert, in: Statistik und Staatsbeschreibung in der Neuzeit vornehmlich im 16.-18. Jahrhundert, hg. von Mohammed Rassem und Justin Stagl, Paderborn, München, Wien, Zürich 1980, S. 53-66
Schneider, Lothar: Der Arbeiterhaushalt im 18. und 19. Jahrhundert, Berlin 1967
Schneiders, Werner: Recht, Moral und Liebe. Untersuchungen zur Entwicklung der Moralphilosophie und Naturrechtslehre des 17. Jahrhunderts bei Christian Thomasius, Diss. Münster 1961
Schneiders, Werner: Naturrecht und Liebesethik, Hildesheim, New York 1971
Schneiders, Werner: Aufklärung und Vorurteilskritik, Stuttgart-Bad Cannstatt 1983
Scholl, Lars U.: 100 Jahre See-Berufsgenossenschaft 1887-1987, in: Arbeitsplatz Schiff, hg. von Klaus-Peter Kiedel, Uwe Schnall, Lars U. Scholl, Bremerhaven 1987, S. 10-48
Schöne, Albrecht (Hrsg.): Das Zeitalter des Barock. Texte und Zeugnisse, München 1963
Schopenhauer, Arthur: Sämtliche Werke. Bd. 4: Parerga und Paralipomena, Stuttgart, Frankfurt a.M. 1963
Schotte: Die „Alte Beliebung von 1629“ in der Stadt Schleswig, in: Versicherungswirtschaft 1961, S. 374-375
Schottelius, Justus Georg: Ethica. Die Sittenkunst oder Wollebenskunst, Wolfenbüttel 1669, ND: Bern, München 1980
Schramm, Percy Ernst: Neun Generationen. Dreihundert Jahre deutscher „Kulturgeschichte“ im Lichte der Schicksale einer Hamburger Bürgerfamilie (1648-1948), Bd. 1, Göttingen 1963
Schreiner, Klaus: Sozial- und standesgeschichtliche Untersuchungen zu den Benediktinerkonventen im östlichen Schwarzwald, Stuttgart 1964
Schremmer, Eckart: Die Bauernbefreiung in Hohenlohe, Stuttgart 1963
Schrenck und Notzing, Niklas Freiherr von: Das bayerische Beamtentum und der Pfarrerstand 1400-1800, hg. von Günther Franz, Limburg 1972, S. 27-50
Schücking, Levin L.: Die puritanische Familie in literar-soziologischer Sicht, 2. Aufl., Bern, München 1964
Schultz, Alwin: Das häusliche Leben der europäischen Kulturvölker vom Mittelalter bis zur zweiten Hälfte des 18. Jahrhunderts (1903), ND: Osnabrück 1968
Schultze, Alfred: Die Rechtslage der alternden Bauern nach den altnordischen Rechten, in: Zeitschrift der Savigny-Stiftung für Rechtsgeschichte 51 (1931), S. 258-317
Schulz, Gabriele: Testamente des späten Mittelalters aus dem Mittelrheingebiet, Mainz 1976
Schulz-Briesen, Max: Der preußische Staatsbergbau von seinen Anfängen bis zum Ende des 19. Jahrhunderts, Bd. 1, Berlin 1933
Schulze, Hagen: Die Geburt der deutschen Nation, in: Mitten in Europa. Deutsche Geschichte hg. von Hartmut Boockmann u.a., Berlin 1984, S. 201-288
Schulze, Rudolf: Das adelige Frauen- (Kanonissen-) Stift der Hl. Maria (1040-1773) und die Pfarre Liebfrauen-Überwasser zu Münster Westfalen, Münster 1952
Schumann, Otto: Die Landeshuter Leinenindustrie in Vergangenheit und Gegenwart, Jena 1928
Schuster, Dora: Die Stellung der Frau in der Zunftverfassung, Berlin o.J.
Schuster, Matthias: Beiträge zur Geschichte der Volksschullehrerbildung in Bayern in dem Zeitraum von der Reformation bis zur Aufklärung, Diss. München 1954 (Mschr.)
Schwab, Dieter: Grundlagen und Gestalt der staatlichen Ehegesetzgebung in der Neuzeit, Bielefeld 1967
Seckendorff, Veit Ludwig von: Teutscher Fürstenstaat, Frankfurt, Leipzig 1703
Sehling, Emil: Die evangelischen Kirchenordnungen des XVI. Jahrhunderts. Bd. 14: Kurpfalz, Tübingen 1969
Seigel, Rudolf: Spital und Stadt in Altwürttemberg, Tübingen 1966
Sering, Max: Erbrecht und Agrarverfassung in Schleswig-Holstein auf geschichtlicher Grundlage, Berlin 1908
Seyboth, Hermann: Mensch und Schicksal. Kleine Geschichte der menschlichen Vorsorge, Stuttgart 1957
Sieder, Reinhard: Altenprobleme im Strukturwandel der Familie, in: Beiträge zur Historischen Sozialkunde 5 (1975), S. 10-13

Sieder, Reinhard: Sozialgeschichte der Familie, Frankfurt a.M. 1987
Siegrist, Christoph: Das Lehrgedicht der Aufklärung, Stuttgart 1974
Simnacher, Georg: Die Fuggertestamente des 16. Jahrhunderts, Tübingen 1960
Sothmann, Marlene: Das Armen-, Arbeits-, Zucht-, und Werkhaus in Nürnberg bis 1806, Nürnberg 1970
Spenle, Matthias: Die Lebensdarstellung im elsässischen Volksschauspiel des 16. und 17. Jahrhunderts, Diss. Straßburg, Colmar 1916
Spicker, Stuart F., Kathleen M. Woodward, David D. Van Tassel (Hrsg.): Aging and the Elderly. Humanistic Perspectives in Gerontology, Atlantic Highlands 1978
Sprandel, Rolf: Sozialgeschichte 1350-1500, in: Handbuch der deutschen Wirtschafts- und Sozialgeschichte, hg. von Hermann Aubin und Wolfgang Zorn, Bd. 1, Stuttgart 1971, S. 360-382
Stahl, Gerti: Die Wirkwarenindustrie in Zeulenroda (Thür.), Jena 1929
Stark, Theodor: Die christliche Wohltätigkeit im Mittelalter und in der Reformationszeit in den oberschwäbischen Reichsstädten, Diss. Erlangen 1926
Stearns, Peter N.: Old Women: Some Historical Observations, in: Journal of Family History 5 (1980), S. 44-57
Stearns, Peter N. (Hrsg.): Old Age in Preindustrial Society, New York 1982
Steinbicker, Clemens: Das Beamtentum in den geistlichen Fürstentümern Nordwestdeutschlands im Zeitraum von 1430-1740, in: Beamtentum und Pfarrerstand 1400-1800, hg. von Günther Franz, Limburg 1972, S. 121-148
Steinhausen, Georg: Der Wandel deutschen Gefühlslebens, Hamburg 1895
Steinhausen, Georg: Geschichte der deutschen Kultur, 2. Aufl., Bd. 2: Vom 14. Jahrhundert bis zur Gegenwart, Leipzig, Wien 1913
Steinle, Peter: Die Vermögensverhältnisse der Landbevölkerung in Hohenlohe im 17. und 18. Jahrhundert, Schwäbisch Hall 1971
Stekl, Hannes: Vorformen geschlossener Altenhilfe in Österreich, in: Der alte Mensch in der Geschichte, hg. von Hellmut Konrad, Wien 1982, S. 122-147
Stephan, G.: Die häusliche Erziehung in Deutschland während des achtzehnten Jahrhunderts, Wiesbaden 1891
Stolle, Dörte: Das Heiligen Geist Hospital zu Lübeck. Eine historisch-sozialhygienische Studie, Diss. Kiel 1970
Stoy, J.S. (Hrsg.): Bilder-Akademie für die Jugend. Abbildung und Beschreibung der vornehmsten Gegenstände der jugendlichen Aufmerksamkeit, 2 Bde., Nürnberg 1784
Streib, Gordon F.: Social Stratification and Aging, in: Handbook of Aging and the Social Sciences, hg. von Robert H. Binstock und Ethel Shanas, New York u.a. 1976, S. 160-188
Stürmer, Michael: Herbst des Alten Handwerks, München 1979
Süßmilch, Johann Peter: Göttliche Ordnung, in: Bevölkerungsgeschichte, hg. von Wolfgang Köllmann und Peter Marschalck, Köln 1972, S. 18-22
Taylor, Irmgard C.: Das Bild der Witwe in der deutschen Literatur, Darmstadt 1980
Tenfelde, Klaus: Sozialgeschichte der Bergarbeiterschaft an der Ruhr im 19. Jahrhundert, Bonn-Bad Godesberg 1977
Tetens, Johann Nicolaus: Einleitung zur Berechnung der Leibrenten und Anwartschaften, die vom Leben und Tode einer oder mehreren Personnen Abhängen, 2 Bde., Leipzig 1785/86
Teuteberg, Hans Jürgen: Geschichte der industriellen Mitbestimmung in Deutschland, Tübingen 1961
Thomasius, Christian: Von Nachahmung der Franzosen, Stuttgart 1894
Tietz, Gunter: Das Erscheinungsbild von Pfarrstand und Pfarrgemeinde des sächsischen Kurkreises im Spiegel der Visitationsberichte des 16. Jahrhunderts, Diss. Tübingen 1971
Titze, Hartmut: Die Politisierung der Erziehung, Frankfurt a.M. 1973
Trende, Adolf: Geschichte der deutschen Sparkassen bis zum Anfang des 20. Jahrhunderts, Stuttgart 1957
Troeltsch, Walter: Die Calwer Zeughandlungskompagnie und ihre Arbeiter, Jena 1897
Tröger, Gert Paul: Geschichte der Anstalten der geschlossenen Fürsorge im bayerischen Regierungsbezirk Schwaben insbesondere während des 19. Jahrhunderts, München 1979
Uhlhorn, G.: Die Christliche Liebesthätigkeit, 2. Aufl., Stuttgart 1895
Ulrich, Hans-Peter: Der Heilig-Geist-Hospital zu Biberach an der Riß, Diss. Tübingen, Biberach 1965
Unger, J.: Die Ehe in ihrer welthistorischen Entwicklung. Ein Beitrag zur Philosophie der Geschichte, Wien 1850
Urlaub, Hildegard: Die Förderung der Armenpflege durch die Hamburgische Patriotische Gesellschaft bis zu Beginn des neunzehnten Jahrhunderts, Berlin 1932
Vann, James Allen: Württemberg auf dem Weg zum modernen Staat 1593-1793, Stuttgart 1986
Veit, Andreas Ludwig: Mainzer Domherren vom Ende des 16. bis zum Ausgang des 18. Jahrhunderts in Leben, Haus und Habe, Mainz 1924
Vesper, Ernst: Die Sterbekassen in alter und neuer Zeit, Berlin 1966

Vetter, Joachim: Die soziale und hygienische Lage der bergbauenden Bevölkerung des Erzgebirges in der ersten Hälfte des 16. Jahrhunderts, Berlin 1940
Vogel, Barbara: Staatliche Gewerbereform und Handwerk in Preußen 1810-1820, in: Handwerker in der Industrialisierung, hg. von Ulrich Engelhardt, Stuttgart 1984, S. 184-208
Vogler, Bernard: Le clergé protestant rhénan au siècle de la réforme (1555-1619), Paris 1976
Voit, Johann Peter: Schule des Vergnügens für kleine Kinder, 2. Aufl., Nürnberg 1793
Volz, Robert: Das Spitalwesen und die Spitäler des Großherzogthums Baden, Karlsruhe 1861
Vovelle, Michel: Piété baroque et déchristianisation en Provence au XVIIIe siècle, Paris 1973
Wackernagel, Wilhelm: Die Lebensalter, Basel 1862
Wagnitz, Heinrich Balthasar: Historische Nachrichten und Bemerkungen über die merkwürdigsten Zuchthäuser in Deutschland, Bd. 1, Halle 1791
Wais, Kurt K.T.: Das Vater-Sohn-Motiv in der Dichtung, Bd. 1: bis 1880, Bd. 2: 1880-1939, Berlin, Leipzig 1931
Wall, Richard: Residential Isolation of the Elderly: A Comparison over Time, in: Ageing and Society 4 (1984), S. 483-503
Walter, Hubert: Bevölkerungsgeschichte der Stadt Einbeck, Hildesheim 1960
Weber, Hellmuth von: Die Entwicklung des Zuchthauswesens in Deutschland im 17. und 18. Jahrhundert, in: Abhandlungen zur Rechts- und Wirtschaftsgeschichte. Festschrift Adolf Zycha, Weimar 1941, S. 427-468
Weber-Kellermann, Ingeborg: Die Familie, Frankfurt a.M. 1976
Weiland, Hans Georg: Die geschichtliche Entwicklung des bäuerlichen Altenteils und seine Regelung nach dem Reichserbhofgesetz, Marburg 1940
Weinberg, Marg.: Die Stellung der Hausfrau im Mittelalter und in der Reformationszeit, in: Archiv für Frauenkunde und Eugenetik 6 (1920), S. 185-198
Weinsberg, Das Buch. Kölner Denkwürdigkeiten aus dem 16. Jahrhundert. Bd. 1 und 2 bearbeitet von Konstantin Höhlbaum, Leipzig 1886/87. Bd. 3 und 4 bearbeitet von Friedrich Lau, Bonn 1897/98. Bd. 5 bearbeitet von Josef Stein, Bonn 1926 = Publikationen der Gesellschaft für Rheinische Geschichtskunde
Weiße, Christian Felix: Briefwechsel der Familie des Kinderfreundes, 2. Teil, Leipzig 1784
Weller, Arnold: Sozialgeschichte Südwestdeutschlands, Stuttgart 1979
Wellschmied, Karl: Die Hospitäler der Stadt Göttingen, Göttingen 1963
Wensky, Margret: Die Stellung der Frau in der stadtkölnischen Wirtschaft im Spätmittelalter, Köln, Wien 1980
Wensky, Margret: Die Frau in Handel und Gewerbe vom Mittelalter bis zur frühen Neuzeit, in: Die Frau in der deutschen Wirtschaft, hg. von Hans Pohl, Wiesbaden 1985, S. 30-44
Werdermann, Hermann: Der evangelische Pfarrer in Geschichte und Gegenwart, Leipzig 1925
Werdermann, Hermann: Die deutsche evangelische Pfarrfrau, Witten 1935
Wesoly, Kurt: Der weibliche Bevölkerungsanteil in spätmittelalterlichen und frühneuzeitlichen Städten und die Betätigung von Frauen im zünftigen Handwerk (insbesondere am Mittel- und Oberrhein), in: Zeitschrift für die Geschichte des Oberrheins 128 (1980), S. 69-117
Wieacker, Franz: Privatrechtsgeschichte der Neuzeit unter besonderer Berücksichtigung der deutschen Entwicklung, Göttingen 1952
Winckelmann, Otto: Das Fürsorgewesen der Stadt Straßburg vor und nach der Reformation bis zum Ausgang des sechzehnten Jahrhunderts, 2 Teile in einem Band, Leipzig 1922
Winterholer, Hans: Eltern und Kinder in der deutschen Literatur des achtzehnten Jahrhunderts, Amsterdam 1968
Wissell, Rudolf: Des alten Handwerks Recht und Gewohnheit, 2. Aufl., 2 Bde., Berlin 1971/74
Woehlkens, Erich: Pest und Ruhr im 16. und 17. Jahrhundert, Uelzen 1954
Wohlfeil, Rainer: Adel und Heerwesen, in: Deutscher Adel 1555-1740, Darmstadt 1965, S. 315-343
Wolf, Werner: Zur Geschichte des Armen- und Arbeitshauses in Potsdam 1774-1800, Potsdam 1963
Wörner, A.: Das städtische Hospital zum Hl. Geist in Schwäb. Gmünd in Vergangenheit und Gegenwart, Tübingen 1905
Wunder, Bernd: Privilegierung und Disziplinierung. Die Entstehung des Berufsbeamtentums in Bayern und Württemberg (1780-1825), München, Wien 1978
Wunder, Bernd: Pfarrwitwenkassen und Beamtenwitwen-Anstalten vom 16.-19. Jahrhundert, in: Zeitschrift für historische Forschung 12 (1985), S. 429-498
Wunder, Bernd: Geschichte der Bürokratie in Deutschland, Frankfurt a.M. 1986
Wunder, Gerd: Unterschichten in der Reichsstadt Hall, in: Gesellschaftliche Unterschichten in den südwestdeutschen Städten, hg. von Erich Maschke und Jürgen Sydow, Stuttgart 1967, S. 101-118
Wunder, Gerd: Die soziale Struktur der Handwerkerschaft in unseren alten Städten, in: Städtische Mittelschichten, hg. von Erich Maschke und Jürgen Sydow, Stuttgart 1972, S. 120-134
Wunder, Gerd: Die Stuttgarter Steuerliste von 1545, Stuttgart 1974

Württembergische Kommission für Landesgeschichte (Hrsg.): Geschichte des humanistischen Schulwesens in Württemberg, 2 Bde., Stuttgart 1920

Wuttke, Robert: Gesindeordnungen und Gesindezwangsdienst in Sachsen bis zum Jahre 1835, Leipzig 1893

Wyluda, Erich: Lehnrecht und Beamtentum, Berlin 1969

Wysocki, Josef: Untersuchungen zur Wirtschafts- und Sozialgeschichte der deutschen Sparkassen im 19. Jahrhundert, Stuttgart 1980

Zacher, Julius: Die zehn Altersstufen des Menschen, in: Zeitschrift für deutsche Philologie 23 (1881), S. 385-412

Zeeden, Ernst Walter: Deutsche Kultur in der frühen Neuzeit, Frankfurt a.M. 1968

Zeller, Bernhard: Das Heilig-Geist-Spital zu Lindau am Bodensee von seinen Anfängen bis zum Ausgang des 16. Jahrhunderts, Lindau 1952

Zeller, Bernhard: Die schwäbischen Spitäler, in: Zeitschrift für Württembergische Landesgeschichte 13 (1954), S. 71-89

Zorn, Wolfgang: Sozialgeschichte 1500-1648, in: Handbuch der deutschen Wirtschafts- und Sozialgeschichte, hg. von Hermann Aubin und Wolfgang Zorn, Bd. 1, Stuttgart 1971, S. 465-494

Zorn, Wolfgang: Gewerbe und Handel 1648-1800, in: Handbuch der deutschen Wirtschafts- und Sozialgeschichte, hg. von Hermann Aubin und Wolfgang Zorn, Bd. 1, Stuttgart 1971, S. 531-573

Zorn, Wolfgang: Sozialgeschichte 1648-1800, in: Handbuch der deutschen Wirtschafts- und Sozialgeschichte, hg. von Hermann Aubin und Wolfgang Zorn, Bd. 1, Stuttgart 1971, S. 574-607

Abkürzungsverzeichnis

Anm.	Anmerkung
fl.	Gulden
GAA	Gemeindearchiv Aichtal
GAE	Gemeindearchiv Eschenbach
GAW	Gemeindearchiv Wolfschlugen
hg.	herausgegeben
Hrsg.	Herausgeber
HSTAS	Hauptstaatsarchiv Stuttgart
LKAS	Landeskirchliches Archiv Stuttgart
Mschr.	Maschinenschrift
ND	Neudruck
StAN	Stadtarchiv Nürtingen
STL	Staatsarchiv Ludwigsburg
VW	Versicherungswirtschaft

Bildnachweis

Seite 16	Der Weise und das Kind. Emil Reicke: Der Gelehrte in der deutschen Vergangenheit, Leipzig 1900, S. 54.
Seite 17	Adrian van Ostade: Die Familie im Zimmer. Bildarchiv Preußischer Kulturbesitz, Berlin.
Seite 18	Albrecht Dürer: Bildnis seiner Mutter (1514). Ebd.
Seite 21	Albrecht Dürer: Bauernpaar mit Geflügel und Eiern auf dem Markt (1519). Ebd.
Seite 21	Meister WB: Bildnis eines Greises. Aus: Eugen Diederichs: Deutsches Leben der Vergangenheit in Bildern, Bd. 1, Jena 1908, S. 31.
Seite 22	Albrecht Dürer: Der Maler Michael Wolgemut (1516). Germanisches Nationalmuseum Nürnberg Gm 885.
Seite 26/7	Greis und Tod. Aus: Johannes Weichardus: Schau-Bühne des menschlichen Todts in drey Theil, Saltzburg 1682, S. 88f.
Seite 29	Hans Sebald Beham: Der Jungbrunnen (ca. 1530). Bildarchiv Preußischer Kulturbesitz, Berlin.
Seite 30	Paulus Fürst: Die Verjüngungsmühle (ca. 1650). Ebd.
Seite 33	Hugo von Trimberg: Der Renner, Nürnberg 1425/31, Fol. 7. Das Alter, cod. Pal. germ. 471. Bildarchiv Foto Marburg Nr. 231.926.
Seite 35	G. Altzenbach: Die Lebensalter des Mannes (ca. 1650). Aus: Eugen Diederichs: Deutsches Leben der Vergangenheit in Bildern, Bd. 2, Jena 1908, S. 322.
Seite 37	G. Altzenbach: Die Lebensalter der Frau (ca. 1650). Ebd.
Seite 50/1	Hof Wienkemeier in Hiddensen bei Eschenbruch, Kreis Detmold. Aus: Josef Schepers: Haus und Hof westfälischer Bauern, 6. Aufl., Münster 1985, S. 383, 386.
Seite 54	Claes van Visscher nach David Vinckboons: Reiche Kinder — arme Eltern. Kunstsammlungen Veste Coburg Nr. 16904.
Seite 62	Jacques Callot: Kriegselend. Bildarchiv Preußischer Kulturbesitz, Berlin.
Seite 74	Sebastian Brant: Ums Geld freien. Holzschnitt aus dem Narrenschiff, Basel, Olpe 1494. Aus: Eugen Diederichs: Deutsches Leben in der Vergangenheit in Bildern, Bd. 1, Jena 1908, S. 195.
Seite 75	Hans Baldung Grien: Ungleiches Liebespaar. Bildarchiv Foto Marburg Nr. Z.24.104.
Seite 76	Greis und Mädchen. Aus: Eugen Diederichs: Deutsches Leben in der Vergangenheit in Bildern, Bd. 1, Jena 1908, S. 30.
Seite 77	Wie ein altes Weyb bulet vmb eins Jünglings Leyb (1570). Aus: Eugen Diederichs: Deutsches Leben der

Vergangenheit in Bildern, Bd. 1, Jena 1908, S. 141.

Seite 78 Jacob Jordaens: Familiengruppe. Bildarchiv Foto Marburg Nr. 77.904.

Seite 85 Tafelbild von 1577 aus der katholischen Spitalkirche über die Gründung des Biberacher Spitals. Kreisarchiv Biberach.

Seite 87 Übergabebrief für eine Spitalpfründe aus Nürtingen (1550). Stadtarchiv Nürtingen 54/5/108.

Seite 91 Albrecht Dürer: Bildnis des Hieronymus Holzschuher (1526). Bildarchiv Preußischer Kulturbesitz, Berlin.

Seite 94 Lucas Cranach d.Ä.: Der Jungbrunnen (1546). Ebd.

Seite 96 Lucas Cranach d.Ä.: Das ungleiche Liebespaar. Germanisches Nationalmuseum, Nürnberg Gm 218.

Seite 116 Abdankungs-Rede auf Valentin Schünemann, Helmstädt 1710; Titelblatt. Herzog August Bibliothek, Wolfenbüttel.

Seite 120 Theodor Gottlieb von Hippel: Über die Ehe, 4. Aufl., Berlin 1792; Titelblatt.

Seite 122 Arie de Vois: Die Kurpfuscherin. Bildarchiv Foto Marburg Nr. x 84.531.

Seite 125 Georg K. v. Prenner: Goldene Hochzeit der Eltern. Germanisches Nationalmuseum Nürnberg Gm 910.

Seite 128 Lorenz Heid: Alte Frau von 105 Jahren (1746). Bildarchiv Preußischer Kulturbesitz, Berlin.

Seite 136 Der Greis, 3. Teil, Leipzig 1776; Titelblatt.

Seite 140 Johann Heinrich Campe: Sittenbüchlein für Kinder aus gesitteten Ständen, Dessau 1777.

Seite 142 Des Großvaters Unterricht (Anfang des 19. Jhs.). Bildarchiv Preußischer Kulturbesitz, Berlin.

Seite 146 Joachim M. Falbe: Bildnis einer Matrone. Germanisches Nationalmuseum Nürnberg Gm 1048.

Seite 181 Vermögensinventar des Wirts Joh. Phil. Hohlens aus Nürtingen von 1762. Inventuren und Teilungen Nr. 3106; StAN.

Seite 193 Durchgang durch die Welt (Ende des 18. Jahrhunderts). Bremer Landesmuseum für Kunst- und Kulturgeschichte, Focke-Museum.

Seite 195 Philipp Otto Runge: Die Eltern mit den Enkeln (1806). Hamburger Kunsthalle.

Seite 199 Harmen Hals: Altes Pärchen (Mitte des 17. Jahrhunderts). Ebd.

Seite 200 Nicolaus Maes: Alte Frau beim Apfelschälen. Bildarchiv Foto Marburg Nr. 230.982.

Seite 201 Goumaz: Die Familie. Bildarchiv Preußischer Kulturbesitz, Berlin.

Seite 202 Joachim Luhn: Das Alter. Hamburger Kunsthalle.

Seite 204 Matthias Scheits: Alter schützt vor Torheit nicht (Ende des 17. Jahrhunderts). Ebd.

Seite 231 Bettlerkneipe. Bildarchiv Preußischer Kulturbesitz, Berlin.

Seite 241 Caspar Netscher. Bildnis einer alten Dame in Trauer (1670). Bildarchiv Foto Marburg Nr. x 98.910.

Seite 245 Caspar David Friedrich: Alte Frau. Ebd. Nr. +69.401

Seite 255 Speiseplan der Armenstiftsverwaltung Ulm 1816/17. StAN 61/2/224.

Seite 257 Grundriß des Spitals von Biberach (1. Obergeschoß) während des 18. Jahrhunderts. Aus: Erich Nau, Kurt Diemer: Die Kreiskrankenhäuser des Landkreises Biberach, Biberach 1976, S. 18.

Seite 259 Rudolf Jordan: Die Klostersuppe. Rheinisches Bildarchiv Köln.

Seite 285 „Süsmilch-Baumannische Mortalitäts-Tabelle“. Archiv der Hamburg-Mannheimer Versicherungs AG in Hamburg.

Seite 288f. Verzeichnis der ersten Versicherten der Allgemeinen Versorgungsanstalt Hamburg. Ebd.

Studien zur Geschichte des Alltags

Herausgegeben von

Hans J. Teuteberg und Peter Borscheid

Band 1
Ehe, Liebe, Tod. Zum Wandel der Familie, der Geschlechts- und Generationsbeziehungen in der Neuzeit
Herausgegeben von Peter Borscheid und Hans J. Teuteberg
Münster 1983, 345 S., 39 Tab., 17 Abb., gebunden, 24,80 DM, ISBN 3-88547-275-9

Die Beiträge von M. Bogucka, P. Borscheid, A. Gestrich, U. Hermann, A.E. Imhof, P. Laslett, I.N. Kiss, O. Löfgren, S. Mutschler, D.J. Noordam, U. Pfister, R. Sandgruber, S. Schraut, R.W. Sekiguchi, H.J. Teuteberg, B. Vogler und M. Vovelle behandeln an Beispielen aus zehn verschiedenen Ländern die Veränderungen von Haushaltsstrukturen, den Funktionswandel der Familie und ihres Intimlebens unter dem Einfluß der sozialen Verhältnisse. Sie geben einen Einblick in das sich wandelnde gegenseitige Verhältnis der Geschlechter und Generationen und zeigen die Auswirkungen neuer Wertnormen auf das tatsächliche Verhalten der Familienmitglieder während der letzten drei Jahrhunderte. Ein programmatischer Aufsatz zur Alltagsgeschichte und ein Beitrag zur Entwicklung der historisch-sozialwissenschaftlichen Familienforschung in Deutschland leiten den Band ein.

Band 2
Wohnen in Hamburg vor dem Ersten Weltkrieg
Von Clemens Wischermann
Münster 1983, 488 S., 31. Tab., 54 Abb. 57 Karten, 56 Photos, gebunden, 26,80 DM, ISBN 3-88547-276-7

In diesem Buch wird am Beispiel Hamburgs, dem für die Entwicklung der Wohnverhältnisse in Deutschland eine spezifische Rolle zukommt, erstmals und auf methodisch neuem Wege eine zusammenhängende und statistisch sorgsam untermauerte Darstellung der Sozialgeschichte des Wohnens vor 1914 geboten. Der Autor geht dabei von folgenden Fragen aus: Wie trügerisch ist die vermeintliche Idylle vom Wohnen in der vorindustriellen Zeit? Verelendeten die Massen in dieser emporschießenden neuen Großstadt des 19. Jahrhunderts oder setzte mit der Urbanisierung auch eine langfristige Hebung der Wohnverhältnisse ein? Wie reagierten Hamburger Reformer und Politiker auf die Herausforderung durch eine der bedrückendsten sozialen Fragen des 19. Jahrhunderts? Welche Wohnbedingungen prägten das Leben in den Unter- und Mittelschichten? Konnten die Wohnviertel in der Freien und Hansestadt Hamburg den zuwandernden Menschen eine lebenswürdige Umwelt bieten?

Band 3
Wohnalltag in Deutschland 1850-1914.
Bilder, Daten, Dokumente, Münster 1985
Bearbeitet von Hans J. Teuteberg und Clemens Wischermann
1985, 498 S., 300 Fotos, 70 Tab. u. Abb., Format 24x27 cm, gebunden, 58 DM

Diese repräsentative Quellensammlung will erstmals zusammenhängend dokumentieren, wie sich die Wohnverhältnisse in Deutschland unter den vielfältigen Einflüssen der Urbanisierung und Industrialisierung wandelten und welche Probleme dabei auftraten. Anhand zahlreicher, bisher unbekannter zeitgenössischer Photos, Abbildungen, Protokolle, Gesetzestexte, Statistiken, Memoiren und anderer Zeugnisse werden folgende Aspekte der Wohnungsgeschichte beleuchtet: 1. Die vorindustriellen Wohnverhältnisse in Stadt und Land. 2. Die Bildung der großstädtischen Ballungsräume. 3. Die Wohnungsversorgung in den Großstädten. 4. Das subjektive Wohnerleben der Betroffenen. 5. Der Beginn der Wohnungsreformbewegung und der Wohnungspolitik vor dem Ersten Weltkrieg. Das Werk, das eine einführende Literaturliste zur Geschichte des Wohnens enthält, eignet sich auch besonders für Unterrichtszwecke.

Band 4
Homo habitans. Zur Sozialgeschichte des ländlichen und städtischen Wohnens in der Neuzeit
Herausgegeben von Hans J. Teuteberg
Münster 1985, 473 S., 97 Tab., 78 Abb., gebunden 48,- DM, ISBN 3-88547-278-3

Der Band vereinigt zwanzig Beiträge von Historikern und Volkskundlern aus acht europäischen Ländern. Die von ihnen behandelten vier zentralen Komplexe umkreisen folgende Themenbereiche:
- Das traditionelle Wohnen auf dem Lande und der Umbruch zur modernen Urbanisierung
- Städtisches Wohnen und soziale Schichtung
- Wohnstandard und Wohnkonjunktur
- Wohnungsfürsorge, genossenschaftliche Selbsthilfe, Wohnungspolitik.

In der Hauptsache wird das 19. und 20. Jahrhundert behandelt. Die durchweg auf neuen empirischen Untersuchungen beruhenden und mit Schaubildern und Tabellen versehenen Referate geben eine zuverlässige Übersicht über den gegenwärtigen internationalen Stand der wohnungsgeschichtlichen Forschung.

Band 5
Wohnungsnot und soziale Frage im 19. Jahrhundert. Beiträge zur Sozialgeschichte der Urbanisierung 1850-1914
Von Hans J. Teuteberg und Clemens Wischermann (in Vorbereitung)

Band6
Unsere tägliche Kost. Geschichte und regionale Prägung
Von Hans J. Teuteberg und Günter Wiegelmann
Münster 1986, 471 S., 72 Tab. und Abb., gebunden, 48,- DM, ISBN 3-88547-279-1

Die Menschheitsgeschichte, reduziert auf essentielle Überlebenschancen, bestand Millionen Jahre lang letztlich aus Sorge um die tägliche Nahrung, häufig aus verzweifeltem Kampf gegen Mißernten, Teuerungen, Wucher und nackter Hungersnot. Erst der vor wenigen Jahrzehnten erfolgte Aufstieg in die moderne Wohlfahrtsgesellschaft hat die Industrienationen endgültig aus dem Teufelskreis von Armut und Ernährungskrisen erlöst.

Als Zusammenfassung 25jähriger Forschungen schildert der Band die verschlungenen Ursachen und Wege dieser modernen „Ernährungsrevolution", die unsere tägliche Kost seit dem späten 18. Jahrhundert von Grund auf umgestaltet haben. Untersucht werden nicht nur die zeitlichen wie räumlichen Variationen beim Konsum der wichtigsten Lebens- und Genußmitttel sowie Speisen- und Mahlzeitensysteme, sondern auch die übergreifenden Richtungstendenzen und Phasen des allgemeinen Wandels der Nahrungsgewohnheiten im Kontext allgemeiner Modernsierung der Daseinsverhältnisse. Überlegungen über das Wesen menschlichen Nahrungsverhaltens als Ausdrucksform der europäischen Kultur runden dieses Standardwerk der ethnohistorischen Nahrungsforschung ab.

Band 8
Durchbruch zum modernen Massenkonsum
Lebensmittelmärkte und Lebensmittelqualität im Städtewachstum des Industriezeitalters
Herausgegeben von Hans J. Teuteberg
Münster 1987, 390 S., 80 Abb. und Tab., gebunden, 44,- DM

Die Beiträge dieses Bandes wollen das noch dunkle Beziehungsgeflecht zwischen Industrialisierung, Verstädterung und Wandel der Ernährungskonsumtion anhand historischer Fallstudien genauer durchleuchten. Der Verlust der jahrhundertealten hauswirtschaftlichen Selbstversorgung und die Revolutionierung der Nahrungsgewohnheiten werden in folgenden Abhandlungen untersucht: 1. Obrigkeitliche Maßnahmen bei den letzten Hungerkrisen in Deutschland am Vorabend der Industrialisierung. 2. Lebensmittelpreise und Lebensmittelverbrauch in den frühen Stadien der preußischen Urbanisierung: Konjunkturen und regionale Disparitäten. 3. Die Lebensmittelqualität im Spannungsverhältnis von industrieller Produktion, privaten Anforderungen und öffentlicher Gesundheitspolitik 1870-1914. 4. Anfänge der modernen Nahrungs- und Genußmittelwerbung. 5. Der einsetzende Kampf gegen Alkoholmißbrauch als neue Aufgabe der bürgerlichen Mäßigkeitsbewegungen und Verwaltungsbehörden. 6. Städtische Lebensmittelversorgung im Schatten des 1. Weltkrieges.